中欧混凝土桥梁设计标准对比分析

余顺新　张春华　段宝山　编著

人民交通出版社股份有限公司

北　京

内 容 提 要

本书对欧洲混凝土桥梁设计标准与中国混凝土桥梁设计的有关规范从标准条款、设计要求、设计理论、设计方法等方面进行了全方位的对比分析和算例验证。主要内容包括:概述、设计基础、桥梁上的作用、材料、结构分析、承载能力极限状态、正常使用极限状态、钢筋与预应力筋的构造要求、构件的构造要求、耐久性设计、预制混凝土构件与结构的补充规则、轻骨料混凝土结构、素混凝土和少筋混凝土结构、施工阶段设计等。

本书可供混凝土桥梁结构的研究人员、规范编制人员、工程设计施工人员及高等院校相关专业的教师和学生参考。

图书在版编目(CIP)数据

中欧混凝土桥梁设计标准对比分析 / 余顺新, 张春华, 段宝山编著. — 北京 : 人民交通出版社股份有限公司, 2019.12

ISBN 978-7-114-16142-1

Ⅰ. ①中… Ⅱ. ①余… ②张… ③段… Ⅲ. ①钢筋混凝土桥—桥梁设计—设计标准—对比研究—中国、欧洲②预应力混凝土桥—桥梁设计—设计标准—对比研究—中国、欧洲 Ⅳ. ①U448.34-65②U448.35-65

中国版本图书馆 CIP 数据核字(2019)第 295792 号

Zhong-Ou Hunningtu Qiaoliang Sheji Biaozhun Duibi Fenxi

书　　名: 中欧混凝土桥梁设计标准对比分析
著 作 者: 余顺新　张春华　段宝山
责任编辑: 卢俊丽　王景景
责任校对: 刘　芹
责任印制: 刘高彤
出版发行: 人民交通出版社股份有限公司
地　　址: (100011)北京市朝阳区安定门外外馆斜街 3 号
网　　址: http://www.ccpress.com.cn
销售电话: (010)59757973
总 经 销: 人民交通出版社股份有限公司发行部
经　　销: 各地新华书店
印　　刷: 三河市国新印装有限公司
开　　本: 880×1230　1/16
印　　张: 25.25
字　　数: 838 千
版　　次: 2019 年 12 月　第 1 版
印　　次: 2019 年 12 月　第 1 次印刷
书　　号: ISBN 978-7-114-16142-1
定　　价: 400.00
(有印刷、装订质量问题的图书,由本公司负责调换)

前　言

Foreword

2018 年 6 月，由人民交通出版社股份有限公司主持的国家出版基金项目“土木工程欧洲规范翻译与比较研究出版工程(一期)”正式启动。该项目以欧洲结构设计标准为研究对象，包括 Eurocode 0 ~ 9、英国国家附件、法国国家附件、配套设计指南和对比分析。项目旨在便于国内相关科研院所及标准制修订者更广泛的研究借鉴，助力中国工程技术标准和设计咨询业“走出去”。

本书涉及混凝土桥梁设计中遇到的典型问题，并解释了 EN 1992-2 和国内相关标准的差异，可为理解和使用 EN 1992-2 提供帮助与指导。

本书虽然旨在成为一份独立的文件，但为了让读者更为准确地理解欧洲结构设计标准的原意，很多情况下复述了其相应的条款，同时引用国内混凝土桥梁设计多个标准中的相关条款，因此读者应结合相关标准阅读本书。

全书共分 14 章，主要内容包括概述、设计基础、桥梁上的作用、材料、结构分析、承载能力极限状态、正常使用极限状态、钢筋与预应力筋的构造要求、构件的构造要求、耐久性设计、预制混凝土构件与结构的补充规则、轻骨料混凝土结构、素混凝土和少筋混凝土结构、施工阶段设计。为加强对欧洲结构设计标准的理解，保持内容的一致性，除桥梁上的作用来自 EN 1991-1-1 和 EN 1991-2 的部分章节外，其余章节均与 EN 1992-2 章节保持一致，以利于读者回溯欧洲结构设计标准并对照参考。欧洲结构设计标准附录中收录的设计原理、计算公式和参数取值等内容因篇幅限制未在本书列出，可参考原文。

本书在写作过程中，重点对中欧标准的条文规定异同点进行了分析，并给出了大量的算例，分别采用中欧标准进行了计算，并对中欧标准计算方法的差异性进行了研究分析，希望为读者使用欧洲结构设计标准提供帮助，但限于作者水平，对中欧标准的研究和理解不透彻，肯定会有一些不准确和不完善之处，敬请读者不吝指教。

本书在对比中涉及的中国标准主要包括：

主要对比标准：

(1)《混凝土结构设计规范》(GB 50010—2010，2015 版)

(2)《公路桥涵设计通用规范》(JTG D60—2015)

(3)《公路钢筋混凝土及预应力混凝土桥涵设计规范》(JTG 3362—2018)

(4)《工程结构可靠性设计统一标准》(GB 50153—2008)

(5)《轻骨料混凝土结构技术规程》(JGJ 12—2006)

(6)《轻骨料混凝土桥梁技术规程》(CECS 202—2006)
(7)《公路工程水泥及水泥混凝土试验规程》(JTG E30—2005)
(8)《普通混凝土力学性能试验方法》(GB/T 50081—2002)
(9)《混凝土结构耐久性设计规范》(GB/T 50476—2008)
部分参考标准:
(10)《公路工程结构可靠度设计统一标准》(GB/T 50283—1999)
(11)《铁路桥涵钢筋混凝土和预应力混凝土结构设计规范》(TB 10002.3—2005)
(12)《公路桥涵施工技术规范》(JTG/T F50—2011)
(13)《公路桥涵地基与基础设计规范》(JTG D63—2007)
(14)《建筑地基基础设计规范》(GB 50007—2011)
(15)《预应力混凝土用钢丝》(GB/T 5223—2014)
(16)《预应力混凝土用钢绞线》(GB/T 5224—2014)
(17)《预应力混凝土用钢棒》(GB/T 5223.3—2017)
(18)《预应力混凝土用螺纹钢筋》(GB/T 20065—2016)
(19)《钢筋混凝土用钢　第2部分:热轧带肋钢筋》(GB 1499.2—2007)

中交第二公路勘察设计研究院有限公司
余顺新　张春华　段宝山
2019年10月

目　录

Contents

第1章 概述

1.1 欧洲标准的背景信息

欧洲标准(Eurocodes)中有的制定工作始于20世纪70年代初期,实行欧洲标准的主要目的在于提供统一的标准替代现有不同国家的标准,提供一致的设计准则和方法,促进欧洲联盟(European Union)(以下简称欧盟)内部的交流,提高欧洲建筑业的全球竞争力。1989年,总部设在布鲁塞尔的欧洲标准化委员会(CEN)开始主持欧洲标准的制定工作。其中CEN/TC 250技术委员会负责目前欧洲标准的制定工作,秘书处设在英国标准化协会(BSI)。CEN提供的标准分为试行标准(ENV)和正式标准(EN)两种类型。正式标准需成员国投票同意后才能颁布执行,试行标准则不需要。

从1991年到1998年发行了欧洲标准各分册的试行版本,此后更多分册的正式标准也陆续发行。根据2002年欧盟设定的时间表,当CEN发布欧洲标准的正式版本后(CEN发布三种语言的版本,英文版、法文版和德文版),对于非英语、法语或德语国家,需要在不到1年(协定的时间单位)时间内将欧洲标准翻译成本国语言,各个国家在2年时间内(这段时间被称为国家标定期)标定各自的相关设计标准,准备各自的国家附件,国家附件中提供使用欧洲标准所需的各种分项系数或者其他系数(这些系数称为国家定义参数,NDPs)。在第2年末,每个国家将欧洲标准正文和各自的国家附件一起作为国家标准发布。随后的3年是一个标准共存期,设计中可采用原有的国家标准或欧洲标准。3年后,也就是欧洲标准正式版发布5年(2年+3年)后,各个国家的标准将完全由欧洲标准代替。

截至2010年3月,最终形成10卷58分册正文,与各成员国的附件一并构成欧洲体系,正式替代各成员国的国家标准,成为欧盟的统一结构设计标准。

1.1.1 欧洲标准的组成与特点

如表1-1所示,欧洲标准编号为EN 1990~EN 1999,共10卷。其中,EN 1990是结构设计基础,EN 1991是结构上的作用。EN 1992~EN 1996、EN 1999分别是混凝土结构设计、钢结构设计、钢与混凝土组合结构设计、木结构设计、砌体结构设计和铝结构设计,这些都是和材料有关的标准。EN 1997是岩土工程设计,EN 1998是结构抗震设计。

欧洲标准的组成　　表1-1

编号	代号	名　称	分册数	中文名称
EN 1990	Eurocode	Basis of structure design	1	结构设计基础
EN 1991	Eurocode 1	Actions on structures	10	结构上的作用

续上表

编号	代号	名 称	分册数	中文名称
EN 1992	Eurocode 2	Design of concrete structures	5	混凝土结构设计
EN 1993	Eurocode 3	Design of steel structures	20	钢结构设计
EN 1994	Eurocode 4	Design of composite steel and concrete structures	3	钢与混凝土组合结构设计
EN 1995	Eurocode 5	Design of timber structures	3	木结构设计
EN 1996	Eurocode 6	Design of masonry structures	4	砌体结构设计
EN 1997	Eurocode 7	Geotechnical design	2	岩土工程设计
EN 1998	Eurocode 8	Design of structures for earthquake resistance	6	结构抗震设计
EN 1999	Eurocode 9	Design of aluminum alloy structures	5	铝结构设计

除了 EN 1990 外,其他 9 卷按照编号的最后一个数字分别称为 Eurocode 1 ~ Eurocode 9。这 10 卷涵盖了结构设计基本理论、各种材料的设计、结构抗震等各个方面。每本标准又分为若干分册,包括一般规定、房屋建筑和桥梁等不同方面,共计 59 分册。

EN 1990 是欧洲标准的纲领性文件,包含欧洲标准几乎所有的新思想。在 1994 年发布的试行标准中,EN 1990 只是 ENV 1991(结构设计基础和结构上的作用)的第一部分。1997 年将 ENV 1991 分成两个部分,EN 1990 和 EN 1991,并将 Eurocode 2 ~ Eurocode7 和 Eurocode 9 中与材料无关的条款剥离出来放到 EN 1990 中,这使得 EN 1990 成为一部与材料无关、涵盖极限状态验算及设计标准值等极限状态设计基础的标准。它既对欧洲标准其他各篇中的荷载、荷载组合、分项系数的制定有指导意义,也对其他各部分的制定有指导作用。

图 1-1 显示了这些欧洲标准的适用范围及其相互联系。

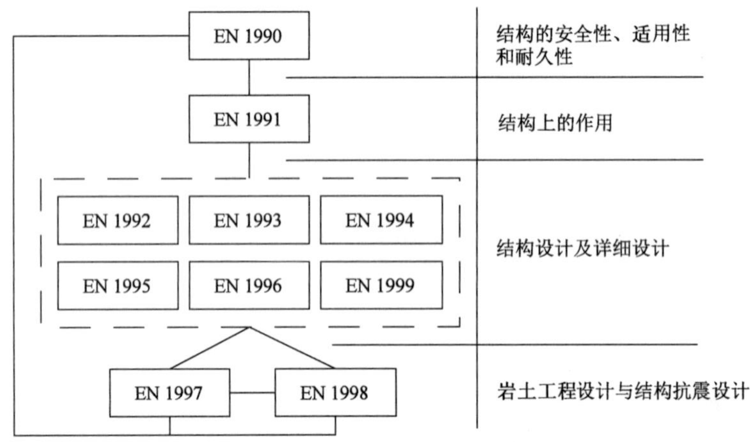

图 1-1　欧洲标准的适用范围及其相互联系

1.1.2　国家附件和 NDPs

欧盟各国的欧洲标准是由本国的国家标准管理机构,而非 CEN 发布的。各国的欧洲标准由国家标准名称页、国家前言、CEN 发布的欧洲标准的所有内容(不得更改)以及国家附件组成。由于不同国家或地区的地质条件、气候条件不同,防护要求和对安全性、耐久性等方面的要求也不同,这些因素均应在国家附件中加以考虑。

NDPs 是各国根据实际情况确定的某些设计所需的分项系数、计算方法等,主要包括以下 4 部分内容:

(1)用于替换欧洲标准提供的备选值和/或分类。

(2)用于给欧洲标准中没有提供具体值的符号赋值。

(3)国家特定的数据,包括地质、地形、气候。

(4)用于替换欧洲标准提供的备用程序。

这样,每个国家都有符合本国实际的独一无二的国家标准,在不同的国家进行土木工程活动必须使用该国的国家标准。

1.1.3 基本原则与应用规则

欧洲标准条款分为基本原则(Principles)与应用规则(Application Rules)两类,前者在条款序号后加标识"P",后者则无标识符。基本原则是指无选择、通用的定义与陈述以及不允许选择的分析模式和技术要求。应用规则是指满足基本原则要求、普遍认可的规则,允许各成员国在欧洲标准给出的应用规则和与它不同的其他规则之间加以选择,但后者必须满足基本原则,即至少与欧盟建筑指令 89/106/EEC 基本要求的相关规定及其解释性文件等效。

EN 1990 要求基本原则必须在相应的段落编号中标注字母"P"。原则性条款在句法上用"须(shall)"做情态动词,而应用规则通常使用"宜(should)"或"可(may)",但也不完全如此。

1.2 Eurocode 2 的组成和适用范围

1.2.1 Eurocode 2 的组成

Eurocode 2 共有 3 个分册,即

(1)《混凝土结构设计　第 1-1 部分:一般规定和房屋建筑规定》(EN 1992-1-1:2004),《混凝土结构设计　第 1-2 部分:一般规定——结构防火设计》(EN 1992-1-2:2004)。

(2)《混凝土结构设计　第 2 部分:混凝土桥梁——结构设计与细则》(EN 1992-2:2005)。

(3)《混凝土结构设计　第 3 部分:储液和挡液结构》(EN 1992-3:2006)。

上述 3 个分册中,第一分册分两部分,是最基本的混凝土标准,给出了混凝土结构安全性、适用性和耐久性的原则与要求,以及针对建筑结构防火设计的相关规定。其他分册在涉及与第一分册相同内容时,都直接引用第一分册的规定。本书主要介绍的是混凝土桥梁结构的设计,所以主要涉及的是第二分册。

1.2.2 Eurocode 2 的适用范围

欧洲标准关注的是结构的力学行为,而不考虑结构的隔热和隔音等要求。

安全性和适用性验算的依据是分项系数法。EN 1990 给出了荷载系数的推荐值和各种作用组合的概率。分项系数的取值和作用组合的选择由国家附件确定。

Eurocode 2 需配合欧洲标准以下分册使用:

EN 1990:结构设计基础

EN 1991:结构上的作用

EN 1997:岩土工程设计

EN 1998:结构抗震设计

hENs:混凝土结构的相关建筑产品

EN 13670:混凝土结构的建造(或施工)

欧洲标准关注的是设计而不是施工,但是需要最低的工艺标准和材料规格以确保设计假定成立。

EN 1992-2 为混凝土桥梁结构设计标准。该标准以 EN 1992-1-1 为基础,并沿用 EN 1992-1-1

的条款编号模式。EN 1992-2 指明了 EN 1992-1-1 中与桥梁设计相关的内容,以及需要修改的内容。

1.3 定义

本书引用了 EN 1990 给出的定义,并进一步给出针对桥梁的定义。

“作用”意指荷载和/或外加变形;

“作用效应”和“作用的效应”含义相同,均指由作用引起的变形、内力或弯矩。

作用划分为永久作用 G(如恒载、收缩与徐变)、可变作用 Q(如车辆荷载、风荷载及温度荷载)及偶然作用 A。预应力 P 在大多数情况下视为永久作用。

欧洲标准在表达参数的标准值时,用下标“k”做标记。设计值则用下标“d”做标记,并包含适当的分项系数。

1.4 符号

欧洲标准中的所有符号均基于 ISO 3898:1987。每个标准都有自己的符号列表,并应用于本标准之内。某些符号具有多重含义,其具体含义在相应条款中说明。

1.4.1 作用与效应相关的符号

E　作用效应

EI　抗弯刚度

EQU　静力平衡

F　作用

I　混凝土截面面积二次矩

J　徐变函数

M　弯矩

M_{rep}　开裂弯矩

N　轴向力或疲劳循环加载次数

P　预应力

P_0　预应力筋张拉端面的初始张拉力

R　抗力或松弛函数

S　内力和弯矩

SLS　正常使用极限状态

T　扭矩

T_{ed}　扭矩设计值

ULS　承载能力极限状态

V　剪力

V_{Ed}　剪力设计值

X　同一截面预应力筋的连接百分比建议限值

ε_c　混凝土的压应变

ε_{ca}　自收缩

ε_{cc}　徐变应变

ε_{cd}　干燥收缩

ε_{c1} 峰值应力下的混凝土压应变
ε_{cu} 混凝土的极限压应变
ε_{u} 最大荷载作用下的钢筋或预应力筋的应变
ε_{uk} 最大荷载作用下的钢筋或预应力筋的应变标准值
σ_{c} 混凝土的压应力
σ_{cp} 轴向荷载和预加力作用下的混凝土压应力
σ_{cu} 极限受压应变 ε_{cu}所对应的混凝土压应力
τ 扭转剪应力

1.4.2 材料特性与承载力相关的符号

E 作用效应
E_{c}，$E_{c(28)}$ 常规混凝土在 28d 时，应力 $\sigma_{c}=0$ 对应的切线弹性模量
$E_{c,eff}$ 混凝土有效弹性模量
E_{cd} 混凝土弹性模量设计值
E_{cm} 混凝土割线模量
$E_{c(t)}$ 混凝土在时间 t 时，应力 $\sigma_{c}=0$ 对应的切线弹性模量
E_{p} 预应力筋弹性模量设计值
E_{s} 钢筋弹性模量设计值
F 作用
F_{d} 作用设计值
F_{k} 作用标准值
G_{k} 永久作用标准值
M_{Ed} 所施加弯矩的设计值
N_{Ed} 所施加轴向力的设计值(拉力或压力)
Q_{k} 可变作用标准值
Q_{fat} 疲劳荷载标准值
T_{ed} 所施加扭矩的设计值
V_{Ed} 所施加剪力的设计值
f 频率
f_{c} 混凝土的抗压强度
f_{cd} 混凝土抗压强度设计值
f_{ck} 混凝土圆柱体试件在 28d 龄期的抗压强度标准值
f_{cm} 混凝土圆柱体试件抗压强度的平均值
f_{ctb} 双轴应力状态下的开裂前抗拉强度
f_{ctk} 混凝土轴心抗拉强度标准值
f_{ctm} 混凝土轴心抗拉强度平均值
f_{ctx} 用于开裂弯矩评价的相应抗拉强度
f_{p} 预应力筋的抗拉强度
f_{pk} 预应力筋的抗拉强度标准值
$f_{p0.1}$ 预应力筋产生 0.1% 残余应变对应的应力值
$f_{p0.1k}$ 预应力筋产生 0.1% 残余应变对应的应力值的标准值
$f_{0.2k}$ 钢筋试验曲线中应变为 0.2% 时对应应力的标准值
f_{t} 钢筋的抗拉强度

f_{tk} 钢筋抗拉强度标准值
f_y 钢筋的屈服强度
f_{yd} 钢筋屈服强度的设计值
f_{yk} 钢筋屈服强度的标准值
f_{ywd} 抗剪钢筋屈服强度设计值

1.4.3 几何特征相关的符号

A 偶然作用,横截面面积
A_c 混凝土横截面面积
A_{ct} 受拉区混凝土面积
A_p 预应力筋面积
A_s 钢筋横截面面积
$A_{s,min}$ 钢筋最小横截面面积
A_{sw} 抗剪钢筋横截面面积
D 芯轴直径
a 距离,几何数据
Δa 几何数据偏差
b 横截面的总宽,T 形梁或 L 形梁中的实际翼缘宽度
b_w T 形梁或 L 形梁的腹板宽度
c_{min} 最小保护层厚度
d 直径,深度,横截面的有效长度
d_g 最大公称骨料粒径
e 偏心距
h 高度,横截面总深度
i 回转半径
L 长度
l 长度,跨度或者高度
$1/r$ 特殊截面的曲率
S 截面静矩
t 厚度,时间
t_0 加载时的混凝土龄期
u 面积为 A_c 的混凝土截面周长
u 点的位移分量
v 点的位移分量或横向剪切
w 点的位移分量或裂缝宽度
x 中性轴高度
x、y、z 坐标
x_u 承载能力极限状态下应力重新分布后的中性轴高度
z 内力臂
θ 角度
θ_1 几何缺陷的倾斜率
φ 钢筋直径或预应力导管直径
φ_n 成束钢筋的等效直径

1.4.4 计算系数及其他符号

K_c	开裂和徐变作用系数
K_s	钢筋影响系数
k	系数
m	块体或平板组件
n	金属板组件
q_{ud}	非线性分析中达到的最大组合值
V_{ol}	交通流量
r	半径或预应力修正系数
Φ	EN 1991-2 中的动力系数
α_e	E_s/E_{cm} 比值
α_h	θ 的折减系数
β	角度,比率,系数
γ	分项系数
γ_A	偶然作用 A 的分项系数
γ_C	混凝土分项系数
γ_F	作用力 F 的分项系数
$\gamma_{F,fat}$	疲劳作用的分项系数
$\gamma_{C,fa}$	混凝土疲劳分项系数
γ_O	整体系数
γ_G	永久作用 G 的分项系数
γ_M	材料强度分项系数
γ_P	与预应力 P 有关的分项系数
γ_Q	可变作用 Q 的分项系数
γ_S	钢筋或预应力筋的分项系数
$\gamma_{S,fat}$	在疲劳荷载作用下的钢筋或预应力筋的分项系数
γ_f	未考虑模型不确定性的作用分项系数
γ_g	未考虑模型不确定性的永久作用分项系数
γ_m	材料特性分项系数(仅考虑材料特性不确定性)
δ	增量/重分布的比率
ξ	徐变重新分布或黏结强度比率
ζ	折减系数,分配系数
λ	长细比或疲劳失效等效系数
μ	预应力筋及其孔道之间的摩擦系数
ν	泊松比,受剪开裂混凝土的强度折减系数
ρ	混凝土烘干密度(单位:kg/m^3)
ρ_{1000}	在均温 20℃条件下,拉伸后 1000h 的松弛损失值(单位:%)
ρ_l	纵向钢筋的配筋率
ρ_w	抗剪钢筋的配筋率
α	角度,比率,长期作用系数或主应力比
$\Phi_{(t,t_0)}$	徐变系数,用来确定从时间 t 到时间 t_0 的徐变,与 28d 后的弹性变形有关
φ_{fat}	疲劳失效的等效冲击系数

$\varphi(\infty, t_0)$ 徐变系数的终值

ψ 可变作用代表值系数

ψ_0 可变作用的组合值系数

ψ_1 可变作用的频遇值系数

ψ_2 可变作用的准永久值系数

χ 龄期系数

第2章 设计基础

2.1 基本概念

2.1.1 基本变量

结构的设计与分析，是一个定性分析和定量计算相结合的过程。定性分析包括结构的概念设计、分析结果的预测及对计算结果正确性的判断。定量计算就是利用数学和力学方法，根据给定的变量值对结构的内力、变形等进行计算。这种设计计算中直接使用的变量称为基本变量。它代表一组规定的物理量，如设计中的荷载、材料强度、弹性模量、构件尺寸等。由于设计过程中并不能确定这些值的实际大小，所以将这些变量视为随机变量，设计采用的是这些变量的代表值。

在传统的概念中，变量是具有确定数值或不确定数值的量。《结构可靠性总原则》(ISO 2394:1998)和《结构设计基础》(EN 1990:2002)中都增加了环境作用的概念，并将环境作用作为基本变量看待。环境作用可能具有力学的、物理的、化学的或生物学的性质，主要影响结构的耐久性，与材料密切相关。

2.1.2 功能要求

各种结构物的建设均是基于一定的目的，如房屋是为满足居住、办公、工农业生产及社会文化活动的需求，桥梁是出于交通的需要，水坝是出于对挡水、蓄水的需要等。从可靠性的角度讲，为达到这些目的，就要对结构的功能提出要求。《工程结构可靠性设计统一标准》(GB 50153—2008)规定工程结构须满足以下功能要求：

(1)能承受施工和使用期间可能出现的各种作用。

(2)保持良好的使用性能。

(3)具有足够的耐久性能。

(4)当发生火灾时，在规定的时间内可保持足够的承载力。

(5)当发生爆炸、撞击、人为错误等偶然事件时，结构仍可保持必需的整体稳固性，不会出现与起因不相称的后果，防止出现结构连续倒塌。

2.1.3 极限状态

结构是否可靠，取决于结构所处的状态。GB 50153—2008 对结构极限状态的定义是：当结构或结构的一部分超过某一特定状态就不能满足设计规定的某一功能要求时，此特定状态为该功能的极限状态。当结构能够完成预定的功能时,称结构处于可靠状态;当结构不能完成预定功能时,称结构处于失效状态。当结构处于可靠与不可靠的过渡状态时,称为极限状态。例如,对于受弯的钢筋混凝土梁,就承载力而言,当跨中受拉钢筋屈服、受压混凝土达到极限压应变时,认为梁处于极限状态;就裂缝宽度或跨中变形而言,当梁的最大裂缝宽度或跨中变形刚好达到规范规定值时,也认为是达到相应的极限状态。

结构的极限状态分为承载能力极限状态和正常使用极限状态。承载能力极限状态是结构达到极限承载力的状态,对应于结构的安全性,如钢筋混凝土梁的受弯承载力,当不满足承载能力极限状态要求时,结构会倒塌、破坏,产生灾难性后果。正常使用极限状态是指达到影响结构正常使用的状态,对应于结构的适用性。

1)承载能力极限状态

承载能力极限状态涉及多个方面,GB 50153—2008 给出的结构或结构构件超过承载能力极限状态的标志如下:

(1)结构构件或连接因超过材料强度而破坏,或因过度变形而不适于继续承载。

(2)整个结构或其一部分作为刚体失去平衡。

(3)结构转变为机动体系。

(4)结构或结构构件丧失稳定。

(5)结构因局部破坏而发生连续倒塌。

(6)地基丧失承载力而破坏。

(7)结构或结构构件的疲劳破坏。

2)正常使用极限状态

结构的正常使用极限状态也有多种形式,GB 50153—2008 给出的超过正常使用极限状态的标志如下:

(1)影响正常使用或外观的变形。

(2)影响正常使用或耐久性能的局部损坏。

(3)影响正常使用的振动。

(4)影响正常使用的其他特定状态。

2.1.4 设计状况

在结构建造和使用过程中,不同的时间段及不同的条件下,结构的材料性能和承受的荷载是不同的。为保证结构在整个使用过程中的可靠性,对结构进行设计时,应考虑结构在不同阶段和条件下的特点,即设计状况。设计状况是根据一定时段确定的一组设计条件,设计应证明在该设计条件下结构不会超越有关的极限状态。《结构设计基础》(EN 1990:2002)和 GB 50153—2008 均将结构设计状况分为持久状况、短暂状况、偶然状况和地震状况。

持久状况是与结构设计使用年限为同一量级的时段相应的设计状况,指正常使用时的情况。对于这种状况,设计中考虑的材料性能为结构正常使用时的材料性能,荷载为结构正常使用时的荷载,使用的时间段相当于结构的设计使用寿命。持久状况应考虑承载能力极限状态和正常使用极限状态。

短暂状况为时间段与结构的设计使用寿命相比短得多且出现概率很高的状况,指施工或维修时的情况。短暂状况需进行承载能力极限状态的设计,必要时也要进行正常使用极限状态的设计。

偶然状况是指结构遭受火灾、爆炸、撞击或局部破坏等异常情况的状况。偶然状况只需进行承载能力极限状态的设计,可不进行正常使用极限状态的设计。

地震状况是指结构遭受地震这一异常情况的状况,在抗震设防地区必须考虑。地震对结构的作用与持久状况、短暂状况和偶然状况不同,对于前三种状况,结构所受的外部作用均与结构本身无关,而地震作用则不同。地震所产生作用效应的大小除与地震本身的强度、频谱特性和持续时间有关外,还取决于结构本身的形式、质量、固有周期、阻尼及结构构件连接的延性和耗能能力。考虑到地震作用的特点和地震作用下结构响应的特性,需要进行不同于其他状况的设计。

2.1.5 设计使用年限、设计基准期与耐久性

2.1.5.1 设计使用年限

设计使用年限为结构或结构构件不需进行大修即可按其预定目的使用的时段。它是结构设计时采用的一个目标年限,为达到这一目标年限,设计人员应从结构选型、材料选取及其他技术手段等方面进行全面考虑。除设计使用年限外,《建筑物和建筑资产使用年限计划编制——一般原则和框架》(ISO 15686-1—2011)还给出了多个使用年限的定义,如表2-1所示。

ISO 15686-1—2011 中关于各种年限的定义 表2-1

年　限	定　义
使用年限 (Service life)	安装后,建筑或其构件达到或超出性能要求的时间段
基准使用年限 (Reference service life)	一定(基准)使用条件下对建筑或其构件所期望的使用年限
测算使用年限 (Estimated service life)	在特定使用条件下,按材料、设计、环境、使用和维护对基准使用条件进行测算的、所期望的使用年限
设计年限 (Design life)	(1)计划使用年限(不赞成使用); (2)期望使用年限(不赞成使用); (3)设计人员计划的使用年限,如遵照说明书的规定,设计人员对客户声明的
预测使用年限 (Predicted service life)	根据性能随时间的变化记录而预测的使用年限,如根据使用年限模型或老化试验确定的使用年限
预估使用年限 (Forecast service life)	根据预测或估计的使用年限确定的使用年限
使用年限规划 (Service life planning)	(1)使用年限设计(不赞成使用); (2)为达到期望的设计年限,建筑及其构件的规划和设计的准备工作过程。例如,为降低建筑建设单位的成本、方便维护和整修
剩余使用年限 (Residual service life)	达到设计使用年限所剩余的时间(年限)

GB 50153—2008规定的公路桥涵结构的设计使用年限如表2-2所示。表2-3为EN 1990:2002建议的结构的设计使用年限。

GB 50153—2008 规定的公路桥涵结构的设计使用年限 表2-2

类　别	设计使用年限(年)	示　例
1	30	小桥、涵洞
2	50	中桥、重要小桥
3	100	特大桥、大桥、重要中桥

EN 1990:2002 建议的结构的设计使用年限　　表 2-3

类　别	设计使用年限(年)	示　例
1	10	临时性结构(如脚手架)
2	10~25	可替换的结构构件(如刚架横梁、支座)
3	15~30	农用及类似的结构(如人员出入较少的牲畜用建筑)
4	50	房屋建筑及其他常见结构(如医院和学校)
5	100	纪念性建筑、桥梁和其他土木工程结构(如教堂)

2.1.5.2 设计基准期

设计基准期与设计使用年限是不同的概念。设计基准期是用来定义可变作用标准值的一个时间段,因为可变作用标准值是按可变作用一定时间段内最大值概率分布的某一分位值定义的,时间段的长度不同,可变作用最大值的概率分布也不同,如图 2-1 所示。图 2-1 中假定可变作用每年出现一个极大值(如年最大风压)且服从极值 I 型分布,左侧曲线为年极大值概率密度曲线,对于 T 年内的最大值概率密度曲线,仍为极值 I 型分布,但向右移了距离$(\ln T)/\alpha$,其中 α 为极值 I 型分布的参数,说明作用出现更大值的可能性增大。所以,必须明确这一时间段的长度。

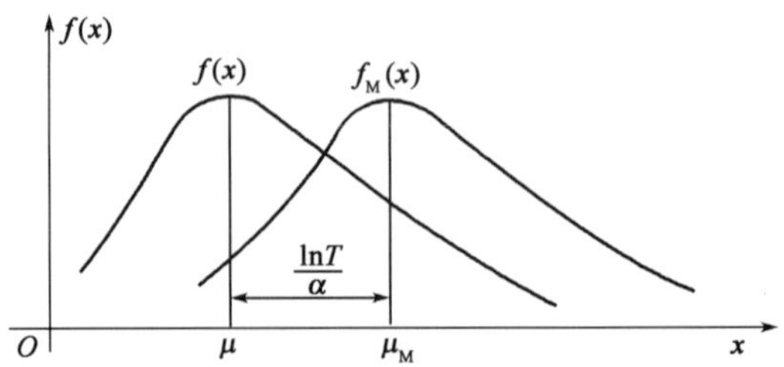

图 2-1　可变作用 1 年和 T 年最大值的概率密度曲线

2.1.5.3 耐久性

耐久性是指结构在正常维护条件下,在设计使用年限内维持使用功能的能力。它是结构可靠性的一个重要方面。耐久性问题是外部环境对结构材料的物理、化学、生物作用和结构材料内部的相互作用引起的结构性能劣化,这种过程一般是缓慢的,其最终结果是影响结构的正常使用性能与安全性。

结构耐久性设计就是通过有效的防护措施,使结构性能在正常维护周期内不会出现显著的劣化,同时设计相应的检修维护通道。经过耐久性设计并采取相应措施的结构,其使用性能指标随时间的变化趋势如图 2-2 所示。

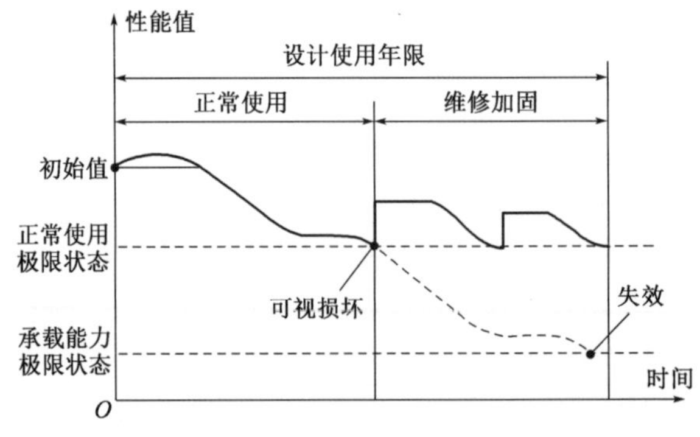

图 2-2　结构使用性能指标随时间的变化趋势

EN 1990 对耐久性的规定比较详细,除了考虑对结构的正常维护外,还考虑了环境条件、工艺质量和控制水平、结构体系的选择等对结构性能的影响。具体需要考虑以下因素:

(1)预期或可预见的作用范围。

(2)要求的设计准则。

(3)预期的环境条件。

(4)材料与制品的组成、特性和性能。

(5)岩土的特性。

(6)结构体系的选择。

(7)构件形状和结构细部构造。

(8)工艺质量和控制水平。

(9)特殊的保护措施。

(10)设计作用年限内维护措施。

EN 1990 要求在设计阶段就对环境的状况进行评估,并做出保护结构所用材料的规定,在有条件的情况下评估使用材料的劣化趋势,预测结构的使用年限。

2.2 作用与抗力

2.2.1 作用及其分类

作用是指施加在结构上的集中力或分布荷载,以及引起结构外加变形或约束变形的原因(如温度变化、湿度变化、不均匀沉降或地震等)。

为便于对作用的描述,工程中常将结构上的作用进行分类。分类的目的在于鉴别各种作用力相似或不同的特征,并促使在结构设计中使用合适的理论作用模型和可靠性要素。完整的作用模型描述作用的若干特性,如大小、位置、方向和持续时间。在某些情况下,应考虑作用间的相互作用和结构反应(如风致振动、土压力和外加变形)。

作用的分类方法包括按时间变化分类、按作用来源分类、按空间位置变化分类、按作用的性质和结构反应分类。

1)按时间变化分类

按时间变化分类,是对作用的基本分类,因为按极限状态设计时所采用的作用代表值一般与其持续的时间长短有关。根据时间变化情况,作用可分类如下:

(1)永久作用(G)。永久作用是指在设计基准期内其量值不随时间变化,或变化与平均值相比可以忽略不计的作用,或其变化是单调的并能趋于某个限值的作用。永久作用的量值在整个设计基准期内基本保持不变,随机性只是表现在空间的变化上。桥梁上的永久作用有结构自重、土压力、预应力以及由收缩或者不均匀沉降造成的间接作用等。

(2)可变作用(Q)。可变作用是指在设计基准期内其量值随时间变化,且变化不具有单调性、与平均值相比不可忽略的作用。可变作用的特点是其统计规律与时间有关。桥梁结构中的可变作用有车辆荷载、人群荷载、流水压力、风荷载等。

(3)偶然作用(A)。偶然作用是指在设计基准期内不太可能出现,而一旦出现量值很大,且持续时间通常很短的作用。桥梁工程中的偶然作用有车辆或船舶撞击、火灾、爆炸等。

(4)地震作用(A_E)。地震是由地壳构造板块的断裂、变形或相邻板块间的相互挤压、摩擦产生的,地震作用是地球内部这种构造变化积累的能量和应力在瞬间释放中以波的形式传递给结构的过程。地震作用是一种特殊的偶然荷载,EN 1990:2002 和《公路桥涵设计通用规范》(JTG D60—2015)都将其归类为偶然荷载。地震作用与偶然作用有很多相似的特征,如大的地震作用也具有出现可能性小、一旦出现量值很大的特点,但与偶然作用不同的是,地震产生的作用除与地震本身的强度、频谱特性和持续时间有关外,还与结构本身的性质(如结构形式、质量、固有周期、阻尼及结构构件连接的延性和耗能能力等)有关。强烈的地震会使大量建筑物和构筑物倒塌,造成人民生命、财产的巨大损失,因而工程结构需要进行抗震设计。

2)按作用来源分类

根据作用的来源,可将作用分为直接作用和间接作用。

直接作用为"直接"作用于结构上的集中力或分布荷载,如结构构件的自重、桥面或桥面上的人群和车辆、风压和雪压等,习惯上称为荷载。直接作用与结构的特性和反应无关

间接作用为结构的外加变形或约束变形,如基础不均匀沉降、温度变化、焊接变形等。间接作用通常与结构的特性和反应有关。例如,混凝土收缩就是一种间接作用,其在受约束的条件下对结构产生效应。将不均匀沉降视为间接作用(通常为无意的外加变形)是因为,在结构为超静定结构的情况下,不均匀沉降产生作用效应,这意味着,只能通过考虑结构反应来确定作用效应。一般说来,可把外加变形视为永久作用(如支承的不均匀沉降)或者可变作用(如温度效应)。通常情况下,只在木结构或者砌体结构的情况下考虑湿度的变化。

3)按空间位置变化分类

根据空间位置,可将作用分为自由作用和固定作用。

自由作用是指在规定极限范围内可作用于结构任何地方的作用。例如,桥上的车辆荷载属于自由作用,为了取得最不利效应,应将车辆荷载模型施加到桥面板上任意位置。相反,因必须作用于正确的地方,固定设备的自重为固定作用。

事实上,对于大多数自由作用而言,空间变异性是有限的,而且,根据空间变异性的局限性和结构反应对该变异性的敏感性(如静态平衡对自重的空间变异性非常敏感),应直接或间接地考虑该变异性,甚至将其忽略。

对于自由作用,一个或多个标量的表达式必须用指定作用位置、大小和方向的荷载布置来补充。

4)按作用的性质和结构反应分类

根据作用的性质和结构反应,所有的作用可分为如下两类:

(1)静态作用:不造成结构或结构构件明显加速。

(2)动态作用:造成结构或结构构件明显加速。

通常情况下,通过对静态作用的幅值进行放大,或者引入等效静态作用,可将动态作用视为准静态作用。某些静态或者动态的可变作用可能会造成应力波动,并导致结构材料疲劳。

除了上述作用分类,EN 1990 还将化学、物理和生物特征的环境影响视为一组独立作用。这些影响在很多方面都与力学作用相同,特别是根据时间的变化,可将其分为永久作用(如化学作用)、可变作用(如温度和湿度影响)和偶然作用(如侵蚀性化学品的扩散)。总之,环境影响可能导致材料特性随时间增长而劣化,从而引起结构可靠性逐渐降低。

2.2.2 作用的代表值

在结构设计中,要考虑不同的设计状况和不同的极限状态,设计表达式中需要使用不同作用代表值。下面介绍作用的代表值及其确定方法。

1)永久作用

永久作用采用其标准值作为代表值。结构自重标准值(G_k),一般按结构设计图纸规定的尺寸和材料的平均重量密度进行计算。各国的荷载规范都规定了常用材料的重量密度。当自重的变异性很小时,可取其平均值。对某些自重变异性较大的结构,当其增加对结构不利时,采用高分位值作为标准值;当其增加对结构有利时,采用低分位值作为标准值。当结构受其自重控制且对变异性影响非常敏感时,即使变异性很小也必须采用两个标准值。所谓变异性很小是指变异系数不超过 0.05 ~0.1。

一般自重服从正态分布，当需要使用两个标准值时，可分别采用0.05和0.95分位点的值，如图2-3所示。这样下限值 $G_{k,inf}$ 和上限值 $G_{k,sup}$ 可分别表示为

$$G_{k,inf} = \mu_G - 1.645\sigma_G = \mu_G(1 - 1.645\delta_G) \tag{2-1}$$

$$G_{k,sup} = \mu_G + 1.645\sigma_G = \mu_G(1 + 1.645\delta_G) \tag{2-2}$$

式中：μ_G——自重 G 的平均值；

σ_G——自重 G 的方差；

δ_G——自重 G 的变异系数。

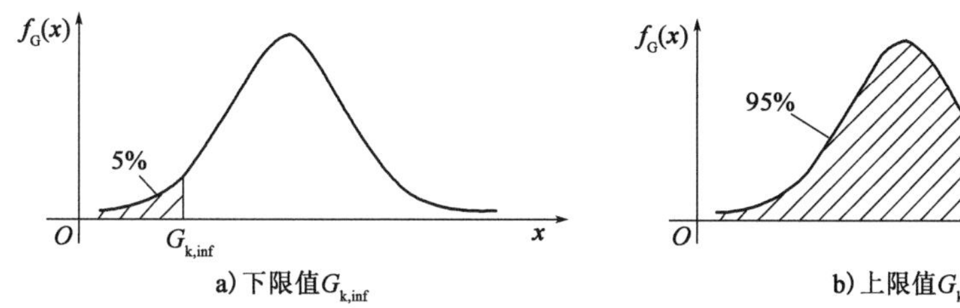

图2-3 结构或构件自重标准值

假定变异系数 $\delta = 0.10$，则 $G_{k,inf}$ 和 $G_{k,sup}$ 比平均值 μ_G 偏小或者偏大16.4%。

预应力作用可采用两个标准值，即高分位值和低分位值，两个标准值均应考虑时间因素。对于承载能力极限状态，可采用平均值。

2）可变作用

可变作用的代表值包括标准值、组合值、频遇值和准永久值，如图2-4所示。在概念上，中国标准的标准值与欧洲标准的标准值是相对应的。

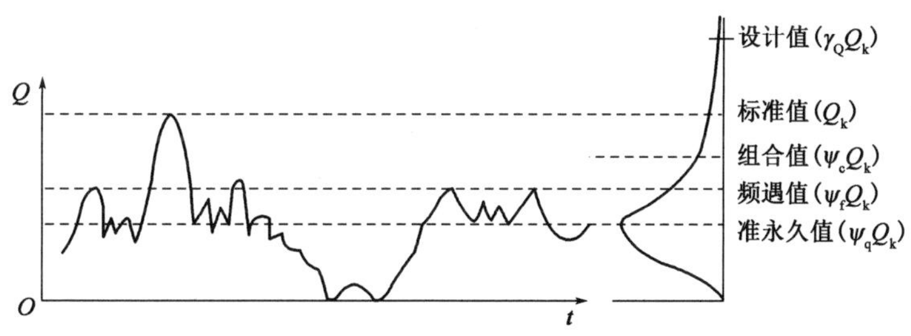

图2-4 可变作用的代表值

（1）标准值。对于可变作用，作用的标准值是确定其他作用代表值的基础，其他作用代表值是以标准值为基础乘以适当的系数后得到的，所以标准值的确定非常重要。

可变作用的标准值 Q_k 可由可变作用在设计基准期 T 内最大值概率分布的统计标准值确定，也可采用指定概率 P 的分位值，如图2-5所示，即

$$F_{Q_T}(Q_k) = P \tag{2-3}$$

此时，对标准值 Q_k 在设计基准期内最大值分布上的超越概率为 $1 - P$。

在很多情况下，特别是对自然作用，如风、波浪、洪水、地震等，用重现期 T_R 表达可变作用的标准值 Q_k 比较方便，工程中习惯于称“T_R 年一遇”。重现期是指连续两次超过标准值 Q_k 的平均时间间隔，与设计基准期不是一个概念。

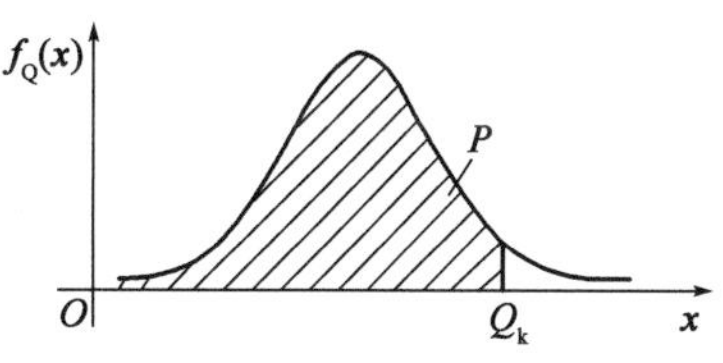

图2-5 可变作用的标准值

另外，对有明确界限值的有界作用，作用的标准值应取其界限值；当观测数据不充分时，作用的标准值也可根据工程经验，通过分析判断确定。

(2)组合值。可变作用的组合值为作用组合值系数 ψ_c 乘以标准值 Q_k 得到的值。组合值主要用于承载能力极限状态设计和不可逆正常使用极限状态验算。因为可变作用的标准值 Q_k 是结构设计基准期内可能出现的最大值，按照荷载组合原理，另一个与之组合的作用同时以最大值出现的概率很小，所以设计中将两种作用的效应直接进行叠加是不合理的，系数 ψ_c 就是对其中一个或多个作用的折减。

(3)频遇值。可变作用的频遇值为频遇值系数 ψ_f 乘以标准值 Q_k 得到的值。频遇值主要用于正常使用极限状态中的频遇组合，也用于承载能力极限状态中的偶然设计状况。

(4)准永久值。准永久值为准永久值系数 ψ_q 乘以标准值 Q_k 得到的值。准永久值主要用于结构长期效应的评估(将可变作用假想为一种永久作用)，如连续预应力混凝土桥梁徐变效应的估算；也用于偶然和地震组合作用(承载能力极限状态)下可变作用的代表值以及正常使用极限状态下频遇和准永久组合作用(长期效应)的验算。

图2-4所示为可变作用标准值、组合值、频遇值和准永久值之间的相对关系，即 $\psi_q < \psi_f < \psi_c < 1$。同时图中还示出了可变作用的设计值 $\gamma_Q Q_k$。设计值不是作用的代表值，可变作用分项系数 γ_Q 的大小取决于结构承载能力极限状态设计要求的安全度。安全性高时，γ_Q 相对较大，但 γ_Q 的大小不是独立的，还与结构材料分项系数的取值有关。

3)地震作用

目前世界各国结构抗震设计的基本方法是设计反应谱法。具体可参照相应的抗震设计标准，如《公路桥梁抗震设计细则》(JTG/T B02-01—2008)，《结构抗震设计》(EN 1998)。

4)偶然作用

如前所述，偶然作用一般指撞击、爆炸、极度腐蚀等非正常事件产生的作用，这种作用是不可统计的。这种事件首先应通过管理手段和必要的技术措施避免，在此基础上进行合理的设计，设计中偶然作用的取值应根据具体情况与建设单位协商确定。

2.2.3 设计抗力

结构或结构构件抵抗作用效应和环境影响的能力称为结构或结构构件的抗力。结构或结构构件抗力是一个广义的概念，它与结构的极限状态相对应，不同的极限状态所考虑的抗力也不同。对于混凝土结构的承载能力极限状态，结构抗力包括结构或构件的受压承载力、受弯承载力、受剪承载力、受扭承载力及压、弯、剪、扭联合作用下的承载力，整个结构或结构某一部分的抗倾覆能力、结构或结构构件的稳定性、抗疲劳能力等。对于混凝土结构的正常使用极限状态，结构抗力包括抵抗变形(刚度)、抵抗局部损坏(如抗裂、限制裂缝宽度)、抵抗振动(使结构的自振频率偏离振源的一阶频率和二阶频率)等能力。

承载能力设计值的一般表达式为

$$R_d = \frac{1}{\gamma_{Rd}} R\{X_{d,i}; a_d\} = \frac{1}{\gamma_{Rd}} R\left\{\eta_i \frac{X_{k,i}}{\gamma_{m,i}}; a_d\right\} \quad (i \geqslant 1) \tag{2-4}$$

式中：γ_{Rd}——同时考虑抗力计算模型不确定性和构件几何偏差的分项系数。

实际应用时，通常将抗力计算模型不确定性分项系数和材料特性分项系数合并成 $\gamma_{M,i}$，即 $\gamma_{M,i} = \gamma_{Rd}\gamma_{m,i}$，将上式改写为

$$R_d = \frac{1}{\gamma_{Rd}} R\left\{\eta_i \frac{X_{k,i}}{\gamma_{M,i}}; a_d\right\} \quad (i \geqslant 1) \tag{2-5}$$

EN 1992 和 EN 1998 给出的混凝土结构材料强度分项系数的推荐值，如表2-4所示。

混凝土结构材料强度分项系数推荐值 表2-4

材料类型	承载能力极限状态 γ_M			正常使用极限状态 γ_M
	持久/短暂设计状况	偶然设计状况	地震设计状况	
混凝土	1.5	1.2	1.5	1.0
普通钢筋和预应力钢筋	1.15	1.0	1.15	1.0

2.3 材料特性

材料特性包括材料的力学特性和物理特性。其中,力学特性主要指材料的抗压强度、抗拉强度、屈服强度和极限强度等。物理特性主要指弹性模量、泊松比、热膨胀系数等。这些材料特性是结构设计的重要参数,它们的标准值一般也是通过概率统计方法确定。

2.3.1 结构材料特性

材料特性标准值通常由一系列指定条件下的标准试验获得。如果标准试验获取的材料参数的观测数据足够多,且其概率模型已知,则可直接计算确定相应的材料特性值;当材料特性的概率模型不明确,还需采用假设检验的手段确定概率模型;如果标准试验的观测数据有限,则应计入统计不确定性,也可采用主观评估、判断或决策的方式确定的名义值作为材料特性的标准值。

EN 1991 ~ EN 1999 中由概率统计方法确定的材料特性标准值也分为平均值、上限值和下限值,针对不同的设计需要可采用不同的标准值。结构或构件的"抗力"计算时,材料特性采用下限标准值更为保守;当材料特性与结构的作用效应正相关时,材料特性采用上限标准值反而更为安全;若某种材料特性在极限状态设计中属于重要参数,材料特性的上限和下限标准值应同时考虑。无特殊说明时,EN 1991 ~ EN 1999 中的下限标准值取概率统计分布的5%分位值,上限标准值取概率统计分布的95%分位值。

研究表明,大部分工程材料特性参数 X 均服从正态分布,相应的下限标准值 $X_{k,inf}$ 和上限标准值 $X_{k,sup}$ 为

$$X_{k,inf} = \mu_X - 1.645\sigma_X = \mu_X(1 - 1.645\delta_X) \tag{2-6}$$

$$X_{k,sup} = \mu_X + 1.645\sigma_X = \mu_X(1 + 1.645\delta_X) \tag{2-7}$$

另外,某些材料参数不服从正态分布,如混凝土抗压强度和岩土的部分特性参数服从对数分布。下限标准值为0的对数正态分布的分位值可按式(2-8)计算

$$X_P = \mu_X \exp\left[k_{P,0}\sqrt{\ln(1 + \delta_X^2)}\right] \Big/ \sqrt{1 + \delta_X^2} \tag{2-8}$$

式中:$k_{P,0}$——相应于偏度系数 $\alpha_X = 0$、概率 P 的分位值。表2-5汇总了几种变异系数情况下,服从正态分布的材料特性下限和上限标准值与均值的关系。

几种对数正态分布的材料特性标准值 表2-5

变异系数 δ_X	$X_{0.05}$	$X_{0.95}$	变异系数 δ_X	$X_{0.05}$	$X_{0.95}$
0.05	$0.920\mu_X$	$1.084\mu_X$	0.15	$0.774\mu_X$	$1.264\mu_X$
0.10	$0.844\mu_X$	$1.172\mu_X$	0.20	$0.708\mu_X$	$1.358\mu_X$

材料弹性模量、泊松比、徐变系数和热膨胀系数等材料物理特性与结构的力学行为直接相关,为了防止结构分析计算结果失真,这些物理参数的取值应具有代表意义。因此,通常情况下它们的标准值均取为概率统计平均值。

2.3.2 岩土特性

岩土的内摩擦角、黏聚力、压缩模量等特性参数具有较大的不确定性,这主要来自两方面:

一是岩土特性本身具有较强的随机性，二是岩土勘察工程技术人员对岩土特性参数的预测和估计存在误差。因此，岩土特性参数标准值不能简单地使用概率统计方法确定。EN 1997 规定岩土特性参数标准值需采用谨慎估计方法确定，具体为：

(1)当观测数据足够多时，可使用概率统计方法取具有 95% 保证率的上限值或下限值，也可根据导出数据按经验估计。

(2)当观测数据不足时，应从岩土特性参数标准值表取值。

(3)所有方法给出的特性标准值还须符合以往的成功经验。

EN 1997 中岩土特性参数标准值确定流程如图 2-6 所示。

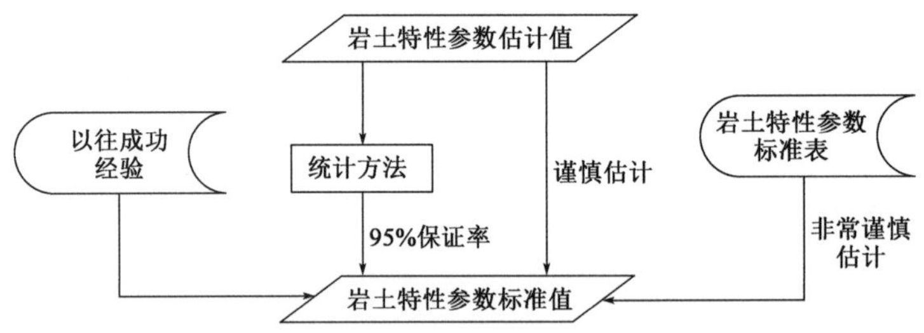

图 2-6　岩土特性参数标准值确定流程

2.4　结构设计可靠性基础

结构可靠性为“结构在规定的时间内、规定的条件下完成预定功能的能力”，而结构可靠度为“结构在规定的时间内、规定的条件下完成预定功能的概率”。这里规定的时间为结构的设计使用寿命，规定的条件是指对结构设计、施工和使用方面的规定。

2.4.1　可靠度和失效概率

在结构设计中，需要考虑结构抗力 R 和荷载效应 S 两个方面。结构抗力 R 是结构承受荷载效应的能力，荷载效应 S 是荷载在结构上的反应。显然，R 和 S 的大小决定了结构或结构构件的状态。当 $R>S$ 时，结构处于可靠状态；当 $R=S$ 时，结构处于极限状态；当 $R<S$ 时，结构处于失效状态。建立下面的数学函数表达式：

$$Z = g(R,S) = R - S \tag{2-9}$$

这样，$Z>0$、$Z=0$ 和 $Z<0$ 分别表示结构的可靠、极限和失效状态。式(2-9)称为结构的功能函数。图 2-7 所示为 Z 不同时结构的状态，45°的直线表示极限状态，即 $R=S$。如果 Z_1 位于该直线上部，即 $R_1 < S_1$，表示结构失效；反之，若 Z_2 位于直线下部，即 $R_2>S_2$，表示结构可靠。

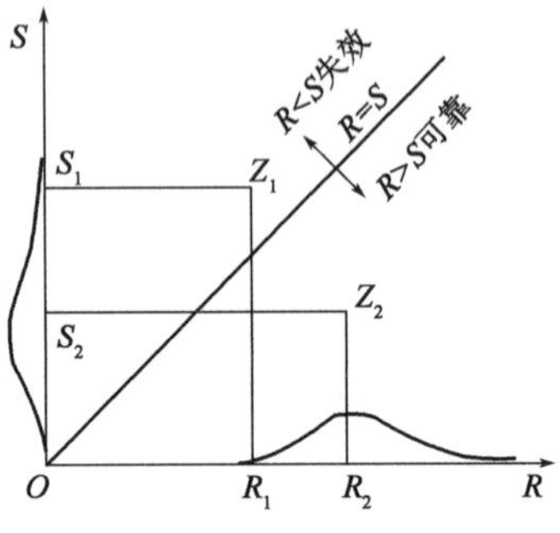

图 2-7　Z 不同时结构的状态

由于结构抗力 R 和荷载效应 S 总是存在不确定性，它们都是随机变量，因此，要绝对保证 R 总大于 S 是不可能的。一般情况下，R 有可能小于 S，这种可能性的大小用概率表示就是失效概率，即

$$p_{\mathrm{f}} = P(Z < 0) = P[(R - S) < 0] = \iint_{R<S} f_{\mathrm{R}}(r) f_{\mathrm{S}}(s)\,\mathrm{d}r\mathrm{d}s \tag{2-10}$$

式中：$f_{\mathrm{R}}(r)$、$f_{\mathrm{S}}(r)$——R 和 S 的概率密度函数。

R 大于 S 可能性的大小用概率表示就是可靠度，即

$$p_{\mathrm{s}} = P(Z > 0) = P[(R - S) > 0] = \iint_{R>S} f_{\mathrm{R}}(r) f_{\mathrm{S}}(s)\,\mathrm{d}r\mathrm{d}s \tag{2-11}$$

p_s 与 p_f 具有关系，$p_s + p_f = 1$。

式(2-10)和式(2-11)假定 R 与 S 相互独立。在图2-7中，失效概率就是结构抗力 R 和荷载效应 S 构成的随机点(R, S)落在直线 $R = S$ 上部的概率，而可靠度为随机点落在直线 $R = S$ 下部的概率。

2.4.2 可靠度指标

计算失效概率最理想的方法是在概率密度函数和分布函数已知的条件下，精确求解。但是，由于影响结构可靠性的因素很多，极为复杂，有些因素的研究尚不够深入，有些因素属于主观不定性，很难用统计方法定量描述，所以准确的概率分布是难以确定的，即使确定了也很难解出。二阶矩模型就是当随机变量的分布尚不清楚时，采用的一种简化数学模型。它只用平均值和标准差做统计参数，而对随机变量采用假定的分布。

考虑两个随机变量 R 与 S 均服从正态分布的情形，假定其平均值和标准差是已知的，分别为 μ_R、μ_S 和 σ_R、σ_S，则式(2-9)表示的功能函数也服从正态分布，其平均值和标准差分别为 $\mu_Z = \mu_R - \mu_S$ 及 $\sigma_Z = \sqrt{\sigma_R^2 + \sigma_S^2}$。图2-8表示了随机变量 Z 的概率密度曲线，$Z < 0$ 的概率为失效概率，即 $p_f = P(Z < 0)$，此值等于图中阴影部分的面积。由图2-8可见，由 O 到平均值这段距离，可以用标准差度量，即 $\mu_R = \beta\sigma_Z$。不难看出，β 与 p_f 之间存在一一对应关系。

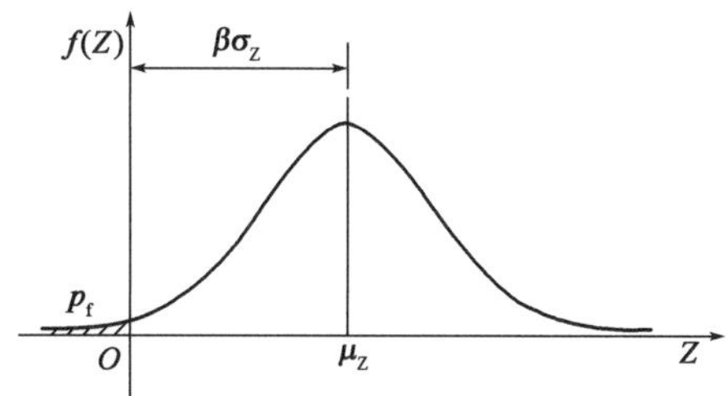

图2-8 Z 的概率密度曲线

因此，β 和 p_f 一样，可以作为衡量结构可靠度的一个指标。一般情况下，称 β 为"可靠度指标"。

此时，失效概率为

$$p_f = P(Z < 0) = \int_{-\infty}^{0} \frac{1}{\sqrt{2\pi}\sigma_Z} \exp\left[-\frac{(Z - \mu Z)^2}{2\sigma_Z^2}\right] dZ \tag{2-12}$$

引入标准化变量(令 $\mu_t = 0, \sigma_t = 1.0$)，$t = \dfrac{Z - \mu Z}{\sigma_Z}$，$dZ = \sigma_Z dt$

得

$$p_f = \int_{-\infty}^{-\frac{p_Z}{\sigma_Z}} \frac{1}{\sqrt{2\pi}} \exp\left(-\frac{t^2}{2}\right) dt = \phi\left(-\frac{\mu_Z}{\sigma_Z}\right) = \phi(-\beta) \tag{2-13}$$

式中：$\phi(\cdot)$——标准化正态分布函数。

则可靠度指标为

$$\beta = \frac{\mu_Z}{\sigma_Z} = \frac{\mu_R - \mu_S}{\sqrt{\sigma_R^2 + \sigma_S^2}} \tag{2-14}$$

由于可靠度指标 β 与失效概率 p_f 存在式(2-13)表示的一一对应关系，当功能函数 Z 的分布确定之后，β 与 p_f 的关系就确定了。如果 Z 是正态分布，则 β 与 p_f 的关系可以查表2-6确定。

可靠度指标 β 与失效概率 p_f 的关系 表2-6

p_f	10^{-1}	10^{-2}	10^{-3}	10^{-4}	10^{-5}	10^{-6}	10^{-7}
β	1.28	2.32	3.09	3.72	4.27	4.75	5.20

2.4.3 目标可靠度指标

目标可靠度指标是结构设计标准或规范规定的、结构设计时采用的最低可靠度指标。目标可靠度指标与结构的安全等级有关，等级高时，目标可靠度指标也高。表2-7为 GB 50153—

2008 规定的工程结构目标可靠度指标,表 2-8 为 EN 1990:2002 建议的工程结构目标可靠度指标。

GB 50153—2008 规定的工程结构目标可靠度指标 表 2-7

极限状态	破坏类型	安全等级		
		一级	二级	三级
承载能力极限状态	延性破坏	3.7	3.2	2.7
	脆性破坏	4.2	3.7	3.2
正常使用极限状态	—	0~1.5(可逆取低值,不可逆取高值)		

EN 1990:2002 建议的工程结构目标可靠度指标 表 2-8

极限状态	可靠等级	1 年基准期	50 年基准期
承载能力极限状态	RC3	5.2	4.3
	RC2	4.7	3.8
	RC1	4.2	3.3
疲劳极限状态		—	1.5~3.8*
正常使用极限状态(不可逆)		2.9	1.5

注:* 取决于可检查的程度、可维修程度和容许破坏程度。

例 2-1 某钢筋混凝土 T 形截面简支梁,计算跨度 $L=6\text{m}$,梁高 $h=0.5\text{m}$,腹板宽度 $b=0.3\text{m}$,翼缘厚度 $h_f=0.16\text{m}$,梁底纵向钢筋截面面积 $A_s=1400\text{mm}^2$,钢筋屈服强度为 f_y,梁顶面承受均布线荷载 q,如图 2-9 所示。假定随机变量 f_y 和 q 均服从正态分布,其中,$\mu_{fy}=580\text{MPa}$,$\sigma_{fy}=50\text{MPa}$,$\mu_q=40\text{kN/m}$,$\sigma_q=5\text{kN/m}$,其余结构、材料参数的统计变异性忽略不计。试确定该梁的受弯可靠度指标和极限状态的设计值。

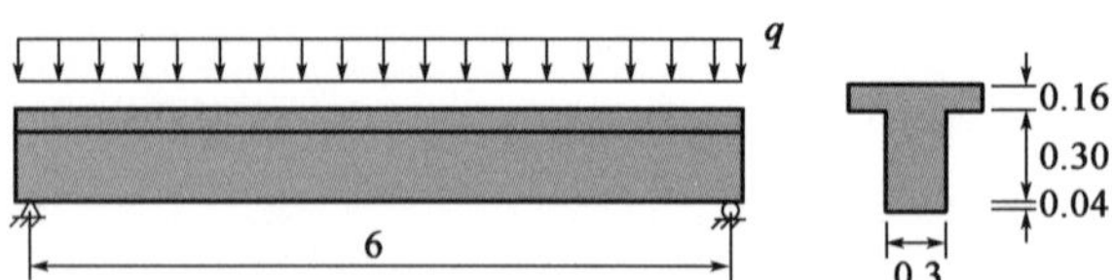

图 2-9 T 形截面简支梁(尺寸单位:m)

解:

假设混凝土的抗压强度设计值恰好使受弯状态下构件截面受压区高度等于 h,于是跨中截面受弯极限状态方程为

$$g(q,f_y)=M_R-M_S=f_yA_s(h_0-0.5h_f)-\frac{qL^2}{8}=0$$

其中,随机变量 f_y 和 q 的系数分别为

$$A_s(h_0-0.5h_f)=0.0014\times\left(0.46-\frac{0.16}{2}\right)=0.000532\text{m}^3$$

$$\frac{L^2}{8}=\frac{6^2}{8}=4.5\text{m}^2$$

根据式 (2-14),计算受弯可靠度指标:

$$\beta=\frac{\mu_{M_R}-\mu_{M_S}}{\sqrt{\sigma_{M_R}^2+\sigma_{M_S}^2}}=\frac{0.00532\times580000-4.5\times40}{\sqrt{(0.000532\times50000)^2+(4.5\times5)^2}}=3.69$$

根据式 (2-13),计算受弯失效概率:

$$p_f=\phi(-\beta)=\phi(-3.69)=0.00011$$

设计点的方向余弦为：

$$\alpha_{MR}=-\frac{\sigma_{MR}}{\sqrt{\sigma_{MR}^2+\sigma_{MS}^2}}=-\frac{0.000532\times 50000}{\sqrt{(0.000532\times 50000)^2+(4.5\times 5)^2}}=-0.763$$

$$\alpha_{MS}=\frac{\sigma_{MS}}{\sqrt{\sigma_{MR}^2+\sigma_{MS}^2}}=\frac{4.5\times 5}{\sqrt{(0.000532\times 50000)^2+(4.5\times 5)^2}}=0.646$$

极限状态的抗弯承载力 M_R 和弯矩 M_S 的设计值分别为

$$M_R=\mu_{M_R}+\alpha_{M_R}\beta\sigma_{M_R}=0.000532\times 580000-0.763\times 3.69\times 0.000532\times 50000=234\text{kN}\cdot\text{m}$$

$$M_S=\mu_{M_S}+\alpha_{M_S}\beta\sigma_{M_S}=4.5\times 40+0.646\times 3.69\times 4.5\times 5=234\text{kN}\cdot\text{m}$$

2.5 极限状态设计原理

2.5.1 极限状态验算

2.5.1.1 承载能力极限状态

EN 1992-2 引用 EN 1990:2002 的规定，必要时应验算下列最终极限状态：

(1) EQU:结构及其构件作为刚体失去静力平衡。

(2) STR:结构或结构构件(包括基础、桩和基础墙等)的内部失效或过度变形。

(3) GEO:地基失效或过度变形。

其中，EQU 验算公式为

$$E_{d,dst}\leqslant E_{d,stb} \tag{2-15}$$

式中：$E_{d,dst}$——不稳定作用效应的设计值；

$E_{d,stb}$——稳定作用效应的设计值。

STR、GEO 采用的验算公式为

$$E_d\leqslant R_d \tag{2-16}$$

式中：E_d——作用效应设计值；

R_d——相应的抗力设计值。

《公路钢筋混凝土及预应力混凝土桥涵设计规范》(JTG 3362—2018)对桥梁构件承载力设计的一般验算公式为

$$\begin{gathered}\gamma_0 S\leqslant R\\ R=R(f_d,a_d)\end{gathered} \tag{2-17}$$

式中：γ_0——桥梁结构的重要性系数，按公路桥涵的设计安全等级，一级、二级、三级分别取用 1.1、1.0、0.9；桥梁的抗震设计不考虑结构的重要性系数；

S——作用效应(汽车荷载应计入冲击系数)的组合设计值，当进行预应力混凝土连续梁等超静定结构的承载能力极限状态计算时，式(2-17)中的作用效应项应改为 $\gamma_0 S+\gamma_P S_P$，其中，S_P 为预应力(扣除全部预应力损失)引起的次效应，γ_P 为预应力分项系数，当预应力效应对结构有利时，取 $\gamma_P=1.0$；对结构不利时，取 $\gamma_P=1.2$；

R——构件抗力设计值；

$R(\cdot)$——构件抗力函数；

f_d——材料强度设计值；

a_d——几何参数设计值，当无可靠数据时，可采用几何参数标准值 a_k，即设计文件规定值。

因此，在设计表达式上，中欧标准采用的都是“作用效应 < 抗力”的模式。中国标准通过结

构重要性系数考虑结构破坏后果的严重性及结构使用寿命的影响。与 JTG 3362—2018 不同的是,EN 1990:2002 并没有单列变量反映使用寿命的影响,而是在耐久性考虑中对不同使用寿命的结构作了不同的规定。

2.5.1.2 正常使用极限状态

EN 1992-2 引用 EN 1990 规定,应验算:

$$E_d \leqslant C_d \tag{2-18}$$

式中:C_d——相关正常使用标准的极限设计值;

E_d——正常使用标准中规定的作用效应设计值,在相关组合基础上确定。

对于正常使用极限状态验算,中欧标准表达式的形式完全相同。

2.5.2 作用组合

2.5.2.1 组合规则

EN 1990 及附录 A2 与 EN 1991-2 给出用于桥梁作用的简化组合规则:

(1)公路桥梁作用组合规则。

①雪荷载不与任何车辆荷载组合,除非是带顶棚的桥梁。

②风荷载和温度作用不与任何车辆荷载组同时考虑。

③风荷载仅需与荷载组 gr1a 同时考虑。

④可变的非交通作用不与荷载组 gr1b 同时考虑。

⑤非交通作用与荷载组 gr5(特殊车辆)的组合应在国家附件中决定。

(2)人行桥梁作用组合规则。

①集中荷载 Q_{fwk} 不与任何其他非交通可变作用结合;

②雪荷载不与任何车辆荷载组进行组合,特殊地理区域和某些类型的人行天桥(特别是有顶棚的人行天桥)除外。

《公路桥涵设计通用规范》(JTG D60—2015)对桥涵上的作用组合也有类似的规则,如表 2-9所示。

可变作用不同时组合表　　表 2-9

作 用 名 称	不与该作用同时参与组合的作用
汽车制动力	流水压力、冰压力、波浪力、支座摩阻力
流水压力	汽车制动力、冰压力、波浪力
波浪力	汽车制动力、流水压力、冰压力
冰压力	汽车制动力、流水压力、波浪力
支座摩阻力	汽车制动力

由上文可以发现,中欧标准考虑的因素存在一定差异:欧洲标准考虑风荷载、雪荷载、温度作用不与车辆荷载同时组合;而中国标准考虑流水压力、冰压力、支座压力等因素不同时的组合,这与地理、气候条件有关。但中欧标准都是体现物理上不可能同时出现的可变作用,不在一起组合的组合原则,同时区别对待主要可变作用与伴随可变作用。

2.5.2.2 承载能力极限状态作用组合

承载能力极限状态下,EN 1992 规定了以下几种组合。

(1)持久和短暂设计状况作用组合。

$$\sum_{j\geqslant 1}\gamma_{Gj,sup}G_{kj,sup}+\gamma_P P+\gamma_{Q,1}Q_{k,1}+\sum_{i>1}\gamma_{Q,i}\psi_{0,i}Q_{k,i} \tag{2-19}$$

或,作为 STR 和 GEO 极限状态的另一种选择,使用下列两式中较为不利者:

$$\sum_{j\geqslant 1}\gamma_{Gj,sup}G_{kj,sup}+\gamma_P P+\gamma_{Q,1}\psi_{0,1}Q_{k,1}+\sum_{i>1}\gamma_{Q,i}\psi_{0,i}Q_{k,i} \tag{2-19a}$$

$$\sum_{j\geq 1}\xi_j\gamma_{Gj,sup}G_{kj,sup}+\gamma_P P+\gamma_{Q,1}Q_{k,1}+\sum_{i>1}\gamma_{Q,i}\psi_{0,i}Q_{k,i} \tag{2-19b}$$

式中：ξ_j——不利永久作用的折减系数，取值范围为0.85～1.0。

（2）偶然设计状况（非地震）作用组合。

$$\sum_{j\geq 1}G_{kj}+P+A_d+\psi_2 Q_{c,k} \tag{2-20}$$

式中：$Q_{c,k}$——EN 1991-1-6 中定义的施工荷载的标准值。

（3）对于有可能失去静力平衡的施工阶段，应采用以下作用组合。

$$\sum_{j\geq 1}G_{kj}+P+A_d+\psi_2 Q_{c,k} \tag{2-21}$$

式中：A_d——偶然作用的设计值；

$Q_{c,k}$——EN 1991-1-6 中定义的施工荷载的标准值。

（4）地震设计状况作用组合。

$$\sum_{j\geq 1}G_{kj,sup}+P+A_{Ed}+\sum_{i\geq 1}\psi_{2i}Q_{k,i} \tag{2-22}$$

式中：A_{Ed}——地震作用的设计值。

JTG D60—2015 规定，公路桥涵结构按承载能力极限状态设计时，应采用以下两种作用效应组合：

（1）基本组合。永久作用设计值与可变作用设计值相组合。

①作用基本组合的效应设计值可按下式计算：

$$S_{ud}=\gamma_0 S\left(\sum_{i=1}^{m}\gamma_{Gi}G_{ik},\gamma_{Q_1}\gamma_L Q_{1k},\psi_c\sum_{j=2}^{m}\gamma_{Lj}\gamma_{Q_j}Q_{jk}\right) \tag{2-23}$$

或

$$S_{ud}=\gamma_0 S\left(\sum_{i=1}^{m}G_{id},Q_{1d},\sum_{j=2}^{m}Q_{jd}\right) \tag{2-24}$$

式中：S_{ud}——承载能力极限状态下作用基本组合的效应设计值；

$S(\ )$——作用组合的效应函数；

γ_0——结构重要性系数，按表4.1.5-1 规定的结构设计安全等级采用，按持久状况和短暂状况承载能力极限状态设计时，公路桥涵结构设计安全等级应不低于表4.1.5-1的规定，对应于设计安全等级一级、二级和三级分别取1.1、1.0和0.9；

γ_{Gi}——第i个永久作用的分项系数，应按表4.1.5-2 的规定采用；

G_{ik}、G_{id}——第i个永久作用的标准值和设计值；

γ_{Q_1}——汽车荷载（含汽车冲击力、离心力）的分项系数。采用车道荷载计算时取$\gamma_{Q_1}=1.4$，采用车辆荷载计算时，其分项系数取$\gamma_{Q_1}=1.8$。当某个可变作用在组合中其效应值超过汽车荷载效应时，则该作用取代汽车荷载，其分项系数取$\gamma_{Q_1}=1.4$；对专为承受某作用而设置的结构或装置，设计时该作用的分项系数取$\gamma_{Q_1}=1.4$；计算人行道路板和人行道栏杆的局部荷载，其分项系数也取$\gamma_{Q_1}=1.4$；

Q_{1k}、Q_{1d}——汽车荷载（含汽车冲击力、离心力）的标准值和设计值；

γ_{Q_j}——在作用组合中除汽车荷载（含汽车冲击力、离心力）、风荷载外的其他第j个可变作用的分项系数，取$\gamma_{Q_j}=1.4$，但风荷载的分项系数取$\gamma_{Qj}=1.1$；

Q_{jk}、Q_{jd}——在作用组合中除汽车荷载（含汽车冲击力、离心力）外的其他第j个可变作用的标准值和设计值；

ψ_c——在作用组合中除汽车荷载（含汽车冲击力、离心力）外的其他可变作用的组合系数，取$\psi_c=0.75$；

$\psi_c Q_{jk}$——在作用组合中除汽车荷载（含汽车冲击力、离心力）外的第j个可变作用的组合值；

γ_{Lj}——第j个可变作用的结构设计使用年限荷载调整系数。公路桥涵结构的设计使用年限按现行《公路工程技术标准》（JTG B01）取值时，可变作用的设计使用年限荷载

调整系数取 $\gamma_{L_j}=1.0$；否则，γ_{L_j}取值应按专题研究确定。

②当作用与作用效应可按线性关系考虑时，作用基本组合的效应设计值 S_{ud} 可通过作用效应代数相加计算。

③设计弯桥时，当离心力与制动力同时参与组合时，制动力标准值或设计值按 70% 取用。

(2)偶然组合。永久作用标准值效应与可变作用某种代表值效应、一种偶然作用标准值效应相组合。与偶然作用同时出现的可变作用，可根据观测资料和工程经验取用适当的代表值。地震作用标准值及其表达式按《公路工程抗震规范》(JTG B02—2013)规定采用。

2.5.2.3 正常使用极限状态作用组合

正常使用极限状态下，EN 1992 规定了以下几种组合：

(1)标准组合。

$$\sum_{j\geqslant 1}G_{k,j}+P+Q_{k,1}+\sum_{i>1}\psi_{0,i}Q_{k,i} \tag{2-25}$$

标准组合一般用于不可逆极限状态。

(2)频遇组合。

$$\sum_{j\geqslant 1}G_{k,j}+P+\psi_{1.1}Q_{k,1}+\sum_{i>1}\psi_{2,i}Q_{k,i} \tag{2-26}$$

这种情况是在使用条件下相对频繁发生的荷载组合，可用于裂缝验算。

(3)准永久组合。

$$\sum_{j\geqslant 1}G_{k,j}+P+\sum_{i\geqslant 1}\psi_{2,i}Q_{k,i} \tag{2-27}$$

准永久组合一般用于长期效应和结构外表。

JTG D60—2015 规定公路桥涵结构按正常使用极限状态设计时，应根据不同的设计要求，采用以下两种效应组合：

(1)频遇组合：永久作用标准值与汽车荷载频遇值、其他可变作用准永久值相组合。

①作用频遇组合的效应设计值可按下式计算：

$$S_{fd}=S\left(\sum_{i=1}^{m}G_{ik},\psi_{f1}Q_{1k},\sum_{j=1}^{n}\psi_{qj}Q_{jk}\right) \tag{2-28}$$

式中：S_{fd}——作用频遇组合的效应设计值；

ψ_{f1}——汽车荷载(不计汽车冲击力)频遇值系数，取 0.7。

②当作用与作用效应可按线性关系考虑时，作用频遇组合的效应设计值 S_{fd} 可通过作用效应代数相加计算。

(2)准永久组合：永久作用标准值与可变作用准永久值相组合。

①作用准永久组合的效应设计值可按下式计算：

$$S_{qd}=S\left(\sum_{i=1}^{m}G_{ik},\sum_{j=1}^{n}\psi_{qj}Q_{jk}\right) \tag{2-29}$$

式中：S_{qd}——作用准永久组合的效应设计值；

ψ_{qj}——汽车荷载(不计汽车冲击力)准永久值系数，取 0.4。

②当作用与作用效应可按线性关系考虑时，作用准永久组合的效应设计值 S_{qd} 可通过作用效应代数相加计算。

2.5.2.4 组合系数

EN 1990 附件 A2 规定了组合系数 ψ 的取值规则：

(1)组合系数 ψ 可由国家附件设定。对于公路桥梁，交通荷载组合及其他常用作用的 ψ 的建议值如表 2-10 所示。

公路桥梁组合系数 ψ 的建议值(EN 1992-2) 表 2-10

作　用	符　号		ψ_0	ψ_1	ψ_2
交通荷载	gr1a(LM1 + 行人或自行车道荷载)	TS	0.75	0.75	0
		UDL	0.40	0.40	0
		行人 + 自行车道荷载	0.40	0.40	0
	gr1b(单轴)		0	0.75	0
	gr2(横向力)		0	0	0
	gr3(行人荷载)		0	0	0
	gr4(LM4,人群荷载)		0	0.75	0
	gr5(LM3,特殊车辆)		0	0	0
风力	F_{wk}	持久设计状况	0.6	0.2	0
		施工期间	0.8	—	0
	F_w^*		1.0	—	—
温度作用	T_k		0.6	0.6	0.5
雪荷载	Q_{snk}(施工期间)		0.8	—	—
施工荷载	Q_c		1.0	—	1.0

(1)荷载 gr1a 和 gr1b 中,ψ_0、ψ_1 和 ψ_2 的建议值用于道路交通,对应于调整系数 α_{Qi}、α_{qi}、α_{qr} 和 β_Q =1 的情况。有关 UDL 的数值对应于日常交通状况,在这些状况中可能产生卡车积聚情况,但不常发生。其他值对应于其他等级的道路或预期交通量,与相应的系数 α 的选择有关。例如,ψ_2 不等于零的数值认为仅用于 LM1 的 UDL 系统,即承受重型和持续交通的桥梁,参见 EN 1998。

(2)EN 1991-2 表 4.4a 中提到的行人和自行车道荷载的组合值为"折减了"的值。ψ_0 和 ψ_1 系数适用于该值。

(3)针对温度作用的 ψ_0 的建议值对于承载能力极限状态 EQU、STR 和 GEO 大多数情况下可折减至 0。

注:对持久设计状况 F_w 取 0.60。

(2)欧洲标准国家附件在提到混凝土桥正常使用极限状态的一些罕遇作用组合时,可能规定了 $\psi_{1,infq}$ 的值。其建议值为:

对 gr1a(CLM1)、gr1b(CLM2)、gr3(LM3,行人荷载)、gr4(LM4,人群荷载)和 T(温度作用),取 0.80;

对持久设计状况,F_w 取 0.60;

其他情况下,取 1.00(标准值取代罕遇值)。

(3)施工期间的风荷载和雪荷载的标准值在 EN 1991-1-6 中定义。必要时,水荷载(F_{wa})的代表值可在具体项目中定义。

JTG D60—2015 关于组合系数的取值已分述于上述各条,现归纳为表 2-11。

公路桥梁组合系数 ψ 的建议值(JTG D60—2015) 表 2-11

荷载类型	ψ_c				ψ_1	ψ_2
汽车荷载	1.0				0.7	0.4
	第二可变荷载	第三可变荷载	第四可变荷载	第五及以上可变荷载	1.0	0.4
人群荷载	0.8	0.7	0.6	0.5		
风荷载	0.8	0.7	0.6	0.5	0.75	0.75
温度荷载	0.8	0.7	0.6	0.5	0.8	0.8
其他作用	0.8	0.7	0.6	0.5	1.0	1.0

2.5.3 设计值

2.5.3.1 承载能力极限状态

1)持久和短暂设计状况下的作用设计值

(1)EN 1990 及其用于桥梁的附录 A2 给出了持久和短暂设计状况下作用的分项系数及荷

载组合的规则。

作用设计值应符合表2-12(A)到表2-12(C)的规定。

(2)应使用表2-12(A)的作用设计值验算桥梁的静力平衡状态(EQU)。

(3)应使用表2-12(B)的作用设计值验算不包含岩土作用的结构构件设计(STR)。

(4)对于岩土作用和抗力,应采用EN 1997提供的三种方法中的一种验算结构构件(基础、桩、桥台、道床挡墙等)(STR),包括底面的岩土作用和抗力(GEO)。

方法1:将表2-12(C)和表2-12(B)中的各分项计算设计值应用于土工作用以及施加在结构上或来自结构的作用;

方法2:将表2-12(B)中的作用设计值应用于土工作用以及施加在结构上或来自结构的作用;

方法3:将表2-12(C)中的作用设计值应用于土工作用,同时,将表2-12(B)中的作用设计值应用于施加在结构上或来自结构的作用。

方法1、方法2或方法3的选择由国家附件中给出。

(5)应按照EN 1997验算桥址的稳定性(如支撑桥墩的边坡稳定性)。

(6)必要时应按照EN 1997验算是否会出现水力或浮力破坏(如桥梁基础的基坑底部)。

(7)用于预应力作用的系数γ_P应按EN 1990 ~ EN 1999针对这些作用的相关代表值来定义。

作用设计值(EQU)(A组) 表2-12(A)

持久与短暂设计状况	永久作用		预应力	主导可变作用*	伴随可变作用*	
	不利	有利			主要(如有)	其他
式(2-19)	$\gamma_{Gj,sup}G_{kj,sup}$	$\gamma_{Gj,inf}G_{kj,inf}$	$\gamma_P P$	$\gamma_{Q,1}Q_{k,1}$		$\gamma_{Q,i}\psi_{0,i}Q_{k,i}$

注1:持久和短暂设计状况的γ可在国家附件中设定。对于永久设计状况,γ的建议值如下:

$\gamma_{G,sup}=1.05$,$\gamma_{G,inf}=0.95$

$\gamma_Q=1.35$,对于公路和行人交通作用不利时(有利时取0);

$\gamma_Q=1.50$,对于持久设计状况下的其他可变作用不利时(有利时取0)。

γ_P取相关欧洲标准中的建议值。

对于有失去静态平衡风险的短暂设计状况,$Q_{k,1}$代表破坏平衡的主导可变作用,$Q_{k,i}$代表相关的伴随作用。

在施工期内,如果施工过程能有效地得以控制,γ的建议值如下:

$\gamma_{G,sup}=1.05$,$\gamma_{G,inf}=0.95$

$\gamma_Q=1.35$,对于施工荷载不利时(有利时取0);

$\gamma_Q=1.50$,对于所有其他可变作用不利时(有利时取0)。

在使用配重时,可以采用下面两种推荐规则中的一种或两种考虑其标准值的变异性:

——自重未知时(如集装箱),分项系数采用$\gamma_{G,inf}=0.80$;

——配重的大小已知时,考虑其位置可能发生的变化,用一个值说明相对于桥梁尺寸的比例关系。对于正在架设的钢桥,配重位置的变化通常取±1m。

注2:当静力平衡验算也包括结构构件的抗力时(如当失去静力平衡,受到稳定系统或设备如锚、斜拉钢缆、临时板柱墙等的限制时),作为基于表2-12(A)和表2-12(B)两种独立的验算方法的补充,可采用基于表2-12(A)下列推荐值,它们可由国家附件修改:

$\gamma_{G,sup}=1.35$,$\gamma_{G,inf}=1.15$

$\gamma_Q=1.35$,对于公路和行人交通作用不利时(有利时取0);

$\gamma_Q=1.50$,对于持久设计状况下所有其他可变作用不利时(有利时取0);

$\gamma_Q=1.35$,对于所有其他可变作用不利时(有利时取0)。

前提是对永久作用中的有利和不利部分均采用$\gamma_{G,inf}=1.00$不会产生更不利的效应

注:* 可变作用指表2-10中的值。

作用设计值(STR/GEO)(B组) 表2-12(B)

持久与短暂设计状况	永久作用		预应力	主导可变作用*	伴随可变作用*	
	不利	有利			主要	其他
式(2-19)	$\gamma_{Gj,sup}G_{kj,sup}$	$\gamma_{Gj,inf}G_{kj,inf}$	$\gamma_P P$	$\gamma_{Q,1}Q_{k,1}$		$\gamma_{Q,i}\psi_{0,i}Q_{k,i}$
式(2-19a)	$\gamma_{Gj,sup}G_{kj,sup}$	$\gamma_{Gj,inf}G_{kj,inf}$	$\gamma_P P$		$\gamma_{Q,i}\psi_{0,i}Q_{k,i}$	$\gamma_{Q,i}\psi_{0,i}Q_{k,i}$
式(2-19b)	$\xi\gamma_{Gj,sup}G_{kj,sup}$	$\gamma_{Gj,inf}G_{kj,inf}$	$\gamma_P P$	$\gamma_{Q,1}Q_{k,1}$		$\gamma_{Q,i}\psi_{0,i}Q_{k,i}$

注1:式(2-19)或式(2-19a)和式(2-19b)的选用由国家附件规定。对于式(2-19a)和式(2-19b),国家附件也可修改式(2-19a),以便其中只包括永久作用。

注2:系数γ和ξ值由国家附件设定。使用式(2-19)或式(2-19a)和式(2-19b)时,建议使用以下γ和ξ的值:

$\gamma_{G,sup}=1.35$,$\gamma_{G,inf}=1.00$

$\gamma_Q=1.35$,当Q表示公路或行人交通引起的不利作用时(有利时取0)。

$\gamma_Q=1.20$,对于其他交通作用和其他可变作用。

$\xi=0.85$(因此,$\xi\gamma_{G,sup}=0.85\times1.35=1.15$)。

对于不均匀沉降引起的作用具有不利效应的设计状况,在线弹性分析中取$\gamma_{Gset}=1.20$,在非线弹性分析中取$\gamma_{Gset}=1$。对于不均匀沉降引起的作用具有有利效应的设计状况,这些作用不予考虑。

用于强迫变形的值另见EN 1991 ~ EN 1999。

γ_P取相关欧洲标准中的建议值。

(1)这个值涵盖了结构和非结构构件、道床、土层、地下水和自由水以及可移动荷载等的自重。

(2)这个值涵盖了由土层、地下水、自由水、道砟以及交通荷载等代土压力、交通荷载空气动力作用、风荷载、温度作用等所引起的可变水平推力。

注3:所有同一来源的永久作用的标准值,当总作用效应为不利时,乘以系数$\gamma_{G,sup}$;当总效应有利时,乘以系数$\gamma_{G,inf}$。例如,来自结构自重的所有作用可被视为同一来源;如果包含不同的材料,这也同样适用。

注4:进行特殊验算时,γ_G和γ_Q的值可划分γ_g、γ_q和模型不确定系数γ_{Sd}。γ_{Sd}的取值范围为1.0 ~ 1.15,可用于大多数情况,并可以在国家附件中修改。

注5:当EN 1997没有包括水作用(如流动水)时,可针对具体项目定义所使用的作用组合

注:* 可变作用指表2-10中的值。

作用设计值(STR/GEO)(C组) 表2-12(C)

持久与短暂设计状况	永久作用		预应力	主导可变作用*	伴随可变作用*	
	不利	有利			主要(若有)	其他
式(2-19)	$\gamma_{Gj,sup}G_{kj,sup}$	$\gamma_{Gj,inf}G_{kj,inf}$	$\gamma_P P$	$\gamma_{Q,1}Q_{k,1}$		$\gamma_{Q,i}\psi_{0,i}Q_{k,i}$

注:系数γ的值可由国家附件设定。γ的建议值如下:

$\gamma_{G,sup}=1.00$,$\gamma_{G,inf}=1.00$,$\gamma_{G,set}=1.00$

$\gamma_Q=1.15$,对于公路和行人交通作用不利时(有利时取0)。

$\gamma_Q=1.30$,对于由土层、地下水,由水和道床引起的横向土压力的可变部分,以及交通荷载产生的附加的横向土压力,当其作用为不利时(有利时取0)。

$Q=1.30$,当所有其他可变作用为不利时(有利时取0)。

$G_{set}=1.00$,在线性或非线性分析中,由不均匀沉降引起的作用不利时。由不均匀沉降引起时,这些作用则不必考虑。

γ_P取相关欧洲标准中的建议值

注:* 可变作用指表2-10中的值。

2)偶然和地震设计状况下的作用设计值

(1)在偶然和地震设计状况下,承载能力极限状态的分项系数由表2-13给出。

(2)在特殊情况下,当有必要同时考虑偶然作用与一个或多个可变作用组合时,应定义其代表值。

用于偶然和地震作用组合的作用设计值 表 2-13

设计状况	永久作用		预应力	主导偶然作用或地震作用	伴随可变作用**	
	不利	有利			主要(若有)	其他
偶然状况*	$G_{kj,sup}$	$G_{kj,inf}$	P	A_d	$\psi_{11}Q_{k1}$ 或 $\psi_{21}Q_{k1}$	$\psi_{2,i}Q_{k,i}$
地震状况	$G_{kj,sup}$	$G_{kj,inf}$	P	$A_{Ed}=\gamma_1 A_{Ek}$		$\psi_{2,i}Q_{k,i}$
* 在偶然设计状况下,主要可变作用采用其频遇值,或与地震作用组合中一样,采用准永久值。国家附件根据所考虑的偶然作用作出选择。 ** 表示可变作用均为表 2-10 中的数值。						

注:表中的设计值可以在国家附件中修改。对于所有非地震作用,建议取 $\gamma=1.0$。

2.5.3.2 正常使用极限状态和其他特殊极限状态

对于正常使用极限状态,作用的设计值应按表 2-14 取值,除非在 EN 1991 ~ EN 1999 中有不同规定。

用于作用组合的作用设计值 表 2-14

组合	永久作用 G_d		预应力	可变作用 Q_d	
	不利	有利		主导	其他
标准组合	$G_{kj,sup}$	$G_{kj,inf}$	P	$Q_{k,1}$	$\psi_{0,i}Q_{k,i}$
频遇组合	$G_{kj,sup}$	$G_{kj,inf}$	P	$\psi_{1,1}Q_{k,1}$	$\psi_{2,i}Q_{k,i}$
准永久组合	$G_{kj,sup}$	$G_{kj,inf}$	P	$\psi_{2,1}Q_{k,1}$	$\psi_{2,i}Q_{k,i}$

注:对于正常使用极限状态,交通作用和其他作用的系数 γ 值可在国家附件中定义。表 2-14 给出了建议设计值,其中所有的系数 γ 取 1.00。

2.5.3.3 特殊极限状态

EN 1992-1-1 进一步规定了用于混凝土桥梁设计的收缩、预应力和疲劳荷载的荷载分项系数,如表 2-15 所示。这些系数均为国家定义参数。

荷载分项系数的推荐值 表 2-15

作用	ULS(不利)	ULS(有利)	SLS(不利)	SLS(有利)	疲劳
收缩	$\gamma_{SH}=1.0$	0	1.0	0	1.0(不利),0(有利)
预应力——整体效应	$\gamma_{P,unfav}=1.3$	$\gamma_{P,fav}=1.0$	1.0	1.0	1.0
预应力——局部效应	$\gamma_{P,unfav}=1.2$	$\gamma_{P,fav}=1.0$	1.0	1.0	1.0
疲劳荷载	—	—	—	—	$\gamma_{F,fat}=1.0$

JTG D60—2015 关于永久作用效应、可变作用效应分项系数分别如表 2-16 和表 2-17 所示。

永久作用效应的分项系数(JTG D60—2015) 表 2-16

编号	作用类别		永久作用效应分项系数	
			对结构的承载能力不利	对结构的承载能力有利
1	混凝土和圬工结构重力(包括结构附加重力)		1.2	1.0
	钢结构重力(包括结构附加重力)		1.1 或 1.2	
2	预加力		1.2	1.0
3	土的重力		1.2	1.0
4	混凝土的收缩及徐变作用		1.0	1.0
5	土侧压力		1.4	1.0
6	水的浮力		1.0	1.0
7	基础变位作用	混凝土和圬工结构	0.5	0.5
		钢结构	1.0	1.0

注:对于表中编号 1,当钢桥采用钢桥面板时,永久作用效应分项系数取 1.1;当采用混凝土桥面板时,取 1.2。

可变作用效应的分项系数(JTG D60—2015)　　表 2-17

作用极限状态		作用类别	可变作用效应分项系数	
			对结构的承载能力不利	对结构的承载能力有利
承载能力极限状态	1	汽车荷载	1.4	0.0
	2	风荷载	1.1	0.0
	3	其他可变荷载	1.4	0.0
正常使用极限状态		所有可变荷载	1.0	0.0

例 2-2　算例

一座两跨钢筋混凝土连续梁桥,桥墩高 6.5m,中间桥墩和两端桥台均设置横向位移约束支座,一个桥台设置纵向位移约束支座,桥下有一条横穿公路,桥墩存在侧面被撞击的可能性。桥梁结构的部分荷载效应标准值如表 2-18 所示,其中,gr1a 荷载组代表竖向最大普通交通荷载,gr2 荷载组代表水平向最大普通交通荷载,gr5 荷载组代表竖向最大特殊交通荷载。试确定持久设计状况主梁抗弯验算、主梁裂缝宽度验算、桥墩承载能力验算和偶然设计状况桥墩承载能力验算的荷载效应设计值。

桥梁结构部分荷载效应标准值　　表 2-18

作用效应		效应符号	作用效应标准值		
			跨中弯矩(kN·m)	桥墩竖向力(kN)	桥墩水平力(kN)
恒载作用效应		$S_{DL,k}$	1434	915	0
附加恒载作用效应		$S_{SDL,k}$	906	577(max)/223(min)	0
桥墩撞击作用效应		S_{Ad}	—	—	1500/750
风荷载作用效应		S_{Wk}	51	24	236
温度作用效应		$S_{Th,k}$	215	30	0
gr1a 作用效应	LM1	$S_{TS,k}$ $S_{UDL,k}$	2955 1378	413 356	0
	行人荷载	$S_{Ped,k}$	82	52	
gr2 作用效应	水平力及 LM1	$S_{TS,k}$ $S_{UDL,k}$	226 1117	595(max) 712(max)	226
gr5 作用效应	LM3	$S_{LM3,k}$	4154	1208	0
	与 LM3 并存的 LM1	$S_{TS,k}$ $S_{UDL,k}$	314 153	314 153	

1)按 EN 1992-2 验算

(1)主梁抗弯验算的荷载效应设计值

主梁抗弯验算属于持久设计状况的承载能力验算,不必考虑土工作用和失稳问题,故采用表 2-19 中的作用分项系数。

主梁抗弯验算的作用分项系数　　表 2-19

作用效应	分项系数符号	作用分项系数	
		不利情况,$\gamma_{G,sup}$或γ_Q	有利情况,$\gamma_{G,inf}$或γ_Q
恒载作用效应	$\gamma_{G,DL}$	1.35	1.0
附加恒载作用效应	$\gamma_{G,SDL}$	1.35	1.0
交通荷载作用效应	$\gamma_{G,Tr}$	1.35	0
风荷载作用效应	$\gamma_{G,W}$	1.5	0
温度作用效应	$\gamma_{G,Th}$	1.5	0

根据表 2-18，由可变作用产生的跨中弯矩效应中，交通荷载最为不利，故将交通荷载作为主导可变作用，其余作为伴随可变作用。

另外，风荷载与温度作用不必同时考虑，因温度作用引起的跨中弯矩相对较大，故将温度作为伴随可变作用。

在交通荷载产生的跨中弯矩中，gr1a 和 gr5 比较接近，且都明显大于 gr2，故 gr2 不作考虑。又因 gr1a 为 LM1 的标准值与行人荷载组合值之和，而 gr5 为 LM3 的标准值与 LM1 的频遇值之和，gr1a 和 gr5 需通过计算确定，具体如表 2-20 和表 2-21 所示。

主梁弯矩基本组合设计值（gr1a 参与组合） 表 2-20

作用效应		效应符号	效应标准值（kN·m）	分项系数 γ	组合值系数 ψ_0	荷载组合系数	效应设计值（kN·m）
恒载作用效应		$S_{DL,k}$	1434	1.35	—	—	1936
附加恒载作用效应		$S_{SDL,k}$	906	1.35	—	—	1223
gr1a 作用效应	LM1(TS)	$S_{TS,k}$	2955	1.35	—	1.0	3989
	LM1(UDL)	$S_{UDL,k}$	1378	1.35	—	1.0	1860
	行人荷载	$S_{Ped,k}$	82	1.35	—	0.4	44
温度作用效应		$S_{Th,k}$	215	1.5	0.6	—	194
合计							9246

主梁弯矩基本组合设计值（gr5 参与组合） 表 2-21

作用效应		效应符号	效应标准值（kN·m）	分项系数 γ	组合值系数 ψ_0	荷载组合系数	效应设计值（kN·m）
恒载作用效应		$S_{DL,k}$	1434	1.35	—	—	1936
附加恒载作用效应		$S_{SDL,k}$	906	1.35	—	—	1223
gr5 作用效应	LM1(TS)	$S_{TS,k}$	341	1.35	—	0.75	345
	LM1(UDL)	$S_{UDL,k}$	153	1.35	—	0.4	83
	LM3	$S_{LM3,k}$	4154	1.35	—	1.0	5608
温度作用效应		$S_{Th,k}$	215	1.5	0.6	—	194
合计							9388

比较表 2-20 和表 2-21 的计算结果，可以看出 gr5 参与组合的主梁弯矩设计值更大，故主梁弯矩设计值为 9388kN·m。

(2) 主梁裂缝宽度验算的荷载效应设计值

主梁裂缝宽度验算属于正常使用极限状态验算，采用准永久组合。交通荷载仍采用 gr5，风载作用不参与组合。具体计算如表 2-22 所示。

主梁弯矩准永久组合设计值 表 2-22

作用效应		效应符号	效应标准值（kN·m）	分项系数 γ	组合值系数 ψ_2	荷载组合系数	效应设计值（kN·m）
恒载作用效应		$S_{DL,k}$	1434	1.0	—	—	1434
附加恒载作用效应		$S_{SDL,k}$	906	1.0	—	—	906
gr5 作用效应	LM1(TS)	$S_{TS,k}$	341	1.0	1.0	0.75	0
	LM1(UDL)	$S_{UDL,k}$	153	1.0	1.0	0.4	0
	LM3	$S_{LM3,k}$	4154	1.0	1.0	1.0	0
温度作用效应		$S_{Th,k}$	215	1.0	0.5	—	108
合计							2448

(3)桥墩承载能力验算的荷载效应设计值

桥墩承受的内力来自上部结构自重及交通荷载产生的轴力,风荷载及交通荷载水平力产生的剪力和弯矩,其承载能力按压弯构件验算。桥墩承载能力也属于强度验算问题,荷载分项系数同表 2-19。由于风荷载与交通荷载水平力产生的墩柱剪力比较接近,不能立即判断作为主导可变作用的荷载,需轮换试算确定,具体如表 2-23 和表 2-24 所示。

桥墩剪力基本组合设计值(风荷载主导)　　表 2-23

作 用 效 应	效应符号	效应标准值(kN·m)	分项系数 γ	组合值系数 ψ_0	荷载组合系数	效应设计值(kN·m)
恒载作用效应	$S_{DL,k}$	—	—	—	—	—
附加恒载作用效应	$S_{SDL,k}$	—	—	—	—	—
gr2 作用效应	$S_{gr2,k}$	226	1.35	0	1.0	0
风荷载作用效应	S_{Wk}	235	1.5	—	—	353
合计						353

桥墩剪力基本组合设计值(gr2 主导)　　表 2-24

作 用 效 应	效应符号	效应标准值(kN·m)	分项系数 γ	组合值系数 ψ_0	荷载组合系数	效应设计值(kN·m)
恒载作用效应	$S_{DL,k}$	—	—	—	—	—
附加恒载作用效应	$S_{SDL,k}$	—	—	—	—	—
gr2 作用效应	$S_{gr2,k}$	226	1.35	—	1.0	305
风荷载作用效应	S_{Wk}	235	1.5	0.6	—	212
合计						517

比较表 2-23 和表 2-24 的计算结果,可以看出 gr2 作为主导可变作用时的桥墩剪力设计值更大,故桥墩剪力设计值为 517kN,桥墩高度为 6.5m,墩底弯矩设计值为 3361kN·m。

同桥墩最不利的剪力和弯矩并存的轴力设计值也应采用与表 2-24 相同的荷载组合方式,将 gr2 作为主导可变作用。轴力设计值分最大、最小两种情况,分别取 $\gamma_{G,sup}$ 和 $\gamma_{G,inf}$ 两种分项系数,具体如表 2-25 和表 2-26 所示。

桥墩最大轴力基本组合设计值(gr2 主导)　　表 2-25

作 用 效 应	效应符号	效应标准值(kN·m)	分项系数 γ	组合值系数 ψ_0	荷载组合系数	效应设计值(kN·m)
恒载作用效应	$S_{DL,k}$	915	1.35	—	—	1235
附加恒载作用效应	$S_{SDL,k}$	577	1.35	—	—	779
gr2 作用效应	$S_{TS,k}$	595	1.35	—	0	0
	$S_{UDL,k}$	712	1.35	—	0	0
风荷载作用效应	S_{Wk}	24	1.5	0.6	—	22
合计						2036

桥墩最小轴力基本组合设计值(gr2 主导)　　表 2-26

作 用 效 应	效应符号	效应标准值(kN·m)	分项系数 γ	组合值系数 ψ_0	荷载组合系数	效应设计值(kN·m)
恒载作用效应	$S_{DL,k}$	915	1.0	—	—	915
附加恒载作用效应	$S_{SDL,k}$	223	1.0	—	—	223

续上表

作 用 效 应	效应符号	效应标准值(kN·m)	分项系数 γ	组合值系数 ψ_0	荷载组合系数	效应设计值(kN·m)
gr2 作用效应	$S_{TS,k}$	595	1.35	—	0	0
	$S_{UDL,k}$	712	1.35	—	0	0
风荷载作用效应	S_{Wk}	24	1.5	0.6	—	22
合计						1160

综合表 2-23、表 2-24，桥墩持久设计状况的设计荷载效应为：弯矩 3361kN · m，剪力 517kN，最大轴力 2036kN，最小轴力 1160kN。

(4)偶然设计状况下桥墩承载能力验算的荷载效应设计值

汽车对桥墩的撞击作用含主要撞击作用和次要撞击作用两部分，作用方向平行于桥梁轴线方向。主要撞击作用分布在离路面以上 0.75 ~ 1.5m 范围，次要撞击作用分布在离路面以上 1 ~ 3m范围，本算例中均取为 1.25m。

根据 EN 1990 ： 2002 附录 A.2.2.5(1)和 A.2.2.5(2)，桥墩受汽车撞击的偶然设计状况，应将桥上交通荷载的频遇值作为伴随可变作用参与组合，并且不必考虑风荷载。根据表 2-10 公路桥梁交通荷载组(gr1a ~ gr5)中只有 gr1a、gr1b 和 gr3 的频遇值系数 ψ_1 不等于 0，因此本算例选择 gr1a 中的 LM1 参与荷载组合，具体计算如表 2-27 ~ 表 2-29 所示。

桥墩偶然设计状况剪力设计值 表 2-27

作 用 效 应		效应符号	效应标准值(kN·m)	分项系数 γ	组合值系数 ψ	荷载组合系数	效应设计值(kN·m)
恒载作用效应		$S_{DL,k}$	—	—	—	—	—
附加恒载作用效应		$S_{SDL,k}$	—	—	—	—	—
桥墩撞击作用效应		S_{Ad}	1500/750	1.0	—	—	1500/750
gr1a 作用效应	LM1(TS)	$S_{TS,k}$	—	—	—	—	—
	LM1(UDL)	$S_{UDL,k}$	—	—	—	—	—
温度作用效应		$S_{Th,k}$	—	—	—	—	—
合计							2250

桥墩偶然设计状况最大轴力设计值 表 2-28

作 用 效 应		效应符号	效应标准值(kN·m)	分项系数 γ	组合值系数 ψ	荷载组合系数	效应设计值(kN·m)
恒载作用效应		$S_{DL,k}$	915	1.0	—	—	915
附加恒载作用效应		$S_{SDL,k}$	577	1.0	—	—	577
桥墩撞击作用效应		S_{Ad}	—	—	—	—	—
gr1a 作用效应	LM1(TS)	$S_{TS,k}$	413	1.0	0.75	1.0	310
	LM1(UDL)	$S_{UDL,k}$	356	1.0	0.4	1.0	142
温度作用效应		$S_{Th,k}$	30	1.0	0.5	—	15
合计							1959

桥墩偶然设计状况最小轴力设计值 表 2-29

作 用 效 应		效应符号	效应标准值（kN·m）	分项系数 γ	组合值系数 ψ	荷载组合系数	效应设计值（kN·m）
恒载作用效应		$S_{DL,k}$	915	1.0	—	—	915
附加恒载作用效应		$S_{SDL,k}$	223	1.0	—	—	223
桥墩撞击作用效应		S_{Ad}	—	—	—	—	—
gr1a 作用效应	LM1(TS)	$S_{TS,k}$	—	—	—	—	—
	LM1(UDL)	$S_{UDL,k}$	—	—	—	—	—
温度作用效应		$S_{Th,k}$	—	—	—	—	—
合计							1138

桥墩撞击作用分布在离路面 1.25m 高度处，故墩底弯矩设计值为 2813kN·m。综合以上荷载效应组合结果，桥墩偶然设计状况的设计荷载效应为：弯矩 2813kN·m，剪力 2250kN，最大轴力 1959kN，最小轴力 1138kN。

2）按 JTG 3362—2015 验算

（1）主梁抗弯验算的荷载效应设计值

主梁抗弯验算属于持久设计状况的承载能力验算，不必考虑土工作用和失稳问题，故采用表 2-30 中的作用分项系数。

主梁受弯验算的作用分项系数 表 2-30

作 用 效 应	作用分项系数	
	对结构的承载能力不利	对结构的承载能力有利
恒载作用效应(包括附加恒载作用效应)	1.2	1.0
汽车荷载	14	0
风荷载	1.1	0
其他可变荷载	1.4	0

根据表 2-18，由可变作用产生的跨中弯矩效应中，交通荷载最为不利，故将交通荷载作为主导可变作用，其余作为伴随可变作用。

在交通荷载产生的跨中弯矩中，gr1a 和 gr5 比较接近，且都明显大于 gr2，故 gr2 不作考虑。gr1a 和 gr5 需通过计算确定，如表 2-31 和表 2-32 所示。

主梁弯矩基本组合设计值（gr1a 参与组合） 表 2-31

作 用 效 应		效应标准值（kN·m）	分项系数 γ	组合值系数 ψ_0	荷载组合系数	效应设计值（kN·m）
恒载作用效应		1434	1.2	—	—	1721
附加恒载作用效应		906	1.2	—	—	1087
gr1a 作用效应	LM1(TS)	2955	1.4	—	—	4137
	LM1(UDL)	1378	1.4	—	—	1929
	行人荷载	82	1.4	0.6	—	69
温度作用效应		215	1.4	0.6	—	181
风荷载作用效应		51	1.1	0.6	—	34
合计						9158

主梁弯矩基本组合设计值（gr5 参与组合） 表 2-32

作用效应		效应标准值（kN·m）	分项系数 γ	组合值系数 ψ_0	荷载组合系数	效应设计值（kN·m）
恒载作用效应		1434	1.2	—	—	1721
附加恒载作用效应		906	1.2	—	—	1087
gr5 作用效应	LM1(TS)	341	1.4	1.0	—	477
	LM1(UDL)	153	1.4	1.0	—	214
	LM3	4154	1.4	1.0	—	5816
温度作用效应		215	1.4	0.7	—	211
风荷载作用效应		51	1.1	0.7	—	39
合计						9565

比较表 2-31 和表 2-32 的计算结果，可以看出 gr5 参与组合的主梁弯矩设计值更大，故主梁弯矩设计值为 9565kN · m。

(2) 主梁裂缝宽度验算的荷载效应设计值

主梁裂缝宽度验算属于正常使用极限状态验算，采用准永久组合。交通荷载仍采用 gr5，风荷载作用不参与组合，具体计算如表 2-33 所示。

主梁弯矩准永久组合设计值 表 2-33

作用效应		效应标准值（kN·m）	分项系数 γ	组合值系数 ψ_2	荷载组合系数	效应设计值（kN·m）
恒载作用效应		1434	1.0	—	—	1434
附加恒载作用效应		906	1.0	—	—	906
gr5 作用效应	LM1(TS)	341	1.0	0.4	—	136
	LM1(UDL)	153	1.0	0.4	—	61
	LM3	4154	1.0	0.4	—	1662
温度作用效应		215	1.0	0.8	—	172
合计						4371

(3) 桥墩承载能力验算的荷载效应设计值

桥墩承受的内力来自上部结构自重及交通荷载产生的轴力，风荷载及交通荷载水平力产生的剪力和弯矩，其承载能力按压弯构件验算。桥墩承载能力也属于强度验算问题，荷载分项系数同表 2-19。由于风荷载与交通荷载水平力产生的墩柱剪力比较接近，不能立即判断作为主导可变作用的荷载，需轮换试算确定，具体如表 2-34 和表 2-35 所示。

桥墩剪力基本组合设计值 表 2-34

作用效应	效应标准值（kN·m）	分项系数 γ	组合值系数 ψ_0	荷载组合系数	效应设计值（kN·m）
恒载作用效应	—	—	—	—	—
附加恒载作用效应	—	—	—	—	—
gr2 作用效应	226	1.4	1.0	—	316
风荷载作用效应	236	1.1	0.8	—	208
合计					524

由表2-34的计算结果,桥墩剪力设计值为524kN,桥墩高6.5m,墩底弯矩设计值为3406kN·m。

同桥墩最不利的剪力和弯矩并存的轴力设计值也应采用与表2-34相同的荷载组合方式,将gr2作为主导可变作用。轴力设计值分最大、最小两种情况,具体如表2-35和表2-36所示。

桥墩最大轴力基本组合设计值(gr2主导) 表2-35

作用效应		效应标准值(kN·m)	分项系数 γ	组合值系数 ψ_0	荷载组合系数	效应设计值(kN·m)
恒载作用效应		915	1.2	—	—	1098
附加恒载作用效应		577	1.2	—	—	692
gr2作用效应		595	1.4	—	—	833
		712	1.4	—	—	997
风荷载作用效应		24	1.1	0.7	—	18
温度作用效应		30	1.4	0.7	—	29
合计						3667

桥墩最小轴力基本组合设计值(gr2主导) 表2-36

作用效应		效应标准值(kN·m)	分项系数 γ	组合值系数 ψ_0	荷载组合系数	效应设计值(kN·m)
恒载作用效应		915	1.2	—	—	1098
附加恒载作用效应		223	1.2	—	—	268
gr2作用效应		595	1.4	—	—	833
		712	1.4	—	—	997
风荷载作用效应		24	1.1	0.7	—	18
温度作用效应		30	1.4	0.7	—	29
合计						3243

综合表2-34~表2-36,桥墩持久设计状况的设计荷载效应为:弯矩3406kN·m,剪力524kN,最大轴力3667kN,最小轴力3243kN。

(4)偶然设计状况下桥墩承载能力验算的荷载效应设计值

汽车对桥墩的撞击作用含主要撞击作用和次要撞击作用两部分,作用方向平行于桥梁轴线。主要撞击作用分布在离路面以上0.75~1.5m范围,次要撞击作用分布在离路面以上1~3m范围,本算例中均取为1.25m。

桥墩受汽车撞击的偶然设计状况,应将桥上交通荷载的频遇值作为伴随可变作用参与组合,并且不必考虑风荷载。本算例选择gr1a中的LM1参与荷载组合,具体计算如表2-37~表2-39所示。

桥墩偶然设计状况剪力设计值 表2-37

作用效应		效应标准值(kN·m)	分项系数 γ	组合值系数 ψ	荷载组合系数	效应设计值(kN·m)
恒载作用效应		—	—	—	—	—
附加恒载作用效应		—	—	—	—	—
桥墩撞击作用效应		1500/750	1.0	—	—	1500/750
gr1a作用效应	LM1(TS)	—	—	—	—	—
	LM1(UDL)	—	—	—	—	—
温度作用效应		—	—	—	—	—
合计						2250

桥墩偶然设计状况最大轴力设计值　　表 2-38

作用效应		效应标准值（kN・m）	分项系数 γ	组合值系数 ψ	荷载组合系数	效应设计值（kN・m）
恒载作用效应		915	1.0	—	—	915
附加恒载作用效应		577	1.0	—	—	577
桥墩撞击作用效应		—	—	—	—	—
gr1a 作用效应	LM1(TS)	413	1.0	0.7	—	289
	LM1(UDL)	356	1.0	0.7	—	249
温度作用效应		30	1.0	0.8	—	24
合计						2054

桥墩偶然设计状况最小轴力设计值　　表 2-39

作用效应		效应标准值（kN・m）	分项系数 γ	组合值系数 ψ	荷载组合系数	效应设计值（kN・m）
恒载作用效应		915	1.0	—	—	915
附加恒载作用效应		223	1.0	—	—	223
桥墩撞击作用效应		—	—	—	—	—
gr1a 作用效应	LM1(TS)	—	—	—	—	—
	LM1(UDL)	—	—	—	—	—
温度作用效应		30	—	—	—	—
合计						1138

桥墩撞击作用分布在离路面 1.25m 高度处，故墩底弯矩设计值为 2813kN・m。综合以上荷载效应组合结果，桥墩偶然设计状况的设计荷载效应为：弯矩 2813kN・m，剪力 2250kN，最大轴力 2054kN，最小轴力 1138kN。

2.6 可靠性管理

影响结构可靠性的因素众多，不仅包括可靠度设计中各种变量的概率统计模型是否准确，还包括设定的可靠度目标是否合理，以及结构在设计、施工维护过程中人为不利因素是否得到有效控制。因此，为了保证结构达到要求的可靠性，需要对这些影响因素进行科学管理。GB 50153—2008 和 EN 1990 均采用了结构可靠性分级、设计监理分级和施工检查分级三项措施确保结构可靠性。

2.6.1 可靠性分级

2.6.1.1 失效后果类别

工程结构设计的基本原则是安全适用、经济合理、技术先进和经久耐用。安全和经济是一对矛盾，结构的安全性越高，建造费用越大，资源消耗越多。在资源有限的情况下，为保持整个社会的协调发展，从一个国家考虑，社会各行业之间资源的分配必须符合一定的比例，或者说在有限的资源中只能将一定数量的资金用于基础设施建设。所以，从工程结构设计来讲，就要考虑安全性与资源的合理利用问题。目前采用的方法是对结构进行安全性分级，不同安全等级的结构设计采用的安全水准不同。

确定结构的安全等级,首先要考虑结构破坏可能造成的后果,如危及人的生命安全、造成的经济损失、产生的社会影响等;其次要考虑结构的重要性和破坏的性质,如是延性破坏还是脆性破坏。中国标准和欧洲标准均将结构分为三个安全等级,如表2-40所示。

中欧标准关于结构安全等级的划分 表2-40

标　　准	安全等级	结构重要性或破坏后果	示　　例
GB 50153—2008	一级	重要结构	特大桥、大桥、中桥、重要小桥
	二级	一般结构	小桥、重要涵洞、重要挡土墙
	三级	次要结构	涵洞、挡土墙、防撞护栏
EN 1990:2002	RC3	CC3(严重后果)	运动场看台、公共建筑
	RC2	CC2(中等后果)	住宅和办公楼、一般公共建筑
	RC1	CC1(后果不严重)	农业建筑、温室

另外,EN 1990中失效后果还与工程结构使用频率有关,结构使用频率越高,人生命遭受损失的可能性越大、风险越高。这种情况就是普通结构失效也会产生严重后果,根据以上因素,对失效后果作更精致的划分,如表2-41所示。而GB 50153—2008没有这方面的细则。

失效后果类别 表2-41

结构使用频率	失效后果类别		
	低	中	高
低	CC1	CC2	CC3
中	CC2	CC2	CC3
高	不适用	CC3	CC3

2.6.1.2 可靠度指标分级

相应于失效后果类别CC1、CC2和CC3,EN 1990定义了三个可靠度等级:RC1、RC2和RC3。可靠度是结构失效概率的另一种表达形式,失效后果严重的结构在设计时必然采用更高的目标可靠度。鉴于不同可靠度等级的可靠度指标不可能采用纯理论方法确定,EN 1990通过半理论、半经验的方法确定承载能力极限状态的最低可靠度指标,如表2-42所示。

EN 1990中三个可靠等级最低可靠度指标 表2-42

可靠度等级	失效后果类别	可靠度指标					
		承载能力极限状态		疲劳极限状态		正常使用极限状态	
		1年基准期	50年基准期	1年基准期	50年基准期	1年基准期	50年基准期
RC3	CC3	5.2	4.3	—	—	—	—
RC2	CC2	4.7	3.8	—	1.5~3.8	2.9	1.5
RC1	CC1	4.2	3.3	—	—	—	—

中国关于这方面的研究相对较晚,行业之间也存在差异。GB 50153—2008的规定如表2-43所示。

GB 50153—2008中三个可靠度等级对应的可靠度指标 表2-43

破坏类型	房屋建筑结构构件的可靠度指标			公路桥涵结构的可靠度指标		
	一级	二级	三级	一级	二级	三级
延性破坏	3.7	3.2	2.7	4.7	4.2	3.7
脆性破坏	4.2	3.7	3.2	5.2	4.7	4.2

对比表2-42和表2-43中的可靠度指标,中国标准关于建筑行业的可靠性要求明显低于欧洲标准,关于桥梁结构的可靠性要求与欧洲标准要求相当。

2.6.1.3 荷载作用分项系数

EN 1990荷载与抗力分项系数设计法中的荷载分项系数 γ_F 和材料强度分项系数 γ_M 取值根据可靠度等级RC2对应的可靠度指标校准而来。对于RC3和RC1的分项系数,EN 1990采用了一种简化处理方法,即在相同的设计监理和施工检查等级下,对不利的荷载分项系数乘以系数 K_{FI},如表2-44所示。GB 50153—2008关于荷载作用分项系数的处理与EN 1990类似,以安全等级二级为标准,一级和三级乘以结构重要性系数 γ_0,如表2-44所示。

中欧标准关于荷载作用分项系数的取值 表2-44

EN 1990	可靠度等级	RC1	RC2	RC3
	K_{FI}	0.9	1.0	1.1
GB 50153—2008	重要性等级	一级	二级	三级
	γ_0	1.1	1.0	0.9

2.6.2 设计监理分级

欧洲国家曾做过调查统计,发现建筑工程结构中的严重安全事故是因设计、施工人员不遵守相关规则而导致的。表2-45示出了三种设计监理水平(DSL),可根据国家可靠度等级或国家要求来进行相应的质量管理和监督。

EN 1990中关于设计监理水平(DSL) 表2-45

设计监理水平	可靠度分级	特　征	对计算、绘图和审查的最低要求
DSL3	RC3	延伸监理	由非设计单位的第三方机构核查
DSL2	RC2	常规监理	由项目负责人之外的其他人员按组织程序核查
DSL1	RC1	常规监理	由设计人员自查

中国设计监理并没有明确的分级管理,政府将审查工作委托审查机构办理,并由具有高度专业经历的审查人员承担,在设计人员自身质量保证体系的基础上增加一道质量把关监督机制,再加上政府对审查机构的考核,形成一个政府、审查机构、设计者三级设计质量监督管理体系,从而在制度上确保工程受制于政府的强制监督,于施工中接受监督机构定期和不定期的巡查及抽查,为提高结构设计质量提供有效的保障。

2.6.3 施工检查分级

除了设计监理外,EN 1990还规定了施工检查分级,以减少施工过程中的人为错误。表2-46所示为三种施工检查水平(IL),可根据选用的质量管理等级来确定,并通过适当的质量管理措施来执行。

EN 1990中关于施工检查水平(IL) 表2-46

施工检查水平	可靠度分级	特　征	要　求
IL3	RC3	延伸检查	由第三方检查
IL2	RC2	常规检查	按组织程序检查
IL1	RC1	常规检查	自检

GB 50153—2008中没有就施工检查分级作出明确规定,具体由各设计、施工、监理等相关方负责管理。

2.7 本章小结

本章主要讲述混凝土结构设计的基本知识与基础内容，首先介绍基本变量、功能要求、极限状态、设计状况、设计使用寿命和结构安全等级等结构设计的基本概念，随后介绍可靠性设计理论、极限状态设计原理等结构设计理论，最后讲述桥梁上的作用、组合规则、各种极限状态下的组合表达式，分项系数、组合系数的取值，并将中欧标准中的差异进行对比。总体而论，EN 1992-2引用了 EN 1990 关于混凝土桥梁设计流程所必须遵循的基本原则和要求，包括需要考虑的极限状态和作用组合，以及桥梁在各种极限状态下所要求的性能与 GB 50153—2008 没有本质的区别，水平相当，但细节处理方面仍然存在一定差异，现归纳如下：

(1)EN 1992-2 引用了 EN 1990 关于桥梁的设计使用寿命、耐久性和质量管理的相关规则。EN 1990 规定永久性桥梁的指导性设计寿命为 100 年；将结构根据破坏后果严重程度分为 RC3、RC2、RC1 三个安全等级，这些与 GB 50153—2008 和 JTG 3362—2018 基本一致。

(2)中欧标准均将环境作用列为与荷载、材料强度、弹性常数、构件几何尺寸等物理量等同对待的基本变量。基本变量的代表值、设计值的确定原则与确定方法也相同。

(3)《结构设计基础》(EN 1990:2002)将结构设计状况分为持久状况、短暂状况、偶然状况和地震状况。中国标准《工程结构可靠性设计统一标准》与欧洲标准类似，也将结构的设计状况分为以上四种。

(4)EN 1992-2 引用 EN 1990:2002 的规定，需验算四种极限状态，即 EQU、STR、GEO、FAT。JTG 3362—2018 没有考虑 FAT 的验算，其认为可变荷载作用相对公路混凝土桥梁的刚度而言较小，交通荷载产生的疲劳效应可以忽略。

(5)关于桥梁上的作用，中欧标准具有一定的差异，欧洲标准理论车道的划分与中国标准设计车道的划分有所不同。一般对相同行车道宽桥梁，中国标准的设计车道数≤欧洲标准理论车道数。欧洲标准的车辆交通荷载 4 个模式与中国标准的汽车车道荷载、车辆荷载在形式和取值上都有所不同。EN 1992-2 要求，对任何设计状况，都应该考虑荷载模式 1(LM1)、荷载模式 2(LM2) 和 3(LM3)，荷载模式 4 仅在某些短暂设计状况中使用，这一点值得中国工程师注意。

(6)关于作用组合原则、作用设计值的取值方法，中欧标准基本相同，所不同的是中欧标准考虑的因素有差异。可变荷载组合时，欧洲标准认为风荷载、雪荷载与温度作用可能成为主导可变作用，而 JTG 3362—2018 则认为流水压力、冰压力与汽车制动力可能成为主导可变荷载。分项系数与组合系数有一定差异，总体而论，欧洲标准比 JTG 3362—2018 略显保守，这一点也值得中国工程师关注。

(7)组合作用验算表达式方面。

EN 1992-2：承载能力极限状态考虑持久和短暂设计状况作用组合、偶然设计状况(非地震)作用组合、施工阶段静力平衡的作用组合、地震设计状况作用组合四种状况；正常使用极限状态考虑标准组合、频遇组合、准永久组合三种状况。

JTG 3362—2018：承载能力极限状态考虑基本组合、偶然组合两种状况。其中偶然组合包含地震作用组合。正常使用极限状态考虑频遇组合与准永久组合两种状况。

中欧标准仅形式不同，其实质基本相同。所不同的是中国标准作用组合式中含有结构重要性系数 γ_0，而欧洲标准则不含这一系数，这一点是值得关注的差异。

(8)中欧标准都将预应力、混凝土收缩、徐变视为永久作用，但分项系数差异较大。比如 EN 1992-2 中预应力分项系数对应于 USL 和 SLS 状态取值不同，JTG 3362—2018 则没有此类规定；再如 EN 1992-2 中收缩效应的分项系数分为对结构有利与不利，有利取 0.0，不利取 1.0，JTG 3362—2018 没有区分，统一取 1.0；欧洲标准给出疲劳验算的分项系数，JTG 3362—2018 没有要求疲劳验算。

(9)值得特别关注的一点是作用验算式的选择,欧洲标准由于对岩土结构设计方法存在三种形式,导致作用组合系数的选择存在较大的差异,设计人员应针对不同设计方法选择对应的验算式与相应的分项系数,否则将会出现错误的结果。具体参见本系列丛书《中欧岩土工程设计标准对比分析》和 EN 1990:2002 及其附件 A1、A2。

第3章

桥梁上的作用

EN 1991 包含若干分册,其中各种作用的取值方法差异很大。鉴于篇幅所限,考虑本书重点是桥梁结构设计标准,对荷载的取值方法不作详细介绍。在此仅将 EN 1990:2002 附录 A2 及 EN 1991-2 中涉及的作用进行汇总,如表 3-1 所示,以便与 JTG D60—2015 中的作用对比。

EN 1991-2 与 JTG D60—2015 中公路桥梁作用的分类 表 3-1

编号	作用分类	EN 1991-2	JTG D60—2015	作 用 名 称
1	永久作用	√	√	结构自重,桥梁设备重量
2		√	√	预加力
3		√	√	土的重力
4		√	√	土侧压力
5		√	√	混凝土收缩及徐变作用
6		√	√	水的浮力
7		√	√	基础变位作用、预变形
8		√	—	雪荷载(特殊情况下考虑)
9	可变作用	√	√	汽车荷载
10		√	√	汽车冲击力
11		√	√	汽车离心力
12		√	√	汽车引起的土侧压力
13		√	√	人群荷载
14		√	√	汽车制动力和加速力
15		√	√	风荷载
16		√	—	雪荷载(施工期间)
17		√	—	施工荷载
18		√	√	流水压力
19		√	√	冰压力
20		√	√	温度(均匀温度和梯度温度)作用
21		√	√	支座摩阻力
22	偶然作用	√	√	船舶或漂流物的撞击作用
23		√	√	汽车撞击作用
24	地震作用	√	√	地震作用

从表 3-1 中可以看出,中欧标准对荷载的分类,除个别荷载类型略有差异外,其余基本相同。另外,欧洲标准将地震作用单列,中国标准将地震作用归入偶然作用。

3.1 自重

自重是结构构件自身的重量,从时间和空间上的变异性来看,结构构件的自重属于固定的永久作用。

EN 1991-1-1 是欧洲标准中关于建筑物的密度、自重和外加荷载的分册,其背景文件是由欧洲共同体成员的国家标准、ISO 9194 和 CIB 报告 115 及 116 构成的。但这些文件中的一些原则、规定和数据不完全一致。此外,关于材料重度、休止角的统计数据及取值都未达成统一。因此,EN 1991-1-1 只给出某些材料重度的范围,而没有给出具体值。

3.1.1 结构自重

桥梁的自重包括结构构件和非结构构件自重,以及桥上回填土的自重。结构构件通常是指受力构件,包括基础、桥墩、主梁、拱肋、桥塔、索等;而非结构构件主要指非受力构件,包括过桥管线、桥面防水和铺装、涂装、交通防撞装置、声屏障以及桥梁外装饰等附属设施。

结构构件的自重由构件材料的重度标准值和构件几何尺寸的名义值确定,名义尺寸一般取设计图中标注的尺寸。如果材料重度的统计变异性较大,应根据设计需要取用重度的上限值或下限值。当某些材料的重度以取值范围的形式给出时,应在工程设计原则中明确具体取值,若未作明确规定,可以采用取值范围的平均值。

对于非结构构件自重的标准值,应考虑其上限值和下限值。如果在设计原则中未明确指定,可按表 3-2 中的规定取值。

桥梁非结构构件自重标准值的确定 表 3-2

非结构构件	标准值偏差范围
防水、铺装和涂装	若名义值中包含后施工涂铺层,考虑 ±20% 的偏差 若名义值中不包含后施工涂铺层,考虑 ±40% 和 ±20% 的偏差
缆索、管道	在平均值的基础上考虑 ±20% 的偏差
防撞设施、声屏障、紧固件、连接件	取名义值,不考虑偏差

桥上回填土自重应根据局部条件、填土类型、地下水位变化以及固结度等因素,在具体工程中明确规定。

3.1.2 材料重度

表 3-3 汇总了 EN 1991-1-1 中关于桥梁结构常用材料的重度标准值。

桥梁结构常用材料的重度标准值

表3-3

材料类型	具体材料和等级		重度(kN/m³)	材料类型	具体材料和等级	重度(kN/m³)
混凝土	轻质	LC1.0级	9.0～10.0①②	天然石材	花岗石、正长岩、斑岩	27.0～30.0
		LC1.2级	10.0～12.0①②		玄武岩、闪长岩、辉长岩	27.0～30.0
		LC1.4级	12.0～14.0①②		玄武玻璃	26.0
		LC1.6级	14.0～16.0①②		玄武质熔岩	24.0
		LC1.8级	16.0～18.0①②		灰色砂岩、砂岩	21.0～27.0
		LC2.0级	18.0～20.0①②		致密石灰岩	20.0～29.0
	中质		24.0①②		其他石灰岩	20.0
	重质		>24.0①②		火山凝灰岩	20.0
砂浆	水泥砂浆		19.0～23.0		片麻岩	30.0
	石膏砂浆		12.0～18.0		板岩	28.0
	石灰水泥砂浆		18.0～20.0	木材	C14级	3.5
	石灰砂浆		12.0～18.0		C30级	4.6
砌体	黏土砖		见EN 771-1		C50级	7.8
	硅酸钙砖		见EN 771-2		C70级	10.8
	集料混凝土砌块		见EN 771-3	胶合木材	均质GL24h	3.7
	蒸压加气砌块		见EN 771-4		均质GL36h	4.4
	人造石砌块		见EN 771-5		复合GL24c	3.5
	空心玻璃块		见EN 1051		复合GL36c	4.2
	赤陶		23.0	金属	铝	27.0
桥面铺装	沥青混凝土		24.0～25.0		铜	87.0～89.0
	沥青玛蹄脂		18.0～22.0		铸铁	71.0～72.5
	热轧沥青		23.0		锻铁	76.0
桥梁填充料	干砂		15.0～16.0		铅	112.0～114.0
	砾石		15.0～16.0		钢	77.0～78.5
	硬核		18.5～19.5		锌	71.0～72.0
	碎渣		13.5～14.5	—	—	—
	填充碎石		20.5～21.5			
	黏土胶泥		18.5～19.5			

注:①对于正常配筋率的钢筋和预应力筋混凝土,增加1kN/m³。
②对于未硬化混凝土,增加1kN/m³。

3.2 桥梁上的交通荷载

公路桥梁上交通荷载包括由车辆自重和动力放大效应组成的竖向荷载、伴随竖向荷载的水平制动力和离心力、疲劳荷载。

3.2.1 理论车道划分

在讲述EN 1992-2交通荷载之前,需先弄清车道划分规则。EN 1992-2的理论车道数是以行车道总宽除以3,取整数部分就是桥梁的理论车道数,如表3-4所示。

EN 1992-2 中理论车道的数目和宽度 表 3-4

行车道宽度 w	理论车道数 n	单车道宽度 w_1(m)	剩余区域宽度(m)
$w<5.4\text{m}$	$n=1$	3	$w-3$
$5.4\text{m}\leqslant w<6\text{m}$	$n=2$	$w/2$	0
$w\geqslant 6\text{m}$	$n=\text{int}(w/3)$	3	$w-3\times n$
例如,行车道宽为 11m,$n=\text{int}(w/3)=3$,剩余区域宽度 $=11-3\times3=2\text{m}$			

在理论车道划分以后,依次对车道进行编号,产生最不利效应的车道编号为车道 1,产生第 2 不利效应的车道编号为车道 2,以此类推。

中国标准根据车辆单双向行驶和行车道宽度共同决定设计车道数。不同国家标准对设计车道数的规定对比如表 3-5 所示。

各国标准理论车道数对比(m) 表 3-5

车道数 n	JTG D60—2015		AASHTO	BS 5400	欧洲标准
	单向行驶	双向行驶			
1	$w<7.0$		$n=\text{int}(w/3.6)$ $n\geqslant1$	$w<4.6$	$w<5.4$
2	$7.0\leqslant w<10.5$	$6.0\leqslant w<14.0$		$4.6\leqslant w<7.6$	$5.4\leqslant w<6.0$
3	$10.5\leqslant w<14.0$			$7.6\leqslant w<11.4$	$n=\text{int}(w/3.0)$
4	$14.0\leqslant w<17.5$	$14.0\leqslant w<21.0$		$11.4\leqslant w<15.2$	
5	$17.5\leqslant w<21.0$			$15.2\leqslant w<19.0$	
6	$21.0\leqslant w<24.5$	$21.0\leqslant w<28.0$		$19.0\leqslant w<22.8$	
7	$24.5\leqslant w<28.0$				
8	$28.0\leqslant w<31.5$	$28.0\leqslant w<35.0$			
名义车道宽度	3.5		3.6	3.8	3.0

对相同行车道宽度的桥梁,中国标准的设计车道数小于或等于欧洲标准理论车道数。

3.2.2 交通荷载

EN 1992-2 根据荷载性质与作用方式将交通荷载作用分为竖向荷载、水平荷载、交通荷载组和疲劳荷载模型。

3.2.2.1 竖向荷载

EN 1992-2 将竖向交通荷载分为四个模式:荷载模式 1(LM1)、荷载模式 2(LM2)、荷载模式 3(LM3)和荷载模式 4(LM4)。对任何设计状况,都应该考虑荷载模式 1、2 和 3,荷载模式 4 仅在某些短暂设计状况中使用。

1)荷载模式 1

LM1 为能够覆盖大多数的小汽车和货车交通效应的集中荷载与均布荷载。这种荷载模式能应用于整体验算和局部验算,它包含 2 个分项系统(图 3-1)。

(1)双轴集中荷载,每一个轴的重量为 $\alpha_Q Q_k$,其中 α_Q 为调整系数。在整体验算时,对每一个车道只考虑一个双轴荷载,且沿理论车道的中心轴线布置。每一个轴都应考虑 2 个单独的车轮,故每一个车轮的荷载等于 $0.5\alpha_Q Q_k$。

(2)均布荷载,理论车道每平方米的重量为 $\alpha_q q_k$,其中 α_q 为调整系数。均布荷载无论是纵向还是横向,都应作用在影响面的不利部位。调整系数 α_{Qi}、α_{qi} 和 α_{qr} 应该根据预测的交通和公路等级的不同进行选择。调整系数为国家定义参数,与交通等级对应。当系数取 1 时,表示交通中很大部分是重型车辆。对于常见的公路或高速公路,作用在车道 1 上的同步系统和均布荷载的系数 α 可能会适当减小(10% ~20%)。

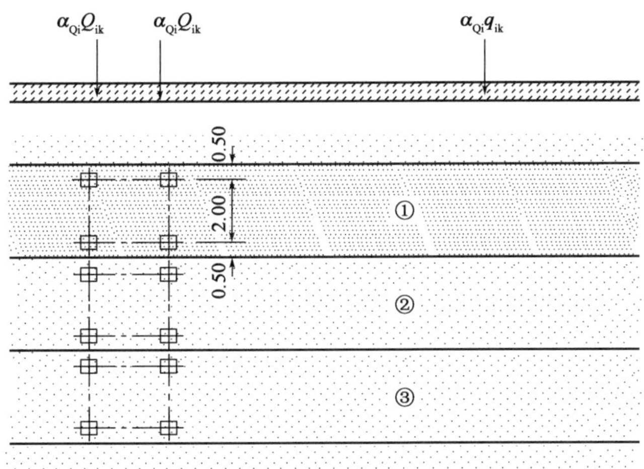

图 3-1　汽车荷载模式 1(尺寸单位:m)

表 3-6 所示为 LM1 的标准值。

LM1 的标准值　　表 3-6

位　　置	集 中 荷 载	均 布 荷 载
	轴载 Q_{ik}(kN)	q_{ik}(kN/m^2)
车道编号 1	300	9
车道编号 2	200	2.5
车道编号 3	100	2.5
其他车道	0	2.5
剩余区域(q_{rk})	0	2.5

LM1 用于局部验算时,将双轴系统布置在最不利位置,每一个车轮的轮压区域视为边长 0.4m的正方形,相邻两个车道的两个轮轴的距离应不小于 0.50m,如图 3-2 所示。

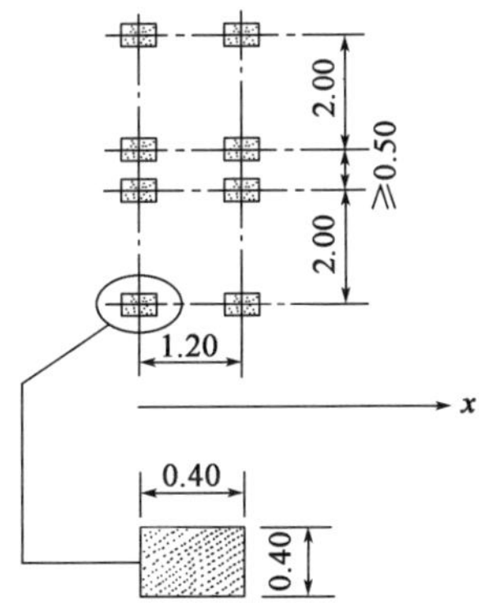

图 3-2　LM1 局部验算模式(尺寸单位:m)

这种荷载模式与 JTG D60—2015 规定的车道荷载有相似之处,都是由集中荷载和均布荷载组成的(图 3-3),但无论是大小,还是分布都不同,它与理论车道的划分紧密相关。

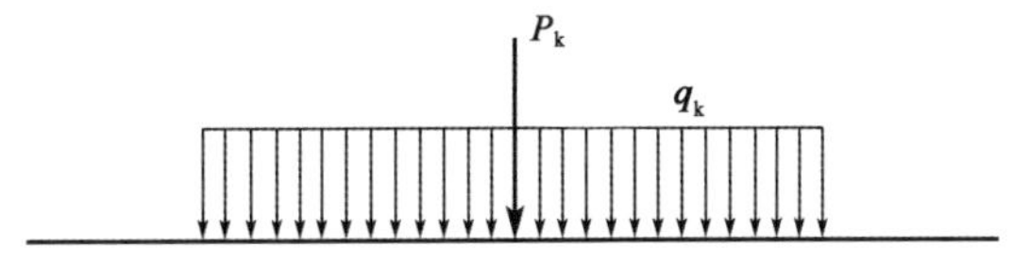

图 3-3　JTG D60—2015 中的车道荷载

按 JTG D60—2015 进行公路桥涵设计时，汽车荷载分为公路—Ⅰ级和公路—Ⅱ级两个等级，由车道荷载和车辆荷载组成。车道荷载由均布荷载和集中荷载组成，用于桥梁结构的整体计算。公路—Ⅰ级车道荷载的均布荷载 q_k 标准值为 10.5kN/m（注意单位不是 kN/m^2）；集中荷载 P_k 按计算跨径选取。计算跨径小于或等于 5m 时，$P_k = 270kN$；计算跨径大于或等于 50m 时，$P_k = 360kN$，介于两者间的按直线内插。当计算剪力效应时，上述集中荷载值应乘以系数 1.2。

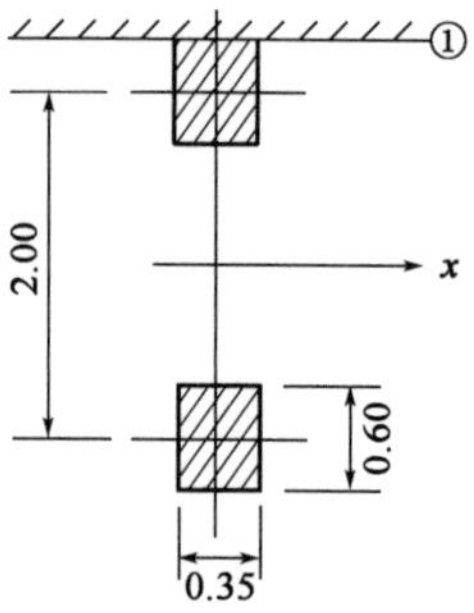

2）荷载模式 2

荷载模式 2 包含一个单轴荷载 $\beta_Q Q_{ak}$，Q_{ak} 取值为 400kN，β_Q 为调整系数，一般 $\alpha_Q = \beta_Q$。荷载模式 2 可作用于行车道的任何位置，每个车轮的轮压面积应按照矩形区域考虑，矩形的边长为 0.35m 和 0.60m，如图 3-4 所示。

荷载模式 2 和荷载模式 1 的局部轮压面积是不同的，对应不同的轮胎模型、布置以及压力分布，荷载模式 2 应用于正交异性桥面板的局部分析。

图 3-4　汽车荷载模式 2（尺寸单位：m）
①-道路边缘

JTG D60—2015 中车辆荷载采用一种单车，总重为 550kN，车长为 15.0m，车宽为 2.5m，纵向间距为（3 + 1.4 + 7 + 1.4）m，横向轮距为 1.8m。桥梁结构的局部加载、涵洞、桥台和挡土墙土压力等的计算采用车辆荷载，其在轮距、车轮着地面积、荷载分布等方面与 LM1 及 LM2 的局部分析模式都不同。

3）荷载模式 3

荷载模式 3 是一系列轴载的集合（图 3-5），这些轴载代表经过特殊荷载许可而允许在公路上行驶的特殊车辆（如用于工业运输），这种荷载模式能用于整体验算和局部验算。LM3 主要应用于一些特殊车辆荷载，这些车辆在尺寸和重量上都与常规汽车荷载不同。EN 1991-2 附录中给出了这些特殊车辆荷载，车辆总重从 600kN 到 3600kN 不等，轴载则包括 150kN、200kN 和 240kN 三种，如对 600kN 总重的车辆，由 4 个间距为 1.5m、150kN 的轴载组成，而对 1800kN 总重的车辆，可以由 12 个间距为 1.5m、150kN 的轴载组成，也可以由 9 个间距为 1.5m、200kN 的轴载组成。当车辆总重超过 3600kN 时，需对具体工程单独定义。

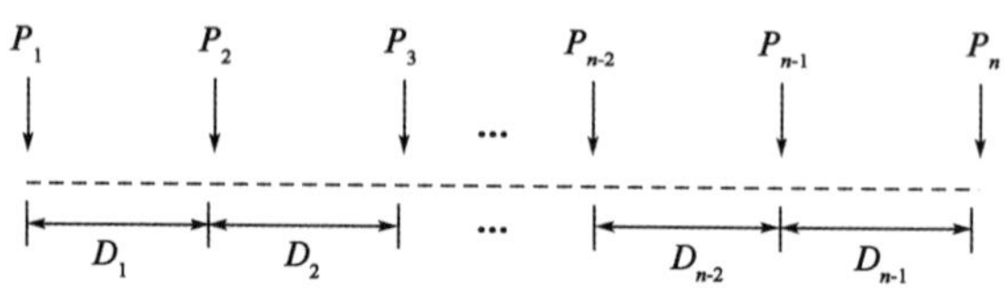

图 3-5　荷载模式 3

对这种荷载模式，假设车辆以低速（不超过 5km/h）或正常速度（70km/h）行驶，当以低速行驶时，车辆荷载不需要考虑动力放大系数；当以正常速度行驶时，需要考虑动力放大系数 φ，$\varphi = 1.40 - L/500$，$\varphi \geq 1$。需要注意的是，当假设车辆以低速行驶时，在车道 1 上布置特殊车列（对 240kN 轴载的车轮要跨越车道 1 和车道 2），在行车道的其余部位布置荷载模式 1 的车辆荷载，即使在布置了特殊车队的车道上也要布置荷载模式 1 的车辆荷载，但应布置在轴外边线不少于 25m 的区域（图 3-6）。当假设车辆以正常速度行驶时，只需在车道的其余部位布置荷载模式 1 的车辆荷载，布置了特殊车队的车道上不再布置荷载模式 1 的车辆。

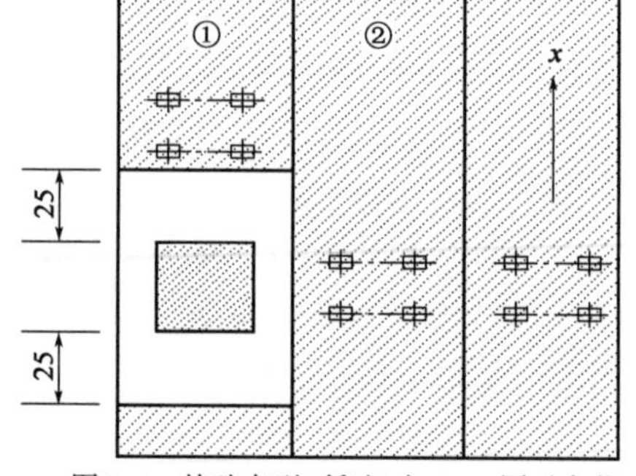

图 3-6　特殊车列（低速）与 LM1 同时布载（尺寸单位：m）
注：左为 150kN 或 200kN 轴载布载，右为 240kN 轴载布载。

4)荷载模式4

荷载模式4即人群荷载,它使用一个由大小等于$5kN/m^2$的均布荷载(包含动力放大效应)组成的荷载模式来表示(图3-7),用于整体验算,并且只应用于短暂设计状况。这里的人群荷载与作用在人行道上的人群荷载不同,荷载模式4的人群荷载是作用在行车道上,它只用于短暂设计状况的验算,与上述几个荷载模式是相斥的,不能互相组合。通常作用在人行道上的人群荷载,EN 1992-2 规定一般取$3kN/m^2$,可与荷载模式1组合。

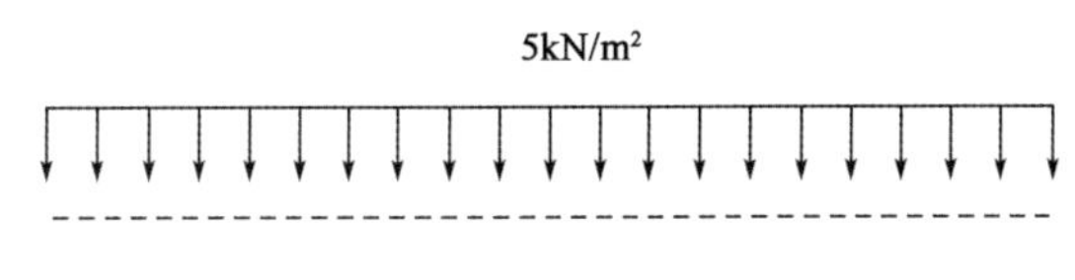

图3-7 人群荷载(荷载模式4)

5)局部验算集中力扩散模型

LM1和LM2的轮压局部验算,将集中力视为在轮底接触面范围内均匀分布,并按45°角经过铺装层扩散至桥面板。对于混凝土桥面板,局部压应力扩散至桥面板的中间层;对于钢结构的正交异性板,局部压应力扩散至顶板的中间层。

3.2.2.2 水平荷载

1)制动力/加速度力

制动力是由车辆制动时产生的纵向水平力,而加速度力则是车辆加速时反作用于桥梁的纵向水平力,二者本质相同,方向相反。EN 1991-2 规定制动力和加速度力取值相同,均按施加于名义车道1的竖向荷载LM1的摩擦力计算,即

$$Q_{1k}=0.6\alpha_{Q1}(2Q_{1k})+0.1\alpha_{q1}q_{1k}w_1L \tag{3-1}$$

式中:L——主梁长度或所考虑的部分主梁长度,当$L<1.2$m时,只能布置一个轴载,故制动力的下限值为$180\alpha_{Q1}$;制动力的上限值是根据军用车辆可能产生的最大制动力确定的,规定为900kN;

α_{Q1}、α_{q1}——调整因子;

w_1——名义车道宽:

q_{1k}——典型车道编号($i=1,2,\cdots$)上垂直分布式特征荷载(荷载模型1)的大小。

某些特殊交通状况下,车辆由于紧急制动而产生漂移现象,此时制动力沿桥梁的斜向作用,在纵向和横向均有分量。EN 1991-2 规定,横向制动力Q_{rk}按纵向制动力Q_{1k}的25%取值。

2)离心力

离心力是车辆在弯道行驶时作用在桥梁上的横向水平力,它与车辆的行驶速度和弯道半径有关。EN 1991-2 以重型车辆平均行驶速度70km/h为参考,给出了离心力标准值Q_{tk}(含动力放大效应),并简化为以下三种取值情况。

$$Q_{tk}=\begin{cases}0.2Q_{1k} & r<200\text{m}\\ 40Q_V/r & 200\text{m}\leqslant r\leqslant 1500\text{m}\\ 0 & r>1500\text{m}\end{cases} \tag{3-2}$$

式中:r——道路中心线的水平半径(m);

Q_V——竖向荷载LM1的集中力总和$\sum\alpha_{Qi}(2Q_{ik})$(kN)。

3.2.2.3 交通荷载组

1)持久设计状况交通荷载组代表值

竖向交通荷载LM1~LM4是针对不同的设计需要和交通状况给出的四种荷载模型,实际

上,这四种模型代表的设计条件基本不可能同时出现。另外,制动力和离心力等水平交通荷载又是伴随LM1出现的。因此,在荷载与抗力分项系数设计法中,不能让所有交通荷载同时参与荷载组合,而应根据桥梁构件设计的需要选择最不利的交通荷载与其他荷载组合。譬如,桥墩结构在受力形式上属于压弯构件,而压弯构件在弯矩大而轴压力小时最为不利,产生这种荷载效应的条件是桥上只有为数不多且在加速行驶的重型车辆,与之相应的交通荷载是加速度力和LM1频遇值的联合作用。基于这些原因,EN 1991-2将公路桥梁交通荷载划分成6种相互独立的交通荷载组标准值,如表3-7所示。各交通荷载组作为一个整体分别参与荷载组合。

公路桥梁交通荷载组的标准值 表3-7

交通荷载组名称	机动车道						人行道及非机动车道
	LM1	LM2	LM3	LM4	制动力/加速度力①	离心力/横向制动力①	竖向均布荷载
gr1a	标准值						组合值②
gr1b		标准值					
gr2	标准值				标准值	标准值	标准值③
gr3④				标准值			标准值
gr5	频遇值		标准值				

注:①可选用国家附件的定义。

②根据国家附件取值,推荐值为3kN/m²。

③可单侧人行道布载,也可两侧人行道布载,按最不利效应选用。

④如果考虑gr4准荷载组,不必再考虑gr3荷载组。

持久设计状况交通荷载组的频遇值只考虑LM1、LM2或竖向行人均布荷载,一般不考虑准永久值。

2)短暂设计状况交通荷载组代表值

EN 1991-2中没有明确指明短暂设计状况下的交通荷载组,实际上短暂设计状况只涉及LM3和LM4两种竖向交通荷载。可见,隐含于EN 1991-2中的短暂设计状况交通荷载组为gr4和gr5,并且LM1中的集中力TS的标准值需改为$0.8\alpha_{Qi}Q_{ik}$。

3.2.2.4 疲劳荷载模型

车辆在行驶过程中形成的周期性应力谱,会对桥梁结构造成疲劳损伤。疲劳应力谱与车辆轴载、轴距、车距以及车辆的组成和结构动力效应有关。EN 1991-2定义了五种用于疲劳验算的模型,它们的基本用法汇总于表3-8。

疲劳荷载模型的基本用法 表3-8

模型编号	疲劳荷载模型	计算效应	验算方法
FLM1	$0.7Q_{ik}$"+"$0.3q_{jk}$"+"$0.3q_{rk}$	应力幅	无限疲劳寿命验算
FLM2	5种"频遇"卡车	应力幅	无限疲劳寿命验算
FLM3	4轴车辆	应力幅	疲劳损伤验算
FLM4	5种"标准"卡车	应力幅	疲劳损伤验算
FLM5	实录车辆轴载	应力幅	疲劳损伤验算

桥梁结构疲劳分析,应根据正常的车辆行驶分布情况,将疲劳荷载模型布置在最可能出现的名义车道上。对于整体疲劳效应分析,所有荷载模型均布置于名义车道的中心线上;对于局部疲劳效应分析,荷载模型可以布置在道路的任何位置,当荷载的布置位置对疲劳效应有显著影响时,FLM3~FLM5在名义车道的横向布置应考虑图3-8所示的概率分布特征。

疲劳荷载模型FLM1~FLM4的名义值包含了桥面铺装层质量较好条件下的动力放大系数,对于伸缩缝附近区域的疲劳效应还应考虑附加动力放大系数$\Delta\beta_{fat}$,如图3-9所示。

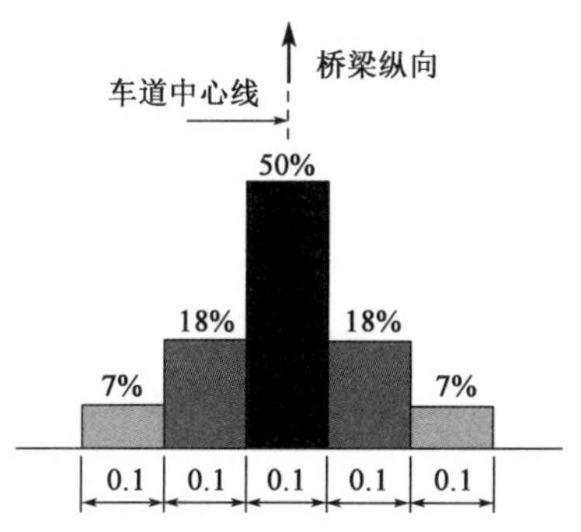

图 3-8　疲劳荷载模型横向布置概率分布
（尺寸单位：m）

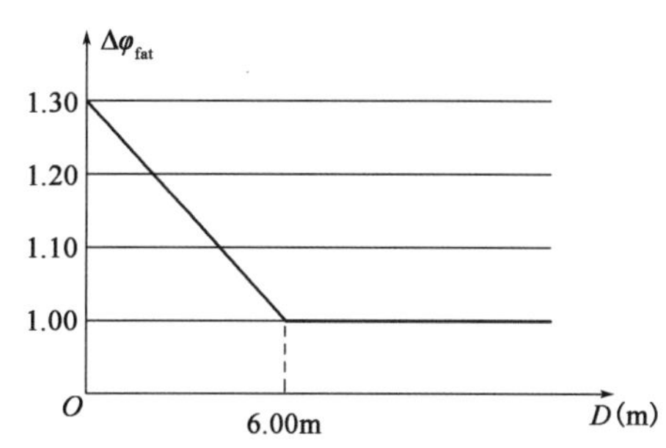

图 3-9　附加放大系数的表示
φ_{fat} -附加放大系数；D-考虑横截面到伸缩缝之间的距离

1）疲劳荷载模型 1

疲劳荷载模型 1 的形式与 LM1 相似，也是由双轴集中力和均布力构成，但不考虑修正因子 α，其中，轴载为 $0.7Q_{ik}$，均布力为 $0.3q_{ik}$ 和 $0.3q_{rk}$，具体如表 3-9 所示。具体工程中，q_{rk} 的疲劳效应可忽略不计。FLM1 用于检验桥梁结构是否需要考虑疲劳寿命问题，即校验 FLM1 作用下的最大应力幅 $\Delta\sigma_{max}$ 是否小于无限疲劳寿命容许应力幅 $\Delta\sigma_D$。

疲劳荷载模型 1　　表 3-9

布 载 位 置	TS 轴载 $0.7Q_{ik}$（kN）	UDL 均布力 $0.3q_{ik}$ 和 $0.3q_{rk}$（kN/m^2）
名义车道 1	210	2.7
名义车道 2	140	0.75
名义车道 3	70	0.75
其他车道	0	0.75
保留区域	0	0.75

注：TS 指轴载，UDL 指分布力。

2）疲劳荷载模型 2（FLM2）

疲劳荷载模型 2 也是用于校验桥梁无限疲劳寿命问题，多用作 FLM1 的疲劳验算准确度不高情况下的补充验算。FLM2 模型由五种轴载取频遇值的卡车组成，称为“频遇”卡车，如表 3-10 所示。计算 FLM2 作用下的最大应力幅，应将五种“频遇”卡车分别从桥梁结构计算模型的慢车道驶过，选取其中最不利者与 $\Delta\sigma_D$ 进行比较。

FLM2 的“频遇”卡车　　表 3-10

卡 车 轮 廓	轴距（m）	频遇轴载（kN）	轮胎类型
	4.5	90 190	A B
	4.20 1.30	80 140 140	A B B
	3.20 5.20 1.30 1.30	90 180 120 120 120	A B C C C

续上表

卡 车 轮 廓	轴距(m)	频遇轴载(kN)	轮胎类型
	3.40 6.00 1.80	90 190 140 140	A B B B
	4.80 3.60 4.40 1.30	90 180 120 110 110	A B C C C

FLM2、FLM4 车轮的几何参数如表 3-11 所示。

FLM2 和 FLM4 车轮的几何参数 表 3-11

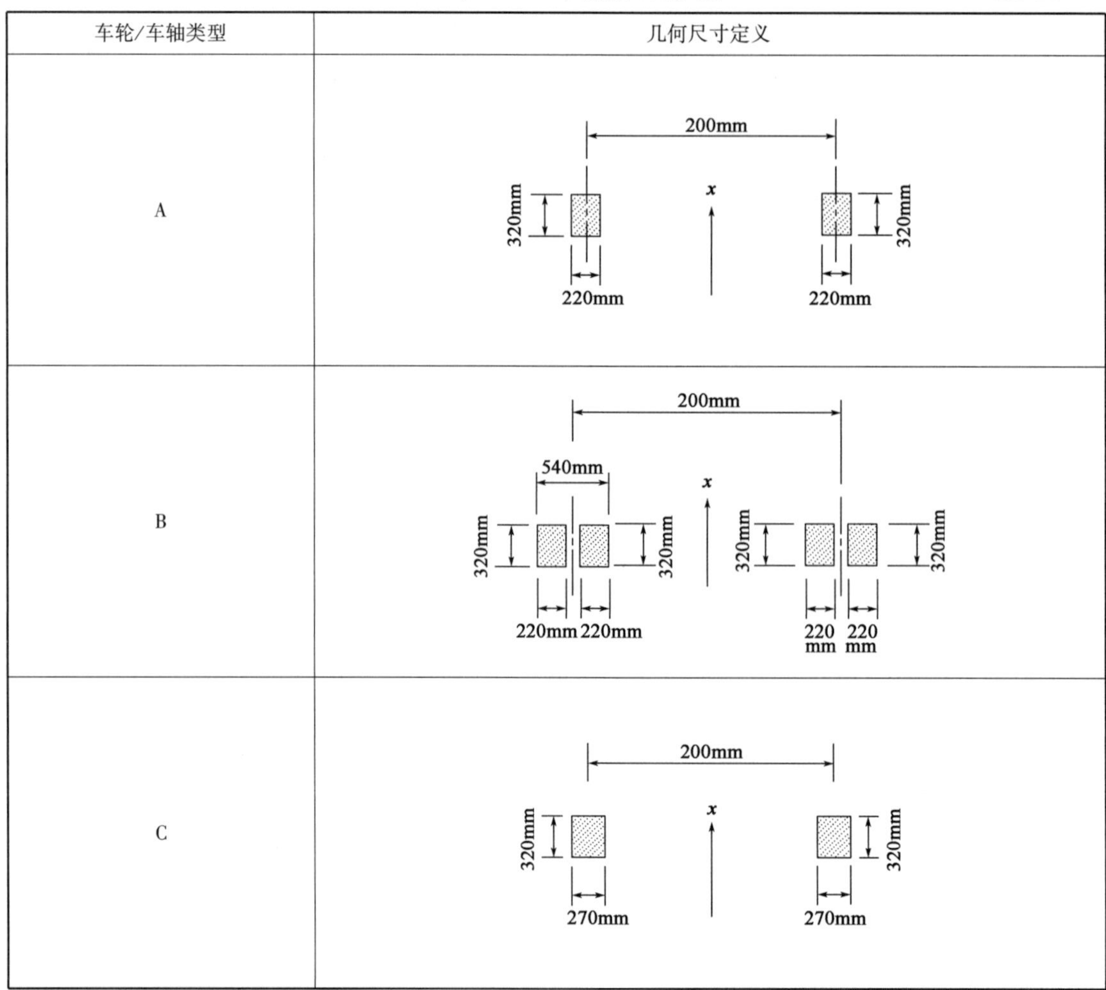

车轮/车轴类型	几何尺寸定义
A	
B	
C	

3)疲劳荷载模型 3(FLM3)

疲劳荷载模型 3 用于桥梁的等效疲劳损伤验算,是最为常用的疲劳荷载模型。FLM3 是一种对称 4 轴车辆,轴载 120kN,如图 3-10 所示。定义这个疲劳“单车”的原则是,将该“单车”按目标疲劳循环次数重复驶过桥梁后,对桥梁造成的疲劳损伤程度与实际交通荷载在桥梁设计使用寿命期限内对桥梁造成的疲劳损伤相同。FLM3 对跨径大于 10m 的桥梁疲劳验算准确性较好,对跨径小于 10m 的桥梁偏于安全。

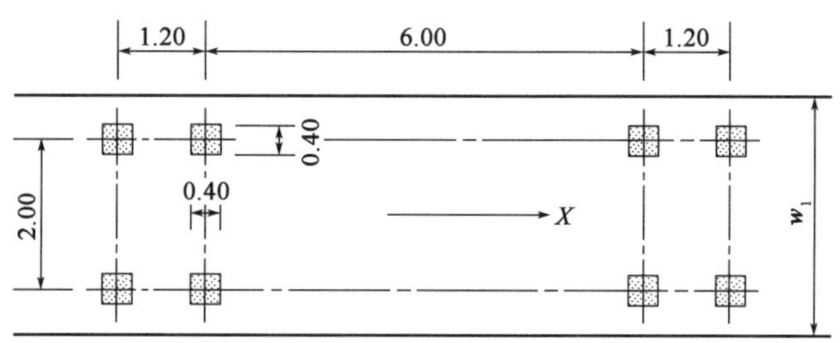

图 3-10 疲劳荷载模型 3(尺寸单位:m)

某些情况下,可能需要考虑两辆“单车”验算桥梁的疲劳损伤,其中一辆为主车,另一辆为副车。副车模型的几何尺寸与图 3-10 相同,轴载为 36kN,与主车布置在相同车道,且两车中心间距不小于 40m。

4)疲劳荷载模型 4(FLM4)

疲劳荷载模型 4 由五种“标准”卡车组成,如表 3-12 所示。这五种“标准”卡车对桥梁结构造成的累计疲劳损伤与欧洲典型交通车流对桥梁结构造成的累计疲劳损伤等效。FLM4 用于采用 Miner 法则的疲劳损伤验算,具体验算步骤如下:

FLM4 的“标准”卡车 表 3-12

车辆类型		交通类别				
1	2	3	4	5	6	7
卡车	轴距(m)	等效轴载(kN)	长距离 卡车百分比	中距离 卡车百分比	短距离 卡车百分比	轮胎类型
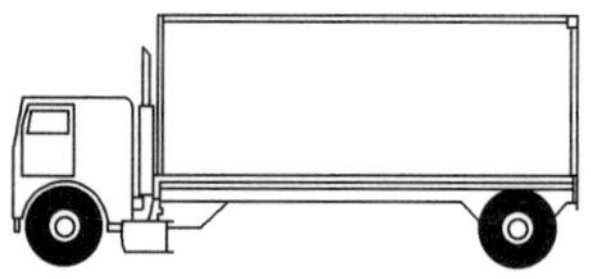	4.5	70 130	20.0	40.0	80.0	A B
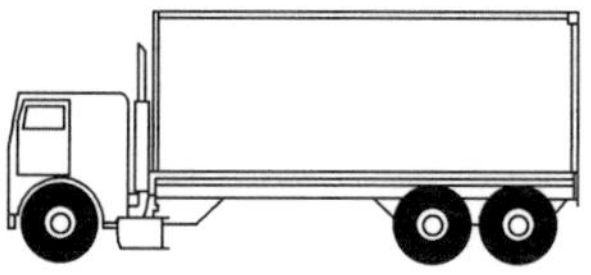	4.20 1.30	70 120 120	5.0	10.0	5.0	A B B
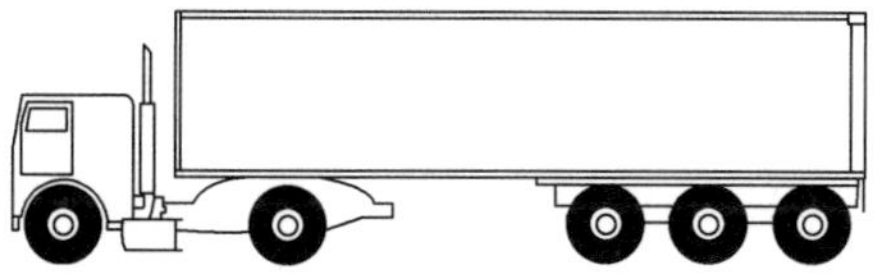	3.20 5.20 1.30 1.30	70 150 90 90 90	50.0	30.0	5.0	A B C C C
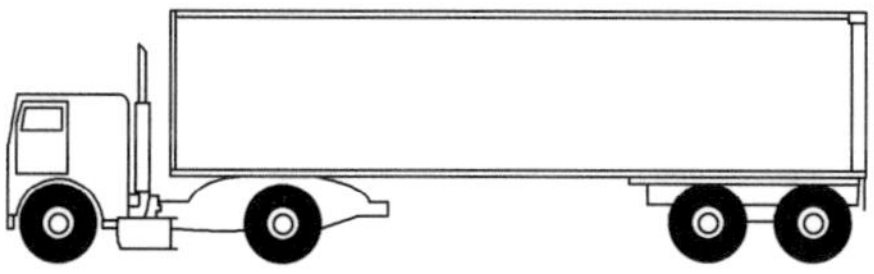	3.40 6.00 1.80	70 140 90 90	15.0	15.0	5.0	A B B B
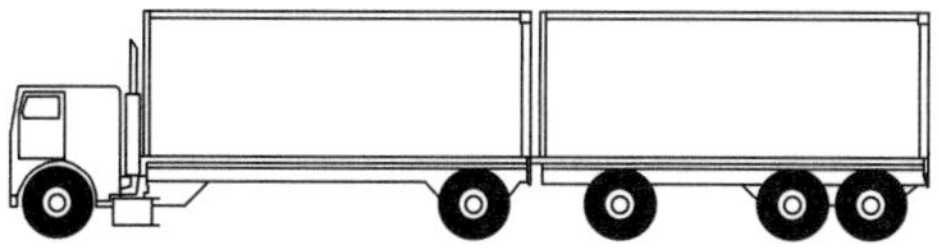	4.80 3.60 4.40 1.30	70 130 90 80 80	10.0	5.0	5.0	A B C C C

注:“长距离”指大于 100km,“中距离”指 50 ~ 100km,“短距离”指小于 50km。

(1)根据交通类型,由表3-12确定交通流中各“标准”卡车的占比。

(2)根据公路类别,确定所有车道一年的重车车流量$\sum N_{obs}$,如表3-13所示。

各类公路每条慢车道的重车年流量 表3-13

公路类别		每条慢车道重车年流量 N_{obs}
1	每个方向有2条及以上车道的高速公路,卡车能高速行驶	2×10^6
2	卡车以中等速度行驶的高速公路	0.5×10^6
3	卡车慢速行驶的主干路	0.125×10^6
4	卡车慢速行驶的地方公路	0.05×10^6

注:1. 重车是指总重超过100kN的车辆。

2. 每条快车道上的重车年流量可取为慢车道N_{obs}的10%。

(3)由(2)的重车流量和(1)的卡车占比,确定一年内各种“标准”卡车的通过量。

(4)将五种“标准”卡车分别在桥梁结构计算模型中通过,并计算疲劳应力谱。

(5)根据Miner法则评估累计疲劳损伤。

5)疲劳荷载模型5(FLM5)

疲劳荷载模型5是一组由实地测试得到的连续车辆轴载,用于直接分析桥梁结构“真实”的应力变化过程,形成疲劳应力谱,根据Miner法则评估累计疲劳损伤。具体的疲劳寿命评估方法本书不作详细介绍,读者可参考EN 1991-2附录B。FLM5一般用于悬索桥、斜拉桥以及重要的在役桥梁或者承受特殊交通荷载桥梁的疲劳验算。

3.2.2.5 护栏荷载

EN 1991-2规定桥梁人行道护栏的荷载按EN 1317-6中的C级荷载取用。C级荷载为均布荷载形式,其名义值为1kN/m,桥梁检修道护栏的荷载名义值为0.8kN/m。桥梁设计时,人行道护栏荷载作为可变荷载作用于护栏顶部,同时考虑水平和竖直两个作用方向,并将其传递到主梁,参与主梁的荷载效应计算。

例3-1 算例

一多跨连续梁桥(55m+145m+55m),梁体采用2.2m等高度普通混凝土连续箱梁。材料:主梁采用C50混凝土,桥墩采用C40混凝土。一期恒载包括主梁材料重度,预应力混凝土重度取25kN/m³,自重系数取1.06。二期恒载:桥面铺装重80kN/m,护栏荷载重1kN/m(每道),共2道;二期恒载合计:82kN/m。

使用平面杆系结构分析,基于有限元计算,全桥分为150个单元,计算模型如图3-11所示。

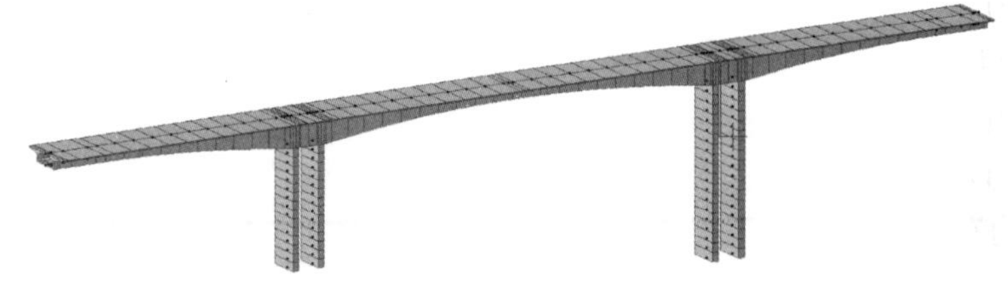

图3-11 例3-1计算模型

1)按JTG D60—2015布置活载

汽车荷载:公路—Ⅰ级,需考虑横向折减系数,人群荷载为3kN/m²;车道划分:3条3.5m宽车道和2条1m宽人行道。

对于冲击系数：

$$f_1=\frac{13.616}{2\pi l^2}\sqrt{\frac{EI_c}{m_c}}=3.017, \mu_1=0.1767\ln f-0.0157=0.179$$

$$f_2=\frac{23.651}{2\pi l^2}\sqrt{\frac{EI_c}{m_c}}=5.241, \mu_2=0.1767\ln f-0.0157=0.277$$

2)按 EN 1992-2 布置活载

汽车荷载：荷载模式 1，由于欧洲标准是均布面荷载，需转化为均布线荷载计算。即相关值要乘以车轮间距 2m。每一个轴的重量为 $\alpha_Q Q_k$，其中调整系数 α_Q 取 1。在整体验算时，对每一个车道只考虑一个双轴荷载，且沿理论车道的中心轴线布置。人群荷载为 $3kN/m^2$。

车道划分：3 条 3m 宽车道和 2 条 1.75m 宽人行道；冲击系数：欧洲标准中荷载模式 1 不考虑冲击力。

3)计算结果

特征截面弯矩内力与变形分别如表 3-14 ~ 表 3-17 所示。

特征截面弯矩(单位：kN/m^2)　　表 3-14

标　准	左跨跨中	左支座	中跨跨中	右支座	右跨跨中
JTG D60—2015	7875.1	2126.3	12534.8	2060.2	9319.6
EN 1992-2	9298.4	2507.9	14714.5	2434.6	10990.7

特征截面剪力(单位：kN)　　表 3-15

标　准	左跨跨中	左支座	中跨跨中	右支座	右跨跨中
JTG D60—2015	736.0	4613.1	865.2	1776.0	829.2
EN 1992-2	777.6	4966.1	913.1	1889.1	860.6

特征截面位移(单位：kN)　　表 3-16

标　准	左跨跨中	左支座	中跨跨中	右支座	右跨跨中
JTG D60—2015	0.002	0	0.003	0	0.003
EN 1992-2	0.002	0	0.003	0	0.003

特征截面应力(单位：kPa)　　表 3-17

标　准	左跨跨中	左支座	中跨跨中	右支座	右跨跨中
JTG D60—2015	-427.5	-1431.9	-194.5	-1442.5	-930.0
EN 1992-2	-683.2	-1647.8	-216.0	-1673.4	-1118.8

综上所述，可得出如下几点结论：

(1)EN 1991-2 理论车道划分与中国标准设计车道划分有所不同，对于相同宽度桥梁，JTG D60—2015 车道数小于或等于欧洲标准车道数。

(2)EN 1991-2 中 4 个交通荷载模式分别适用整体计算、局部计算、特殊车辆荷载计算和短暂设计状况，而 JTG D60—2015 中只有汽车荷载的车道荷载和车辆荷载用于整体与局部计算，其形式和取值均有差异。

(3)从表 3-14 ~ 表 3-17 可以看出：EN 1992-2 汽车荷载效应比 JTG D60—2015 汽车荷载效应大。

第4章

材料

4.1 混凝土

4.1.1 总则

EN 1992 涵盖了对最高强度为 90MPa 的普通混凝土及最高强度为 80MPa 的轻质混凝土的相关规定。混凝土的规格和制备依据 EN 206-1。

JTG D62—2018 适用于公路桥涵的一般钢筋混凝土及预应力混凝土结构构件的设计，不适用于轻骨料混凝土及其他特种混凝土桥涵结构构件的设计。

4.1.2 强度

4.1.2.1 抗压强度

EN 1992 将普通混凝土的抗压强度指标分为 28d 龄期的圆柱体抗压强度(f_{ck})和等效的立方体抗压强度($f_{ck,cube}$)。例如，强度等级 C40/50 代表该普通混凝土的圆柱体抗压强度为 40N/mm^2，立方体抗压强度为 50N/mm^2。但在 EN 1992 的所有公式中均使用圆柱体抗压强度。表 4-1 提供了普通混凝土的材料属性和典型圆柱体抗压强度。它与等效的立方体抗压强度之间的关系为：$f_{ck} \approx 0.8 f_{ck,cube}$。标准抗压强度 f_{ck} 的定义为在特定混凝土的全部强度试验结果中，小于该值的个数占总个数的比例为 5%。

EN 1992 建议限制工程中使用的混凝土强度等级为 C30/37 ~ C70/85，国家附件可以改变这个范围。

中国标准中关于混凝土强度的规定如下：

(1)立方体抗压强度。

由于立方体试件的强度比较稳定，JTG 3362—2018 将立方体强度值作为混凝土强度的基本指标，并把立方体抗压强度作为评定混凝土强度等级的标准。《普通混凝土力学性能试验方法》(GB/T 50081—2002)规定以边长为 150mm × 150mm × 150mm 的立方体为标准试件，在温度(20 ± 3)℃和相对湿度 95% 以上的潮湿空气中养护 28d，按标准制作和试验方法(以每秒 0.2 ~ 0.3N/mm^2 的加荷速度)测得的强度称为混凝土的立方体抗压强度，将具有 95% 保证率的立方体抗压强度作为混凝土的强度等级，也称为标准立方体抗压强度，用 $f_{cu,k}$ 表示。强度等级前冠以大写英文字母“C”，如 C30，其具体含义为按标准方法制作、在标准条件下养护、按标准方法试验的标准混凝土试件，具有 95% 保证率的抗压强度值为 30MPa。

(2)轴心抗压强度。

为反映混凝土结构的力学性能,混凝土强度应能够代表混凝土结构构件的强度,所以混凝土强度指标应以接近于混凝土构件的试件试验得到。事实上,试验表明,混凝土的抗压强度与试件的形状有关,棱柱体试件或圆柱体试件的抗压强度低于正方体试件,由于棱柱体试件或圆柱体试件的抗压强度比较接近实际构件中混凝土的受力情况,采用棱柱体比立方体能更好地反映混凝土结构的实际抗压能力,所以结构设计中采用按棱柱体试件或圆柱体试件确定的混凝土抗压强度更为符合实际情况。如图4-1所示,混凝土棱柱体试件的抗压强度随高宽比的增大而减小,当高宽比超过3时,变化很小。所以,GB/T 50081—2010用150mm×150mm×300mm的棱柱体试件确定混凝土的抗压强度作为混凝土结构设计的强度指标,称为轴心抗压强度。除尺寸不同外,试件的制作养护及试验方法与立方体试件相同。

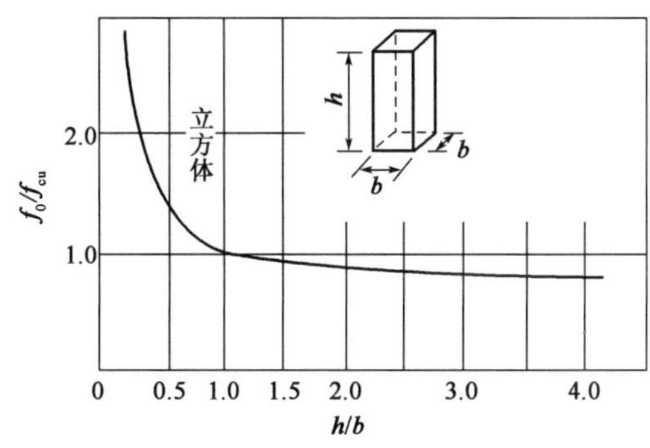

图4-1 混凝土抗压强度与试件高宽比的关系

试验表明,当试件截面尺寸相同时,棱柱体强度与立方体强度大致成线性关系。《混凝土结构设计规范(2015年版)》(GB 50010—2010)给出的轴心抗压强度(棱柱体强度)平均值f_{cm}与立方体抗压强度平均值$f_{cu,m}$的关系为

$$f_{cm} = 0.88\alpha_{c1}\alpha_{c2}f_{cu,m} \tag{4-1}$$

式中:α_{c1}——棱柱体强度与立方体强度之比,C50及以下取0.76,C80取0.82,中间线性内插;

α_{c2}——脆性折减系数,C40以上考虑,C40取1.0;C80取0.87;中间线性内插;

0.88——强度修正系数,考虑结构中的混凝土强度与试件混凝土强度之间的差异等因素而确定。

假定混凝土棱柱体抗压强度与立方体抗压强度具有相同的变异系数,则由式(4-2)可得到棱柱体抗压强度标准值与立方体抗压强度标准值的关系

$$f_{ck} = 0.88\alpha_{c1}\alpha_{c2}f_{cu,k} \tag{4-2}$$

4.1.2.2 抗拉强度

EN 1992定义混凝土的抗拉强度为在同轴拉力作用下混凝土所能达到的最大应力。EN 1992将轴心抗拉强度作为混凝土抗拉强度的设计指标。轴心抗拉强度取为劈裂强度的0.9倍,即$f_{ct}=0.9f_{ct.sp}$,且采用$f_{ctk,0.05}$和$f_{ctk,0.95}$两个抗拉强度标准值,前者是混凝土抗拉强度概率分布的0.05分位值,具有95%的保证率,用于混凝土抗拉强度起重要作用的情况,如抗裂验算、梁的抗剪或板的抗冲切验算等;后者为混凝土抗拉强度平均值概率分布的0.95分位值,主要用于使用混凝土抗拉强度但不起主要作用的情况。EN 1992给出的抗拉强度$f_{ctk,0.05}$和$f_{ctk,0.95}$与抗拉强度平均值f_{ctm}的关系为

$$f_{ctk,0.05} = 0.7f_{ctm} \tag{4-3a}$$

$$\gamma_c = 1.5 \tag{4-3b}$$

EN 1992 给出的混凝土抗拉强度平均值与抗压强度标准值或平均值的关系为

$$f_{ctm}=\begin{cases}0.3f_{ck}^{2/3} & f_{ck}\leqslant C50/60\\ 2.12\times\ln\left(1+\dfrac{f_{cm}}{10}\right) & f_{ck}>C50/60\end{cases}\tag{4-4}$$

根据上述公式,可计算不同混凝土强度等级(立方体)时欧洲标准的轴心抗拉强度标准值,如表 4-1 所示。

EN 1992 中混凝土的强度与变形标准值 表 4-1

混凝土强度等级															公式/说明
f_{ck}(MPa)	12	16	20	25	30	35	40	45	50	55	60	70	80	90	
$f_{ck,cube}$(MPa)	15	20	25	30	37	45	50	55	60	67	75	85	95	105	
f_{cm}(MPa)	20	24	28	33	38	43	48	53	58	63	68	78	88	98	$f_{cm}=f_{ck}+8$(MPa)
f_{ctm}(MPa)	1.6	1.9	2.2	2.6	2.9	3.2	3.5	3.8	4.1	4.2	4.4	4.6	4.8	5.0	$f_{ck}\leqslant$ C50/60 时,$f_{ctm}=0.30f_{ck}^{(2/3)}$ $f_{ck}>$ C50/60 时, $f_{ctm}=2.12\ln1+[(f_{cm}/10)]$
$f_{ctk,0.05}$(MPa)	1.1	1.3	1.5	1.8	2.0	2.2	2.5	2.7	2.9	3.0	3.1	3.2	3.4	3.5	$f_{ctk,0.05}=0.7f_{ctm}$(5%分位值)
$f_{ctk,0.95}$(MPa)	2.0	2.5	2.9	3.3	3.8	4.2	4.6	4.9	5.3	5.5	5.7	6.0	6.3	6.6	$f_{ctk,0.95}=1.3f_{ctm}$(95%分位值)
E_{cm}(GPa)	27	29	30	31	33	34	35	36	37	38	39	41	42	44	$E_{cm}=22(f_{cm}/10)^{0.3}$($f_{cm}$单位为 MPa)
ε_{c1}(‰)	1.8	1.9	2.0	2.1	2.2	2.25	2.3	2.4	2.45	2.5	2.6	2.7	2.8	2.8	ε_{c1}(‰) $=0.7f_{cm}^{0.31}<2.8$
ε_{cu1}(‰)	3.5									3.2	3.0	2.8	2.8	2.8	$f_{ck}<$ 50MPa 时,ε_{cu1}(‰) $=3.5$ $f_{ck}\geqslant$ 50MPa 时,ε_{cu1}(‰) $=2.8+27\times[(98-f_{cm})/100]^4$
ε_{c2}(‰)	2.0									2.2	2.3	2.4	2.5	2.6	$f_{ck}<$ 50MPa 时,ε_{c2}(‰) $=2.0$ $f_{ck}\geqslant$ 50MPa 时,ε_{c2}(‰) $=2.0+0.085(f_{ck}-50)^{0.53}$
ε_{cu2}(‰)	3.5									3.1	2.9	2.7	2.6	2.6	$f_{ck}<$50MPa 时,ε_{cu2}(‰) $=3.5$ $f_{ck}\geqslant$ 50MPa 时,ε_{cu2}(‰) $=2.6+35\times[(90-f_{ck})/100]^4$
n	2.0									1.75	1.6	1.45	1.4	1.4	$f_{ck}<$ 50MPa 时,$n=2.0$, $f_{ck}\geqslant$ 50MPa 时,$n=1.4+23.4\times[(90-f_{ck})/100]^4$
ε_{c3}(‰)	1.75									1.8	1.9	2.0	2.2	2.3	$f_{ck}<$50MPa 时,ε_{c3}(‰) $=1.75$ $f_{ck}\geqslant$50MPa 时,ε_{c3}(‰) $=1.75+0.55\times[(f_{ck}-50)/40]$
ε_{cu3}(‰)	3.5									3.1	2.9	2.7	2.6	2.6	$f_{ck}<$ 50MPa 时,ε_{cu3}(‰) $=3.5$ $f_{ck}\geqslant$ 50MPa 时,ε_{cu3}(‰) $=2.6+35\times[(90-f_{ck})/100]^4$

根据 JTG 3362—2018 第 3.1.3 节规定,混凝土轴心抗压强度标准值 f_{ck} 和轴心抗拉强度

标准值f_{tk}应按表4-2采用。作为比较,表4-2中也同时给出EN 1992各级混凝土的标准值。

混凝土强度标准值(MPa) 表4-2

标准	指标	C15	C20	C25	C30	C35	C40	C45	C50	C55	C60	C65	C70	C75	C80
JTG 3362—2018	f_{ck}	10.0	13.4	16.7	20.1	23.4	26.8	29.6	32.4	35.5	38.5	41.5	44.5	47.4	50.2
	f_{tk}	1.27	1.54	1.78	2.01	2.20	2.40	2.51	2.65	2.74	2.85	2.93	3.00	3.05	3.10
EN 1992	f_{ck}	C12	C16	C20	C25	C30	C35	C40	C45	C50	C55	C60	C70	C80	C90
	$f_{ck,cube}$	C15	C20	C25	C30	C37	C45	C50	C55	C60	C67	C75	C85	C95	C105
	f_{cm}	20	24	28	33	38	43	48	53	58	63	68	78	88	98
	$f_{ctk,0.05}$	1.1	1.3	1.5	1.8	2.0	2.2	2.5	2.7	2.9	3.0	3.1	3.2	3.4	3.5
	$f_{ctk,0.95}$	2.0	2.5	2.9	3.3	3.8	4.2	4.6	4.9	5.3	5.5	5.7	6.0	6.3	6.6

从表4-2可以看出,在相同的混凝土强度等级下,欧洲标准的标准值比中国标准的标准值高。但应该注意的是,欧洲标准的抗压强度标准值直接根据混凝土试件试验确定,表示的是混凝土试件的强度,尚没有考虑混凝土试件与混凝土构件的差别,而中国标准的抗压强度标准值考虑混凝土试件与混凝土构件的差别。比如欧洲标准中的C40/50,其抗压强度标准值为$f_{ck}=40\text{MPa}$,中国标准中的C50,其抗压强度标准值为$f_{ck}=32.4\text{MPa}$,相差19%。

4.1.3 弹性变形

混凝土作为一种材料,在受到外力作用时会发生变形,描述混凝土变形的一个重要指标是混凝土的弹性模量。众所周知,由于混凝土并不是完全的弹性材料,其应力-应变关系为曲线,一般可以定义混凝土的三个弹性模量,即原点切线模量、切线模量和割线模量,如图4-2所示。设计中一般采用的是割线模量。混凝土的弹性模量与其强度等级有关,一般强度等级高的混凝土,弹性模量也大,但两者不是线性关系,弹性模量增大的速度要比强度等级增大的速度小。

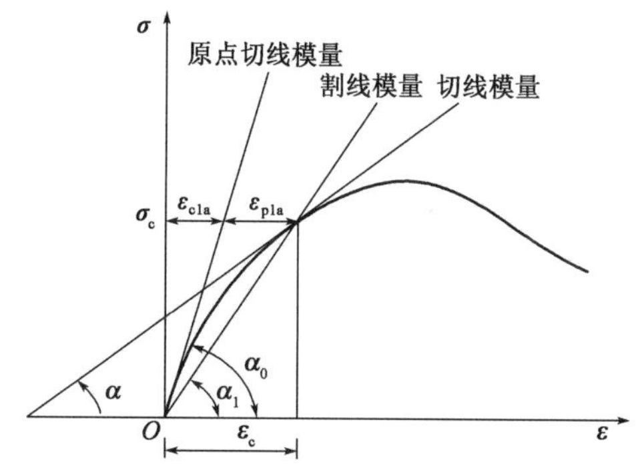

图4-2 混凝土的弹性模量

EN 1992取混凝土受压应力应变曲线上0与$0.4f_{cm}$连线的斜率作为混凝土的受压弹性模量。欧洲标准给出的混凝土受压弹性模量平均值与混凝土抗压强度的关系为

$$E_{cm}=22\left(\frac{f_{cm}}{10}\right)^{0.3}\quad(\text{GPa})\tag{4-5}$$

式中:f_{cm}——混凝土圆柱体抗压强度平均值(MPa)。

欧洲标准将混凝土的受拉与受压弹性模量取相同的值。

JTG 3362—2018采用的混凝土受压弹性模量是对标准棱柱体试件加载至$0.5f_c$,反复5~10次取应力应变曲线的割线斜率得到的。中国标准给出的混凝土受压弹性模量与抗压强度的关系为

$$E_c=\frac{10^5}{2.2+\dfrac{34.7}{f_{cu,k}}}\quad(\text{MPa})\tag{4-6}$$

对于混凝土的受拉弹性模量,也与受压弹性模量取相同的值。

根据上述公式,表4-3给出了不同混凝土强度等级时中国标准和欧洲标准的混凝土受压弹性模量。

混凝土受压弹性模量 $E_c(E_{cm})$（$\times10^4$MPa）　　表4-3

JTG 3362—2018	f_{ck}	C15	C20	C25	C30	C35	C40	C45	C50	C55	C60	C65	C70	C75	C80
	E_c	2.20	2.55	2.80	3.00	3.15	3.25	3.35	3.45	3.55	3.60	3.65	3.70	3.75	3.80
EN 1992-2	f_{ck}	C12	C16	C20	C25	C30	C35	C40	C45	C50	C55	C60	C70	C80	C90
	E_{cm}	2.7	2.9	3.0	3.1	3.3	3.4	3.5	3.6	3.7	3.8	3.9	4.1	4.2	4.4

由表4-3可以看出，对于相同强度等级混凝土，中欧标准中混凝土受压弹性模量接近，但总体而言，欧洲标准给出的弹性模量高于中国标准给出的弹性模量。比如欧洲标准中的C40/50，给出的弹性模量 $E_{cm}=36$GPa；中国标准中的C50，给出的弹性模量 $E_c=34.5$GPa，相差4.3%。

EN 1992规定，当没有裂缝时，混凝土的泊松比取0.2；当出现裂缝时，混凝土的泊松比取0；剪切模量取 $G_c=0.42E_{cm}$。JTG 3362—2018也将混凝土的泊松比取0.2，剪切模量 $G_c=0.4E_c$。

4.1.4　徐变与收缩

4.1.4.1　徐变

混凝土的徐变使得持续荷载作用下的变形在初始弹性响应基础上继续增长或当截面应变保持恒定不变时，使得构件中的初始弹性内力发生衰减。徐变对于预应力混凝土尤其重要，因为混凝土长期受压状态下的持续缩短会引起预应力的损失。徐变对于分阶段施工的桥梁也很重要，因为长期的徐变变形会引起内部作用的改变。

EN 1992认为混凝土徐变取决于周围的湿度、构件的尺寸和混凝土的组成。徐变还受到首次加载龄期、持荷时间和荷载强度的影响。

徐变变形通常与弹性变形相关，在恒定压应力 σ_c 作用下，$t=\infty$ 时总的最终徐变变形 $\varepsilon_{cc}(\infty,t_0)$ 满足：

$$\varepsilon_{cc}(\infty,t_0)=\phi(\infty,t_0)\frac{\sigma_c}{E_c} \tag{4-7}$$

式中：E_c——割线模量，该值可取 $1.05E_{cm}$；

$\phi(\infty,t_0)$——最终徐变系数，可从图4-3中查得，前提是混凝土所受的压应力不超过 $0.45f_{ck}(t_0)$；

t_0——初次加载时混凝土的龄期，同时还要求环境温度为 $-40\sim+40$℃，平均相对湿度高于40%。

如果龄期为 t_0 的混凝土的压应力超过 $0.45f_{ck}(t_0)$，非线性徐变将产生更大的徐变变形。非线性徐变通常出现在预制预应力梁中，这种梁在混凝土处于较早龄期时就承受应力，最初只承受较小的恒载。对此，EN 1992给出式(4-7)的修正式：

$$\phi_k(\infty,t_0)=\phi(\infty,t_0)\exp[1.5(k_\sigma-0.45)] \tag{4-8}$$

式中：k_σ——应力—强度比 $\sigma_c/f_{cm}(t_0)$；

σ_c——压应力；

$f_{cm}(t_0)$——加载时混凝土的平均抗压强度。

根据对大量试验资料的观察，JTG 3362—2018在附录C中提出的徐变系数计算公式为

$$\phi(t,t_0)=\phi_0\beta_c(t-t_0) \tag{4-9}$$

$$\phi_0=\phi_{RH}\beta(f_{cm})\beta(t_0) \tag{4-10}$$

$$\phi_{RH}=1+\frac{1-RH/RH_0}{0.46(h/h_0)^{1/3}} \tag{4-11}$$

$$\beta(f_{cm})=\frac{5.3}{(f_{cm}/f_{cm0})^{0.5}} \tag{4-12}$$

$$\beta(t_0)=\frac{1}{0.1+(t_0/t_1)^{0.2}} \tag{4-13}$$

$$\beta_c(t-t_0)=\left[\frac{(t-t_0)/t_1}{\beta_H+(t-t_0)/t_1}\right]^{0.3} \tag{4-14}$$

$$\beta_H=150\left[1+\left(1.2\frac{RH}{RH_0}\right)^{18}\right]\frac{h}{h_0}+250\leqslant 1500 \tag{4-15}$$

式中：t_0——加载时的混凝土龄期(d)；

t——计算考虑时刻的混凝土龄期(d)；

$\phi(t,t_0)$——加载龄期为 t_0，计算考虑的龄期为 t 时的混凝土徐变系数；

ϕ_0——名义徐变系数；

β_c——加载后徐变随时间发展的系数。

其他符号意义参见 JTG 3362—2018 附录 F。

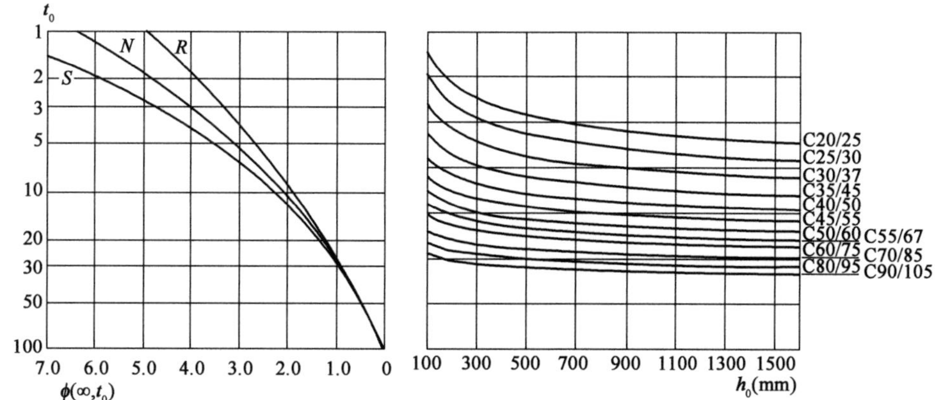

a)室内条件：RH=50%

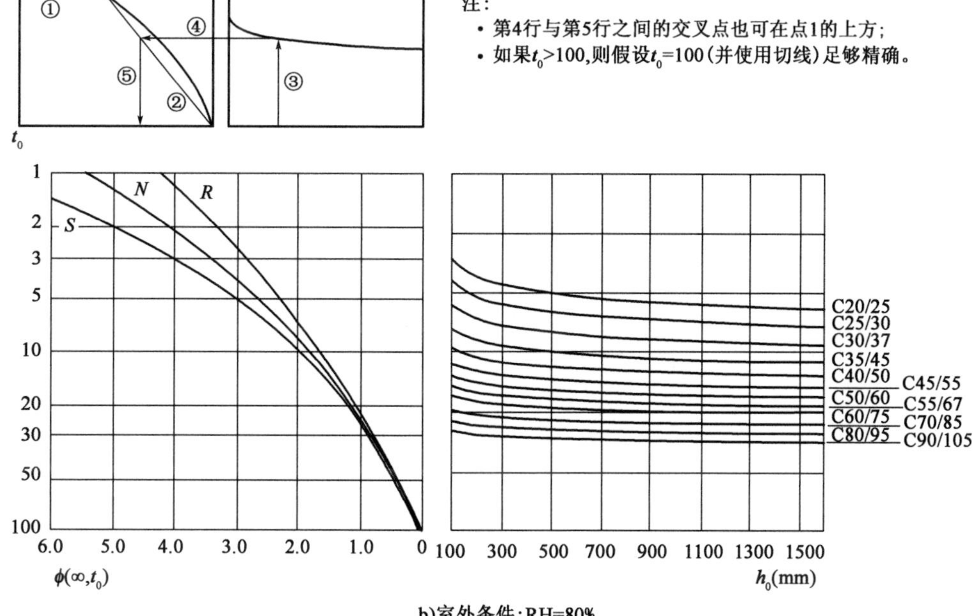

b)室外条件：RH=80%

图 4-3 $\phi(\infty,t_0)$的确定方法

t_0-混凝土初次加载时的龄期，单位为 d；h_0-名义尺寸(或有效厚度)，等于 $2A_c/u$，其中 A_c 为混凝土截面面积，u 为截面暴露于干燥环境，即暴露于空气中的周长；如果 h_0 沿杆件是变化的，则可采用应力最大截面的平均值；S-慢凝水泥；N-普通快凝水泥；R-快凝高强水泥

强度等级为 C20 ~ C50 的混凝土的名义徐变系数 ϕ_0 按表 4-4 取值。

名义徐变系数 ϕ_0 表 4-4

加载龄期(d)	40% ≤RH <70%				70% ≤RH <99%			
	理论厚度 h(mm)				理论厚度 h(mm)			
	100	200	300	≥600	100	200	300	≥600
3	3.90	3.50	3.31	3.03	2.83	2.65	2.56	2.44
7	3.33	3.00	2.82	2.59	2.41	2.26	2.19	2.08
14	2.92	2.62	2.48	2.27	2.12	1.99	1.92	1.83
28	2.56	2.30	2.17	1.99	1.86	1.74	1.69	1.60
60	2.21	1.99	1.88	1.72	1.61	1.51	1.46	1.39
90	2.05	1.84	1.74	1.59	1.49	1.39	1.35	1.28

注:1. 适用于一般硅酸盐类水泥或快硬水泥配置而成的混凝土。

2. 适用于季节性变化的平均温度为 -20 ~ +40℃。

3. 数值系按强度等级为 C40 的混凝土计算所得,对强度等级 C50 及以上的混凝土,以表列数值乘以 $\sqrt{32.4/f_{ck}}$。

4. 计算时,表中年平均相对湿度 40% ≤RH <70%,取 RH =55%;70% ≤RH <99%,取 RH =80%。

5. 构件的实际理论厚度和加载龄期为表列中间值时,混凝土名义徐变系数可按直线内插法求得。

例 4-1 桥墩徐变系数 $\phi(\infty, t_0)$ 的计算

现有一空心矩形桥墩,壁厚 500mm,在龄期为 30d 时初次承受由桥面构造传递下来的显著荷载。环境的相对湿度为 80%,混凝土强度等级为 C40/50,所用水泥为普通波特兰水泥。试按图 4-3 和 BS EN 1992-1-1:2004 附录 B(以下简称附录 B)计算徐变系数 $\phi(\infty, t_0)$。

1)按欧洲标准计算

由图 4-3 所示构造,采用 $h_0 = 500$mm,可查得 $\phi(\infty, t_0) = 1.4$。步骤为:

(1)在 $t = 30$d 处作水平线与曲线“N”相交;

(2)作一条直线连接该交点与 x 轴上 $\phi = 0$ 的点;

(3)在 $h_0 = 500$ 处作竖直线与 C40/50 曲线相交;

(4)从 C40/50 曲线上的上述交点作水平线与第(2)步中形成的直线相交;

(5)第(2)步和第(4)步的直线的交点在横坐标轴上的投影即为所求徐变系数 ϕ。

由附录 B 式(B-1)计算出徐变系数 $\phi(t, t_0)$:

$$\phi(t, t_0) = \phi_0 \cdot \beta_c(t, t_0)$$

$\beta_c(t, t_0)$ 为反映徐变大小随时间变化情况的一个系数,当 $t = \infty$ 时,该系数等于 1.0。因此总徐变量由附录 B 式(B-2)通过 ϕ_0 给出:

$$\phi_0 = \phi_{RH} \cdot \beta(f_{cm}) \cdot \beta(t_0)$$

ϕ_{RH} 为考虑相对湿度对名义徐变系数影响的一个系数。根据 f_{cm} 的大小给出了两个公式。

由表 4-1 可知,$f_{cm} = f_{ck} + 8 = 40 + 8 = 48$MPa。

对于 $f_{cm} > 35$MPa,ϕ_{RH} 由附录 B 式(B-3b)计算:

$$\phi_{RH} = \left[1 + \frac{1 - RH/100}{0.1\sqrt[3]{h_0}} \cdot \alpha_1\right] \cdot \alpha_2$$

式中:RH——以百分数表示的环境相对湿度,此例中为 80%;

α_1、α_2——考虑混凝土强度影响的两个系数,由附录 B 式(B-8c):

$$\alpha_1 = \left(\frac{35}{f_{cm}}\right)^{0.7} = \left(\frac{35}{48}\right)^{0.7} = 0.80$$

$$\alpha_2 = \left(\frac{35}{f_{cm}}\right)^{0.2} = \left(\frac{35}{48}\right)^{0.2} = 0.94$$

由附录B式(B-3b)可得：

$$\phi_{RH} = \left[1 + \frac{1 - 80/100}{0.1 \times \sqrt[3]{500}} \times 0.80\right] \times 0.94 = 1.13$$

$\beta(f_{cm})$为考虑混凝土强度对名义徐变系数影响的系数，由附录B式(B-4)可知：

$$\beta(f_{cm}) = \frac{16.8}{\sqrt{f_{cm}}} = \frac{16.8}{\sqrt{48}} = 2.42$$

混凝土加载龄期对名义徐变系数的影响系数$\beta(t_0)$由附录B式(B-5)计算。对于30d加载龄期为

$$\beta(t_0) = \frac{1}{0.1 + t_0^{0.20}} = \frac{1}{0.1 + 30^{0.20}} = 0.48$$

上式仅适用于以N为标志的普通或快凝水泥，对于慢凝或高强水泥混凝土，附录B式(B-5)需要根据附录B式(B-9)和附录B式(B-10)调整加载龄期t_0进行修正。

由附录B式(B-2)可算得最终的徐变系数：

$$\phi(\infty, t_0) = \phi_0 = 1.13 \times 2.42 \times 0.48 = 1.31$$

该值与前述由图4-3b)查得的1.4相差6.4%。

2)按JTG 3362—2018计算

本例中取$t=\infty$，因此$\beta_c=1$：

$$\beta(t_0) = \frac{1}{0.1 + (t_0/t_1)^{0.2}} = \frac{1}{0.1 + (30/1)^{0.2}} = 0.482$$

欧洲标准中的C40/50，相当于中国标准中的C50：

$$f_{cm} = 0.8f_{cu,k} + 8 = 0.8 \times 50 + 8 = 48\text{MPa}$$

$$\beta(f_{cm}) = \frac{5.3}{(f_{cm}/f_{cm0})^{0.5}} = \frac{5.3}{(48/10)^{0.5}} = 2.42$$

$$\phi_{RH} = 1 + \frac{1 - RH/RH_0}{0.46(h/h_0)^{1/3}} = 1 + \frac{1 - 0.8/1.0}{0.46 \times (500/100)^{1/3}} = 1.25$$

$$\phi_0 = \phi_{RH}\beta(f_{cm})\beta(t_0) = 1.25 \times 2.42 \times 0.482 = 1.46$$

C50的轴心抗压强度$f_{ck}=32.4\text{MPa}$，因此修正系数：

$$\xi = \sqrt{32.4/32.4} = 1$$

因此不用修正。

比较中欧标准计算结果，按JTG 3362—2018的结果与欧洲标准查图法的结果仅相差4.29%。

4.1.4.2 收缩

EN 1992将收缩分为干燥收缩与自生收缩两个部分。干燥收缩与水分流经混凝土截面的运动有关，因此取决于相对湿度、截面的有效厚度以及混凝土的组成。干燥收缩的发展相对较慢，需要若干年才能完成。自生收缩在混凝土的水化和硬化的过程中发生，无水分流失，其总应变只取决于混凝土的强度。因此这类收缩发展相对较快，在数月内便基本完成。混凝土的总收缩是干燥收缩与自生收缩两部分之和。

收缩在预应力混凝土中特别重要，因为混凝土的持续长期缩短势必引起预应力的损失。在计算收缩损失时，一个重要的问题就是考虑混凝土的龄期为多少时施加预应力。对于组合截面，不同龄期浇注的截面各部分之间的收缩差将在截面内产生自应力，以及由多余约束的存在而形成的二次弯矩和二次力。

1)干燥收缩

干燥收缩由下式计算:

$$\varepsilon_{cd}(t) = \beta_{ds}(t,t_s)\varepsilon_{cd,0} \tag{4-16}$$

$$\beta_{ds}(t,t_s) = \frac{t - t_s}{(t - t_s) + 0.04\sqrt{h_0^3}} \tag{4-17}$$

式中:t——力矩作用时混凝土龄期(d);

t_s——干缩(或膨胀)开始时混凝土龄期(d);

h_0——横截面的理论尺寸(mm),$h_0 = 2A_c/u$;

$\varepsilon_{cd,0}$——名义无约束干燥收缩值,其值按表4-5采用。

名义无约束干燥收缩值 $\varepsilon_{cd,0}$($\times 10^{-6}$) 表4-5

$f_{ck}/f_{ck,cube}$(MPa)	相对湿度(%)					
	20	40	60	80	90	100
20/25	0.62	0.58	0.49	0.30	0.17	0
40/50	0.48	0.46	0.38	0.24	0.13	0
60/75	0.38	0.36	0.30	0.19	0.10	0
80/95	0.30	0.28	0.24	0.15	0.08	0
90/105	0.27	0.25	0.21	0.13	0.07	0

2)自生收缩

自生收缩由式(4-18)计算:

$$\varepsilon_{ca}(\infty) = \beta_{as}(t)\varepsilon_{ca}(\infty) \tag{4-18}$$

其中:

$$\varepsilon_{ca}(\infty) = 2.5 \times (f_{ck} - 10) \times 10^{-6} \tag{4-19}$$

$$\beta_{as}(t) = 1 - \exp(-0.2t^{0.5}) \tag{4-20}$$

式中,t为时间,以天为单位。

根据对大量试验资料的观察,JTG 3362—2018在附录C中提出的收缩应变计算公式为

$$\varepsilon_{cs}(t,t_s) = \varepsilon_{cs0}\beta_s(t - t_s) \tag{4-21}$$

$$\varepsilon_{cs0} = \varepsilon_s(f_{cm})\beta_{RH} \tag{4-22}$$

$$\varepsilon_s(f_{cm}) = \left[160 + 10\beta_{sc}\left(9 - \frac{f_{cm}}{f_{cm0}}\right)\right] \times 10^{-6} \tag{4-23}$$

$$\beta_{RH} = 1.55 \times \left[1 - \left(\frac{RH}{RH_0}\right)^3\right] \tag{4-24}$$

$$\beta_s(t - t_s) = \left[\frac{(t - t_s)/t_1}{350(h/h_0)^2 + (t - t_s)/t_1}\right]^{0.5} \tag{4-25}$$

式中: t——计算考虑时刻的混凝土龄期(d);

t_s——收缩开始时的混凝土龄期(d),可假定为3~7d;

$\varepsilon_{cs}(t,t_s)$——收缩开始时的龄期t_s,计算考虑的龄期为t时的收缩应变;

ε_{cs0}——名义收缩系数;

β_s——收缩随时间发展的系数;

f_{cm}——强度等级为C20~C50的混凝土在28d龄期时的平均立方体抗压强度(MPa),$f_{cm} = 0.8f_{cu,k} + 8$ MPa;

β_{RH}——与年平均相对湿度相关的系数,适用于40%≤RH<99%;

RH——环境年平均相对湿度(%);

β_{sc}——依水泥品种而定的系数，对一般的硅酸盐水泥或快硬水泥，$\beta_{sc}=5.0$；

h——构件理论厚度（mm），$h=2A/u$；

$$RH_0=100\%;h_0=100\text{mm};t_1=1\text{天};f_{cm0}=10\text{MPa}。$$

强度等级为C20～C50的混凝土的名义收缩系数ε_{cs0}，可按表4-6取用。

混凝土的名义收缩系数 表4-6

40%≤RH<70%	70%≤RH<99%
0.529	0.310

注：1. 适用于一般硅酸盐类水泥或快硬水泥配制而成的混凝土。
2. 适用于季节性变化的平均温度－20～＋40℃。
3. 数值系按强度等级为C40的混凝土计算所得，对强度等级为C50及以上的混凝土，以表列数值乘以$\sqrt{32.4/f_{ck}}$。
4. 计算时，表中年平均相对湿度40%≤RH<70%，取RH=55%；70%≤RH<99%，取RH=80%。

收缩应变的计算公式与徐变系数的计算式类似，中欧标准计算原理相同，经验系数略有差异。

4.1.5 用于非线性结构分析的混凝土应力-应变关系

EN 1992规定进行非线性分析时，可采用图4-4所示混凝土短期应力-应变关系。其表达式为

$$\frac{\sigma_c}{f_{cm}}=\frac{k\eta-\eta^2}{1+(k-2)\eta} \tag{4-26}$$

式中，$\eta=\varepsilon_c/\varepsilon_{c1}$，$\varepsilon_{c1}$为应力达到峰值时的应变，$\varepsilon_{c1}(‰)=0.7f_{cm}^{0.31}<2.8$；$k=1.05E_{cm}\times|\varepsilon_{c1}|/f_{cm}$。

式(4-26)适用于$0<|\varepsilon_c|<|\varepsilon_{cu1}|$的情况，$\varepsilon_{cu1}$为名义极限应变，按式(4-27)计算：

$$\varepsilon_{cu1}=\begin{cases}3.5\times10^{-3} & f_{ck}<50\text{MPa}\\ \left[2.8+27\times\left(\dfrac{98-f_{cm}}{100}\right)\right]\times10^{-3} & f_{ck}\geq50\text{MPa}\end{cases} \tag{4-27}$$

GB 50010—2010规定，混凝土的单轴受压应力-应变关系（图4-5）可采用下面的表达式：

$$\sigma=(1-d_c)E_c\varepsilon \tag{4-28}$$

$$d_c=\begin{cases}1-\dfrac{\rho_c n}{n-1+x^n}, & x\leq1\\ 1-\dfrac{\rho_c}{\alpha_c(x-1)^2+x}, & x>1\end{cases} \tag{4-29}$$

$$\rho_c=\frac{f_{c,r}}{E_c\varepsilon_{c,r}} \tag{4-30}$$

$$n=\frac{E_c\varepsilon_{c,r}}{E_c\varepsilon_{c,r}-f_{c,r}} \tag{4-31}$$

$$x=\frac{\varepsilon}{\varepsilon_{c,r}} \tag{4-32}$$

式中：α_c——混凝土单轴受压应力-应变关系曲线下降段参数值，按表4-7取用；

$f_{c,r}$——混凝土单轴抗压强度代表值，其值可根据实际结构的需要分别取f_c、f_{ck}或f_{cm}；

$\varepsilon_{c,r}$——与单轴抗压强度$f_{c,r}$对应的混凝土峰值压应变，按表4-7取用。

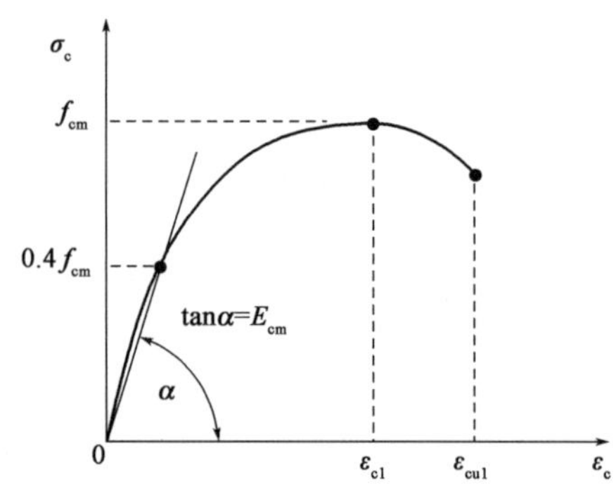

图 4-4　用于非线性结构分析的应力-应变关系曲线

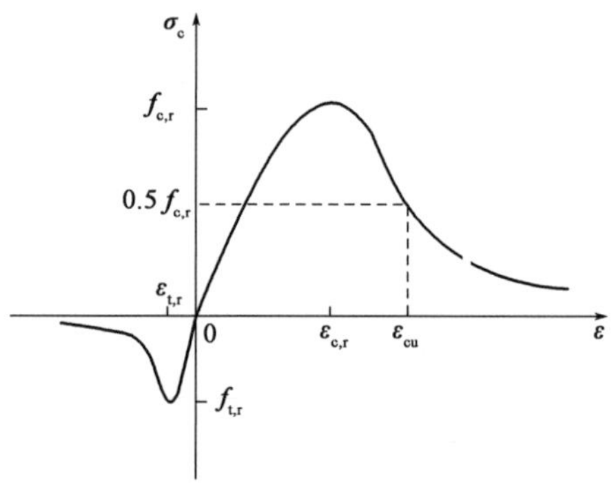

图 4-5　混凝土单轴受压应力-应变关系曲线

混凝土单轴受压应力-应变关系曲线的参数取值　　表 4-7

$f_{c,r}$(N/mm^2)	20	25	30	35	40	45	50	55	60	65	70	75	80
$\varepsilon_{c,r}$($\times10^{-6}$)	1470	1560	1640	1720	1790	1850	1920	1980	2030	2080	2130	2190	2240
α_c	0.74	1.06	1.36	1.65	1.94	2.21	2.48	2.74	3.00	3.25	3.50	3.75	3.99
$\varepsilon_{cu}/\varepsilon_{c,r}$	3.0	2.6	2.3	2.1	2.0	1.9	1.9	1.8	1.8	1.7	1.7	1.7	1.6

注:ε_{cu}为应力-应变关系曲线下降段应力等于 $0.5f_{c,r}$时的混凝土压应变。

应力-应变关系式均为经验表达式,从形式上看,中欧标准差异较大。研究表明,中欧标准关于混凝土应力-应变关系曲线的规定,在峰值应变之前非常接近,峰值应变之后,曲线差异较大;中国标准的曲线呈缓慢下降趋势,且极限应变较大,而欧洲标准的曲线呈快速下降趋势,且极限应变较小。

4.1.6　设计抗压和抗拉强度

EN 1992 给出的混凝土抗压强度设计值、抗拉强度设计值与其相应标准值的关系为

$$f_{cd}=\frac{\alpha_{cc}f_{ck}}{\gamma_c},\ f_{ctd}=\frac{\alpha_{ct}f_{ctk,0.05}}{\gamma_c} \tag{4-33}$$

式中:γ_c——混凝土强度分项系数,对于持久和短暂状况,建议取 1.5,对于偶然状况,取 1.2,对于正常使用极限状态,取 1.0;

α_{cc}——考虑抗压强度长期效应及加载方式不利影响的系数,取为 0.8~1.0,建议值为 1.0;

α_{ct}——考虑抗拉强度长期效应及加载方式不利影响的系数,建议值为 1.0。

中国标准中关于混凝土强度设计值与 EN 1992 的取值方法相同,但分项系数略有不同,GB 50010—2010 取$\gamma_c=1.4$,JTG 3362—2018 取 $\gamma_c=1.45$。

前面分析中国标准中混凝土抗拉强度标准值、欧洲标准标准值时,主要区别是中国标准中的标准值考虑了 0.88 的混凝土构件与试件差别的系数,而欧洲标准没有考虑。但在承载能力极限状态设计中,如上所述,中国标准采用的设计值为标准值除以分项系数 $\gamma_c=1.4$ 或 1.45,欧洲标准考虑系数 α_{cc},材料分项系数 $\gamma_c=1.5$。按英国的设计方法考虑,取 $\alpha_{cc}=0.85$,表 4-8 给出了不同混凝土强度等级时中国标准和欧洲标准轴心抗压、抗拉强度的设计值。由表中数值可以看出,在以受压为主的构件承载力计算中,中国标准和欧洲标准取用的混凝土强度值有一定的差异。总体而言,关于混凝土的强度设计值欧洲标准高于中国标准。比如 C50 混凝土,JGT 3362—2018 给出的抗压强度设计值为 22.4MPa,而 EN 1992 给出的强度设计值为 30.0MPa,相差 25.3%。

混凝土强度设计值(MPa) 表4-8

中欧标准	指标	C15	C20	C25	C30	C35	C40	C45	C50	C55	C60	C65	C70	C75	C80
GB 50010—2010	f_c	7.2	9.6	11.9	14.3	16.7	19.1	21.1	23.1	25.3	27.5	29.7	31.8	33.8	35.9
	f_t	0.91	1.10	1.27	1.43	1.57	1.71	1.80	1.89	1.96	2.04	2.09	2.14	2.18	2.22
JTG 3362—2018	f_{cd}	6.9	9.2	11.5	13.8	16.1	18.4	20.5	22.4	24.4	26.5	28.5	30.5	32.4	34.6
	f_{td}	0.88	1.06	1.23	1.39	1.52	1.65	1.74	1.83	1.89	1.96	2.02	2.07	2.10	2.14
EN 1992	f_{cd}	8.0	10.7	13.3	16.7	C37:20.0		23.3	26.7	30.0	33.3	C67:36.7		40.0	—
	f_{ctd}	0.73	0.87	1.0	1.2	C37:1.33		1.47	1.67	1.80	1.93	C67:2.0		2.07	—

4.1.7 用于截面设计的应力-应变关系

对于整体分析(非线性分析)和截面验算,EN 1992 对应力-应变关系的用法作出了不同的规定。对于截面设计,EN 1992 给出了三种替代的应力-应变图式:抛物线-矩形分式、双线形分布和简化矩形分布,如图4-6所示。它们仅用于承载能力极限状态设计,而不用于正常使用极限状态设计。

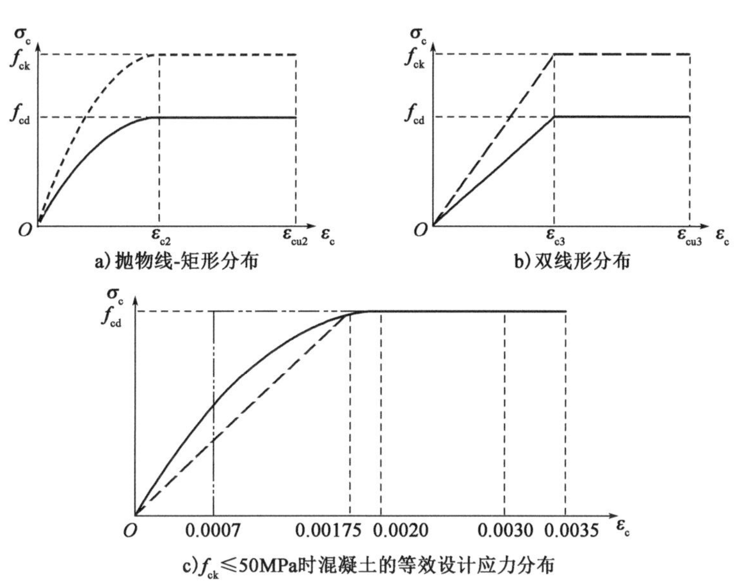

图4-6 用于混凝土截面设计的应力-应变关系

1)抛物线-矩形分布

当$0 \leq \varepsilon_c \leq \varepsilon_{c2}$时

$$\sigma_c = f_{cd}\left[1 - \left(1 - \frac{\varepsilon_c}{\varepsilon_{c2}}\right)^n\right] \tag{4-34}$$

当$\varepsilon_{c2} \leq \varepsilon_c \leq \varepsilon_{cu2}$时

$$\sigma_c = f_{cd} \tag{4-35}$$

式中:n——表4-1中定义的指数;

ε_{c2}——达到最大强度时的应变值;

ε_{cu2}——极限应变。

2)双线形分布

图4-6b)中,ε_{c3}为达到最大强度时的应变值,使用设计值时即为f_{cd};ε_{cu3}为极限应变。

3)简化矩形图式

λ和η分别用来定义有效受压区高度和有效强度,取值如下:

当$f_{ck} \leqslant 50$MPa 时,$\lambda = 0.8$;

当$50 < f_{ck} \leqslant 90$MPa 时,$\lambda = 0.8 - (f_{ck} - 50)/400$。

当$f_{ck} \leqslant 50$MPa 时,$\eta = 1.0$;

当$50 < f_{ck} \leqslant 90$MPa 时,$\eta = 1.0 - (f_{ck} - 50)/200$。

对于承载能力极限状态的截面分析,GB 50010—2010 采用的应力-应变关系表达式为

$$\sigma_c = \begin{cases} f_c\left[1 - \left(1 - \dfrac{\varepsilon_c}{\varepsilon_0}\right)^n\right], & \varepsilon_c \leqslant \varepsilon_0 \\ f_c, & \varepsilon_0 < \varepsilon_c \leqslant \varepsilon_{cu} \end{cases} \tag{4-36}$$

式中:σ_c——混凝土压应变为ε_c时的混凝土压应力;

ε_0——混凝土压应力刚达到f_c时混凝土的压应变,按式(4-37)计算:

$$\varepsilon_0 = 0.002 + 0.5 \times (f_{cu,k} - 50) \times 10^{-5} \tag{4-37}$$

当计算的ε_0值小于0.002时,取为0.002;

ε_{cu}——正截面的混凝土极限压应变,当处于非均匀受压时,按式(4-38)计算:

$$\varepsilon_{cu} = 0.0033 - 0.5 \times (f_{cu,k} - 50) \times 10^{-5} \tag{4-38}$$

如计算的ε_{cu}值大于0.0033,取为0.0033;当处于轴心受压时,取为ε_0;

n——系数,按式(4-39)计算:

$$n = 2 - \frac{1}{60} \times (f_{cu,k} - 50) \tag{4-39}$$

当计算的n值大于2.0时,取为2.0。

比较式(4-34)和式(4-37)可以看出,中欧标准采用相同的应力-应变关系式,只是有关参数有些差别。除此之外,欧洲标准还给出了两种简化的应力-应变关系式。

4.1.8 抗折强度

对于抗折试验,EN 12390-5:2000 有两种加载方法,一种是在三分点加载[图4-7a)],一种是在中点加载[图4-7b)]。

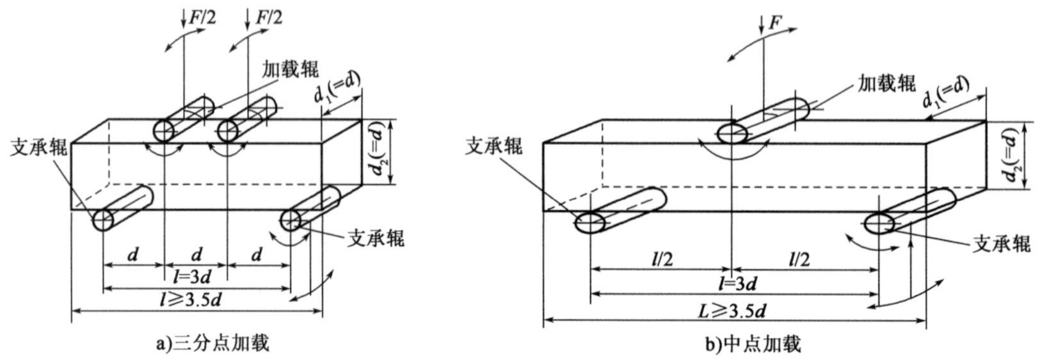

图4-7 EN 12390-5:2000 中抗折试验示意图

对于三分点加载,抗折强度按式(4-40)计算:

$$f_{cf} = \frac{Fl}{d_1 d_2^2} \tag{4-40}$$

式中:f_{cf}——抗折强度(N/mm^2);

F——最大荷载(N);

l——支承滚轴间的距离(mm);

d_1、d_2——试件的横向尺寸。

对于中点加载,抗折强度按式(4-41)计算:

$$f_{cf} = \frac{3Fl}{2d_1 d_2^2} \quad (4\text{-}41)$$

一般情况下,中点加载测得的抗折强度要比三分点加载测得的值高13%。

EN 1992采用的混凝土抗折强度与轴心抗拉强度平均值的关系为

$$f_{ctm,fl} = \max\left\{\left(1.6 - \frac{h}{1000}\right)f_{ctm}; f_{ctm}\right\} \quad (4\text{-}42)$$

式中:h——构件的总高度(mm);

f_{ctm}——试件的平均抗拉强度。

《普通混凝土力学性能试验方法标准》(GB/T 50081—2019)、《公路工程水泥及水泥混凝土试验规程》(JTG E30—2005)规定,混凝土抗折强度采用150mm×150mm ×600(550)mm的小梁作为标准试件。有必要时,也可采用100mm×100mm×400mm的试件,但测得的抗折强度值应乘以尺寸换算系数0.85,以三个试件为一组。试验示意图如图4-8所示。

折断面位于两集中荷载之间时,抗折强度按式(4-43)计算:

$$f_{ctm} = \frac{Pl}{bh^2} \quad (4\text{-}43)$$

式中:f_{ctm}——混凝土抗折强度(MPa);

P——破坏荷载(N);

l——支座间距,即跨度(mm);

b——试件截面宽度(mm);

h——试件截面高度(mm)。

如折断面位于两个集中荷载以外,则该试件试验结果作废,如有两个试件的试验结果作废,则该组试验结果无效。

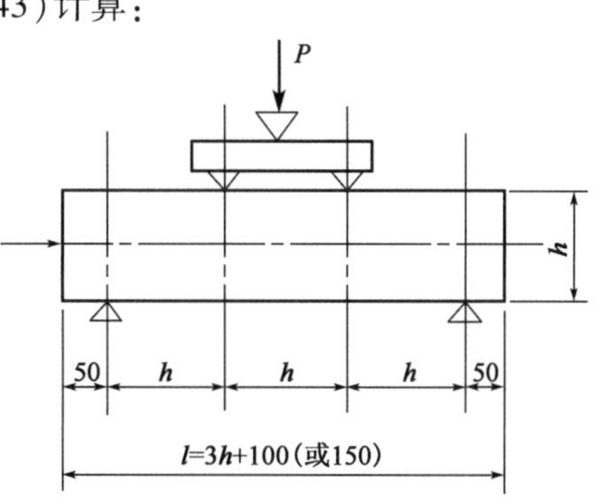

图4-8 GB/T 50081—2002抗折试验示意图
(尺寸单位:mm)

除混凝土路面设计直接使用混凝土抗折强度外,中国混凝土结构设计不直接使用混凝土抗折强度指标。在混凝土构件受拉开裂计算时,对混凝土抗拉强度f_{ck}乘以混凝土构件截面抵抗矩塑性影响系数γ,即γf_{ck},作为判断混凝土是否开裂的指标。γ可表示为

$$\gamma = \left(0.7 + \frac{120}{h}\right)\gamma_m \quad (4\text{-}44)$$

式中:γ_m——混凝土构件的截面抵抗矩塑性影响系数基本值,可按正截面应变保持平面的假定,并取受拉区混凝土应力图形为梯形、受拉边缘混凝土极限拉应变为$2f_{tk}/E_c$来确定;对常用的截面形状,γ_m值可按表4-9取用;

h——构件截面高度(mm):当$h<400$mm时,取$h=400$mm;当$h>1600$mm时,取$h=1600$mm;对圆形、环形截面,取$h=2r$。此处,r为圆形截面半径或环形截面的外环半径。

截面抵抗矩塑性影响系数基本值γ_m 表4-9

项次	1	2	3		4		5
截面形状	矩形截面	翼缘位于受压区的T形截面	对称I形截面或箱形截面		翼缘位于受拉区的倒T形截面		圆形和环形截面
			$b_f/b\leq2$,h_f/h任意值	$b_f/b>2$,$h_f/h<0.2$	$b_f/b\leq2$,h_f/h任意值	$b_f/b>2$,$h_f/h<0.2$	
γ_m	1.55	1.50	1.45	1.35	1.50	1.40	$1.6\sim0.24r_1/r$

注:1. b为I字形和T形构件腹板宽度,b_f和h_f为上翼缘有效宽度和高度。

2. r_1为环形截面构件的内环半径。

由式(4-44)和表4-10可以看出,在中国建筑工程中,截面抵抗矩塑性影响系数只考虑了构件的截面形状和截面高度。在水利工程中,混凝土结构抗裂非常重要,所以还考虑了荷载形式的影响。这是因为结构承受的荷载不同,构件截面应变梯度不同,从而影响混凝土受弯时的强度,如图4-9所示。轴心受拉时构件的实际拉应力是均匀分布的,应变梯度为0。

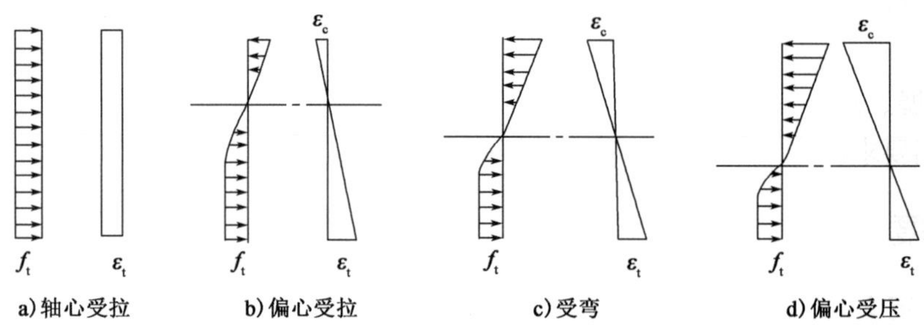

图4-9　不同荷载时构件的截面应力、应变分布

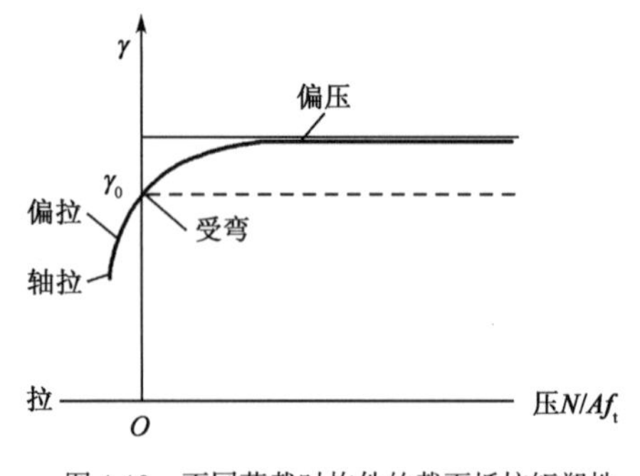

图4-10　不同荷载时构件的截面抵抗矩塑性影响系数

$\gamma_{轴拉}=1.0$;偏心受拉构件的应变梯度界于轴心受拉和受弯之间,所以$1.0<\gamma_{偏拉}<\gamma_{弯}$;对于大偏心受压构件,则有$\gamma_{偏压}>\gamma_{弯}$。图4-10所示为偏心受力构件截面抵抗矩塑性影响系数与应力比$N/(Af_t)$的关系。在轴拉—偏拉—受弯的范围内,假定$\gamma_{偏拉}$随$N/(Af_t)$按线性规律变化,则有:

$$\gamma_{偏拉}=\gamma_{弯}-(\gamma_{弯}-1)\frac{N}{Af_t} \tag{4-45}$$

式中:N——轴力;

A——构件截面面积。

4.2　普通钢筋

4.2.1　总则

钢筋是钢筋混凝土结构的另一种建筑材料,它不仅为结构提供抗拉强度及抗压强度,还赋予结构具有要求的变形性质,使结构在偶然局部超载的情况下发生内力重分布而不破坏。所以钢筋的力学性能非常重要。

EN 1992中钢筋的规格,包括特性符合试验、分类细则和生产方法等规定参见EN 10080。如果现场操作可能使材料属性发生改变,则须重新检验其特性是否达标。值得注意的是,EN 1992不包含光圆钢筋。

4.2.2　特性

钢筋的品种、规格和牌号分别指钢筋的供货形式(直条或盘卷)、直径及钢筋的表示方法。中国标准和欧洲标准中钢筋的品种、规格比较接近,品种一般都是直条和盘卷,规格一般为6~40mm或6~50mm。欧洲标准中钢筋最小规格可到4mm。一般直条钢筋的常用规格范围为12~32mm,盘卷钢筋规格一般不大于10mm。

对于钢筋的强度级别或牌号,各国标准的设置不尽相同,但总体思路一般是考虑到低、中、高几种强度,在此基础上再考虑特殊要求,如抗震要求,但各国标准各有侧重。中国标准规定了五种级别:HPB235级、HRB335级、HRB400级、RRB400级和HRB500级,其中HPB表示热轧钢筋,HRB表示热轧带肋钢筋,RRB表示余热处理带肋钢筋,如无特殊要求时均为普通用途,有特

殊要求时可执行协议条款,即强屈比和反弯试验的规定。EN 10080-1999 规定了 B500A、B500B 和 B450C 三种级别,并分 A、B 和 C 三种延性(塑性)等级。例如,屈服强度为 500MPa 且延性等级为 B 的钢筋以“B500B”为标志,其中“B500”表示屈服强度为 500MPa 的钢筋,后面的“B”表示该钢筋的延性等级。

对设计人员而言,钢筋最重要的特性参数通常是其标准屈服强度 f_{yk}。中国标准中钢筋的总体思路是低、中、高级别兼顾,欧洲标准中钢筋没有低强度级别,从 400MPa 级起步,偏重于向中、高级别发展。总体来看,钢筋强度级别的设置为低 300MPa、400MPa,高 500MPa,同时再考虑到特殊使用要求的模式是比较合理的。

4.2.3 强度

EN 1992 定义标准屈服强度 f_{yk} 由标准屈服荷载除以钢筋的公称截面面积得到。此外,对于没有明显屈服应力的钢筋,可将残余变形为 0.2% 对应的试验应力作为屈服应力来使用。图 4-11所示为钢筋典型的应力-应变关系曲线。

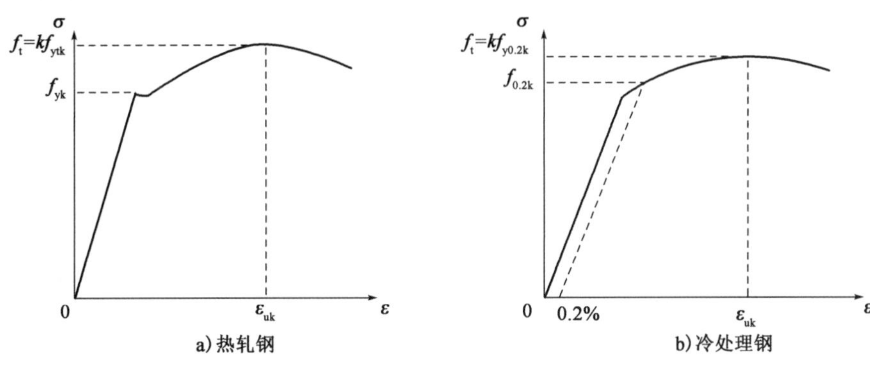

图 4-11 典型的钢筋应力-应变关系曲线

EN 1992 规定 $f_{y,max}$ 不得超过 $1.3f_{yk}$。极限抗拉强度表示为 $f_t = kf_y$,欧洲标准中对 k 的要求如表 4-10 所示。这些特性是针对 −40 ~ 100℃ 温度范围的。

EN 1992 规定的钢筋特性 表 4-10

产品形式	直条和盘卷			要求值或分位值(%)
等级	A	B	C	—
标准屈服强度 f_{yk} 或 $f_{0.2k}$(MPa)	400 ~ 600			5.0
$k = (f_t/f_y)_k$ 的最小值	≥1.05	≥1.08	≥1.15, <1.35	10.0
最大拉力时的标准应变,ε_{uk}(%)	≥2.5	≥5.0	≥7.5	10.0

表 4-11 中的 f_{yk}、k 和 ε_{uk} 值为标准值。低于标准值破坏的最大百分比针对表 4-11 中右列的每一个标准值。

钢筋的延性等级 表 4-11

等 级	最大拉力时的标准应变 ε_{uk}(%)	$k = (f_t/f_y)_k$ 的最小值
A	≥2.5	≥1.05
B	≥5	≥1.08
C	≥7.5	≥1.15, <1.35

中国标准对于具有明显流幅的钢筋,将屈服点对应的强度定义为钢筋的屈服强度,用 f_y 表示,曲线上对应于最大强度的点为极限抗拉强度,用 σ_b 表示;对于没有明显流幅的钢筋,取应力-应变曲线上残余应变为 0.2% 的点对应的应力为屈服应力,称为条件屈服强度。同样,曲线上对应于最大强度的点为极限抗拉强度,一般应力-应变关系曲线上残余应变为 0.2% 的点的应

力约为极限抗拉强度的85%,即0.85σ_b。

4.2.4 延性

EN 1992 规定钢筋必须具有足够的延性,延性用钢筋的抗拉强度与屈服应力之比$(f_t/f_y)_k$和最大拉力时的应变ε_{uk}来定义。

欧洲标准中,B500A的应变ε_{uk}为2.5%,B500B为5.0%,B450C为7.5%,强屈比分别规定为1.05、1.08、1.15~1.35,如表4-11所示。强屈比按不同用途,规定不同指标是合理的,对塑性要求较低的一般在1.05左右。对塑性仅有一般要求的,强屈比一般在1.10左右;对塑性有较高要求的用于抗震的一般在1.25左右。欧洲各国很少发生地震,其强屈比规定较低,而对于地震多发的地区或国家,如中国,对强屈比则有较高要求。

目前中国以断口伸长率(δ_5、δ_{10}和δ_{100})表示延性,具有很大的局限性,因为它只反映钢筋拉断以后颈缩局部区域的残余变形而并不反映拉断前的平均总变形。

中国的高强钢丝、钢绞线的延性较高;热轧钢筋的延性极好,均匀伸长率在10%~20%,超过国外标准的要求,但钢筋冷加工后均匀伸长率却大幅下降,呈明显的脆性。中国标准规定的强屈比为1.25,是根据需方要求才保证的协议条款。作为对比,表4-12列出了中欧普通钢筋的伸长率。

中欧普通钢筋的伸长率 表4-12

中欧标准		牌号或等级	规格范围(直径,mm)	伸长率(%)
GB 1499.1—2008		HPB235	8~20	≥25
GB 1499.2—2007		HRB335	6~25,28~50	≥16
		HRB400		≥14
		HRB500		≥12
GB 13014—2013		RRRB400	8~25,28~40	≥14
PrEN 10080—1999	Part 2	B500A	4~16	2.5
	Part 3	B500B	6~40	5.0
	Part 4	B450C		7.5

4.2.5 焊接

EN 1992 允许在表4-13规定的条件下进行钢筋焊接。只有直径大致相等的钢筋才允许相互焊接。如果所受的荷载主要不是静力荷载,即有疲劳荷载,则钢筋的焊接要求将更为严格,不过对受压钢筋的焊接要求相对宽松一些。EN 10080 给出了焊接的操作规程。焊接钢筋的抗疲劳特性比非焊接钢筋的要差得多,因此必须特别注意验算焊接钢筋的疲劳特性。

允许的焊接工艺和应用实例 表4-13

项目	焊接方法	受拉钢筋①	受压钢筋①
主要静态	闪光焊	对焊接头	
	手工电弧焊和填充焊条金属弧焊	对焊接头$\phi \geq 20$mm,接合,搭接,十字接头③,与其他钢构件的接头	
	金属弧有效焊接②	拼接,搭接,十字接头③和其他钢构件的接头	
		—	对焊接头$\phi \geq 20$mm
	摩擦焊	对焊接头,其他钢的接头	
	接触点焊	搭接④ 十字接头②④	

续上表

项　　目	焊 接 方 法	受 拉 钢 筋[①]	受 压 钢 筋[①]
非主要静态	闪光焊	对焊接头	
	手工电弧焊接	—	对焊接头 $\phi \geq 14$mm
	金属弧有效焊接[②]	—	对焊接头 $\phi \geq 14$mm
	接触点焊	搭接[④] 十字接头[②④]	

注：①只有具有大约相同公称直径的钢才能焊在一起。

②混合直径钢筋的允许比率≥0.57。

③对于 $\phi \leq 16$mm 的支撑接头。

④对于 $\phi \leq 28$mm 的支撑接头。

中国标准中的热轧钢筋是可焊的，与欧洲标准基本一致。

4.2.6　冷弯性能

钢筋弯钩、弯折加工时应避免裂缝和折断，冷弯性能可通过冷弯试验确定。热轧钢筋的冷弯性能很好，而脆性的冷加工钢筋较差。钢丝、钢绞线不能弯折，只能以直线或平缓的曲线形式使用。钢筋产品标准及混凝土结构施工规范都对冷弯性能提出了要求，钢筋在使用前应通过相应的试验检验。表 4-14 为中国标准和欧洲标准中关于钢筋弯曲和反弯试验的规定。

中国标准和欧洲标准中关于钢筋弯曲和反弯试验的规定　　表 4-14

中欧标准	牌号或等级	弯曲试验			反弯试验		
		弯曲角度（°）	直径范围（mm）	弯芯直径（mm）	弯曲角度（°）	直径范围（mm）	弯芯直径（mm）
GB 1499.1—2008	HPB235		8 ~ 20	a	—	—	—
GB 1499.2—2007	HRB335	180	6 ~ 25 28 ~ 50	$3a$ $4a$	（若要求） 正向 45	6 ~ 25 28 ~ 50	$4a$[①] $5a$
	HRB400		6 ~ 25 28 ~ 50	$4a$ $5a$	反向 23	6 ~ 25 28 ~ 50	$5a$ $6a$
	HRB500		6 ~ 25 28 ~ 50	$6a$ $7a$	—	6 ~ 25 28 ~ 50	$7a$ $8a$
GB 13014—2013	RRB400	90	8 ~ 25 28 ~ 40	$3a$ $4a$	—	—	—
EN 10080—2005	B500A	180	≤16 >16	$3d$ $6d$	正向 90 反向 20	4 ~ 16	$5d$
	B500B					≤16	$5d$[②]
	B450C					>16 ~ ≤25 >25 ~ ≤40	$8d$ $10d$

注：① a 表示中国标准中的钢筋直径。

② d 表示欧洲标准中的钢筋直径。

从表 4-14 可以看出，中国标准和欧洲标准对钢筋弯曲和反弯试验的要求有所不同，相对于欧洲标准来讲，中国标准的规定较为简略。

4.2.7 设计假定

对于截面设计,EN 1992 允许使用两种可以相互取代的应力-应变关系曲线,如图 4-12 所示。采用以下两者中的一种:

(1)倾斜的屈服曲线,应变限值为 ε_{ud},最大应力为与应变 ε_{uk} 对应的 kf_{yk}/γ_s。

(2)水平的屈服平台,应力等于 f_{yd},应变无限制。

ε_{ud} 可由国家附件确定,推荐值为 $0.9\varepsilon_{uk}$。ε_{uk} 和 k 可从表 4-11 查取。对于持久和短暂设计状况,钢筋的 γ_s 推荐值为 1.15。钢筋弹性模量的设计值 E_s 可取为 200GPa。

JTG 3362—2018 引用 GB 50010—2010,设计中采用的钢筋应力-应变关系为

$$\sigma_s = \begin{cases} E_s\varepsilon_s, & \varepsilon_s \leq \varepsilon_y \\ f_y, & \varepsilon_y < \varepsilon_s \leq 0.01 \end{cases} \tag{4-46}$$

式中:E_s——钢筋弹性模量;

f_y——钢筋屈服强度;

ε_y——钢筋屈服应变,$\varepsilon_y = f_y/E_s$。

对应应力-应变关系曲线如图 4-13 所示。

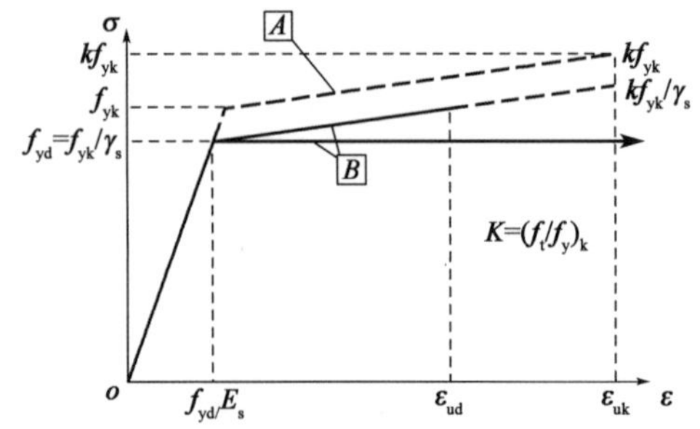

图 4-12 EN 1992 中的钢筋应力-应变关系曲线(拉压通用)
A-理想假定线;B-设计采用线

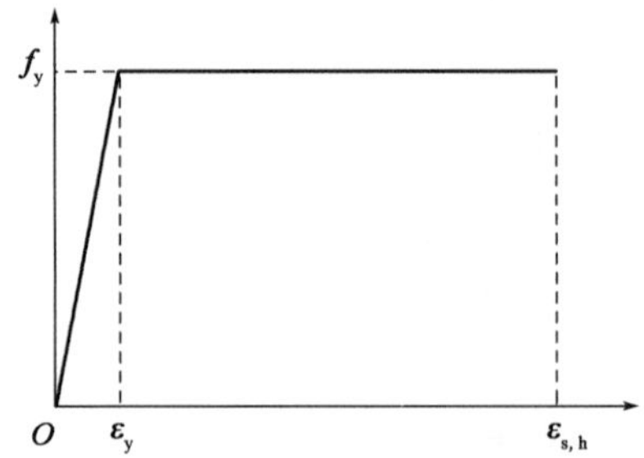

图 4-13 JTG 3362—2018 中的钢筋应力-应变关系曲线

作为对比,表 4-15、表 4-16 分别列出中欧标准采用的强度值与弹性模量。

中欧标准中采用的普通钢筋强度 表 4-15

标准	牌号或等级(热轧钢筋)	d(mm)	f_{yk}	f_{yd}(抗拉)	f_{yd}(抗压)
GB 50010—2010	HPB235	8~20	235	210	—
	HRB335	6~50	335	300	300
	HRB400	6~50	400	360	360
	RRB400	8~40	400	360	360
JTG 3362—2018	HPB300	6~22	300	250	250
	HRB400、HRBF400、RRB400	6~50	400	330	330
	HRB500	6~50	500	415	400
EN 1992	B400	—	400	350	—
	B500	—	500	435	—
	B600	—	600	520	—

中欧标准采用的钢筋弹性模量　　表4-16

标　准	牌号或等级	E_s(N/mm²)
GB 50010—2010	HPB235	2.1×10^5
	HRB335、RRB400、HRB400	2.0×10^5
JTG 3362—2018	HPB300	2.1×10^5
	HRB400、RRB500、HRBF400、RRB400	2.0×10^5
	消除应力光面钢丝、螺旋肋钢丝、刻痕钢丝	2.05×10^5
	钢绞线	1.95×10^5
EN 1992	普通钢筋	2.0×10^5
	钢丝	2.05×10^5
	钢绞线	1.95×10^5

4.3 预应力筋

4.3.1 总则

EN 1992关于混凝土结构中的预应力钢束的规格参见EN 10138,包括对其性质检验和制作方法的要求。EN 1992允许将钢丝、钢筋和钢绞线用作预应力钢束。预应力筋的规格参数通常包括强度、松弛等级和钢材的截面面积。

中国标准不推荐使用冷加工钢筋。钢筋冷加工后流幅缩短,伸长率降低,材性变脆,延性较差,对结构的抗震不利。

中国标准允许用作预应力钢束的钢丝、钢绞线和钢筋的品种、规格及附加要求,分别参见GB/T 5223—2014、GB/T 5224—2014、GB/T 5223.3—2017和GB/T 20065—2016。

4.3.2 特性

EN 1992关于预应力筋的一般特性参见EN 10138。EN 10138的第1分册给出了预应力筋的一般要求,而第2、3、4分册则分别提出了钢丝、钢绞线和钢筋的要求细则。根据预应力筋的松弛特性把预应力筋分为三个等级,参见表4-17。尽管"一般松弛"用于描述松弛等级为1的预应力钢绞线,但实际工程中所用到的钢绞线绝大部分属于第2类,即"低松弛"钢绞线。

预应力筋的松弛等级　　表4-17

等级	预应力筋类型	ρ_{1000}(20℃环境中1000h的松弛损失)
1	一般松弛(钢丝或钢绞线)	8.0%
2	低松弛(钢丝或钢绞线)	2.5%
3	热轧钢筋	4%

钢筋应力的松弛总量取决于时间、温度和应力水平。标准松弛试验将钢筋在20℃的环境中受拉1000h后的应力松弛率作为松弛特征值。

EN 1992给出以下三个公式用于确定松弛损失:

1级

$$\frac{\Delta\sigma_{pr}}{\sigma_{pi}}=5.39\rho_{1000}e^{6.7\mu}\left(\frac{t}{1000}\right)^{0.75(1-\mu)}\times10^{-5} \tag{4-47}$$

2级

$$\frac{\Delta\sigma_{pr}}{\sigma_{pi}}=0.66\rho_{1000}e^{9.1\mu}\left(\frac{t}{1000}\right)^{0.75(1-\mu)}\times10^{-5} \tag{4-48}$$

3 级

$$\frac{\Delta\sigma_{pr}}{\sigma_{pi}} = 1.98\rho_{1000}e^{8.0\mu}\left(\frac{t}{1000}\right)^{0.75(1-\mu)} \times 10^{-5} \tag{4-49}$$

式中：$\Delta\sigma_{pr}$——预应力筋松弛损失的绝对值；

σ_{pi}——预应力筋初始应力的绝对值；对于后张构件，该值为张拉和锚固完毕时刻施加于混凝土的预应力值；对于先张构件，该值为张拉完毕时刻施加于混凝土的预应力减去此刻的瞬时损失；$\mu=\sigma_{pi}/f_{pk}$；

f_{pk}——预应力筋抗拉强度的标准值；

ρ_{1000}——松弛百分率；

t——预应力筋张拉完成后的时间(h)。

JTG 3362—2018 第 6.2.6 条规定，预应力筋由于钢筋松弛引起的预应力损失终极值，可按下列规定计算：

(1)预应力钢丝、钢绞线。

$$\sigma_{l5} = \psi \cdot \zeta\left(0.52\frac{\sigma_{pe}}{f_{pk}} - 0.26\right)\sigma_{pe} \tag{4-50}$$

式中：ψ——张拉系数，一次张拉时，$\psi=1.0$；超张拉时，$\psi=0.9$；

ζ——钢筋松弛系数，Ⅰ级松弛(普通松弛)，$\zeta=1.0$；Ⅱ级松弛(低松弛)，$\zeta=0.3$；

σ_{pe}——传力锚固时的钢筋应力。

(2)精轧螺纹钢筋。

一次张拉

$$\sigma_{l5} = 0.05\sigma_{con} \tag{4-51}$$

超张拉

$$\sigma_{l5} = 0.035\sigma_{con} \tag{4-52}$$

式中：σ_{con}——预应力筋锚下的张拉控制应力(MPa)。

对于预应力钢丝、钢绞线，当需分阶段计算应力松弛损失时，其中间值与终极值可按表 4-18 取用。

钢筋松弛损失中间值与终极值的比值 表 4-18

时间(d)	2	10	20	30	40
比值	0.5	0.61	0.74	0.87	1.00

例 4-2 低松弛预应力筋的松弛损失计算

预应力筋的性质参数，19 根公称直径为 15.7mm 的低松弛钢绞线(松弛等级为 2 级)，每束预应力筋的有效面积：$A_p=19\times150=2850\text{mm}^2$，钢绞线的标准抗拉强度：$f_{pk}=1860\text{MPa}$。假定钢束的初始张拉应力等于 1339.2MPa，计算长期松弛损失(该初始应力已扣除张拉过程中产生的孔道摩阻、锚具变形和混凝土弹性压缩带来的损失)。

1)按欧洲标准计算

由表 4-18 查得：低松弛钢绞线的松弛率 $\rho_{1000}=2.5\%$。

对于长期松弛损失，t 取为 500000h(大约为 57 年)。

$\mu=\sigma_{pi}/f_{pk}=1339.2/1860=0.72$

由式(4-48)可得：

$$\frac{\Delta\sigma_{pr}}{\sigma_{pi}} = 0.66\rho_{1000}e^{9.1\mu}\left(\frac{t}{1000}\right)^{0.75(1-\mu)} \times 10^{-5} = 0.66\times2.5\times e^{9.1\times0.72}(500000/1000)^{0.75\times(1-0.72)}\times10^{-5}$$

$=0.043$，即 4.3%。

该损失未考虑同时由混凝土的松弛率收缩和徐变引起的钢束应力的衰减。

2)按 JTG 3362—2018 计算

假设一次张拉，$\psi=1.0$，Ⅱ级松弛(低松弛)，$\zeta=0.3$；初始张拉力 $\sigma_{pe}=1339.2\text{MPa}$，则松弛应力损失：

$$
\begin{aligned}
\sigma_{l5} &= \psi \cdot \zeta\left(0.52\frac{\sigma_{pe}}{f_{pk}}-0.26\right)\sigma_{pe}\\
&=1.0\times 0.3\times\left(0.52\times\frac{1339.2}{1860}-0.26\right)\times 1339.2\\
&=45.96\text{MPa}
\end{aligned}
$$

损失率 $=45.96/1339.2=3.4\%$。

比较1)、2)计算方法的结果可以看出，欧洲标准计算的松弛损失比中国标准计算的松弛损失要大。

4.3.3 强度

用作预应力筋的高强钢材没有明显的屈服点，因此其相应的力学指标为试验应力而不是屈服应力。"$x\%$ 试验应力"是指达到此应力后卸载将留有 $x\%$ 的永久应变，EN 1992 采用 0.1% 试验应力 $f_{p0.1k}$，其定义为 0.1% 试验荷载除以公称截面面积。类似地，预应力筋的抗拉强度标准值 f_{pk} 用试件所能承受的最大拉力的标准值除以试件公称截面面积求得。EN 10138-3 中钢绞线的 $f_{p0.1k}$ 一般是其 f_{pk} 的 86%。对于钢丝和钢筋，$f_{p0.1k}$ 与 f_{pk} 之间的关系要离散一些。图 4-14 所示为预应力筋的典型应力-应变关系曲线，图中 ε_{uk} 为最大拉力时的应变。

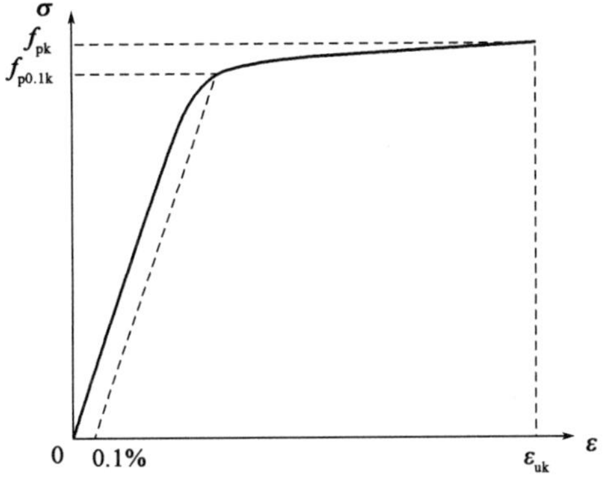

图 4-14 预应力筋的典型应力-应变关系曲线

中国标准取预应力筋应力-应变关系曲线上残余应变为 0.2% 的点对应的应力，即非比例伸长应力 $\delta_{p0.2}$ 为条件屈服强度。GB/T 5223—2014 规定，低松弛钢丝的 $\sigma_{p0.2}$ 不小于公称抗拉强度的 88%，普通松弛钢丝不小于公称抗拉强度的 85%。GB/T 5223—2014 规定非比例延伸力 $f_{p0.2}$ 不小于整根钢绞线公称最大拉力 f_m 的 90%。

中国标准中中强钢丝的抗拉强度为 800 ~ 1370MPa，高强钢丝、钢绞线的抗拉强度为 1470 ~ 1860MPa。

表 4-19 列出中欧标准中预应力筋的强度值。

中欧标准中预应力筋的强度值比较(N/mm^2) 表 4-19

标 准	钢 筋 种 类	f_{pk}	f_{pd}(抗拉)	f_{pd}(抗压)
JTG 3362—2018	钢绞线 1×7(七股)	1720	1170	390
		1860	1260	
		1960	1330	
	消除应力钢丝	1470	1000	410
		1570	1070	
		1770	1200	
		1860	1260	
	预应力螺纹钢筋	785	650	410
		930	770	
		1080	900	

续上表

标　准	钢筋种类		f_{pk}	f_{pd}(抗拉)	f_{pd}(抗压)
EN 10138	Part 2 钢绞线	Y1960S3	1960	1704	—
		Y1860S3	1860	1617	—
		Y1860S7	1860	1617	—
		Y1770S7	1770	1539	—
		Y1860S7G	1860	1617	—
		Y1820S7G	1820	1583	—
		Y1700S7G	1700	1478	—
		Y2160S3	2160	1878	—
		Y2060S3	2060	1791	—
		Y1960S3	1960	1704	—
		Y2160S7	2160	1878	—
		Y2060S7	2060	1791	—
		Y1960S7	1960	1704	—
	Part 3 钢丝	Y1860C	1860	1617	—
		Y1770C	1770	1539	—
		Y1670C	1670	1452	—
		Y1579C	1570	1365	—
	Part 4 热轧及热处理钢筋	Y1100H	1100	956	—
		Y1030H	1030	896	—
		Y1230H	1230	1070	—

4.3.4　设计假定

EN 1992 允许钢丝和钢筋的弹性模量设计值 E_p 假定为 205GPa，对于钢绞线则假定为 195GPa。E_p 的值可以有 ±5% 的波动，因此通常要以预应力筋的供应厂家提供的弹性模量作为基准，检查在现场施加预应力的过程中钢筋所产生的伸长量。

EN 1992 将预应力筋的试验应力设计值 f_{pd} 定义为 $f_{p0.1k}/\gamma_s$，其中 γ_s 为分项安全系数。对于持久和短暂设计状况，预应力筋的 γ_s 的推荐值为 1.15。

对于截面设计，EN 1992 允许使用图 4-15 所示的两种可以相互取代的应力-应变关系曲线。

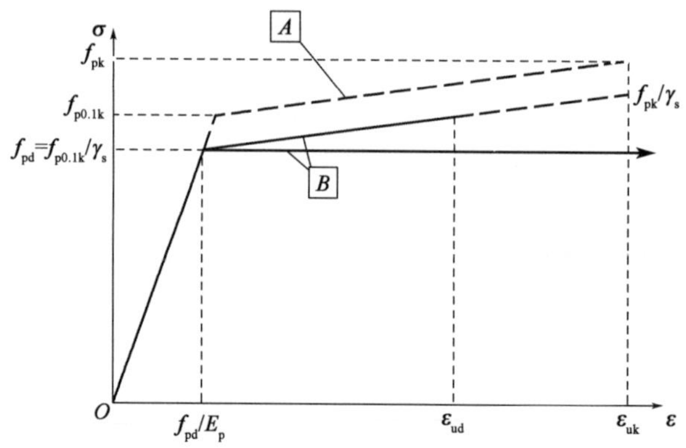

图 4-15　理想化的与设计用的预应力筋应力-应变关系曲线

A-理想假定线；B-设计采用线

(1)倾斜的直线,应变限值为 ε_{ud},最大应力为应变 ε_{uk} 对应的 kf_{pk}/γ_s。此外,如果实际的应力-应变关系是已知的,设计也可直接采用。

(2)水平的屈服平台,应力等于 $f_{p0.1k}/\gamma_s$,无应变限制。

ε_{ud} 为国家定义参数,推荐值为 $0.9\varepsilon_{uk}$。如果没有其他更精确的值可用,允许 ε_{ud} 和 $f_{p0.1k}/f_{pk}$ 分别取为0.02和0.9。

中国标准仍取理想的弹塑性模型,对于无明显屈服点的条件屈服点,取对应于残余应变为0.2%的应力 $\sigma_{0.2}$。

4.4 材料分项系数

EN 1992-2 规定了用于混凝土桥梁设计的混凝土、普通钢筋和预应力筋材料分项系数的推荐,如表4-20所示。

材料分项系数的推荐值(EN 1992-2) 表4-20

设计极限状态	γ_c(混凝土)	γ_s(普通钢筋)	γ_s(预应力筋)
承载能力极限状态(持久和短暂状况)	1.5	1.15	1.15
承载能力极限状态(偶然状况)	1.2	1.0	1.0
疲劳	1.5	1.15	1.15
正常使用极限状态	1.0	1.0	1.0

JTG 3362—2018 关于混凝土桥梁设计的混凝土、普通钢筋和预应力筋材料分项系数的推荐值,如表4-21所示。

材料分项系数的推荐值(JTG 3362—2018) 表4-21

材 料	承载能力极限状态	正常使用极限状态
γ_{fc}(混凝土)	1.45	1.0
γ_{fs}(普通钢筋)	1.2	1.0
γ_{fs}(钢绞线)	1.47	1.0
γ_{fs}(精轧螺纹钢)	1.2	1.0

比较表4-20和表4-21可以看出,欧洲标准中混凝土分项系数比中国标准中混凝土分项系数大,但钢筋的分项系数比中国标准的分项系数小。中国相关混凝土桥梁设计中不考虑疲劳验算,因此没有给出疲劳分项系数,这是中国标准与欧洲标准较大的不同之处,值得注意。

4.5 本章小结

(1)混凝土强度等级。欧洲标准用两种形式表示混凝土强度等级,如C40/50,前者为混凝土圆柱体试件的强度标准值,后者为立方体试件强度标准值;中国标准用一种形式表达,如C50,表示混凝土立方体试件的标准值。中国标准中的强度等级对应欧洲标准中的后一种形式,但标准值不同,中国标准中混凝土强度标准值是轴心抗压强度标准值,如C50的强度标准值为32.4MPa;欧洲标准C50的标准值为40MPa,相差约20%。

(2)欧洲标准采用 $f_{ctk,0.05}$ 和 $f_{ctk,0.95}$ 两个抗拉强度标准值。前者是混凝土抗拉强度概率分布的0.05分位值,具有95%的保证率,用于混凝土抗拉强度起重要作用的情况,如抗裂验算、梁的抗剪或板的抗冲切验算等;后者为混凝土抗拉强度平均值概率分布的0.95分位值,主要用于使用混凝土抗拉强度但不是起主要作用的情况。两者数值上相差较大,中国标准没有这种区分。

(3)弹性模量。EN 1992 取混凝土受压应力-应变关系曲线上 0 与 $0.4f_{cm}$(f_{cm}为混凝土圆柱体抗压强度平均值)连线的斜率作为混凝土的受压弹性模量,JTG 3362—2018 采用的混凝土受压弹性模量是标准棱柱体试件,加载至 $0.5f_c$,反复 5~10 次取应力-应变关系曲线的割线斜率。两者相差不大。比如中国标准中混凝土强度等级 C50 的弹性模量 $E_{cm}=34.5$GPa,欧洲标准对应的混凝土强度等级 C40/50 的弹性模量 $E_{cm}=35$GPa,相差 1.43%。欧洲标准中混凝土的剪切模量 $G_c=0.42E_{cm}$,中国标准中混凝土的剪切模量 $G_c=0.4E_c$;泊松比均取 0.2。

(4)收缩与徐变。混凝土的收缩与徐变由徐变系数表达。中欧标准计算原理基本相同,计算公式略有差异,计算结构也相近,如例 4-1 中混凝土桥面板的徐变系数,欧洲标准两种计算方法结果相差较大(分别为 1.4 和 1.31),而中国标准计算结果(1.46)表明与欧洲标准查图法结果相近。

(5)混凝土应力-应变关系。用于结构分析时的应力-应变关系,中欧标准均为经验公式。形式相差较大,参数取值方法也不同。研究表明,中欧标准关于混凝土应力-应变关系曲线在峰值应变之前非常接近,峰值应变之后,曲线差异较大,中国标准的曲线呈缓慢下降趋势,且极限应变较大,而欧洲标准的曲线呈快速下降趋势,且极限应变较小;用于承载能力极限状态截面设计时的应力-应变关系式相同,但参数取值也有差异,除此之外,欧洲标准还给出了两种简化的应力-应变关系式。

(6)混凝土强度设计值。表 4-8 给出了不同混凝土强度等级时中国标准和欧洲标准轴心抗压、抗拉强度的设计值。由表中数值可以看出,在以受压为主的构件承载力计算中,中国标准和欧洲标准取用的混凝土强度值有一定的差异。总体而言,欧洲标准关于混凝土的强度设计值高于中国标准的强度设计值。比如强度等级为 C50 的混凝土,JTG 3362—2018 给出的抗压强度设计值为 22.4MPa,而欧洲标准给出的抗压强度设计值为 30.0MPa,相差 25.3%。

除混凝土路面设计直接使用混凝土抗折强度外,中国混凝土结构设计不直接使用混凝土抗折强度指标。

(7)钢筋的品种、规格和牌号。中国标准和欧洲标准中钢筋的品种、规格比较接近,品种一般都是直条和盘卷,规格一般为 6~40mm 或 6~50mm。欧洲标准最小规格可到 4mm。一般直条钢筋的常用规格范围为 12~32mm,盘卷钢筋规格一般不大于 10mm。

钢筋的强度级别或牌号。中国标准规定了五种级别:HPB300 级、HRB400 级、RRB400 级和 HRB500 级,其中 HPB 表示热轧钢筋,HRB 表示热轧带肋钢筋,RRB 表示余热处理带肋钢筋,无特殊要求时均为普通用途,有特殊要求时可执行协议条款,即强屈比和反弯试验的规定。EN 10080—1999规定了 B500A、B500B 和 B450C 三种级别,并分 A、B 和 C 三种延性(塑性)等级。例如,屈服强度为 500MPa 且延性等级为 B 的钢筋以"B500B"为标志,其中"B500"表示屈服强度为 500MPa 的钢筋,后面的"B"表示该钢筋的延性等级。

(8)钢筋强度、延性、冷弯。对设计人员而言,钢筋最重要的特性参数通常是其标准屈服强度 f_{yk}。中国标准中,钢筋的总体思路是低、中、高级别兼顾,欧洲标准中钢筋没有低强度级别,从 400MPa 级起步,偏重于向中、高级别发展。总体来看,钢筋强度级别的设置为低 300MPa、400MPa,高 500MPa,同时再考虑到特殊使用要求的模式是比较合理的。

EN 1992 中的延性用钢筋的抗拉强度与屈服应力之比 $(f_t/f_y)_k$ 和最大拉力时的应变 ε_{uk}来定义。欧洲标准中 B500A 的应变 ε_{uk}为 2.5%,B500B 为 5.0%,B450 为 7.5%,强屈比分别规定为 1.05、1.08、1.15~1.35。中国以断口伸长率(δ_5、δ_{10}和 δ_{100})表示延性,具有很大的局限性,因为它只反映钢筋拉断以后颈缩局部区域的残余变形而并不反映拉断前的平均总变形。中国的高强钢丝、钢绞线的延性较高;热轧钢筋的延性极好,均匀伸长率为 10%~20%,超过国外标准的要求,但钢筋冷加工后均匀伸长率却大幅下降,呈明显的脆性。中国标准规定的强屈比为 1.25。

中国标准和欧洲标准都规定有弯曲试验和反弯试验。中国标准规定反弯试验的角度为正向45°、反向23°,欧洲标准规定反弯试验的角度为正向90°、反向20°,相对于欧洲标准而言,中国标准的规定较宽松。

(9)钢筋的应力-应变关系曲线。中欧标准中基本相同,均为理想弹塑性模型,所不同的是欧洲标准还规定了一种线性强化模型作为替换方案。

(10)预应力筋。预应力松弛是必须计算的指标之一。中欧标准中关于预应力松弛损失的计算式均为经验式,但形式相差较大,参数也不同。计算结果表明根据欧洲标准计算的松弛损失比中国标准计算的偏大。

(11)分项系数。欧洲标准中混凝土分项系数比中国标准中混凝土分项系数大,但钢筋的分项系数比中国标准的分项系数小。中国相关混凝土桥梁设计标准不考虑疲劳验算,因此没有给出疲劳分项系数,这是中国标准与欧洲标准较大的不同之处,值得注意。

第5章 结构分析

5.1 概述

结构分析是根据结构的材料力学特性和结构的几何特性，计算荷载作用下结构荷载效应的过程。通过结构分析，可以得到结构的内力（如应力、弯矩、剪力、轴力等）和变形、裂缝，进而对结构进行设计。结构分析是结构设计的一个重要环节。

钢筋混凝土结构是由混凝土和钢筋两种材料组成的，第4章分别介绍了混凝土和钢筋的材料性能。混凝土和钢筋各自的特性及两者之间的相互作用，使钢筋混凝土结构具有不同于其他结构的特点：

（1）低强度的混凝土是弹塑性材料，高强度的混凝土呈现明显的脆性。混凝土的抗拉强度比抗压强度低得多（1/10～1/18）。有屈服点的钢筋可以看作弹性-完全塑性材料，具有良好的延性，可使结构承受较大的变形，发生内力重分布，而无屈服点的钢筋达到极限强度后很快被拉断。

（2）正常使用荷载下，钢筋混凝土构件是带缝工作的，混凝土产生裂缝后成为各向异性体，其变形特性完全不同于未开裂时的构件。

（3）混凝土具有明显的时变特性，即徐变。由于徐变的影响，结构会发生内力重分布。

由于混凝土结构的上述特性，设计中就要根据其特点进行结构分析，从而达到安全、适用、耐久、经济合理的要求。

EN 1992 要求设计中必须考虑施工的每个阶段，因为施工步骤将影响结构内力的最终分布。还要如实地模拟时变效应，如分阶段施工桥梁中徐变引起的弯矩重分布。

结构分析可分为以下几类：

（1）线弹性分析（考虑和不考虑重分布）；

（2）有限重分布的线性弹性力学特性；

（3）塑性分析，包括拉-压杆模型；

（4）非线性分析。

如果土-结构相互作用，会显著影响结构分析，因此还应考虑土-结构相互作用。

EN 1992 要求必须考虑所有可能的作用组合和荷载的作用位置，以识别最不利设计状况。

EN 1992 要求在桥梁设计中考虑二阶效应。

GB 50010—2010（2015 版）关于结构计算的要求和假设与 EN 1992-2 基本相同，但 JTG 3362—2018中不考虑塑性分析及内力重分布。

5.2 几何缺陷

几何偏差会使轴心受压构件产生弯矩，即构件已不是设计条件给出的完全的轴心受压状态，而是成为偏心受压构件，所以应考虑几何偏差产生的弯矩使构件受压承载力降低。对于偏心受压构件，几何偏差可能会进一步增大构件的偏心距，降低构件的承载力，设计中也必须考虑。对几何偏差的影响，各国规范考虑的方法有所不同。

EN 1992 要求结构分析中必须考虑几何缺陷，几何缺陷同时适用于整体结构分析和局部构件分析。对于承载能力极限状态，必须考虑几何缺陷的影响。对于较短的桥梁构件，几何缺陷引起的附加弯矩及其效应可以忽略不计。对于正常使用极限状态，几何缺陷可不予考虑。

通常，几何缺陷可由偏离构件设计轴线的曲线或偏角来模拟。为简便起见，EN 1992 一般采用偏角，但是采用正弦曲线能更好地反映弹性压屈临界模态。因此，EN 1992 规定在拱的设计中必须采用正弦曲线缺陷。与构件设计有关的缺陷类型取决于其压屈模态。桥墩的整体倾斜足以模拟侧移压屈构件的几何偏差，EN 1992 中将这种情况描述为“无支撑”条件。这是因为由几何缺陷引起的弯矩应与构件在荷载作用下由附加挠度引起的弯矩相加。桥墩的整体倾斜则不能模拟端部被约束的构件的几何偏差，EN 1992 将这种情况描述为“有支撑”条件。对于“有支撑”的情况，整个柱的倾斜本身并不会在柱长范围内引起任何弯矩。但是，它会在约束中产生反力，因此这种类型的几何缺陷与构件端部的约束设计有关。对于有支撑的构件压屈，需要考虑其局部偏心。这表明应根据分析效应选择几何缺陷的类型。

1）偏心受压构件

EN 1992 规定桥梁设计中基本缺陷倾斜角 θ_1 由式(5-1)确定：

$$\theta_1 = \theta_0 \alpha_h \tag{5-1}$$

式中：θ_0——偏角的基本量，为国家定义参数，推荐值为 1/200；

α_h——高度折减系数，$\alpha_h = 2/\sqrt{l}$，$\alpha_h \leqslant 1$；

l——高度或长度(m)。

在独立构件中可用偏心距 e_i 和形成最大弯矩的横向力 H_i 两种方式考虑几何缺陷的影响。

(1)偏心距 e_i 的计算。

$$e_i = \theta_1 l_0 / 2 \tag{5-2}$$

式中：l_0——构件的有效长度。

对于图 5-1a)中的无支撑悬臂模型，式(5-1)求得的倾斜角可直接得出顶端偏心距 $e_i = \theta_1 l = \theta_1 l_0/2$，其中 $l_0 = 2l$。

对于图 5-1b)中的有支撑端部铰模型，主要以端部的偏心距为主。作为另一种考虑几何缺陷的方法，用两个偏角 θ_1 的压屈半波曲线表示端铰缺陷，如图 5-2 所示。

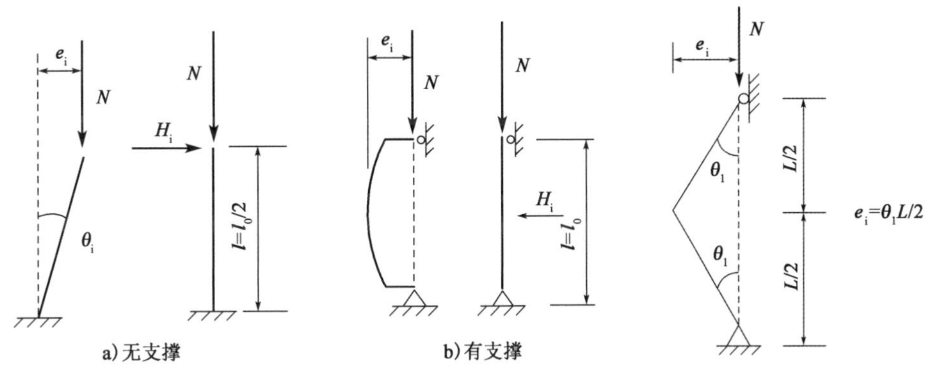

图 5-1 独立构件的几何缺陷效应

图 5-2 端部铰接压杆的几何缺陷考虑为一个偏角

对于有效长度小于构件实际长度的情形,两端固结的桥墩与端部铰接的情形有相同的缺陷峰值,此时,两端固结情形有效长度是两端铰接情形有效长度的一半,如图5-3所示。

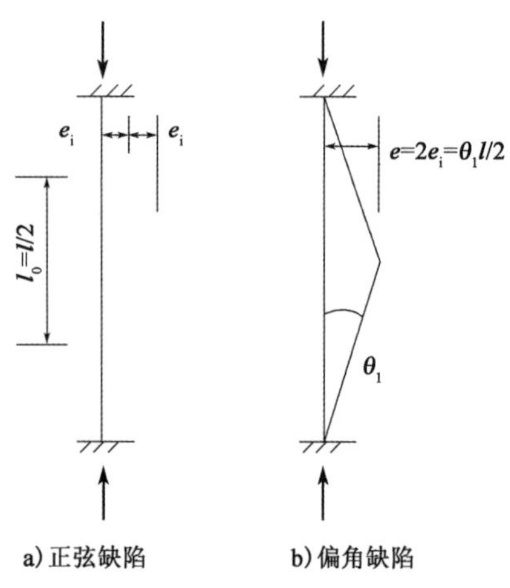

图5-3　两端固结桥墩的几何缺陷

(2)形成最大弯矩的横向力 H_i。

缺陷横向力的计算公式:

对于无支撑构件[图5-1a)]:

$$H_i=\theta_1 N \tag{5-3a}$$

对于有支撑构件[图5-1b)]:

$$H_i=2\theta_1 N \tag{5-3b}$$

式中:N——轴向荷载。

2)拱形构件

拱桥结构的拱肋属于受压构件,其几何缺陷需要考虑平面内和平面外两个方向,并根据失稳模态形式计算缺陷幅值 a。

(1)面内压屈。

以对称压屈模态为主的面内压屈情形,应采用图5-4所示的 $a=\theta_1 L/2$ 的正弦曲线缺陷。如果拱的侧移受限,其最低压屈模态通常呈现出反对称性质,如图5-5所示。此时,模态形状与几何缺陷可简化为锯齿形,其基本角偏差与失稳模态的计算长度($L/2$)相关,几何缺陷最大值为 $a=\theta_1 L/4$。

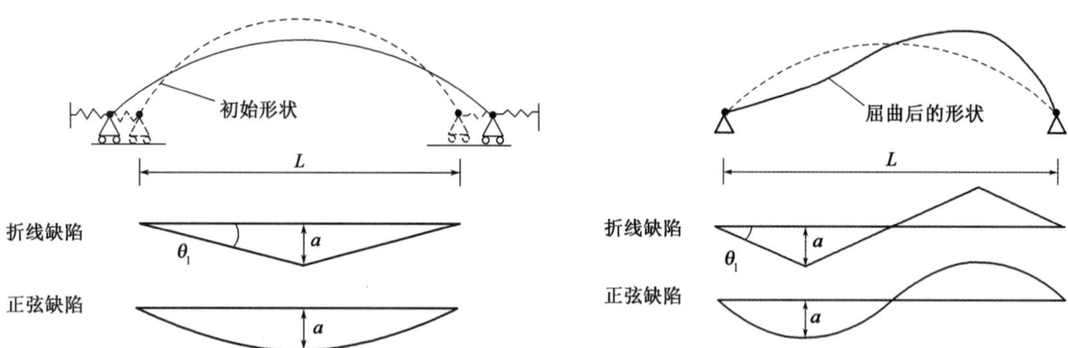

图5-4　带有延伸基座的面内压屈几何缺陷　　图5-5　带有固结基座的面内压屈几何缺陷

(2)面外压屈。

对于面外压屈,几何缺陷在水平平面内的形状与面内压屈类似(图5-4)。

GB 50010—2010 对几何缺陷的研究不足。JTG 3362—2018 没有专门条款考虑几何缺陷;GB 50010—2010 也仅作简单规定,在计算偏心受压构件的正截面承载力时,需考虑轴力在偏心方向的附加偏心距 e_a。e_a 取为20mm和偏心方向截面最大尺寸1/30中的较大者,承载力计算中将 e_a 与构件的初始偏心距 e_0 相加,作为构件的偏心距。

5.3　结构模型

5.3.1　整体分析结构模型

EN 1992 给出了梁、深梁、板和柱的定义。

梁:是指跨距不低于截面整体深度3倍的构件。否则,应视为深梁。

板:是指最小面板尺寸不低于平板整体厚度5倍的构件。

在下列条件下,承受均布荷载的平板可以称为单向板。

(1)有两个自由(无支撑)且平行的边。

(2)四边受支撑的矩形平板,长跨距与较短跨距之比大于2。

柱:是指截面高度不超过其宽度的4倍,并且高度至少为截面高度3倍的构件。否则,应视为墙体。

GB 50010—2010 对构件的定义略有不同:

梁:跨高比 l_0/h(l_0 取为构件中心线距离和1.15倍构件净跨的小者)大于或等于5的为普通梁,否则为深梁。

板:两对边支承的板按单向板计算,四边支承的板按下列规定计算:

当长边与短边长度之比小于或等于2.0时,按双向板计算;

当长边与短边长度之比大于2.0,但小于3.0时,宜按双向板计算;

当按沿短边方向受力的单内板计算时,应沿长边方向布置足够数量的构造钢筋;

当长边与短边长度之比大于或等于3.0时,可按沿短边方向受力的单向板计算。

GB 50010—2010 对墙、柱没有明确的定义。

5.3.2 几何数据

5.3.2.1 翼缘板的有效宽度

在宽翼缘板中,面内剪切柔性导致弯曲应力在翼缘宽度范围内分布不均匀,这就是所谓的剪力滞现象。剪力滞使得腹板附近的翼缘板内的弯曲应力比按毛截面进行截面分析预期的弯曲应力大,而远离腹板的翼缘板内的弯曲应力则比预期的弯曲应力小。剪力滞还会给受弯截面的刚度带来明显的损失。确定应力的实际分布是一个复杂的问题,在理论上,如果能够模拟钢筋和混凝土的实际力学行为,可通过有限元分析确定。模拟未开裂混凝土的力学行为相对简单,但要考虑混凝土的开裂和纵向钢筋的屈服就使问题变得更加复杂,因为它们都将在截面引起应力重分布。横向钢筋对截面内力的分布也有影响。

EN 1992 采用翼缘有效宽度考虑截面刚度的损失和翼缘板中局部应力的增大,翼缘有效宽度小于其实际宽度。有效宽度的概念虽然是人为引入的,但它可以与工程上的经典弯曲理论结合使用,使折减后的翼缘宽度范围内的应力呈均匀分布,该均匀的应力值等于"实际"情况下腹板附近翼缘板部位的峰值应力。

对于T形梁,假定翼缘应力均匀分布的有效宽度取决于腹板和翼缘的尺寸、荷载形式、跨度、支承条件和横向钢筋。翼缘的有效宽度应按零弯矩点间的距离 l_0 确定,l_0 的值如图5-6所示。悬臂梁的长度应小于相邻跨度的一半,且相邻跨度的比值限于2/3~1.5。

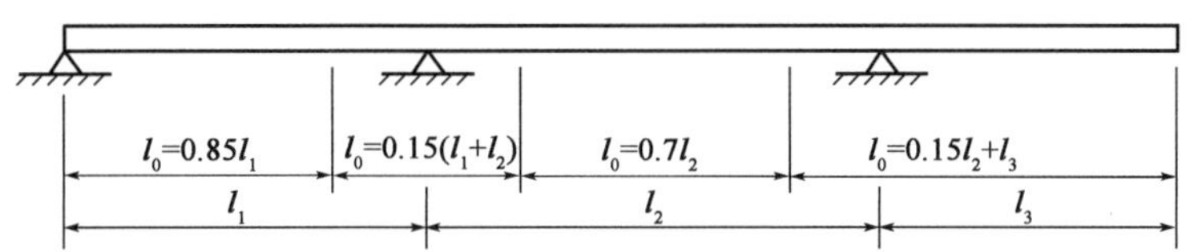

图5-6 计算翼缘宽度 l_0 的值

T形梁或L形梁的翼缘有效宽度 b_{eff} 按式(5-4)计算:

$$b_{eff}=\sum b_{eff,i}+b_w\leqslant b \tag{5-4}$$

$$b_{eff,i}=0.2b_i+0.1l_0\leqslant b_i \text{且} \leqslant 0.2l_0 \tag{5-5}$$

式中:b——腹板附近翼缘的实际总宽度;

b_i——腹板单侧的翼缘板实际宽度(从腹板表面算起)。

当结构分析不需要很精确时,可以假定用正弯矩区的有效宽度代替全跨截面宽度。EN 1992中计算翼缘有效宽度的参数如图5-7所示。

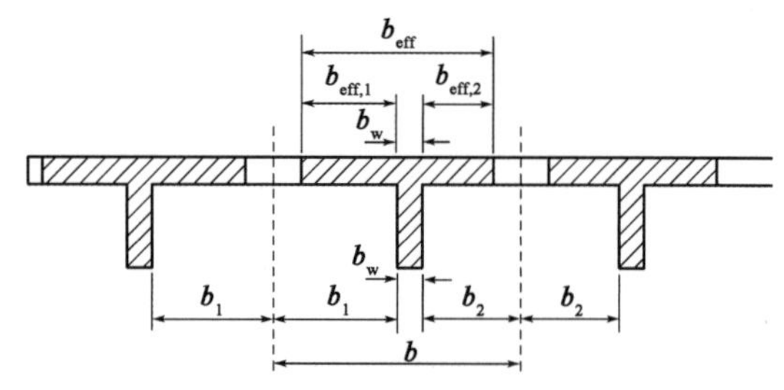

图 5-7 EN 1992 中计算翼缘有效宽度的参数

JTG 3362—2018 对翼缘有效宽度计算有详细规定，介绍如下。

（1）T 形截面梁的翼缘有效宽度 b_f'，应按下列规定采用。

①内梁翼缘的有效宽度取下列三者中的最小值。

a. 对于简支梁，取计算跨径的 1/3。对于连续梁，各中间跨正弯矩区段，取该计算跨径的 0.2 倍；边跨正弯矩区段，取该跨计算跨径的 0.27 倍；各中间支点负弯矩区段，取该支点相邻两跨径之和的 0.07 倍。

b. 相邻两梁的平均间距。

c. $b+2b_h+12\ h_f'$，此处，b 为梁腹板宽度，b_h 为承托长度，h_f'为受压区翼缘悬出板的厚度。当 $h_h/b_h<1/3$ 时，上式 b_h 应以 $3h_h$ 代替，此处 h_h 为承托根部厚度。

②外梁翼缘的有效宽度取相邻内梁翼缘有效宽度的一半，加上腹板宽度的 1/2，再加上外侧悬臂板平均厚度的 6 倍或外侧悬臂板实际宽度两者中的较小者。

预应力混凝土梁在计算预加力引起的混凝土应力时，预应力作为轴向力产生的应力可按实际翼缘全宽计算；由预应力偏心引起的弯矩产生的应力可按翼缘有效宽度计算。

结构进行作用效应分析时，T 形截面梁的翼缘宽度可取实际全宽。

（2）箱形截面梁在腹板两侧上、下翼缘的有效宽度 b_{mi} 可按下列规定计算（图 5-8、图 5-9 和表 5-1）

①对于简支梁和连续梁各跨中部梁段、悬臂梁中间跨的中部梁段：

$$b_{mi}=\rho_f b_i \tag{5-6}$$

②对于简支梁支点、连续梁边支点及中间支点、悬臂梁悬臂段：

$$b_{mi}=\rho_s b_i \tag{5-7}$$

式中：b_{mi}——腹板两侧上、下各翼缘的有效宽度，$i=1,2,3,\cdots$，如图 5-8 所示；

b_i——腹板两侧上、下各翼缘的实际宽度，$i=1,2,3,\cdots$，如图 5-8 所示；

ρ_f——有关简支梁、连续梁各跨中部梁段和悬臂梁中间跨的中部梁段翼缘有效宽度的计算系数，可按图 5-9 和表 5-1 确定；

ρ_s——有关简支梁支点、连续梁边支点和中间支点、悬臂梁悬臂段翼缘有效宽度的计算系数，可按图 5-9 和表 5-1 确定。

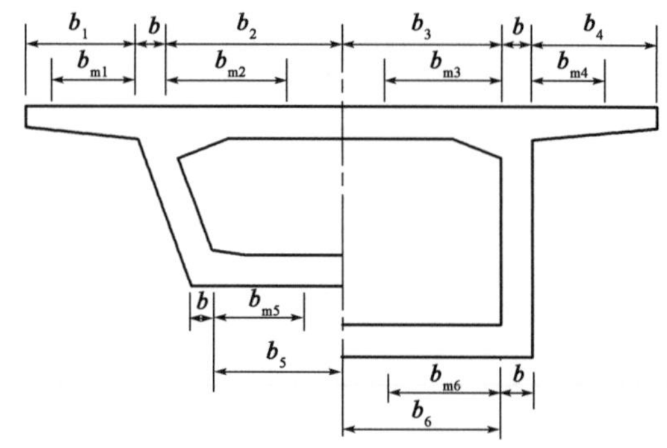

图 5-8 箱形截面梁翼缘有效宽度

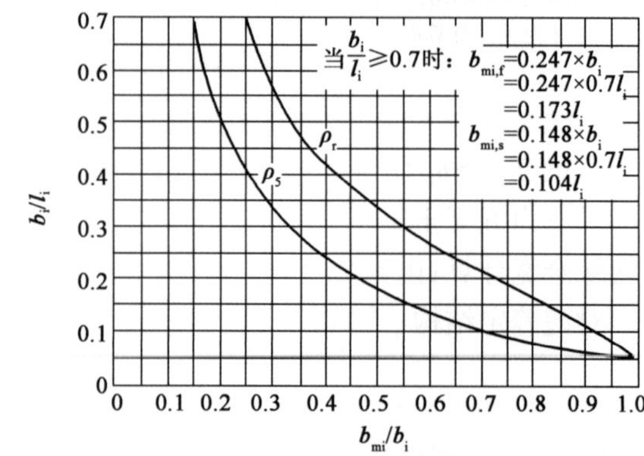

图 5-9 ρ_s、ρ_f 曲线图

注：1. $b_{mi,f}$为简支梁和连续梁各跨中部梁段、悬臂梁中间跨的中部梁段，当 $b_i/l_i\geq 0.7$ 时翼缘的有效宽度；

2. $b_{mi,s}$为简支梁支点、连续梁边支点和中间支点、悬臂梁悬臂段，当 $b_i/l_i\geq 0.7$ 时翼缘的有效宽度；

3. l_i 按表 5-1 确定。

ρ_s、ρ_f 的应用位置和理论跨径 l_i 表 5-1

结构体系			理论跨径 l_i
简支梁		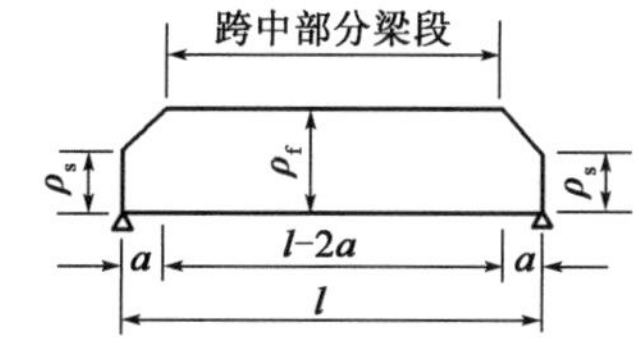 跨中部分梁段 ρ_s ρ_f ρ_s a $l-2a$ a l	$l_i = l$
连续梁	边跨	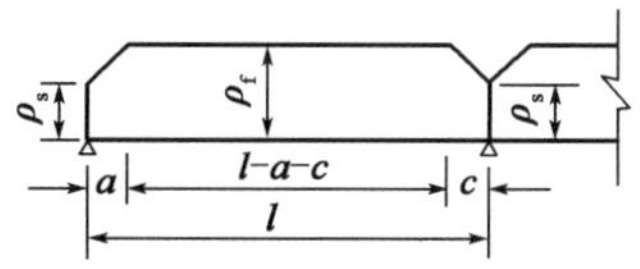 ρ_s ρ_f ρ_s a $l-a-c$ c l	边支点或跨中部分梁段 $l_i = 0.8l$
	中间跨	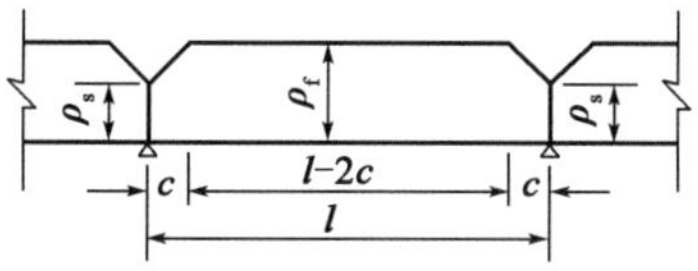 ρ_s ρ_f ρ_s c $l-2c$ c l	跨中部梁段 $l_i = 0.6l$，中间支点 l_i 取 0.2 倍两相邻跨径之和
悬臂梁		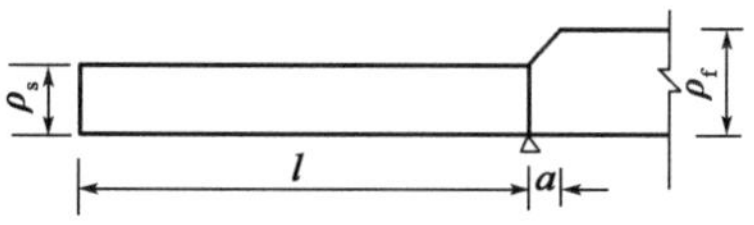 ρ_s ρ_f l a	$l_i = 1.5l$

注：1. a 为与所求的翼缘有效宽度 b_{mi} 相应的翼缘实际宽度 b_i，但 a 不应大于 $0.25l$。

2. l 为梁的计算跨径。

3. $c = 0.1l$。

4. 在长度 a 或 c 的梁段内，有效宽度可用直线插值法在 $\rho_s b_i$ 与 $\rho_f b_i$ 之间求取。

当梁高 $h \geq b_i/0.3$ 时，翼缘有效宽度应采用翼缘实际宽度。

预应力混凝土梁在计算预加力引起的混凝土应力时，预加力作为轴向力产生的应力可按实际翼缘全宽计算；由预加力偏心引起的弯矩产生的应力可按翼缘有效宽度计算。

对超静定结构进行作用效应分析时，箱形截面梁的翼缘宽度可取实际全宽。

例 5-1 箱梁的有效翼缘宽度

现有一箱梁桥，其桥跨布置和截面尺寸如图 5-10 所示，试确定主跨跨中和支承处与边腹板共同工作的翼缘有效宽度。

1）按 EN 1992-2 计算

先计算跨中处的有效宽度：

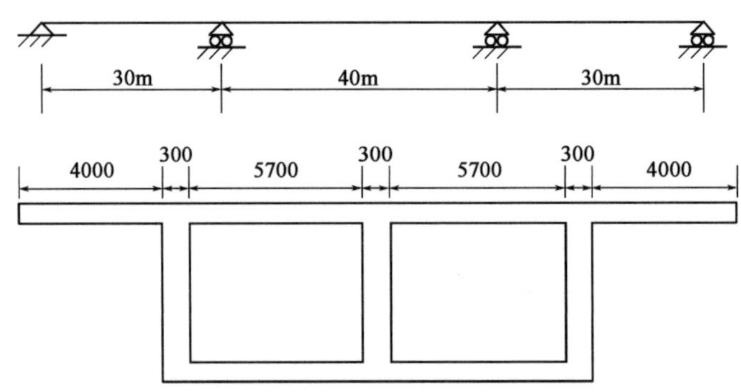

图 5-10　算例 5-1 中的箱梁(尺寸单位:mm)

由图 5-6 可知,$l_0 = 0.7l_2 = 0.7 \times 40000 = 28000$mm。

根据式(5-5)可算得悬臂部分的有效宽度为

$b_{\text{eff,i}} = 0.2b_i + 0.1l_0 = 0.2 \times 4000 + 0.1 \times 28000 = 3600\text{mm} < 0.2l_0 = 5600\text{mm}$

类似地,可算得腹板间翼缘有效宽度为

$b_{\text{eff,i}} = 0.2b_i + 0.1l_0 = 0.2 \times 5700/2 + 0.1 \times 28000 = 3370\text{mm} < 0.2l_0 = 5600\text{mm}$

但是此值大于腹板间实际净距的一半,即 5700/2 = 2850 mm,因此腹板间翼缘有效宽度应取为 2850mm。

最后,根据式(5-4)可算得与边腹板共同工作的翼缘总有效宽度为

$b_{\text{eff}} = \sum b_{\text{eff,i}} + b_w = 3600 + 2850 + 300 = 6750\text{mm}$

此值基本上就是整个可用宽度。

再计算支承处的有效宽度:

由图 5-6 可知,$l_0 = 0.15(l_1 + l_2) = 0.15 \times (30000 + 40000) = 10500$mm。

根据式(5-4)可算得悬臂部分的有效宽度为

$b_{\text{eff,i}} = 0.2b_i + 0.1l_0 = 0.2 \times 4000 + 0.1 \times 10500 = 1850\text{mm} < 0.2l_0 = 2100\text{mm}$

类似地,可算得腹板间翼缘有效宽度为

$b_{\text{eff,i}} = 0.2b_i + 0.1l_0 = 0.2 \times 5700/2 + 0.1 \times 10500 = 1620\text{mm} < 0.2l_0 = 2100\text{mm}$

最后,根据式(5-4)可算得与边腹板共同工作的翼缘总有效宽度为

$b_{\text{eff}} = \sum b_{\text{eff,i}} + b_w = 1850 + 1620 + 300 = 3770\text{mm}$

此值仅占可用宽度 7150mm 的 53%,表明宽翼缘和小跨径的连续梁在支承处的剪力滞现象是显著的。

2)按 JTG 3362—2018 计算

由于该箱梁是对称的,因此只需计算左半部分即可。

(1)端跨处的有效宽度。

根据表 5-1 可知,$l_1 = 0.8l = 0.8 \times 30 = 24$m。

$b_1/l_1 = 4/24 = 0.167 < 0.7$,查图 5-9 可得,自 ρ_s 曲线,$b_{m1}/b_1 = 0.525$;自 ρ_f 曲线,$b_{m1}/b_1 = 0.775$。

$b_2/l_1 = 2.85/24 = 0.119 < 0.7$,查图 5-9 可得,自 ρ_s 曲线,$b_{m2}/b_2 = 0.65$;自 ρ_f 曲线,$b_{m2}/b_2 = 0.88$。

则端跨中部梁段翼缘的有效宽度:

腹板左侧:$b_{m1} = 0.775b_1 = 0.775 \times 4000 = 3100$mm

腹板右侧:$b_{m2} = 0.88b_2 = 0.88 \times 2850 = 2508$mm

端跨端支点处的有效宽度:

腹板左侧:$b'_{m1} = 0.525b_1 = 0.525 \times 4000 = 2100$mm

腹板右侧：$b'_{m2}=0.65b_2=0.65\times2850=1853\text{mm}$

边支点附近的平均有效宽度为

$$b_m=(b_{m1}+b'_{m1})/2+b_w+(b_{m2}+b'_{m2})/2=(3100+2100)/2+300+(2508+1853)/2$$
$$=5080\text{mm}$$

(2)中跨段的有效宽度。

根据表5-1可知，对于跨中部分梁段 $l_2=0.6l=0.6\times40=24\text{m}$

$b_1/l_1=4/24=0.167<0.7$，查图5-9可得，自 ρ_f 曲线，$b_{m1}/l_1=0.775$

$b_2/l_1=2.85/24=0.119<0.7$，查图5-9可得，自 ρ_f 曲线，$b_{m1}/l_1=0.88$

则跨中有效翼缘宽度：

$b_{m1}=0.775\times4000=3100\text{mm}$

$b_{m2}=0.88\times2850=2508\text{mm}$

$b_m=b_{m1}+b_{m2}+b_w=3100+300+2508=5908\text{mm}$

比较1)、2)两种计算结果，发现欧洲标准中跨中翼缘的有效宽度比中国标准大，欧洲标准计算值为6750mm，中国标准计算值为5908mm，相差12.5%；支点处翼缘有效宽度比中国标准计算值小，欧洲标准计算值为3770mm，中国标准计算值为5080mm，相差25.8%。可见，欧洲标准认为翼缘剪力滞现象更为显著。

5.3.2.2 梁和板的有效跨径

EN 1992规定结构内力计算采用有效跨度 l_{eff}。结构梁和板的有效跨度 l_{eff} 按式(5-8)计算：

$$l_{eff}=l_n+a_1+a_2 \tag{5-8}$$

式中：l_n——支座表面间的净距；

a_1、a_2——按图5-11中相应的 a_i 值确定，图中的 t 为支承构件的宽度。

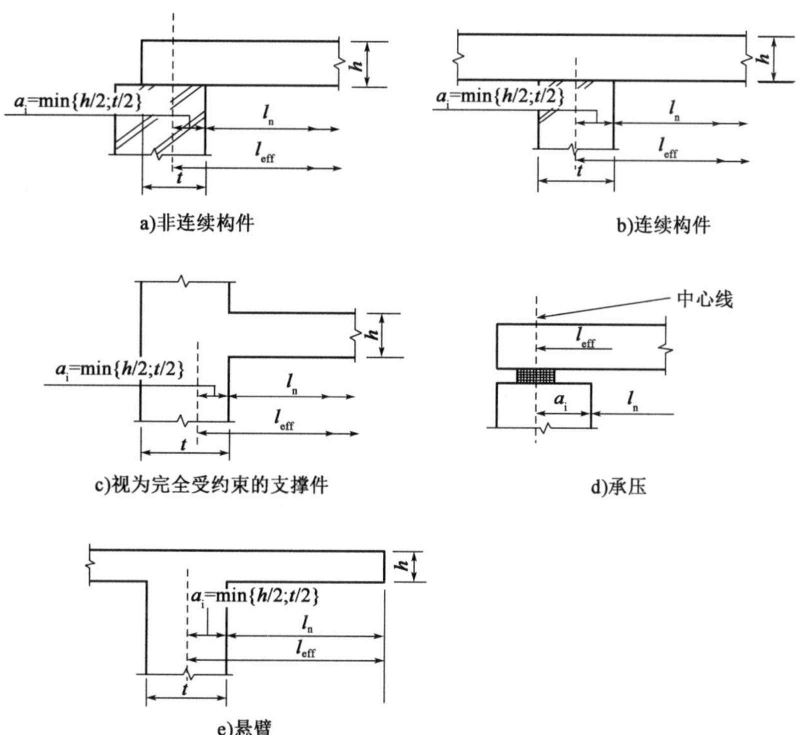

图5-11 不同支撑条件下的有效跨径 l_{eff}

桥梁设计中主要关注如下两种情形：

(1)与支承刚结的梁。

如果水平构件与竖直构件整体刚结，水平构件有效跨度的起算点取竖直构件内的一点，该点到竖直构件侧面边缘的距离为竖直构件厚度 t 的一半与水平构件高度 h 的一半，二者中的较小值，如图 5-12a)、图 5-12b)所示。限制为 $h/2$，其目的是保证支反力的中心位置在支承构件非常厚的情况下与真实情况相吻合。图 5-12a)和图 5-12b)中情形分别适用于整体式桥梁和箱梁桥横向悬臂的设计。此时，设计弯矩应取支承面处的弯矩，但不小于实际端部最大弯矩的 65%。

(2)支座上的梁。

有效跨径取支座的中心距离，如图 5-12c)所示。但是，弯矩应在每个支座位置进行削峰处理，削减的幅度为 $F_{\mathrm{Ed,sup}}t/8$，其中的 t 为国家定义参数，从国家附件中查取，推荐值为“支座宽度”，即跨度方向上支座与梁底接触面的宽度，$F_{\mathrm{Ed,sup}}$ 为设计支承反力。

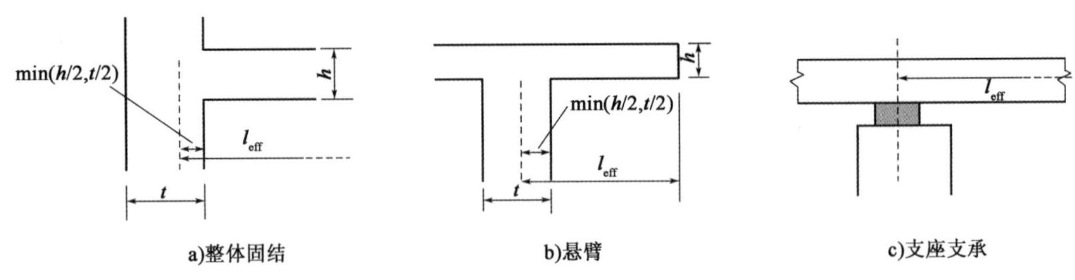

图 5-12　有效跨径示例

JTG 3362—2018 规定：

(1)简支梁板的计算跨径应为两支撑中心之间的距离。与梁肋整体连接的板，计算弯矩时其计算跨径可取为两肋间的净距加板厚，但不大于两肋中心之间的距离。此时，弯矩可按以下简化方法计算。

①支点弯矩：

$$M = -0.7M_0 \tag{5-9}$$

②跨中弯矩：

a. 板厚与梁肋高度比大于或等于 1/4 时：

$$M = +0.7M_0 \tag{5-10}$$

b. 板厚与梁肋高度比小于 1/4 时：

$$M = +0.5M_0 \tag{5-11}$$

式中：M_0——与计算跨径相同的简支板跨中弯矩。

与梁肋整体连接的板，计算剪力时其计算跨径可取两肋间净距，剪力按该计算跨径的简支板计算。

(2)当整体式斜板桥的斜交角(板的支承轴线的垂直线与桥纵轴线的夹角)不大于 15°时，可按正交板计算，计算跨径为：当 $l/b \leqslant 1.3$ 时，按两支承轴线间垂直距离的正跨径计算；当 $l/b > 1.3$ 时，按顺桥向纵轴线的斜跨径计算。以上 l 为斜跨径，b 为垂直于桥纵轴线的板宽。

装配式铰接斜板桥的预制板块，可按宽为两板边垂直距离，计算跨径为斜跨径的正交板计算。

(3)与梁肋整体连接且具有承托的板(图 5-13)，当进行承托内或肋内板的截面验算时，板的计算高度可按式(5-12)计算：

$$h_e = h'_f + s \cdot \tan\alpha \tag{5-12}$$

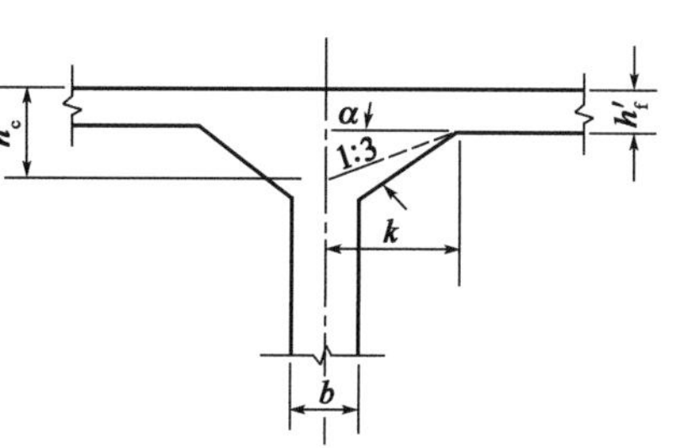

图 5-13 承托处板的计算高度

式中：h_e——自承托起点至肋中心线之间板的任一验算截面的计算高度；

h'_f——不计承托时板的厚度；

s——自承托起点至肋中心线之间的任一验算截面的水平距离；

α——承托下缘与悬臂板底面夹角，当 $\tan\alpha > 1/3$ 时，取 1/3。

(4)计算连续梁中间支承处的负弯矩时，可考虑支座宽度对弯矩折减的影响；折减后的弯矩按下式计算(图 5-14)；但折减后的弯矩不得小于未经折减弯矩的 0.9 倍。

$$M_e = M - M' \tag{5-13}$$

$$M' = \frac{1}{8}qa^2 \tag{5-14}$$

式中：M_e——折减后的支点负弯矩；

M——按理论公式或方法计算的支点负弯矩；

M'——折减弯矩；

q——梁的支点反力 R 在支座两侧向上按 45°分布于梁截面重心轴 G-G 的荷载强度，$q = R/a$；

a——梁支点反力在支座两侧向上按 45°扩散交于重心轴 G-G 的长度(圆形支座可换算为边长等于 0.8 倍直径的方形支座)。

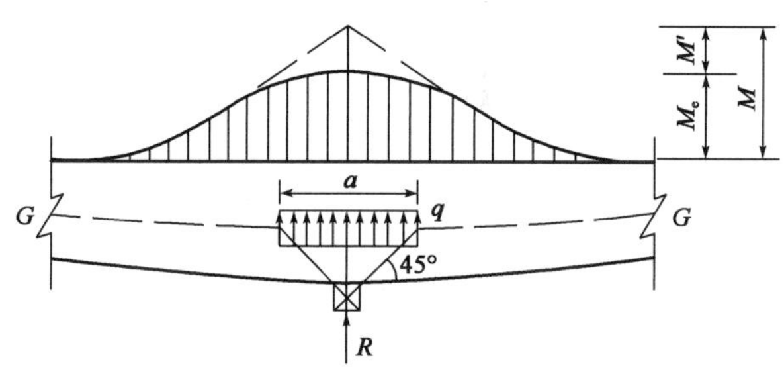

图 5-14 支承处折减弯矩计算图示

值得说明的是，上述第(4)点弯矩的折减，并不是 5.5 节讨论的内力重分布造成的，而是理论模型与实际支座的差异引起的。因为计算模型将具有实际宽度的支座(三维空间)抽象成一维杆件，导致计算内力(弯矩)大于实际支座承受的内力，10% 的限值是避免以此内力为据设计的梁高折减太多而不能满足刚度要求，不能将这种处理视为内力重分布。

5.4 线弹性分析

EN 1992 规定：

(1)基于弹性理论的构件线性分析可以用于正常使用极限状态和承载能力极限状态。

(2)为了确定作用效应，可以进行线性分析，假设条件如下：

①未开裂截面。

②应力-应变线性关系。

③对于承载能力极限状态下的热力变形、沉降和收缩效应，可以假设开裂截面的刚度降低，忽略拉伸硬化，但包括徐变效应。对于正常使用极限状态，应考虑裂缝的逐渐形成。

线弹性分析是桥梁设计主要的分析方法。

尽管截面在承载能力极限状态下会呈现出非线性特性，但是不考虑开裂的结构线弹性分析（塑性理论的下限原理证实）是合理的。这说明如果每一截面都保持平衡，且没有截面的材料超过屈服强度，就可以得到安全的抗力下限估计值。使用下限理论的前提条件是：结构具有一定的延性，以维持弯矩重分布过程中截面的峰值抗力，实践表明这种处理不会给结构的安全带来问题。

在正常使用极限状态设计中，要求考虑“渐生裂缝”的影响。这是指结构的某些部位发生开裂，会使得其余截面的弯矩增加，该弯矩的值介于完全开裂截面和完全未开裂截面弯矩值之间。这就要求采用非线性分析考虑拉伸硬化。抗拉标准强度是取平均值还是较小值，取决于拉伸硬化效应是有利作用还是不利作用。拉伸硬化一般对结构有利，如桥墩的二阶效应分析。此时，抗拉强度取较小值是偏保守的。不过，在对体外后张桥梁的非线性分析中，非控制截面的开裂有利于增加钢束的应变，因此取用抗拉强度的平均值是偏安全的。

完全未开裂弹性分析，由于不考虑开裂风险区域的弯矩重分布，一般是偏保守的。因此对于正常使用极限状态，未开裂弹性分析完全满足要求。

JTG 3362—2018 规定结构的作用（或荷载）效应可按弹性理论进行计算。对超静定结构，在进行作用效应分析时，结构构件的抗弯刚度可采用：允许开裂的构件 $0.8E_cI$，不允许开裂的构件 E_cI，其中 I 为混凝土毛截面惯性矩。

5.5 考虑有限重分布的线弹性分析

弹性分析使结构的内力与外荷载平衡，同时，在发生弹性变形后，结构具有几何协调性。结构中“真实”的弯矩与计算弯矩可能会有显著的差异，这是因为桥梁的刚度不可能精确符合采用未开裂毛截面特性和混凝土的平均弹性刚度。影响实际刚度的因素包括材料特性的变化、混凝土的开裂和材料本构关系中的非线性。因此在实践中，即使设计中没有假定重分布，在结构接近承载能力极限状态时，实际桥梁中都会在未开裂弹性分析结果的基础上发生弯矩重分布。基于 5.4 节中讨论的线弹性理论的下限原理，在弹性分析中忽略这种重分布的做法已经被证实是偏保守的。

EN 1992 允许在承载能力极限状态下对桥梁基于弹性分析的结果进行弯矩重分布，但是必须保证外荷载与重分布后的弯矩及剪力维持平衡，且结构必须具备足够的延性（或转动能力）。

可以重分布的大小受截面转动能力所限，截面转动能力自身又受混凝土的极限压应变和钢筋的极限拉应变所限。EN 1992-2 给出确定允许重分布总量的简化规则。它们取决于截面的相对受压区高度。混凝土相对受压区高度较小的构件在其混凝土被压溃时，其受拉钢筋中将产生较大的应变，因而有较大的弯曲能力和转动能力。在正常使用极限状态中，不应考虑弯矩重分布。

EN 1992-2 给出的简化规则将 B 级或 C 级配筋的构件的弯矩重分布总量限制在 15% 内，该值只有建筑设计中建议的最大重分布值的一半。针对目前桥梁设计中经常用到高度较大的带翼缘的梁，尚缺乏转动能力的相关试验结果。重分布后的弯矩占弹性分析结果的比率 δ 限值按下式选用：

当 $f_{ck} \leqslant 50\text{MPa}$ 时

$$\delta \geqslant k_1 + k_2 x_u / d \geqslant k_5 \tag{5-15}$$

当 $f_{ck} > 50\text{MPa}$ 时

$$\delta \geqslant k_3 + k_4 x_u / d \geqslant k_5 \tag{5-16}$$

式中：δ ——重新分配弯矩与弹性弯矩的比值；

x_u——承载能力极限状态下截面在重分布后总弯矩（通常就是截面的极限抗弯承载力）作用下的受压区高度；

d ——截面的有效高度；

$k_1 \sim k_5$——国家定义参数，推荐值如下：

$k_1 = 0.44$

$k_2 = 1.25(0.6 + 0.0014/\varepsilon_{cu2})$

$k_3 = 0.54$

$k_4 = 1.25(0.6 + 0.0014/\varepsilon_{cu2})$

$k_5 = 0.85$

ε_{cu2}——混凝土的极限压应变，当$f_{ck} \leqslant 50\text{MPa}$时取0.0035。

对于$f_{ck} \leqslant 50\text{MPa}$的混凝土，15%弯矩重分布时相应的$x_u/d$限值为0.328，而$x_u/d = 0.448$时不允许重分布。对重分布总量的限制有利于保证正常使用极限状态下结构的性能，此时结构的行为可能接近未开裂弹性分析的结果。

在考虑内力重分布的情况下，EN 1992-2允许不进行截面转角位移验算，但不包括以下情形：

（1）A级配筋的构件（该等级钢筋的延性不足）。建议桥梁结构不使用A级钢筋。

（2）相邻长短跨的跨径之比超过2的桥梁。

（3）构件单元显著受压的桥梁。

在以下特定场合中，不允许弯矩重分布：

（1）无法确切计算出实际转动能力的桥梁。例如弯桥（这时弯矩的重分布可能引起扭矩的增加并导致突然的脆性破坏），类似的还有斜交桥。

（2）柱的设计。要求柱按不考虑重分布的框架作用下的弹性弯矩进行设计。

GB 50010—2010规定：

（1）钢筋混凝土连续梁和连续单向板，可采用基于弹性分析的塑性内力重分布方法进行分析。重力荷载框架、框架-剪力墙结构的现浇板以及双向板等，经过弹性分析求得内力后，可对支座或节点弯矩进行调幅，并确定相应的跨中弯矩。

（2）考虑塑性内力重分布分析方法设计的结构和构件，尚应满足正常使用极限状态的要求，并采取有效的构造措施。对于直接承受动力荷载的构件，以及要求不出现裂缝或处于侵蚀环境等情况下的结构，不应采用考虑塑性内力重分布的分析方法。

（3）钢筋混凝土梁支座或节点边缘截面的负弯矩调幅幅度不宜大于25%；弯矩调整后的梁端截面相对受压区高度不应超过0.35，且不宜小于0.10。板的负弯矩调幅幅度不宜大于20%。

JTG 3362—2018中不考虑内力重分布，因此没有对应的计算方法。

例5-2 均布荷载作用下的两跨连续梁

现有一两跨混凝土连续箱梁桥，混凝土的圆柱体抗压强度标准值$f_{ck} = 40\text{MPa}$，每跨承受的均匀荷载为W，根据弹性分析得到的弯矩如图5-15所示。在负弯矩区，配置的钢筋提供的抗弯承载力为$0.113WL$，相应地，$x_u/d = 0.35$。在正弯矩区的抗弯承载力为$0.080WL$。试采用弯矩重分布验算该桥是否满足承载能力极限状态要求。

1）按EN 1992-2计算

按式（5-15）可算得负弯矩区的最大弯矩重分布：

$$\delta \geqslant k_1 + k_2 x_u/d = 0.44 + 1.25 \times (0.6 + 0.0014/0.0035) \times 0.35 = 0.88$$

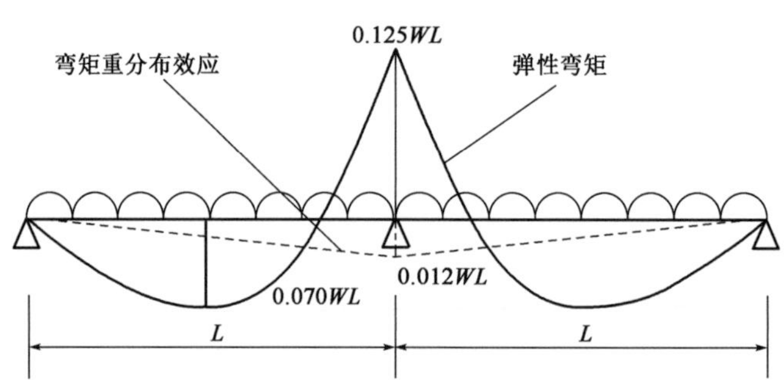

图 5-15 算例 5-2 中的弯矩

为提供足够的抗弯能力,所需的重分布后的负弯矩与重分布前的负弯矩之比 $=0.113/0.125=0.90>0.88$,这说明弯矩重分布具有足够的安全储备。弯矩的重分布必须通过支承间弯矩的线性变化得到,如图 5-16 所示,还必须验算增大后的跨中弯矩。支承处所需的弯矩折减为 $0.012WL$,因此跨中的最大弯矩大约就要增大为该弯矩的一半。这样,最终的验算为:支点处经弯矩重分布后的弯矩 $=0.113WL$,该值即为该截面的抗弯承载力。

跨中经弯矩重分布后的弯矩 $\approx 0.070WL+0.006WL=0.076WL<0.080WL$,$0.080WL$ 为跨中截面的抗弯承载力。因此,该桥满足承载能力极限状态的设计要求。还应如上述要求分别对弯矩重分布前后进行抗剪验算。

2)按 GB 50010—2010 计算

将最大负弯矩在调幅以后取为 $0.113WL$,则 $\beta=1-(0.113/0.125)=0.1<0.2$,满足要求。则最大正弯矩在调幅以后为 $0.070+(0.125-0.113)/2=0.076WL<0.080WL$,满足要求。

3)按 JTG 3362—2018 计算

JTG 3362—2018 中不考虑内力重分布,因此没有对应的计算方法。

5.6 塑性分析

5.6.1 概述

EN 1992 规定:

(1)基于塑性分析的方法仅用于承载能力极限状态下的检查。

(2)临界截面的延展性应足以支撑形成的机构。

(3)塑性分析应依据下限法(静态)或者上限法(动态)。

(4)可以忽略之前施加荷载的影响,假设作用强度单调增加。

EN 1992 允许国家主管部门对塑性方法做进一步的规定,绝大多数国家限制仅在偶然状况下采用塑性分析。桥梁设计中,塑性分析一般用于桥面板结构设计,不能用作主梁、桥墩结构设计。

GB 50010—2010 规定:

(1)对于不承受多次重复荷载作用的混凝土结构,当有足够的塑性变形能力时,可采用塑性极限理论的分析方法进行结构分析,同时应满足正常使用的要求。

(2)整体结构的塑性极限分析计算,应符合下列规定:

①对可预测结构破坏机制的情况,结构的极限承载能力可根据设定的结构塑性屈服机制,

采用塑性极限理论进行分析。

②对于难以预测结构破坏机制的情况,结构的极限承载能力可采用静力或动力弹塑性分析方法确定。

③对直接承受偶然作用的结构构件或部分,应根据偶然作用的动力特征考虑其动力效应影响。

(3)承受均布荷载的周边支承的双向矩形板,可采用塑性铰线法或条带法等塑性极限分析方法进行承载能力极限状态的分析与设计。

出于安全考虑,JTG 3362—2018 不允许使用塑性分析方法。

5.6.2 梁、框架和板的塑性分析

EN 1992-2 给出如下两种方法,可保证桥梁结构拥有必要的转动能力以满足塑性分析要求:

(1)无须直接验算转动能力的方法。

(2)需要直接验算转动能力的方法。

5.6.2.1 无须直接验算转动能力的方法

如果任何截面的受压区高度都满足下述要求,则认为满足塑性分析所要求的转动能力:

(1)当 $f_{ck}\leqslant$50MPa 时

$$x_u/d \leqslant 0.15 \tag{5-17}$$

(2)当 $f_{ck}\geqslant$55MPa 时

$$x_u/d \leqslant 0.10 \tag{5-18}$$

(3)钢筋等级为 B 级或 C 级。

(4)中间支承处的弯矩与跨中的弯矩之比介于 0.5 ~ 2.0。

桥梁设计中对受压区高度的限制比 EN 1992-1-1 对建筑的规定更为严格,因为桥梁结构的高度一般较大,而且缺乏针对桥梁结构的相关试验结果。对于实心板,可以采用 EN 1992-1 对受压区高度的限制,如下:

当 $f_{ck}\leqslant$50MPa 时

$$x_u/d \leqslant 0.25 \tag{5-19}$$

当 $f_{ck}\geqslant$55MPa 时

$$x_u/d \leqslant 0.15 \tag{5-20}$$

5.6.2.2 需要直接验算转动能力的方法

EN 1992-2 规定:

(1)有关连续梁和连续单向板的简化程序是基于梁/板的转动能力。假设在组合作用下出现塑性变形,如果计算出的转动值 θ_s 小于或等于允许的塑性转动值(图 5-16),则视为完成了承载能力极限状态下的塑性转动验证。

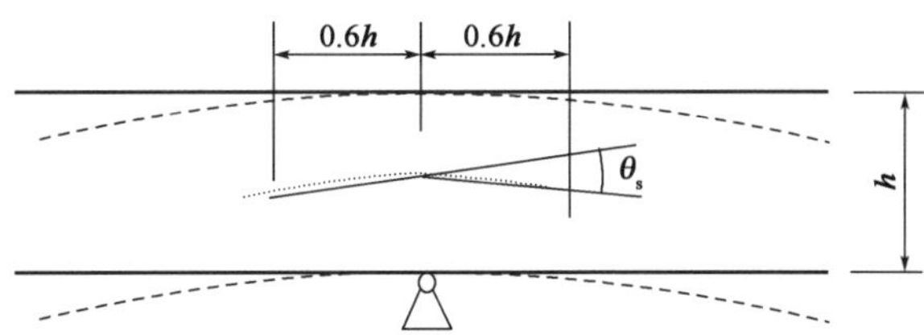

图 5-16 连续梁和连续单向板的钢筋混凝土截面塑性转动角 θ_s

(2)在屈服铰区域,当混凝土强度等级小于或者等于 C50/60 时,$x_u/d\leqslant0.45$;当混凝土强度等级大于或者等于 C55/67 时,$x_u/d\leqslant0.35$。

(3)应根据作用和材料的设计值以及在相应时间内预加应力的平均值确定转动角 θ_s。

(4)在简化程序中,将允许转动基准值 $\theta_{pl,d}$ 乘以剪切长细比修正系数 k_λ,确定允许塑性转动角。

注:$\theta_{pl,d}$ 值为国家定义参数。有关 B 级和 C 级钢和小于等于 C50/60 与 C90/105 的混凝土强度等级的推荐值,如图 5-17 所示。

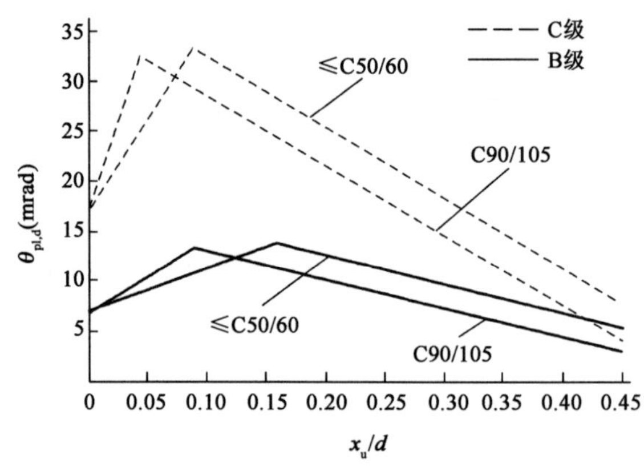

图 5-17 B 级和 C 级配筋的钢筋混凝土截面的容许塑性转动角 $\theta_{pl,d}$($\lambda = 3.0$)

C55/67 ~ C90/105 范围的混凝土强度可以通过内插得到。该值适用于剪切长细比 $\lambda = 3.0$。对于不同的剪切长细比,$\theta_{pl,d}$ 应乘以 k_λ:

$$k_\lambda = \sqrt{\lambda/3} \tag{5-21}$$

式中:λ——零点与重新分配后最大弯矩之间的距离和有效深度 d 之间的比率。

作为一种简化方法,λ 可以用来计算弯矩和剪力设计值:

$$\lambda = M_{sd}/(V_{sd} \cdot d) \tag{5-22}$$

EN 1992-2 进一步对塑性铰处的截面受压区高度进行了强制限制:

当 $f_{ck} \leqslant 50\text{MPa}$ 时

$$x_u/d \leqslant 0.30 \tag{5-23}$$

当 $f_{ck} \geqslant 55\text{MPa}$ 时

$$x_u/d \leqslant 0.23 \tag{5-24}$$

该规定同样比 EN 1992-1-1 相应的规定严格,其原因是桥梁结构的梁高较大。

GB 50010—2010 中没有要求对塑性铰的转动能力进行验算,只是限定了极限状态时构件截面的受压区高度,详见 5.5 节。

5.7 非线性分析

EN 1992 规定:

(1)如果能够同时满足平衡和协调性,并假设材料具备有效的非线性特征,则非线性分析方法既可以用于承载能力极限状态分析,也可以用于正常使用极限状态分析。这种分析既可以是一阶,也可以是二阶。

(2)在承载能力极限状态下,应验算局部临界截面抵抗非弹性变形的能力,并应适当考虑不确定度。

(3)对于主要承受静荷载的结构,通常可以忽略以前施加荷载的效应,并且可以假设作用强度呈单调增加。

(4)使用非线性分析时,应使用代表实际刚度并结合失效不确定度的材料特性。

(5)在模型能恰当代替所有失效模型的情况下(如由混凝土有效强度的减小引起的弯曲、

轴向力、剪切和受压失效),或作为一主要抗力构件,混凝土抗拉强度没有发挥作用的情况下,可以考虑运用非线性分析。

如果一次分析不足以检验所有失效机理,则应进行其他分析。

注1:有关某一国家所使用的安全模式和非线性分析的方法说明,可以查阅其国家附件。推荐方法如下:

非线性分析时,应做如下假设:

(1)对于钢筋,所使用的应力-应变关系应根据图4-12中的曲线A。图中f_{yk}和kf_{yk}应分别用$1.1f_{yk}$和$1.1kf_{yk}$替换。

(2)对于预应力筋,应使用图4-15曲线A中给出的理想应力-应变曲线。图中f_{pk}应替换为$1.1f_{pk}$。

(3)对于混凝土,应力-应变关系式为式(4-26)。f_{cm}应替换为$\gamma_{cf}\cdot f_{ck}$,而$\gamma_{cf}=1.1\gamma_S/\gamma_C$。

应使用下列设计格式:

(1)应评估有关不同作用等级的承载力,此类作用应以递增方式从适用性值开始增大,以确保在同一步中达到$\gamma_G\cdot G_k$和$\gamma_Q\cdot Q_k$值。这个增量过程应持续到结构的某一区域达到极限强度(考虑到α_{cc})或者结构出现整体失效。相应荷载表示为q_{ud}。

(2)使用整体分项系数γ_0,并得到相应强度$R\left(\frac{q_{ud}}{\gamma_0}\right)$。

(3)应满足下面不等式中的一个:

$$\gamma_{Rd}E(\gamma_G G+\gamma_Q Q)\leqslant R\left(\frac{q_{ud}}{\gamma_0}\right) \tag{5-25a}$$

或者

$$E(\gamma_G G+\gamma_Q Q)\leqslant R\left(\frac{q_{ud}}{\gamma_{Rd}\gamma_0}\right) \tag{5-25b}$$

或者

$$\gamma_{Rd}\gamma_{Sd}E(\gamma_G G+\gamma_q Q)\leqslant R\left(\frac{q_{ud}}{\gamma_0}\right) \tag{5-25c}$$

式中:γ_{Rd}——抗力不确定性分项系数,$\gamma_{Rd}=1.06$;

γ_{Sd}——作用效应不确定性分项系数,$\gamma_{Sd}=1.15$;

γ_0——整体安全系数,$\gamma_0=1.20$。

如果分析中没有明确考虑参数γ_{Rd}和γ_{Sd}($\gamma_{Rd}=\gamma_{Sd}=1$),则$\gamma_0=1.27$。

注2:如果在非线性分析中使用材料设计性能,则应特别注意间接作用的效应。

一般而言,对主要承受静荷载作用的结构,在分析中可不考虑加载历史的影响,因此荷载组合中所有作用都可同步增加。

GB 50010—2010规定:

(1)弹塑性分析可根据结构类型和复杂性、要求的计算精度等选择相应的计算方法。进行弹塑性分析时,结构构件各部分的尺寸、截面配筋以及材料性能都必须预先设定。应根据实际情况采用不同的离散尺度,确定相应的本构关系,如应力-应变关系、弯矩-曲率关系、内力-变形关系。

采用弹塑性分析方法确定结构作用效应时,钢筋和混凝土材料特征值及本构关系宜经试验分析确定;需先进行作用组合,并考虑结构重要性系数,然后方可进行分析。

(2)结构构件的计算模型以及离散尺度应根据实际情况以及计算精度的要求确定。若一个方向的正应力明显大于其余两个正交方向的应力,则构件可简化为一维单元;若两个方向的正应力均显著大于另一个方向的应力,则简化为二维单元;若构件三个方向的正应力无显著差异,则构件应按三维单元考虑。

钢筋混凝土界面的黏结、滑移对其分析结果影响较显著的构件,建议在进行分析时考虑钢筋与混凝土间的黏结-滑移本构关系。

上述规定仅为原则性条款,标准中没有给出具体的设计方法与计算公式。

5.8 轴向受力构件的二阶效应分析

5.8.1 概述

二阶效应是由轴向力与荷载作用下变形相互影响而产生的附加作用效应。一阶变形导致轴力在构件中产生附加弯矩，附加弯矩反过来又会使变形增加。这种效应又称为 P-Δ 效应，因为附加弯矩是由轴向力与构件或结构的变形的乘积产生的。最简单的二阶效应是轴向力和水平力作用在悬臂桥墩顶部的情形，如图 5-18 所示。二阶效应的计算可通过计入该附加变形影响的二阶分析计算。

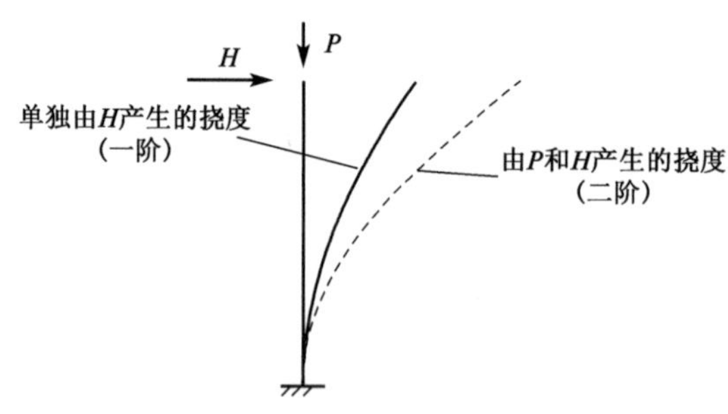

图 5-18 初始直立的桥墩在横向荷载作用下的挠度

EN 1992 涉及两种类型的独立构件：

有支撑构件：构件两端均无线位移，在两端有或无转动约束刚度。构件的有效压屈长度总是小于或者等于构件的实际长度[图 5-19a)]。

无支撑构件：构件一端可相对于另一端发生平移，在两端或者一端有约束转动刚度。构件的有效压屈长度总是大于或者等于构件的实际长度[图 5-19b)]。

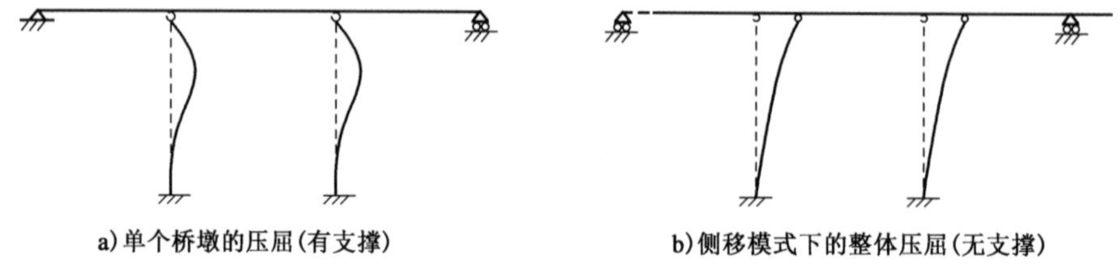

图 5-19 有支撑和无支撑构件的压屈模态

竣工桥梁的受压构件常可分解为多个等效的独立构件，它们或“有支撑”或“无支撑”，有着各自的有效长度和边界条件。

对于桥梁，通常受二阶效应影响的是细长桥墩。相关条款同样适用于其他受显著轴向荷载影响的细长构件，如斜拉桥的桥塔和桥面板。

EN 1992 规定，如果二阶效应低于对应一阶效应的 10%，则可以忽略二阶效应。

5.8.2 二阶效应的简化准则

由于二阶效应是轴力在一阶变形基础上产生的，与一阶弯矩相比，一般不是很大。当与一阶弯矩相比可以忽略时，则可不考虑二阶效应的影响，从而使计算简化。因为分析二阶效应时考虑的因素和处理方法不同，各国标准中判别忽略二阶效应的条件也不同。

5.8.2.1 独立构件的长细比准则

如果使用简化方法，可用有效长度确定构件的长细比，然后用长细比确定是否进行二阶分

析。长细比定义如下:

$$\lambda = \frac{l_0}{i} \tag{5-26}$$

式中:l_0——有效长度;

i——未开裂混凝土截面的回转半径。

EN 1992 给出简化准则,判断是否需要进行二阶分析:

$$\lambda = \lambda_{\text{lim}} = 20A \cdot B \cdot \frac{C}{\sqrt{n}} \tag{5-27}$$

式中:λ_{lim}——国家定义参数。$n = N_{\text{Ed}}/(A_c f_{\text{cd}})$,为轴压比。轴力越大,$n$ 越大,意味着截面对二阶效应越敏感,相应地长细比限值就越小。如下情况下可以有较高的长细比限值:

(1)徐变较小(因为此时受压构件中混凝土部分的刚度较高);

(2)配筋率较高(因为此时结构总体刚度受混凝土开裂的影响较小);

(3)一阶弯矩峰值出现的位置与二阶弯矩峰值出现的位置不同。

这些影响分别通过 A、B、C 三项体现:

$$A = \frac{1}{1 + 0.2\phi_{\text{ef}}} \tag{5-28}$$

式中:ϕ_{ef}——有效徐变系数。

在 ϕ_{ef}未知的情况下,A 可以取为 0.7。相当于近似取 $\phi_{\text{ef}} = 2.0$,这是龄期较早的混凝土加载的典型情况,在受准永久荷载时,$\phi_{\infty} = 2.0$。因此这是一种合理的保守做法。在任何情况下,A 对 ϕ_{ef}的实际变化都不是十分敏感,因此将其缺省值定为 0.7 是合理的。

$$B = \sqrt{1 + 2\omega} \tag{5-29}$$

式中,$\omega = A_s f_{\text{yd}}/(A_c f_{\text{cd}})$为力学上的配筋率。如果 ω 未知,B 可取为 1.1,这相当于 $\omega = 0.1$。对于细长柱通常可以得出这个值,但是与需要的实际最小配筋相比,这个值稍稍偏大。

$$C = 1.7 - r_{\text{m}} \tag{5-30}$$

式中,r_{m} 为弯矩比 M_{01}/M_{02},这里的 M_{01} 和 M_{02} 为构件杆端的一阶弯矩,且 $|M_{02}| \geq |M_{01}|$。如果 r_{m} 未知,C 可取为 0.7,这相当于整个构件承受均匀弯矩的情况。如果构件承受横向荷载,一阶弯矩主要是由于构件的几何缺陷引起,或者构件为无支撑构件,C 值也应取 0.7。

在进行非线性分析或使用简化方法之前,都应根据式(5-27)判断二阶效应是否可以忽略。

在用简化方法分析二阶效应时,JTG 3362—2018 规定:

当偏心受压构件的长细比 $l_0 l_i > 17.5$ 时,应考虑构件在弯矩作用平面内的挠曲对轴向力偏心距的影响。此时,应将轴向力对截面重心轴的偏心距乘以偏心距增大系数 η。

矩形、T 形、I 形和圆形截面偏心受压构件的偏心距增大系数可按下列公式计算:

$$\eta = 1 + \frac{1}{1300e_0/h_0}\left(\frac{l_0}{h}\right)^2 \xi_1 \xi_2 \tag{5-31}$$

$$\zeta_1 = 0.2 + 2.7\frac{e_0}{h_0} \leq 1.0 \tag{5-32}$$

$$\zeta_2 = 1.15 - 0.01\frac{l_0}{h} \leq 1.0 \tag{5-33}$$

式中:l_0——构件的计算长度;

e_0——轴向力对截面重心轴的偏心矩;

h_0——截面有效高度,对圆形截面取 $h_0 = r + r_s$;

h——截面高度,对圆形截面取 $h = 2r$,r 为圆形截面半径;

ζ_1——荷载偏心率对截面曲率的影响系数;

ζ_2——构件长细比对截面曲率的影响系数。

当 $l_0/l_i \leqslant 17.5$ 时,可忽略二阶效应的影响。

5.8.2.2 独立构件的长细比和有效长度

图 5-20 显示几种典型的独立构件的各种压屈模态及其相应有效长度的示例,包括顶端有自由滑动支座的桥墩[图 5-20a)]、顶端有固定支座的桥墩但桥面板不提供侧移约束[图 5-20b)]、顶端有固定支座(铰接)且通过桥面板与刚性桥台或桥墩相连[图 5-20c)]等情形。

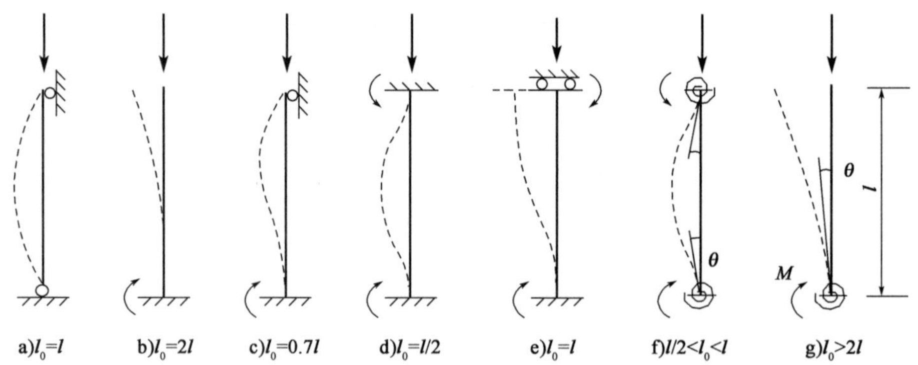

图 5-20 几种典型的独立构件的各种压屈模态及其相应的有效长度示例

图 5-20a) ~ 图 5-20b) 中的有效长度都假定地基提供的转动刚度无限大。实际上不可能出现这样的情况,因此构件的实际有效长度总是或多或少大于按刚性约束得出的理论值。

有支撑构件有效长度:

$$l_0 = 0.5l\sqrt{\left(1+\frac{k_1}{0.45+k_1}\right)\cdot\left(1+\frac{k_2}{0.45+k_2}\right)} \tag{5-34}$$

无支撑构件有效长度:

$$l_0 = l\cdot\max\left[\sqrt{1+10\frac{k_1\cdot k_2}{k_1+k_2}};\left(1+\frac{k_1}{1+k_1}\right)\cdot\left(1+\frac{k_2}{1+k_2}\right)\right] \tag{5-35}$$

式中:k_1、k_2——构件端点 1 和端点 2 处转动约束的刚度,它们与构件自身的抗弯刚度有关,按下式计算:

$$k = \frac{\theta}{M}\cdot\frac{EI}{l}$$

其中:θ ——弯矩 M 作用下约束的转角;

EI——受压构件的抗弯刚度;

l ——受压构件约束之间的净高。

$k=0$ 为刚性转动约束的理论极限,$k=\infty$ 代表无任何转动约束的情况。因为实际结构中没有完全的刚性约束,所以 EN 1992 建议 k_1 和 k_2 的最小值为 0.1。对于整体式桥梁,或者墩顶与桥面板连接在一起的桥梁,还必须考虑桥面板的开裂对刚度的影响。用于整体式结构桥墩的端部刚度可这样确定:将全桥模拟为平面刚架,将对应于压屈模态的变形施加给桥墩,计算桥面板与墩顶连接处产生的弯矩和转角。

对于变截面亦即截面刚度 EI 沿构件长度方向发生变化的情况,具体的步骤是:采用实际的变截面尺寸和荷载,利用基于弹性压屈临界理论的计算机分析求出压屈荷载 N_B。将计算构件的混凝土截面视为不开裂截面,将其余构件视为开裂截面将是保守的。于是,有效长度可由下式计算:

$$l_0 = \pi\sqrt{\frac{EI}{N_B}} \tag{5-36}$$

式中:EI——代表性的弯曲刚度;

N_B——用 EI 表示的压曲荷载。

对于整体式桥梁,或者刚度不同的桥墩均与同一桥面板连接的桥梁,其桥墩的有效长度也可推导出来。在这种情况下,任一个桥墩的压屈荷载及其有效长度也取决于其他桥墩的荷载和几何尺寸。所有的桥墩可能共同朝一个方向偏移,就如无支撑一样[图5-19b)],或者某一刚度较大的桥墩或桥台可能阻止其他桥墩的侧移,使得其他桥墩表现为有支撑一样[图5-19a)]。上述分析方法也可得出精确的有效长度,给所有墩柱施加共存的荷载,并等比例地增大所有荷载,直至被考虑的桥墩出现压屈。于是 N_B 可取为该构件压屈时的轴向荷载。

JTG 3362—2018 根据经验进行简化,直接规定构件计算长度 l_0 的取值:当构件两端固定时取$0.5l$;当一端固定一端为不移动的铰时取 $0.7l$。当两端均为不移动的铰时取 l,当一端固定一端自由时取 $2l$。l 为构件支点间长度。

例5-3 悬臂式桥墩的有效长度

现有一顶端带有自由滑动支座的桥墩,高度为27.03m,其截面尺寸和配筋如图5-21和图5-22所示。桥墩基础的转动柔度(桩群和桩帽的转动刚度的倒数)为 6.976×10^{-9}rad/kN·m。混凝土的短期弹性模量 E 取为 $E_{cm}=35\times10^3$MPa。试计算该桥墩在短轴方向上的有效长度。

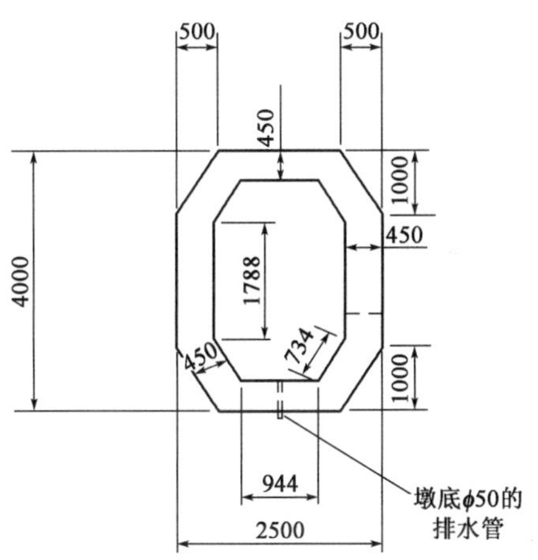

图5-21 算例5-3中桥墩的截面尺寸(尺寸单位:mm)

1)按EN 1992-2计算

截面关于短轴的惯性矩 $=3.1774\text{m}^4$,因此:

$EI/l=35\times10^6\times3.1774/27.03=4.114\times10^6$kN·m/rad

在桥墩的底端,$k_1=(\theta/M)\cdot(EI/l)=6.976\times10^{-9}\times4.114\times10^6=28.7\times10^{-3}$。该结果小于推荐的最小限值0.1。但是,由于上述刚度是由土的材料特性的下限和桩帽刚度计算得到的,因而 k 取刚度较大的计算值。

由于墩顶自由,故 $k_2=\infty$。

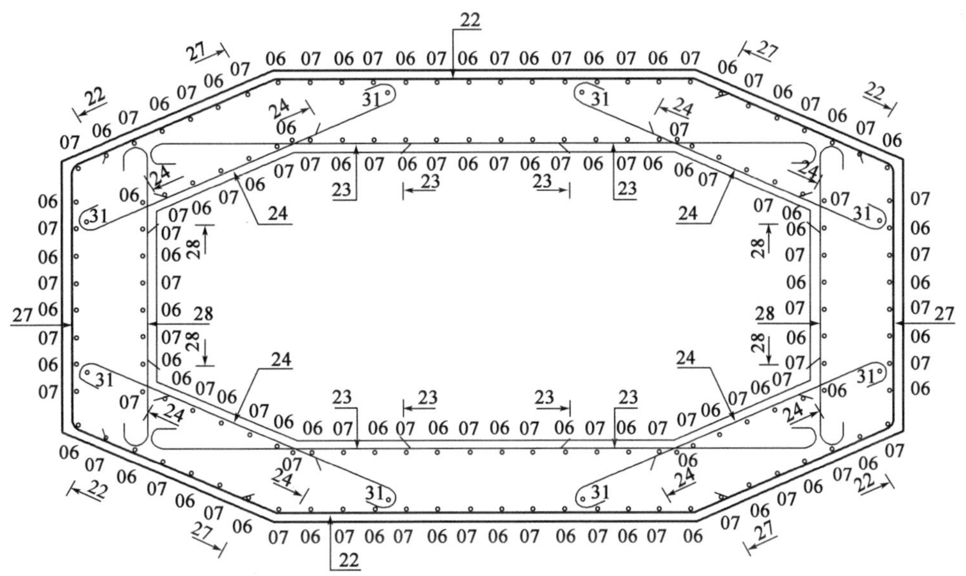

图5-22 算例5-3中桥墩截面的配筋图

计算有效长度:

$$l_0=l\times\max\left[\sqrt{1+10\times\frac{0.0287\times\infty}{0.0287+\infty}};\left(1+\frac{0.0287}{1+0.0287}\right)\times\left(1+\frac{\infty}{1+\infty}\right)\right]$$

$= l \times \max[1.13;2.06] = 2.06l$

2)按 JTG 3362—2018 计算

由于桥墩顶端带可自由侧移,桥墩与基础连接可认为刚性连接,计算模型可近似为一端固定一端自由的压杆,根据 JTG 3362—2018 规定,l_0取 $2l$。

比较 1)、2)计算结果可以看出,中欧标准计算的有效长度很接近。尽管中国标准取值方法偏于简化,这从另一方面说明计算长度对 k_1、k_2 的取值并不敏感。

例 5-4　桥墩长细比的验算

某桥墩的混凝土圆柱体抗压强度为 40MPa,承受的轴力为 31867kN。试计算其短轴方向上的长细比,并判断其二阶效应是否可以忽略。桥墩的有效长度取其实际高度的 2.1 倍。

1)按 EN 1992-2 计算

截面绕短轴的惯性矩 =3.1774m^4,截面的面积 =4.47m^2。长细比的限值由下式确定:

$$\lambda \leqslant \lambda_{\text{lim}} = 20A \cdot B \cdot C/\sqrt{n}$$

由于本例轴力未分短期作用还是长期作用,按照前述讨论可保守地取 $A=0.7$。截面配筋率,取 B 的推荐值,即 $B=1.1$。由于桥墩可自由侧移,因此是无支撑的构件,无法从桥墩两端的弯矩比计算 C,因此取 $C=0.7$(相当于两端无相对侧移的桥墩两端弯矩相等)。

轴压比为

$$n = \frac{N_{\text{Ed}}}{A_c f_{\text{cd}}} = \frac{31867 \times 10^3}{4.47 \times 10^6 \times 22.67} = 0.314$$

其中,$f_{\text{cd}} = \alpha_{\text{cc}} f_{\text{ck}}/\gamma_c = 0.85 \times 40/1.5 = 22.67\text{MPa}$。

$$\lambda_{\text{lim}} = 20 \times 0.7 \times 1.1 \times 0.7/\sqrt{0.31} = 19.4$$

桥墩截面的回转半径:$i=0.84\text{m}$

结构的有效长度:$l_0 = 2.1 \times 27.03 = 56.763\text{m}$

长细比:$\lambda = 56763/843 = 67.3 > 19.4$

因此,桥墩的二阶效应不可忽略。

2)按 JTG 3362—2018 计算

截面绕短轴的惯性矩 =3.1774m^4,截面面积 =4.47m^2。则回转半径 i 为

$$i = \sqrt{\frac{I}{A}} = \sqrt{\frac{3.1774}{4.47}} = 0.8431$$

长细比为

$$\lambda = \frac{l_0}{i} = \frac{2.1l}{i} = \frac{2.1 \times 27.03}{0.8431} = 67.3265 > 17.5\ (\text{限值})$$

根据 JTG 3362—2018 规定,桥墩的二阶效应不可忽略。

从上述中欧标准的计算过程及结果可以发现,是否考虑二阶效应的最小长细比限值有差异,中国标准(17.5)比欧洲标准(19.4)更加保守。

5.8.3　徐变

根据材料的短期特性计算的挠度会由于徐变而增大,因此,EN 1992 要求在结构的二阶分析中考虑徐变效应,针对不同的荷载条件采用不同的应力-应变关系。为了克服这个问题,给出了一种简化的关系,采用有效徐变系数 ϕ_{ef},与总设计荷载共同使用,可给出相当于仅有准永久荷载时的徐变变形,这正是所要求的结果。有效徐变系数:

$$\phi_{ef} = \phi(\infty, t_0) \cdot \frac{M_{0Eqp}}{M_{0Ed}} \tag{5-37}$$

式中：$\phi(\infty, t_0)$——最终徐变系数；

M_{0Eqp}——准永久荷载组合（SLS）下的一阶弯矩；

M_{0Ed}——设计荷载组合（ULS）下的一阶弯矩。

也可通过 M_{0Eqp} 和 M_{0Ed} 确定 ϕ_{ef}，但需进行迭代及在准永久荷载和 $\phi_{ef} = (\infty, t_0)$ 下进行稳定性验算。在构件或结构中，如果 M_{0Eqp}/M_{0Ed} 是变化的，可按最大弯矩截面或有代表性的平均弯矩截面的比值计算。

如果同时满足以下三式，则可忽略徐变的影响（假设 $\phi_{ef} = 0$），并使用短期混凝土特性：

（1）$\phi(\infty, t_0) \leqslant 2$

（2）$\lambda \leqslant 75$

（3）$M_{0Ed}/N_{Ed} \geqslant h$

式中：M_{0Ed}——一阶弯矩；

h——弯曲平面内的截面高度。

如果配筋率 ω 小于0.25，那么徐变及其二阶效应是不可忽略的。

EN 1992-2 允许使用更加精确的方法考虑徐变，通过考虑单个荷载工况下的徐变变形，而不是将一个有效徐变系数作用于总的作用组合。

JTG 3362—2018 规定受弯构件在使用阶段的挠度应考虑荷载长期效应的影响，即按荷载短期效应组合和本规范第6.5.2条规定的刚度计算的挠度值，乘以挠度长期增长系数 η_θ。挠度长期增长系数可按下列规定取用：

当采用C40以下混凝土时，$\eta_\theta = 1.6$；

当采用C40～C80混凝土时，$\eta_\theta = 1.45 \sim 1.35$，中间强度等级可按线性内插取值。

钢筋混凝土和预应力混凝土受弯构件按上述计算的长期挠度值，在消除结构自重产生的长期挠度后，梁式桥主梁的最大挠度处不应超过计算跨径的1/600；梁式桥主梁的悬臂端不应超过悬臂长度的1/300。

5.8.4 分析方法

二阶效应是一个与结构整体受力反应密切相关的问题，应从结构整体受力特征出发，不能简单视为只涉及单根构件截面设计中弯矩需要增大的问题。对于有侧移结构偏心受压构件二阶效应附加弯矩的计算，目前已经形成了实用简化方法和计算机辅助分析方法等多种方法，现有的方法大致可分为以下四类：杆系结构考虑二阶效应的非线性有限元法，考虑二阶效应的结构弹性有限元法，计算有侧移结构二阶效应附加内力的各种弹性简化方法（包括迭代 P-Δ 法、层增大系数法，结构整体增大系数法、负刚度构件法和负面积构件法等，其中以整体增大系数法最为普遍），以及使用构件截面偏心距增大系数（或弯矩增大系数）的传统方法。

中国标准允许采用考虑二阶效应的弹性分析方法和构件截面偏心距增大系数法，欧洲标准的分析方法包括基于非线性二阶分析的一般方法、基于名义刚度的二阶分析方法和基于曲率估计的方法。当能够确定名义刚度的值时，基于名义刚度的二阶分析方法可用于独立构件和整体结构。基于曲率估计的方法主要适用于独立构件，但采用真实的曲率分布假定，这种方法也可用于整体结构。

5.8.5 基于名义刚度的二阶分析

虽然弹性临界压屈荷载或弯矩本身与钢筋混凝土结构的实际设计没有直接联系，但它对二阶效应的敏感性具有指导意义，同时也可用作由一阶效应的分析结果确定二阶效应的一个参数。比如铰接压杆中考虑二阶效应的总弯矩，可通过将一阶弯矩乘以放大系数得到，该放大系数取决于桥墩中的轴力和欧拉压屈荷载。一个最简单的例子是,一个长度为 L 仅承受轴向荷载的铰接压杆,其初始正弦缺陷的最大位移为 a_0。欧拉压屈荷载由式(5-38)给出:

$$N_B = \pi^2 \frac{EI}{L^2} \tag{5-38}$$

如果轴向荷载为 N_{Ed},则压杆的最终挠度为

$$a = \alpha_0 \cdot \left(\frac{1}{1 - N_{Ed}/N_B}\right) \tag{5-39}$$

相应地,考虑了二阶效应的最终最大弯矩 $M_{Ed} = N_{Ed}a$ 由式(5-40)给出:

$$M_{Ed} = N_{Ed} \cdot \left(\frac{\alpha_0}{1 - N_{Ed}/N_B}\right) = M_{0Ed}\left(\frac{1}{1 - N_{Ed}/N_B}\right) \tag{5-40}$$

其中,$M_{0Ed} = N_{Ed}a_0$ 是一阶弯矩。这里的放大系数为 $1/(1 - N_{Ed}/N_B)$,其假设初始缺陷在压杆中按正弦分布。当铰接压杆在有端弯矩或横向荷载作用的情况下,也存在着类似的弯矩放大效应,只不过放大系数会随一阶弯矩的分布而略有变化。在弯矩均匀分布的情况下,上述放大系数略显不保守,但通常有足够的精度满足要求。

EN 1992 允许按式(5-41)通过增大一阶弯矩(包含所有初始缺陷效应)来确定桥梁或桥梁构件考虑二阶效应影响的总弯矩:

$$M_{Ed} = M_{0Ed} \cdot \left(1 + \frac{\beta}{N_B/N_{Ed} - 1}\right) \tag{5-41}$$

式中,$\beta = \pi^2/c_0$,$N_B = \pi^2 EI/l_0{}^2$,其中 l_0 为压屈有效长度。M_{0Ed} 为由一阶分析得到的设计弯矩,但是它必须包含初始缺陷引起的弯矩(M_{0Ed} 和 N_{Ed} 均为设计值,须计入所有的荷载分项系数)。c_0 取决于弯矩的分布,进而取决于柱的曲率。对于曲率均匀的压杆,$c_0 = 8$。对于曲率呈正弦分布的压杆,$c_0 = \pi^2$,弯矩计算的简化形式为:

$$M_{Ed} = \frac{M_{0Ed}}{1 - N_{Ed}/N_B} \tag{5-42}$$

对于其他类型的弯矩分布,EN 1992 建议使用放大系数作为一种合理的近似。但是,对于 $\beta = \pi^2/8$ 且弯矩呈均匀或接近均匀分布的情形,则显得不保守。

以上表达式均假设一阶弯矩的峰值与 P-Δ 效应弯矩的峰值出现在同一个截面。首先考虑有支撑的柱,当铰接压杆两端没有弯矩或有相等的弯矩时,上述假设成立;但当两端有弯矩且弯矩不相等时,上述假设则不成立。因此,对于后一种情况,用前述的放大系数在桥墩全高范围内放大一阶弯矩的做法保守。EN 1992 通过仅允许在柱的高度上没有横向荷载作用而且柱为有支撑柱的情况下使用等效一阶弯矩,来克服保守性问题。不相等的一阶端部弯矩 M_{01} 和 M_{02} 会引起弯矩沿柱的高度发生线性变化,将按等效一阶端部弯矩 M_{0e} 替换:

$$M_{0e} = 0.6M_{02} + 0.4M_{01} \geqslant 0.4M_{02} \tag{5-43}$$

其中,$|M_{02}| > |M_{01}|$,使得构件同侧受拉的弯矩取相同的符号,否则应异号。由此得到柱中部的等效一阶弯矩,该弯矩可按式(5-39)放大后用于柱中部截面的设计。

EN 1992 建议将由线性变化的弯矩和缺陷引起的一阶效应分开考虑,且只对由线性变化的弯矩引起的一阶效应进行折减,这样总的有效一阶弯矩为

$$M_{0Ed} = M_{0Ed,1} + M_{0Ed,i} \tag{5-44}$$

式中:$M_{0Ed,1}$——由线性变化的弯矩(但不包括缺陷)产生的有效一阶均匀弯矩;

$M_{0Ed,i}$——桥墩中部由缺陷引起的最大一阶弯矩。

由式(5-44)求得的弯矩可用于式(5-41),算得构件中部考虑二阶效应的总设计效应。

对于有支撑的柱,由线性变化的一阶弯矩产生的弯矩、由初始缺陷引起的一阶弯矩和由 P-Δ 效应产生的附加二阶弯矩按图 5-23 相加。于是需要考虑如下三个设计位置:

(1)P-Δ 效应增大构件中部的一阶弯矩。该弯矩可近似由式(5-44)求得的有效一阶弯矩

按式(5-41)放大得到。

(2)$P\text{-}\Delta$ 效应减小一阶弯矩较大的那一端的一阶弯矩,因此仅须在这一端验算初始弯矩 M_{02},假定不计 $P\text{-}\Delta$ 效应或者缺陷的影响。

(3)$P\text{-}\Delta$ 效应增大一阶弯矩较小的那一端的一阶弯矩,因此 M_{01} 加上缺陷引起的一阶效应应予以增大。在实践中,此项验算可能不会起控制作用。

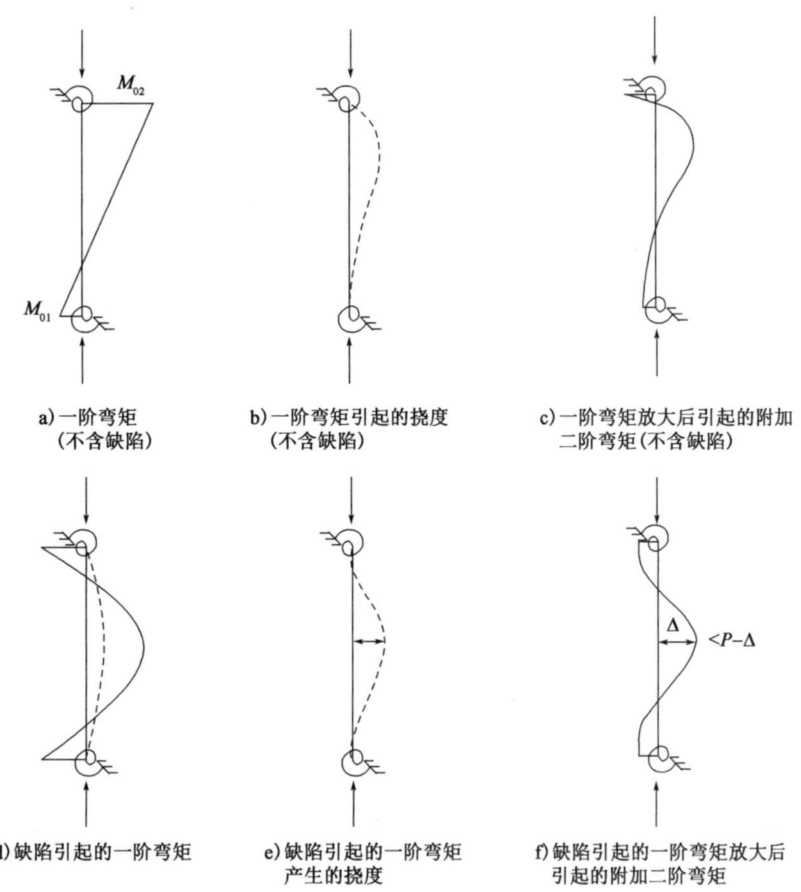

图5-23 有端弯矩和缺陷的有支撑柱

注:考虑二阶效应的总弯矩为a)、b)、c)和f)四项之和。

对于无支撑的柱(可侧移),则不可按上述折减,尽管 EN 1992 没有明确地指出。这可以通过一个最简单的悬臂桥墩的例子说明,其固结端的最大一阶弯矩显然与 $P\text{-}\Delta$ 效应引起的峰值弯矩相一致。

这种考虑二阶效应的方法对于钢构件很直观,其中的 EI 直到屈服都可取为常数。对于混凝土结构,情况要复杂一些,因为混凝土的开裂具有显著的非线性,而且混凝土的应力-应变响应中也有着内在的非线性。这就导致针对给定轴力的 EI 随着弯矩的增大而减小,且并不唯一。

EN 1992 通过为给定截面指定一个"名义刚度"EI 来克服这个困难,名义刚度取决于所有相关参数,诸如配筋率、轴向力、混凝土强度、徐变和长细比等。

$$EI = K_c E_{cd} I_c + K_s E_s I_s \tag{5-45}$$

式中:E_{cd}——混凝土弹性模量的设计值,即 E_{cm}/γ_{cE};γ_{cE}是国家定义参数,推荐值为1.20;

I_c——混凝土毛截面的惯性矩;

E_s——钢筋弹性模量的设计值;

I_s——钢筋绕混凝土截面形心的惯性矩;

K_c——考虑开裂、混凝土材料非线性和徐变的系数;

K_s——钢筋的贡献系数,$K_s=1.0$。

在此计算方法中,构件整个高度范围内的 EI 只能取一个值。如果构件中有钢筋被截断,使用这个方法要谨慎,因为这会影响使用上述 β 参数时假定的曲率的贡献。如果钢筋按弯矩承载力包络图连续截断,β 值采用弯矩为常数时的 $\pi^2/8$ 更为合适。由于二阶弯矩取决于截面的刚度,而截面的刚度自身又受其配筋影响,所以如果要从初始计算假定的钢筋用量中节省,按照 EN 1992-1-1 第 5.8.7 条所进行的计算将是一个迭代的过程。

GB 50010—2010 规定,当采用考虑二阶效应的弹性分析方法进行结构分析时,对构件的弹性抗弯刚度 E_cI 乘以折减系数:对梁,取 0.4;对柱,取 0.6;对剪力墙及核心筒壁,取 0.45。在进行正截面受压承载力计算的有关公式中,ηe_i 均应以 $(M/N+e_a)$ 代替。

JTG 3362—2018 规定,结构的作用(或荷载)效应可按弹性理论进行计算。对超静定结构,在进行作用(荷载)效应分析时,结构构件的抗弯刚度可采用:允许开裂的构件为 $0.8E_cI$,不允许开裂的构件为 E_cI;其中 I 为混凝土毛截面惯性矩。

例 5-5　验算悬臂式桥墩

某桥墩,在承载能力极限状态绕短轴承受 31867kN 的轴向荷载和 1366kN 的水平荷载,如图 5-24 所示。纵向主钢筋为 136 根直径为 32mm 的钢筋。在此荷载工况下,有效徐变系数 ϕ_{ef} 为 1.0,$E_{cm}=35\times10^3$MPa。试计算桥墩底部的最终弯矩。

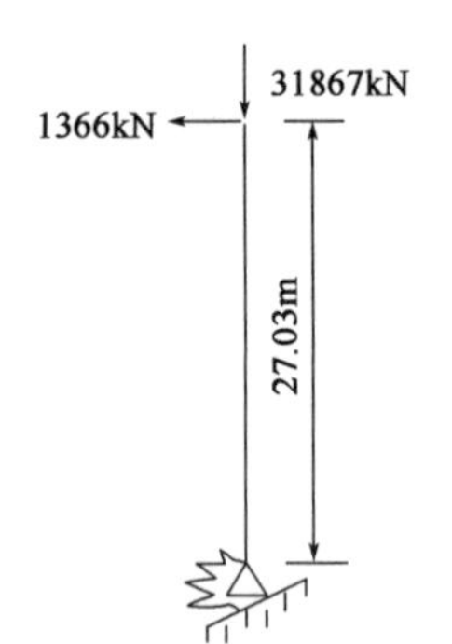

图 5-24　算例 5-5 中桥墩的荷载情况

1)按 EN 1992-2 计算

首先计算混凝土截面的惯性矩和钢筋绕混凝土截面质心的惯性矩,它们分别为

$I_c=3.177\text{m}^4$

$I_s=7.81\times10^{-2}\text{m}^4$

系数 K_c 计算如下:

$$k_1=\sqrt{\frac{f_{ck}}{20}}=\sqrt{\frac{40}{20}}=1.41$$

$k_2=n\cdot\dfrac{\lambda}{170}=0.314\times67.3/170=0.25\leqslant0.2$,满足要求。($n$ 和 λ 取自算例 5-4)

$$K_c=\frac{k_1\cdot k_2}{1+\phi_{ef}}=\frac{1.41\times0.125}{1+1.0}=0.088\ (\text{对于}\ \rho>0.002)$$

混凝土的弹性模量:

$E_{cd}=E_{cm}/\gamma_{cE}=35\times10^3/1.2=29.2\times10^3\text{MPa}$

钢筋的贡献系数:

$K_s=1.0$(对于 $\rho>0.002$)

墩的名义抗弯刚度为

$$\begin{aligned}EI&=K_cE_{cd}I_c+K_sE_sI_s\\&=0.088\times29.2\times10^3\times3.177\times10^{12}+1.0\times200\times10^3\times7.81\times10^{10}\\&=2.38\times10^{16}\text{N}\cdot\text{mm}^2\end{aligned}$$

由算例 5-4,有效压屈长度 $l_0=2.1\times27.03=56.763\text{m}$,于是压屈荷载:

$$N_B=\frac{\pi^2EI}{l_0^2}=\frac{\pi^2\times2.38\times10^{16}}{56763^2}=72903\text{kN}$$

墩顶的初始缺陷位移计算,即 $l\cdot\theta_i=l\cdot\theta_0\cdot\alpha_k$,其中 $\alpha_k=2/\sqrt{l}=2/\sqrt{27.03}=0.38$,$\theta_0$ 为国家定义参数,推荐值为 1/200。本算例使用 EN 1992-1-1 中所规定的下限值 $\alpha_h\geqslant2/3$,以考虑

较大的施工误差,但 EN 1992-2 中不存在这样的限值。于是:

$$l \cdot \theta_i = 27030 \times \frac{1}{200} \times \frac{2}{3} = 90 \text{ mm}$$

墩底的一阶弯矩 $M_{0Ed} = 1366 \times 27.030 + 31867 \times 0.09 = 39791\text{kN} \cdot \text{m}$。

二阶效应的最终弯矩:

$$M_{Ed} = M_{0Ed} \cdot \left(1 + \frac{\beta}{N_B / N_{Ed} - 1}\right)$$

对于近似正弦曲率,β 取为 1.0,于是上式简化为:

$$M_{Ed} = \frac{M_{0Ed}}{1 - N_{Ed}/N_B} = \frac{39791}{1 - 31867/72903} = 70691\text{kN} \cdot \text{m}$$

本例中没有必要验算双向受弯,只需要在一个方向上考虑初始缺陷引起的弯矩。如果在两个方向上都有一阶弯矩存在,就要进行双向受弯构件计算。

2)按 JTG 3362—2018 计算

按 η-l_0 法计算,桥墩可视为一端固定一端自由的构件,根据 JTG 3362—2018 推荐,$l_0 = 2l$。假设保护层厚 40mm,取 $a_s = 56\text{mm}$。

墩底一阶弯矩:$M_1 = Hh = 1366 \times 27.03 = 31867\text{kN} \cdot \text{m}$

则由式(5-31)有

$$e_0 = \frac{M}{N} = \frac{1366 \times 27.03}{31867} = 1158.7\text{mm}$$

$$\xi_1 = 0.2 + 2.7\frac{e_0}{h_0} = 0.2 + 2.7 \times \frac{1158.7}{2500 - 56} = 1.48 > 1.0,取\ \xi_1 = 1.0$$

$$\xi_2 = 1.15 - 0.01\frac{l_0}{h} = 1.15 - 0.01 \times \frac{2.0 \times 27.03}{2.5} = 0.93$$

$$\eta = 1 + \frac{1}{1400 e_0 / h_0}\left(\frac{l_0}{h}\right)^2 \xi_1 \xi_2 = 1 + \frac{1}{1400 \times 1158.7/2444}\left(\frac{2 \times 27.03}{2.5}\right)^2 \times 1 \times 0.93 = 1.65$$

则桥墩底部的最终弯矩为

$$M = \eta e_0 M_1 = 1.65 \times 1.159 \times 31867 = 60940\text{kN} \cdot \text{m}$$

比较1)、2)两种计算结果,可以看出欧洲标准的计算值(70691kN · m)大于中国标准的计算值(60940kN · m),相差约13.8%。分析其原因有二:其一,欧洲标准考虑初始缺陷的影响,中国标准没有考虑;其二,欧洲标准推导弯矩放大系数时,使用的极限应变值比中国标准的极限应变值大。

5.8.6 基于名义曲率的方法

这种方法主要用于可从桥梁结构中隔离出来的构件,其边界条件可通过构件的有效长度来表征。考虑初始缺陷效应的一阶弯矩与由最大附加挠度引起的弯矩相加。

$$M_{Ed} = M_{0Ed} + M_2 \tag{5-46}$$

式中:M_{0Ed}——考虑了初始缺陷效应的一阶弯矩;

M_2——公称(名义)二阶弯矩。

附加的二阶弯矩由式(5-47)计算:

$$M_2 = N_{Ed} e_2 \tag{5-47}$$

M_2 通过计算 e_2 确定,$e_2 = (1/r) l_0^2 / c$,其中 $1/r$ 为估计的失效曲率,c 为与曲率分布有关的系数,当曲率呈正弦分布时,$c = \pi^2$;当曲率呈均匀分布时,$c = 8$。

曲率 $1/r$ 的值取决于徐变和所施加的轴力大小。对于对称等截面(包括钢筋也对称布置)

的构件：

$$1/r = K_r K_\phi (1/r_0) \tag{5-48}$$

式中：$1/r_0$——曲率基本值；

K_r——一个取决于轴力的修正系数；

K_ϕ——一个用来考虑徐变的修正系数。

$1/r_0$ 的推导是基于矩形截面的，矩形截面的钢筋呈对称布置，且受压钢筋与受拉钢筋屈服层之间的力臂为 $z = 0.9d$，这里的 d 为截面的有效高度。因此，曲率由式(5-49)给出：

$$1/r_0 = \varepsilon_{yd}/0.45d \tag{5-49}$$

在配筋不对称的情况下，根据受拉钢筋的应变达到屈服值 ε_{yd} 和受压纤维的应变达到失效应变 ε_c 时截面的应变状态近似计算曲率 $1/r_0$：

$$1/r_0 = (\varepsilon_{yd} + \varepsilon_c)/h \tag{5-50}$$

式中：h——弯曲方向上截面的高度(将其作为外层钢筋到截面另一侧的距离的一种近似)。混凝土的应变可以保守地取 $\varepsilon_c = \varepsilon_{cu2}$。

K_r 为考虑轴力增长对曲率的削减作用的系数，等于 $(n_u - n)/(n_u - n_{bal}) \leqslant 1.0$。$n_u$ 为截面只承受轴向力 N_u 时的极限承载力，由 N_u 除以 $A_c f_{cd}$ 得到。N_u 的计算涉及钢筋的总面积 A_s，使得全截面的受压抗力 $N_u = A_c f_{cd} + A_s f_{yd}$。因此：

$$n_u = (A_c f_{cd} + A_s f_{yd})/A_c f_{cd} = 1 + A_s f_{yd}/A_c f_{cd}$$

n_{bal} 为轴向荷载的设计值除以 $A_c f_{cd}$，它使得截面的抗弯承载力最大化，如图 5-25 所示。

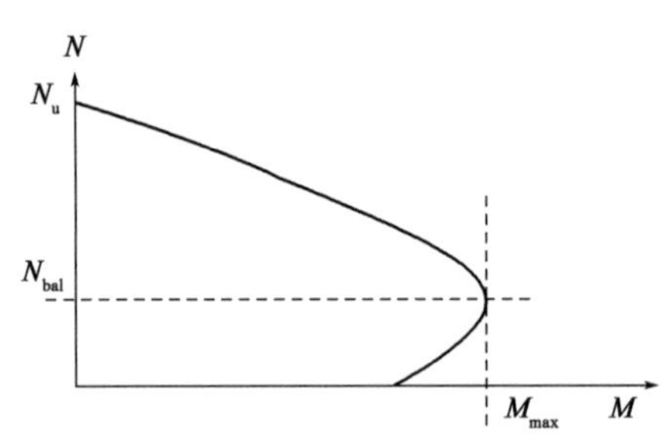

图 5-25 “平衡”截面的轴力

对于对称截面，n_{bal} 取为 0.4。对于其他情形，该值可由截面分析得到。K_r 总是可以保守地取为 1.0，这种近似的取法通常不会使得桥墩的设计太不合理，除非压力荷载水平非常高。

K_ϕ 为一个考虑徐变影响的系数，按式(5-51)计算：

$$K_\phi = 1 + \beta\phi_{ef} \geqslant 1.0 \tag{5-51}$$

式中：ϕ_{ef}——有效徐变系数；

$\beta = 0.35 + f_{ck}/200 - \lambda/150$，$\lambda$ 为长细比。

对于有支撑构件(两端不允许有线位移的构件)，当其上无横向荷载时，弯矩线性变化部分的等效一阶弯矩按式(5-44)确定。

中国标准对于偏心受压构件，采用的简化方法是偏心距增大系数法，即通过增大偏心距考虑二阶弯矩。计算公式见式(5-31)～式(5-33)。

例 5-6 对一端固结一端自由的梁进行验算

在算例 5-3 所给出的桥墩墩顶施加 31867kN 的轴向力和绕短轴产生弯矩的 1366kN 的水平力，此轴向力和水平力均是就承载能力极限状态而言的，具体计算图示如图 5-24 所示。桥墩纵向布置有 136 根直径为 32mm 的钢筋，钢筋的屈服强度为 460MPa(小于 500MPa 的标准)。在此荷载工况下，有效徐变系数 ϕ_{ef} 为 1.0，$E_{cm} = 35 \times 10^3$MPa。试计算桥墩底部的最终弯矩。

1)按 EN 1992-2 计算

由于截面是对称的(截面的几何形状和配筋均是如此)。钢筋的回转半径 i_s 为 845mm，因此有效高度：

$D = h/2 + i_s = 2500/2 + 845 = 2095$mm

曲率 $1/r_0$ 由 EN 1992-1-1 中/式(5.34)计算：

$1/r_0 = \varepsilon_{yd}/0.45d = 400/200 \times 10^3/0.45 \times 2095 = 2.12 \times 10^{-6}\text{mm}^{-1}$

由于相对轴力 $n = 0.314$(见算例 5-3),该值小于 n_{bat} 可取 $0.4n_{bal}$,则由算得的 K_r 大于 1.0,因而应取为 1.0。

为了计算 K_ϕ,需要先计算 β,由算例 5-3 可知 $\lambda = 67.3$,于是:

$\beta = 0.35 + f_{ck}/200 - \lambda/150 = 0.35 + 40/200 - 67.3/150 = 0.101$

可得 $K_\phi = 1 + \beta\phi_{ef} = 1 + 0.101 \times 1.0 = 1.101$

于是,名义曲率:

$1/r = K_r \times K_\phi \times 1/r_0 = 1.0 \times 1.101 \times 2.12 \times 10^{-6} = 2.33 \times 10^{-6}\text{mm}^{-1}$

此墩在稳定问题中的有效长度 $l_0 = 2.1 \times 27.03 = 56.763\text{m}$,按正弦分布的曲率决定了 $c = \pi^2$。

$e_2 = (1/r)l_0^{\ 2}/c = 2.33 \times 10^{-6} \times 56763^2/\pi^2 = 761\text{mm}$

$M_2 = N_{Ed} \times e_2 = 31867 \times 0.761 = 24251\text{kN} \cdot \text{m}$

初始缺陷在墩顶造成的位移可按 $l \cdot \theta_i = l \cdot \theta_0 \cdot \alpha_h$ 计算,其中 $\alpha_h = 2/l^{1/2} = 2/27.03^{1/2} = 0.38$,$\theta_0$ 因国而异,其推荐值是1/200。在本算例中,EN 1992-1-1 所规定的下限值 $\alpha_h \geqslant 2/3$ 得以应用,以考虑更大的施工误差,但是此限制在 EN 1992 中是不存在的:

$l \cdot \theta_i = 27030 \times (1/200) \times (2/3) = 90\text{mm}$

墩底的一阶弯矩 $M_{0Ed} = 1366 \times 27.030 + 31867 \times 0.09 = 39791\text{kN} \cdot \text{m}$

考虑了二阶效应的最终弯矩:

$M_{Ed} = M_{0Ed} + M_2 = 39791 + 24251 = 64042\text{kN} \cdot \text{m}$

在长轴方向上也需要对由初始缺陷引起的弯矩效应和名义二阶弯矩效应进行检核。

2)按 JTG 3362—2018 计算

由于 JTG 3362—2018 仅规定了一种计算方法,即算例 5-5 中的偏心矩放大系数法,因此计算方法及计算结果与算例 5-5 相同。

5.8.7 双向受弯

EN 1992-2 要求:

(1)如果使用简化方法,则下列规定适用。应特别注意沿着具有临界组合弯矩的构件选择计算截面。

(2)在各主要方向上的独立设计(不考虑双向受弯)仅需考虑具有最不利效应方向上的缺陷。

(3)如果长细比满足以下两项条件:

$$\lambda_y/\lambda_z \leqslant 2 \text{ 和 } \lambda_z/\lambda_y \leqslant 2 \tag{5-52}$$

并且相对偏心率 e_y/h_{eq} 和 e_z/b_{eq}(图 5-26)满足以下条件之一,则不需要进一步验算。

$$\frac{e_y/h_{eq}}{e_z/h_{eq}} \leqslant 0.2 \text{ 或 } \frac{e_z/b_{eq}}{e_y/b_{eq}} \leqslant 0.2 \tag{5-53}$$

式中:h_{eq}、b_{eq}——对于等效矩形截面,$b_{eq} = i_y \cdot \sqrt{12}$ 和 $h_{eq} = i_z \cdot \sqrt{12}$;

λ_y、λ_z——长细比 l_0/i,分别对于 y 轴和 z 轴;

i_y、i_z——回转半径,分别对于 y 轴和 z 轴;

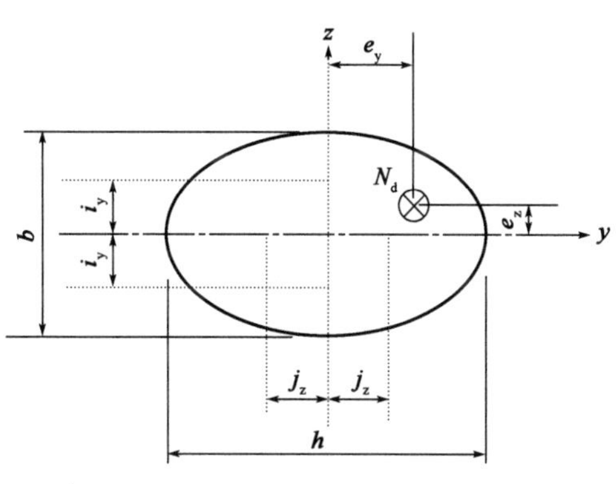

图 5-26 偏心率 e_y 和 e_z 的确定

e_z——$e_z = M_{Edy}/N_{Ed}$,z 轴上的偏心距；

e_y——$e_y = M_{Edz}/N_{Ed}$,y 轴上的偏心距；

M_{Edy}——y 轴上的设计弯矩,包括二阶弯矩；

M_{Edz}——z 轴上的设计构件,包括二阶弯矩；

N_{Ed}——在各种组合荷载条件下的轴向荷载设计值。

(4)如果不符合式(5-52)和式(5-53)中的条件,应考虑双向弯曲,包括各个方向上的二阶效应。如果没有更确精的双向弯曲截面设计方法,则可以使用下列简化准则：

$$\left(\frac{M_{Edz}}{M_{Rdz}}\right)^a + \left(\frac{M_{Edy}}{M_{Rdy}}\right)^a \leqslant 1.0 \tag{5-54}$$

式中：M_{Edz}、M_{Edy}——在各轴上的设计弯矩,包括二阶弯矩；

M_{Rdz}、M_{Rdy}——在各方向上的受弯承载力；

a——指数,对于圆形或椭圆形横截面,$a = 2$;对于矩形横截面：

N_{Ed}/N_{Rd}	0.1	0.7	1.0
a	1.0	1.5	2.0

中间值按线性内插；

N_{Ed}——轴向力的设计值；

N_{Rd}——截面的设计轴向抗力 $N_{Rd} = A_c f_{cd} + A_s f_{yd}$。其中,$A_c$ 为混凝土总面积;A_s为纵向钢筋面积。

GB 50010—2010 假定材料处于弹性阶段,在荷载 N_{uo}、N_{ux}、N_{uy}及 N 作用下,可得双向偏心受压构件的承载力计算公式：

$$N \leqslant \frac{1}{\dfrac{1}{N_{ux}} + \dfrac{1}{N_{uy}} - \dfrac{1}{N_{uo}}} \tag{5-55}$$

式中：N_{uo}——构件轴心受压承载力设计值, $N_{uo} = f_c A + f'_y A'_s$；

N_{ux}、N_{uy}——轴向压力作用于 x 轴、y 轴并考虑相应的计算偏心距后,按全部纵向钢筋计算的构件偏心受压承载力设计值。更精确的计算公式较为复杂,参见 GB 50010—2010 附录 E。

5.9 细长梁的侧向失稳

EN 1992 要求设计人员考虑细长混凝土梁的侧向失稳。这里所提及的失稳指梁在绕主轴弯矩的作用下发生的侧向位移和扭转位移。不论是施工还是完工状态设计,都须考虑这种失稳效应,但是这种失稳问题只可能发生于体系转换或施工过程中的混凝土桥的梁部,而在有足够支撑作用(如来自行车道板和横隔板的支撑作用)的成桥状态中,侧向失稳不易于发生。

EN 1992 规定：

(1)若有必要,应考虑细长梁的侧向不稳定性。例如,运输和安装过程中预制梁,在完工结构中没有横向支撑件的梁等,应考虑几何形状缺陷。

(2)应假设 $l/300$ 的侧向挠度为无支撑条件下梁的几何缺陷,其中,l 为梁总长度。在完工结构中,可以考虑连接构件的支撑作用。

(3)如果符合下列条件,则可忽略与侧向不稳定性有关的二阶效应：

①持久状态： $\frac{l_{0t}}{b} \leqslant \frac{50}{h/b^{1/3}}, h/b \leqslant 2.5$ (5-56a)

②暂时状态： $\frac{l_{0t}}{b} \leqslant \frac{70}{(h/b)^{1/3}}, h/b \leqslant 3.5$ (5-56b)

式中：l_{0t}——扭转约束之间的距离；

h——在 l_{0t} 中心部分的梁的总深度；

b——受压翼缘的宽度。

(4)在设计支撑结构时，应考虑与横向不稳定性相关的扭转。

GB 50010—2010 没有专门考虑受弯构件的侧向失稳验算，但考虑长细比较大的轴向受压构件承载力的降低。GB 50010—2010 规定：普通箍筋轴心受压构件的承载力按式(5-57)计算。

$$\gamma_0 N \leqslant N_u = 0.9\varphi(f_c A + f'_y A'_s) \quad (5\text{-}57)$$

式中：N——轴向压力设计值；

φ——钢筋混凝土构件的稳定系数，按表5-2取值；

f_c——混凝土轴心抗压强度设计值；

A——构件截面面积；

f'_y——普通钢筋抗拉强度设计值；

A'_s——全部纵向钢筋的截面面积。

GB 50010—2010 中钢筋混凝土轴心受压构件的稳定系数 φ 表5-2

L_0/b	≤8	10	12	14	16	18	20	22	24	26	28
L_0/d	≤7	8.5	10.5	12	14	16.5	17	19	21	22.5	24
L_0/i	≤28	35	42	48	55	62	69	76	83	90	97
φ	1.0	0.98	0.95	0.92	0.87	0.81	0.75	0.70	0.65	0.60	0.56
L_0/b	30	32	34	36	38	40	42	44	46	48	50
L_0/d	26	28	29.5	31	33	34.5	36.5	38	40	41.5	43
L_0/i	104	111	118	125	132	139	146	153	160	167	174
φ	0.52	0.48	0.44	0.40	0.36	0.32	0.29	0.26	0.23	0.21	0.19

(5)间接箍筋轴心受压构件的承载力：

$$\gamma_0 N \leqslant N_u = 0.9(f_c A_{cor} + 2\alpha f_y A_{ss0} + f'_y A'_s) \quad (5\text{-}58)$$

式中：f_y——螺旋箍筋的抗拉强度设计值；

A_{cor}——构件的核心截面面积：间接钢筋内表面范围内的混凝土面积；

A_{ss0}——螺旋式或焊接环式间接钢筋的换算截面面积；

α——间接钢筋对混凝土约束的折减系数，当混凝土强度等级不超过C50时取1.0，当混凝土强度等级为C80时取0.85，其中间按线性内插法确定。

5.10 预应力构件与结构

5.10.1 概述

EN 1992-2 规定：

(1)本标准中所述的预应力可以通过预应力筋施加于混凝土。

(2)预应力效应可以视为一种由预加应变和预加弯曲引起的作用或抗力,应计算承载能力。

(3)一般情况下,预应力会作为加载的一部分导入 EN 1990 中规定的组合作用,并且其效应应包括在施加的弯矩和轴向力中。

(4)根据(3)中的假设,预应力筋对截面抗力的影响应限于预应力之外的其他强度。通过假设预应力束应力-应变关系由预应力效应替换可以计算出这种影响。

(5)应避免由预应力筋失效引起的构件脆性破坏。

(6)应通过 EN 1992-2 中 6.1 所述的方法避免脆性破坏。

本节涉及预应力混凝土构件和结构的设计要求,讨论对象包括采用先张和后张工艺的桥梁结构。对最大容许预应力、预应力损失、截面设计中预应力的处理以及整体分析都作了规定。设计规定与后张工艺非常吻合,对于先张梁与其上的行车道板所组成的组合结构的设计计算尚需作出解释。

5.10.2 张拉过程中的预应力

5.10.2.1 最大预应力

EN 1992 对张拉过程中和张拉完毕后预应力束中的最大张拉力作了限制,以降低预应力束被拉断的风险,避免将钢束带入其应力-应变关系的非线性阶段,保证钢束中的应力松弛不致过量。钢束中的最大张拉力 $P_{\max}$ 不得超过如下值:

$$P_{\max} = A_{p}\sigma_{p,\max} \tag{5-59}$$

式中:A_p——预应力筋的截面积;

$\sigma_{p,\max}$——预应力筋的最大容许应力,取 $k_1 f_{pk}$ 和 $k_2 f_{p0.1k}$ 的较小者,f_{pk} 和 $f_{p0.1k}$ 分别为标准应力和 0.1% 试验应力。k_1 和 k_2 为国家定义参数,推荐值分别为 0.8 和 0.9。

如果预应力的终值可从张拉千斤顶中以 ±5% 的精度读出,则允许将张拉控制应力调高至 $k_3 f_{pk}$。k_3 为国家定义参数,EN 1992 中的推荐值是 0.95。此值不能用于设计计算,它主要用于避免施工过程中不可预见因素造成的预应力突然下降,包括孔道摩阻和管道摆动造成的传力损失等。

JTG 3362—2018 规定预应力筋的张拉控制应力值 σ_{con}(对后张法构件为梁体内锚下应力)应符合下列要求:

(1)预应力钢丝、钢绞线的张拉控制应力值:

体内预应力 $\sigma_{con} \leqslant 0.75 f_{pk}$

体外预应力 $\sigma_{con} \leqslant 0.70 f_{pk}$ (5-60)

(2)预应力螺纹钢筋的张拉控制应力值:

$$\sigma_{con} \leqslant 0.85 f_{pk} \tag{5-61}$$

式中:f_{pk}——预应力筋抗拉强度标准值。

当对构件进行超张拉或计入锚圈口摩擦损失时,预应力钢筋最大控制应力值可增加 $0.05 f_{pk}$。

5.10.2.2 混凝土应力限值

EN 1992-2 规定:

(1)应避免在先张构件和后张构件的端部出现局部混凝土压碎或爆裂现象。

(2)应根据“欧洲技术许可”中的规定避免在后张锚固件的背部出现局部混凝土压碎或爆裂现象。

(3)施加或传递预应力的混凝土强度应不低于“欧洲技术许可”中规定的最小值。

(4)如果分步施加预应力,则可以降低规定的混凝土强度。对于“欧洲技术许可”中规定的全预应力,在时刻 t 的最低强度 $f_{cm}(t)$ 应为规定混凝土强度的 $k_4\%$。全预应力的最低强度与规定的混凝土强度之间的值,为全预应力的 $k_5\%$ 与 100% 之间插值。k_4 和 k_5 为国家定义参数,推荐值分别为 50 和 30。

(5)由张拉或释放预应力时,预应力和其他荷载引起的混凝土压应力应限制为

$$\sigma_c \leqslant 0.60 f_{ck}(t) \tag{5-62}$$

式中:$f_{ck}(t)$——施加预应力时(t 时刻)混凝土抗压强度标准值。

对于先张构件,传递预应力时的应力可以增至 $k_6 \cdot f_{ck}(t)$,如果可通过测试或经验调节,则可预防出现纵向裂缝。k_6 为国家定义参数,推荐值为 0.7。

如果长期压应力超过 $0.45f_{ck}(t)$,则应考虑非线性徐变的影响。

JTG 3362—2018 规定:

1)正截面混凝土法向拉应力应符合下列要求

(1)全预应力混凝土构件,在作用(或荷载)短期效应组合下:

预制构件:

$$\sigma_{st} - 0.85\sigma_{pc} \leqslant 0 \tag{5-63}$$

分段浇筑或砂浆接缝的纵向分块构件:

$$\sigma_{st} - 0.80\sigma_{pc} \leqslant 0 \tag{5-64}$$

(2)A 类预应力混凝土构件:

$$\sigma_{st} - \sigma_{pc} \leqslant 0.7 f_{tk} \tag{5-65}$$

$$\sigma_{lt} - \sigma_{pc} \leqslant 0 \tag{5-66}$$

(3)B 类预应力混凝土受弯构件在结构自重作用下控制截面受拉边缘不得消压。

2)斜截面混凝土主拉应力 σ_{tp} 应符合下列要求

(1)全预应力混凝土构件,在作用(或荷载)短期效应组合下:

预制构件:

$$\sigma_{tp} \leqslant 0.6 f_{tk} \tag{5-67}$$

现场浇筑(包括预制拼装)构件:

$$\sigma_{tp} \leqslant 0.4 f_{tk} \tag{5-68}$$

(2)A 类和 B 类预应力混凝土构件,在作用(或荷载)短期效应组合下:

预制构件:

$$\sigma_{tp} \leqslant 0.7 f_{tk} \tag{5-69}$$

现场浇筑(包括预制拼装)构件:

$$\sigma_{tp} \leqslant 0.5 f_{tk} \tag{5-70}$$

式中:σ_{st}——在作用频遇组合下构件抗裂验算边缘混凝土的法向拉应力;

σ_{lt}——在作用准永久组合下构件抗裂验算边缘混凝土的法向拉应力;

σ_{pc}——扣除全部预应力损失后的预加力在构件抗裂验算边缘产生的混凝土预压应力;

σ_{tp}——由作用频遇组合和预加力产生的混凝土主拉应力;

f_{tk}——混凝土的抗拉强度标准值。

注:(1)准永久组合系指结构自重和直接施加于桥上的活荷载产生的效应组合,不考虑间接施加于桥上的其他作用效应;

(2)A 类指限制拉应力的预应力混凝土构件,B 类指拉应力超过限值的预应力混凝土构件。

5.10.3 预应力

任意给定一时刻 t,预应力筋上离张拉端 x 处的平均预应力 $P_{m,t}(x)$ 等于千斤顶的最大张拉力 P_{max} 减去瞬时损失 $\Delta P_i(x)$,再减去时变损失 ΔP_{c+s+r}:

$$P_{m,t}(x) = P_{max} - \Delta P_i(x) - \Delta P_{c+s+r} \tag{5-71}$$

完成了瞬时损失后的预应力由式(5-72)计算：

$$P_{m,0}(x) = P_{max} - \Delta P_i(x) \tag{5-72}$$

该值不得超过限值：

$$P_{m,0}(x) = A_p \sigma_{pm0}(x) \tag{5-73}$$

式中：$\sigma_{pm0}(x)$——张拉完毕或放张瞬间预应力筋在 x 处的应力。

$\sigma_{pm0}(x)$的最小限值定为 $k_7 f_{pk}$ 或者 $k_8 f_{p0.1k}$，其中 f_{pk} 和 $f_{p0.1k}$ 分别为标准应力和 0.1% 试验应力。k_7 和 k_8 为国家定义参数，EN 1992 推荐值分别为 0.75 和 0.85。

在确定预应力瞬时损失 $\Delta P_i(x)$ 时应考虑下列损失：

(1)由于混凝土的弹性变形引起的损失 ΔP_{el}；

(2)由于短期松弛引起的损失 ΔP_r；

(3)由于摩擦引起的损失 $\Delta P_\mu(x)$；

(4)由于锚具变形(或者锚具内缩)引起的损失 ΔP_{sl}。

5.10.4 先张法预应力瞬时损失

EN 1992 要求计算先张构件中造成的预应力损失时应考虑如下因素：

(1)张拉过程中由于弯曲而引起的摩阻损失，以及由锚固设备引起的损失。

(2)在钢筋预张和混凝土预压的时间间隔内由于预张钢筋的松弛所引起的损失。

(3)在放张完成时，预应力筋传给混凝土的压力使混凝土发生弹性压缩而造成的预应力损失。这种损失在截面面积为 A_p 的预应力筋中沿纵向是变化的，可作如下近似计算：

$$\Delta P_{el}(x) = A_p E_p \sigma_c(x) / E_{cm}(t) \tag{5-74}$$

式中：$\sigma_c(x)$——放张时与预应力筋邻近的混凝土的应力；

$E_p/E_{cm}(t)$——弹性模量比；

$E_{cm}(t)$——放张时对应时刻混凝土的弹性模量。

JTG 3362—2018 考虑预应力损失的因素与欧洲标准基本相同。计算放松钢筋时由混凝土弹性压缩引起的预应力损失公式为

$$\sigma_{l4}(x) = \sigma_{pc}(x) E_p / E_{cm}(t) \tag{5-75}$$

式中：σ_{pc}——在计算截面钢筋重心处由全部钢筋预加力产生的混凝土法向应力(MPa)。

5.10.5 后张法预应力瞬时损失

5.10.5.1 混凝土弹性变形引起的损失

EN 1992 规定，按预应力筋张拉的次序考虑预应力筋应力相应于混凝土变形的损失。取每根预应力筋的平均损失：

$$\Delta P_{el} = A_p E_p \sum \left[\frac{j \Delta \sigma_c(t)}{E_{cm}(t)} \right] \tag{5-76}$$

式中：A_p——预应力筋的横截面面积；

E_p——预应力筋的弹性模量；

$E_{cm}(t)$——混凝土在龄期为 t 时的弹性模量；

$\Delta\sigma_c(t)$——预应力筋束形心处混凝土在 t 时刻的应力的变化量。

$j=(n-1)/2n$，其中 n 为依次被张拉的"完全相同"的预应力筋的数目。j 可近似地取 0.5。预应力筋应力的变化是由张拉完成以后恒载作用发生变化所引起的，那么 $j=1$。

JTG 3362—2018 对此项损失的计算方法与欧洲标准相同。

5.10.5.2 摩阻损失

在后张体系中，如果预应力束穿过有转角的孔道，预应力会因为预应力束与孔道之间的摩

阻而损失一部分。由设计中所预期的预应力曲线的偏转和设计中没有预料到的钢束实际线形的偏差都会导致摩阻损失的产生,钢束实际线形的偏差或摆动由管道布置误差、支撑间管道的下垂以及管道在混凝土浇筑过程中产生的移动所引发。对于体外预应力体系而言,摩擦集中发生于预应力筋的偏转折点处。

EN 1992 估算后张体系钢束中预应力的摩阻损失:

$$\Delta P_{\mu}(x)=P_{max}\left[1-e^{-\mu(\theta+kx)}\right] \tag{5-77}$$

式中:θ——张拉端到距张拉端 x 处的范围内预应力束曲线的偏角总和;

μ ——预应力束与其孔道间的摩擦系数,μ 值因预应力束与孔道的类型而异,根据特定的预应力体系从预应力束与孔道制造商那里获取;如果没有实际数据,可从表5-3中查取;

k ——“摆动偏差”系数,用以计量单位长度的预应力束所发生的设计外角度偏差,其取值以生产商提供的数据为准,在没有实际数据时,推荐值范围 $0.005<k<0.01$(每米),对于体外预应力束,允许忽略预应力束所发生的设计外角度偏差所带来的预应力损失,但同时要求在施工现场控制预应力束的相对于设计线性的偏差不得超过更为严格的限值;

x ——关注点到张拉端间的预应力钢束长度。

后张预应力筋摩阻系数推荐值 表5-3

项　　目	体内预应力筋(孔道空间的一半为预应力筋占据)	体外无黏结预应力筋			
		钢管道(无润滑)	HDPE 管道(无润滑)	钢管道(润滑)	HDPE 管道(润滑)
冷拔钢丝	0.17	0.25	0.14	0.18	0.12
钢绞线	0.19	0.24	0.12	0.16	0.10
精轧螺纹钢筋	0.65	—	—	—	—
光圆钢筋	0.33	—	—	—	—

注:HDPE 为高密度聚乙烯。

JTG 3362—2018 规定后张法张拉构件时,预应力筋与管道壁之间摩擦引起的预应力损失,可按式(5-78)计算:

$$\sigma_{l1}=\sigma_{con}\left[1-e^{-\mu(\theta+kx)}\right] \tag{5-78}$$

式中:σ_{con}——预应力筋锚下的张拉控制应力(MPa)。

其余符号与式(5-77)基本相同,k、μ 按表5-4取用。

系数 k、μ 的值 表5-4

管道成型方式	k	μ	
		钢绞线、钢丝束	精轧螺纹钢筋
预埋金属波纹管	0.0015	0.20~0.25	0.50
预埋塑料波纹管	0.0015	0.15~0.20	—
预埋铁皮管	0.0030	0.35	0.40
预埋钢管	0.0010	0.25	—
抽芯成型	0.0015	0.55	0.60

5.10.5.3 锚具损失

EN 1992 规定,在张拉后的锚固操作中,必须考虑由于夹片的内缩和锚具自身的压缩变形所产生的预应力损失。锚具生产商提供的产品性能数据清单中会给出准确的楔块内缩量。当前英国使用的锚固系统夹片的设计内缩量为6~12mm,尽管现场的实际测量值通常要比设计值低一些。对于相对较短的钢束,锚固损失相当显著,可影响到整个钢束的长度范围。对于较长的钢束，由于与摩阻损失的相互作用，夹片内缩的损失通常不会影响到钢束的全长。锚具损失的计算见例 5-7。

JTG 3362—2018 规定预应力直线钢筋由锚具变形、钢筋回缩和接缝压缩引起的预应力损失，可按式(5-79)计算：

$$\sigma_{l2} = \frac{\sum \Delta l}{l} E_{p} \tag{5-79}$$

式中：Δl——张拉端锚具变形、钢筋回缩和接缝压缩值(mm)，按表 5-5 采用；

l——张拉端至锚固端之间的距离(mm)。

锚具变形、钢筋回缩和接缝压缩值(mm) 表 5-5

锚具、接缝类型		Δl	锚具、接缝类型	Δl
钢丝束的钢制锥形锚具		6	镦头锚具	1
夹片式锚具	有顶压时	4	每块后加垫板的缝隙	2
	无顶压时	6	水泥砂浆接缝	1
带螺帽锚具的螺帽缝隙		1~3	环氧树脂砂浆接缝	1

后张法构件预应力曲线钢筋由锚具变形、钢筋回缩和接缝压缩引起的预应力损失，应考虑锚固后反向摩擦的影响。

例 5-7　混凝土箱梁中的预应力的瞬时损失

试计算图 5-27 所示的三跨连续混凝土箱梁的瞬时预应力损失，截面性质和材料属性如下所列，预应力筋的竖向线形布置如图 5-28 所示。钢束在平面上为直线。

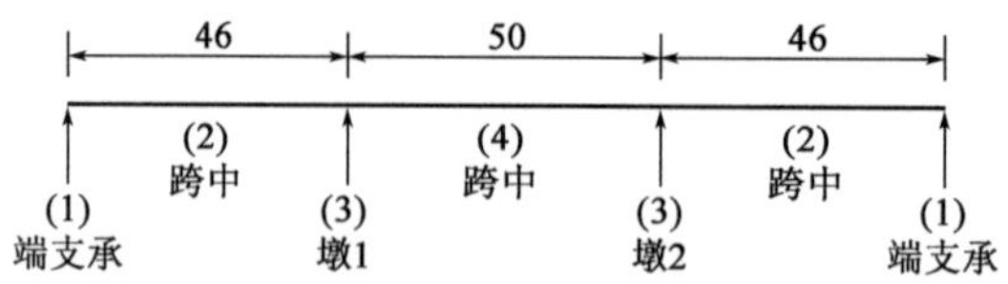

图 5-27　三跨连续混凝土箱梁立面图(尺寸单位：m)

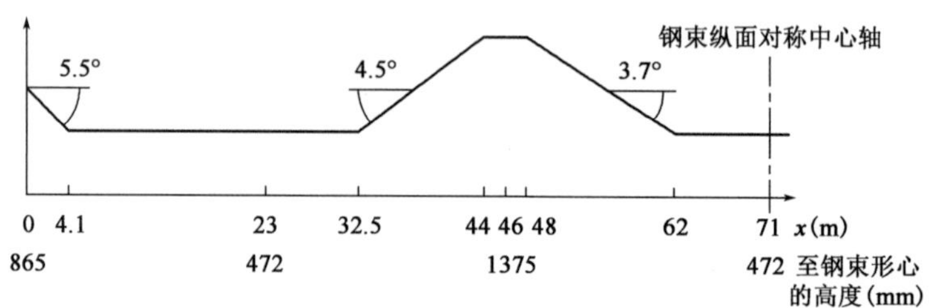

图 5-28　理想化的钢束线形立面图

截面属性：截面属性如表 5-6 所示。

三跨连续混凝土箱梁截面属性 表 5-6

截面	面积 A_c(m^2)	惯性矩 I_c(m^4)	形心高度 z_c(m)
(1) 端支承	12.337	4.245	1.0122
(2) 跨中 1 和 3	10.882	4.370	1.0420
(3) 墩 1 和 2	10.445	4.001	0.9706
(4) 跨中 2	10.882	4.370	1.0420

材料性质：梁混凝土等级为C40/50，因此$f_{ck}=40\text{MPa}$，由表3-1可查得$E_{cm}=35\text{GPa}$。预应力筋采用的低松弛钢绞线，其$f_{pk}=1820\text{MPa}$，孔道摩擦系数$\mu=0.19$，摆动偏差系数$k=0.005/\text{m}$。每根预应力束由28根钢绞线组成，总截面面积为4620mm^2。箱梁全长范围内的24根钢束中的每一根在两张拉端的应力均被张拉至$0.70f_{pk}$，于是每根预应力束在张拉端的张拉力为$0.70\times4620\times1820\times10^{-3}=5886\text{kN}$。这种特定的预应力钢绞线的平均弹性模量为200GPa。根据供应商提供的数据，锚具的内缩值为6mm。

1)按EN 1992-2计算

首先，运用EN 1992-2给出的计算钢筋束形心处平均损失的简化公式可以算出混凝土弹性压缩损失。预应力筋形心处混凝土的应力可由$\sigma_c=P_0/A_c+P_0e^2/I_c$计算。在这里，忽略张拉期间由梁的自重和预应力造成的二阶弯矩引起的应力是保守的，因为它们将减小混凝土的应力。以下计算忽略摩阻损失的预应力。

(1)端支承：

$$\sigma_c=\frac{24\times5886\times10^3}{12.337\times10^6}+\frac{24\times5886\times10^3\times(1012.2-865)^2}{4.245\times10^{12}}$$
$$=11.45+0.72$$
$$=12.17\text{MPa}$$

(2)跨中：

$$\sigma_c=\frac{24\times5886\times10^3}{10.882\times10^6}+\frac{24\times5886\times10^3\times(1042-472)^2}{4.370\times10^{12}}$$
$$=12.98+10.50$$
$$=23.48\text{MPa}$$

(3)墩(中间支承)：

$$\sigma_c=\frac{24\times5886\times10^3}{10.445\times10^6}+\frac{24\times5886\times10^3\times(970.6-1375)^2}{4.001\times10^{12}}$$
$$=13.52+5.77$$
$$=19.30\text{MPa}$$

对每段直线段上σ_c的平均应力作如下估算：

$0<x\leqslant4.1$：平均应力$=(12.17+23.48)/2=17.8\text{MPa}$

$4.1<x\leqslant32.5$：平均应力$=23.5\text{MPa}$

$32.5<x\leqslant44$：平均应力$=17\text{MPa}$[此值为近似值(因为应力从梁底附近的23.48MPa变化到梁顶附近的19.3MPa，在此区段预应力束穿越梁的中和轴，而中和轴处的应力大约为13MPa，由此可以得到此段的平均应力为17MPa)。]

$44<x\leqslant48$：平均应力$=19.3\text{MPa}$

$48<x\leqslant62$：平均应力$=17\text{MPa}$(取此值的理由与$32.5<x\leqslant44$的相同)

$62<x\leqslant71$：平均应力$=23.5\text{MPa}$

于是，预应力筋束附近混凝土的应力在全梁长范围内的平均值为

$$\sigma_c=\frac{4.1\times17.8+28.4\times23.5+11.5\times17+4.0\times19.3+14.0\times17+9.0\times23.5}{71}$$
$$=20.6\text{MPa}$$

混凝土弹性变形产生的损失$j=(n-1)/2n=(24-1)/48=0.479$。这里假定张拉钢束时混凝土的龄期已经接近28d，$E_{cm}(t)\approx E_{cm}$。则有：

$$\Delta P_{el}=A_pE_p\sum[j\Delta\sigma_c(t)/E_{cm}(t)]=4620\times200\times10^3\times0.479\times20.6\times10^{-3}/(35\times10^3)=260\text{kN}$$

这表明损失率为$260/5886=0.044$，也就是4.4%，损失系数为0.956。该项损失在考虑张

拉期间梁的自重引起的应力和预应力引起的次应力时是会降低的。为了满足规定的混凝土抗压极限 $0.6f_{ck}(t)=0.6\times40=24\text{MPa}$ 不被突破，需要考虑张拉期间梁的自重引起的应力和预应力引起的次应力，否则此例中受压最大的纤维层中应力会超过此抗压极限。

其次，从张拉端起算，沿面板将各种截面中预应力筋的偏角进行累加，据此偏角总和可求得摩阻损失。在此例中，所有的摩阻损失都假定发生在钢束理想线形的角度突变处。就实际情况来看，后张结构的摩阻损失在预应力筋全段范围内是渐变的。

摩阻损失（以及锚具变形损失）在初张力中所占的比例可以由图形直观显示。例如，本例通过如下计算值绘制出图 5-29。

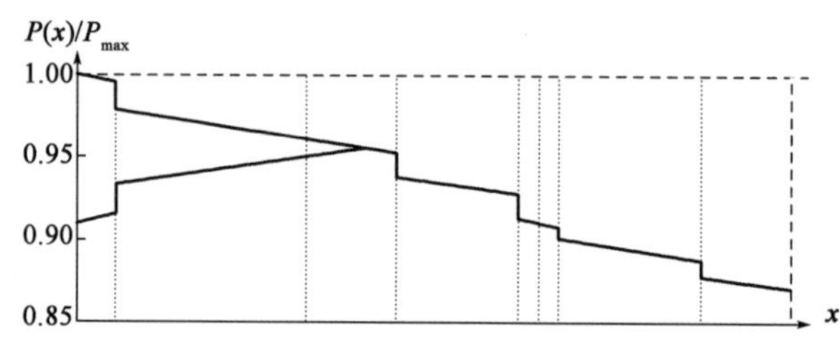

图 5-29　预应力的摩阻损失和锚具内缩损失

在 $x=0\text{m}$ 处：

由 $\Delta\theta=0°$，可得 $P(x), P_{max}=1.0$

在 $x=4.1\text{m}$ 处：

由 $\Delta\theta=0°$，可得 $P(x), P_{max}=e^{-0.19\times(0.0+0.005\times4.1)}=0.996$

由 $\Delta\theta=5.5°(0.096\text{rad})$，可得 $P(x)/P_{max}=e^{-0.19\times(0.096+0.005\times4.1)}=0.978$

在 $x=23\text{m}$ 处：

由 $\Delta\theta=5.5°(0.096\text{rad})$，可得 $P(x)/P_{max}=0.961$

在 $x=32.5\text{m}$ 处：

由 $\Delta\theta=5.5°(0.096\text{rad})$，可得 $P(x)/P_{max}=0.952$

由 $\Delta\theta=10°(0.175\text{rad})$，可得 $P(x)/P_{max}=0.938$

在 $x=44\text{m}$ 处：

由 $\Delta\theta=10°(0.175\text{rad})$，可得 $P(x)/P_{max}=0.928$

由 $\Delta\theta=14.5°(0.253\text{rad})$，可得 $P(x)/P_{max}=0.914$

在 $x=46\text{m}$ 处：

由 $\Delta\theta=14.5°(0.253\text{rad})$，可得 $P(x)/P_{max}=0.912$

在 $x=48\text{m}$ 处：

由 $\Delta\theta=14.5°(0.253\text{rad})$，可得 $P(x)/P_{max}=0.911$

由 $\Delta\theta=18.2°(0.318\text{rad})$，可得 $P(x)/P_{max}=0.899$

在 $x=62\text{m}$ 处：

由 $\Delta\theta=18.2°(0.318\text{rad})$，可得 $P(x)/P_{max}=0.888$

由 $\Delta\theta=21.9°(0.382\text{rad})$，可得 $P(x)/P_{max}=0.877$

在 $x=71\text{m}$ 处：

由 $\Delta\theta=21.9°(0.382\text{rad})$，可得 $P(x)/P_{max}=0.869$

在两端张拉和孔跨对称的情况下，摩阻损失关于第二跨的跨中对称。

最后，由于锚具内缩引起的预应力损失可根据如图 5-30 的作图法来确定。长度 L 范围内钢束的总初始伸长量 e 可由式 $e=\int_0^L\varepsilon(x)\text{d}x$ 计算，其中 $\varepsilon(x)=P(x)/A_pE_p$ 为距离张拉端 x 处钢束的应变。于是上述总伸长量计算式变为 $e=(1/A_pE_p)\int_0^L P(x)\text{d}x$。该值可视为钢束张拉力-

距离曲线下方面积的 $1/A_pE_p$ 倍。当锚具产生 δ_{ad} 的内缩量时，钢束张拉力-距离曲线将随着摩阻在锚具附近的端部反号而发生变化，如图 5-30 所示。由于新曲线下方的面积乘以 $1/A_pE_p$ 为新的钢束伸长量，它应等于原来的总伸长量减去一个锚具内缩值 δ_{ad}，所以夹于新曲线与原曲线间的阴影面积乘以 $1/A_pE_p$ 应等于锚具内缩值，亦即 $A_{ad}=\delta_{ad}E_pA_p$。

于是，对于本例，若将锚固一根钢束的锚具内缩值取为 6mm，则有：

$$A_{ad}=6\times200\times10^3\times4620\times10^{-6}=5544\text{kN}\cdot\text{m}$$

且钢束拉力在纵桥向分布曲线图如图 5-30 所示。

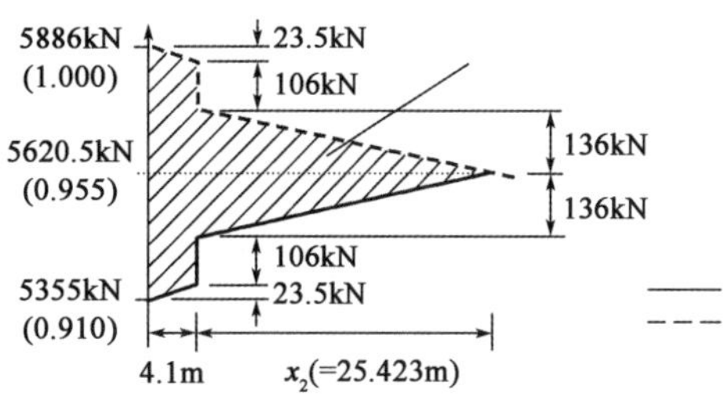

图 5-30　锚具内缩损失

图 5-30 中的 $x_2=25.423$m 使得其中的阴影面积满足 $(23.5+2\times106+2\times136)\times4.1+136\times25.423=2081+3458=5539\text{kN}\cdot\text{m}\approx5544\text{kN}\cdot\text{m}$。从图中可以看到张拉端的张拉力损失率为 9%。此例中锚具内缩损失的影响长度没有超越跨中，也就是说不与另一端锚具的内缩损失相互影响。最后的总损失分布如图 5-29 所示，图中的总损失量乘以弹性损失系数 0.956。

2）按 JTG 3362—2018 计算

（1）预应力筋与管道壁之间的摩擦损失 σ_{l1}

根据题意，该构件为后张法构件，所以 σ_{con} 为张拉控制应力，且 $\sigma_{con}=0.70\times1820=1274$MPa，假设 $k=0.005/\text{m}$，$\mu=0.19$，则

在 $x=0$m 处：

$\Delta\theta=0°$，$\sigma_{l1}=\sigma_{con}[1-e^{-(\mu\theta+kx)}]=1274\times[1-e^{-(0.19\times0+0.005\times0)}]=0$MPa

在 $x=4.1$m 处：

由 $\Delta\theta=0°$，$\sigma_{l1}=\sigma_{con}[1-e^{-(\mu\theta+kx)}]=1274\times[1-e^{-(0.19\times0+0.005\times4.1)}]=25.851$MPa

由 $\Delta\theta=5.5°(0.096\text{rad})$，$\sigma_{l1}=\sigma_{con}[1-e^{-(\mu\theta+kx)}]=1274\times[1-e^{-(0.19\times0.096+0.005\times4.1)}]=48.41$MPa

在 $x=23$m 处：

由 $\Delta\theta=5.5°(0.096\text{rad})$，$\sigma_{l1}=\sigma_{con}[1-e^{-(\mu\theta+kx)}]=1274\times[1-e^{-(0.19\times0.096+0.005\times23)}]=158.92$MPa

在 $x=32.5$m 处：

由 $\Delta\theta=5.5°(0.096\text{rad})$，$\sigma_{l1}=\sigma_{con}[1-e^{-(\mu\theta+kx)}]=1274\times[1-e^{-(0.19\times0.096+0.005\times32.5)}]=210.65$MPa

由 $\Delta\theta=10°(0.175\text{rad})$，$\sigma_{l1}=\sigma_{con}[1-e^{-(\mu\theta+kx)}]=1274\times[1-e^{-(0.19\times0.175+0.005\times32.5)}]=226.49$MPa

在 $x=44$m 处：

由 $\Delta\theta=10°(0.175\text{rad})$，$\sigma_{l1}=\sigma_{con}[1-e^{-(\mu\theta+kx)}]=1274\times[1-e^{-(0.19\times0.175+0.005\times44)}]=285.03$MPa

由 $\Delta\theta=14.5°(0.253\text{rad})$，$\sigma_{l1}=\sigma_{con}[1-e^{-(\mu\theta+kx)}]=1274\times[1-e^{-(0.19\times0.253+0.005\times44)}]=299.58$MPa

在 $x=46$m 处：

由 $\Delta\theta=14.5°(0.253\text{rad})$，$\sigma_{l1}=\sigma_{con}[1-e^{-(\mu\theta+kx)}]=1274\times[1-e^{-(0.19\times0.253+0.005\times46)}]=309.27$MPa

在 $x=48$m 处：

由 $\Delta\theta = 14.5°(0.253\text{rad})$，$\sigma_{l1} = \sigma_{con}[1 - e^{-(\mu\theta + kx)}] = 1274 \times [1 - e^{-(0.19\times0.253+0.005\times48)}]$

$= 318.87\text{MPa}$

由 $\Delta\theta = 18.2°(0.318\text{rad})$，$\sigma_{l1} = \sigma_{con}[1 - e^{-(\mu\theta + kx)}] = 1274 \times [1 - e^{-(0.19\times0.318+0.005\times48)}]$

$= 330.59\text{MPa}$

在 $x = 62\text{m}$ 处：

由 $\Delta\theta = 18.2°(0.318\text{rad})$，$\sigma_{l1} = \sigma_{con}[1 - e^{-(\mu\theta + kx)}] = 1274 \times [1 - e^{-(0.19\times0.318+0.005\times62)}]$

$= 394.37\text{MPa}$

由 $\Delta\theta = 21.9°(0.382\text{rad})$，$\sigma_{l1} = \sigma_{con}[1 - e^{-(\mu\theta + kx)}] = 1274 \times [1 - e^{-(0.19\times0.382+0.005\times62)}]$

$= 405.01\text{MPa}$

在 $x = 71\text{m}$ 处：

由 $\Delta\theta = 21.9°(0.382\text{rad})$，$\sigma_{l1} = \sigma_{con}[1 - e^{-(\mu\theta + kx)}] = 1274 \times [1 - e^{-(0.19\times0.382+0.005\times71)}]$

$= 443.24\text{MPa}$

在两端张拉和孔跨对称的情况下，摩阻损失在第二跨的跨中两侧呈对称分布。

(2)摩阻力及锚具变形损失 σ_{l2}

夹片式锚具无顶压时，按 JTG 3362—2018 表 6.2.3 为 $\sum\Delta l = 6\text{mm}$。

张拉控制应力：$\sigma_{con} = 0.7f_{pk} < 0.75f_{pk}$，每根预应力束在张拉端的张拉力为 $0.70 \times 4620 \times 1820 \times 10^{-3} = 5886\text{kN}$。

反摩擦影响长度为：$l_f = \sqrt{\dfrac{\sum\Delta l \cdot E_p}{\Delta\sigma_d}}$

式中：$\Delta\sigma_d = \dfrac{\sigma_0 - \sigma_1}{l_a} = \dfrac{1274 - 443.24}{71} = 0.012\text{MPa/mm}$

$\sigma_0 = 0.70f_{pk} = 1274\text{MPa}$

$\sigma_1 = 443.24\text{MPa}$，预应力筋扣除沿途摩擦损失的锚固力。

$$l_f = \sqrt{\frac{\sum\Delta l \cdot E_p}{\Delta\sigma_d}} = \sqrt{\frac{6\times2.00\times10^5}{0.012}} = 10\text{m}$$

$l_f = 10\text{m} < \dfrac{71}{2} = 35.5\text{m}$，钢束回缩影响尚未达到跨中，所以跨中截面处的 $\sigma_{l2} = 0$。

当 $l_f < l_a$ 时，在 $l_f = 10\text{m}$ 影响范围内，预应力筋考虑反摩擦后在张拉端锚下的预应力损失值：

$$\Delta\sigma = 2\Delta\sigma_d l_f$$

$$\sigma_{l2} = \Delta\sigma\frac{l_f - x}{l_f} = 2\frac{\sigma_0 - \sigma_1}{l_a}l_f\frac{l_f - x}{l_f} = 2\frac{(\sigma_0 - \sigma_1)\times(l_f - x)}{l_a}$$

当 $x = 0$ 时，$\Delta\sigma_x(\sigma_{l2}) = \Delta\sigma\dfrac{l_f - x}{l_f} = 2\dfrac{\sigma_0 - \sigma_1}{l_a}l_f\dfrac{l_f - x}{l_f} = 2\dfrac{(\sigma_0 - \sigma_1)\times(l_f - x)}{l_a}$

$$= 2\times0.012\times10000 = 240\text{MPa}$$

在 $x = 10\text{m}$ 处的孔道摩擦力损失量为：

由 $\Delta\theta = 5.5°(0.096\text{rad})$，$\sigma_{l1} = \sigma_{con}[1 - e^{-(\mu\theta + kx)}] = 1274 \times [1 - e^{-(0.19\times0.096+0.005\times10)}]$

$= 84.03\text{MPa}$

对每段直线段上剩余的平均应力作如下估算：

$0 < x \leqslant 10$：平均应力 $= (1034 + 1190)/2 = 1112\text{MPa}$

$10 < x \leqslant 23\text{m}$ 时：平均应力 $= 1152.5\text{MPa}$

$23 < x \leqslant 32.5\text{m}$ 时：平均应力 $= 1106.9\text{MPa}$

$32.5 < x \leqslant 44\text{m}$ 时：平均应力 $= 1018.3\text{MPa}$

$44 < x \leqslant 48\text{m}$ 时:平均应力 = 964.8MPa

$48 < x \leqslant 62\text{m}$ 时:平均应力 = 911.5MPa

$62 < x \leqslant 71\text{m}$ 时:平均应力 = 850MPa

摩阻力和锚具内缩应力损失后的平均应力为

$$\Delta\bar{\sigma} = \frac{1112 \times 10 + 1152.5 \times 13 + 1106.9 \times 9.5}{71} + \frac{1018.25 \times 11.5 + 964.8 \times 4 + 911.5 \times 14 + 850 \times 9}{71}$$

$$= 1030\text{MPa}$$

锚固一束钢筋时由摩擦和内缩引起的平均损失量为 1274 − 1030 = 244MPa, $F'_{\text{p}} = 244 \times 4620 = 1127.28\text{kN}$,损失量为 19.1%。

(3)混凝土弹性压缩损失的力

端支承:

$$\sigma_{\text{c}} = \frac{24 \times 5886 \times 10^3}{12.337 \times 10^6} + \frac{24 \times 5886 \times 10^3 \times (1012.2 - 865)^2}{4.245 \times 10^{12}}$$

$$= 11.45 + 0.72$$

$$= 12.17\text{MPa}$$

跨中:

$$\sigma_{\text{c}} = \frac{24 \times 5886 \times 10^3}{10.882 \times 10^6} + \frac{24 \times 5886 \times 10^3 \times (1042 - 472)^2}{4.370 \times 10^{12}}$$

$$= 12.98 + 10.50$$

$$= 23.48\text{MPa}$$

墩(中间支承):

$$\sigma_{\text{c}} = \frac{24 \times 5886 \times 10^3}{10.445 \times 10^6} + \frac{24 \times 5886 \times 10^3 \times (970.6 - 1375)^2}{4.001 \times 10^{12}}$$

$$= 13.52 + 5.77$$

$$= 19.30\text{MPa}$$

对每段直线段上 σ_{c} 的平均应力作如下估算:

$0 < x \leqslant 4.1$:平均应力 = (12.17 + 23.48)/2 = 17.8MPa

$4.1 < x \leqslant 32.5$:平均应力 = 23.5MPa

$32.5 < x \leqslant 44$:平均应力 = 17MPa[此值为近似值(因为应力从梁底附近的 23.48MPa 变化到梁顶附近的 19.3MPa,在此区段预应力束穿越了梁的中和轴,而中和轴处的应力大约为 13MPa,由此可以得到此段的平均应力为 17MPa)]

$44 < x \leqslant 48$:平均应力 = 19.3MPa

$48 < x \leqslant 62$:平均应力 = 17MPa(取此值的理由与 $32.5 < x \leqslant 44$ 的相同)

$62 < x \leqslant 71$:平均应力 = 23.5MPa

于是,24 束预应力筋附近的混凝土的应力在全梁长范围内的平均值为

$$\sigma_{\text{c}} = \frac{4.1 \times 17.8 + 28.4 \times 23.5 + 11.5 \times 17 + 4.0 \times 19.3 + 14.0 \times 17 + 9.0 \times 23.5}{71}$$

$$= 20.6\text{MPa}$$

每束预应力筋产生的混凝土应力为

$$\Delta\sigma_{\text{pc}} = \frac{20.6}{24} = 0.86\text{MPa}$$

由混凝土弹性压缩损失的力为

$$f = \frac{m-1}{2}\alpha_{Ep}\Delta\sigma_{pc}A_p = \frac{23}{2}\times 0.86\times\frac{200}{35}\times 4620 = 261\text{kN}$$

损失量为 4.4%。

瞬时预应力损失为 4.4%(混凝土弹性压缩)+19.1%(摩阻力及锚具变形损失)=23.5%。

比较 1)、2)两种结果,可以看出中欧标准计算原理相同,计算值也基本相同,所不同的是由锚具内缩产生的影响长度范围不同。欧洲标准按损失面积法计算,结果为 25.423m,中国标准则按整个计算梁段的平均损失率计算,结果为 10m。

5.10.6 时变损失

随着时间的推移,预应力会随着混凝土的徐变和收缩所导致的钢束应变的减小和钢束在张拉状态中的松弛导致其应力的减小而减小。松弛损失对钢束应力水平的变化是敏感的,在同时考虑结构中的其他时变损失的情况下,松弛损失会有所减小。钢筋的松弛还受混凝土的徐变和收缩对其应变的削弱的影响。混凝土的徐变和收缩导致钢筋的张拉力减小,因而减少其张拉力的损失。可将松弛损失乘以 0.8 的折减系数予以考虑。

根据 EN 1992-1-1,计算徐变、收缩和松弛损失的简化表达式为

$$\Delta P_{c+s+r} = A_p\Delta\sigma_{p,c+s+r} = A_p\frac{\varepsilon_{cs}E_p + 0.8\Delta\sigma_{pr} + \frac{E_p}{E_{cm}}\phi(t,t_0)\sigma_{c,QP}}{1+\frac{E_p}{E_{cm}}\frac{A_p}{A_c}\left(1+\frac{A_p}{A_c}z_{cp}^2\right)[1+0.8\phi(t,t_0)]} \tag{5-80}$$

式中(所有的压应力及其导出应变都取正号):

$\Delta\sigma_{p,c+s+r}$——t 时刻 x 处由徐变、收缩以及松弛因素引发的预应力筋应力变化的绝对值;

ε_{cs}——估算的混凝土收缩应变;

E_p——预应力筋的弹性模量;

E_{cm}——EN 1992-1-1 表 3-1 中查取的混凝土短期弹性模量;

$\Delta\sigma_{pr}$——t 时刻 x 处由预应力筋松弛所引发的其自身应力变化的绝对值;变化前钢筋的应力为 $\sigma_p(G+P_{m0}+\psi_2 Q)$,这也就是初始预应力连同准永久作用在预应力筋中所引发的初始应力;

$\phi(t,t_0)$——加载龄期为 t_0 的混凝土在 t 时刻的徐变系数;

$\sigma_{c,QP}$——由自重、初始预应力和所有其他相关准永久作用在预应力筋附近的混凝土中引发的应力;

A_p——被关注的截面中所有预应力筋的截面面积(注意:该字母在其他地方表示单根预应力筋的截面面积;同一个符号可以具有这两种面积含义,但要注意根据使用场合选取合适的含义);

A_c——混凝土的截面面积;

z_{cp}——预应力筋的偏心距,即预应力筋群截面的形心到混凝土截面形心的距离。

几何概念所代表的含义由图 5-31 中的一个典型的梁截面予以显示。

对于图 5-32 所示的梁,预应力筋的应力变化 $\Delta\sigma_p$ 将导致如下混凝土应力变化:

$$\Delta\sigma_c = \frac{\Delta\sigma_p A_p}{A_c}\left(1+\frac{A_c z_{cp}^2}{I_c}\right) \tag{5-81}$$

收缩、松弛和徐变损失根据以上平衡方程以及变形协调关系导出。

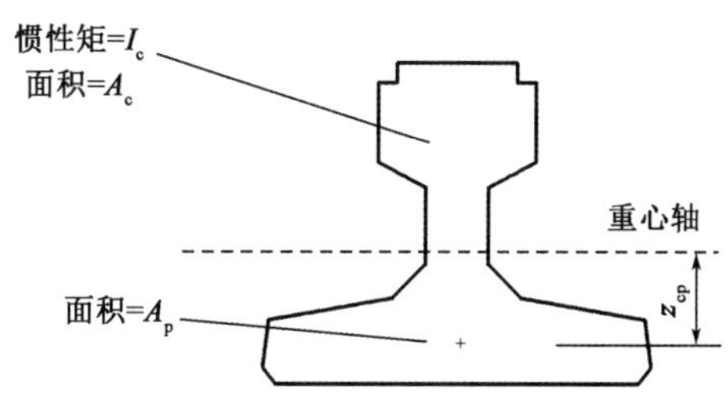

图5-31 式(5-80)所用到的截面性质参数

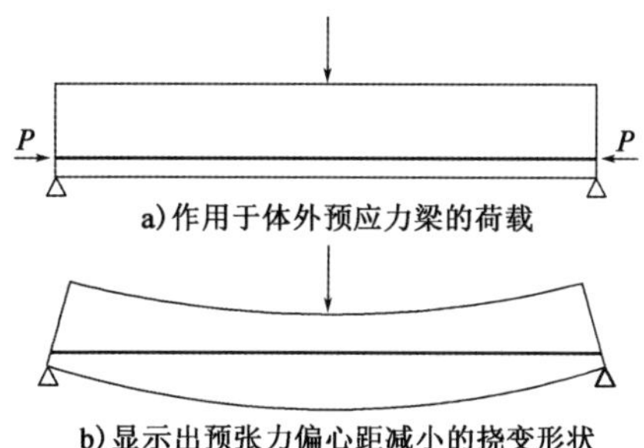

图5-32 无中间转向器的体外后张梁的二阶效应示意图

收缩损失:混凝土的自由收缩应变为 ε_{cs}。由于混凝土的收缩,预应力筋势必随之缩短,因而其预应力将会发生损失,导致混凝土的应力也发生变化。混凝土的净应变为 $\varepsilon_{cs}-\Delta\sigma_c/E_{ce}$,其中 E_{ce}为混凝土的有效模量,由于应力的变化发生于一段时间内,因此该模量必须考虑徐变的影响。该应变与预应力筋的应变变化相等,于是有:

$$\varepsilon_{cs}-\frac{\Delta\sigma_c}{E_{ce}}=\frac{\Delta\sigma_p}{E_p} \tag{5-82}$$

根据式(5-81)和式(5-82)可得到由于混凝土的收缩所造成的预应力筋的应力损失:

$$\Delta\sigma_{p,s}=\frac{\varepsilon_{cs}E_p}{1+\dfrac{E_p}{E_{ce}}\dfrac{A_p}{A_c}\left(1+\dfrac{A_c}{I_c}z_{cp}^2\right)} \tag{5-83}$$

松弛损失:预应力筋在常应变条件下的自由松弛量为 $\Delta\sigma_{pr}$,但是由于预应力的损失导致混凝土的应力发生了一个改变量 $\Delta\sigma_c$,因此混凝土的应变也将发生改变,于是预应力筋的应变也随之发生改变,所以预应力筋在这种情况下发生的实际预应力损失应满足如下关系式:

$$(\Delta\sigma_{pr}-\Delta\sigma_p)/E_p=\Delta\sigma_c/E_{ce} \tag{5-84}$$

根据式(5-83)和式(5-84)可得到由于预应力筋的松弛所导致的自身应力损失:

$$\Delta\sigma_{p,\gamma}=\frac{\Delta\sigma_{p,\gamma}}{1+\dfrac{E_p}{E_{ce}}\dfrac{A_p}{A_c}\left(1+\dfrac{A_c}{I_c}z_{cp}^2\right)} \tag{5-85}$$

徐变损失:混凝土的自由徐变应变为 $\sigma_c\phi(t,t_0)/E_c$,其中 σ_c 为预应力筋附近的混凝土的初始应力。不过,随着混凝土徐变的发展,预应力筋的应变变化也必须与此处的混凝土的应变变化相同,这就导致预应力筋中的应力与混凝土应力都要发生改变。于是,混凝土的净应变为 $\sigma_c\phi(t,t_0)/E_c-\Delta\sigma_c/E_{ce}$。这个应变与预应力筋的应变改变量相等,于是有:

$$\sigma_c\phi(t,t_0)/E_c-\Delta\sigma_c/E_{ce}=\Delta\sigma_p/E_p \tag{5-86}$$

该方程忽视了这样一个事实,即预应力筋的应力损失会改变 σ_c,进而也就会改变徐变应变,因此要想得到正确的分析结果,计算是需要进行迭代的。根据式(5-86)和式(5-91)可得到混凝土徐变造成的预应力损失:

$$\Delta\sigma_{p,c}=\frac{\dfrac{E_p}{E_c}\phi(t,t_0)\sigma_c}{1+\dfrac{E_p}{E_{ce}}\dfrac{A_p}{A_c}\left(1+\dfrac{A_c}{I_c}z_{cp}^2\right)} \tag{5-87}$$

在上述损失计算中,混凝土的有效模量 E_{ce}必须考虑徐变的影响。在龄期 t_0 时施以常应力的混凝土的相关模量为 $E_{cm}/[1+\phi(t,t_0)]$。但是,由于确定各种情形下混凝土模量时都需要计算时间缓慢变化的应变所带来的应力,因此取 $E_{ce}=E_{cm}/[1+0.8\phi(t,t_0)]$更为恰当。

分阶段施工的预应力结构:对于分阶段施工的预应力结构,其预应力损失需要在若干时段上计算,然后进行累加。在恒载和预应力效应随着时间积累的情形下,每个荷载步的徐变系数都需要根据该荷载步对应的混凝土的龄期进行计算,然后计算每个荷载步对应的龄期无穷大条件下的预应力损失并对它们进行累加。当考虑逐时段加载的过程时,计算徐变损失时用到的是应力的增量。为简便起见,鉴于后续荷载步工况常常减少预应力筋群形心处混凝土的应力,于是总的损失量可基于初始荷载步计算,这样做是保守的,因为这样所算得的预应力筋群形心处混凝土的应力常常是最大的(如果在后续荷载步的荷载导致预应力筋群形心处混凝土的应力减小之前混凝土中基本没有什么徐变应变的发展,则可以用由此较小的混凝土应力计算预应力筋总的徐变损失,尽管这样做稍微偏于不安全)。分阶段施工的预应力结构的预应力损失计算是很复杂的,如不借助于计算机完成,则必须采用以上简化的方法。

对于分阶段施工的超静定结构,与徐变有关的变形将导致约束弯矩的产生以及进一步的应力变化。

组合梁:当预应力梁在后期与之组合在一起的桥面板形成组合截面梁时,使用式(5-80)计算其预应力损失需要分两步进行。第一步是计算浇筑桥面板前的预应力损失。这种预应力损失效应由按比例减小单独考虑预应力梁截面的条件下计算出来的应力的方式确定。第二步是计算继第一步损失发生后随着桥面板的浇筑而继续发生的损失。由于这种张力损失发生时正组合截面已经形成了,于是这种损失所引起的效应与将张力的损失作为一种张拉荷载作用到组合截面中预应力筋群形心的位置上去所产生的效应等效。也为了确定桥面板浇筑前后预应力梁中的张拉力损失,最简便的方法是使用式(5-80)来进行计算,其中只由梁的自重和预应力所引起的 $\sigma_{c,QP}$ 取用两个阶段各自的计算值。为简便起见,也为了避免对两阶段截面的几何性质分别做计算,可以将式(5-80)的分母作为一个整体来看待。在此两点假设条件下,只需对式(5-80)作一次计算(以预应力梁计算基础,不考虑桥面板)。在计算由预应力损失而导致的混凝土应力的改变量时,桥面板浇筑前后张拉力损失需要按合适的配比(此比例基于时耗而定)施加到预应力梁截面和组合截面上。

由于难以区分收缩和徐变产生的预应力损失,GB 50010—2010 将收缩和徐变产生的预应力损失合在一起考虑。中国的试验研究表明,混凝土收缩和徐变引起的预应力损失主要与构件配筋率、张拉预应力筋时混凝土的预压应力值和混凝土强度等级有关。

JTG 3362—2018 规定由混凝土收缩、徐变引起的构件受拉区和受压区预应力筋的预应力损失,可按下列公式计算:

$$\sigma_{l6}(t)=\frac{0.9[E_p\varepsilon_{cs}(t,t_0)+\alpha_{Ep}\sigma_{pc}\phi(t,t_0)]}{1+15\rho\rho_{ps}} \tag{5-88}$$

$$\sigma'_{l6}(t)=\frac{0.9[E_p\varepsilon_{cs}(t,t_0)+\alpha_{Ep}\sigma'_{pc}\phi(t,t_0)]}{1+15\rho'\rho'_{ps}} \tag{5-89}$$

$$\rho=\frac{A_p+A_s}{A},\ \rho'=\frac{A'_p+A'_s}{A} \tag{5-90}$$

$$\rho_{ps}=1+\frac{e_{ps}^2}{i^2},\ \rho'_{ps}=1+\frac{e'^2_{ps}}{i^2} \tag{5-91}$$

$$e_{ps}=\frac{A_pe_p+A_se_s}{A_p+A_s},\ e'_{ps}=\frac{A'_pe'_p+A'_se'_s}{A'_p+A'_s} \tag{5-92}$$

式中:$\sigma_{l6}(t)$、$\sigma'_{l6}(t)$——构件受拉区、受压区全部纵向钢筋截面重心处由混凝土收缩、徐变引起的预应力损失;

σ_{pc}、σ'_{pc}——构件受拉区、受压区全部纵向钢筋截面重心处由预应力产生的混凝土法向压应力(MPa);此时,预应力损失值仅考虑预应力筋锚固时(第一批)的损失,普通钢筋应力 σ_{l6}、σ'_{l6}应取为零;σ_{pc}、σ'_{pc}大于传力锚固时混凝土立方体抗压强度 f'_{cu}的 0.5 倍;当 σ'_{pc}为拉应力时,应取为零。计算 σ_{pc}、σ'_{pc}时,可根据构件制作情况考虑自重的影响;

E_p——预应力筋的弹性模量；

α_{Ep}——预应力筋弹性模量与混凝土弹性模量的比值；

ρ、ρ'——构件受拉区、受压区全部纵向钢筋配筋率；

A——构件截面面积，对先张法构件，$A = A_0$；对后张法构件，$A = A_n$。此处，A_0 为换算截面，A_n 为净截面；

i——截面回转半径，$i^2 = I/A$，先张法构件取 $I = I_0$，$A = A_0$；后张法构件取 $I = I_n$，$A = A_n$，此处，I_0 和 I_n 分别为换算截面惯性矩和净截面惯性矩；

e_p、e'_p——构件受拉区、受压区预应力筋截面重心至构件截面重心的距离；

e_{ps}、e'_{ps}——构件受拉区、受压区纵向普通钢筋截面重心至构件截面重心的距离；

e_s、e'_s——构件受拉区、受压区预应力筋和普通钢筋截面重心至构件截面重心轴的距离；

$\varepsilon_{cs}(t,t_0)$——预应力筋传力锚固龄期为 t_0，计算考虑的龄期为 t 时的混凝土收缩应变，其终极值 $\varepsilon_{cs}(t_u,t_0)$ 可按表 5-7 取用。

$\phi(t,t_0)$——加载龄期为 t_0，计算考虑的龄期为 t 时的徐变系数，其终极值 $\phi(t_u,t_0)$ 可按表 5-7 取用。

混凝土收缩应变和徐变系数终极值 表 5-7

混凝土收缩应变终极值 $\varepsilon_{cs}(t_u,t_0)\times 10^3$								
加载龄期(d)	40% ≤RH <70%				70% ≤RH <99%			
	理论厚度 h(mm)				理论厚度 h(mm)			
	100	200	300	≥600	100	200	300	≥600
3 ~ 7	0.50	0.45	0.38	0.25	0.30	0.26	0.23	0.15
14	0.43	0.41	0.36	0.24	0.25	0.24	0.21	0.14
28	0.38	0.38	0.34	0.23	0.22	0.22	0.20	0.13
60	0.31	0.34	0.32	0.22	0.18	0.20	0.19	0.12
90	0.27	0.32	0.30	0.21	0.16	0.19	0.18	0.12
混凝土徐变应变终极值 $\phi(t_u,t_0)$								
加载龄期(d)	40% ≤RH <70%				70% ≤RH <99%			
	理论厚度 h(mm)				理论厚度 h(mm)			
	100	200	300	≥600	100	200	300	≥600
3	3.78	3.36	3.14	2.79	2.73	2.52	2.39	2.20
7	3.23	2.88	2.68	2.39	2.32	2.15	2.05	1.88
14	2.83	2.51	2.35	2.09	2.04	1.89	1.79	1.65
28	2.48	2.20	2.06	1.83	1.79	1.65	1.58	1.44
60	2.14	1.91	1.78	1.58	1.55	1.43	1.36	1.25
90	1.99	1.76	1.65	1.46	1.44	1.32	1.26	1.15

注：1. 表中 RH 代表桥梁所处环境的年平均相对湿度(%)，表中数值按 40% ≤RH <70% 取 55% ，70% ≤RH <99% 取 80% 计算所得。

2. 表中理论厚度 $h = 2A/u$，A 为构件截面面积，u 为构件与大气接触的周边长度。当构件为变截面时，A 和 u 均可取其平均值。

3. 本表适用于由一般的硅酸盐类水泥或快硬水泥配制的混凝土。表中数值系按强度等级为 C40 的混凝土计算所得，对 C50 及以上混凝土，表列数值应乘以 $\sqrt{\frac{32.4}{f_{ck}}}$，$f_{ck}$ 为混凝土轴心抗压强度标准值(MPa)。

4. 本表适用于季节性变化的平均温度 -20 ~ +40℃。

5. 构件的实际加载龄期或理论厚度为表列数值中间值时，收缩应变和徐变系数终极值可按直线内插法取得。

例 5-8　预应力混凝土箱梁的时变预应力损失

试确定例 5-7 中的箱梁桥在 1 号跨中的长期效应预应力损失，假设预应力二阶弯矩和恒载弯矩的组合值 $M=47654\text{kNm}$。此桥采取整体现浇一次落架施工，假定张拉预应力筋时混凝土的龄期为 30d。截面的平均有效厚度 h_0 为 300mm，环境的相对湿度为 70%。预应力筋采用的是低松弛钢绞线。

1）按 EN 1992-2 计算

首先确定收缩、徐变和松弛参数。

（1）收缩。

总的自生收缩应变：$\varepsilon_{ca}(\infty)=2.5(f_{ck}-10)\times10^{-6}=2.5\times(40-10)\times10^{-6}=75\times10^{-6}$

但是在 30d 以后，其中的 $\beta_{as}(t)=1-\exp(-0.2t^{0.5})=1-\exp(-0.2\times30^{0.5})=0.666$ 已经发生，因而张拉后剩余的自生收缩应变为 $(1-0.666)\times75\times10^{-6}=25.1\times10^{-6}$。

通过插值可得总的干缩应变为 $\varepsilon_{cd,0}=310\times10^{-6}$，查表得，当 $h_0=300\text{mm}$ 时，修正系数 $k_h=0.75$，于是干缩应变为 $0.75\times310\times10^{-6}=232.5\times10^{-6}$。假设混凝土的养护期为 3d，则 30d 后干缩发生比例为

$$\beta_{ds}(t,t_s)=\frac{t-t_s}{t-t_s+0.04\sqrt{h_0^3}}=\frac{30-3}{30-3+0.04\sqrt{300^3}}=0.115$$

因此，剩下没有发生的干缩应变为 $(1-0.115)\times232.5\times10^{-6}=206\times10^{-6}$。于是在后续预应力损失计算中要用到的总收缩应变为 $25\times10^{-6}+206\times10^{-6}=231\times10^{-6}$。

（2）徐变。

预应力和自重的加载龄期为 30d。当 $t_0=30\text{d}$ 时，查得 $\phi(\infty,t_0)=1.5$。该徐变系数也可用于后期恒载（SDL）的近似计算，因为这些恒载在预应力张拉完成后不久就施加在结构上了。一般而言，在本例的计算中可以忽略后期恒载，因为它们会减小预应力筋束形心处混凝土的应力。

（3）松弛。

对低松弛钢绞线而言，其松弛率大约为 4%，于是 $\Delta\sigma_{pr}=0.040\times0.70\times1820=51\text{MPa}$

该值是以刚放张后的张拉力为基准得到的，因而是偏安全的。

接下来，借用在上一算例中得到的瞬时损失结果计算准永久荷载作用下预应力筋束形心处的混凝土应力：

$$\begin{aligned}\sigma_{c,QP}&=0.945\times0.956\times\left[\frac{24\times5886\times10^3}{10.882\times10^6}+\frac{24\times5886\times10^3\times(1042-472)^2}{4.370\times10^{12}}\right]-\frac{47654\times10^6\times(1042-472)}{4.370\times10^{12}}\\&=11.727+9.487-6.216\\&=14.998\text{MPa}\end{aligned}$$

截面压应力最大侧混凝土的应力：

$$\begin{aligned}\sigma_{c,QP}&=0.945\times0.956\times\left[\frac{24\times5886\times10^3}{10.882\times10^6}+\frac{24\times5886\times10^3\times(1042-472)\times1042}{4.370\times10^{12}}\right]-\frac{47654\times10^6\times1042}{4.370\times10^{12}}\\&=11.727+17.345-11.363\\&=17.709\text{MPa}\end{aligned}$$

该值小于规定的容许压应力限值 $0.6\times40=24\text{MPa}$，也小于限值 $0.45\times40=18.0\text{MPa}$，根据上述条款，如果该计算结果大于该限值，则需要启用非线性徐变的相关计算方法，具体来说，应根据截面压应力最大侧混凝土的应力大小，对徐变系数进行调整。

长期作用的徐变、收缩和松弛损失，对于 1 号跨中：

$$\Delta\sigma_{p,c+s+\gamma}=\frac{231\times10^{-6}\times200\times10^{3}+0.8\times51+\frac{200}{35}\times1.5\times14.998}{1+\frac{200}{35}\times\frac{24\times4620}{10.882\times10^{6}}\times\left[1+\frac{10.882\times10^{6}}{4.370\times10^{12}}\times(1042-472)^{2}\right]\times(1+0.8\times1.5)}$$

$$=\frac{215.6}{1.232}$$

$$=175.0\text{MPa}$$

$\Delta\sigma_{p,c+s+r}=24\times4620\times175.0\times10^{-3}=19404\text{kN}(13.7\%)$

至此,混凝土弹性变形,孔道摩擦和锚具内缩,徐变、收缩和松弛这三大因素在预应力筋中所造成的预应力损失比例为 4.4% +5.5% +13.7% =23.6% 。

2)按 JTG 3362—2018 计算

(1)先计算预应力筋松弛损失 σ_{l5}。

根据例 5-7 的计算结果,混凝土弹性变形,孔道摩擦和锚具内缩的预应力损失系数分别为 95.6% 和 94.5% ,则全部钢筋重心处由预加力产生的混凝土应力:

$$\sigma_{pc}=0.945\times0.956\times\left(\frac{P_0}{A_c}+\frac{P_0e^2}{I_c}\right)-\frac{Me}{I_c}$$

$$=0.945\times0.956\times\left[\frac{24\times5886\times10^{3}}{10.882\times10^{6}}+\frac{24\times5886\times10^{3}\times(1042-472)^{2}}{4.370\times10^{12}}\right]-\frac{47654\times10^{6}\times(1042-472)}{4.370\times10^{12}}$$

$$=11.727+9.487-6.216$$

$$=14.998\text{MPa}$$

单根预应力筋产生的混凝土应力:

$\Delta\sigma_{pc}=\sigma_{pc}/24=14.998/24=0.623\text{MPa}$

$\sigma_{l4}=\alpha_{Ep}\Delta\sigma_{pc}(m-1)/2=(200/35)\times0.623\times(24-1)/2=40.94\text{MPa}$

根据例 5-7 的计算结果,$\sigma_{con}=1274\text{MPa}$,跨中截面,即 $x=23\text{m}$,$\sigma_{l1}=158.92\text{MPa}$,则

$\sigma_{pe}=\sigma_{con}-\sigma_{l1}-\sigma_{l4}=1274-158.92-40.94=1074.14\text{MPa}$

根据 JTG 3362—2018 规定,$\psi=1$,$\zeta=0.3$,则

钢筋松弛引起的预应力损失:

$\sigma_{l5}=\psi\zeta(0.52\sigma_{pe}/f_{Pk}-0.26)\ \sigma_{pe}=1\times0.3\times(0.52\times1074.14/1820-0.26)\ \times1074.14=15.1\text{MPa}$

(2)计算混凝土收缩、徐变引起的预应力损失 σ_{l6}。

由题意知,混凝土的龄期为 30d。截面的平均有效厚度 h_0 为 300mm,环境的相对湿度为 70% ,则查表 5-7,插值计算得 $\varepsilon_{cs}(t,t_0)=0.2\times10^{3}$, $\phi(t,t_0)=1.55$,则

混凝土收缩、徐变引起的预应力损失:

$$\sigma_{l6}=\frac{0.9[E_p\varepsilon_{cs}(t,t_0)+\alpha_{Ep}\sigma_{pc}\phi(t,t_0)]}{1+15\rho\rho_{ps}}$$

$$=\frac{0.9\times\left(200\times10^{3}\times0.20\times10^{-3}+\frac{200}{35}\times14.998\times1.55\right)}{1+15\times0.01}$$

$$=135.3\text{MPa}$$

则预应力筋因徐变、收缩和松弛的损失为:

$\sigma_{l5}+\sigma_{l6}=15.1+135.3=150.4\text{MPa}$

所以预应力筋因徐变、收缩和松弛的损比例为 150.4/1274 =11.81% 。

比较 1)、2)计算结果,可以看出,长期损失的计算存在一定差异。按欧洲标准计算的预应

力损失(13.7%)比按中国标准计算的预应力损失(11.81%)大。分析原因有两个方面:其一,欧洲标准预设一最大松弛率4%计算松弛应力损失,计算结果表明,实际损失没有达到最大值。其二,按欧洲标准计算时,考虑施加预应力前30d的收缩变形,而按中国标准计算时,没有考虑这种因素,致使计算结果有一定差异。

5.10.7 预应力分析应考虑的因素

EN 1992-1 规定,在结构分析中,对预应力应作如下考虑:

(1)二阶弯矩可能由体外预应力引起。

(2)预应力二次弯矩仅出现在超静定结构中。

(3)对于线性分析,在考虑作用力和弯矩重分配之前,应考虑预应力初始效应和二次效应。

(4)在塑性和非线性分析中,预应力二次效应可视为其他塑性旋转,旋转能力检查时应包含这类旋转。

(5)在后张预应力筋灌浆之后,可假设钢筋与混凝土之间是刚性黏结的。但在灌浆之前,预应力筋应视为未黏结的。

(6)可以假设体外预应力筋在转向块之间是直线的。

以上问题可归纳为三个方面的:

(1)如何区分体内和体外张拉的后张构件的力学行为。

(2)如何区分有黏结和无黏结预应力构件的力学行为。

(3)如何处理预应力的基本效应和二阶效应。

5.10.7.1 后张构件的体外与体内张拉

后张构件的体外与体内张拉有两点主要区别。

首先,体外预应力筋会在构件中引起二阶效应。这是由于预应力筋与混凝土之间没有连续接触,从而导致预应力筋与混凝土构件的挠度无法处处相等。这种二阶效应会引起受弯构件预弯矩的减小,如图5-32所示。体外预应力张拉引起的二阶效应也会使一阶挠度主要由预应力引起的构件中的预弯矩增加。这类构件的设计必须考虑此类二阶效应。若在构件中采用中间转向器使得预应力筋与混凝土梁的挠度一致,则可大大削弱这种二阶效应。EN 1992 允许将转向器间预应力筋的线形视为直线,这实际上也就是允许忽略预应力筋在自重下的垂度效应。

其次,与体内张拉有黏结预应力后张构件对比,必须采取不同的方法计算体外后张构件的极限弯曲强度。因为体外预应力筋的应变增长与其附近的混凝土的应变增长并不一致。

5.10.7.2 有黏结与无黏结预应力筋

当预应力筋与其周围的混凝土之间无黏结时,则二者的应变不相等。这就要求采取不同的方法计算无黏结预应力构件的极限弯曲强度。类似地,在此种构件中预应力筋中预应力的损失由钢筋周围混凝土的应变在钢筋长度范围内的平均值决定,而不考虑钢筋周围混凝土的应变在钢筋长度上的连续变化。

5.10.7.3 预应力引起的基本效应与二阶效应

静定结构中的预应力弯矩在其任何截面上都为 Pe,即截面中预应力筋中的轴向力与预应力筋的形心到构件横截面的形心之间距离的乘积,这就是常说的预应力主弯矩。在超静定结构的预应力效应中需要引入二次或“次生”弯矩的概念。二次或“次生”弯矩是由于预应力在结构中所引起的挠度为约束支承所限造成的。二阶弯矩通常较大,并不能认为它是次要的,任何情况下都不能忽略。

如果对结构作弹性整体分析,二阶弯矩在承载能力极限状态中假定具有锁闭性(意思是预应力引起的二阶效应,在作弹性分析时保持不变,也就是不随其他作用改变而消失),且在进行抗弯承载力检核时要将二阶弯矩作为荷载效应看待。EN 1992 允许对预应力结构进行弯矩调幅处理,并假设一阶弯矩和二阶弯矩作用在调幅处理之前。如果对结构进行塑性整体分析,EN 1992建议将二阶弯矩等效处理为支承处的塑性转角并在截面转动能力的检核中考虑该塑性转角。

5.10.8 承载能力极限状态下的预应力效应

EN 1992-1 规定了承载能力极限状态下的预应力设计值,即 $P_{d,t}(x)=\gamma_P P_{m,t}(x)$,其中 $P_{m,t}(x)$ 为5.10.3 节所论述的 t 时刻距张拉端 x 处预应力的平均值。

对于无黏结预应力筋,其应变与其附近混凝土的变化并不一致。钢束应变的增大仅来自结构的整体变形,这常常使得无黏结预应力筋中张力的增加相对较少(可以偏保守地予以忽略),使得承载能力极限状态成为决定性状态。EN 1992-1 允许不通过计算而对有效预应力引起的承载能力极限状态下截面应力的增大进行假设。该假定的应力增量 $\Delta\sigma_{p,ULS}$ 可由国家附件给出,EN 1992 建议取为 100MPa。一般而言,这个取值是适当保守的,但使用时还是要小心谨慎。未按弯矩图的形状布置且穿越混凝土受压区域的预应力筋,其应变增量可能小于该假定值。这样的钢束布置在设计中并不少见。例如,在平衡悬臂设计中使用的顶部翼缘中的悬臂钢束常常会从墩顶负弯矩区延伸到跨中的正弯矩区,但依然在顶部翼缘以内。如果预应力筋的偏心距非常小,设计人员也需要小心谨慎,因为此时 $\Delta\sigma_{p,ULS}$ 可能达不到 100MPa。

如果预应力筋初始张拉就达到式(5-59)给出的最大容许限值,而且在所考虑的时刻几乎没有发生什么损失,这种情况下也可假定将应力增量取为 100MPa。在这种情况下,此假定的应力增量可能使得预应力筋的应力超过其设计试验应力。如果预应力筋的材料特性按其设计值取用,则产生 100MPa 应力所需的应变增量和总伸长量可能无法通过结构的整体变形来实现。不过,可以证实的是,这种预应力筋的材料设计参数可能仅局部出现于控制截面中,因此不会显著地改变预应力筋的整体刚度(非常短的预应力筋除外)。如果张拉就位后预应力中的张拉力满足 5.10.3 所规定的容许限值,则 100MPa 的应力增量将不足以使预应力筋的应力进入预应力筋平均意义上乃至标准的应力-应变关系曲线的倾斜分段,因此也就不需要预应力筋产生显著的伸长量。

如果在推算预应力增量时需要考虑桥梁的整体变形,则必须对结构进行非线性分析。虽然未作明确说明,但在进行这种非线性分析时需要考虑远离控制截面的混凝土的拉伸硬化效应。这是为了确保应变增量不会因为高估了梁的总体变形而被高估。在远离控制截面的区域,应考虑裂缝之间的拉伸硬化以及受弯时保持未开裂的完好截面的硬化效应。混凝土抗拉强度的平均值对于实际结构中找到的值最具代表性,但是为了安全起见,在计算拉伸硬化的不利效应时,宜采用抗拉强度标准值的上限值。

在非线性分析中应计入远离控制截面处拉伸硬化的不利效应,否则就会高估结构的变形和预应力筋的应变增量。

使用非线性分析的一种替代方法是,采用未开裂截面特性由线弹性模型计算应变增量。

非线性分析有时会揭示短预应力筋布置在高应力区时的一个问题。在承载能力极限状态的计算中,短预应力筋的应力可能大大超过其屈服应力值(如在平衡悬臂施工中墩顶 0 号块顶部最短的几根预应力钢束),因此按照预应力筋的全部标准断裂荷载对容易开裂的区域进行设计时就要格外小心谨慎。较短的屈服钢束带来的一个更大的潜在问题是,如果钢束的应变足够大,那么它们在锚固设备的夹具处的应力水平尚低于其标准抗拉强度时就有可能失效。

5.10.9 正常使用和疲劳极限状态下的预应力效应

对于正常使用和疲劳极限状态,EN 1992-1 要求在设计中为预应力规定一个容许变化范围。通过规定预应力标准值的上下限来体现:

$$P_{k,sup}=r_{sup}P_{m,t}(x) \tag{5-93}$$

$$P_{k,inf}=r_{inf}P_{m,t}(x) \tag{5-94}$$

式中:$P_{k,sup}$——上限标准值;

$P_{k,inf}$——下限标准值。

r_{sup}和r_{inf}的取值由国家附件规定,但对于先张或者无黏结预应力钢束,其建议值分别为1.05和0.95,对于有黏结的后张钢束,其建议值分别为1.10和0.90。英国国家附件中将r_{sup}和r_{inf}的值都定为1.0。

例5-9 全黏结直预应力先张简支梁

现有一简支M梁,其预应力筋的布置和截面尺寸如图5-33所示。此梁的环境等级为XD3。预应力筋为29根直径为15.2mm的钢绞线,每根钢绞线的截面积为139mm^2(预应力筋的总截面积为4031mm^2),标准抗拉强度(CTS)为232kN,弹性模量为195GPa。预应力筋分层布置,其形心位置如图5-33所示。初张力为75% CTS。正常使用极限状态下其跨中由梁的自重、桥面板的自重和二期恒载引起的弯矩分别为465kNm、288kNm和275kNm。活载在跨中引起的弯矩的频遇值和标准值分别为1120kNm和1500kNm。梁与桥面板的混凝土强度等级都为C40/50,但是初张时的混凝土圆柱体标准强度为32MPa,与之对应的E_{cm}=35GPa,进而可得$E_{cm}(t)=[(32+8)/(40+8)]^{0.3}\times35=33$GPa。试作放张时和最终状态的应力验算。这里假定$r_{sup}$和$r_{inf}$取为相同的值。如果此二值不等,那么在应力验算中还需考虑预应力的变化。

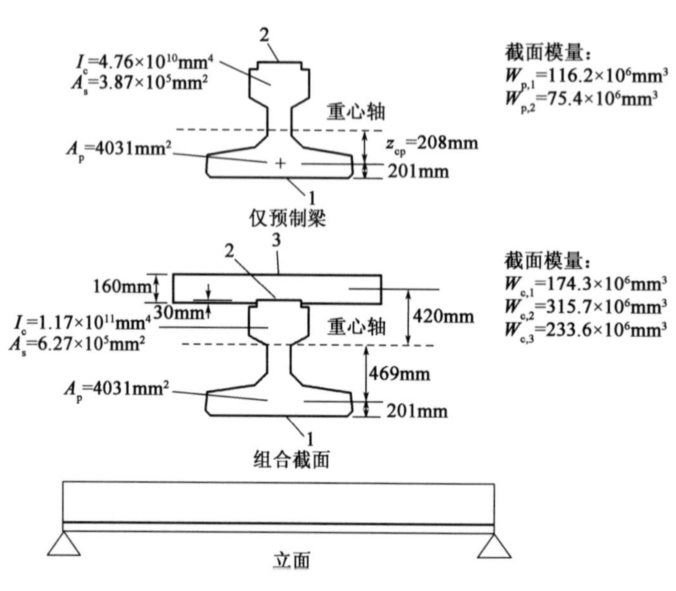

图5-33 算例5-9简支梁的几何参数

1-下翼缘;2-腹板;3-上翼缘

1)按EN 1992-2计算

(1)梁段传递区域的应力验算(关键位置处)。

短期效应损失:

初始预应力为29×0.75×232=5046kN。在传递期间,传递区域的端部截面具有控制性,

因为恒载在此处引起的弯矩几乎为0。假设在放张前预应力已经发生了1%的损失，则此控制截面在预应力筋形心处的应力为

$$\sigma_{cP} = 0.99 \times \left(\frac{5046 \times 10^3}{3.87 \times 10^5} + \frac{5046 \times 10^3 \times 208^2}{4.76 \times 10^{10}}\right) = 17.449\text{MPa}$$

可算得混凝土弹性变形引起的预应力损失：

$\Delta P_{el} = A_p E_p \sigma_c / E_{cm}(t) = 4031 \times 195 \times 17.499/33 = 417\text{kN}$

可更为精确地算得混凝土弹性变形引起的预应力损失：

$$\Delta P_{el} = \frac{A_p \dfrac{E_p}{E_{cm}(t)} \sigma_c}{1 + \dfrac{E_p}{E_{cm}(t)} \dfrac{A_p}{A_c}\left(1 + \dfrac{A_c}{I_c} z_{cp}^2\right)} = \frac{417 \times 10^3}{1 + \dfrac{195}{33} \times \dfrac{4031}{3.87 \times 10^5} \times \left(1 + \dfrac{3.87 \times 10^5}{4.76 \times 10^{10}} \times 208^2\right)} = 385\text{kN}$$

于是放张时预应力 $P_{mo} = 0.99 \times 5046 - 385 = 4610\text{kN}$，该值满足相关限值要求。

假设恒载在预应力传递区域端部造成的应力约等于0：

梁底部纤维中的应力 $= P_{mo}(1/A + e/W_{p,1}) = 4610 \times 10^3 (1/3.87 \times 10^5 + 208/116.2 \times 10^6) = 20.16\text{MPa}$，小于先张梁所规定的压应力限值 $k_6 f_{ck}(t) = 0.7 f_{ck}(t) = 0.7 \times 32 = 22.4\text{MPa}$，故满足要求。

梁顶部纤维中的应力 $= P_{mo}(1/A - e/W_{p,2}) = 4610 \times 10^3 (1/3.87 \times 10^5 - 208/75.4 \times 10^6) = -0.81\text{MPa}$。

EN 1992-2 未明确提出相关的拉应力限值，BS 5400 第4部分规定将相应的拉应力限值定为1MPa，本例在此处简单地将此限值视为验算标准，因为本例中钢绞线的设计模式是按BS 5400取用的。在此前提假设之下，可以得到放张期间控制截面的应力是满足设计要求的。

(2)正常使用条件下跨中最终应力验算。

短期效应损失：

此例跨中截面的短期效应损失的计算可保守地取用上述端截面的计算结果，尽管弹性变形损失在跨中会因为梁的自重弯矩降低预应力筋形心处混凝土的应力而略微有所减小。

长期效应损失：

①由计算得出钢筋的总松弛率为3.6%（与这里 $\mu = 0.68$ 有关）。因此，假定预应力传递前就发生1%的松弛，意味着预应力传递完成后的松弛率为2.6%：

$\Delta\sigma_{pr} = 0.026 \times 4610/(29 \times 139) = 29.7\text{MPa}$

②预应力传递完成后混凝土所保持的收缩应变为 300×10^{-6}（此值由对放张传递时混凝土的龄期作了近似假设的 EN 1992-1-1/3.1.4 得来）。

③徐变应变须根据预应力筋附近的混凝土的应力计算。由于这里验算的是跨中截面，那么就要计算跨中截面预应力筋附近的混凝土应力。由梁的自重在跨中造成的弯矩只有465kNm，这个弯矩由于是在未考虑桥面板的自重和二期恒载的情况下得到的，因而根据它计算混凝土徐变将是保守的，这是因为桥面板的自重和二期恒载引起的弯矩将减少预应力筋附近的混凝土的应力，因而也就会减少混凝土的徐变。计入桥面板的自重和二期恒载对跨中混凝土徐变的减小是可以的，但由于它们总是比梁的自重荷载施加得晚，因而如要计入它们的影响则要求单独计算每个施工阶段中相应的徐变系数。

由梁的自重造成的应力计算如下：

梁底应力 $= -465 \times 10^6/116.2 \times 10^6 = -4.00\text{MPa}$

梁顶应力 $= 465 \times 10^6/75.4 \times 10^6 = 6.17\text{MPa}$

这样，预应力传递时跨中截面的总应力如图5-34所示。

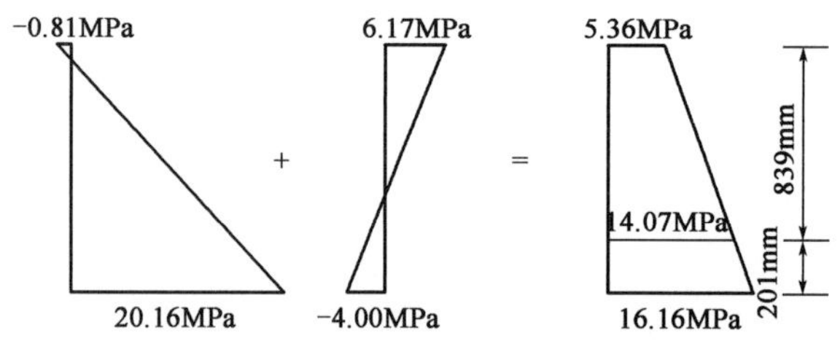

图 5-34 预应力传递时跨中截面的应力

由图 5-34 可以看到,混凝土的最大压应力达到了 16.16MPa,超过了 $0.45f_{ck}(t)=0.45\times32=14.4$MPa,因此按照规定,基本徐变系数需要得到增加以考虑非线性徐变特性。此式中有一个异常之处,即判别标准是以标准强度 $f_{ck}(t)$ 为基准的,但式中使用的又是平均强度 $f_{cm}(t)$。这就意味着在 EN 1992-1-1 式(3-7)中代入 $0.45f_{ck}(t)$ 做计算时,徐变系数实际上已经减小,这是不希望得到的结果。因此本例中,用 $f_{ck}(t)$ 替换 EN 1992-1-1 式(3-7)中的 $f_{cm}(t)$,于是放大系数为 $e^{1.5\times(16.16/32-0.45)}=1.09$。预应力传递(混凝土龄期为 t_0)时,基本徐变系数为 $\phi(\infty,t_0)=2.0$。因此最终所要求得的徐变系数为 $\phi_k(\infty,t_0)=2.0\times1.09=2.18$。

采用简化式可保守算得预应力的长期效应损失:

$$\begin{aligned}\Delta P_{c+s+r}&=A_p\Delta\sigma_{p,c+s+r}=A_pE_p(\varepsilon_{cs}+0.8\Delta\sigma_{pr}/E_p+\phi(\infty,t_0)\ \sigma_{c,qp}/E_{cm})\\&=29\times139\times195\times10^3\times(300\times10^{-6}+0.8\times29.7/195\times10^3+2.18\times14.07/35\times10^3)\\&=1020\text{kN}\end{aligned}$$

在所有损失都发生之后,最终的预应力 = 4610 - 1020 = 3590kN(损失 29%)。

跨中截面由于预应力及其损失造成的应力计算如下:

预应力损失所造成的最终应力为:

梁底应力 = 20.16 × 3590/4610 = 15.70MPa

梁顶应力 = -0.81 × 3590/4610 = -0.63MPa

基于梁的正常使用的应力验算:

①开裂与消压验算(梁底)。

已知梁底暴露在等级为 XD3 的环境中,所以根据 EN 1992-2 表 7.101N 的规定,需做频遇荷载组合下消压验算。由于部分钢绞线距离混凝土表面不到 100mm,根据表 7.101N 底部注释要求,须对梁下缘进行消压验算。在如下验算中,温差引起的自平衡应力需要得到考虑,但计入频遇组合中的应是其准永久值。在不利组合中处于主导地位的是交通作用。

$$\text{预制梁下缘的应力}=\underset{\text{(预应力效应)}}{15.70}-\underset{\text{(仅预制梁)}}{\frac{(465+288)\times10^6}{116.2\times10^6}}-\underset{\text{(结合梁)}}{\frac{(275+1120)\times10^6}{174.3\times10^6}}$$

$$=1.30\text{MPa}>0\text{MPa}$$

这说明消压程度未超过设计限值,满足设计要求。

②抗压验算(预制梁顶部与桥面板顶部)。如果将预制梁顶部的环境类别也归入 XD 类,则由 EN 1992-2/第 7.2(102)条可知其容许压应力限值为 $k_1f_{ck}=0.6f_{ck}(t)=0.6\times40=24$MPa。此项验算的对象必须是作用的标准值的组合值。

$$\text{预制梁顶缘应力}=\underset{\text{(预应力效应)}}{0.63}-\underset{\text{(仅预制梁)}}{\frac{(465+288)\times10^6}{75.4\times10^6}}-\underset{\text{(结合梁)}}{\frac{(275+1500)\times10^6}{315.7\times10^6}}=18.92\text{MPa}$$

此压应力小于 EN 1992-2 第 7.2(102)条为 XD 类环境中的构件设置的限值 24MPa,满足设计要求。

2)按 JTG 3362—2018 计算

(1)放张时的应力验算。

初始预应力为 $P_0 = 29 \times 0.75 \times f_{tk} = 29 \times 0.75 \times 232 = 5046\text{kN}$

在传递期间,传递区域的端部截面具有控制性,因为恒载在此处引起的弯矩几乎为 0。假设在放张前预应力已经发生了 1% 的损失,则全部钢筋的预应力(扣除相应的预应力损失)为 $P'_0 = 0.99 \times 29 \times 0.75 \times 232 = 4996\text{kN}$ 。控制截面在 29 根预应力筋形心处混凝土的应力:

$$\sigma_c = P'_0/A_c + P'_0 e^2/I_c$$
$$= \frac{0.99 \times 5046 \times 10^3}{3.87 \times 10^5} + \frac{0.99 \times 5046 \times 10^3 \times 208^2}{4.76 \times 10^{10}}$$
$$= 17.449\text{MPa}$$

放张时混凝土弹性压缩引起的预应力损失:

$$\sigma_{l4} = \alpha_{Ep}\sigma_{pc} = \frac{195}{35} \times 17.449 = 97.2\text{MPa}$$

混凝土弹性压缩产生的损失力为

$$F = \sigma_{l4}A_p = 97.2 \times 4031 = 393\text{kN}$$

放张时预应力为

$$P = 0.99 \times 5046 - 393 = 4602.5\text{kN}$$

(a)正截面应力验算。

假设恒载在预应力传递区域端部造成的应力约等于 0,则梁底纤维应力:

$$\sigma = \frac{p}{A} + \frac{Pe}{W_{p1}} = \frac{4602.5 \times 10^3}{3.87 \times 10^5} + \frac{4602.5 \times 10^3 \times 208}{116.2 \times 10^6} = 20.12\text{MPa}$$

混凝土为 C50, $f_{tk} = 2.64\text{MPa}$, $f_{ck} = 32.4\text{MPa}$, $f_c = 23.1\text{MPa}$

梁顶纤维应力:

$$\sigma = \frac{p}{A} - \frac{Pe}{W_{p2}} = \frac{4602.5}{3.87 \times 10^5} - \frac{4602.5 \times 208}{75.4 \times 10^6} = -0.8\text{MPa}$$

(b)短暂状态(JTG 3362—2018 规定)。

梁顶受压纤维的压应力:

$$\sigma = 20.12\text{MPa} < 0.7 \times f_{ck} = 0.7 \times 32.4 = 22.68\text{MPa}$$

梁底受拉纤维的拉应力:

$$\sigma = 0.8 < 0.7 \times f_{tk} = 0.7 \times 2.64 = 1.85\text{MPa}$$ (假设预拉区配置非预应力筋)

因此,梁顶和梁底纤维受压,受拉均满足要求。

(2)最终状态应力验算(正常使用状态应力计算)。

①计入频遇组合。在不利组合中处于主导地位的是交通作用, $M_{Q1k} = 1120\text{kN}$。

正常使用极限状态下跨中由梁自重、桥面板自重和二期恒载引起的弯矩分别为 465kNm、288kNm 和 275kNm,即 $M_{Gk} = 465 + 288 + 275 = 1028\text{kN}$。

混凝土受压边缘应力:

$$\sigma_{cc}^{k} = \left(\frac{N_{p0}}{A_0} - \frac{N_{p0}e_{p0}}{W'_0}\right) + \left(\frac{M_{Gk} + M_{Q1k} + M_{Q2k}}{W'_0}\right)$$
$$= \left(\frac{4602.5 \times 10^3}{6.27 \times 10^5} - \frac{4602.5 \times 10^3 \times 469}{315.7 \times 10^6}\right) + \left(\frac{1028 \times 10^6 + 1120 \times 10^6}{315.7 \times 10^6}\right)$$

$=7.3\text{MPa}$

②采用标准组合时，$M_{Q1k}=1500\text{kN}$。

$$\sigma_{cc}^{k}=\left(\frac{N_{p0}}{A_0}-\frac{N_{p0}e_{p0}}{W'_0}\right)+\left(\frac{M_{Gk}+M_{Q1k}+M_{Q2k}}{W'_0}\right)$$

$$=\left(\frac{4602.5\times10^3}{6.27\times10^5}-\frac{4602.5\times10^3\times469}{315.7\times10^6}\right)+\left(\frac{1028\times10^6+1500\times10^6}{315.7\times10^6}\right)$$

$=8.5\text{MPa}$

按上式计算的混凝土的最大压应力，应满足 JTG 3362—2018 的规定，即 $\sigma_{cc}\leqslant0.5f_{ck}$。

经过验算，两种活载组合分别计算的混凝土预制梁顶的压应力均小于限值：即 $\sigma_{cc}\leqslant0.5f_{ck}=0.5\times32.4=16.2\text{MPa}$，满足条件。

受拉区预应力筋的拉应力为

$$\sigma_p^k=(\sigma_{con}-\sigma_l)+\alpha_{Ep}\sigma_{ct}^k$$

$$\sigma_{con}-\sigma_l=\frac{29\times0.75\times23-393}{4031}=1141\text{MPa}$$

式中：σ_l——先张法预应力应力损失；钢筋松弛引起的预应力损失，假设对一次张拉损失为 $0.05\sigma_k$，混凝土徐变收缩为 3% 损失量；

σ_{ct}^k——式中的荷载组合取值与验算混凝土压应力相同；

$$\sigma_p^k=(\sigma_{con}-\sigma_l)+\alpha_{Ep}\sigma_{ct}^k=(\sigma_{con}-\sigma_l)+\alpha_{Ep}\left(\frac{M_{Gk}+M_{Q1k}+M_{Q2k}}{I_0}\right)y_{p0}$$

$$=\frac{(4602.5-0.08\times232\times29)\times1000^2}{4031}+\frac{195}{35}\times\left(\frac{1028+1500}{1.17\times10^{11}}\right)\times469$$

$=1008\text{MPa}$

y_{p0}——受拉区预应力筋合力点至换算截面重心的距离，$y_{p0}=469\text{mm}$。

受拉区预应力筋的拉应力应满足 JTG 3362—2018 的限值：

$\sigma_p^k=1008\text{MPa}\leqslant0.7f_{pk}=0.7\times1669=1168\text{MPa}$，满足条件。

因活荷载频遇组合值小于标准组合值，可知频遇组合时也满足条件。

从 1）、2）两种计算过程及结果可以看出，中欧标准关于预应力结构的应力控制验算，计算方法基本相同，但细节处理还是存在差异。比如关于正常使用极限状态正应力的限值，欧洲标准考虑到环境因素的影响，而中国标准则没有考虑这些因素。欧洲标准还要求考虑桥面板与预应力梁之间结合之后，由结合面间的收缩变形差异与温度差异产生的梁顶边缘应力。由于计算复杂，此处从略。

5.11 拉-压杆模型

一般的混凝土结构可包括两类区域：一类是梁之类的区域，该区域可应用弯曲理论中的平截面假定，称为 B 区（Beam 或 Bernoulli）；另一类则是扰动区或不连续区，称为 D 区（Disruption 或 Discontinue）。D 区在几何形状上有突变、承受集中荷载作用或是支座反力处，其应变分布是非线性的，弯曲理论不再适用。对于这种情况，在钢筋混凝土结构理论中，传统的方法是根据试验建立经验公式。经验公式可用于结构设计，但往往没有明确的力学概念，特别是不能外推用于没有试验经验的情形。

为了改变钢筋混凝土结构设计过多依赖经验公式的局面，统一钢筋混凝土结构的设计理论，近年国外发展了拉-压杆模型方法。拉-压杆模型的思想源于 Bitter 和 Morch 在 20 世纪初期对 B 区抗剪设计时提出的桁架比拟方法。该方法以桁架模型为基础,作为静力容许应力场,在外部,拉-压杆模型必须保持所施加的荷载与反作用力(边界力)的平衡,在内部,每一节点自平衡。对于一个允许的拉-压杆模型,只需满足平衡条件和屈服准则,不需考虑固体力学中的应变协调。作为一种设计方法,EN 1992 将拉-压杆模型内容正式纳入设计条文。中国在最新颁布的《钢结构设计规范》(GB 50017—2017)中开始采用拉-压杆设计方法,但《混凝土结构设计规范》(GB 50010—2015)中还没有正式纳入。

拉-压杆模型根据图 5-35 所示的 B 区域的边界所产生的弹性应力流建立或根据其他边界条件,如整个结构体系都属于 D 区域(如深梁)时根据支反力建立。拉-压杆模型可同时用于连续和不连续区域。

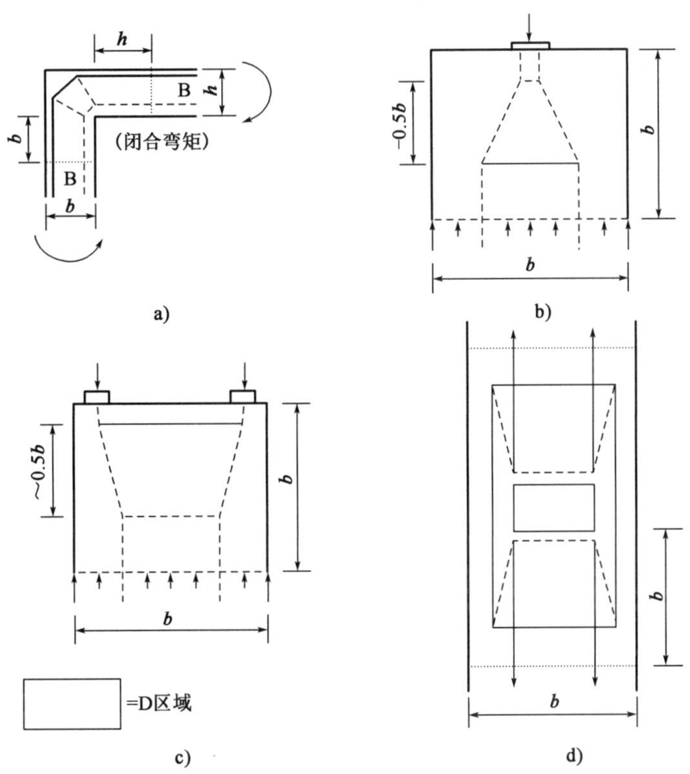

图 5-35 拉-压杆模型及 D 区域范围示例

拉-压杆模型分析利用塑性下限原理,该原理认为,只要整个结构处于平衡状态且各部分的应力均未达到“屈服”值,那么任何可用来抵抗外加荷载的应力分布都是安全的。实际上,混凝土的延性有限,因此用拉-压杆模型设计任意外力体系不能确保总是安全。由于混凝土可以经受有限的塑性变形,外力的施加必须确保结构其他部位的应力达到假设的状态之前拉-压杆不得超过变形极限。在设计过程中,满足此要求的最好办法是使拉-压杆与不考虑开裂的弹性分析得到的内力一致。

即使是按照弹性荷载的路径建立的拉-压杆模型,其杆件的排布方式也并不唯一。在选择最佳排布方案的时候,必须牢记的是,真实结构中的荷载传递总是尽可能沿着产生最小的内力和变形的路径。由于钢筋比混凝土压杆更易变形,所以最好的模型应使得拉杆的根数和长度最小。

拉-压杆模型由压杆、拉杆和节点构成。压杆和拉杆是桁架的受力“构件”,而节点将这些“构件”连接在一起,如图 5-36 所示。

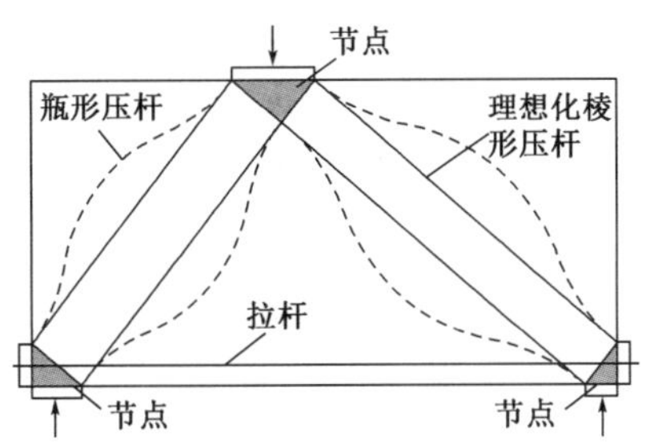

图 5-36 拉-压杆模型

节点:节点是拉-压杆模型中压杆、拉杆与集中力轴线相交的点。从平衡考虑,拉-压杆模型的一个节点至少应作用三个力,如图5-37所示。节点按这些力的性质分类,C-C-C节点表示作用三个压力,C-C-T节点表示作用两个压力和一个拉力。在拉-压杆通过节点传力的条件下,节点周围的混凝土体积所占区域称为节点区,如图5-36中的阴影区域。

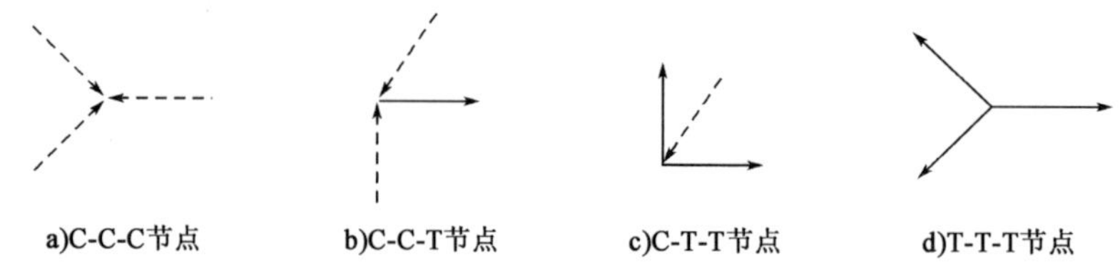

图5-37 节点类型

压杆:压杆是拉-压杆模型中理想化的受压构件,代表平行面区或扇形受压区的合力。在设计中,压杆常理想化为棱柱形受压构件。

拉杆:拉杆是拉-压杆模型中的受拉构件。拉杆包括钢筋或预应力筋及与拉杆轴向同心的周围混凝土,周围混凝土定义了锚固压杆与拉杆的区域。拉杆混凝土不抵抗拉杆中的轴力。虽然设计中不考虑混凝土承受拉力,但周围混凝土会缩短拉杆的伸长,特别是在使用荷载下。

EN 1992-2 规定:

(1)拉-压杆模型可以用于连续区域中承载能力极限状态设计,也可用于非连续区域中的承载能力极限状态设计及详细设计。通常,这些区域会从非连续部分中伸出一段h(构件截面深度)。如果假设在横截面内呈线性分布(如平面应变),则拉-压杆模型也可以用于构件分析。

(2)如果能够确保拉-压杆模型的近似相容性(尤其是重要压杆的位置和方向应根据线弹性理论进行定位),则可以通过拉-压杆模型进行使用状态验证,如验证钢筋应力及裂缝宽度控制。

(3)拉-压杆模型包括代表压应力区的压杆,代表钢筋的拉杆和连接节点。应通过与承载能力极限状态下的施加荷载保持平衡来确定拉-压杆模型的构件作用力。应根据6.5节中给出的规则确定拉-压杆模型中构件的尺寸。

(4)拉-压杆模型的拉杆的位置和方向应与对应的钢筋保持一致。

(5)开发合适拉-压杆模型的可能方法包括采用应力迹线方法和按照线弹性理论进行分配的方法或加载路径方法,可以通过能量标准对所有拉-压杆模型进行优化。

有关使用拉-压杆模型进行设计的方法,详见6.5节。

5.12 本章小结

本章讨论混凝土结构的计算原理与计算方法。混凝土和钢筋各自的特性及两者之间的相互作用,使钢筋混凝土结构具有不同于其他结构的特点:低强度的混凝土是弹塑性材料,高强度的混凝土呈现明显的脆性;正常使用荷载下,钢筋混凝土构件是带缝工作的,混凝土产生裂缝后成为各向异性体,其变形特性完全不同于未开裂时的构件;混凝土具有明显的时变特性,即徐变。由于徐变的影响,结构会发生内力重分布等。是否考虑,以及如何考虑这些因素,根据问题的研究水平与经验积累,中欧标准存在诸多差异,主要归纳为如下几点:

(1)基本要求。EN 1992与GB 50010—2010基本一致。结构计算时应考虑:①线弹性分析(考虑和不考虑重分布);②有限重分布的线性弹性力学特性;③塑性分析,包括拉-压杆模型;④非线性分析。由于考虑到桥梁结构的重要性,以及结构计算中参数研究或经验积累不足,JTG 3362—2018规定只能进行结构线弹性分析,不考虑弹性塑性分析及应力重分布。

(2)由于荷载作用不可避免出现偏心,加之混凝土的非均匀性及施工偏差导致结构出现初始缺陷。初始缺陷可以偏心距 e_0 表达,也可以偏离轴线的偏角 θ_0 表达。欧洲标准规定桥梁结构设计中基本缺陷由 $\theta_1 = \theta_0 \alpha_h$ 确定,其中 θ_0 为国家定义参数,推荐值为1/200,对于独立构件的初始缺陷也可用 $e_i = \theta_1 l_0 / 2$ 表示,l_0 为构件的计算长度。对于拱形结构,初始缺陷以正弦曲线表示。GB 50010—2010 以初始偏心距 e_0 表示,其值取20mm和偏心方向截面尺寸的1/30两者中的较大者。JTG 3362—2018 考虑构件截面普遍较大,初始偏心所占比例很小,因此未予考虑。

(3)翼缘板的有效宽度。中欧标准均采用经验公式计算,但参数的取值方法差异较大。欧洲标准采用一种简化的通用式[见EN 1992式(5-4)和式(5-5)],中国标准则根据不同的情形有更详细的规定。对比例5-1,结果表明,中欧标准计算的翼缘有效宽度差异较大,跨中梁段相关中国标准比欧洲标准计算结果大12.5%,而支座段欧洲标准计算结果比中国标准计算结果大25.8%。可见按欧洲标准计算时,其剪力滞效应更加显著。

(4)基于弹性理论的构件线性分析可以用于正常使用极限状态和承载能力极限状态。确定作用效应时,EN 1992-2假设:①无开裂横截面;②应力-应变线性关系;③弹性模量取平均值。对于承载能力极限状态下的热力变形、沉降和收缩效应,可以假设开裂截面的刚度降低,忽略拉伸硬化,但包括徐变效应。对于正常使用极限状态,还应考虑裂缝的逐渐形成;EN 1992允许在承载能力极限状态下对桥梁基于弹性分析的结果进行弯矩重分布,但是必须保证外荷载与重分布后的弯矩及剪力维持平衡,且结构必须具备足够的延性。

根据材料的短期特性计算的挠度会由于徐变而增大,EN 1992要求在结构的二阶分析中应考虑徐变效应,并且在分析中使用结构的"真实"刚度。而结构设计时,并不知钢筋用量,因此用"名义刚度"法进行二阶分析时,将需先假设钢筋用量,才能进行分析,这就是一种迭代过程。

JTG 3362—2018 除平截面假设外,不考虑弹性内力重分布。对超静定结构,在进行作用效应分析时,结构构件的抗弯刚度可采用:允许开裂的构件取 $0.8E_cI$,不允许开裂的构件取 E_cI;其中 I 为混凝土毛截面惯性矩,以考虑混凝土截面开裂对截面刚度的影响。

(5)中欧标准都很重视轴向受压构件的二次效应。分析二次效应的方法大致可分为四类:杆系结构的非线性有限元法、弹性实体有限元法、计算有侧移结构的各种弹性简化方法以及使用构件截面偏心距增大系数的传统方法。

欧洲标准的分析方法包括基于非线性二阶分析的一般方法、基于名义刚度的二阶分析方法和基于曲率估计的方法。当可以确定名义刚度值时,基于名义刚度的二阶分析方法可用于独立构件和整体结构。基于曲率估计的方法主要适用于独立构件,但采用真实的曲率分布假定,这种方法也可用于整体结构。中国标准允许采用考虑二阶效应的弹性分析方法和构件截面偏心距增大系数法。

(6)有效长度的计算,中欧标准方法差异很大。EN 1992考虑杆状构件两端的约束刚度,推荐经验计算式[有支撑构件见式(5-34),无支撑构件见式(5-5)],计算公式复杂,参数多且取值不便;中国标准则根据杆两端约束情形直接给出推荐值,方便且实用。例5-3表明,中欧标准计算的有效长度相差不大。

(7)由于二次分析实际上是一种几何非线性问题,计算复杂,工作量大,而且并不是所有结构及其构件都需进行二阶分析。为此各国标准都规定不考虑二阶分析的简化准则。欧洲标准认为二阶效应低于对应的一阶效应的10%时,可以不予考虑,为具体应用时易于判断,又规定构件的长细比满足条件 $\lambda \leqslant \lambda_{min} = 20A \cdot B \cdot C / \sqrt{n}$ 时可不考虑二阶效应;中国标准则规定 $\lambda = l_0 / i \leqslant 17.5$ 时可不考虑二阶效应,计算结果表明(例5-4),中国标准比欧洲标准更加保守。

(8)二阶效应算例(例5-5)结果表明,欧洲标准计算结果比中国标准计算值大约13.8%。分析其原因有二:其一,欧洲标准考虑初始缺陷的影响,中国标准没有考虑;其二,欧洲标准推导弯矩放大系数时,使用的极限应变值比中国标准使用的极限应变值大。

(9)关于双向受弯。EN 1992和GB 50010—2010分别提出不同的验算式,但都是根据弹性范围内的叠加原理推导出来的。欧洲标准还给出两个简化判别式(5-52)和式(5-53)。JTG 3362—2018 考虑到双向压弯构件在混凝土桥梁上使用不多,没有专门规定,也没有关于侧向失衡的验算方法。

(10)预应力构件。预应力损失的计算是预应力构件的核心内容。中欧标准都考虑了六个方面的损失,即

①预应力筋与管道壁之间的摩擦 σ_{l1}。

②锚具变形、钢筋回缩和接缝压缩 σ_{l2}。

③预应力筋与台座之间的温差 σ_{l3}。

④混凝土的弹性压缩 σ_{l4}。

⑤预应力筋的应力松弛 σ_{l5}。

⑥混凝土的收缩和徐变 σ_{l6}。

上述六种预应力损失的计算原理与计算方法,中欧标准基本相同,仅有些参数与限值略有差异,导致计算结果略有差异,参见例 5-8。

第 6 章 承载能力极限状态

承载能力极限状态是结构达到极限承载力时的状态，相应于结构的安全性，如钢筋混凝土梁的受弯承载力，当不满足承载能力极限状态要求时，结构会倒塌、破坏，产生灾难性后果。

本章讲述的主要内容是钢筋混凝土结构常用构件的弯、剪、扭、冲切、拉、压及其组合作用下的截面承载力计算原理、方法及计算公式，包括截面设计与截面复核两个方面。本章还将介绍局部承压设计与验算所用的拉-压杆模型理论及其设计方法。

6.1 有或无轴力作用下的弯曲

EN 1992 规定：

适用范围：本节适用于梁、板和类似构件的非扰动区域，加载前后均保持平面状态。对于加载前后不能保持平面状态的非连续区域，应采用拉-压杆模型进行设计。

基本假定：在确定钢筋混凝土或预应力混凝土截面的极限弯矩抗力时，基于如下假定。

(1)平截面假定。

(2)黏结钢筋或黏结预应力筋中的应变与其周边混凝土中的应变相同。

(3)忽略混凝土的抗拉强度。

(4)受压混凝土的应力由图 4-6 所示的设计应力-应变关系确定。

(5)钢筋或预应力筋的应力分别由 4.2(图 4-12)和 4.3(图 4-14)中的设计应力-应变关系确定。

(6)估算预应力筋应力时，需要考虑预应力筋的初始应变。

基本要求：

(1)混凝土的压应变应小于等于 ε_{cu2} 或 ε_{cu3}，这取决于所使用的应力-应变关系曲线。钢筋和预应力筋的应变应小于等于 ε_{ud}。

(2)对于对称布置钢筋的受压截面，假设最小偏心率 $e_0 = h/30$，但不低于 20mm，其中 h 为截面高度。

(3)在承担类似轴向力($e/h < 0.1$)的部分横截面中，如箱梁的受压翼缘，该部分截面的平均压应变应不大于 ε_{c2}(或 ε_{c3}，如果使用双线性关系曲线)。

(4)可能的应变分布范围如图 6-1 所示。

(5)关于永久性无黏结预应力筋的预应力构件，参见 5.10.8。

(6)对于体外预应力筋，假定两个相邻固定点之间预应力筋的应变是连续的。在损失之后，预应力筋中的应变等于残留应变，而残留应变会随所考虑固定点之间的结构变形而增大。

(7)对于预应力结构，可以通过下列方法避免由于预应力筋失效所引起构件的脆性破坏：

①通过预应力折减面积检验承载能力。应按下述方式进行检验：

a. 计算由频遇作用组合引起的作用弯矩。

b. 确定预应力的折减面积。当截面受到 a 中计算弯矩作用时，在极限拉伸状态下，折减面积将使得抗拉应力达到f_{ctm}。

c. 使用预应力折减面积计算极限弯曲能力，需要保证计算的弯曲能力大于由频遇作用组合产生的弯矩。这种检验可以考虑结构中内力重分布，对于偶然设计情形，应通过材料分项系数计算极限抗弯能力。

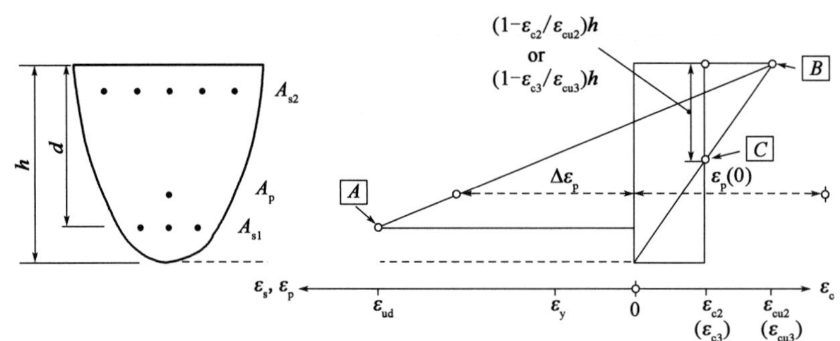

图 6-1 承载能力极限状态下的可能应变分布

A-预应力筋的拉应变极限；B-混凝土压应变极限；C-混凝土纯压应变极限

②根据式(6-1a)确定最小钢筋面积。$A_{s,min}$可包含其他用途的钢筋。

$$A_{s,min} = \frac{M_{rep}}{z_s f_{yk}} \tag{6-1a}$$

式中：M_{rep}——在截面极限拉伸状态下，根据抗拉强度f_{ctx}计算的开裂弯矩，不考虑任何预应力效应，在预制构件接缝处，应假设$M_{rep}=0$；

z_s——在钢筋承载能力极限状态下的力臂。

③国家主管部门制定的检查机制（某一国家所使用的方法，可以查阅该国的国家附件）。

(8)如果选择(7)中的方法②，则：

①如果在特征组合作用下混凝土出现拉应力，则应在该区域配置最小数量的钢筋。检查时，应考虑预应力的附加效应，同时忽略初始效应。

②对于先张构件，结合 a 和 b，应适用式(6-1a)：

a. 如果混凝土保护层为规定最小保护层厚度的k_{cm}倍，则预应力筋的有效面积可视为$A_{s,min}$。公式中使用有效钢绞线的z值，并且f_{yk}替换为$f_{p0.1k}$。k_{cm}为国家定义参数，推荐值为 2.0。

b. 在特征组合作用下，预应力损失后，受到低于$0.6f_{pk}$应力作用的预应力筋可视为全部有效。这种情况下，式(6-1a)替换为

$$A_{s,min} f_{yk} + A_p \Delta\sigma_p \geqslant \frac{M_{rep}}{z} \tag{6-1b}$$

式中：$\Delta\sigma_p$——$0.4f_{ptk}$和 500MPa 中的较小值。

c. 为保证足够的延性，在连续梁中，式(6-1)中定义的最小钢筋面积$A_{s,min}$应延伸至所考虑跨径的中间支撑点。

在承载能力极限状态下，如果由支座上钢筋和预应力筋提供的抗拉能力小于底部翼缘的抗压能力，则没有必要延长：

$$A_s f_{yk} + k_p A_p f_{p0.1k} < t_{inf} b_0 \alpha_{cc} f_{ck} \tag{6-2}$$

式中：t_{inf}、b_0——截面底部翼缘的厚度和宽度；对于 T 形截面，t_{inf}等于b_0；

A_s、A_p——在承载能力极限状态下的抗拉区域中钢筋和预应力筋的面积。

注：k_p为国家定义参数，推荐值为 1.0。

《公路钢筋混凝土及预应力混凝土桥涵设计规范》(JTG 3362—2018)中关于构件截面计算的假设与欧洲标准基本一致,所不同的是参数的取值,相对于 EN 1992,中国标准给出了依据截面平衡推导的计算公式及其简化公式。以下各节分述中欧标准在各种情形下正截面承载力计算的异同。

6.1.1 矩形截面梁

EN 1992 基于前述假设,列出混凝土梁截面设计计算公式为

$$M_{\mathrm{Ed}} \leqslant M_{\mathrm{Rd}} = \eta f_{\mathrm{cd}} \lambda x b\left(d - \frac{\lambda x}{2}\right) + A_{\mathrm{s}}' \sigma_{\mathrm{s}}'(d - d') \tag{6-3}$$

$$\eta f_{\mathrm{cd}} \lambda x b = A_{\mathrm{s}} f_{\mathrm{yd}} - A_{\mathrm{s}}' \sigma_{\mathrm{s}}' \tag{6-4}$$

式中:M_{Ed}——作用产生的弯矩设计值;

b——构件的截面宽度;

f_{cd}——混凝土强度设计值;

f_{yd}——钢筋强度设计值;

d——受拉钢筋到受压混凝土边缘的距离;

d'——受压钢筋到受压混凝土边缘的距离;

A_{s}、A_{s}'——下部和上部钢筋面积;

σ_{s}'——上部钢筋应力。当 $\sigma_{\mathrm{s}}' \geqslant f_{\mathrm{yd}}'$ 时,取 $\sigma_{\mathrm{s}}' = f_{\mathrm{yd}}'$;当 $\sigma_{\mathrm{s}}' < f_{\mathrm{yd}}'$ 时,按式(6-5)计算:

$$\sigma_{\mathrm{s}}' = \varepsilon_{\mathrm{cu2}} E_{\mathrm{s}} \frac{x - d'}{x} \tag{6-5}$$

式中,x、d 和 d'的含义分别见图 6-1 和图 6-2;λ、η 见图 6-2 简化矩形图式。

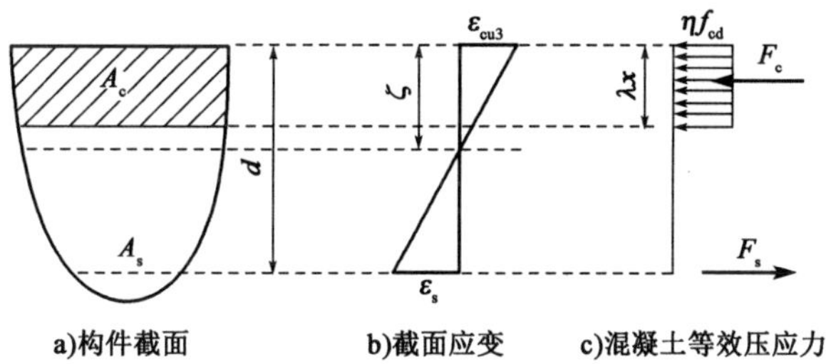

图 6-2 正截面计算时截面应力分布

对于预应力混凝土受弯构件,极限承载力为

$$M_{\mathrm{Ed}} \leqslant M_{\mathrm{Rd}} = A_{\mathrm{p}} f_{\mathrm{yd}}\left(d_{\mathrm{p}} - \frac{\lambda x}{2}\right) + A_{\mathrm{s}} f_{\mathrm{yd}}\left(d - \frac{\lambda x}{2}\right) - A_{\mathrm{s}} \sigma_{\mathrm{s}}'\left(\frac{\lambda x}{2} - d'\right) \tag{6-6}$$

$$\eta f_{\mathrm{cd}} \lambda x b = A_{\mathrm{s}} f_{\mathrm{yd}} + A_{\mathrm{p}} f_{\mathrm{py}} - A_{\mathrm{s}} \sigma_{\mathrm{s}}' \tag{6-7}$$

式中:A_{p}——预应力筋的截面面积;

f_{py}——预应力筋的屈服强度。

《公路钢筋混凝土及预应力混凝土桥涵设计规范》(JTG 3362—2018)与 EN 1992 的规定略有不同,JTG 3362—2018 规定矩形截面或翼缘位于受拉边的 T 形截面受弯构件,其正截面抗弯承载力计算应按式(6-8)计算(图 6-3):

$$\gamma_0 M_{\mathrm{d}} \leqslant f_{\mathrm{cd}} b x\left(h_0 - \frac{x}{2}\right) + f_{\mathrm{sd}}' A_{\mathrm{s}}'(h_0 - a_{\mathrm{s}}') + (f_{\mathrm{pd}}' - \sigma_{\mathrm{p0}}') A_{\mathrm{p}}'(h_0 - a_{\mathrm{p}}') \tag{6-8}$$

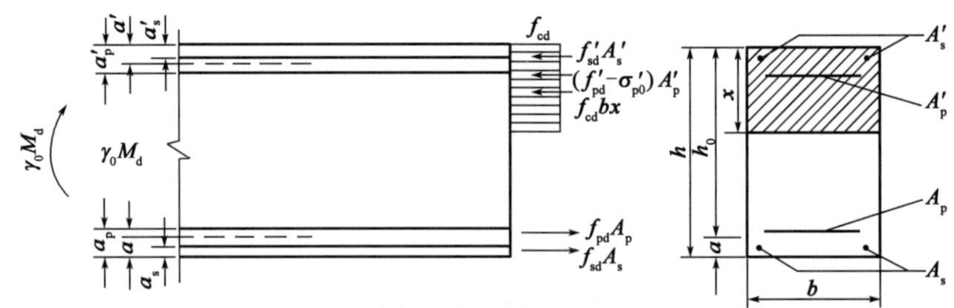

图 6-3　矩形截面受弯构件正截面承载力计算图式

混凝土受压区高度 x 应按式(6-9)计算：

$$f_{sd}A_s + f_{pd}A_p = f_{cd}bx + f'_{sd}A'_s + (f'_{pd} - \sigma'_{p0})A'_p \tag{6-9}$$

截面受压区高度应符合下列要求：

$$x \leqslant \xi_b h_0 \tag{6-10}$$

当受压区配有纵向普通钢筋和预应力筋，且预应力筋受压即 $(f'_{pd} - \sigma'_{p0})$ 为正时：

$$x \geqslant 2a' \tag{6-11}$$

当受压区仅配纵向普通钢筋或配普通钢筋和预应力筋，且预应力筋受拉即 $(f'_{pd} - \sigma'_{p0})$ 为负时：

$$x \geqslant 2a'_s \tag{6-12}$$

式中：γ_0——桥梁结构的重要性系数；

M_d——弯矩组合设计值；

f_{cd}——混凝土轴心抗压强度设计值；

f_{sd}、f'_{sd}——纵向普通钢筋的抗拉强度设计值和抗压强度设计值；

f_{pd}、f'_{pd}——纵向预应力筋的抗拉强度设计值和抗压强度设计值；

A_s、A'_s——受拉区、受压区纵向普通钢筋的截面面积；

A_p、A'_p——受拉区、受压区纵向预应力筋的截面面积；

b——矩形截面宽度或 T 形截面腹板宽度；

h_0——截面有效高度，$h_0 = h - a$，此处 h 为截面全高；

a、a'——受拉区、受压区普通钢筋和预应力筋的合力点至受拉区边缘、受压区边缘的距离；

a'_s、a'_p——受压区普通钢筋合力点、预应力筋合力点至受压区边缘的距离；

σ'_{p0}——受压区预应力筋合力点处混凝土法向应力等于零时预应力筋的应力。

注：当桥梁为预应力混凝土连续梁等超静定结构时，式(6-8)中 M_d 应改为作用(或荷载)效应组合。

比较式(6-3)和式(6-8)可以发现，中欧标准关于正截面受弯计算式有一定差异。欧洲标准没有考虑结构的重要性调整系数 γ_0，而中国标准则考虑重要性调整系数。相反，欧洲标准考虑构件的抗力折减系数 η，而 JTG 3362—2018 则没有。对于混凝土抗压强度 $f_{ck} < 50$MPa 的构件，按中欧标准计算的抗力相同，当 $f_{ck} \geqslant 50$MPa 时，JTG 3362—2018 计算的抗力大于欧洲标准的计算值。但 GB 50010—2010 已考虑了这种折减，与欧洲标准计算结果相近。

6.1.2　T 形截面受弯构件

根据受力后中和轴位置的不同，T 形截面受弯承载力计算可分为两种类型：第一类 T 形截面，其中性轴位于翼缘内；第二类 T 形截面，其中性轴通过腹板，如图 6-4 所示。

当 $x > h_f$ 时，EN 1992 忽略腹板受压区混凝土的面积，而直接按全部压应力由受压翼缘承担进行计算，取 $x = h_f$，则受弯承载力为

$$M_{\mathrm{Rd}} = A_{\mathrm{p}} f_{\mathrm{pd}}\left(h - \frac{h_{\mathrm{f}}}{2} - a_{\mathrm{p}}\right) + A_{\mathrm{s}} f_{\mathrm{yd}}\left(h - \frac{h_{\mathrm{f}}}{2} - a_{\mathrm{s}}\right) \tag{6-13}$$

式中：h_{f}——T 形截面翼缘高度。

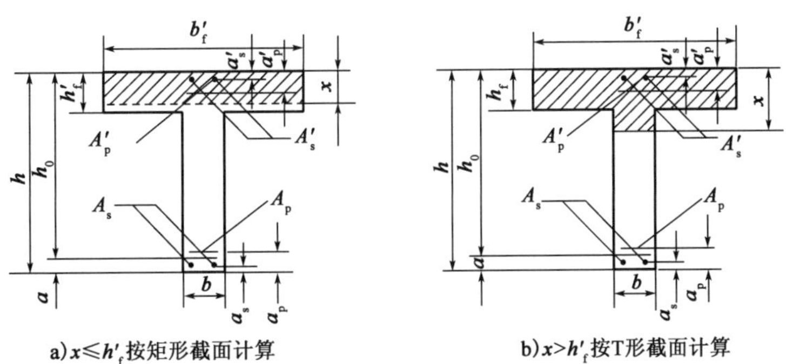

图 6-4　T 形截面受弯构件正截面承载力计算图式

JTG 3362—2018 则规定翼缘位于受压区的 T 形截面或 I 形截面受弯构件，其正截面抗弯承载力应按式(6-14)计算：

(1)当符合下列条件时：

$$f_{\mathrm{sd}}A_{\mathrm{s}} + f_{\mathrm{pd}}A_{\mathrm{p}} \leqslant f_{\mathrm{cd}}b_{\mathrm{f}}'h_{\mathrm{f}}' + f_{\mathrm{sd}}'A_{\mathrm{s}}' + (f_{\mathrm{pd}}' - \sigma_{\mathrm{p0}}')A_{\mathrm{p}}' \tag{6-14}$$

应以宽度为 b_{f}' 的矩形截面[图 6-4a)]公式计算正截面抗弯承载力。

(2)当不符合式(6-14)的条件时[图 6-4b)]，计算中应考虑截面腹板受压的作用，其正截面抗弯承载力应按式(6-15)计算：

$$\gamma_0 M_{\mathrm{d}} \leqslant f_{\mathrm{cd}}\left[bx\left(h_0 - \frac{x}{2}\right) + (b_{\mathrm{f}}' - b)h_{\mathrm{f}}'\left(h_0 - \frac{h_{\mathrm{f}}'}{2}\right)\right] + f_{\mathrm{sd}}'A_{\mathrm{s}}'(h_0 - a_{\mathrm{s}}') + (f_{\mathrm{pd}}' - \sigma_{\mathrm{p0}}')A_{\mathrm{p}}(h_0 - a_{\mathrm{p}}') \tag{6-15}$$

此时，受压区高度 x 应按下列公式计算：

$$f_{\mathrm{sd}}A_{\mathrm{s}} + f_{\mathrm{pd}}A_{\mathrm{p}} = f_{\mathrm{cd}}[bx + (b_{\mathrm{f}}' - b)h_{\mathrm{f}}'] + f_{\mathrm{sd}}'A_{\mathrm{s}}' + (f_{\mathrm{pd}}' - \sigma_{\mathrm{p0}}')A_{\mathrm{p}} \tag{6-16}$$

式中：h_{f}'——T 形或 I 形截面受压翼缘厚度；

b_{f}'——T 形或 I 形截面受压翼缘的有效宽度。

箱形截面受弯构件的正截面抗弯承载力可参照本条计算。

当计算中考虑受压区纵向钢筋但不符合式(6-11)、式(6-12)的条件时，受弯构件正截面抗弯承载力的计算应符合下列规定：

(1)当受压区配有纵向普通钢筋和预应力筋，且预应力筋受压时：

$$\gamma_0 M_{\mathrm{d}} \leqslant f_{\mathrm{pd}}A_{\mathrm{p}}(h - a_{\mathrm{p}} - a') + f_{\mathrm{sd}}A_{\mathrm{s}}(h - a_{\mathrm{s}} - a') \tag{6-17}$$

(2)当受压区仅配纵向普通钢筋或配普通钢筋和预应力筋，且预应力筋受拉时：

$$\gamma_0 M_{\mathrm{d}} \leqslant f_{\mathrm{pd}}A_{\mathrm{p}}(h - a_{\mathrm{p}} - a_{\mathrm{s}}') + f_{\mathrm{sd}}A_{\mathrm{s}} + (h - a_{\mathrm{s}} - a_{\mathrm{s}}') - (f_{\mathrm{pd}}' - \sigma_{\mathrm{p0}}')A_{\mathrm{p}}'(a_{\mathrm{p}}' - a_{\mathrm{s}}') \tag{6-18}$$

式中：a_{s}、a_{p}——受拉区普通钢筋合力点、预应力筋合力点至受拉区边缘的距离。

6.1.3　受弯构件配筋率限值

1)界限配筋率

界限配筋率为受弯构件受拉钢筋屈服，同时受压混凝土被压碎时的配筋率与构件界限破坏时的相对受压区高度相对应。

EN 1992 中规定界限配筋率由式(6-19)计算：

$$\rho_b = \frac{A_{s,b}}{bd} = \left(\frac{x_b}{d}\right)\frac{\lambda\eta f_{cd}}{f_{yd}} + \rho'\frac{f'_y}{f_y} \tag{6-19}$$

式中：ρ'——受压钢筋配筋率；

f'_y——受压钢筋抗压强度；

x_b/d——界限相对受压区高度，查表 6-1 确定。

按 EN 1992 计算的界限相对受压区高度 x_b/d 表 6-1

钢筋等级	≤C50/60	C55/67	C60/75	C70/85	C80/95	C90/105
B400	0.668	0.642	0.624	0.604	0.600	0.599
B500	0.617	0.590	0.570	0.550	0.545	0.545
B600	0.573	0.545	0.525	0.504	0.500	0.499

JTG 3362—2018 中界限配筋率计算公式与 EN 1992 基本相同，仅参数有差异：

$$\rho_b = \frac{A_{s,b}}{bh_0} = \xi_b\frac{f_c}{f_y} + \rho'\frac{f'_y}{f_y} \tag{6-20}$$

式中：ξ_b——界限相对受压区高度，取值详见表 9-1。

2)最小配筋率

详见 9.2.1。

3)最大配筋率

详见 9.2.1。

例 6-1 混凝土梁截面设计

一钢筋混凝土梁，截面尺寸为 350mm × 700mm，中心跨度为 7m，如图 6-5 所示。承受的永久均布荷载 $g_k = 18\text{kN/m}$，可变均布荷载 $q_k = 12\text{kN/m}$。对该混凝土梁进行截面设计。

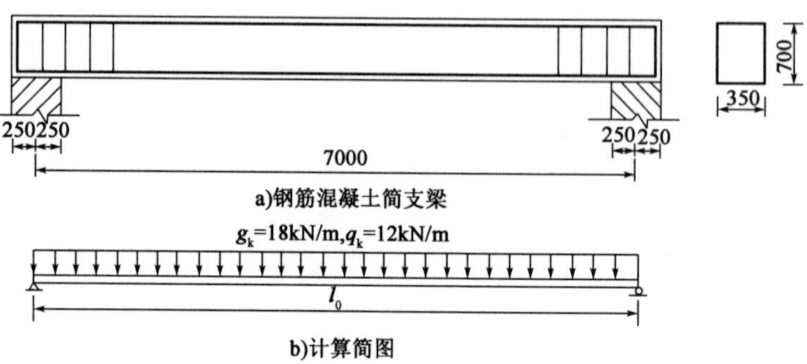

图 6-5 钢筋混凝土简支梁(尺寸单位：mm)

1)按 EN 1992 设计

采用 C25/30 混凝土，圆柱体强度 $f_{ck} = 25\text{MPa}$，$f_{ctm} = 2.6\text{MPa}$，$E_{ctm} = 31\text{GPa}$。纵筋采用 B500 级钢筋，屈服强度 $f_{yk} = 500\text{MPa}$。

分项系数 $\gamma_G = 1.35$，$\gamma_Q = 1.5$，$\gamma_c = 1.5$，$\gamma_s = 1.15$，$l_n = 6500\text{mm}$，$t = 500\text{mm}$。

$$a_1 = a_2 = \min\left(\frac{1}{2}h, \frac{1}{2}t\right) = \min\left(\frac{1}{2}\times 700, \frac{1}{2}\times 500\right) = 250\text{mm}$$

梁的有效跨度：

$$l_{eff} = l_n + a_1 + a_2 = 6500 + 250 + 250 = 7000\text{mm}$$

梁跨中弯矩标准值：

$$M_{Gk}=\frac{1}{8}g_k l_{eff}^2=\frac{1}{8}\times 18\times 7^2=110.25\text{kNm}$$

$$M_{Qk}=\frac{1}{8}q_k l_{eff}^2=\frac{1}{8}\times 12\times 7^2=73.5\text{kNm}$$

梁跨中弯矩设计值：

$$M_{Ed}=\gamma_G M_{Gk}+\gamma_Q M_{Qk}=1.35\times 110.25+1.5\times 73.5=259.09\text{kNm}$$

$b=350\text{mm}$，$h=700\text{mm}$。对于 C25/30 混凝土，$\lambda=0.8$，$\eta=1.0$，取 $\alpha_{cc}=0.85$。假定受拉钢筋至底面距离 $a=50\text{mm}$，则 $d=700-50=650\text{mm}$。

$$f_{cd}=\frac{\alpha_{cc}f_{ck}}{\gamma_c}=\frac{0.85\times 25}{1.5}=14.17\text{MPa},f_{yd}=\frac{f_{yk}}{\gamma_s}=\frac{500}{1.15}=434.78\text{MPa}$$

由式(6-3)和式(6-4)，得：

$$\begin{cases}0.85\times\dfrac{25}{1.5}\times 350\times(0.8x)=434.78A_s\\14.17\times 350\times(0.8x)\times(650-0.4x)=259.09\end{cases}$$

解方程组得，$A_s=983\text{mm}^2$，$x=137.6\text{mm}$。

配置 4ϕ20，实际面积 $A_s=1256\text{mm}^2$。

最大钢筋面积：

$$A_{s,max}=0.45\frac{f_{cd}}{f_{yd}}bd=0.45\times\frac{14.17}{434.78}\times 350\times 650=3336.41\text{mm}^2$$

最小钢筋面积：

$$0.26\frac{f_{ctm}}{f_{yk}}bd=0.26\times\frac{2.6}{500}\times 350\times 650=308\text{mm}^2$$

$$0.0013bd=0.0013\times 350\times 650=296\text{mm}^2$$

$A_{s,min}$取上述两者中的大值，$A_{s,min}=308\text{mm}^2$。

$A_{s,min}<A_s<A_{s,max}$，满足要求。

2）按 GB 50010—2010 设计

混凝土采用 C30，纵筋采用 HRB335，则 $f_c=14.3\text{MPa}$，$f_t=1.43\text{MPa}$，$f_y=300\text{MPa}$，按二级结构进行设计，$\gamma_0=1.0$，$\gamma_G=1.2$，$\gamma_Q=1.4$。

荷载标准值 $g_k=18\text{kN/m}$，$q_k=12\text{kN/m}$。

$b=350\text{mm}$，$h=700\text{mm}$，$B=500\text{mm}$。

梁的计算跨度取净距 l_n 加截面高度 h 及支承长度 B 中的较小者，且不大于两端支承构件中心距 l_c。

$l_n+h=6500+700=7200\text{mm}$，$l_n+B=6500+500=7000\text{mm}$

取其中的较小值，所以梁的计算跨度 $l_0=l_c=7000\text{mm}$。

梁跨中标准值：

$$M_{Gk}=\frac{1}{8}g_k l_0^2=\frac{1}{8}\times 18\times 7.0^2=110.25\text{kNm}$$

$$M_{Qk}=\frac{1}{8}q_k l_0^2=\frac{1}{8}\times 12\times 7.0^2=73.51\text{kNm}$$

梁跨中设计值：

$$M=\gamma_G M_{Gk}+\gamma_Q M_{Qk}=1.2\times 110.25+1.4\times 73.51=235.2\text{kNm}$$

$\varepsilon_{cu}=0.0033$，$E_s=2.0\times 10^5\text{N/mm}^2$，则界限相对受压区高度：

$$\xi_b=\frac{\beta}{1+\dfrac{f_y}{\varepsilon_{cu}E_s}}=\frac{0.80}{1+\dfrac{300}{0.0033\times 2.0\times 10^5}}=0.550$$

假定 $a = 35\text{mm}$，则 $h_0 = 700 - 35 = 665\text{mm}$。

$$\alpha_s = \frac{\gamma_0 M}{\alpha_1 f_c b h_0^2} = \frac{1.0 \times 235.2 \times 10^6}{1.0 \times 14.3 \times 350 \times 665^2} = 0.106$$

$$\xi = 1 - \sqrt{1 - 2\alpha_s} = 1 - \sqrt{1 - 2 \times 0.106} = 0.112 < \xi_b$$

满足最大配筋率要求。

所以需要的纵向钢筋面积为

$$A_s = \xi \frac{\alpha_1 f_c}{f_y} b h_0 = 0.112 \times 1.0 \times \frac{14.3}{300} \times 350 \times 665 = 1243\text{mm}^2$$

配置 4ϕ22（Ⅱ级钢筋），实际面积为 $A_s = 1250\text{mm}^2$。

$$\rho = \frac{A_s}{bh} = \frac{1520}{250 \times 665} = 0.653\%$$

$$\rho_{\min} = \max\left(0.2\%, 45\frac{f_t}{f_y}\%\right) = \max\left(0.2\%, 45 \times \frac{1.43}{300}\%\right) = 0.215\%$$

$\rho > \rho_{\min}$，满足要求。

图 6-6a)、图 6-6b) 分别为按中、欧标准设计的梁截面配筋图。

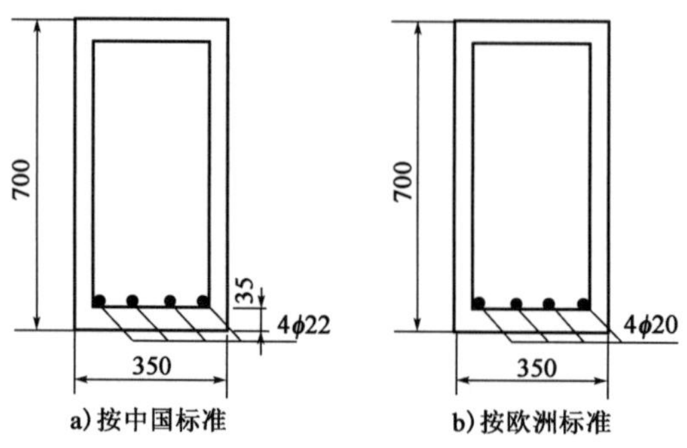

图 6-6 梁截面配筋（尺寸单位：mm）

例 6-2 双筋钢筋混凝土梁的截面受弯承载力验算

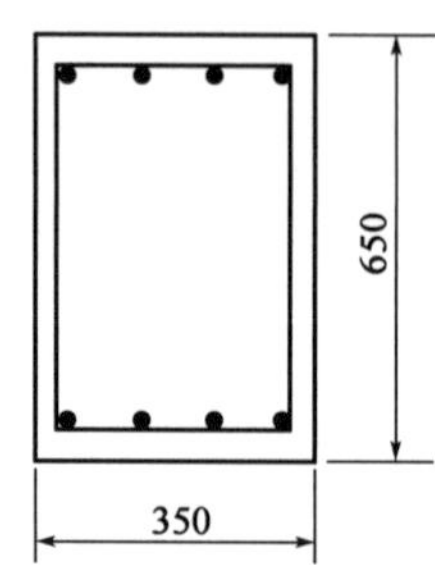

图 6-7 双筋钢筋混凝土梁的截面（尺寸单位：mm）

图 6-7 所示为一双筋钢筋混凝土梁的截面。梁高 650mm，宽 350mm。①按中国标准，混凝土采用 C40，上部配置 4 根直径 25mm 的 HRB400 钢筋，下部配置 4 根直径 32mm 的 HRB400 钢筋；②按欧洲标准，混凝土采用 C30/37，上部配置 4 根直径 25mm 的 B400 钢筋，下部配置 4 根直径 32mm 的 B400 钢筋。假设永久荷载产生的弯矩为 200kNm，可变荷载产生的弯矩为 250kNm。验算梁的受弯承载力。

1）按 EN 1992 计算

$h = 650\text{mm}$，$b = 350\text{mm}$，$f_{ck} = 30\text{MPa}$，$\varepsilon_{cu2} = 0.0035$，$f_{yk} = 400\text{MPa}$，$\lambda = 0.8$，$\eta = 1.0$，$\gamma_c = 1.5$，$\gamma_s = 1.15$，$\alpha_{cc} = 0.85$，$A_s' = 1962.5\text{mm}^2$，$A_s = 3215.36\text{mm}^2$，$M_{Gk} = 200\text{kNm}$，$M_{Qk} = 250\text{kNm}$，$\gamma_G = 1.35$，$\gamma_Q = 1.5$。

弯矩设计值：

$$M_{Ed} = \gamma_G M_{Gk} + \gamma_Q M_{Qk} = 1.35 \times 200 + 1.5 \times 250 = 645\text{kNm}$$

钢筋重心到梁最近表面的距离取为 40mm，即 $d' = 40\text{mm}$，$d = 650 - 40 = 610\text{mm}$。

混凝土和钢筋强度设计值：

$$f_{cd}=\frac{\alpha_{cc}f_{ck}}{\gamma_c}=\frac{0.85\times30}{1.5}=17\text{MPa},f_{yd}=\frac{f_{yk}}{\gamma_s}=\frac{400}{1.15}=347.8\text{MPa}$$

梁的配筋率：

$$\rho=\frac{A_s}{bd}=\frac{3215.35}{350\times610}=0.0151,\rho'=\frac{A'_s}{bd}=\frac{1962.5}{350\times610}=0.0092$$

规定的最小配筋率：

$$\rho_{min}=0.078\frac{f_{ck}^{2/3}}{f_{ck}}=0.078\times\frac{30^{2/3}}{400}=0.0019$$

规定的最大配筋率：

$$\rho_{max}=0.45\frac{\eta\lambda f_{cd}}{f_{yd}}+\rho'=0.45\times\frac{1.0\times0.8\times17}{347.8}+0.0092=0.0268$$

由于 $\rho_{min}<\rho<\rho_{max}$，满足要求。

假定梁上部钢筋屈服，则：

$$x=\frac{(A_s-A'_s)f_{yd}}{\eta f_{cd}\lambda b}=\frac{(3215.36-1962.5)\times347.8}{1.0\times17\times0.8\times350}=91.54\text{mm}$$

$$\sigma'_s=\varepsilon_{cu2}E_s\frac{x-d'}{x}=0.0035\times2.0\times10^5\times\frac{91.54-40}{91.54}=394.123\text{MPa}$$

由于 $\sigma'_s>f_{yd}$，所以假设梁上部钢筋屈服是正确的。

梁的极限受弯承载力为

$$M_{Rd}=\eta f_{cd}(\lambda x)b\left(d-\frac{\lambda x}{2}\right)+A'_s\sigma'_s(b-d')$$

$$=1.0\times17\times(0.8\times91.54)\times350\times\left(610-\frac{0.8\times91.54}{2}\right)+1962.5\times347.8\times(610-40)$$

$$=670.808\text{kNm}$$

$M_{Rd}>M_{Ed}$，满足要求。

2）按 GB 50010—2010 计算

$h=650\text{mm}$，$b=350\text{mm}$，$f_c=19.1\text{MPa}$，$f_t=1.71\text{MPa}$，$\xi_b=0.518$，$f_y=f'_y=360\text{MPa}$，$M_{Gk}=200\text{kNm}$，$M_{Qk}=250\text{kNm}$，$\gamma_G=1.2$，$\gamma_Q=1.4$。

弯矩设计值：

$$M=\gamma_G M_{Gk}+\gamma_Q M_{Qk}=1.2\times200+1.4\times250=590\text{kNm}$$

上部钢筋面积：

$$A_s=4\times\frac{32^2}{4}\times3.14=3215.36\text{mm}^2$$

取 $a=a'=40\text{mm}$，则 $h_0=h-a=650-40=610\text{mm}$。

配筋率：

$$\rho=\frac{A_s}{bh_0}=\frac{3215.36}{350\times610}=0.0151,\rho'=\frac{A'_s}{bh_0}=\frac{1962.5}{350\times610}=0.0092$$

$$\rho_{min}=\max\left(45\frac{f_t}{f_y},0.2\right)\Big/100=\max\left(45\times\frac{1.71}{360},0.2\right)\Big/100=0.0021$$

$$\rho_{max}=\xi_b\frac{f_c}{f_y}+\rho'=0.518\times\frac{19.1}{360}+0.0092=0.0367$$

由于 $\rho_{min}<\rho<\rho_{max}$，属于适筋梁。混凝土受压高度为

$$x=\frac{f_y(A_s-A'_s)}{\alpha_1 f_c b}=\frac{360\times(3215.36-1962.5)}{1.0\times19.1\times350}=67.47\text{mm}$$

由于 $x<2a'=80\text{mm}$，所以受压钢筋未屈服。取 $x=2a'$，梁受弯承载力为

$M_u = f_y A_s (h_0 - a') = 360 \times 3215.36 \times (610 - 40) = 659.792 \text{kNm}$

$M_u > M$,满足要求。

例 6-3　预应力混凝土 T 形简支梁的极限承载力验算

图 6-8 为一预应力混凝土 T 形简支梁截面。永久荷载产生的弯矩为 420kNm,可变荷载产生的弯矩为 830kNm。①按中国标准设计时,采用 C40 混凝土,使用 13 根 1×7 直径 12.7mm 的钢绞线,下部配置 4 根直径 22mm 的 HRB400 钢筋;②按欧洲标准,采用 C35/45 混凝土,使用 13 根 EN10138-Y1860S7G-12.7 钢绞线,下部配置 4 根直径 20mm 的 B500 钢筋。验算梁的极限承载力。

1)按 EN 1992 计算

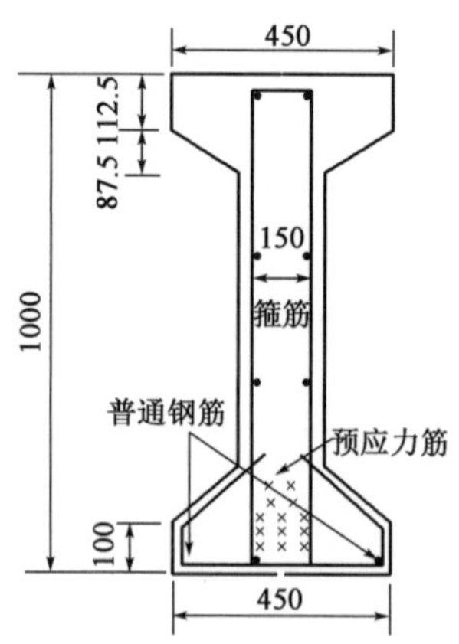

图 6-8　预应力混凝土 T 形简支梁截面(尺寸单位:mm)

$h = 1000\text{mm}, b_w = 150\text{mm}, h_f = 112.5 + 87.5/2 = 156.25\text{mm}$, $b_{eff} = 450\text{mm}$。

$M_{Gk} = 420\text{kNm}, M_{Qk} = 830\text{kNm}, \gamma_G = 1.35, \gamma_Q = 1.5, \gamma_c = 1.5$, $\gamma_s = 1.15, \alpha_{cc} = 0.85, f_{ck} = 35\text{MPa}, f_{yk} = 500\text{MPa}, f_{pk} = 1860\text{MPa}, \lambda = 0.8, \eta = 1.0$。

混凝土和钢筋强度设计值:

$$f_{cd} = \frac{\alpha_{cc} f_{ck}}{\gamma_c} = \frac{0.85 \times 35}{1.5} = 19.833\text{MPa}$$

$$f_{yd} = \frac{f_{yk}}{\gamma_s} = \frac{500}{1.15} = 434.78\text{MPa}$$

$$f_{pd} = \frac{f_{p0.1k}}{\gamma_s} = \frac{1860}{1.15} = 1617.39\text{MPa}$$

钢筋面积:

$$A_p = 13 \times 112 = 1456\text{mm}^2$$

$$A_s = 4 \times \frac{20^2}{4} \times 3.14 = 1256\text{mm}^2$$

梁的设计弯矩:

$$M_{Ed} = \gamma_G M_{Gk} + \gamma_Q M_{Qk} = 1.35 \times 420 + 1.5 \times 830 = 1812\text{kNm}$$

假定中性轴在梁上翼缘内,即截面为第一类 T 形截面,则:

$$x = \frac{f_{yd} A_s + f_{pd} A_p}{\eta f_{cd} \lambda b_{eff}} = \frac{434.78 \times 1256 + 1617.39 \times 1456}{1.0 \times 19.833 \times 0.8 \times 450} = 406.3\text{mm}$$

由于 $\lambda x = 0.8 \times 406.3 = 325\text{mm} > h_f$,所以应按第三类 T 形截面计算。

取钢筋重心和预应力筋重心到梁下表面的距离分别为 40mm 和 100mm,极限承载力为

$$\begin{aligned} M_{Rd} &= A_p f_{pd}\left(h - \frac{h_f}{2} - 100\right) + A_s f_{yd}\left(h - \frac{h_f}{2} - 40\right) \\ &= 1456 \times 1617.39 \times \left(1000 - \frac{156.25}{2} - 100\right) + 434.78 \times 1256 \times \left(1000 - \frac{156.25}{2} - 40\right) \\ &= 2417\text{kNm} \end{aligned}$$

由于 $M_{Rd} > M_{Ed}$,承载力满足要求。

2)按 GB 50010—2010 计算

对图 6-8 所示的构件截面特性进行计算,得截面面积:

$A_c = 2.356 \times 10^5 \text{mm}^2$,回转半径 $r = 342.34\text{mm}$。

$h = 1000\text{mm}, b = 150\text{mm}, h_f' = 112.5 + 87.5/2 = 156.25\text{mm}, b_f = b_f' = 450\text{mm}$。

$M_{Gk}=420\text{kNm}, M_{Qk}=830\text{kNm}, f_c=19.1\text{MPa}, f_y=360\text{MPa}, f_{ty}=1320\text{MPa}, \gamma_G=1.2, \gamma_Q=1.4$。

钢筋面积：

$$A_p = 13 \times 98.7 = 1283.1\text{mm}^2$$

$$A_s = 4 \times \frac{22^2}{4} \times 3.14 = 1519.76\text{mm}^2$$

梁的设计弯矩：

$$M = \gamma_G M_{Gk} + \gamma_Q M_{Qk} = 1.2 \times 420 + 1.4 \times 830 = 1666\text{kNm}$$

取 $a_s=40\text{mm}, a_p=100\text{mm}$，则：

$$h_0 = 1000 - \frac{1519.76 \times 40 + 1283.1 \times 100}{1519.76 + 1283.1} = 932.5\text{mm}$$

假定中性轴在梁上翼缘内，即截面为第一类 T 形截面，由式(6-36)得：

$$x = \frac{f_y A_s + f_{py} A_p}{\alpha_1 f_c b'_f} = \frac{360 \times 1519.76 + 1320 \times 1283.1}{1.0 \times 19.1 \times 450} = 260.7\text{mm}$$

由于 $x > h'_f$，所以应按第二类 T 形截面计算。

$$x = \frac{f_y A_s + f_{py} A_p - \alpha_1 f_c (b'_f - b) h'_f}{\alpha_1 f_c b}$$

$$= \frac{360 \times 1519.76 + 1320 \times 1283.1 - 1.0 \times 19.1 \times (450 - 150) \times 156.25}{1.0 \times 19.1 \times 150}$$

$$= 469.6\text{mm} < \xi_b b_0 = 0.518 \times 932.5 = 483.0\text{mm}$$

由式(6-69)，得梁的极限承载力为：

$$M_u = \alpha_1 f_c bx \left(h_0 - \frac{x}{2}\right) + \alpha_1 f_c (b'_f - b) h'_f \left(h_0 - \frac{h'_f}{2}\right)$$

$$= 1.0 \times 19.1 \times 150 \times 469.6 \times \left(932.5 - \frac{469.6}{2}\right) + 1.0 \times 19.1 \times (450 - 150) \times$$

$$156.25 \times \left(932.5 - \frac{156.25}{2}\right)$$

$$= 1703.6\text{kNm} > M$$

满足要求。

例 6-4　预应力混凝土 M 形截面梁

考察 M 形预应力混凝土梁，160mm 高现浇桥面板，如图 6-9 所示。

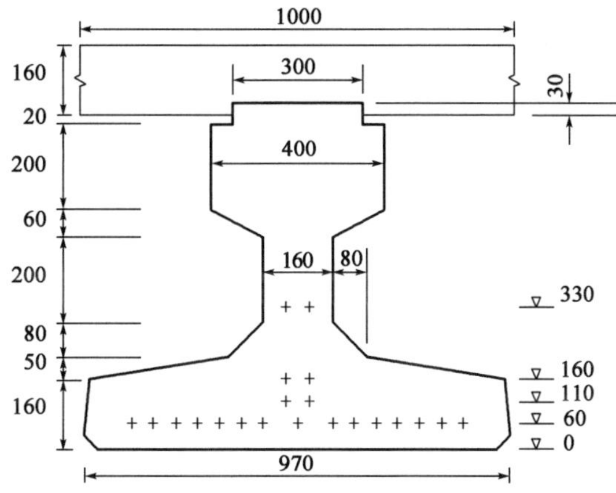

图 6-9　预应力混凝土 M 形截面梁(尺寸单位：mm)

计算以下情况的极限抗弯能力：①使用具有顶部水平分支的预应力钢的应力-应变关系；

②使用具有倾斜分支的预应力钢的应力-应变关系。假设特性如下：

C30/37 级混凝土板，$f_{ck}=30\text{MPa}$

C40/50 级混凝土梁，$f_{ck}=40\text{MPa}$

采用抛物线混凝土应力分布，因此 $\varepsilon_{cu2}=0.0035$，$\varepsilon_{c2}=0.0020$

预应力钢绞线：21 根 15mmY1670S7 型钢绞线

名义直径 = 15.2mm

名义截面面积 = 139mm^2

特征抗拉强度，$f_{pk}=1670\text{MPa}$

最大张拉力标准值 = $139\times1670\times10^{-3}=232\text{kN}$

0.1% 的校验力特征值 = 204kN

$f_{p,0.1k}=(204/232)\times1670=0.879\times1670=1468\text{MPa}$

$E_p=195\text{GPa}$

$\gamma_s=1.15$

应力及其损失：假设初始应力为 $75\%f_{pk}$。

允许 10% 传递损失和 20% 的长期损失。

1）按 EN 1992 计算

预应变 = 长期钢绞线应力/E_p，因此预应变 = $0.75\times0.9\times0.8\times1670/(195\times10^3)=0.0046$。

首先确定：

$f_{pd}=1468/1.15=1276.5\text{MPa}$

$f_{pk}/\gamma_s=1670/1.15=1452.2\text{MPa}$

$f_{pd}/E_p=1276.5/195\times10^3=0.00655$

（1）考察水平顶部分支与中性轴高度，通过试错获得，为 335mm。应力-应变分布如图 6-10 所示。

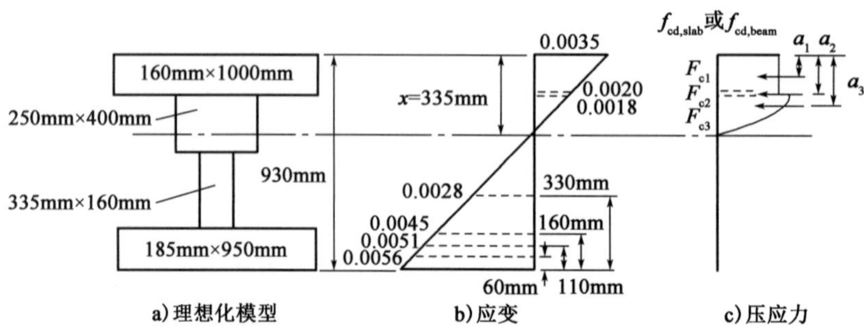

图 6-10 预应力 M 形截面梁的应力-应变分布图

因此，承载能力极限状态时四层钢绞线中的总应变，包括预应变为

$\varepsilon_{s1}=0.0056+0.0046=0.0102$

$\varepsilon_{s2}=0.0051+0.0046=0.0097$

$\varepsilon_{s3}=0.0045+0.0046=0.0091$

$\varepsilon_{s4}=0.0028+0.0046=0.0074$

所有的应变均大于 f_{pd}/E_p（= 0.00655），因此应力取 $f_{pd}=1276.5\text{MPa}$。总钢绞线的力 = $21\times139\times1276.5\times10^{-3}=3726.2\text{kN}$。

中性轴位于梁顶部翼缘，因此用类似于翼缘梁的方式处理混凝土，划分压缩区成下列三部分，并考虑不同的混凝土强度：

①为顶板中应力分布图形中的矩形部分（顶部 143.6mm）。

②为顶板中应力分布图形中的抛物线部分（低部 16.4mm）。

③为顶部翼缘至中性轴之间应力分布图形中的抛物线部分(175mm 高)。

使用抛物线-矩形应力-应变分布几何特性,可得:

①$F_{c1}=2440.7\text{kN}$,距形心的高度,$a_1=71.8\text{mm}$。

②$F_{c2}=278.60\text{kN}$,距形心的高度,$a_2=149.7\text{mm}$。

③$F_{c3}=1008.5\text{kN}$,距形心的高度,$a_3=225.6\text{mm}$。

因此,$F_c=240.7+278.6+1008.5=3727.8\text{kN}\approx F_s$,因此截面平衡,中性轴处正确高度。

对中性轴取矩:

$$M=\begin{bmatrix}2440.7\times(335-71.8)+278.6\times(335-149.7)+1008.5\times(335-225.6)\\+354.9\times(3\times595-330-160-110)+2661.5\times(595-60)\end{bmatrix}\times10^{-3}$$

$$=2648.8\text{kNm}$$

严格地讲,因中性轴在腹板中,应按 EN 1992-2 规定采用新的极限应变图。这要求距桥面板下侧 $h\varepsilon_{c2}/\varepsilon_{cu2}=160\times2.0/3.5=91.4\text{mm}$ 处,即距顶端 68.6mm,应变小于应变限值 $\varepsilon_{c2}=2.0\times10^{-3}$。在桥面板顶部使用应变限值 $\varepsilon_{c2}=2.0\times10^{-3}$,求得桥面板抗弯能力为 2585kNm。

(2)观察倾斜分支与中性轴高度,通过试算求得为 348mm。由 EN 1992-1 中 3.3.6.7 的推荐值 $\varepsilon_{ud}=0.02$,得:

$$\varepsilon_{uk}=\varepsilon_{ud}/0.9=0.022$$

用于定义应力-应变分支。表 4-1 实际给出 $\varepsilon_{uk}=0.035$,可与 $\varepsilon_{ud}=0.9\varepsilon_{uk}$ 共同确定。

可获得预应力钢绳中的应变,包括预应变为:

$$\varepsilon_{s1}=0.0053+0.0046=0.0099$$

$$\varepsilon_{s2}=0.0047+0.0046=0.0093$$

$$\varepsilon_{s3}=0.0042+0.0046=0.0088$$

$$\varepsilon_{s4}=0.0025+0.0046=0.0071$$

对应的应力:

$$\sigma_{s1}=1276.5+\left(\frac{1670}{1.15}-1276.5\right)\times\frac{0.0099-0.00655}{0.022-0.00655}=1314\text{MPa}$$

$$\sigma_{s2}=1276.5+\left(\frac{1670}{1.15}-1276.5\right)\times\frac{0.0093-0.00655}{0.022-0.00655}=1308\text{MPa}$$

$$\sigma_{s3}=1276.5+\left(\frac{1670}{1.15}-1276.5\right)\times\frac{0.0088-0.00655}{0.022-0.00655}=1302\text{MPa}$$

$$\sigma_{s4}=1276.5+\left(\frac{1670}{1.15}-1276.5\right)\times\frac{0.0071-0.00655}{0.022-0.00655}=1283\text{MPa}$$

对应作用力为:

$$F_{s1}=15\times139\times1314\times10^{-3}=2739.7\text{kN}$$

$$F_{s2}=2\times139\times1308\times10^{-3}=363.6\text{kN}$$

$$F_{s3}=2\times139\times1302\times10^{-3}=362.0\text{kN}$$

$$F_{s4}=2\times139\times1283\times10^{-3}=356.7\text{kN}$$

钢绞线总力 $F_s=2739.7+363.6+362.0+365.7=3822\text{kN}$。

中性轴位于梁顶部翼缘中,因此有:

①$F_{c1}=2535.4\text{kN}$,距形心的高度,$a_1=74.6\text{mm}$

②$F_{c2}=184.4\text{kN}$,距形心的高度,$a_2=153.2\text{mm}$

③$F_{c3}=1103.6\text{kN}$,距形心的高度,$a_3=230.5\text{mm}$

$F_c=2535.4+184.4+1103.6=3823.5\text{kN}\approx F_s$,因此截面平衡,中性轴处正确高度。

对中性轴取矩:

$$M = \begin{bmatrix} 2535.4\times(348-74.6)+184.4\times(348-153.2) \\ +1103.6\times(34-230.5)+356.7\times(582-330) \\ +362\times(582-160)+363.6\times(582-110)+2739.7\times(582-60) \end{bmatrix}\times 10^{-3}$$

$=2702.8\text{kNm}$

比(1)大2.0%。

在(1)中关于极限混凝土应变的解释也适用于此。

2)按 JTG 3362—2018 计算

假设特性:C35 混凝土板$f_c=16.7\text{MPa}$,C50 混凝土梁$f_c=23.1\text{MPa}$

预应力钢绞线:21 根 1×7 钢绞线,直径 15.2mm,截面面积 = 139mm^2

抗拉强度:$f_{pk}=1720\text{MPa}$,$f_{pd}=1260\text{MPa}$,$E_p=195\text{GPa}$

应力及其损失:假设初始应力为75%f_{ptk},允许10%的传递损失和20%的长期损失。

预应变 = 长期钢绞线应力/E_p,因此预应变 $\varepsilon_p=0.75\times0.9\times0.8\times1720/(195\times10^3)=0.0053$

计算应变如图 6-10 所示。

承载能力极限状态时每层钢绞线中的总应变,包括预应变为:

$\varepsilon_{s1}=0.0053+0.0053=0.0106$

$\varepsilon_{s2}=0.0048+0.0053=0.0101$

$\varepsilon_{s3}=0.0043+0.0053=0.0096$

$\varepsilon_{s4}=0.0026+0.0053=0.0079$

所有的应变均大于$f_{py}/E_p=1260/195\times10^3=0.0065$,因此应力取$f_{py}=1260\text{MPa}$。总钢绞线力$=21\times139\times1260\times10^{-3}=3677.9\text{kN}$。

每层钢绞线的拉力为:

$F_{s1}=15\times139\times1260\times10^{-3}=2627.1\text{kN}$

$F_{s2}=2\times139\times1260\times10^{-3}=350.3\text{kN}$

$F_{s3}=2\times139\times1260\times10^{-3}=350.3\text{kN}$

$F_{s4}=2\times139\times1260\times10^{-3}=350.3\text{kN}$

当混凝土等级强度≤C50 时,查表知,$n=2$,$\varepsilon_0=0.002$,$\varepsilon_{cu}=0.0035$。

考察水平顶部分支与中性轴高度,通过试算获得,为 335mm。因此中性轴在梁翼缘内。

当中性轴位于梁顶部翼缘,划分受压区为下列三部分,并考虑不同的混凝土强度等级。

由应变图形,在距中性轴 175mm 的变截面处应变为 $\varepsilon_1=0.0017$,$\varepsilon_0=0.002>\varepsilon_1=0.0017$。

翼缘处:

$$F_{c1}=\int_0^{\varepsilon_1}\sigma_c b dy=\int_0^{\varepsilon_1}\sigma_c b\frac{x_c}{\varepsilon_{cu}}d\varepsilon_c$$

$$=\int_0^{0.0017}23.1\times\left[1-\left(1-\frac{\varepsilon_c}{0.002}\right)^2\right]\times400\times\frac{335}{0.0033}d\varepsilon_c=971.4\text{kN}$$

作用力距桥面板顶面 $a_1=224\text{mm}$。

桥面板处由于混凝土的强度不同:由应变图,当 $\varepsilon_0=0.002$ 时,对应距中性轴 203mm,即在桥面板的底部 28mm 处,对应的是 C35 混凝土受压应力-应变的抛物线部分。

$$F_{c2}=\int_{\varepsilon_1}^{\varepsilon_0}\sigma_c b dy=\int_{\varepsilon_1}^{\varepsilon_0}\sigma_c b\frac{x_c}{\varepsilon_{cu}}d\varepsilon_c$$

$$=\int_{0.0017}^{0.002}16.7\times\left[1-\left(1-\frac{\varepsilon_c}{0.002}\right)^2\right]\times1000\times\frac{335}{0.0033}d\varepsilon_c=497.1\text{kN}$$

作用力距桥面板顶面 $a_2=143.3\text{mm}$。

在桥面板的距底部 132mm,对应的是 C35 混凝土受压应力-应变图矩形部分:

$$F_{c3}=\int_{\varepsilon_0}^{\varepsilon_{cu}}\sigma_c b dy=\int_0^{\varepsilon_1}\sigma_c b\frac{x_c}{\varepsilon_{cu}}d\varepsilon_c$$

$$=\int_{0.002}^{0.0033}16.7\times1000\times\frac{335}{0.0033}d\varepsilon_c=2203.9\text{kN}$$

作用力距桥面板顶面 $a_3=66$mm

合力 $F_c=F_{c1}+F_{c2}+F_{c3}=971.4+497.1+2203.9=3672.4$kN

$F_c=3672.4$ 与 $F_s=3677.9$ 基本接近，因此截面平衡，中性轴处正确高度。

对中性轴取矩：

$$M=[2203.9\times(335-66)+497.1\times(335-143.3)+971.4\times(335-224)+350.3\times(3\times595-330-160-110)+2627.1\times(595-60)]\times10^{-3}=2616.6\text{kNm}$$

组合梁的极限抗弯为 2616.6kNm。

JTG 3362—2018 与 EN 1992 计算方法相同，计算结果基本相同。不同之处是：EN 1992 中相对受压区高度为混凝土受压高度与截面的有效高度之比；中国标准中为等效受压区高度与截面有效高度之比，中性轴的高度取值方法有所不同。

6.1.4 轴心受压构件

对于短而且配置普通箍筋的轴心受压构件，假定钢筋与混凝土保持变形协调，则承受的轴向压力 N 为

$$N=\sigma_c(\varepsilon)A+\sigma_s(\varepsilon)A_s \tag{6-21}$$

式中：$\sigma_c(\varepsilon)$、$\sigma_s(\varepsilon)$——应变 ε 时混凝土和钢筋的应力；

A、A_s——混凝土和钢筋截面面积。

根据混凝土应力-应变关系，可绘出构件荷载-应变曲线，曲线上荷载最大的点即为构件的极限承载力。

试验表明，配置普通箍筋轴心受压构件的承载力与其长细比有很大关系，在相同截面和相同配筋条件下，长细比小的构件承载力大。这是因为自然存在的附加偏心距使构件产生了附加弯矩。因此，对于细长构件，应在短构件受压承载力的基础上进行修正。

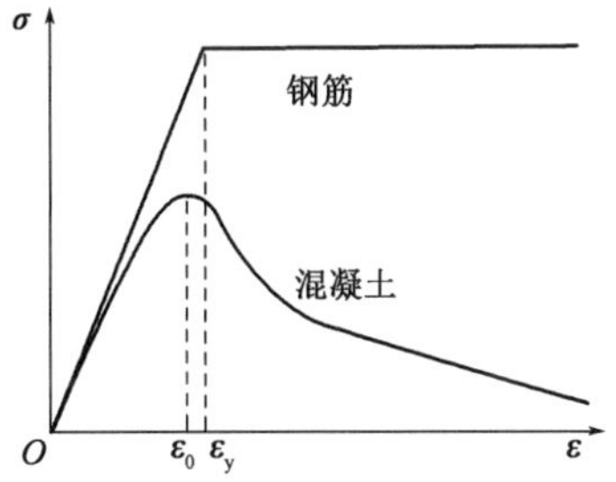

图 6-11 钢筋与混凝土应力-应变关系（EN 1992）

EN 1992 对于承受轴向荷载的构件，只有当 $l_0/h<12$，即按短柱考虑时，才将受压构件视为轴心受压构件。对于长柱，至少考虑 $e_0=h/30$（h 为截面高度）并不小于 20mm 的偏心距，按偏心受压构件计算。由于欧洲采用的钢筋强度较高，钢筋屈服时混凝土有可能已超过其峰值应力，如图 6-11 所示。所以，不能直接将钢筋屈服时承受的力与混凝土达到强度时承受的力进行叠加。考虑到这一点，EN 1992 关于轴心受压构件承载力计算公式为

$$N_{Ed}\leqslant N_d=\lambda\eta f_{cd}A_c+f_{yd}A_s \tag{6-22}$$

式中：A_c——混凝土净截面面积；

A_s——纵向钢筋总面积；

f_{cd}——混凝土抗压强度设计值；

f_{yd}——钢筋抗压强度设计值；

λ、η——见 EN 1992 4.1.7 简化矩形图式确定的系数。

中国标准关于轴心受压构件的相关规定分为两种情形：

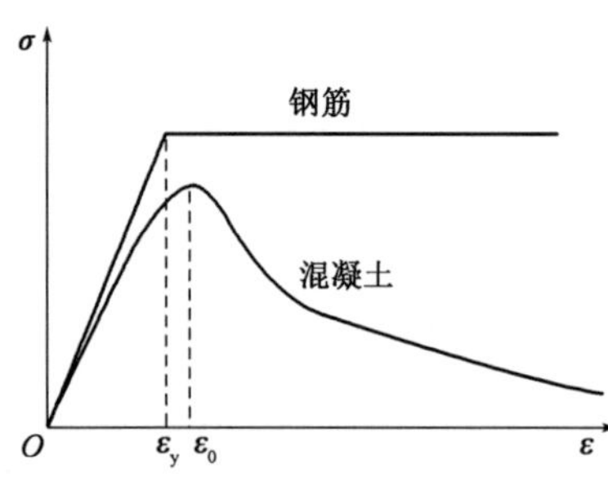

图 6-12　钢筋与混凝土应力-应变关系（GB 50010—2010）

（1）普通箍筋轴心受压构件。

图 6-12 所示为中国混凝土和钢筋的应力-应变曲线。混凝土峰值应变 ε_0 的范围为0.002～0.00215。HRB400 钢筋的屈服应变为 0.0015，HRB500 和 RRB 400 钢筋的屈服应变为 0.0018。

由于 $\varepsilon_y < \varepsilon_0$，所以混凝土达到 ε_0 之前，钢筋已经屈服，当构件的应变达到 ε_0 时，式（6-21）中 $\sigma_c(\varepsilon) = f_c$，$\sigma_s(\varepsilon) = f_y$。因此，构件的受压承载力为

$$N_u = f_c A + f_y A_s \tag{6-23}$$

考虑长细比较大构件承载力降低及为保证其可靠度，中国标准规定普通箍筋轴心受压构件的承载力按式（6-24）计算：

$$\gamma_0 N \leqslant N_u = 0.9\phi(f_c A + f'_y A'_s) \tag{6-24}$$

式中：N——轴向压力设计值；

ϕ——钢筋混凝土构件的稳定系数，按表 6-2 取值；

f_c——混凝土轴心抗压强度设计值；

A——构件截面面积；

A'_s——全部纵向钢筋的截面面积。

按式（6-24）计算构件的承载力时，没有扣除钢筋占用的混凝土面积，当钢筋配筋率较大时，应考虑这一影响。中国标准规定，当纵向钢筋配筋率大于3%时，公式中的 A 改用（$A - A'_s$）。

GB 50010—2010 / JTG 3362—2018 中混凝土轴心受压构件的稳定系数　表 6-2

l_0/b	≤8	10	12	14	16	18	20	22	24	26	28
l_0/d	≤7	8.5	10.5	12	14	16.5	17	19	21	22.5	24
l_0/i	≤28	35	42	48	55	62	69	76	83	90	97
ϕ	1.0	0.98	0.95	0.92	0.87	0.81	0.75	0.70	0.65	0.60	0.56
l_0/b	30	32	34	36	38	40	42	44	46	48	50
l_0/d	26	28	29.5	31	33	34.5	36.5	38	40	41.5	43
l_0/i	104	111	118	125	132	139	146	153	160	167	174
ϕ	0.52	0.48	0.44	0.40	0.36	0.32	0.29	0.26	0.23	0.21	0.19

注：l_0 为构件计算长度，d 为圆形构件直径，i 为构件回转半径。

（2）间接箍筋轴心受压构件

为保持与偏心受压构件正截面受压承载力具有相近的可靠度，并且考虑间接钢筋对不同强度等级混凝土约束效应影响的差异，GB 50010—2010 按式（6-25）计算间接箍筋轴心受压构件的承载力：

$$\gamma_0 N \leqslant N_u = 0.9(f_c A_{cor} + 2\alpha f_y A_{ss0} + f'_y A'_s) \tag{6-25}$$

式中：f_y——螺旋箍筋的抗拉强度设计值；

A_{cor}——构件的核心截面面积，间接钢筋内表面范围内的混凝土面积；

A_{ss0}——螺旋式或焊接环式间接钢筋的换算截面面积；

α——间接钢筋对混凝土约束的折减系数：当混凝土强度等级不超过 C50 时取 1.0，当混凝土强度等级为 C80 时取 0.85，其间按线性内插法确定。

对于配置间接箍筋的轴心受压构件，如果箍筋屈服时的承载力较纵筋屈服时的承载力大很多，且设计时采用箍筋屈服时的承载力，则在使用荷载下构件纵筋就会屈服，经变形而使混凝土保护层剥落。为使构件使用荷载下混凝土保护层不致受压剥落，按式（6-25）计算得到的构件受压承载力设计值不大于按式（6-24）计算得到的构件受压承载力设计值的 1.5 倍。当遇到下列

任意一种情况时，不计入间接钢筋的影响，而按式(6-24)进行计算：

①$l_0/d>12$。

②按式(6-25)算得的受压承载力小于按式(6-24)算得的受压承载力。

③间接钢筋的换算截面面积 A_{ss0} 小于纵向钢筋的全部截面面积的25%。

例6-5　现浇钢筋混凝土柱设计

某现浇钢筋混凝土柱，截面尺寸为 $b\times h=400\text{mm}\times400\text{mm}$，计算高度 $l_0=4.2\text{m}$，承受的永久荷载产生的轴向压力标准值为1600kN，可变荷载产生的轴向压力标准值为1000kN。试进行截面配筋设计。

1)按EN 1992设计

混凝土采用C30/37，$f_{ck}=30\text{MPa}$，纵筋采用500级，$f_{yk}=500\text{MPa}$，$\alpha_{cc}=0.85$。

荷载分项系数 $\gamma_G=1.35$，$\gamma_Q=1.5$。材料分项系数 $\gamma_c=1.5$，$\gamma_s=1.15$。

轴力设计值：

$$N_{Ed}=\gamma_G N_{Gk}+\gamma_Q N_{Qk}=1.35\times1600+1.5\times1000=3660\text{kN}$$

由于 $l_0/h=10.5<12$，按欧洲标准方法，可以按短柱设计。

$$f_{cd}=\frac{\alpha_{cc}f_{ck}}{\gamma_c}=\frac{0.85\times30}{1.5}=17\text{MPa},f_{yd}=\frac{f_{yk}}{\gamma_s}=\frac{500}{1.15}=434.78\text{MPa}$$

对于C30/37的混凝土，$\lambda=0.8$，$\eta=1.0$。

$$A_s=\frac{N_{Ed}-\lambda\eta f_{cd}A_c}{f_{yd}}=\frac{3660\times10^3-0.8\times1.0\times17\times160000}{434.78}=3413\text{mm}^2$$

配置8ϕ25，实际钢筋面积 $A_s=3972\text{mm}^2$。

$$A_{s,min}=\frac{0.10N_{Ed}}{f_{yd}}=\frac{0.10\times3660\times10^3}{434.78}=841.8\text{mm}^2$$

$$0.002A_c=0.002\times160000=320\text{mm}^2<A_{s,min}$$

$$A_{s,max}=0.04A_c=0.04\times160000=6400\text{mm}^2$$

$A_{s,min}<A_s<A_{s,max}$，符合要求。

2)按GB 50010—2010设计

采用C35混凝土，$f_c=16.7\text{MPa}$，$E_c=3.0\times10^4\text{MPa}$。纵向钢筋采用HRB335，$f_y=f'_y=300\text{MPa}$，$E_s=2.0\times10^5\text{MPa}$。

按二级结构进行设计，$\gamma_0=1.0$，$\gamma_G=1.2$，$\gamma_Q=1.4$，$N_{Gk}=1600\text{kN}$，$N_{Qk}=1000\text{kN}$。

轴力设计值：

$$N=\gamma_G N_{Gk}+\gamma_Q N_{Qk}=1.2\times1600+1.4\times1000=3320\text{kN}$$

由于 $l_0/b=4200/400=10.5$，查稳定系数，得 $\phi=0.97$。

$$A'_s=\frac{\dfrac{N}{0.9\phi}-f_cA}{f'_y}=\frac{\dfrac{3320\times10^3}{0.9\times0.97}-16.7\times400\times400}{300}=3770\text{mm}^2$$

选8ϕ25，实际配筋面积为 $A'_s=3927\text{mm}^2$。

全部纵向钢筋配筋率：

$$\rho'_{min}=0.6\%\leqslant\rho'=\frac{A'_s}{A}=\frac{3927}{1.6\times10^5}=2.45\%<5\%=\rho_{max}$$

一侧纵向钢筋配筋率：

$$\rho'_{min}=0.2\%\leqslant\rho'=\frac{A_{s1}}{A}=\frac{1473}{1.6\times10^5}=0.92\%$$

满足要求。

图 6-13 为按中国标准方法和欧洲标准方法计算结果的配筋图。

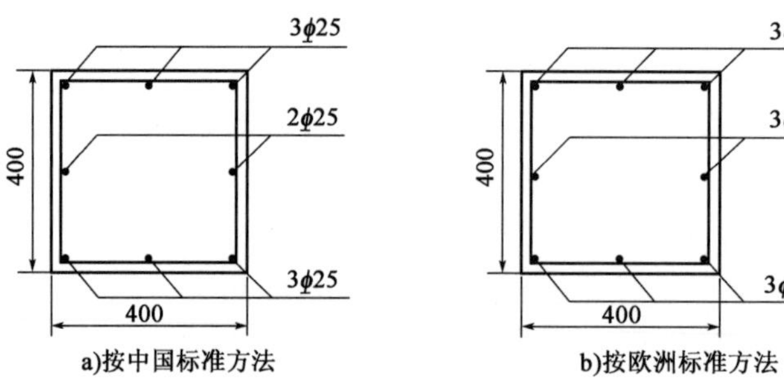

图 6-13 柱的配筋图(尺寸单位:mm)

6.1.5 偏心受压构件

偏心受压构件是指同时承受轴向压力和弯矩作用的构件,这种构件与轴心受压构件没有本质区别。事实上,任何一个配有纵向钢筋的构件都可承受一定轴向压力和弯矩,轴向压力变化时,构件所能承受的弯矩也改变。当构件截面尺寸和纵向钢筋数量一定时,构件可承受的弯矩和轴力是相关的,图 6-14 所示为偏心受压构件的弯矩-轴力相关曲线。

对于钢筋混凝土矩形偏心受压构件,EN 1992 给出的承载力计算公式为

$$N_{\mathrm{Ed}} \leqslant N_{\mathrm{Rd}} = \eta f_{\mathrm{cd}}(\lambda x)b - A_{\mathrm{s}}\sigma_{\mathrm{s}} + A'_{\mathrm{s}}f'_{\mathrm{yd}} \tag{6-26}$$

$$M_{\mathrm{Ed}} \leqslant M_{\mathrm{Rd}} = \eta f_{\mathrm{cd}}(\lambda x)b\left(\frac{h}{2} - \frac{\lambda x}{2}\right) + A'_{\mathrm{s}}f'_{\mathrm{yd}}\left(\frac{h}{2} - d'\right) + A_{\mathrm{s}}\sigma_{\mathrm{s}}\left(d - \frac{h}{2}\right) \tag{6-27}$$

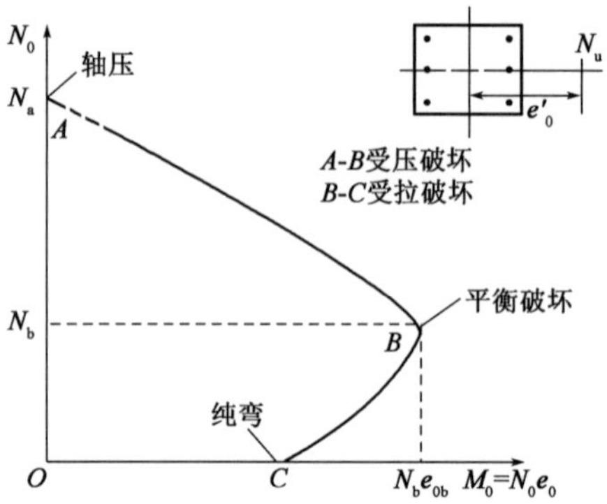

式中:σ_{s}——钢筋 A_{s} 的应力,当 $\sigma_{\mathrm{s}} > f_{\mathrm{yd}}$ 时,取 $\sigma_{\mathrm{s}} = f_{\mathrm{yd}}$;

f'_{yd}——钢筋 A'_{s} 的设计强度。

其余符号意义同前。

图 6-14 偏心受压构件的弯矩-轴力相关曲线

根据极限状态时远离轴力一侧的钢筋是否受拉屈服,GB 50010—2010、JTG 3362—2018 将钢筋混凝土偏心受压构件分为大偏心受压破坏和小偏心受压破坏两类。当轴向力的相对偏心距较大,且受拉钢筋配置不太多时发生大偏心受压破坏,也称受拉破坏。受拉破坏形态的特点是受拉钢筋先达到屈服强度,导致受压区混凝土压碎,是与适筋梁破坏形态相似的延性破坏。当轴向力的相对偏心距较小,或者相对偏心距虽然较大,但却配置很多的受拉钢筋时发生小偏心受压破坏,又称受压破坏。

(1)对于矩形截面的钢筋混凝土偏心受压构件,如图 6-15 所示,JTG 3362—2018 规定承载力按下式计算:

$$\gamma_0 N_{\mathrm{d}} \leqslant f_{\mathrm{cd}}bx + A'_{\mathrm{s}}f'_{\mathrm{sd}} + (f'_{\mathrm{pd}} - \sigma'_{\mathrm{p0}})A'_{\mathrm{p}} - A_{\mathrm{s}}\sigma_{\mathrm{s}} - A_{\mathrm{p}}\sigma_{\mathrm{p}} \tag{6-28}$$

$$\gamma_0 N_{\mathrm{d}} e \leqslant f_{\mathrm{cd}}bx\left(h_0 - \frac{x}{2}\right) + A'_{\mathrm{s}}f'_{\mathrm{sd}}(h_0 - a'_{\mathrm{s}}) + (f'_{\mathrm{pd}} - \sigma'_{\mathrm{p0}})A'_{\mathrm{p}}(h_0 - a'_{\mathrm{p}}) \tag{6-29}$$

$$e = \eta e_0 + \frac{h}{2} - a \tag{6-30}$$

式中:e——轴向力作用点至截面受拉边或受压较小边纵向钢筋 A_{s} 和 A_{p} 合力点的距离;

e_0——轴向力对截面重心轴的偏心距,$e_0 = M_{\mathrm{d}}/N_{\mathrm{d}}$;

M_{d}——相应于轴向力的弯矩组合设计值;

h_0——截面受压较大边边缘至受拉边或受压较小边纵向钢筋合力点的距离,$h_0 = h - a$;

η——偏心受压构件轴向力偏心距增大系数，按 JTG 3362—2018 中 5.3.10 的规定计算。

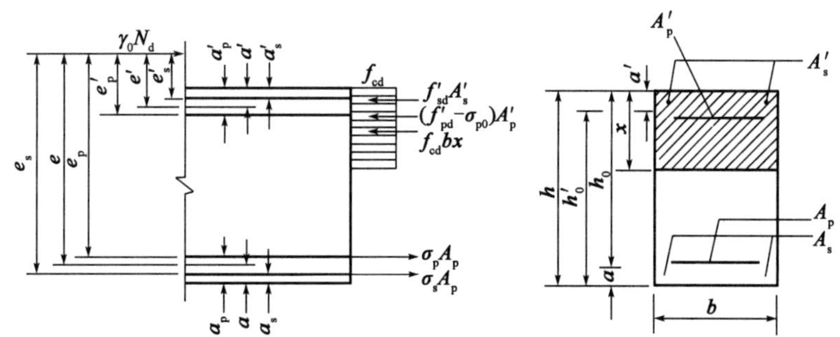

图 6-15 矩形截面偏心受压构件正截面抗压承载力计算图式

截面受拉边或受压较小边纵向钢筋的应力 σ_s 和 σ_p，应按下列情况采用：

当 $\xi \leqslant \xi_b$ 时为大偏心受压构件，取 $\sigma_s = f_{sd}$，$\sigma_p = f_{sd}$，此处，相对受压区高度 $\xi = x/h_0$；

当 $\xi > \xi_b$ 时为小偏心受压构件，σ_s 和 σ_p 应按下述规定计算。

①对普通钢筋：

$$\sigma_{si} = \varepsilon_{cu} E_s \left(\frac{\beta h_{0i}}{x} - 1 \right) \tag{6-31}$$

$$-f'_{sd} \leqslant \sigma_{si} \leqslant f_{sd} \tag{6-32}$$

当 σ_{si} 为拉应力且其值大于普通钢筋抗拉强度设计值 f_{sd} 时，取 $\sigma_{si} = f_{sd}$；当 σ_{si} 为压应力且其绝对值大于普通钢筋抗压强度设计值 f'_{sd} 时，取 $\sigma_{si} = f'_{sd}$。

②对预应力筋：

$$\sigma_{pi} = \varepsilon_{cu} E_p \left(\frac{\beta h_{0i}}{x} - 1 \right) + \sigma_{p0i} \tag{6-33}$$

$$-(f'_{sd} - \sigma_{p0i}) \leqslant \sigma_{pi} \leqslant f_{pd} \tag{6-34}$$

以上式中：x——截面受压区矩形应力图的高度；

h_{0i}——第 i 层纵向钢筋截面重心至受压较大边边缘的距离；

E_s——普通钢筋的弹性模量；

σ_{si}、σ_{pi}——第 i 层纵向普通钢筋、预应力筋的应力，按公式计算正值表示拉应力，负值表示压应力；

σ_{p0i}——第 i 层纵向预应力筋截面重心处混凝土法向应力等于零时，预应力筋中的应力。

当 σ_{pi} 为拉应力且其值大于预应力筋抗拉强度设计值 f_{pd} 时，取 $\sigma_{pi} = f_{pd}$；当 σ_{pi} 为压应力且其绝对值大于 $(f'_{pd} - \sigma_{p0i})$ 的绝对值时，取 $\sigma_{pi} = -(f'_{pd} - \sigma_{p0i})$。

对小偏心受压构件，当轴向力作用在纵向钢筋 A'_s 和 A'_p 合力点与 A_s 和 A_p 合力点之间时，抗压承载力计算还应符合下列规定：

$$\gamma_0 N_d e' \leqslant f_{cd} bh \left(h'_0 - \frac{h}{2} \right) + f'_{sd} A_s (h'_0 - a_s) + (f'_{pd} - \sigma_{p0}) A_p (h'_0 - a_p) \tag{6-35}$$

$$e' \leqslant \frac{h}{2} - e_0 - a' \tag{6-36}$$

式中：e'——轴向力作用点至截面受压较大边纵向钢筋 A'_s 和 A'_p 合力点的距离，计算时偏心距 e_0 可不考虑增大系数 η；

h'_0——截面受压较小边边缘至受压较大边纵向钢筋合力点的距离，$h'_0 = h - a'$。

矩形截面对称配筋的钢筋混凝土小偏心受压构件，其钢筋截面面积也可按式(6-37)计算：

$$A_s = A'_s = \frac{\gamma_0 N_d e - \xi(1 - 0.5\xi) f_{cd} b h_0^2}{f'_{sd}(h_0 - a'_s)} \tag{6-37}$$

式中相对受压区高度 ξ 可按式(6-38)计算：

$$\xi = \frac{\gamma_0 N_d - \xi_b f_{cd} b h_0}{\dfrac{\gamma_0 N_d e - 0.43 f_{cd} b h_0^2}{(\beta - \xi_b)(h_0 - a'_s)} + f_{cd} b h_0} + \xi_b \tag{6-38}$$

注：对于小偏心受压构件，当计算的截面受压区高度 $x > h$ 时，计算构件承载力取 h，但计算钢筋应力 σ_s 和 σ_p 时仍用计算所得的 x。

(2)翼缘位于截面受压较大边的T形截面或I形截面偏心受压构件，其正截面抗压承载力应按下列规定计算：

①当受压区高度 $x \leqslant h'_f$ 时，应按宽度为 b'_f 的矩形截面计算；

②当受压区高度 $x > h'_f$ 时，则应按下列公式计算(图6-16)：

$$\gamma_0 N_d \leqslant f_{cd}[bx + (b'_f - b)h'_f] + f'_{cd}A'_s + (f'_{pd} - \sigma'_{p0})A'_p - \sigma_s A_s - \sigma_p A_p \tag{6-39}$$

$$\gamma_0 N_d e \leqslant f_{cd}\left[bx\left(h_0 - \frac{x}{2}\right) + (b'_f - b)h'_f\left(h_0 - \frac{h'_f}{2}\right)\right] + f'_{cd}A'_s(h_0 - a'_s) + (f'_{pd} - \sigma'_{p0})A'_p(h_0 - a'_p) \tag{6-40}$$

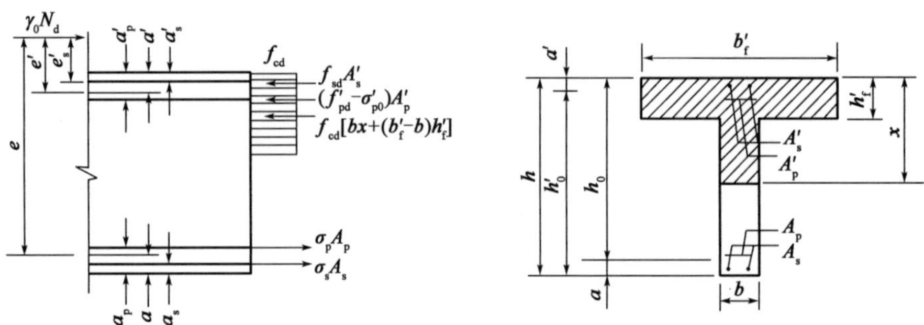

图6-16　T形截面偏心受压构件正截面抗压承载力计算图式

截面受拉边或受压较小边纵向钢筋的应力 σ_s 和 σ_p 的确定，以及考虑截面受压较大边受压钢筋时，受压区高度 x 应符合矩形截面受压构件的相关规定。

翼缘位于截面受拉边或受压较小边的T形截面和I形截面构件，当 $x > h - h_f$ 时，其正截面抗压承载力计算应考虑翼缘受压部分的作用。

对翼缘位于截面受压较大边的T形截面小偏心受压构件，当轴向力作用在纵向钢筋 A'_s 和 A'_p 合力点与 A_s 和 A_p 合力点之间时，还应按下列规定进行计算：

$$\gamma_0 N_d e \leqslant f_{cd}\left[bh\left(h'_0 - \frac{h}{2}\right) + (b'_f - b)h'_f\left(\frac{h'_f}{2} - a'\right)\right] + f'_{cd}A_s(h'_0 - a_s) + (f'_{pd} - \sigma_{p0})A_p(h'_0 - a_p) \tag{6-41}$$

对翼缘位于截面受压较小边的T形截面小偏心受压构件，应按下列规定计算：

$$\gamma_0 N_d e' \leqslant f_{cd}\left[bh\left(h'_0 - \frac{h}{2}\right) + (b_f - b)h_f\left(h'_0 - \frac{h_f}{2}\right)\right] + f'_{sd}A_s(h'_0 - a_s) + (f'_{pd} - \sigma_{p0})A_p(h'_0 - a_p) \tag{6-42}$$

式中：b_f——位于截面受压较小边的翼缘宽度；

h_f——位于截面受压较小边的翼缘厚度。

(3)沿截面腹部均匀配置纵向普通钢筋且每排不少于4根的矩形、T形和I形截面钢筋混凝土偏心受压构件(图6-17)，其正截面抗压承载力的计算应符合下列规定：

$$\gamma_0 N_d \leqslant f_{cd}[b\xi h_0 + (b'_f - b)h'_f] + f'_{sd}A'_s - \sigma_s A_s + N_{sw} \tag{6-43}$$

$$\gamma_0 N_d e \leqslant f_{cd}[\xi(1-0.5\xi)bh_0^2 + (b'_f - b)h'_f(h_0 - h'_f/2)] + f'_{sd}A'_s(h_0 - a'_s) + M_{sw} \tag{6-44}$$

$$N_{sw} = \left(1 + \frac{\xi - \beta}{0.5\beta\omega}\right) f_{sw}A_{sw} \tag{6-45}$$

$$M_{sw} = \left[0.5 - \left(\frac{\xi - \beta}{\beta\omega}\right)^2\right] f_{sw}A_{sw}h_{sw} \tag{6-46}$$

式中:A_{sw}——沿截面腹部均匀配置的全部纵向钢筋截面面积;

f_{sw}——沿截面腹部均匀配置的纵向钢筋强度设计值;

N_{sw}——沿截面腹部均匀配置的纵向钢筋所承担的轴向力,当 $\xi = x/h_0 > \beta$ 时,取 $N_{sw} = f_{sw}A_{sw}$;

M_{sw}——沿截面腹部均匀配置的纵向钢筋的内力对截面受拉边或受压较小边纵向钢筋 A_s 重心的力矩,当 $\xi > \beta$ 时,取 $M_{sw} = 0.5f_{sw}A_{sw}h_{sw}$;

h_{sw}——沿截面腹部均匀配置的纵向钢筋区段的高度,取 $h_{sw} = h_0 - a'_s$;

ω——沿截面腹部均匀配筋区段的高度与截面有效高度的比值,$\omega = h_{sw}/h_0$。

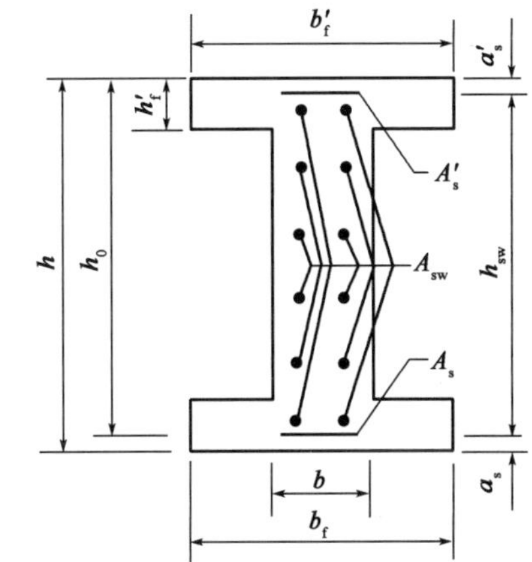

图 6-17 沿截面腹部均匀配筋的 I 形截面偏心受压构件正截面抗压承载力计算

在式(6-43)中,截面受拉边或受压较小边的钢筋应力 σ_s,当 $\xi \leqslant \xi_b$ 时,取 $\sigma_s = f_{sd}$;当 $\xi > \xi_b$ 时,按式(6-31)计算。

在计算中当考虑截面受压较大边的受压钢筋 A'_s 时,受压区高度应符合 $x \geqslant 2a'_s$ 的要求;当不符合时,正截面抗压承载力的计算应符合下列规定:

$$\gamma_0 N_d e' \leqslant f_{cd}A_s(h_0 - a'_s) + M'_{sw} \tag{6-47}$$

$$M'_{sw} = 0.5f_{sw}A_{sw}h_{sw} \tag{6-48}$$

对 T 形和 I 形截面的偏心受压构件,当 $x \leqslant h'_f$ 时,应按宽度为 b'_f 的矩形截面计算。对 I 形截面,当 $x > h - h_f$ 时,应考虑位于受压较小边翼缘受压部分的作用。

(4)计算偏心受压构件正截面承载力时,对长细比 $l_0/i > 17.5$ 的构件,应考虑构件在弯矩作用平面内的挠曲对轴向力偏心距的影响。此时,应将轴向力对截面重心轴的偏心距 e_0 乘以偏心距增大系数 η。

矩形、T 形、I 形和圆形截面偏心受压构件的偏心距增大系数可按下列公式计算:

$$\eta = 1 + \frac{1}{1400e_0/h_0}\left(\frac{l_0}{h}\right)^2 \xi_1 \xi_2 \tag{6-49}$$

$$\xi_1 = 0.2 + 2.7\frac{e_0}{h_0} \leqslant 1.0 \tag{6-50}$$

$$\xi_2 = 1.15 - 0.01\frac{l_0}{h} \leqslant 1.0 \tag{6-51}$$

式中:l_0——构件的计算长度,按表 6-2 取用或按工程经验确定;

e_0——轴向力对截面重心轴的偏心矩;

h_0——截面有效高度,对圆形截面取 $h_0 = r + r_s$;

h——截面高度,对圆形截面取 $h = 2r$,r 为圆形截面半径;

ξ_1——荷载偏心率对截面曲率的影响系数；

ξ_2——构件长细比对截面曲率的影响系数。

(5)矩形、T形和I形截面偏心受压构件除应计算弯矩作用平面抗压承载力外，应按轴心受压构件验算垂直于弯矩作用平面的抗压承载力，此时，不考虑弯矩的作用，应考虑稳定系数 ϕ 的影响。

注：偏心受压构件正截面界限破坏与受弯构件正截面破坏相似，可用界限受压区高度 x_b 或相对界限受压区高度 ξ_b 判别两种不同的破坏形态。当 $\xi \leqslant \xi_b$ 或 $x \leqslant \xi_b h_0$ 时，为大偏心受压破坏；当 $\xi > \xi_b$ 或 $x > \xi_b h_0$ 时，为小偏心受压破坏。具体计算时可首先假定构件处于大偏心受压状态或小偏心受压状态，根据计算结果判断假定是否正确。

例6-6　钢筋混凝土墩

一矩形截面(1200mm×600mm)钢筋混凝土柱用作桥墩，在承载能力极限状态下承担2600kN轴力和2300kNm对较小轴的弯矩(可能作用于任一方向)。假设C50/60级混凝土和高强度钢筋 $f_{yk}=500\text{MPa}$，设计适当的钢筋。

1)按EN 1992-2计算

试设中性轴高度 x 为125mm。

假设 $d'=60\text{mm}$，$d=540\text{mm}$(给定适当的保护层)，应变与对应的应力为

$\varepsilon'_s=0.0035\times(1-60/125)=0.00182<f_{yd}/E_s(=0.002174)$

因此

$f'_s=0.00182\times200\times10^3=364\text{MPa}$(受压)

与

$\varepsilon_s=0.0035\times(540/125-1)=0.01162>f_{yd}/E_s$

因此

$f_s=f_{yd}=434.8\text{MPa}$(受拉)

对于抛物线-矩形混凝土应力分布 $f_{ck}=50\text{MPa}$，$f_{av}=22.9\text{MPa}$，$\beta=0.416$。将 $N=2600\text{kN}$ 代入式(6-26)，对于给定的值 A_s，解方程可得满足平衡要求所对应的 A'_s。用不同的钢筋量重复上述过程，直到从式(6-27)获得的 M 值足以抵抗作用弯矩。对于本例通过迭代程序获得：

$A_s(\text{mm}^2)$	$A'_s(\text{mm}^2)$	$M(\text{kNm})$
11根 $\phi16=2211.7$	331.5	1113.1
11根 $\phi20=3455.8$	1817.5	1372.8
11根 $\phi25=5399.6$	4139.4	1778.4
11根 $\phi32=8846.7$	8257.0	2497.9
11根 $\phi40=13823.0$	14201.2	3536.4

因此，22根 $\phi32$ 钢筋(每侧11根，间距100mm，$A_s=A'_s=8846.7\text{mm}^2$)将对承受不利弯矩的柱提供足够的抗力。现验算钢筋：

(1)与设计轴力2600kN相应的最大弯矩。

(2)作用于设计轴力与弯矩组合的荷载系数。

(3)与轴力 $N=2600\text{kN}$ 同时存在的最大弯矩。

因受压钢筋比上述解 $A'_s=8257.0\text{mm}^2$，$x=125\text{mm}$ 增加，试降低中性轴高度至121mm，以保持轴向抗力2600kN，将 $A_s=A'_s=8846.7\text{mm}^2$ 代入式(6-26)与式(6-27)：

$\varepsilon'_s=0.0035\times(1-60/121)=0.001764<f_{yd}/E_s$

因此，$f'_s=353\text{MPa}$(受压)。

$\varepsilon_s=0.0035\times(540/121-1)=0.011225>f_{yd}/E_s$

因此，$f_s=434.8\text{MPa}$(受拉)。

$N=(22.94\times121\times1200+353\times8846.7-434.8\times8846.7)\times10^{-3}=2607\text{kN}$

对比目标 2600kN，因此假定的中性轴位置是可接受的。共存弯矩为

$$M=\begin{bmatrix}(22.94\times121\times1200)(300-0.416\times121)+353\times8846.7\times(300-60)\\-434.8\times8846.7\times(300-540)\end{bmatrix}\times10^{-6}$$

$$=2504\text{kNm}$$

关于 $N=2600\text{kN}$ 与 $M=2300\text{kNm}$ 的荷载系数：

将 $A_s=A'_s=8846.7\text{mm}^2$ 代入式(6-26)与式(6-27)，可验算荷载系数，调整中性轴高度至 127mm：

$\varepsilon'_s=0.0035\times(1-60/127)=0.001846<f_{yd}/E_s$

因此，$f'_s=369.3\text{MPa}$(受压)。

$\varepsilon_s=0.0035\times(540/121-1)=0.011382>f_{yd}/E_s$

因此，$f_s=434.8\text{MPa}$(受拉)。

$N=(22.94\times127\times1200+369.3\times8846.7-434.8\times8846.7)\times10^{-3}=2917\text{kN}$

荷载系数 2917/2600 = 1.12，且

$$M=\begin{bmatrix}22.94\times127\times1200(300-0.416\times127)\\+369.3\times8846.7\times(300-60)-434.8\times8846.7\times(300-540)\end{bmatrix}\times10^{-6}=2571\text{kNm}$$

荷载系数 2571/2300 = 1.12，轴力相同，因此假设的中性轴高度是正确的。

上述设计荷载导致破坏的荷载系数为 1.12。

2)按 JTG 3362—2018 计算

矩形混凝土柱用作桥墩，在轴力和单向弯矩作用下计算过程如下：

混凝土强度等级采用 C60，则 $f_{cd}=26.5\text{N/mm}^2$，$f_{td}=1.96\text{N/mm}^2$，$E_c=3.6\times10^4\text{MPa}$，$\alpha_1=1.0$，纵筋采用 HRB400，$f_{sd}=330\text{MPa}$，$f'_{sd}=330\text{MPa}$，$\xi_b=0.53$。

按二级结构进行设计，$\gamma_0=1.0$，荷载分项系数 $\gamma_G=1.2$，$\gamma_Q=1.4$

轴力设计值：$N_d=\gamma_0(\gamma_G N_{GK}+\gamma_Q N_{QK})=1.0\times1.2\times2600=3120\text{kN}$

弯矩设计值：$M_d=\gamma_0(\gamma_G M_{GK}+\gamma_Q M_{QK})=1.0\times1.2\times2300=2760\text{kNm}$

当弯矩沿大轴方向时：

取 $\alpha_s=\alpha'_s=60\text{mm}$，则

$h_0=h-\alpha_s=1200-60=1140\text{mm}$

$e_0=\dfrac{M_d}{N_d}=\dfrac{2760}{3120}=885\text{mm}$，$e_0=\max\left(20,\dfrac{h}{30}\right)=\max\left(20,\dfrac{1200}{30}\right)=40\text{mm}$，$e_i=e_0+e_a=885+40=925\text{mm}$

可将矩形桥墩近似为短柱受压：$\eta=1.0$

$\eta e_i=1.0\times925=925\text{mm}>0.3h_0=0.3\times1140=342\text{mm}$，可按大偏心受压构件计算。

轴力的偏心距：

$$e=\eta e_i+\frac{h}{2}-\alpha_s=925+600-60=1465\text{mm}$$

截面受压区高度：

$$x=\frac{N_d}{a_1 f_{cd} b}=\frac{3120\times10^3}{1.0\times22.4\times600}=232\text{mm}$$

满足 $x>2\alpha'_s=2\times60=120\text{mm}$，且 $x<\xi_b h_0=0.53\times1140=604.2\text{mm}$。

需要配筋的面积(可按对称配筋)：

$$A_s = A_s' = \frac{N_d e - \alpha_1 f_{cd} bx\left(h_0 - \frac{x}{2}\right)}{f_{sd}'(h_0 - \alpha_s')}$$

$$= \frac{3120 \times 10^3 \times 1465 - 1.0 \times 23.1 \times 600 \times 232 \times \left(1140 - \frac{225}{2}\right)}{330 \times (1140 - 60)}$$

$$= 3554.6\text{mm}^2$$

当弯矩作用在大轴方向时,每边配置 8 根 $\phi25$,16 根 $\phi25$ 钢筋(每侧 8 根 $A_s = A_s' = 3925\text{mm}^2$)。

矩形截面偏心受压构件的正截面抗压承载力的计算应符合:

$$\gamma_0 N_d e \leqslant f_{cd} bx\left(h_0 - \frac{x}{2}\right) + f_{sd}' A_s'(h_0 - a_s') + (f_{pd} - \sigma_{po}')A_p'(h_0 - a_p')$$

未配置预应力筋:

$$f_{cd} bx\left(h_0 - \frac{x}{2}\right) + f_{sd}' A_s'(h_0 - a_s') + (f_{pd}' - \sigma_{po}')A_p'(h_0 - a_p')$$

$$= 22.4 \times 600 \times 232 \times \left(1140 - \frac{232}{2}\right) + 330 \times 3925 \times (1140 - 60)$$

$$= 4591.8\text{kN} > \gamma_0 N_d e = 1.0 \times 3120 \times 1465 = 4570\text{kN}$$

满足条件。

6.1.6 双向偏心受压构件

前文讨论的钢筋混凝土偏心受压构件只在一个方向有偏心或只在一个方向承受弯矩。当轴向压力 N 在截面的两个主轴方向都有偏心(图 6-18),或构件同时承受轴向压力 N 及两个方向的弯矩时,这种构件称为双向偏心受压构件或斜偏心受压构件。双向偏心受压构件的正截面承载力与轴力与两个方向的偏心距有关,或与两个方向的弯矩有关。图 6-19 所示为矩形截面双向偏心受压构件的 N-M_x-M_y 曲线的示意图。

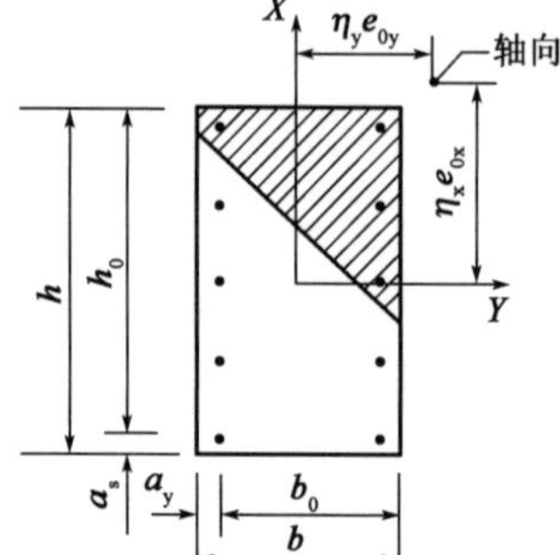

图 6-18 钢筋混凝土双向偏心受压构件截面

对于双向偏心受压构件的承载力,EN 1992 采用近似方法(荷载等值线法),即

$$\left(\frac{M_{Edz}}{M_{Rdz}}\right)^{\alpha} + \left(\frac{M_{Edy}}{M_{Rdy}}\right)^{\alpha} \leqslant 1.0 \tag{6-52}$$

式中:M_{Edy}——y 轴方向的设计弯矩,包括二阶弯矩;

M_{Edz}——z 轴方向的设计弯矩,包括二阶弯矩;

M_{Rdy}——y 轴方向的抵抗弯矩;

M_{Rdz}——z 轴方向的抵抗弯矩;

α——指数,对于圆形和椭圆形截面,$\alpha = 2$;对于矩形截面,α 按表 6-3 取值。

EN 1992 中矩形截面的 α 值 表 6-3

N_{Ed}/N_{Rd}	0.1	0.7	1.0
α	1.0	1.5	2.0

表 6-3 中,$N_{Rd} = A_c f_{cd} + A_s f_{yd}$,截面轴向承载力设计值,其中,$A_c$ 为混凝土毛截面面积;A_s 为纵向钢筋面积;f_{cd} 为混凝土抗压强度设计值;f_{yd} 为钢筋抗压强度设计值;N_{Ed} 为各荷载组合下的轴向荷载设计值。

对于表中没有列出的值,欧洲标准建议按线性内插确定。如果采用二次函数表示 α 与 N_{Ed}/N_{Rd} 的关系,则可得到

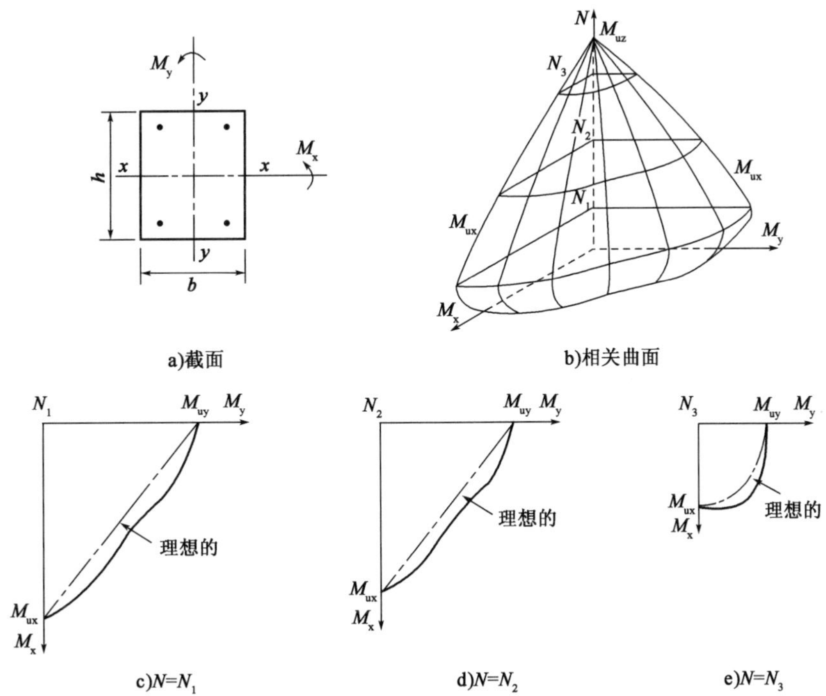

图 6-19　双向偏心受压构件的 $N\text{-}M_x\text{-}M_y$ 曲线示意图

$$\alpha = 0.926\left(\frac{N_{Ed}}{N_{Rd}}\right)^2 + 0.093\left(\frac{N_{Ed}}{N_{Rd}}\right) + 0.981 \tag{6-53}$$

只有当两个方向的长细比或相对偏心率相差很大时,欧洲标准才要求考虑两个方向偏心距的影响。如果长细比满足下面两个条件:

$$\frac{\lambda_y}{\lambda_z} \leqslant 2 \text{ 和} \frac{\lambda_z}{\lambda_y} \leqslant 2 \tag{6-54}$$

相对偏心率满足下面两个条件之一:

$$\frac{e_y/h}{e_z/b} \leqslant 0.2 \text{ 或} \frac{e_z/b}{e_y/h} \leqslant 0.2 \tag{6-55}$$

则不需再进行验算。

式中:b、h——截面的宽度和高度,对于任意截面,$b = i_y\sqrt{12}$,$h = i_z\sqrt{12}$;

λ_y、λ_z——关于 y 轴和 z 轴的长细比 l_0/i;

i_y、i_z——关于 y 轴和 z 轴的回转半径;

e_z——z 轴方向的偏心距,$e_z = M_{Edy}/N_{Ed}$(注意欧洲标准弯矩方向的定义与中国标准不同);

e_y——y 轴方向的偏心距,$e_y = M_{Edz}/N_{Ed}$。

JTG 3362—2018 假定材料处于弹性阶段,在荷载 N_{u0}、N_{ux}、N_{uy} 及 N 作用下,截面内的应力都达到材料所承受的容许应力$[\sigma]$,根据材料力学原理可得:

$$\gamma_0 N_d \leqslant \frac{1}{\dfrac{1}{N_{ux}} + \dfrac{1}{N_{uy}} - \dfrac{1}{N_{u0}}} \tag{6-56}$$

式中:N_{u0}——构件截面轴心抗压承载力设计值,按式(6-24)计算,式中取等号,以 N_{u0} 代替 $\gamma_0 N_d$,计入全部纵向钢筋但不考虑稳定系数 ϕ;

N_{ux}——按轴向力作用于 x 轴,并考虑相应的偏心距 $\eta_x e_{0x}$ 后,计入全部纵向钢筋计算的构件偏心抗压承载力设计值;

N_{uy}——按轴向力作用于 y 轴,并考虑相应的偏心距 $\eta_x e_{0y}$ 后,计入全部纵向钢筋计算的构件偏心抗压承载力设计值。

例 6-7 钢筋混凝土柱设计

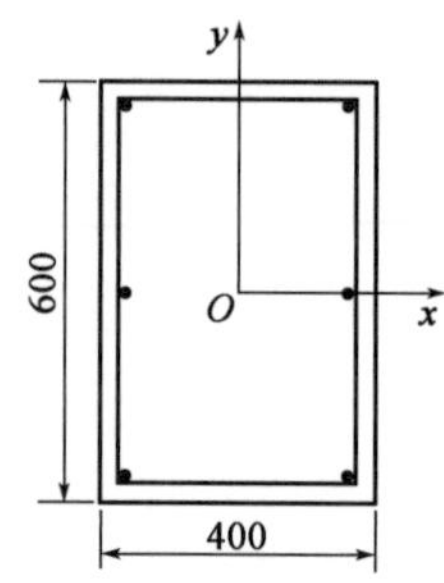

图 6-20 钢筋混凝土柱截面(尺寸单位:mm)

图 6-20 所示为钢筋混凝土柱,截面尺寸 $h \times b = 600\text{mm} \times 400\text{mm}$,配置 6$\phi$20 的 HRB400 级钢筋,混凝土强度等级为 C40,保护层厚度 30mm。柱承受的轴向压力设计值 $N = 1000\text{kN}$。假定:

(1) x 方向的弯矩 $M_x = 80\text{kNm}$。

(2) y 方向的弯矩 $M_y = 200\text{kNm}$。

验算两种情况下柱的承载力($\eta_x = \eta_y = 1.0$)。

1)按 EN 1992 验算

由例 6-6 得,$\eta_x e_{ix} = 100\text{mm}$,$N_{ux} = 2976.64\text{kN}$;$\eta_y e_{iy} = 220\text{mm}$,$N_{uy} = 2081.13\text{kN}$

$$M_{x0} = \eta_x e_{ix} N_{ux} = 0.1 \times 2976.64 = 297.664\text{kNm}$$

$$M_{y0} = \eta_y e_{iy} N_{uy} = 0.22 \times 2081.13 = 457.849\text{kNm}$$

$$N_{u0} = f_c A + f'_y A'_s = 19.1 \times 400 \times 600 + 360 \times 1884 = 5262.24\text{kN}$$

$$\text{由于} \frac{N}{N_{u0}} = \frac{1000}{5262.24} = 0.19$$

$$\alpha = 0.926\left(\frac{N}{N_{u0}}\right)^2 + 0.093\frac{N}{N_{u0}} + 0.981 = 0.926 \times 0.19^2 + 0.093 \times 0.19 + 0.981 = 1.032$$

$$\left(\frac{M_x}{M_{x0}}\right)^\alpha + \left(\frac{M_y}{M_{y0}}\right)^\alpha = \left(\frac{1000 \times 80 \times 10^{-3}}{297.664}\right)^{1.032} + \left(\frac{1000 \times 200 \times 10^{-3}}{457.849}\right)^{1.032}$$

$$= 0.258 + 0.425 = 0.683 < 1.0$$

设计满足要求。

2)按 JTG 3362—2018 验算

由例 6-6 知,$N_{ux} = 2976.64\text{kN}$,$N_{uy} = 2081.13\text{kN}$。

不考虑稳定系数 ϕ 和系数 0.9,按轴心受压柱计算的承载力:

$$N_{u0} = f_c A + f'_y A'_s = 19.1 \times 400 \times 600 + 360 \times 1884 = 5262.24\text{kN}$$

$$N_u = \frac{1}{\dfrac{1}{N_{ux}} + \dfrac{1}{N_{uy}} + \dfrac{1}{N_{u0}}} = \frac{1}{\dfrac{1}{2976.64} + \dfrac{1}{2081.13} - \dfrac{1}{5262.59}} = 1596.33\text{kN} > N = 1000\text{kN}$$

承载力满足设计要求。

6.1.7 预应力梁的脆性破坏

EN 1992 要求预应力梁不应因腐蚀或单股钢束破坏而发生脆性破坏。在钢筋失效时,潜在问题出现,但混凝土没有开裂。当混凝土由于拉力作用补偿预应力损失时没有明显的破坏征兆。但是,如果混凝土突然开裂,这种抗拉强度将永久消失,如果在剩余钢束和钢筋中没有足够的抗弯储备,结构可能突然破坏,这种现象可能出现在与梁截面相比相对较小的预应力截面设计中。可按下述三种方式之一防止脆性破坏:

1)保证在腐蚀或破坏后产生裂缝,剩余钢束能抵抗频遇组合设计弯矩

为进行验算,假设钢束面积减少以致折减后的钢束面积计算的裂缝弯矩小于或等于频遇作用组合弯矩。裂缝弯矩应以拉应力 f_{ctm} 为基础。对于截面模量为 Z 的梁截面外层拉伸纤维,裂

缝弯矩 M 与预应力为 P 有下列关系式：

$$\frac{P}{A}+\frac{Pe}{Z}-\frac{M}{Z}=-f_{\mathrm{ctm}} \tag{6-57}$$

式中：e——预应力偏心距；

A——截面面积。

要求使梁在弯矩 M 时开裂的预应力为

$$P=\frac{M/Z-f_{\mathrm{ctm}}}{1/A+e/Z} \tag{6-58}$$

钢束面积折减后梁的极限强度(使用偶然状况的材料系数)与频遇作用组合弯矩对比。

推荐仅在长期损失之后进行验算。

确定弯矩为 M 时开裂预应力，折减预应力裂缝面积 $A_{\mathrm{p,Red}}$ 可按式(6-59)确定：

$$A_{\mathrm{p,Red}}=\frac{M/Z-f_{\mathrm{ctm}}}{\sigma_{\mathrm{p}}(1/A+e/Z)} \tag{6-59}$$

式中：σ_{p}——钢束临界开裂预应力。如果不考虑钢筋(最小配筋率必须得以保证)，极限抗力必须满足：

$$A_{\mathrm{p,Red}}\times z_{\mathrm{s}}\times f_{\mathrm{p0.1k}}\geqslant M \tag{6-60}$$

频遇作用组合弯矩 M 必须满足下述条件，以免无筋时发生脆性破坏：

$$M\geqslant\frac{f_{\mathrm{ctm}}z_{\mathrm{s}}}{\dfrac{z_{\mathrm{s}}}{z}-\dfrac{\sigma_{\mathrm{p}}}{f_{\mathrm{p0.1k}}}\left(\dfrac{1}{A}+\dfrac{e}{Z}\right)} \tag{6-61}$$

M 主要与混凝土截面、临近开裂时剩余钢束中的应力以及预应力偏心距有关。总预应力并不影响这种特性，除 z_{s} 高度范围内存在极限值的情形之外。

2)最小钢筋用量

布设纵向钢筋以弥补混凝土抗拉强度损失导致的抗力损失，可避免脆性破坏。最小钢筋面积由式(6-62)计算：

$$A_{\mathrm{s,min}}=\frac{M_{\mathrm{rep}}}{z_{\mathrm{s}}f_{\mathrm{yk}}} \tag{6-62}$$

式中：M_{rep}——假设最外层拉伸纤维的抗拉强度等于 f_{ctm} 时，忽略预应力所计算得到的裂缝弯矩。抗拉强度为国家定义参数；

z_{s}——承载能力极限状态时与钢筋相关的力臂。

EN 1992 要求在所有特征组合作用下出现拉力的区域计算钢筋面积，包括预应力二阶效应，但忽略初始(均衡的)效应。假设某一截面预应力局部损失没有改变二次预应力效应的分布，如果在承载能力极限状态时，由钢筋或预应力钢在支座截面保持连续性，可以避免计算抗拉力小于底部翼缘的抗压力，即

$$A_{\mathrm{s}}f_{\mathrm{yk}}+k_{\mathrm{p}}A_{\mathrm{p}}f_{\mathrm{p0.1k}}<t_{\mathrm{inf}}b_0\alpha_{\mathrm{cc}}f_{\mathrm{ck}} \tag{6-63}$$

式中：t_{inf}、b_0——箱梁截面的厚度与宽度；

A_{s}、A_{p}——承载能力极限状态时，受拉与抗力区的预应力钢束面积；

k_{p}——国家定义参数，推荐值为 1.0。

3)提供经过检验的监测设备

如果使用体外后张法，钢束可能直接检验腐蚀或破坏，因此设计中没有进一步的连续性要求。

例 6-8　后张混凝土箱梁

考虑图 6-21 所示的具有黏结预应力钢束的混凝土箱梁。箱梁截面特性：$A = 17\text{m}^2$，$I_{xx} = 33.5\text{m}^4$，$z_{top} = 21.1\text{m}^3$，$z_{bot} = 17.5\text{m}^3$。预应力钢束由 35 根钢丝组成，每束面积为 2850mm²，$f_{pk} = 1860\text{MPa}$，$f_{p0.1k} = 1600\text{MPa}$。中性轴高度距截面底部 1.914m。钢束张拉至其特征强度的 70%，总应力损失（长期加短期）为 25%。预应力作用中心高度 = 3000mm（本例中假设所有的预应力索实际上均在此处）。在 240MNm 与 100MNm 的频遇组合正弯矩作用下，验算梁的脆性破坏。

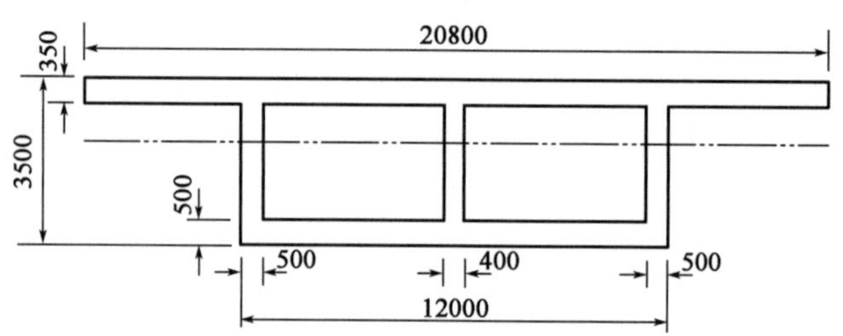

图 6-21　混凝土箱梁截面（尺寸单位：mm）

1）按 EN 1992-2 验算

工况 1：频遇组合正弯矩 = 240MNm

假设频遇组合正弯矩作用下造成梁开裂的预应力的折减由式（6-58）计算：

$$P = \frac{M/Z_{bot} - f_{ctm}}{1/A + e/Z_{bot}}$$

混凝土圆柱形试件强度取 40MPa，$f_{ctm} = 3.5\text{MPa}$，因此：

$$P = \frac{240 \times 10^9/17.5 \times 10^9 - 3.5}{(1/17 \times 10^6) + 1086/(17.5 \times 10^9)} = 84.5\text{MN}$$

如果上述验算在损失之后进行，那么要求钢束面积为

$$A_{p,Red} = \frac{84.5 \times 10^6}{0.7 \times 0.75 \times 1860} = 86532\text{mm}^2$$

对应 30.3 股钢束。对于承载能力极限状态验算，使用偶然工况的材料分项系数，因此 $\gamma_c = 1.2$，$\gamma_s = 1.0$，假设钢束屈服，钢束中的力：

$F_s = 86532 \times 1600/1.0 = 138.5\text{MN}$

受压区面积 $= F_s/\eta f_{cd} = 138.5 \times 10^6/(1.0 \times 0.85 \times 40/1.2) = 4.89 \times 10^6\text{mm}^2$

分布高度 $\lambda x = 4.89 \times 10^6/20800 = 235\text{mm}$，位于顶部翼缘，因此计算高度是一致的。中性轴高度为 $x = 235/\lambda = 235/0.8 = 294\text{mm}$。因翼缘不是整体受压，使用极限应变 $\varepsilon_{cu3} = 0.0035$ 而不是较小的 ε_{c3}（适用于整个翼缘受压状态的情形）。钢束中的应变为 $(3000 - 294)/294 \times 0.0035 = 0.032$，因此钢束将达到屈服，证明上述假设是正确的。

抵抗弯矩 $M_{Rd} = 138.5 \times 10^6 \times (3000 - 235/2) = 399.2\text{MNm} \gg$ 作用频遇组合弯矩 240MNm，因此不存在脆性破坏问题。也可直接使用式（6-62）进行验算，力臂 2883mm，因此，作用弯矩：

$$\frac{f_{ctm} z_s}{\dfrac{z_s}{z} - \dfrac{\sigma_p}{f_{p0.1k}}\left(\dfrac{1}{A} + \dfrac{e}{Z}\right)} = \frac{3.5 \times 2883}{\dfrac{2883}{17.5 \times 10^9} - \dfrac{976.5}{1600} \times \left(\dfrac{1}{17 \times 10^6} + \dfrac{1086}{17.5 \times 10^9}\right)} = 111\text{MNm} < 240\text{MNm}$$

满足要求。

这也表明工况 1 弯矩为 100MNm，在没有增加钢筋的条件下不能正常工作。

这类桥很可能在频遇组合弯矩作用下受弯开裂,即使所有钢束都完好无损,因此不需进一步验算。

工况 2:频遇组合正弯矩 =100MNm

梁在频遇组合正弯矩作用下产生裂缝,经折减后预应力:

$$P=(M/Z_{bot}-f_{ctm})/(1/A+e/Z_{bot})$$

对于圆柱体强度取 40MPa,$f_{ctm}=3.5$MPa 的混凝土:

$$P=\frac{100\times10^9/(17.5\times10^9)-3.5}{1/(17\times10^6)}+1086/(17.5\times10^9)=18.3\text{MN}$$

如果上述验算在损失之后进行,那么要求的钢束面积为

$$A_{p,Red}=\frac{18.3\times10^6}{0.7\times0.75\times1860}\approx18740\text{mm}^2$$

上述面积对应 6.6 股钢绞线。

假设钢束屈服,钢束中的力 $F_s=18579\times1600/1.0=30.0$MN。如果将简化的矩形应力分布用于混凝土,受压区面积 $=F_s/\eta f_{cd}=30.0\times10^6/1.0\times0.85\times40/1.2=1.059\times10^6\text{mm}^2$。

图形高度 $\lambda_x=1.059\times10^6/20800=50.9$mm,位于顶部翼缘,因此与计算高度是一致的。中性轴位于 $x=50.9/\lambda=50.9/0.8=64$mm,钢束中的应变为 $(3000-64)/64\times0.0035=0.16$,因此钢束达到屈服,证明上述假设是正确的。抵抗弯矩 $M_{Rd}=30.0\times10^6\times(3000-51/2)=89$MNm $<$ 100MNm 作用弯矩,因此存在脆性破坏问题。底部翼缘中的现有钢筋(部分没有其他用途,比如抗扭转)可能全部包含于整体弯曲抗力之中,以使验算得以满足或增加钢筋。

2)根据 JTG 3362—2018 计算

工况 1:频遇组合正弯矩 =240MNm

C50 混凝土抗拉强度标准值为 $f_{tk}=2.64$MPa,则梁在频遇组合正弯矩作用下产生裂缝,经折减后预应力:

$$N_{pe}=\frac{\frac{M}{W}-0.7f_{tk}}{\frac{1}{A}+\frac{e}{W}}=\frac{\frac{240\times10^9}{17.5\times10^9}-0.7\times2.64}{\frac{1}{17\times10^6}+\frac{3000-1914}{17.5\times10^9}}=98.2\text{MN}$$

预应力损失后剩余的有效预应力:

$$\sigma_{con}-\sigma_l=0.7f_{pk}(1-25\%)=0.7\times1860\times(1-25\%)=976.5\text{MPa}$$

如果上述验算在损失之后进行,那么要求钢束面积为

$$A_p=\frac{N_{pe}}{\sigma_{con}-\sigma_l}=\frac{98.2\times10^6}{976.5}=100563\text{m}^2$$

对应 35.3 股钢束。

对于承载能力极限状态验算,预应力效应对结构有利,因此,预应力分项系数 $\gamma_p=1.0$,假设钢束屈服,钢束中的力:

$$F_s=\frac{100563\times1600}{1.0}=160.9\text{MN}$$

假设条件,已知混凝土为 C50,则 $f_{cd}=23.1$MPa,$f_{cu,k}=34.5$MPa,$\alpha_1=1$,$\beta_1=1$。受压区面积 $=F_s/\alpha_1 f_{cd}=160.9\times10^6/1\times23.1=7.0\times10^6\text{mm}^2$。分布高度 $\beta_1 x=7.0\times10^6/20800=336.5$mm,位于顶部翼缘,因此计算高度是一致的。中性轴高度为 $x=336.5/\beta_1=336.5/0.8=420.6$mm。

$\varepsilon_{c0} = 0.002 + 0.5(f_{cu,k} - 50) \times 10^{-5} = 0.002 + 0.5 \times (34.5 - 50) \times 10^{-5} = 0.0019 < 0.002$

取 $\varepsilon_{c0} = 0.002$（上部翼缘整体受压）。钢束中的应变为 $(3000 - 420.6)/420.6 \times 0.002 = 0.012$，因此钢束将达到屈服，证明上述假设是正确的。抵抗弯矩 $M_{Rd} = 160.9 \times 10^6 \times (3000 - 336.5/2) = 455.6\text{MNm} \gg$ 频遇组合弯矩作用 240MNm，因此不存在脆性破坏问题。

工况 2：频遇组合正弯矩 = 100MNm

假设混凝土抗拉强度标准值为 $f_{tk} = 2.64\text{MPa}$，则梁在频遇组合正弯矩作用下产生裂缝，经折减后预应力

$$N_{pe} = \frac{\frac{M}{W} - 0.7f_{tk}}{\frac{1}{A} + \frac{e}{W}} = \frac{\frac{100 \times 10^9}{17.5 \times 10^9} - 0.7 \times 2.64}{\frac{1}{17 \times 10^6} + \frac{3000 - 1914}{17.5 \times 10^9}} = 32\text{MN}$$

预应力损失后剩余的有效预应力：

$$\sigma_{con} - \sigma_l = 0.7f_{pk}(1 - 25\%) = 0.7 \times 1860 \times (1 - 25\%) = 976.5\text{MPa}$$

如果上述验算在损失之后进行，那么要求钢束面积为

$$A_p = \frac{N_{pe}}{\sigma_{con} - \sigma_l} = \frac{32 \times 10^6}{976.5} = 32770\text{mm}^2$$

对应 11.5 股钢束。

对于承载能力极限状态验算，预应力效应对结构有利，因此，预应力分项系数 $\gamma_p = 1.0$，假设钢束屈服，钢束中的力：

$F_s = 32770 \times 1600/1.0 = 52.4\text{MN}$

假设条件，已知混凝土为 C50，则 $f_{cd} = 23.1\text{MPa}$，$f_{cu,k} = 34.5\text{MPa}$，$\alpha_1 = 1$，$\beta_1 = 1$。受压区面积 $= F_s/\alpha_1 f_{cd} = 52.4 \times 10^6/1 \times 23.1 = 2.3 \times 10^6\text{mm}^2$

分布高度 $\beta_1 x = 2.3 \times 10^6/20800 = 110.6\text{mm}$，位于顶部翼缘，因此计算高度是一致的。中性轴高度为 $x = 110.6/\beta_1 = 110.6/0.8 = 138.3\text{mm}$。因不是整个翼缘受压，使用极限应变 $\varepsilon_{cu3} = 0.0033$。钢束中的应变为 $(3000 - 138.3)/138.3 \times 0.0033 = 0.068$，因此钢束将达到屈服，证明上述假设是正确的。抵抗弯矩 $M_{Rd} = 52.4 \times 10^6 \times (3000 - 110.6/2) = 154.3\text{MNm} \gg 100\text{MNm}$ 频遇组合弯矩作用，因此不存在脆性破坏问题。

比较 1）、2）两种计算结果，发现中欧标准结果差异较大。第二种工况甚至得出相反的结论，也即 100MNm 组合弯矩作用下，按欧洲标准计算得出的结论是可能发生脆性破坏，而按中国标准计算得出的结论是不会发生脆性破坏。原因在于预应力折减式中，欧洲标准混凝土开裂强度使用 f_{ctm}，而中国标准使用 $0.7f_{tk}$，这两者相差较大。

6.2 剪切

6.2.1 概述

根据裂缝出现的部位，受弯构件的斜裂缝可分为弯剪裂缝和腹剪裂缝两类。在弯矩和剪力共同作用下，构件先在梁底出现垂直的弯曲裂缝，然后延伸成斜裂缝，向集中荷载作用点发展。这种斜裂缝称为弯剪裂缝。弯剪裂缝上细下宽，最为常见。当剪力较大时，沿主压应力迹线在梁腹部出现的斜裂缝称为腹剪裂缝。腹剪裂缝在中性轴处宽度最大，然后沿斜向向两端延伸，呈两端尖、中间大的细长枣核形，常见于薄腹梁中。

混凝土受弯构件剪切破坏的影响因素众多，破坏形态复杂，主要影响因素有剪跨比、混凝土

强度、箍筋配筋率、纵筋配筋率、斜截面上的骨料咬合力、截面尺寸和形状以及纵筋的销栓作用、纵筋的切断与弯起的影响、加载方式、荷载种类、轴向力、预应力的影响及支座的约束条件等。斜截面破坏形态主要有斜压破坏、剪压破坏、斜拉破坏三种。这三种形态与构件的剪跨比又密切相关。当 $\lambda<1$ 时，发生斜压破坏，箍筋应力达不到相应的屈服强度。承载力主要取决于混凝土的抗压强度，属于脆性破坏，其承载力是三种破坏形态中最大的。当 $1<\lambda<3$ 时，发生剪压破坏，这种破坏多发生在无腹筋梁或腹筋配置适量的有腹筋梁中，是最常见的斜截面破坏形态。在极限状态时与临界斜裂缝相交的腹筋达到屈服强度，同时，上部的剪压区混凝土在剪应力和压应力共同作用下达到极限强度。相对来讲，剪压破坏属于延性破坏。当 $\lambda>3$ 时，发生斜拉破坏。极限状态时，斜拉破坏与临界斜裂缝的形成几乎同时发生。破坏过程很快，具有明显的脆性。

影响剪切破坏的因素众多，混凝土受弯构件剪切破坏的机理比较复杂，至今仍然是正在深入研究中的课题。目前已经提出多种计算理论，如桁架模型、变角桁架模型、压力场理论、修正的压力场理论和拉-压杆方法等。

EN 1992 定义用于抗剪设计计算中的一般术语如下：

V_{Ed}——截面设计剪力；

$V_{Rd,C}$——无抗剪钢筋时构件抗剪承载力设计值；

$V_{Rd,s}$——抗剪钢筋屈服前的抗剪承载力设计值；

V_{Rd}——抗剪钢筋构件的抗剪承载力设计值，包括压杆和拉杆的分量；

$V_{Rd,max}$——压杆破坏前构件维持的最大抗剪承载力设计值；

V_{ccd}——有斜向受压时，受压区斜向力分解的剪力设计值；

V_{td}——有斜向受拉时，受拉区斜向力分解的剪力设计值。

在计算斜截面受剪承载力时要确定计算截面的位置。计算截面是指一般情况下较易发生斜截面破坏的位置，与箍筋和弯起钢筋的布置有关。各国标准的规定不尽相同。

EN 1992 没有专门条款规定需验算的抗剪截面，无腹筋构件受剪承载力验算位置与受拉钢筋 A_{sl} 的锚固长度 l_{bd} 有关。对主要承受均布荷载的构件，欧洲标准要求只需验算与支座表面距离为 d（截面有效高度）截面的设计剪力，如图 6-22 所示。

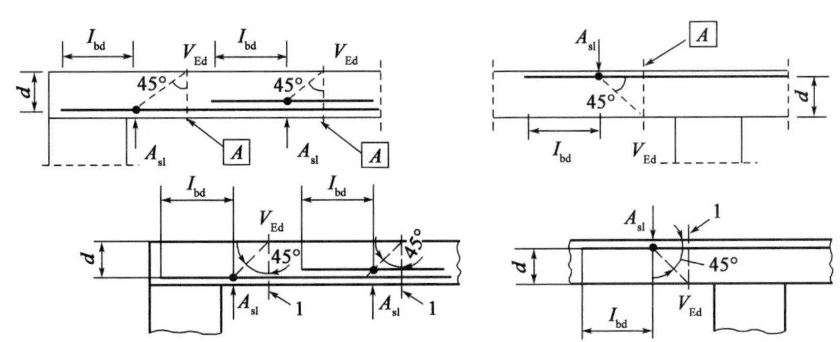

图 6-22　EN 1992 中抗剪承载力验算截面

A-所考虑截面

相反，中国标准则对抗剪承载力验算截面有明确要求，JTG 3362—2018 规定：

1）简支梁和连续梁近边支点梁段

（1）距支座中心 $h/2$ 处截面［图 6-23a）截面 1-1］。

（2）受拉区弯起钢筋弯起点处截面［图 6-23a）截面 2-2、3-3］。

（3）锚于受拉区的纵向钢筋开始不受力处的截面［图 6-23a）截面 4-4］。

（4）箍筋数量或间距改变处的截面［图 6-23a）截面 5-5］。

（5）构件腹板宽度变化处的截面。

2)连续梁和悬臂梁近中间支点梁段

(1)支点横隔梁边缘处截面[图6-23b)截面6-6]。

(2)变高度梁高度突变处截面[图6-23b)截面7-7]。

(3)参照简支梁的要求,需要进行验算的截面。

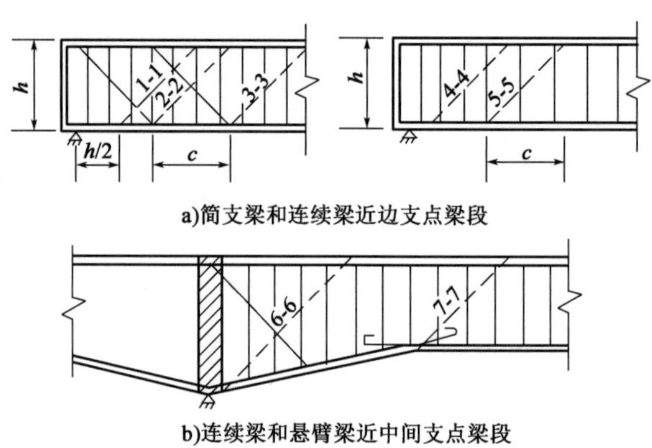

图6-23 斜截面抗剪承载力验算位置示意图

6.2.2 无抗剪钢筋的构件

无箍筋构件的受剪承载力主要由混凝土受压区承受的剪力、骨料的机械咬合作用和纵向钢筋的销栓作用提供,三部分所占比例分别为20%~40%、35%~50%和15%~25%。与混凝土强度、轴向荷载、剪跨比、纵向钢筋配筋率及梁高等多种因素有关。在无箍筋构件受剪承载力计算方面,没有统一的理论模式,主要根据试验结果进行回归分析,得出经验计算公式,各国差别很大。

EN 1992 规定无腹筋受弯构件斜截面受剪承载力的设计值 $V_{\mathrm{Rd,c}}$ 按式(6-64)计算:

$$V_{\mathrm{Rd,c}} = [C_{\mathrm{Rd,c}}k(100\rho_1 f_{\mathrm{ck}})^{1/3} + k_1\sigma_{\mathrm{cp}}]b_{\mathrm{w}}d \tag{6-64a}$$

最小值为

$$V_{\mathrm{Rd,c}} = (v_{\min} + k_1\sigma_{\mathrm{cp}})b_{\mathrm{w}}d \tag{6-64b}$$

式中:f_{ck}——混凝土圆柱体强度(MPa);

ρ_1——$\rho_1 A_{\mathrm{sl}}/(b_{\mathrm{w}}d)\leqslant 0.02$;

A_{sl}——纵向受拉钢筋面积,其伸出所考虑截面的长度≥$(l_{\mathrm{bd}}+d)$(图6-23);有黏结预应力筋的面积可纳入 A_{sl} 计算,此时可使用 d 的加权平均值;

k——高度系数,$k = 1 + \sqrt{200/d} \leqslant 2.0$($d$ 的单位为mm);

b_{w}——受拉区截面最小宽度(mm);

d——受拉钢筋的有效高度;

σ_{cp}——$\sigma_{\mathrm{cp}} = N_{\mathrm{Ed}}/A_{\mathrm{c}} < 0.2f_{\mathrm{cd}}$(MPa);

N_{Ed}——外部荷载或预应力产生的截面轴力;

A_{c}——混凝土截面总面积(mm^2);

$C_{\mathrm{Rd,c}}$、k_1——国家定义参数,推荐值分别为 $0.18/\gamma_{\mathrm{c}}$ 与0.15;

$v_{\min}$——国家定义参数,推荐值为 $v_{\min} = 0.035k^{3/2}f_{\mathrm{ck}}^{1/2}$。

如果荷载作用在构件表面支座边缘附近(图6-24),则由于剪跨比减小,梁受剪承载力提高。所以,欧洲标准规定,当荷载与支座边缘的距离在 $0.5d \leqslant a_{\mathrm{v}} < 2d$ 范围内时,可对设计剪力 V_{Ed} 乘以系数 $\beta = a_{\mathrm{v}}/2d$,然后按式(6-64a)的受剪承载力公式进行验算,但同时要求纵向钢筋完

全锚固在支座中。当 $a_v < 0.5d$ 时，取 $a_v = 0.5d$。此时，未乘系数 β 的剪力 V_{Ed} 一般要满足式(6-65)的条件：

$$V_{Ed} \leqslant 0.5 b_w d v f_{cd} \tag{6-65}$$

式中：$v \leqslant 0.6(1 - f_{ck}/250)$ （f_{ck} 的单位为 MPa）。 (6-66)

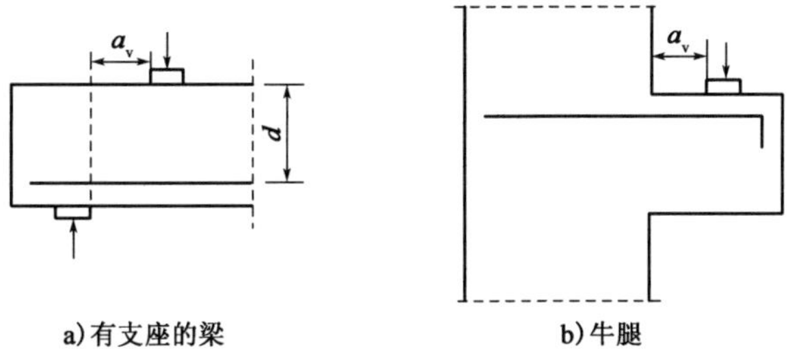

图6-24 靠近支座的荷载

对于无箍筋的单跨预应力构件，欧洲标准规定，如果允许出现弯曲裂缝，受剪承载力按式(6-64a)计算；如果不允许出现弯曲裂缝（弯拉应力值小于 $f_{ctk,0.05}/\gamma_c$），受剪承载力由混凝土抗拉强度控制。由于此时混凝土处于复合受力状态，受剪承载力按式(6-67)计算：

$$V_{Rd,c} = \frac{I b_w}{S} \sqrt{(f_{ctd})^2 + \alpha_1 \sigma_{cp} f_{ctd}} \tag{6-67}$$

式中：I——截面惯性矩；

b_w——重心轴线处的截面宽度，有孔道时按下式取值：

当梁腹预留直径 $\phi > b_w/8$ 的灌浆孔道时，$b_{w,nom} = b_w - 0.5\sum\phi$；对非灌浆孔道、灌浆的塑料孔道和无黏结预应力筋时，$b_{w,nom} = b_w - 1.2\sum\phi$；

ϕ——孔道外径，按 $\sum\phi$ 确定最不利情况；

S——截面关于中性轴或中性轴以上面积的一次矩；

α_1——系数，对于先张预应力筋，$\alpha_1 = l_x/l_{pt2} \leqslant 1.0$；对于其他类型的预应力筋，$\alpha_1 = 1.0$；

l_x——传递长度起点到所考虑截面的距离；

l_{pt2}——预应力构件传递长度的上限值 $l_{pt2} = 1.2 l_{pt}$；

l_{pt}——预应力传递长度的基本值；

σ_{cp}——由轴向荷载或预应力引起的混凝土轴向压应力，受压时 $N_{Ed} > 0$。

对宽度沿高度变化的截面，其最大主应力可能出现于某一轴上而不是中性轴上，在这种情况下应计算截面不同轴的 $V_{Rd,c}$，求抗剪强度的最小值。对于支座内边缘45°斜线与弹性中性轴线交点外的截面，不需按式(6-67)计算抗剪强度。对一般的承受弯矩和轴力作用，承载能力极限状态下不发生弯曲开裂的构件，按素混凝土考虑。

《公路钢筋混凝土及预应力混凝土桥涵设计规范》(JTG 3362—2018)和《混凝土结构设计规范》(GB 50010—2010)对受弯构件抗剪承载力的计算规定也不尽相同，JTG 3362—2018 没有无箍筋构件抗剪承载力的相关规定；GB 50010—2010 则分为以下三种情形考虑：

(1)均布荷载作用下的抗剪承载力：

$$V_c = 0.7 \beta_h f_t b h_0 \tag{6-68}$$

式中：f_t——混凝土抗拉强度；

b——构件截面宽度；

h_0——构件截面有效高度；

β_h——截面高度影响系数，按下式计算：

$\beta_h = \left(\frac{800}{h_0}\right)^{1/4}$，当 $h_0 < 800$mm 时，取 800mm；当 $h_0 > 2000$mm 时，取 2000mm。

（2）集中荷载作用下的抗剪承载力。

根据中国近年来对钢筋混凝土简支梁、连续梁和约束梁的试验结果，可取用试验结果的下限值作为集中荷载作用下无腹筋钢筋混凝土受弯构件的受剪承载力：

$$V_c = \frac{1.75}{\lambda + 1} f_t b h_0 \tag{6-69}$$

式中：λ——计算截面的剪跨比，可取 $\lambda = a/h_0$，其中 a 为集中荷载至支座截面或节点边缘之间的距离；当 $\lambda < 1.5$ 时，取 $\lambda = 1.5$；当 $\lambda = 3$ 时，取 $\lambda = 3$。

从合理选择参数讲，除在均布荷载作用下受弯构件所涉及的之外，宜取广义剪跨比 $\lambda = M/(Vh_0)$。规范取用上述计算截面的剪跨比主要是为计算方便，且偏于安全。

（3）考虑预应力的有利作用。

试验表明，在相同的条件下，预应力混凝土受弯构件较之于钢筋混凝土受弯构件具有较高的受剪承载力，其主要原因是预应力的作用推迟了斜裂缝的出现和发展，增加了混凝土剪压区高度。受剪承载力提高的程度与预应力的大小、预应力合力作用点的位置以及截面上混凝土的平均预压应力等有关。当然，预应力对受弯构件受剪承载力的提高也不是无限的，故应对其限值作出规定。为了与配置箍筋的预应力混凝土构件相协调，取其试验结果的低值，作为无腹筋预应力混凝土受弯构件由预应力提高的抗剪承载力：

$$V_p = 0.05 N_{p0} \tag{6-70}$$

式中：N_{p0}——计算截面混凝土法向应力为零时预应力筋及非预应力筋的合力。计算中不考虑预应力弯起筋的作用；当 $N_{p0} > 0.3 f_c A_0$ 时，取 $N_{p0} = 0.3 f_c A_0$；

A_0——换算截面面积。

无腹筋受弯构件抗剪承载力的一般表达式为

$$V_u = V_c + V_p \tag{6-71}$$

在应用式(6-70)时需注意以下两点：

①下列情况不考虑预应力对受剪承载力的有利作用，取 $V_p = 0$：a. 预应力的合力 N_{p0} 引起的截面弯矩与外弯矩方向相同时，对构件的抗裂是不利的；b. 因缺乏试验资料，式(6-70)仅用于预应力混凝土简支梁，尚不考虑用于预应力混凝土连续梁；c. 对允许出现裂缝的预应力混凝土简支梁，考虑到构件达到承载力时，预应力可能已消失，在没有充分试验数据之前，暂不考虑。

②对配置冷拔低碳钢丝、刻痕钢丝及钢绞线的先张法预应力混凝土构件，如果计算截面在预应力传递长度 l_{tr} 范围内，则预应力的合力取 $N_{p0} l_p / l_{tr}$，其中 l_p 为构件端面至计算截面的距离。

例 6-9　后张混凝土箱梁，受弯时未开裂

考虑下例中具有无黏结预应力钢束的混凝土箱梁(图 6-25)。

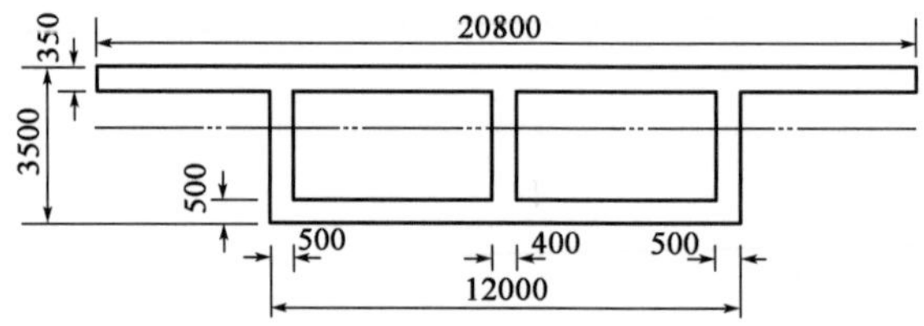

图 6-25　混凝土箱梁截面(尺寸单位：mm)

箱梁具有以下截面特性：$A=17\text{m}^2$，$I=33.5\text{m}^4$，$W_{top}=21.1\text{m}^3$，$W_{bot}=17.5\text{m}^3$，中性轴高度 $z_{na}=1911.5\text{mm}$，关于质心的静矩 $S=A_e\bar{z}=11.35\text{m}^3$。预应力钢束由 40 根钢绞线组成，每根面积 $=2641\text{mm}^2$，$f_{pk}=1670\text{MPa}$，$f_{p0.1k}=1468\text{MPa}$。每束通过钢管外径 102mm。桥梁简支端的钢束按下列方式布置：25 根间距 250mm（在翼缘中），3 根间距 700mm，3 根间距 1000mm，3 根间距 1300mm，3 根间距 1600mm 与 3 根间距 1900mm，预应力至质心的距离为 644mm。腹板中的钢束垂直堆叠以致在任何给定高度处仅有一股钢绞线跨越腹板宽度。$f_{ck}=35\text{MPa}$，$f_{yk}=500\text{MPa}$，$\gamma_c=1.5$，$\gamma_s=1.15$。

假设截面受弯时未开裂，求解出简支端内外腹板的剪切抗力。假设初始应力为 $70\% f_{pk}$，进一步的总应力损失为 25%，损失后的总预应力为 $40\times2641\times1670\times0.70\times0.75\times10^{-3}=92600\text{kN}$。

1）按 EN 1992 计算

由表 4-1，$f_{ctk,0.05}=2.2\text{MPa}$，对于剪力计算，推荐取 $\alpha_{ct}=1.0$，$f_{ctd}=\alpha_{ct}f_{ck}\gamma_c=1.0\times2.2/1.5=1.467\text{MPa}$。

未开裂抗剪承载力计算：

$$V_{Rd,c}=\frac{Ib_w}{S}\sqrt{f_{ctd}^2+\alpha_1\sigma_{cp}f_{ctd}}$$

对于后张法，$\alpha_1=1.0$，分项安全系数 $\gamma_{p,fav}=1.0$：

$$\sigma_{cp}=\frac{N_{Ed}}{A}=1.0\times92600\times10^3/17\times10^6=5.45\text{MPa}$$

由

$$\sum b_{w,nom}=500+400+500-3\times0.5\times102=1247\text{mm}$$

对于全截面：

$$V_{Rd,c}=\frac{33.5\times10^{12}\times1247}{11.35\times10^9}\times\sqrt{1.467^2+1.0\times5.45\times1.467}=11724\text{kN}$$

适用于 3 个腹板。

验算质心高度的抗剪承载力。

另外，也应验算其他高度的抗力。现考察顶板正下方高度 3150mm 处。$A_e\bar{z}=10.290\text{m}^3$ 为这一高度之上的混凝土对中性轴的矩。假设简支端 $M_{Ed}\approx0\text{kNm}$，在 $\alpha_1=1.0$ 的条件下：

$$\begin{aligned}\sigma_{cp}+\sigma_{bend}&=\frac{1.0\times92.6\times10^3}{17\times10^6}-\frac{1.0\times92.6\times10^6\times(644-1911.5)\times(3150-1911.5)}{33.5\times10^{12}}\\&=5.447-4.339\\&=1.108\text{MPa}\end{aligned}$$

$$V_{Rd,c}=\frac{33.5\times10^{12}\times1247}{10.290\times10^9}\times\sqrt{1.467^2+1.0\times1.108\times1.467}=7890\text{kN}<11724\text{kN}$$

小于质心高度的抗剪承载力，因此此位置更为重要。

该抗力由 3 块腹板中按其宽度成比例承担，因此内腹板的抗力为 $7890\times(400-0.5\times102)/1247=2208\text{kN}$。每一外腹板的抗力为 $7890\times(500-0.5\times102)/1247=2841\text{kN}$。

2）按 GB 50010—2010 计算

混凝土的强度等级为 C45，则 $f_c=21.1\text{MPa}$，$f_t=1.8\text{MPa}$。假设初始应力为 $70\% f_{pk}$，进一步的总应力损失为 25%，则损失后的总预应力为

$$\begin{aligned}N_{p0}&=40\times2641\times1670\times0.70\times0.75\times10^{-3}\\&=92600\text{kN}<0.3f_cA_0=0.3\times21.1\times10^{-3}\times(17\times10^6-2641\times40)=106941.3\text{kN}\end{aligned}$$

则预应力钢束受剪承载力增量 $V_p=0.05N_{p0}=0.05\times92600=4630\text{kN}$

①假设该箱形桥梁承受的是均匀荷载作用下的受剪承载力，取 $a_s = 200\text{mm}$，则有效高度为 $h_0 = 3500 - 200 = 3300\text{mm} > 2000\text{mm}$，又根据 GB 50010—2010 有关规定，取 $h_0 = 2000\text{mm}$，则受剪承载力为

$$V_c = 0.7\beta_h f_t b h_0 = 0.7 \times \left(\frac{800}{2000}\right)^{1/4} \times 1.8 \times 1400 \times 2000 \times 10^{-3} = 2805.7\text{kN}$$

无腹筋预应力构件受剪承载力为

$$V_u = V_c + V_p = 2805.7 + 4360 = 7165.7\text{kN}$$

此抗力由 3 块腹板中按其宽度成比例承担，因此内腹板的抗力为 7165.7 ×400/1400 = 2047.3kN。每一外腹板的抗力为 7165.7 ×500/1400 = 2559.2kN。

②假设该箱形桥梁承受的是集中荷载作用下的受剪承载力，取 $\lambda = 1.5$，$a_s = 200\text{mm}$，则有效高度为 $h_0 = 3500 - 200 = 3300\text{mm}$，则受剪承载力为

$$V_c = \frac{1.75}{\lambda + 1} f_t b h_0 = \frac{1.75}{3 + 1} \times 1.8 \times 1400 \times 3300 \times 10^{-3} = 3638.3\text{kN}$$

无腹筋预应力构件受剪承载力为

$$V_u = V_c + V_p = 3638.3 + 4360 = 7998.3\text{kN}$$

此抗力由 3 块腹板中按其宽度成比例承担，因此内腹板的抗力为 7998.3 ×400/1400 = 2285.2kN。每一外腹板的抗力为 7998.3 ×500/1400 = 2856.5kN。

比较 1)、2)计算方法，结果表明，按欧洲标准计算的抗剪力比按中国标准计算的抗剪力小。集中荷载作用下，内腹板抗剪力小 3.4%，外腹板抗剪力小 0.53%。如果按分布荷载作用，则按欧洲标准的计算结果比按中国标准的计算结果大。内腹板抗剪力大 7.3%，外腹板抗剪力大 9.9%。

6.2.3 需要设计(或配置)抗剪钢筋的构件

对于配置箍筋的钢筋混凝土构件的受剪承载力，EN 1992 的计算方法以桁架模型为基础如图 6-26 所示。图 6-27 为桁架模型的受力状态，桁架由与 AC 角为 α 的拉杆 BC 和角为 θ 的混凝土压杆 AB，以及纵向受拉钢筋和受压钢筋组成。

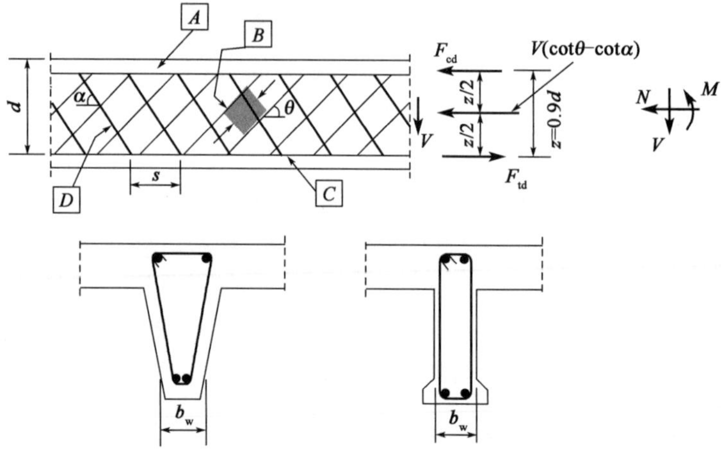

图 6-26　EN 1992 中钢筋混凝土构件桁架模型

A-受压弦杆；B-撑杆；C-受拉弦杆；D-抗剪钢筋

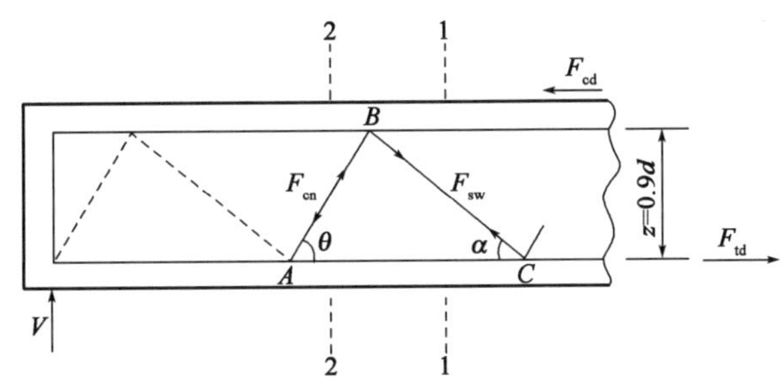

图 6-27　桁架模型的受力状态

对于图 6-27 中的截面 1-1，$AC = z(\cot\theta + \cot\alpha)$，所以箍筋屈服时的剪力为

$$V_{\mathrm{Rd,s}} = F_{\mathrm{sw}}\sin\alpha = A_{\mathrm{sw}}f_{\mathrm{ywd}}\frac{AC}{s}\sin\alpha = \frac{A_{\mathrm{sw}}f_{\mathrm{ywd}}z}{s}(\cot\theta + \cot\alpha)\sin\alpha \tag{6-72}$$

对于截面 2-2，混凝土压杆压碎时的剪力为

$$\begin{aligned} V_{\mathrm{Rd,max}} &= F_{\mathrm{cn}}\sin\theta = \alpha_{\mathrm{cw}}v_1 f_{\mathrm{cd}}b_{\mathrm{w}}(AC\sin\theta)\sin\theta = \alpha_{\mathrm{cw}}v_1 f_{\mathrm{cd}}b_{\mathrm{w}}z(\cot\theta + \cot\alpha)\sin^2\theta \\ &= \alpha_{\mathrm{cw}}v_1 f_{\mathrm{cd}}b_{\mathrm{w}}z\frac{\cot\theta + \cot\alpha}{1 + \cot^2\theta} \end{aligned} \tag{6-73}$$

以上式中：A_{sw}——箍筋截面面积；

f_{ywd}——箍筋屈服强度设计值，当采用式(6-74)计算 v_1 时应取为 $0.8f_{\mathrm{ywk}}$；

b_{w}——拉杆和压杆的最小宽度；

z——对于高度不变的构件，为所考虑单元最大弯矩的内力臂，近似取 $0.9d$；

s——箍筋间距；

v_1——按式(6-66)取值；对于钢筋混凝土和预应力混凝土构件，当抗剪钢筋的设计应力低于屈服强度标准值 f_{yk} 的 80% 时，v_1 可按式(6-74)取值：

$$v_1 = \begin{cases} 0.6, & f_{\mathrm{ck}} \leqslant 60\mathrm{MPa} \\ 0.9 - \dfrac{f_{\mathrm{ck}}}{200} > 0.5, & f_{\mathrm{ck}} > 60\mathrm{MPa} \end{cases} \tag{6-74}$$

α_{cw}——国家定义参数；对于钢筋混凝土结构，欧洲标准的建议值为 1.0；对于预应力结构，按式(6-75)取值：

$$\alpha_{\mathrm{cw}} = \begin{cases} 1 + \dfrac{\sigma_{\mathrm{cp}}}{f_{\mathrm{cd}}}, & 0 < \sigma_{\mathrm{cp}} \leqslant 0.25f_{\mathrm{cd}} \\ 1.25, & 0.25f_{\mathrm{cd}} < \sigma_{\mathrm{cp}} < 0.5f_{\mathrm{cd}} \\ 2.5\left(1 - \dfrac{\sigma_{\mathrm{cp}}}{f_{\mathrm{cd}}}\right), & 0.25f_{\mathrm{cd}} < \sigma_{\mathrm{cp}} < 0.5f_{\mathrm{cd}} \end{cases} \tag{6-75}$$

σ_{cp}——由混凝土设计轴力产生的平均压应力，受压为正；考虑钢筋的作用对混凝土截面取平均得到，不需要计算距支座边缘小于 $0.5d\cot\theta$ 截面的 σ_{cp} 值。

对于平直的预应力筋，较高预应力水平($\sigma_{\mathrm{cp}}/f_{\mathrm{cd}} > 0.5$)和薄腹板，如果受拉和受压弦杆能够支承整个预应力，并且在梁端的块体能承担一部分预应力(图 6-28)，则可以假设预应力在弦杆间分配。这种情况下，在腹板中仅考虑由剪切引起的压力($\alpha_{\mathrm{cw}} = 1$)。

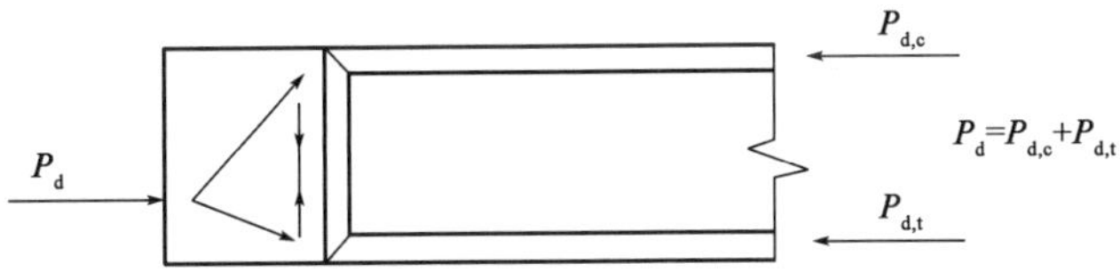

图 6-28　由弦杆承担的预应力

为保证构件剪切破坏时具有一定的延性，受拉钢筋 BC 的强度应小于混凝土压杆 AB 的强度。

根据水平力的平衡条件，剪力在受拉钢筋 AC 中产生的附加拉力为

$$2\Delta F_{\mathrm{td}} = F_{\mathrm{cn}}\cos\theta - F_{\mathrm{sw}}\cos\alpha = \frac{V_{\mathrm{Ed}}}{\tan\theta} - \frac{V_{\mathrm{Ed}}}{\tan\alpha}$$

$$\Delta F_{\mathrm{td}} = 0.5V_{\mathrm{Ed}}(\cot\theta - \cot\alpha) \tag{6-76}$$

式(6-76)的附加拉力由构件上部的受压钢筋平衡，而受拉钢筋应满足下面的条件：

$$\frac{M_{\mathrm{Ed}}}{z} + \Delta F_{\mathrm{td}} \leqslant \frac{M_{\mathrm{Ed,max}}}{z} \tag{6-77}$$

式中：M_{Ed}——与 V_{Ed}对应的弯矩；

$M_{\mathrm{Ed,max}}$——构件承受的最大弯矩。

式(6-72)和式(6-73)即为 EN 1992 给出的构件受剪承载力计算公式，取两式的较小值。为保证极限状态时形成的桁架受力合理，设计中应对 θ 角进行限制。欧洲标准规定，$\cot\theta$ 的取值范围为国家定义参数，推荐值为 $1 \leqslant \cot\theta \leqslant 2.5$。

对于与支座边缘距离 $0.5d < a_{\mathrm{v}} < 2.0d$ 范围内上表面作用有荷载的构件，欧洲标准允许考虑构件抗剪强度的提高，计算中设计剪力 V_{Ed}乘系数 $\beta = a_{\mathrm{v}}/2d$（当 $a_{\mathrm{v}} < 0.5d$ 时，取 $a_{\mathrm{v}} = 0.5d$），但未乘以系数的剪力应满足下式：

$$V_{\mathrm{Ed}} \leqslant A_{\mathrm{sw}} f_{\mathrm{ywd}} \sin\theta \tag{6-78}$$

式中：$A_{\mathrm{sw}} f_{\mathrm{ywd}}$——穿越荷载作用区斜向剪切裂缝钢筋的抗剪力（图 6-29）。只需考虑中心 $0.75a_{\mathrm{v}}$范围内的抗剪钢筋。

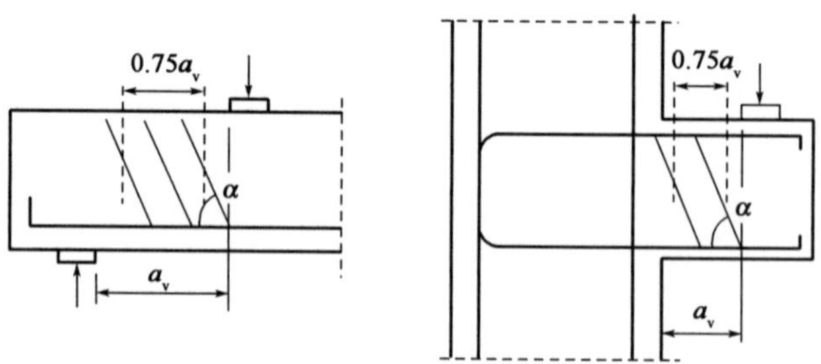

图 6-29　短剪跨内直接起斜杆作用的抗剪钢筋

需要注意的是，只是在计算抗剪钢筋面积时才对设计剪力 V_{Ed}乘以系数 β，而且纵向钢筋需全部伸入支座内。未乘以系数 β 的设计剪力 V_{Ed}应满足式(6-65)的要求。

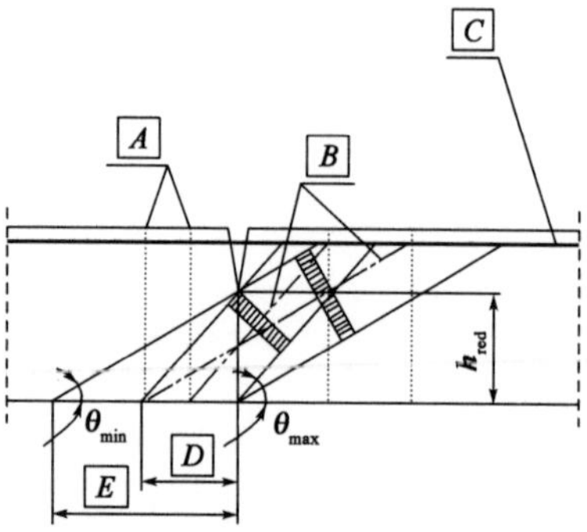

分段施工结构中的预制件和无黏结预应力受拉弦杆，则应考虑变形缝的影响。此时，如果没有进行详细分析，则可假设在变形缝张开后受压区的应力不变。因而，随着荷载增加和接缝张开（图 6-30），腹板中的混凝土应力场倾角会变大。因腹板压力的变化，混凝土有效截面高度降至 h_{red}。可以假设由剩余高度最小值 h_{red}中导出 θ 值，按照式(6-72)计算抗剪承载力。

$$h_{\mathrm{red}} = \frac{V_{\mathrm{Ed}}}{b_{\mathrm{w}} v f_{\mathrm{cd}}}(\cot\theta + \tan\theta) \tag{6-79}$$

图 6-30　腹板接缝上的斜向应力场

A-理论拉杆的轴线；B-理论压杆的轴线；C-桁架的拉杆（外部钢束）；D-A 区：$\theta_{\max}$（$\cot\theta = 1.0$）箍筋的布置；E-B 区：$\theta_{\min}$（$\cot\theta = 2.5$）箍筋的布置

对于抗剪箍筋，可按式(6-80)计算每单位长度的面积：

$$\frac{A_{sw}}{s}=\frac{V_{Ed}}{h_{red}f_{ywd}\cot\theta} \tag{6-80}$$

该箍筋应布置在距离 $h_{red}\cot\theta$ 范围内，但是不大于距离接缝两边的分段长度。

在承载能力极限状态下，必要时应增加预应力，以便在弯剪和剪力组合作用下，可以将接缝高度限制为 $h-h_{red}$ 值。绝对最小值 h_{red} 为国家定义参数，推荐值为 $0.5h$。

中国标准关于配置箍筋的受弯构件斜截面承载力计算，是以剪压破坏形态为基础的，即构件剪切破坏时，与斜裂缝相交的箍筋和弯起的纵向钢筋屈服，混凝土在复合应力下达到其强度。JTG 3362—2018 要求矩形、T 形和 I 形截面的受弯构件，当配置箍筋和弯起钢筋时，其斜截面抗剪承载力计算应符合下列规定（图 6-31）。

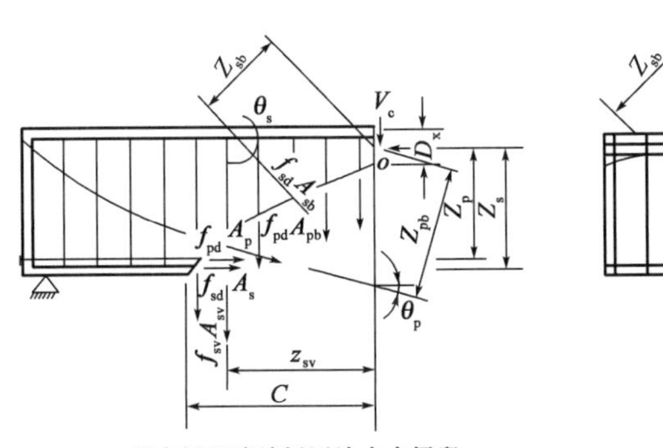

a)简支梁和连续梁近边支点梁段　　b)连续梁和悬臂梁近中间支点梁段

图 6-31　斜截面抗剪承载力计算

$$\gamma_0 V_d \leqslant V_{cs}+V_{sb}+V_{pb}+V_{pb,ex} \tag{6-81}$$

$$V_{cs}=\alpha_1\alpha_2\alpha_3 0.45\times10^{-3}bh_0\sqrt{(2+0.6)\sqrt{f_{cu}}(\rho_{sv}f_{sv}+0.6\rho_{pv}f_{pv})} \tag{6-82}$$

$$V_{sb}=0.75\times10^{-3}f_{sd}\sum A_{sb}\sin\theta_s \tag{6-83}$$

$$V_{pb}=0.75\times10^{-3}f_{pd}\sum A_{pb}\sin\theta_p \tag{6-84}$$

$$V_{pb,ex}=0.75\times10^{-3}\sum\sigma_{pe,ex}A_{ex}\sin\theta_{ex}$$

式中：V_d——剪力设计值（kN），按斜截面剪压区对正截面处取值；

V_{cs}——斜截面内混凝土和箍筋共同的抗剪承载力设计值（kN）；

V_{sb}——与斜截面相交的普通弯起钢筋抗剪承载力设计值（kN）；

V_{pb}——与斜截面相交的体内预应力弯起钢筋抗剪承载力设计值（kN）；

$V_{pb,ex}$——与斜截面相交的体外预应力弯起钢筋抗剪承载力设计值（kN）；

α_1——异号弯矩影响系数，计算简支梁和连续梁近边支点梁段的抗剪承载力时，$\alpha_1=1.0$；计算连续梁和悬臂梁近中间支点梁段的抗剪承载力时，$\alpha_1=0.9$；

α_2——预应力提高系数，对钢筋混凝土受弯构件，$\alpha_2=1.0$；对预应力混凝土受弯构件，$\alpha_2=1.25$，但当由钢筋合力引起的截面弯矩与外弯矩的方向相同时，或对于允许出现裂缝的预应力混凝土受弯构件，取 $\alpha_2=1.0$；

α_3——受压翼缘的影响系数，取 $\alpha_3=1.1$；

b——斜截面受压端正截面处，矩形截面宽度（mm），或 T 形和 I 形截面腹板宽度（mm）；

h_0——斜截面受压端正截面的有效高度，自纵向受拉钢筋合力点至受压边缘的距离（mm）；

P——截面内纵向受拉钢筋的配筋百分率，$P=100\rho$，$\rho=(A_p+A_{pb}+A_s)/bh_0$，当 $P>2.5$ 时，取 $P=2.5$；

$f_{cu,k}$——边长为 150mm 的混凝土立方体抗压强度标准值（MPa），即为混凝土强度等级；

ρ_{sv}、ρ_{pv}——斜截面内箍筋配筋率，$\rho_{sv}=A_{sv}/(s_v b)$；竖向预应力筋配筋率，$\rho_{pv}=A_{pv}/(s_p b)$；

f_{sv}、f_{pv}——箍筋抗拉强度设计值，按本规范规定采用；

A_{sv}、A_{pv}——斜截面内配置在同一截面的箍筋各肢总截面面积(mm^2)；

s_v、s_p——斜截面内箍筋的间距(mm)；

A_{sb}、A_{pb}、A_{ex}——斜截面内在同一弯起平面的弯起钢筋、预应力弯起钢筋的截面面积(mm^2)；

θ_s、θ_p、θ_{ex}——普通弯起钢筋、预应力弯起钢筋(在斜截面受压端正截面处)的切线与水平线的夹角。

箱形截面受弯构件的斜截面抗剪承载力的验算，可参照本条规定进行。

6.2.4 T形截面腹板与翼缘板间的剪力

对于按T形截面考虑的钢筋混凝土梁，翼缘压应力的分布不是均匀的，靠近腹板处最大，随着与腹板距离的增大而迅速减小。这样，会在腹板和翼缘间产生很大的剪应力。为防止腹板与翼缘交界处发生剪切破坏，欧洲标准要求进行抗剪验算。

一边的翼缘与腹板的纵向剪应力 v_{Ed} 根据所考虑翼缘部分法向(纵向)力的变化按式(6-85)确定：

$$v_{Ed}=\frac{\Delta F_d}{h_f\Delta x} \tag{6-85}$$

式中：h_f——翼缘与腹板交界处的翼缘厚度；

Δx——所考虑的长度，如图6-32所示；

ΔF_d——沿翼缘长 Δx 内法向力的变化值。

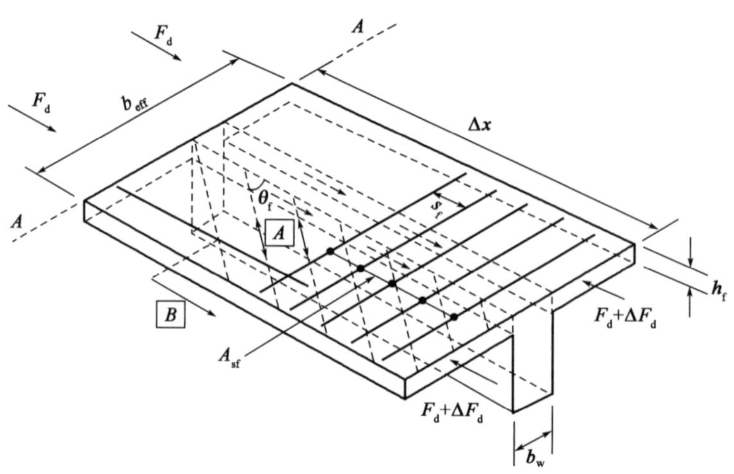

图6-32 翼缘与腹板间的连接

A-压杆；B-锚固在该投影点之外的纵向钢筋

Δx 的最大值取弯矩为0的截面和弯矩最大截面距离的一半。承受集中荷载作用时，Δx 不超过集中荷载间的距离。

单位长度内的横向钢筋按式(6-86)计算：

$$\frac{A_{sf}}{s_f}=\frac{v_{Ed}h_f}{f_{yd}\cot\theta_f} \tag{6-86}$$

为防止翼缘压坏，还应满足下列条件：

$$v_{Ed}<\nu f_{cd}\sin\theta_f\cos\theta_f \tag{6-87}$$

其中，$\cot\theta_f$ 值的允许范围为国家定义参数，推荐值为翼缘受压时，$1.0 \leqslant \cot\theta_f \leqslant 2.0(45° \geqslant \theta_f \geqslant 26.5°)$

翼缘受拉时，$1.0 \leqslant \cot\theta_f \leqslant 1.25(45° \geqslant \theta_f \geqslant 38.6°)$

当翼缘和腹板承受剪力和横向弯曲的共同作用时，钢筋面积应为按照式(6-86)的值或等于式(6-86)的计算值加上承受横向弯曲所需钢筋数量，取二者中的较大值。当 $v_{Ed} \leqslant kf_{ctd}$时，不需要附加钢筋来抵抗弯矩，$k$ 为国家定义参数，推荐值为 0.4。翼缘内纵向受拉钢筋的锚固应超过要求将力传递回腹板内的压杆所在截面（见图 6-32 中的 A-A 截面）。

6.2.5 剪切摩擦

在钢筋混凝土结构设计中，经常会遇到受剪力作用的混凝土薄弱面问题，如施工缝、混凝土与钢筋间的界面等，称为剪切摩擦问题。由于这些界面的抗剪性能比较弱，设计中需要通过计算配置钢筋。剪切摩擦与前面所述的梁的受剪不同。如前所述，梁剪切破坏有斜压、剪压和斜拉三种方式，而剪切摩擦破坏是沿固有的薄弱剪切面发生的。所以，其设计方法与梁的抗剪设计不同。

EN 1992 规定，不同时间浇筑的混凝土界面的剪应力应满足下列条件：

$$v_{Ed} < v_{Rd} \tag{6-88}$$

界面剪应力设计值 v_{Ed}按式(6-89)计算：

$$v_{Ed} = \frac{\beta V_{Ed}}{z b_i} \tag{6-89}$$

式中：β——新浇筑混凝土区域的纵向力与总纵向力的比值，无论受拉或受压区均按所考虑截面计算；

V_{Ed}——横向剪力；

z——组合截面的力臂；

b_i——界面宽度（图 6-33）。

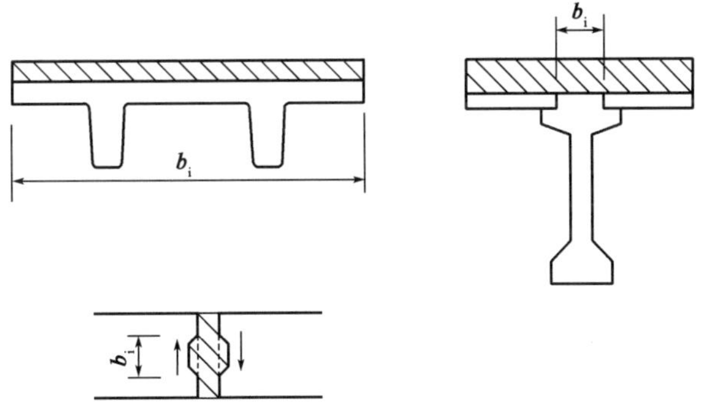

图 6-33 界面宽度

截面抗剪强度设计值 v_{Rdi}按式(6-90)计算：

$$v_{Rdi} = cf_{ctd} + \mu\sigma_n + \rho f_{yd}(\mu\sin\alpha + \cos\alpha) \leqslant 0.5 v f_{cd} \tag{6-90}$$

式中：f_{ctd}——混凝土抗拉强度设计值，最低抗拉强度为 $f_{ctd} = f_{ctk,0.05}/\gamma_c$；

σ_n——跨越界面的最小法向外力和剪力共同作用下产生的单位面积上的应力，$\sigma_n < 0.6f_{cd}$，受压为正，受拉为负。当 σ_n 为拉应力时，cf_{ctd}取为 0；

ρ——系数，$\rho = A_s/A_i$；

A_s——穿过界面而且在界面两侧锚固适当的钢筋面积，包括普通抗剪钢筋；

A_i——接缝面积；

α——如图 6-34 所示，限制为 $45° \leqslant \alpha \leqslant 90°$；

v——有效系数，按式(6-74)计算；

c、μ——与界面粗糙度有关的系数。当缺少更为详细的资料时，将表面分为非常光滑、光滑、粗糙或锯齿状四种，分别按下述取值：

· 非常光滑。在钢、塑料或特殊处理的木模上浇筑的表面：$c = 0.25$，$\mu = 0.5$；

· 光滑。滑模、模压表面或振捣后未做进一步处理的自由表面：$c = 0.35$，$\mu = 0.6$；

· 粗糙。通过梳刮、暴露骨料或其他类似的方法，使表面每 40mm 形成至少 3mm 的沟槽：$c = 0.45$，$\mu = 0.7$；

· 锯齿状。符合图 6-34 的表面锯齿槽：$c = 0.50$，$\mu = 0.9$。

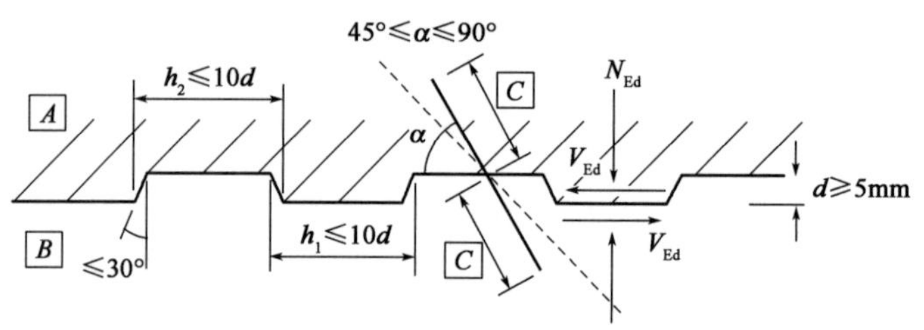

图 6-34　施工缝

A-新混凝土；B-旧混凝土；C-锚具

欧洲标准规定，横向钢筋可分段布置，如图 6-35 所示。不同混凝土的连接通过加强件保证，钢对抗剪强度设计值 v_{Rdi} 的贡献可取为角度 $45° \leqslant \alpha \leqslant 135°$ 的每个斜撑的合力。板或墙现浇接缝的纵向抗剪强度可按式(6-88)验算。当接缝处产生较大的裂缝时，光滑和粗糙接头的 c 值取 0，而锯齿状接缝的 c 值取 0.5。在疲劳荷载或动态荷载作用下，式(6-90)中的 c 值减半。

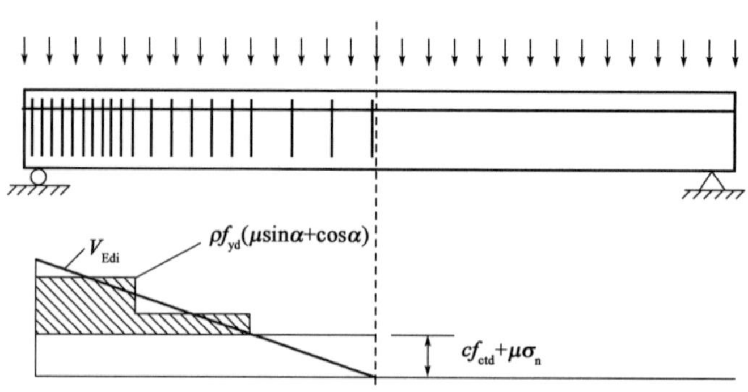

图 6-35　设计要求的面筋抗剪能力

GB 50010—2010 中规定叠合面受剪承载力计算的公式：

$$V_{\mathrm{u}} = 1.2 f_{\mathrm{t}} b h_0 + 0.85 f_{\mathrm{yv}} \frac{A_{\mathrm{sv}} h_0}{s} \tag{6-91}$$

式中：f_{t}——混凝土抗拉强度设计值，取叠合面和预制构件中混凝土强度的较小者；

b——叠合梁的宽度；

h_0——叠合梁的有效高度；

f_{yv}——叠合梁中穿过叠合面箍筋的抗拉强度设计值；

A_{sv}——叠合梁中穿过叠合面箍筋的面积；

s——叠合梁中穿过叠合面箍筋的间距。

对于不配置箍筋的钢筋混凝土叠合梁，叠合面受剪承载力应满足式(6-92)的要求：

$$\frac{V}{b h_0} \leqslant 0.4 \tag{6-92}$$

对于地震区的钢筋混凝土结构抗震等级一级的剪力墙，中国标准规定施工缝处的受剪承载力按下述规定计算。

当施工缝承受轴向压力时：

$$V_u = \frac{1}{\gamma_{RE}}(0.6f_yA_s + 0.8N) \tag{6-93}$$

式中：γ_{RE}——抗震承载力调整系数，按 GB 50010—2010 中相关规定采用；

A_s——剪力墙水平施工缝处全部竖向钢筋截面面积，包括竖向分布钢筋、附加竖向插筋及边缘构件（不包括两侧翼墙）纵向钢筋的总面积；

f_y——剪力墙水平施工缝处竖向钢筋的屈服强度；

N——考虑地震作用组合的水平施工缝处的轴向压力设计值。

6.2.6　剪力与横向弯曲

腹板中，尤其是箱梁腹板中，横向弯矩可能导致最大允许共存剪力的折减，因为由剪切和弯曲产生的压应力场必须组合。但是，两应力场不能完全相加，因为它们的作用角不同。

EN 1992-2 要求考虑箱梁腹板中的纵向剪切与横向弯曲之间的相互作用，但如果腹板剪力 V_{Ed} 小于 $0.2V_{Rd,max}$ 或横向弯矩 M_{Ed} 小于 $0.1M_{Rd,max}$，可不考虑这种相互作用。$M_{Rd,max}$ 为腹板最大横向弯曲抗力。下标“max”可能意味着如果腹板布设较多的钢筋，这是可获得的最大弯曲抗力。

考虑相互作用的情形，可参见 EN 1992-2 附件 MM。

6.2.7　构造要求

6.2.7.1　最小截面尺寸和最大配箍率

前文论述了钢筋混凝土构件的受剪破坏有三种形式。斜压破坏尽管承载力较高，但相对来讲属于脆性破坏，且破坏时箍筋不能屈服，所以设计中需要通过限制构件的截面尺寸和最大配箍率来防止斜压破坏的发生。

在 EN 1992 中，钢筋混凝土构件受剪承载力的计算是以桁架模型为基础的，为使构件不会因混凝土压杆压碎而破坏，则由式(6-72)控制的强度对应于构件的最小截面尺寸。

另外，为使构件受剪破坏时箍筋屈服发生在混凝土压杆压碎之前，以使破坏具有一定的延性，应使 $V_{Rd,s} \leq V_{Rd,max}$。这一条件决定了构件的最大配箍率，由此得到：

$$\frac{A_{sw}f_{ywd}z}{s}(\cot\theta + \cot\alpha)\sin\alpha \leq \alpha_{cw}v_1f_{cd}b_wz\frac{\cot\theta + \cot\alpha}{1 + \cot^2\theta}$$

由于 $1 \leq \cot\theta \leq 2.5$，上式可改写为

$$\frac{A_{sw}f_{ywd}}{b_ws} \geq \frac{1}{2}\frac{\alpha_{cw}v_1f_{cd}}{\sin\alpha} \tag{6-94}$$

式(6-94)即为欧洲标准规定的间距为 s 时的最大箍筋面积，用配箍率表示为

$$\rho_{sw,max} = \frac{A_{sw}}{b_ws} = \frac{1}{2}\frac{\alpha_{cw}v_1f_{cd}}{\sin\alpha f_{ywd}} \tag{6-95}$$

GB 50010—2010 规定，对于矩形、T 形和 I 形截面的受弯构件受剪截面应符合下列条件：

当 $\frac{h_w}{b} \leq 4$ 时

$$V \leq 0.25\beta_cf_cbh_0 \tag{6-96}$$

当 $\frac{h_w}{b} \geq 6$ 时

$$V \leq 0.2\beta_c f_c bh_0 \tag{6-97}$$

当 $4 < \frac{h_w}{b} < 6$ 时，线性内插。

式中：V——构件斜截面上的最大剪力设计值；

β_c——混凝土强度影响系数：当混凝土强度等级不超过 C50 时，取 1.0；当混凝土强度等级为 C80 时，取 0.8；其间采用线性内插确定；

f_c——混凝土轴心抗压强度设计值；

b——矩形截面的宽度，T 形或 I 形截面的腹板宽度；

h_0——截面有效高度；

h_w——截面腹板高度：矩形截面取有效高度，T 形截面取有效高度减去翼缘高度，I 形截面取腹板净高。

6.2.7.2 构造配筋条件

EN 1992 规定箍筋的最小面积及最大间距要求如下：

箍筋的最小配筋率为

$$\rho_{w,min} = 0.08\sqrt{f_{ck}}/f_{yk} \tag{6-98}$$

箍筋的最大间距不超过 $s_{l,max}$。$s_{l,max}$ 为国家定义参数，推荐值按式(6-99)计算：

$$s_{l,max} = 0.75d(1 + \cot\alpha) \tag{6-99}$$

式中：α——箍筋与梁纵轴的夹角。

箍筋肢与肢间的横向间距不应超过 $s_{t,max}$。$s_{t,max}$ 为国家定义参数，推荐值按式(6-100)计算：

$$s_{t,max} = 0.75d \leq 600\text{mm} \tag{6-100}$$

弯起钢筋的最大纵向间距不应超过 $s_{b,max}$。$s_{b,max}$ 为国家定义参数，推荐值按式(6-101)计算：

$$s_{b,max} = 0.6d(1 + \cot\alpha) \tag{6-101}$$

当构件中使用弯起钢筋抗剪时，至少有 β_3 倍的抗剪钢筋为箍筋。β_3 为国家定义参数，推荐值为 0.5。

JTG 3362—2018 规定矩形、T 形和 I 形截面的受弯构件符合下列条件时：

$$\gamma_0 V_d \leq 0.5 \times 10^{-3}\alpha_2 f_{td} bh_0 \tag{6-102}$$

可不进行斜截面抗剪承载力的验算，仅需按构造要求配置箍筋。

式中：f_{td}——混凝土抗拉强度设计值。

对于钢筋混凝土矩形、T 形和 I 形截面受弯构件，当进行斜截面抗剪承载力配筋设计时，其箍筋和弯起钢筋应按下列规定进行计算和配置：

(1)绘出剪力设计值包络图，用作抗剪配筋设计的最大剪力组合设计值，应按以下规定取值：简支梁和连续梁近边支点梁段取离支点 $h/2$ 处的剪力设计值 V'_d[图 6-36a)]。

等高度连续梁和悬臂梁近中间支点梁段取支点上横隔梁边缘处的剪力设计值 V'_d[图 6-36b)]。

变高度(承托)连续梁和悬臂梁近中间支点梁段取变高度梁段与等高度梁段交接处的剪力设计值 V_d^0[图 6-36c)]。

V'_d 或 V_d^0 中应按不少于 60% 由混凝土和箍筋共同承担，不超过 40% 由弯起钢筋承担，并且用水平线将剪力设计值包络图分割为两部分。

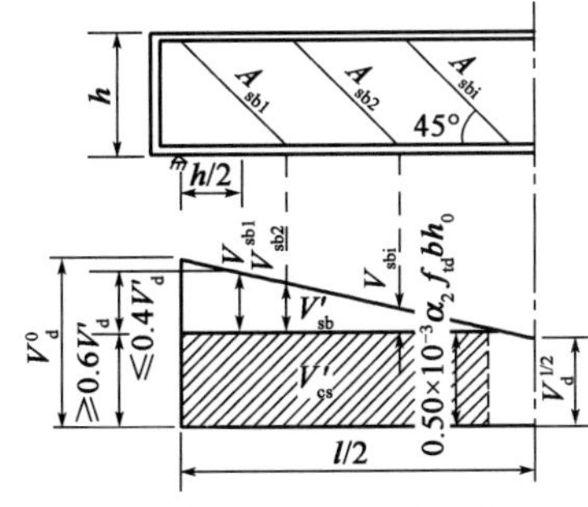

a)简支梁和连续梁近边支点梁段

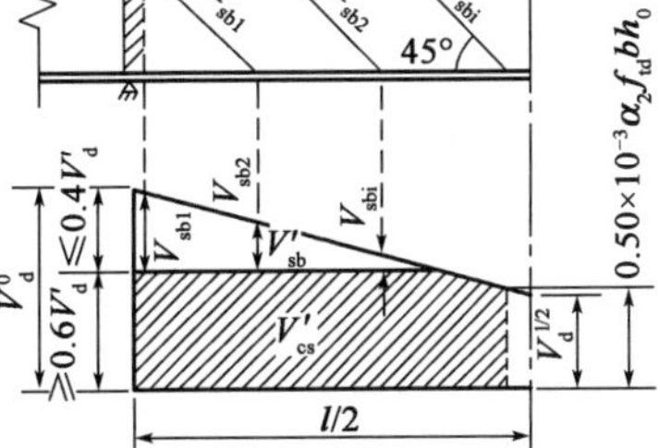

b)等高度连续梁和悬壁梁近中间支点梁段

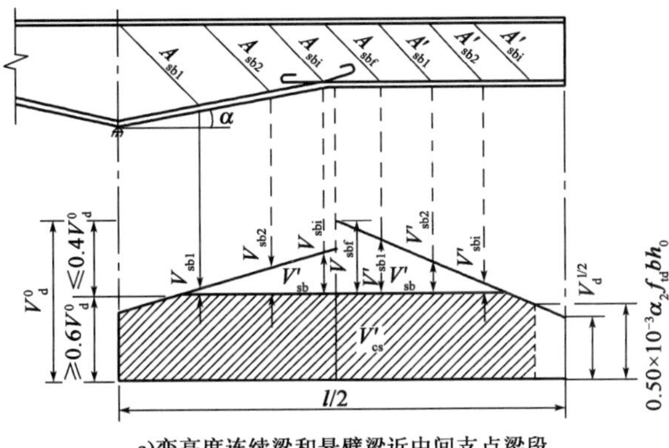

c)变高度连续梁和悬臂梁近中间支点梁段

图 6-36　斜截面抗剪承载力配筋设计计算图

V_d^0-由作用（或荷载）引起的最大剪力组合设计值；V'_d-用于配筋设计的最大剪力组合设计值，对简支梁和连续梁近边支点梁段，取距支点中心 $h/2$ 处的量值；对等高度连续梁和悬臂梁近中间支点梁段，取支点上横隔梁边缘处的量值；$V_d^{l/2}$-跨中截面剪力组合设计值；V'_{cs}-由混凝土和箍筋共同承担的总剪力设计值（图中阴影部分）；V'_{sb}-由弯起钢筋承担的总剪力设计值；V_{sb1}、V_{sb2}、V_{sbi}-简支梁、等高度连续梁和悬臂梁、变高度（承托）的连续梁和悬臂梁的变高度梁段，由弯起钢筋承担的剪力设计值；V_{sbf}-变高度（承托）的连续梁和悬臂梁的变高段与等高段交接处，由弯起钢筋承担的剪力设计值；V'_{sb1}、V'_{sb2}、V'_{sbi}-变高度（承托）的连续梁和悬臂梁的等高度梁段，由弯起钢筋承担的剪力设计值；A_{sb1}、A_{sb2}、A_{sbi}-简支梁、等高度连续梁和悬臂梁、变高度（承托）的连续梁和悬臂梁的变高度梁段，从支点算起的第一、第二、第 i 排弯起钢筋截面面积；A_{sbf}-变高度（承托）的连续梁和悬臂梁中跨越变高度与等高度交接处的弯起钢筋截面面积；A'_{sb1}、A'_{sb2}、A'_{sbi}-变高度（承托）的连续梁和悬臂梁的等高度梁段，从变高段与等高段交接处算起的第一、第二、第 i 排弯起钢筋截面面积；h-等高度梁的梁高；l-梁的计算跨径；α-变高度梁段下缘线与水平线夹角

（2）预先选定箍筋种类和直径，可按式（6-103）计算箍筋间距：

$$S_v = \frac{\alpha_1^2\alpha_3^2 \times 0.2 \times 10^{-6}(2 + 0.6P)\ \sqrt{f_{cu,k}}A_{sv}f_{sv}bh_0^2}{(\xi\gamma_0 V_d)^2} \quad (\mathrm{mm}) \tag{6-103}$$

式中：V_d——用于抗剪配筋设计的最大剪力设计值（kN），计算简支梁、连续梁近边支点梁段和等高度连续梁、悬臂梁近中间支点梁段的箍筋间距时，令 $V_d = V'_d$［图 6-36a）、图 6-36b）］；计算变高度（承托）的连续梁和悬臂梁近中间支点梁段的箍筋间距，令 $V_d = V_d^0$［图 6-36c）］；

ξ——用于抗剪配筋设计的最大剪力设计值分配于混凝土和箍筋共同承担的分配系数，取 $\xi \geqslant 0.6$；

h_0——用于抗剪配筋设计的最大剪力截面的有效高度（mm）；

b——用于抗剪配筋设计的最大剪力截面梁腹宽度（mm），当梁的腹板厚度有变化时，取设计梁段最小腹板厚度；

A_{sv}——配置在同一截面内箍筋总截面面积（mm^2）。

（3）计算第一排弯起钢筋 A_{sb1} 时，对于简支梁和连续梁近边支点梁段，取用距支点中心 $h/2$

处由弯起钢筋承担的那部分剪力 A_{sb1}［图 6-36a)］；对于等高度连续梁和悬臂梁近中间支点梁段，取用支点上横隔梁边缘处由弯起钢筋承担的那部分剪力 V_{sb1}［图 6-36b)］；对于变高度(承托)的连续梁和悬臂梁近中间支点的变高度梁段，取用第一排弯起钢筋下面弯点处由弯起钢筋承担的那部分剪力 A_{sb1}［图 6-36c)］。

(4)计算第一排弯起钢筋以后的每一排弯起钢筋 A_{sb1}，A_{sb2}，A_{sb3}时，对于简支梁、连续梁近边支点梁段和等高度连续梁与悬臂梁近中间支点梁段，取用前一排弯起钢筋下面弯点处由弯起钢筋承担的那部分剪力 V_{sb1}，A_{sb2}，V_{sb3}［图 6-36a)、图 6-36b)］；对于变高度(承托)的连续梁和悬臂梁近中间支点的变高度梁段，取用各该排弯起钢筋下面弯点处由弯起钢筋承担的那部分剪力 V_{sb1}，A_{sb2}，V_{sb3}［图 6-36c)］；

(5)计算变高度(承托)的连续梁和悬臂梁跨越变高段与等高段交接处的弯起钢筋 A_{sbf}时，取用交接截面剪力峰值由弯起钢筋承担的那部分剪力 V_{sbf}［图 6-36c)］；计算等高度梁段各排弯起钢筋 A'_{sb1}、A'_{sb2}、A'_{sbi}时，取用各该排弯起钢筋上面弯点处由弯起钢筋承担的那部分剪力 V'_{sb1}、V'_{sb2}、V'_{sbi}［图 6-36c)］。

(6)每排弯起钢筋的截面面积按式(6-104)计算：

$$A_{sb} = \frac{\gamma_0}{0.75 \times 10^{-3} f_{sd} \sin\theta_s} \quad (\text{mm}^2) \tag{6-104}$$

式中：A_{sb}——每排弯起钢筋的总截面面积，即为图 6-36 中的 A_{sb1}、A_{sb2}、A_{sbi}或 A'_{sb1}、A'_{sbi}或 A_{sbf}。

例 6-10　T 形截面梁抗剪设计

图 6-37 所示为一 T 形截面的钢筋混凝土简支梁，净跨度为 6m，承受的均布荷载设计值为 $q_{Ed}=24\text{kN/m}$。混凝土采用 C30/37，箍筋和纵向钢筋采用 B500。底部配置 4ϕ16。

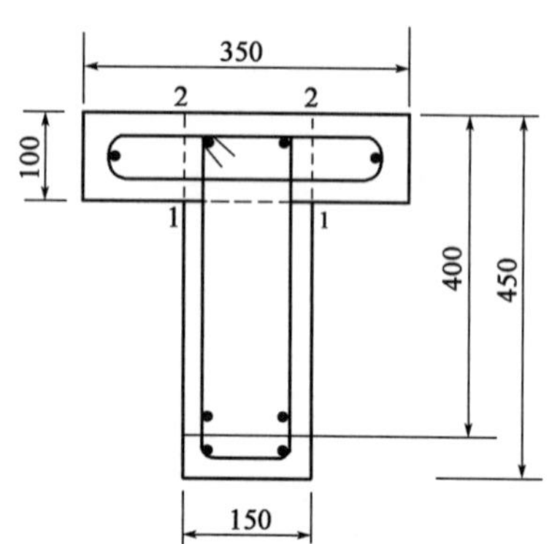

图 6-37　T 形截面的钢筋混凝土简支梁（尺寸单位：mm）

1)按 EN 1992 对梁进行抗剪设计

$l_n=6\text{m}$，$b=350\text{mm}$，$h=450\text{mm}$，$h_f=100\text{mm}$，$b_w=150\text{mm}$，$f_{ck}=30\text{MPa}$，$f_{yk}=500\text{MPa}$，$f_{ctm}=2.9\text{MPa}$，$\gamma_c=1.5$，$\gamma_s=1.15$，$\alpha_{cc}=0.85$。

假定钢筋重心距梁底面 50mm，则 $d=450-50=400\text{mm}$。

混凝土和钢筋强度设计值：

$f_{cd}=\dfrac{\alpha_{cc}f_{ck}}{\gamma_c}=\dfrac{0.85\times30}{1.5}=17\text{MPa}$，$f_{yd}=\dfrac{f_{yk}}{\gamma_s}=\dfrac{500}{1.15}=434.78\text{MPa}$

支座截面的设计剪力为

$$V_{max}=\frac{1}{2}q_{Ed}l_n=\frac{1}{2}\times24\times6=72\text{kN}$$

距离支座 d 截面的设计剪力为

$$V_{Ed}=\frac{l_n/2-d}{l_n/2}V_{max}=\left(1-\frac{2d}{l_n}\right)V_{max}=\left(1-\frac{2\times400}{6000}\right)\times72=62.4\text{kN}$$

(1)混凝土的竖向抗剪计算。

高度系数：

$$k=1+\sqrt{\frac{200}{d}}=1+\sqrt{\frac{200}{400}}=1.71<2$$

T 形梁底部配置 4ϕ16 的受拉钢筋，则受拉钢筋配筋率为

$$\rho_t = \frac{A_s}{b_w d} = \frac{4 \times 201}{150 \times 400} = 0.0134 < 0.02$$

满足要求。

最小纵筋配筋率为

$$\rho_{t,\min} = \frac{0.26 f_{ctm}}{f_{yk}} = \frac{0.26 \times 2.9}{500} = 0.0015 < \rho_t = 0.0134$$

满足要求。

混凝土的受剪承载力为

$$V_{Rd,c} = [C_{Rd,c} k (100 \rho_t f_{ck})^{1/3} + k_1 \sigma_j] b_w d$$

$$= \left[\frac{0.18}{1.5} \times 1.71 \times (100 \times 0.0314 \times 30)^{1/3} + 0\right] \times 150 \times 400 \times 10^{-3}$$

$$= 42.12\text{kN} < V_{Ed} = 62.4\text{kN}$$

最小抗剪承载力为

$$V_{\min} = (0.035 k^{3/2} \sqrt{f_{ck}} + k_1 \sigma_{cp}) b_w d$$

$$= (0.035 \times 1.71^{1.5} \times \sqrt{30} + 0) \times 150 \times 400 \times 10^{-3}$$

$$= 25.72\text{kN} < V_{Rd,c} = 42.12\text{kN}$$

需按计算配置抗剪钢筋。

(2)抵抗腹板剪应力和 1-1 截面水平剪应力的组合钢筋。

距梁端 $l_n/4$ 处翼缘内纵向力的变化值为

$$\Delta F_d = \frac{\frac{q_{Ed} l_n^2}{8} - \frac{q_{Ed} l_n^2}{32}}{d} = \frac{3}{4} V$$

水平破坏面 1-1 的剪应力为

$$v_{Ed} = \frac{\frac{3}{4} V}{b_w z} = \frac{\frac{3}{4} \times 24 \times 6 \times 10^3}{150 \times 0.9 \times 400} = 1.998\text{MPa}$$

垂直面的剪应力为

$$v_{Ed} = \frac{V_{Ed}}{b_w d} = \frac{62.4 \times 10^3}{150 \times 400} = 1.04\text{MPa}$$

抵抗水平剪应力的竖向箍筋选用 ϕ8($\theta = 45°, \alpha = 90°$)，$A_{sw} = \frac{8^2}{4} \times 3.14 = 50.24\text{mm}^2$。

箍筋间距为

$$s_1 = \frac{A_{sf} f_{yd}}{v_{Ed} b_w} = \frac{2 \times 50.24 \times 0.8 \times 500}{1.998 \times 150} = 133.5\text{mm}$$

取 $s_1 = 100\text{mm}$。

$$s_{1,\max} = 0.75 d (1 + \cot\alpha) = 0.75 \times 400 \times (1 + 0) = 300\text{mm} > 100\text{mm}$$

满足要求。

为防止翼缘压坏，应满足

$$v f_{cd} \sin\theta_1 \cos\theta_1 = 0.6 \times 17 \times \frac{\sqrt{2}}{2} \times \frac{\sqrt{2}}{2} = 5.1\text{MPa} > v_{Ed} = 1.998\text{MPa}$$

满足要求。

抗剪钢筋配筋率：

$$\rho_w = \frac{A_{sw}}{s b_w \sin\alpha} = \frac{2 \times 50.24}{100 \times 150 \times 1} = 0.0067$$

要求的抗剪钢筋最小配筋率：

$$\rho_{w,min} = \frac{0.08\sqrt{f_{ck}}}{f_{yk}} = \frac{0.08 \times \sqrt{30}}{500} = 0.00159$$

$\rho_w > \rho_{w,min}$，满足要求。

附加受压钢筋：

$$A_{sl} = \frac{0.5V_{Ed}(\cot\theta - \cot\alpha)}{f_{yd}} = \frac{0.5 \times 62.4 \times (1-0)}{434.78} = 71.76\text{mm}^2$$

配置 2ϕ10，实际面积 $A'_{sl} = 157\text{mm}^2$ 。

(3) 考虑两个竖向剪切破坏面 1-2。

翼缘一侧的纵向剪应力为

$$v_{Ed} = \frac{\Delta F_d}{h_f \Delta x} = \frac{0.5\left(\frac{q_{Ed}l_n^2}{8} - \frac{q_{Ed}l_n^2}{32}\right)\Big/ d}{h_f \frac{l_n}{4}} = \frac{\frac{3}{8}V}{h_f z} = \frac{\frac{3}{8} \times 24 \times 6 \times 10^3}{100 \times 0.9 \times 400} = 1.5\text{MPa}$$

假定 $\cot\theta_f = 1$，箍筋采用 ϕ8，$A_{sl} = 50.24\text{mm}^2$，则

$$s_1 = \frac{A_{sl}f_{yd}\cot\theta_1}{v_{Ed}h_f} = \frac{2 \times 50.24 \times 0.8 \times 500 \times 1}{1.5 \times 100} = 265\text{mm}$$

取 $s_1 = 250\text{mm}$。

综合配筋：竖向箍筋配置 ϕ8@100，水平箍筋配置 ϕ8@250，纵向受压钢筋配置 2ϕ10。

2) 按 JTG 3362—2018 设计

本书旨在介绍中欧标准设计方法的差异，侧重点是介绍按欧洲标准进行的设计，按中国标准抗剪设计方法将在例 6-11 中详细介绍，本例略。

例 6-11　先张预应力混凝土简支梁抗剪承载力

图 6-38 所示为一先张预应力混凝土简支梁，跨度 10m。承受的均布荷载为 $g_k = 6.0\text{kN/m}$，$q_k = 6.0\text{kN/m}$。初始张拉力为 1000kN，全部预应力损失为 20%。计算梁的受剪承载力。

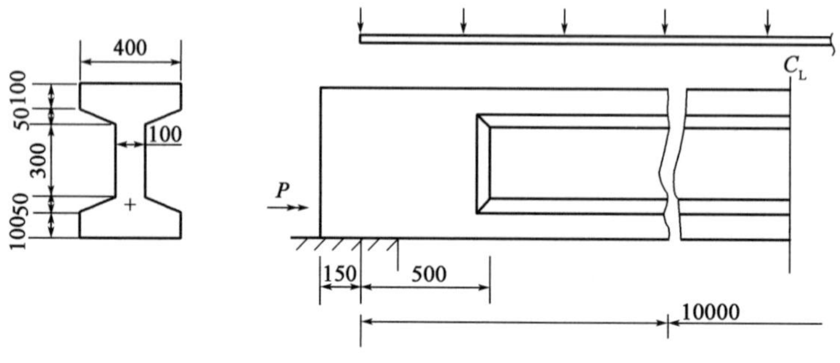

图 6-38　先张预应力混凝土简支梁（尺寸单位：mm）

1) 按 EN 1992 计算

假定预应力传递时的混凝土强度等级为 C30/40，传递完成时的强度等级为 C50/60。采用 5 根 EN10138-3-Y1860S7G-12.7-A 钢绞线，面积 $A_p = 560\text{mm}^2$。钢绞线应力为 1550MPa。

$l = 10\text{mm}$，$d = 460\text{mm}$，$h = 600\text{mm}$，$b_w = 100\text{mm}$，$e = 160\text{mm}$。取 $\sigma_{pm\sigma} = 1550\text{MPa}$，$\gamma_G = 1.35$，$\gamma_Q = 1.5$，$\gamma_c = 1.5$，$\alpha_{cc} = 0.85$，$\gamma_s = 1.15$。

截面几何特性：

$$A = 400 \times 600 - 300 \times 350 = 135000\text{mm}^2$$

$$l = \frac{1}{12} \times 400 \times 600^3 - \frac{1}{12} \times 300 \times 350^3 = 6.128 \times 10^9 \text{mm}^4$$

$$W = \frac{I}{h/2} = \frac{6.128 \times 10^9}{600/2} = 20.4 \times 10^6 \text{mm}^3$$

荷载设计值：

$$q_{Ed} = \gamma_G g_k + \gamma_Q q_k = 1.35 \times 6.0 + 1.5 \times 16.0 = 32.0 \text{kN/m}$$

支座剪力：

$$V_{Ed} = q_{Ed} \frac{l}{2} = 32 \times \frac{10}{2} = 160 \text{kN}$$

(1)按开裂的钢筋混凝土梁计算。

假定距支座 x 处的梁底可能出现弯曲裂缝，距支座 x 截面的弯矩为

$$M_x = \frac{1}{2} q_{Ed} x(l - x) = \frac{1}{2} \times 32x(10000 - x) = 16x(10000 - x)$$

距支座 x 截面梁底部的应力为

$$\sigma_x = \frac{M_x}{W} = \frac{16x(10000 - x)}{20.4 \times 10^6} = 0.784 \times 10^{-6} x(10000 - x)$$

混凝土抗拉强度平均值和设计值为

$$f_{ctm} = 0.3 f_{ck}^{2/3} = 0.3 \times 50^{2/3} = 4.1 \text{MPa}, f_{cd} = \frac{\alpha_{cc} f_{ck}}{\gamma_c} = \frac{0.85 \times 50}{1.5} = 28.333 \text{MPa}$$

有效应力与混凝土抗拉强度之和：

$$\frac{P_e}{A} + \frac{P_e e}{W} + \frac{f_{ctm}}{\gamma_c} = \frac{1000 \times 10^3 \times 0.8}{1.35 \times 10^5} + \frac{1000 \times 10^3 \times 0.8 \times 160}{20.4 \times 10^6} + \frac{4.1}{1.5} = 14.93 \text{MPa}$$

由 $0.784 \times 10^{-6} x(1000 - x) = 14.93$，解得：$x = 2209\text{mm}$。

$x = 2209\text{mm}$ 截面的设计剪力为

$$V_{Ed} = \frac{5 - 2.209}{5} \times 160 = 89.312 \text{kN}$$

所以设计剪应力为

$$v_{Ed} = \frac{V_{Ed}}{b_w d} = \frac{89312}{100 \times 460} = 1.94 \text{MPa}$$

预应力产生的轴力

$$\sigma_{cp} = \frac{N_{Ed}}{A} = \frac{1000 \times 0.8}{1.35 \times 10^5} = 5.93 \text{MPa} < 0.2 f_{cd} = 0.2 \times 28.333 = 5.667 \text{MPa}$$

$$C_{Rd,c} = \frac{0.18}{\gamma_c} = \frac{0.18}{1.5} = 0.12, k = 1 + \sqrt{\frac{200}{d}} = 1 + \sqrt{\frac{200}{460}} = 1.66 < 2$$

预应力筋配筋率：

$$\rho_1 = \frac{A_p}{b_w d} = \frac{560}{100 \times 460} = 0.012$$

无箍筋截面的抗剪应力：

$$\begin{aligned} v_{Rd} &= C_{Rd,c} k(100 \rho_1 f_{ck})^{1/3} + 0.15 \sigma_{cp} \\ &= 0.12 \times 1.66 \times (100 \times 0.012 \times 50)^{1/3} + 0.15 \times 5.93 \end{aligned}$$

$$=1.67\text{MPa} < v_{Ed} = 1.94\text{MPa}$$

最小抗剪能力：

$$v_{min} + k_1\sigma_{cp} = 0.035k^{1.5}\sqrt{f_{ck}} + k_1\sigma_{cp}$$

$$=0.035 \times 1.66^{1.5} \times \sqrt{50} + 0.15 \times 5.93 = 1.42\text{MPa} < 1.94\text{MPa}$$

需按计算配置抗剪钢筋。

由于$0 < \sigma_{cp} < 0.25f_{cd} = 0.25 \times 28.333 = 7.083\text{MPa}$，所以，

$$\sigma_{cw} = 1 + \frac{\sigma_{cp}}{f_{cd}} = 1 + \frac{5.93}{28.333} = 1.209$$

假定$\cot\theta = 1$，混凝土可承受的最大剪力：

$$V_{Rd,max} = \frac{\alpha_{cw}b_w z v_1 f_{cd}}{\cot\theta + \cot\alpha}$$

$$= \frac{1.209 \times 100 \times 0.9 \times 460 \times 0.6 \times 28.333}{1 + 0}$$

$$=850884.19\text{N} > V_{Ed}$$

$$\frac{A_{sw}}{s} = \frac{V_{Ed}}{zf_{ywd}\cot\theta} = \frac{89312}{0.9 \times 460 \times 0.8 \times 500 \times 1} = 0.54\text{mm}^2/\text{mm}$$

配置(双肢)$\phi8$($A_{sw} = 50.3\text{mm}^2$)，$s = 150\text{mm}$，则

$$\frac{A_{sw}}{s} = \frac{2 \times 50.3}{150} = 0.671\text{mm}^2/\text{mm} > 0.54\text{mm}^2/\text{mm}$$

梁的配箍率：

$$\rho_w = \frac{A_{sw}}{sb_w\sin\alpha} = \frac{2 \times 50.3}{150 \times 100 \times 1} = 0.67\%$$

最小配箍率：

$$\rho_{w,min} = 0.08\frac{\sqrt{f_{ck}}}{f_{yk}} = 0.08 \times \frac{\sqrt{50}}{500} = 0.113\%$$

$\rho_w > \rho_{w,min}$，满足要求。

规定的箍筋最大间距为

$$s_{1,max} = 0.75d(1 + \cot\alpha) = 0.75 \times 460 \times (1 + 0) = 345\text{mm}$$

$s < s_{1,max}$，满足要求。

(2)距支座0.5m处未开裂梁腹板的受剪承载力验算。

距支座0.5m截面的剪力为

$$V_{Ed} = \frac{5 - 0.5}{5} \times 160 = 144\text{kN}$$

梁截面面积矩：

$$S = 400 \times 300 \times 150 - \frac{1}{2} \times 300 \times (300 - 100 - 25)^2 = 13.41 \times 10^6\text{mm}^3$$

预应力传递时混凝土的抗拉强度：

$$f_{ctm(t)} = 0.3f_{ck(t)}^{2/3} = 0.3 \times 30^{2/3} = 2.9\text{MPa}$$

$$f_{ctm(t)} = \frac{\alpha_{cc}f_{ctk(t)}}{\gamma_c} = \frac{0.7\alpha_{cc}f_{ctra(t)}}{\gamma_c} = \frac{0.7 \times 1.0 \times 2.9}{1.5} = 1.35\text{MPa}$$

$f_{bpt} = \eta_{p1}\eta_1 f_{ctd(t)} = 2.7 \times 1.0 \times 1.35 = 3.645\text{MPa}$

预应力筋的传递长度：

$$l_{pt} = \alpha_1\alpha_2\phi\frac{\sigma_{pmo}}{f_{bpt}} = 1.0 \times 0.25 \times 7 \times \frac{1550}{3.65} = 743\text{mm}$$

$$l_{pt2} = 1.2l_{pt} = 1.2 \times 743 = 891.6\text{mm}$$

$$\alpha_1 = \frac{l_x}{l_{pt2}} = \frac{650}{892} = 0.729$$

预应力传递完成时混凝土的抗拉强度：

$$f_{ctd} = \frac{0.7\alpha_{cc}f_{ctm}}{\gamma_c} = \frac{0.7 \times 1.0 \times 0.3 \times 50^{2/3}}{1.5} = 1.91\text{MPa}$$

所以，按主拉应力计算的腹板受剪承载力

$$V_{Rd,c} = \frac{Ib_w}{S}\sqrt{f_{ctd}^2 + \alpha_1\sigma_{cp}f_{ctd}} = \frac{6.128 \times 10^9 \times 100}{13.14 \times 10^6} \times \sqrt{1.91^2 + 0.729 \times 5.93 \times 1.91}$$

$$= 160912\text{N} > V_{Ed}$$

(3)开裂截面的受压钢筋。

$$f_{yd} = \frac{f_{yk}}{\gamma_s} = \frac{500}{1.15} = 434.78\text{MPa}$$

$$A_{sl} = \frac{0.5V_{Ed}(\cot\theta - \cot\alpha)}{f_{yd}} = \frac{0.5 \times 89312 \times (1 - 0)}{434.78} = 102.7\text{mm}^2$$

配置 $2\phi12$，实际面积为 226mm^2。

2)按 GB 50010—2010 计算

$l = 10\text{m}, h = 600\text{mm}, b = 100\text{mm}, g_k = 6\text{kN/m}, q_k = 16\text{kN/m}, \gamma_G = 1.2, \gamma_Q = 1.4$。

采用 C40 混凝土，$f_c = 19.1\text{MPa}, f_t = 1.71\text{MPa}$。采用 5 根直径 12.7mm 的 1×7 钢绞线，$A_p = 493.5\text{mm}^2$。$E_c = 3.25 \times 10^4\text{MPa}, E_s = 1.95 \times 10^5\text{MPa}$。

均布荷载设计值：

$$q = \gamma_G g_k + \gamma_Q q_k = 1.2 \times 6.0 + 1.4 \times 16.0 = 29.6\text{kN/m}$$

支座截面剪力设计值：

$$V = \frac{ql}{2} = \frac{29.6 \times 10}{2} = 148\text{kN}$$

距支座 500mm 处，$V = 148 \times \dfrac{5000 - 500}{5000} = 133.2\text{kN}$。

取 $a_p = 120\text{mm}$，则 $h_0 = 600 - 120 = 480\text{mm}$，$h_w = 350\text{mm}$，$b = 100\text{mm}$。

由于 $\dfrac{h_w}{b} = \dfrac{350}{100} = 3.5 < 4$，所以要求的截面最大受剪承载力为

$$0.25\beta_c f_c bh_0 = 0.25 \times 1.0 \times 19.1 \times 100 \times 480 = 229.2\text{kN} > V$$

故截面尺寸满足要求。

有效预加力为

$$N_{p0} = \sigma_{pc}A_p = 1000 \times (1 - 20\%) = 800\text{kN}$$

$$\sigma_{pc} = \frac{800000}{493.5} = 1621\text{MPa}$$

由 $\alpha = 0.17$，$d = 12.7\text{mm}$，$f'_{tk} = 2.39\text{MPa}$，则传递长度：

$$l_{tr} = a\frac{\sigma_{pc}}{f'_{tk}}d = 0.17 \times \frac{1621}{2.39} \times 12.7 = 1464\text{mm} > 500\text{mm}$$

故有效预加力折减为

$$N'_{p0}=N_{p0}\frac{l_p}{l_{tr}}=800\times\frac{150+500}{1464}=355.2\text{kN}$$

净截面面积为

$$A_0=A_c+(\alpha_E-1)A_p=400\times600-300\times350+\left(\frac{19.5}{3.25}-1\right)\times493.5=137467.5\text{mm}^2$$

$$0.3f_cA_0=0.3\times19.1\times137467.5=787.7\text{kN}>N_{p0}\frac{l_p}{l_{tr}}=355.2\text{kN}$$

故取 $N'_{p0}=355.2\text{kN}$。

预应力使梁提高的受剪承载力：

$V_p=0.05N'_{p0}=0.05\times355.2=17.76\text{kN}$

箍筋采用 HPB235，双肢箍 $\phi8@150$，$A_{sv1}=50.3\text{mm}^2$，则梁截面受剪承载力

$$V_u=V_{cs}+V_p=0.7f_tbh_0+1.25f_{yv}\frac{A_{sv}}{s}h_0+V_p$$

$$=\left(0.7\times1.71\times100\times480+1.25\times210\times\frac{2\times50.3}{150}\times480\right)\times10^{-3}+17.76$$

$$=164.8\text{kN}>V=133.2\text{kN}$$

满足要求。

例 6-12　预应力 M 形截面梁与桥面板组合

例 6-4 中 M 形截面组合梁构成简支桥面板的部分，在下列内力作用下确定抗剪力：

$$\left.\begin{aligned}V_{Ed,precast}&=73\text{kN}\\V_{Ed,composite}&=284\text{kN}\end{aligned}\right\}V_{Ed}=357\text{kN}$$

$$\left.\begin{aligned}M_{Ed,precast}&=490\text{kNm}\\M_{Ed,composite}&=810\text{kNm}\end{aligned}\right\}M_{Ed}=1300\text{kNm（正弯矩）}$$

截面特性摘要如下：

参　数	梁 截 面	组 合 截 面
面积 A（mm^2）	349×10^3	500×10^3
至形心的高度 z_{na}（mm）	310	474
惯性矩 I（mm^4）	23.03×10^9	54.5×10^9
上述面积关于组合截面形心的静矩（mm^3）	19.3×10^6	76.5×10^6

钢绞线的形式如图 6-10 所示，钢绞线截面形心距截面底边 100mm。

假设考虑所有损失后的计算预应力为 2680kN。为简便计，本例中损失后的预应力将作用于组合截面，但整个预应力损失单独作用于预制梁通常偏于保守。

1）按 EN 1992-2 计算

按 EN 1992-2 要求进行剪拉验算是适用的，如果预制梁为弯曲未开裂截面，它必须首先确定最外层底部纤维的应力 $=\frac{2680\times10^3}{349\times10^3}+2680\times10^3\times(310-100)\times\frac{310}{23.02\times10^9}-\frac{490\times10^6\times310}{23.02\times10^9}-\frac{810\times10^6\times474}{54.50\times10^9}=7.68+5.78-6.6-7.04=1.61\text{MPa}$。

因最外层纤维应力为压应力，很明显截面受弯时不会开裂。

现验算预制梁中不同高度的弯曲剪力：

（1）组合形心处验算。

组合截面形心处单独作用于预制梁上的弯矩产生的应力 $=490\times10^6\times(474-310)/23.02\times$

$10^9=3.49$MPa(受压)。

由预应力产生的组合形心处的应力 $=(2680\times10^3/349\times10^3)+2680\times10^3\times(310-100)\times(310-474)/23.02\times10^9=3.67$MPa(受压)。

因此组合截面形心处由单独作用于预制梁产生的总应力为

$\sigma_{tot}=3.67+3.49=7.16$MPa

承载能力极限状态时单独作用于预制梁上的设计剪力 $V_{c1}=73$kN,因此组合截面形心处剪应力:

$$\tau_s=\frac{V_{c1}}{b}\left(\frac{A_{pc}\bar{z}_{pc}}{I_{pc}}\right)=\frac{73\times10^3}{160}\times\frac{19.3\times10^6}{23.02\times10^9}=0.383\text{MPa}$$

在组合截面形心处,主拉应力达到极限 f_{ctd}(1.667MPa)之前可能由组合截面承担的附加剪力(V_{c2}):

$$V_{c2}=\frac{Ib}{A_e\bar{z}}\left(\sqrt{f_{ctd}^2+f_{ctd}\sigma_{tot}}-\tau_s\right)$$

因此,$V_{c2}=\dfrac{54.5\times10^9\times160}{76.5\times10^6}\times(\sqrt{1.667^2+1.667\times7.16}-0.383)\times10^{-3}=393$kN。

(2)预制构件顶部验算。

对于上述组合形心高度已验算距 160mm 宽腹板顶部仅 16mm 高处的情形,没有必要进一步对腹板顶部进行验算。

由于单独作用于梁上的弯矩产生的预制构件顶部应力 $=490\times10^6\times(800-310)/23.02\times10^9=10.43$MPa(受压),弯矩作用于组合截面产生的预制构件顶部的应力 $=800\times10^6\times(800-310)/54.5\times10^9=4.85$MPa(受压),由预应力产生的预制构件顶部的应力 $=\dfrac{2680\times10^3}{349\times10^3}+2680\times10^3\times(100-310)\times\dfrac{800-310}{23.02\times10^9}=-4.30$(受拉),因此计算顶板下侧面总应力为 $\sigma_{tot}=10.43+4.85-4.30=10.98$MPa。

单独作用于预制梁上的剪力产生的预制构件顶部剪应力为 0MPa。在此假设仅预制构件与现浇板之间剪力连接跨越预制构件顶部 300mm 宽的部分。

对于组合截面,桥面板关于组合截面中性轴面积的静矩 $A_e\bar{z}=160\times1000\times(930-80-474)=60.2\text{m}^3$。在预制构件顶部,主拉应力达到极限 f_{ctd}(1.667MPa)之前可能由组合截面承担的附加剪力(V_{c2}):

$$V_{c2}=\frac{54.5\times10^9\times300}{60.2\times10^6}\times(\sqrt{1.667^2+1.667\times10.98}-0)=1247\text{kN}$$

小于组合截面形心与验算的临界值。

(3)160mm 厚腹板底部验算。

腹板底部验算比底部翼缘之上的斜面范围内的验算更为重要。

单独作用于梁上的弯矩产生的腹板底部应力 $=490\times10^6\times\dfrac{290-310}{23.02\times10^9}=-0.43$MPa(受拉),作用于组合截面的弯矩产生的腹板底部应力 $=\dfrac{810\times10^6\times(290-474)}{54.5\times10^9}=-2.73$MPa(受拉),预应力产生的腹板底部应力 $=\dfrac{2680\times10^3}{349\times10^3}+2680\times10^3\times(100-310)\times\dfrac{290-310}{23.02\times10^9}=8.17$MPa(受压)。

腹板底部总应力为

$\sigma_{tot}=8.17-0.43-2.73=5.01$MPa

对于预制截面,底部翼缘和斜面关于预制截面中性轴的静矩为

$A_{pc}\bar{z}_{pc} \approx 185 \times 950 \times (310 - 185/2) + 105 \times 240 \times (310 - 185 - 105/2) = 40.1\text{m}^3$

承载能力极限状态下单独作用于预制梁上的设计剪力 V_{c1} 为 73kN,因此腹板底部剪应力为

$$\tau_s = \frac{V_{c1}}{b}\left(\frac{A_{pc}\bar{z}_{pc}}{I_{pc}}\right) = \frac{73 \times 10^3}{160} \times \frac{40.1 \times 10^6}{23.02 \times 10^9} = 0.795\text{MPa}$$

对于组合截面,底部翼缘与斜面关于组合截面中性轴的静矩为

$A_e\bar{z} \approx 185 \times 950 \times (474 - 185/2) + 105 \times 240 \times (474 - 185 - 105/2) = 73.0\text{m}^3$

在预制构件顶部主拉应力达到极限 f_{ctd}(1.667MPa)之前可能由组合截面承担的附加剪力(V_{c2}):

$$V_{c2} = \frac{54.5 \times 10^9 \times 160}{73.0 \times 10^6} \times \left(\sqrt{1.667^2 + 1.667 \times 15.01} - 0.795\right) = 304\text{kN}$$

这比组合截面形心处验算更为重要。截面的其他高度处可能很重要,但任何进一步的强度折减通常会非常小。

上述举例说明腹板底部是此类情形的关键。

$V_{Rd,c} = V_{c1} + V_{c2} = 73 + 304 = 377\text{kN}$

对于该截面没有预应力垂直分量需要考虑,并且 $V_{Ed} < V_{Rd,c}$(357kN < 377kN),因此不需配置抗剪钢筋。

2)按 JTG 3362—2018 计算

由于上述按 EN 1992-2 计算的整个过程纯属力学概念与规范没有直接关系,按中国标准的计算方法与此基本相同,此处从略。

例 6-13　预应力 M 形截面梁与桥面板组合

续实例 6-12,假设剪力由 1/4 跨截面 1 的 357kN 均匀变化至梁端截面 2 的 524kN,钢绞线由实例 6-12 中的值向上偏转。

1)按 EN 1992 计算

每一截面的界面设计剪应力由 EN 1992-1/式(6.24)计算:

截面 1:$V_{Ed} = 357\text{kN}$,$b_i = 300\text{mm}$(偏保守,因为精确的位置仍未知,因此设计不可能依赖增加界面长度超出顶面)。由弯曲分析,$z = 710.7\text{mm}$,顶板压力显示为 2719.3kN(承载能力极限状态的总压力为 3727.8kN)。由图 6-39,$\beta = 2719.3/3727.8 = 0.729$,因此,$v_{Edi} = (0.729 \times 357 \times 10^3)/(710.7 \times 300) = 1.221\text{MPa}$。

截面 2:$V_{Ed} = 524\text{kN}$,$b_i = 300\text{mm}^2$。由弯曲分析,$z = 667.5\text{mm}$,顶板钢筋中的拉力显示为 2380.1kN(承载能力极限状态的总压力为 3444.7kN)。由图 6-36,$\beta = 2380.1/34444.7 = 0.691$,因此,$v_{Edi} = (0.691 \times 524 \times 10^3)/(667.5 \times 300) = 1.808\text{MPa}$。

假设表面粗糙($c = 0.45$,$\mu = 0.7$),忽略 $\mu\sigma_n$ 项,并假设垂直箍筋 $\alpha = 90°$。疲劳荷载作用下界面剪力验算时 c 应取 0。

梁的混凝土强度等级为 C40/50,板的混凝土等级为 C30/40,因此取最弱混凝土进行界面剪力计算,得到 $f_{ck} = 30\text{MPa}$,$f_{cd} = 20\text{MPa}$(使用 $\gamma_c = 1.5$),$f_{ctk,0.05} = 2.0\text{MPa}$,$f_{ctd} = 1.333\text{MPa}$。

由 $\nu = 0.6(1 - f_{ck}/250) = 0.6 \times (1 - 30/250) = 0.528$。按限值为 $0.5\nu f_{cd} = 0.5 \times 0.528 \times 20 = 5.28\text{MPa} > v_{Edi}$,满足要求。

因此,抗力为 $v_{Rdi} = 0.45 \times 1.333 + 0 + \rho f_{yd} \times (0.70 \times \sin 90°)$,这可能需要重新布置以满足跨界面钢筋面积的要求:$A_s \geqslant \dfrac{v_{Edi} - 0.45 \times 1.333}{0.7f_{yd}}A_i$(对于存在疲劳荷载的情形,进一步折减至 $A_s \geqslant \dfrac{v_{Edi}}{0.7f_{yd}}A_i$)。

假设 $f_{yk}=500\text{MPa}$，$\gamma_s=1.15$，得 $f_{yd}=434.8\text{MPa}$，每米长度平面面积 $A_i=300\times1000=300\times10^3\text{mm}^2$。

因此对于截面 1：

$A_s\geqslant(1.221-0)\times300\times10^3/(0.7\times434.8)=1203.3\text{mm}^2/\text{m}$

对于截面 2：

$A_s\geqslant(1.963-0)\times300\times10^3/(0.7\times434.8)=1782.2\text{mm}^2/\text{m}$

EN 1992 允许截面剪力钢筋沿恰当的长度平均布设。

考虑截面 2 与截面 1 和截面 2 中点之间的条带，得要求的平均面积：

$A_s=1203.3+0.75\times(1782.2-1203.3)=1637.5\text{mm}^2/\text{m}$

考虑截面 1 与截面 1 和截面 2 中点之间的条带，得要求的平均面积：

$A_s=1203.3+0.25\times(1782.2-1203.3)=1348.0\text{mm}^2/\text{m}$

采用 2 肢 $\phi10$ 钢筋，间距 95mm（边缘上比截面 2 剪力设计要求得更多），得 $A_s=1653\text{mm}^2/\text{m}$（$v_{\text{Rdi}}=1.667\text{MPa}$）。采用 2 肢 $\phi10$ 钢筋，间距 115mm，得 $A_s=1366\text{mm}^2/\text{m}$（$v_{\text{Rdi}}=1.386\text{MPa}$）。图 6-39 中已包含这些值，说明以这种方式布置的箍筋可以接受。

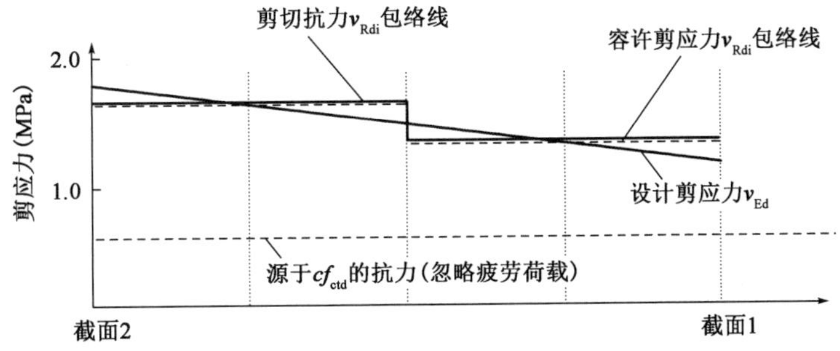

图 6-39 截面抗剪设计的条带式剪力箍筋布置规定

2）按 JTG 3362—2018 计算

梁采用 C50 混凝土，$f_{cu,k}=32.4\text{MPa}$，钢筋采用 HRB335，$f_{yv}=300\text{MPa}$。按截面 2 计算：$V_{Ed}=524\text{kN}$，异号弯矩影响系数 $\alpha_1=1.0$，为预应力混凝土构件时预应力提高系数 $\alpha_2=1.25$；受压翼缘的影响系数 $\alpha_3=1.1$。

腹板宽度 $b=300\text{mm}$（保守计算），$h_0=930-100=830\text{mm}$。

$\rho=A_p/bh_0=21\times139/300\times830=0.0117$

纵向受拉钢筋的配筋百分率：

$p=100\rho=100\times0.0117=1.17$

混凝土和箍筋共同的抗剪承载力计算：

$$V_{cs}=\alpha_1\alpha_2\alpha_3 0.45\times10^{-3}bh_0\sqrt{(2+0.6p)\sqrt{f_{cu,k}}\rho_{sv}f_{sd,v}}$$

在 $V_{Ed}=357\text{kN}$ 的条件下的箍筋的配箍率，即 $V_{cs}=V_{Ed}=524\text{kN}$ 的条件下的配箍率：

$$\begin{aligned}\rho_{sv}&=\frac{V_{cs}^2}{(\alpha_1\alpha_2\alpha_3 0.45\times10^{-3}bh_0)^2\times(2+0.6p)\sqrt{f_{cu,k}}f_{sd,v}}\\&=\frac{(524\times10^3)^2}{(1.0\times1.25\times1.1\times0.45\times10^{-3}\times300\times830)^2\times(2+0.6\times1.17)\times\sqrt{32.4}\times300}\\&=\frac{2.746\times10^{11}}{2.37\times10^{10}\times1614}=0.72\%\end{aligned}$$

$\rho_{sv}=A_{sv}/s_v b=0.72\%$

采用 2 肢 $\phi10$，间距 70mm，箍筋的配筋率为 0.75% >0.72%，此时的配箍筋满足要求。相应的截面承载力也满足要求。

同理验算截面 1，$V_{Ed}=357\text{kN}$。

$$\rho_{sv}=\frac{V_{cs}^2}{(\alpha_1\alpha_2\alpha_3 0.45\times10^{-3}bh_0)^2\times(2+0.6p)\sqrt{f_{cu,k}}f_{sd,v}}$$
$$=\frac{(357\times10^3)^2}{(1.0\times1.25\times1.1\times0.45\times10^{-3}\times300\times830)^2\times(2+0.6\times1.17)\times\sqrt{32.4}\times300}$$
$$=\frac{1.27\times10^{11}}{2.37\times10^{10}\times1614}=0.33\%$$

采用 2 肢 $\phi10$ 钢筋，间距 150mm，箍筋的配筋率为 0.35% >0.33%，此时的配箍筋满足要求。相应的截面承载力也满足要求。

6.3 扭转

6.3.1 开裂扭矩

在扭矩作用下，混凝土构件产生剪应力，可通过材料力学方法表示为主拉应力和主压应力。如果扭矩很小，构件中的主拉应力较小，达不到混凝土的抗拉强度，构件不会开裂。如果扭矩产生的混凝土最大主应力值达到混凝土抗拉强度，结构混凝土就会产生裂缝，如图 6-40a）所示。但在即将出现裂缝时，由于混凝土的极限拉应变很小，钢筋的应力也很小，它对结构提高开裂荷载作用不大，在计算开裂扭矩时可忽略钢筋的影响。

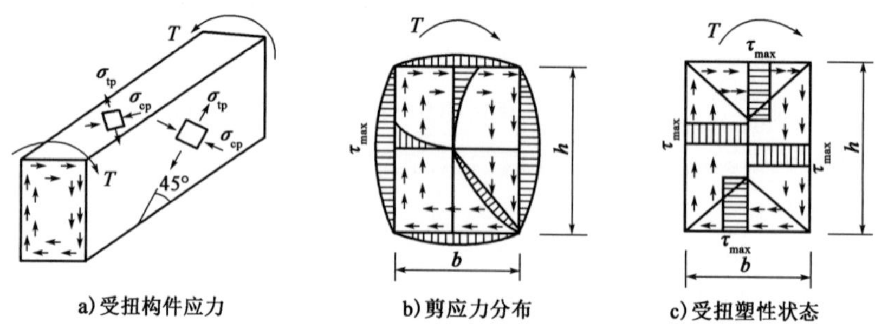

图 6-40 纯扭构件在裂缝出现前的应力状态

混凝土开裂前，EN 1992 扭转的计算是以闭合薄壁截面模型为基础的，平衡时形成闭合剪力流。对于实心截面，可等效为薄壁截面，如图 6-41 所示。纯扭作用下截面壁内的剪应力按式（6-105）计算：

$$\tau_{t,i}t_{ef,i}=\frac{T_{Ed}}{2A_k} \tag{6-105}$$

扭转产生的第 i 个壁的剪力按式（6-106）计算：

$$V_{Ed,i}=\tau_{t,i}t_{ef,i}z_i \tag{6-106}$$

式中：T_{Ed}——设计扭矩；

A_k——壁中心连线包围的面积，包括内部空心区；

$\tau_{t,i}$——第 i 个壁的扭转剪应力；

$t_{ef,i}$——有效壁厚，可取为 A/u，但不小于壁边缘与纵向钢筋中心距离的 2 倍；对空心截面，实际厚度为上限值；

A——外周边所包围截面的总面积,包含内部空心区的面积;

u——截面的外周长;

z_i——第 i 个壁的边长,用相邻壁交点间的距离表示。

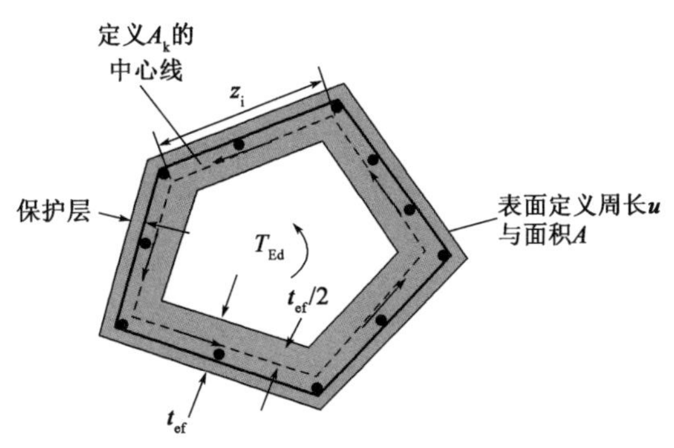

图 6-41　EN 1992 中受扭计算模型

当 $\tau_{t,i}=f_{ctd}$时,构件即发生扭转开裂,开裂扭矩为

$$\frac{\gamma_0 V_d}{bh_0}+\frac{\gamma_0 T_d}{W_t}\leqslant 0.5\times 10^{-3}\alpha_2 f_{ctd}\qquad (kN/mm^2)\tag{6-107}$$

式中:f_{ctd}——混凝土抗拉强度设计值。

中国标准将混凝土视为弹性材料,按照材料力学理论得到构件的开裂扭矩[图 6-40b)]:

$$T_{cr}=\frac{\beta f_t b}{h^2}\tag{6-108}$$

式中:f_t——混凝土抗拉强度;

h——构件截面的长边;

b——构件截面的短边;

β——与比值 h/b 有关的系数,当 $h/b=1.10$ 时,$\beta=0.208\sim0.313$。

若混凝土为理想的塑性材料,当最大扭剪应力值或最大主应力达到混凝土抗拉强度时,不会发生破坏,荷载还可继续增加,直到截面边缘的拉应变达到混凝土的极限拉应变值,截面上各点的应力全部达到混凝土抗拉强度后,截面开裂(图 6-40)。根据塑性力学理论,可将截面上切应力划分为四个部分,计算各部分扭剪应力的合力及相应组成的力偶,其总和为 T_{cr},即

$$T_{cr}=f_t W_t\tag{6-109}$$

式中:W_t——构件扭转塑性抵抗矩,对矩形截面构件,按式(6-110)计算:

$$W_t=\frac{b^2}{6}(3h-b)\tag{6-110}$$

实际上,混凝土既非弹性材料,又非理想的塑性材料,是介于两者之间的弹塑性材料。低强度混凝土具有一定的塑性性质,对于高强度混凝土,其脆性显著增强。因此,按式(6-108)计算的开裂扭矩值比试验值低,而按式(6-109)计算的开裂扭矩值比试验值偏高。混凝土构件受扭开裂的裂缝形式如图 6-42 所示。

为实用计算方便,开裂扭矩可近似采用理想塑性材料截面的应力分布计算模式,但混凝土抗拉强度要适当降低。试验表明,对低强度混凝土,降低系数约为 0.8,对高强度混凝土,降低系数约为 0.7。GB 50010—2010 为统一开裂扭矩值的计算公式,并满足一定的可靠度要求,将开裂扭矩计算公式表示为

$$T_{cr}=0.7f_t W_t\tag{6-111}$$

式中:f_t——混凝土抗拉强度设计值;

W_t——截面受扭塑性抵抗矩。

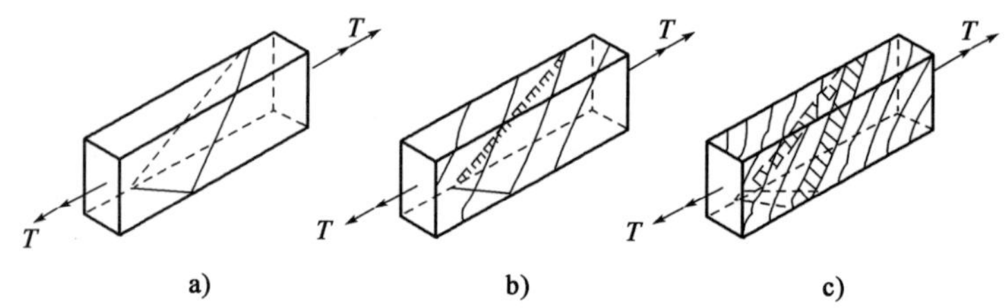

图 6-42 扭转裂缝

6.3.2 纯扭承载力计算

混凝土开裂后,EN 1992 中受扭构件承载力的计算是以闭合薄壁截面空间桁架模型为基础的,构件所需的纵向钢筋截面面积$\sum A_{si}$按式(6-112)计算:

$$\frac{\sum A_{si} f_{yd}}{u_k} = \frac{T_{Ed}}{2A_k}\cot\theta \tag{6-112}$$

式中:T_{Ed}——设计扭矩;

A_k——管壁中心连线包围的面积,包括内部空心区;

u_k——面积 A_k 的周长;

f_{yd}——屈服强度设计值;

θ——压杆的倾角;

A_{si}——第 i 个薄壁中纵筋的面积。

纵向钢筋通常沿边 z_i 全长布置(图 6-41),但截面小的构件可以集中在边 z_i 的端部。

需要的受扭箍筋按式(6-113)计算:

$$\frac{A_{sw} f_{ywd}}{s} = \frac{\sum A_{si} f_{yd}}{u_k}\tan^2\theta \tag{6-113}$$

式中:A_{sw}——受扭箍筋面积;

f_{ywd}——受扭箍筋屈服强度设计值。

对于形状复杂的截面,如 I 形、T 形截面,欧洲标准的计算方法与中国标准相同。

JTG 3362—2018 规定矩形和箱形截面纯扭构件(图 6-43),其抗扭承载力应按式(6-114)计算:

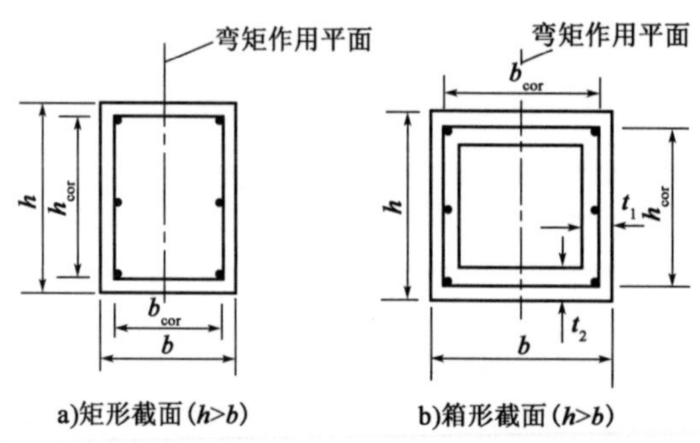

图 6-43 矩形和箱形受扭构件截面

$$\gamma_0 T_d \leqslant 0.35\beta_a f_{td} W_t + 1.2\sqrt{\xi}\,\frac{A_{sv1}A_{cor}}{S_v} \tag{6-114}$$

$$\xi = \frac{f_{sd}A_{st}S_v}{f_{sv}A_{sv1}u_{cor}} \tag{6-115}$$

以上式中：T_d——扭矩组合设计值；

ξ——纯扭构件纵向钢筋与箍筋的配筋强度比；

β_a——箱形截面有效壁厚折减系数，当 $0.1b \le t_2 \le 0.25b$ 或 $0.1h \le t_1 \le 0.25h$ 时，取 $\beta_a = 4t_2/b$ 或 $\beta_a = 4t_1/b$ 两者较小值，当 $t_2 > 0.25b$ 和 $t_1 > 0.25h$ 时，取 $\beta_a = 1.0$；对矩形截面 $\beta_a = 1.0$；

b——矩形截面或箱形截面宽度；

h——矩形截面或箱形截面高度；

t_1——箱形截面长边壁厚；

t_2——箱形截面短边壁厚；

f_{td}——混凝土轴心抗拉强度设计值；

W_t——矩形截面或箱形截面受扭塑性抵抗矩；

A_{sv1}——纯扭计算中箍筋的单肢截面面积；

f_{sv}——箍筋的抗拉强度设计值；

A_{st}——纯扭计算中沿截面周边对称配置的全部普通纵向钢筋截面面积；

f_{sd}——纵向钢筋的抗拉强度设计值；

A_{cor}——由箍筋内表面包围的截面核心面积，$A_{cor} = b_{cor}h_{cor}$，此处，b_{cor} 和 h_{cor} 分别为核心面积的短边边长和长边边长；

u_{cor}——截面核心面积的周长，$u_{cor} = 2(b_{cor} + h_{cor})$；

S_v——纯扭计算中箍筋的间距。

对钢筋混凝土构件，ξ 值应符合 $0.6 \le \xi \le 1.7$ 的要求，当 $\xi > 1.7$ 时，取 $\xi = 1.7$。

对预应力混凝土构件，当 $e_{p0} \le h/6$，且 $\xi \ge 1.7$ 时，应在式(6-114)的右边增加预应力影响项 $0.05 \dfrac{N_{p0}}{A_0} W_t$，取 $\xi = 1.7$。当 $e_{p0} > h/6$ 或 $\xi < 1.7$ 时，可不考虑预应力影响项，应按钢筋混凝土构件计算。e_{p0} 为预应力筋和普通钢筋的合力对换算截面重心轴的偏心距；N_{p0} 为混凝土法向预应力等于零时预应力筋和普通钢筋的合力，当 $N_{p0} > 0.3f_{cd}A_0$ 时，取 $N_{p0} = 0.3f_{cd}A_0$，此处，A_0 为构件的换算截面面积。

注：按本条计算的箱形截面构件，其箱壁厚应满足 $t_2 \ge 0.1b$ 和 $t_1 \ge 0.1h$ 的条件。

矩形和箱形截面受扭构件的截面受扭塑性抵抗矩，应按下列公式计算：

(1)矩形截面[图 6-43a)]：

$$W_t = \frac{b^2}{6}(3h - b) \tag{6-116}$$

(2)箱形截面[图 6-43b)]：

$$W_t = \frac{b^2}{6}(3h - b) - \frac{(b - 2t_1)^2}{6}[3(h - 2t_2) - (b - 2t_1)] \tag{6-117}$$

6.3.3 弯剪扭承载力计算

EN 1992 中对于扭矩、剪力和弯矩共同作用下的受弯构件，分别按这些作用效应单独计算所需要的钢筋面积；对于扭矩、剪力、轴力和弯矩共同作用下的偏心受压构件，分别按受扭、受剪和受压弯计算所需钢筋。

对于箱形截面，应分别校验每侧腹板在扭剪共同作用下的剪力(图 6-44)。

对于预应力构件，可以考虑黏结预应力筋。此时，将式(6-71)中的 $\Sigma A_{sl}f_{yd}$ 替换为 $\Sigma A_{sl}f_{yd} + A_p\Delta\sigma_p$，前提是 $\Delta\sigma_p \le 500\text{MPa}$。

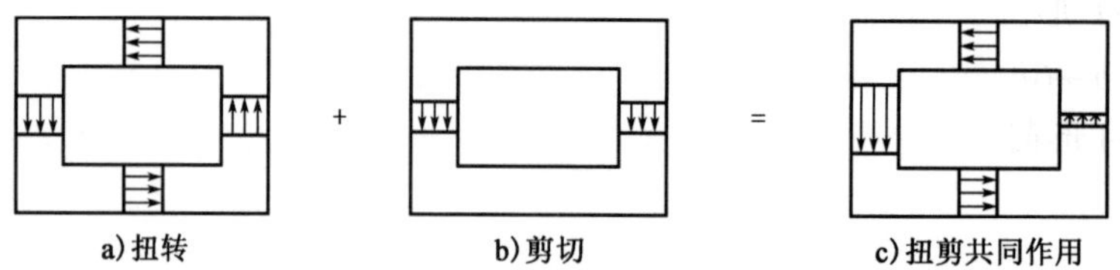

图6-44　箱形截面不同侧墙中的内部组合作用

JTG 3362—2018 规定：

(1)矩形和箱形截面剪扭构件，其抗剪、扭承载力应按式(6-118)和式(6-119)计算：

抗剪承载力：

$$\gamma_0 V_d \leqslant 0.5\times10^{-4}\alpha_1\alpha_2\alpha_3(10-2\beta_t)bh_0\sqrt{(2+0.6P)\ \sqrt{f_{cu,k}}\rho_{sv}f_{sv}} \tag{6-118}$$

抗扭承载力：

$$\gamma_0 T_d \leqslant \beta_t\left(0.35\beta_a f_{td}+0.05\frac{N_{p0}}{A_0}\right)W_t+1.2\sqrt{\xi}\frac{f_{sv}A_{sv1}A_{cor}}{S_v} \tag{6-119}$$

$$\beta_t=\frac{1.5}{1+0.5\dfrac{V_d W_t}{T_d b h_0}} \tag{6-120}$$

式中：β_t——剪扭构件混凝土抗扭承载力降低系数，当 $\beta_t<0.5$ 时，取 $\beta_t=0.5$；当 $\beta_t>1.0$ 时，取 $\beta_t=1.0$；

W_t——截面受扭塑性抵抗矩，当为箱形截面剪扭构件时，应以 $\beta_t W_t$ 代替；

b——矩形截面宽度或箱形截面腹板宽度。

(2)T形、I形和带翼缘箱形截面的受扭构件，可将其截面划分为矩形截面进行抗扭承载力计算：

①腹板或矩形箱体、受压翼缘和受拉翼缘的扭矩设计值应按下列公式计算：

$$T_{wd}=\frac{W_{tw}}{W_t}T_d \tag{6-121}$$

$$T'_{fd}=\frac{W'_{tf}}{W_t}T_d \tag{6-122}$$

$$T_{fd}=\frac{W_{tf}}{W_t}T_d \tag{6-123}$$

式中：　T_d——T形、I形或带翼缘箱形截面承受的扭矩设计值；

T_{wd}——分配给腹板或矩形箱体承受的扭矩设计值；

T'_{fd}、T_{fd}——分配给受压翼缘、受拉翼缘承受的扭矩设计值；

W_{tw}、W'_{tf}、W_{tf}——腹板或矩形箱体、受压翼缘、受拉翼缘受扭塑性抵抗矩；

W_t——T形、I形或带翼缘箱形截面总的受扭塑性抵抗矩。

②各种截面的受扭塑性抵抗矩。

a. 腹板和矩形箱体的受扭塑性抵抗矩应按式(6-116)和式(6-117)计算；

b. 受压翼缘的受扭塑性抵抗矩应按式(6-124)计算：

$$W'_{tf}=\frac{h'^2_f}{2}(b'_f-b) \tag{6-124}$$

c. 受拉翼缘的受扭塑性抵抗矩应按式(6-125)计算：

$$W_{tf}=\frac{h^2_f}{2}(b_f-b) \tag{6-125}$$

式中：b'_f、h'_f——T 形、I 形或带翼缘箱形截面受压翼缘的宽度和厚度（图 6-45），应符合 $b'_f \leqslant b + 6h'_f$；

b_f、h_f——I 形截面受拉翼缘的宽度和厚度，应符合 $b_f \leqslant b + 6h_f$。

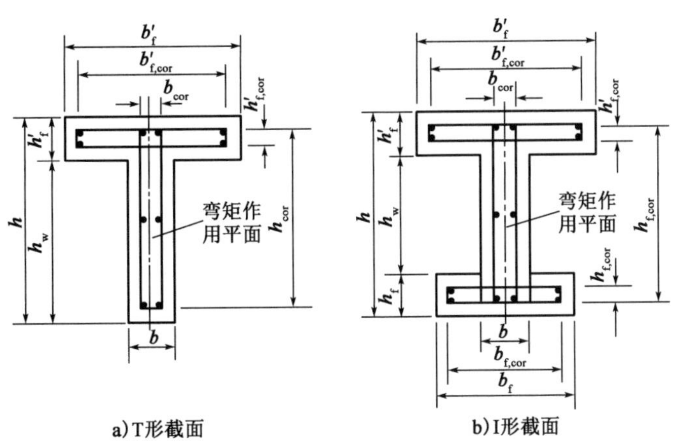

图 6-45　T 形和 I 形受扭构件截面

③各种截面总的受扭塑性抵抗矩。

a. T 形和带翼缘箱形截面：

$$W_t = W_{tw} + W'_{tf} \tag{6-126}$$

b. I 形截面：

$$W_t = W_{tw} + W'_{tf} + W_{tf} \tag{6-127}$$

6.3.4　构造要求

为防止构件受扭时发生混凝土首先被压坏的超筋破坏，必须控制受扭钢筋的数量不超过上限，即必须控制构件截面尺寸不能过小。

6.3.4.1　截面要求

EN 1992 规定，剪力和扭矩共同作用下混凝土构件的最大承载力取决于混凝土压杆的承载力。为不超过最大承载力，欧洲标准规定实心截面构件的截面应满足下面的条件：

$$\frac{T_{Ed}}{T_{Rd,max}} + \frac{V_{Ed}}{V_{Rd,max}} \leqslant 1.0 \tag{6-128}$$

式中：T_{Ed}——设计扭矩；

V_{Ed}——设计剪力；

$T_{Rd,max}$——设计抵抗扭矩，按式（6-129）计算：

$$T_{Rd,max} = 2u\alpha_{cw} f_{cd} A_k t_{ef,i} \sin\theta\cos\theta \tag{6-129}$$

式中：A_k——薄壁中心连线包围的面积，包括内部空心区；

$t_{ef,i}$——有效壁厚，可取为 A/u，但不小于薄壁边缘与纵向钢筋中心距离的 2 倍；对空心截面实际厚度为上限值；

θ——压杆的倾角；

A——外圆周内截面的总面积，包含内部空心区的面积；

u——截面的外周长；

f_{cd}——混凝土抗压强度设计值；

$V_{Rd,max}$——最大抵抗剪力设计值。

GB 50010—2010 规定，在弯矩、剪力和扭矩共同作用下，矩形、T 形、I 形截面和箱形构件的截面应符合下列条件：

当 $\frac{h_w}{b}\left(或\frac{h_w}{t_w}\right) \leqslant 4$ 时

$$\frac{V}{bh_0} + \frac{T}{0.8W_t} \leqslant 0.25\beta_c f_c \tag{6-130a}$$

当 $\frac{h_w}{b}\left(或\frac{h_w}{t_w}\right) \geqslant 4$ 时

$$\frac{V}{bh_0} + \frac{T}{0.8W_t} \leqslant 0.20\beta_c f_c \tag{6-130b}$$

当 $4 < \frac{h_w}{b}\left(或\frac{h_w}{t_w}\right) < 6$ 时，按线性内插法确定。

式中：b——矩形截面的宽度，T 形或 I 形截面的腹板宽度，箱形截面的侧壁总厚度 $2t_w$；

W_t——受扭构件的截面受扭塑性抵抗矩；

h_w——截面的腹板高度，对矩形截面，取有效高度 h_0；对 T 形截面，取有效高度减去翼缘高度；对 I 形和箱形截面，取腹板净高；

t_w——箱形截面壁厚，其值不小于 $b_h/7$，此处 b_h 为箱形截面的宽度；

f_c——混凝土抗压强度。

6.3.4.2 构造配筋条件

EN 1992 规定，对近似于矩形的实心截面，如果满足式(6-131)的要求，则按最小面积配筋：

$$\frac{T_{Ed}}{T_{Rd,c}} + \frac{V_{Ed}}{V_{Rd,c}} \leqslant 1.0 \tag{6-131}$$

式中：T_{Ed}——设计扭矩；

V_{Ed}——设计剪力；

$T_{Rd,c}$——开裂扭矩；

$V_{Rd,c}$——无抗剪钢筋构件的受剪承载力设计值。

一般而言，满足抗剪的最小箍筋和最大间距也满足抗扭的最小箍筋要求。抗扭箍筋间距不超过 $u/8$(u 为构件截面外周长)、抗剪钢筋最大间距或梁截面的较小尺寸。

构件每个角处至少应有一根纵向钢筋，其他钢筋沿箍筋内边均匀布置，间距不大于 350mm。

对于分段施工的预制箱形构件，并且在张拉区没有预应力黏结钢筋的情形，如果相关的抗剪钢筋不能有效传递由扭转引起的剪力，在接缝的扩展开度大于相应翼缘厚度时，要求对抗扭机理进行修正。即从 Bredt 循环扭矩变为翘曲扭矩和圣维南扭矩的共同作用，而第一种作用机理要优于第二种(图 6-46)。因此，由扭矩引起的腹板剪力实际上是要加倍的，并且截面会出现明显的扭曲。这种情况下，应根据 EN 1992-2 附录 MM 对承受最大应力作用的腹板进行承载能力极限状态验算，同时考虑弯曲、剪切和扭转的组合作用。

JTG 3362—2018 规定，承受弯、剪、扭的矩形和箱形截面构件，其截面应符合下列公式要求：

$$\frac{\gamma_0 V_d}{bh_0} + \frac{\gamma_0 T_d}{W_t} \leqslant 0.51 \times 10^{-3}\sqrt{f_{cu,k}} \quad (\text{kNmm}^2) \tag{6-132}$$

当符合下列条件时

$$\frac{\gamma_0 V_d}{bh_0} + \frac{\gamma_0 T_d}{W_t} \leqslant 0.5 \times 10^{-3}\alpha_2 f_{td} \quad (\text{kNmm}^2) \tag{6-133}$$

可不进行构件的抗扭承载力计算，仅需按规定配置构造钢筋。

式中：V_d——剪力组合设计值（kN）；

T_d——扭矩组合设计值（kNmm）；

b——垂直于弯矩作用平面的矩形截面宽度或箱形截面腹板总宽度（mm）；

h_0——平行于弯矩作用平面的矩形或箱形截面的有效高度（mm）；

W_t——截面受扭塑性抵抗矩（mm^3）。

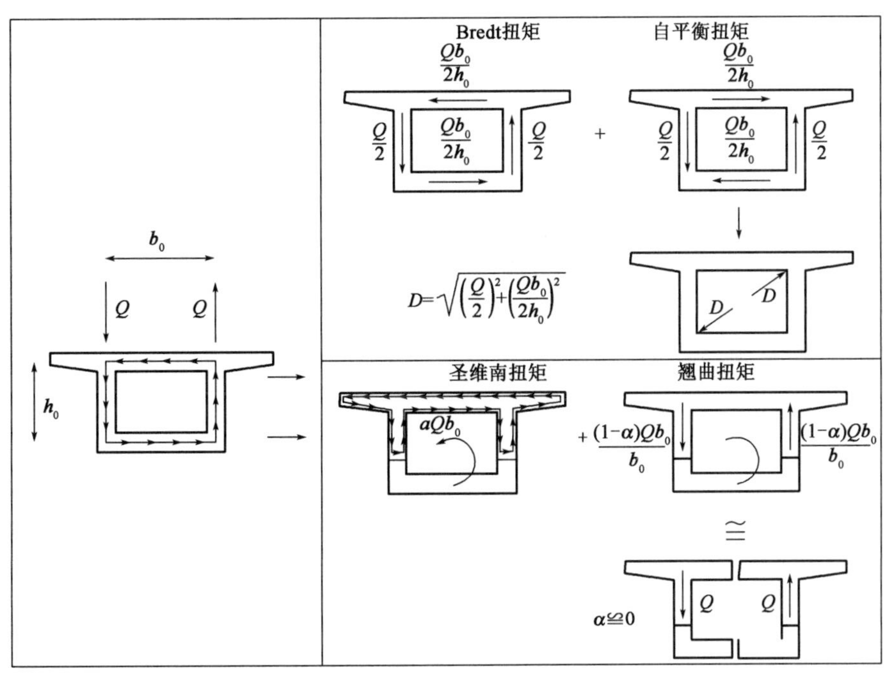

图 6-46 从闭合缝到开口缝的扭转特性变化

矩形、T 形、I 形和带翼缘箱形截面的弯剪扭构件，其纵向钢筋和箍筋应按下列规定计算，并分别进行配置：

（1）按受弯构件正截面抗弯承载力计算所需的钢筋截面面积配置纵向钢筋。

（2）矩形截面、T 形和 I 形截面的腹板、带翼缘箱形截面的矩形箱体，应按剪扭构件计算纵向钢筋和箍筋。

（3）T 形、I 形和带翼缘箱形截面的受压翼缘或受拉翼缘应按本规范第 5.5.1 条抗扭承载力计算所需纵向钢筋和箍筋截面面积，其中纵向钢筋应沿周边对称布置。

例 6-14 钢筋混凝土矩形简支梁设计

图 6-47 所示为一钢筋混凝土矩形简支梁，截面尺寸 500mm × 1500mm，计算跨度 $l_0 = 9\text{m}$。在跨度三分点处各承担由横向传来的扭矩 $T_{Gk} = 130\text{kNm}$，竖向永久荷载 $P_{Gk} = 200\text{kN}$，可变荷载 $P_{Qk} = 70\text{kN}$，另承受均布永久荷载 $g_k = 50\text{kN/m}$，可变荷载 $q_k = 40\text{kN/m}$。对梁进行设计。

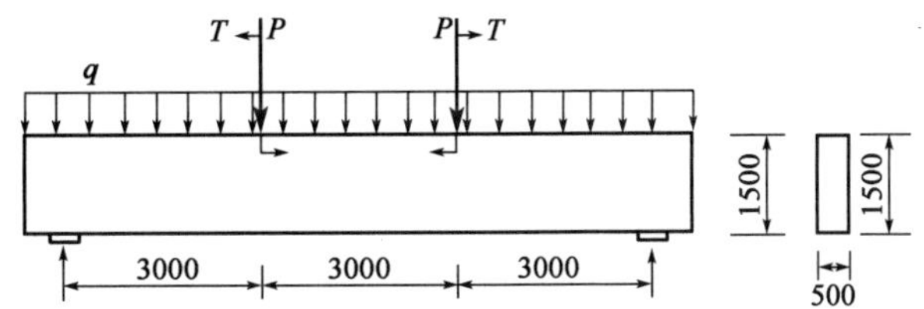

图 6-47 钢筋混凝土矩形简支梁（尺寸单位：mm）

1）按 EN 1992 进行设计

混凝土采用 C30/37，$f_{ck}=30\text{N/mm}^2$，设计值 $f_{cd}=0.85\times30/1.5=17\text{N/mm}^2$。纵筋采用 500 级，$f_{yk}=500\text{N/mm}^2$，箍筋采用 400 级，$f_{ywk}=400\text{N/mm}^2$。箍筋强度设计值为 $f_{ywd}=400/1.15=348\text{N/mm}^2$，纵筋强度设计值为 $f_{yd}=500/1.15=435\text{N/mm}^2$。$f_{ctm}=2.9\text{MPa}$。

荷载分项系数 $\gamma_G=1.35$，$\gamma_Q=1.5$。

控制截面的扭矩设计值：

$$T_{Ed}=\gamma_G T_{Gk}=1.35\times130=175.5\text{kNm}$$

集中荷载设计值：

$$P_{Ed}=\gamma_G P_{Gk}+\gamma_Q P_{Qk}=1.35\times200+1.5\times70=375\text{kN}$$

均布荷载设计值：

$$q_{Ed}=\gamma_G g_k+\gamma_Q q_k=1.35\times50+1.5\times40=127.5\text{kN/m}$$

控制截面的弯矩设计值：

$$M_{Ed}=\left(P_{Ed}+q_{Ed}\times\frac{l_0}{2}\right)\times\frac{l_0}{3}-\frac{1}{2}q_{Ed}\left(\frac{l_0}{3}\right)^2$$

$$=\left(375+127.5\times\frac{9}{2}\right)\times\frac{9}{3}-\frac{1}{2}\times127.5\times\left(\frac{9}{3}\right)^2=2272.5\text{kNm}$$

控制截面的剪力设计值：

$$V_{Ed}=P_{Ed}+q_{Ed}\times\frac{l_0}{2}=375+127.5\times\frac{9}{2}=949\text{kN}$$

（1）截面尺寸验算。

$$\alpha_{cw}=1.0,\ v=0.6\left(1-\frac{f_{ck}}{250}\right)=0.6\times\left(1-\frac{30}{250}\right)=0.528$$

$$t_{ef,i}=\frac{A}{u}=\frac{500\times1500}{2\times(500+1500)}=187.5\text{mm}<t_{ef}=200\text{mm}，取\ t_{ef,i}=200\text{mm}$$

$$A_k=(500-200)\times(1500-200)=390000\text{mm}^2$$

取 $\theta=45°$，则：

$$T_{Rd,max}=2v\alpha_{cw}f_{cd}A_k t_{ef,i}\sin\theta\cos\theta$$
$$=2\times0.528\times1\times17\times390000\times200\times\sin45°\cos45°\times10^{-6}$$
$$=700.1\text{kNm}$$

$$z=0.9d=0.9\times1400=1260\text{mm}$$

取 $v_1=v$，则：

$$V_{Rd,max}=\frac{\alpha_{cw}b_w z v_1 f_{cd}}{\cot\theta+\tan\theta}=\frac{1.0\times500\times1260\times0.528\times17}{1+1}=2827.4\text{kN}$$

$$\frac{T_{Ed}}{T_{Rd,max}}+\frac{V_{Ed}}{V_{Rd,max}}=\frac{175.5}{700.1}+\frac{949}{2827.4}=0.586<1.0$$

截面尺寸满足要求。

（2）受弯纵筋计算。

假定 $a=100\text{mm}$，则 $d=1500-100=1400\text{mm}$，并取 $\eta=1.0$，$\lambda=0.8$，得：

$$\begin{cases}f_{cd}b_w(0.8x)=A_s f_{yd}\\M_{Ed}=f_{cd}b_w(0.8x)(d-0.4x)\end{cases}$$

将 $f_{cd}=17\text{MPa}$，$b_w=500\text{mm}$，$M_{Ed}=2272.5\times10^6\text{kNm}$ 和 $f_{yd}=435\text{MPa}$ 代入上述公式，解得：$x=257.4\text{mm}$，$A_s=4024\text{mm}^2$。

最小受弯纵筋面积：

$$A_{s,min} = 0.26\frac{f_{ctm}}{f_{yk}}b_w d = 0.26 \times \frac{2.9}{500} \times 500 \times 1400 = 1055.6\text{mm}^2$$

$$0.0013b_w d = 0.0013 \times 500 \times 1400 = 910\text{mm}^2$$

$A_{s,min}$取上面两者中的较大值，所以 $A_{s,min} = 1055.6\text{mm}^2$。$A_s > A_{s,min}$，满足要求。

$\frac{x}{d} = \frac{257.4}{1400} = 0.184 < \frac{x_0}{d} = 0.25$，满足要求。

(3)受剪箍筋计算。

$$C_{Rd,c} = \frac{0.18}{\gamma_c} = \frac{0.18}{1.5} = 0.12$$

$$k = 1 + \sqrt{\frac{200}{d}} = 1 + \sqrt{\frac{200}{1400}} = 1.38 < 2.0$$

$$\rho_1 = \frac{A_{sl}}{b_w d} = \frac{4024}{500 \times 1400} = 0.00575 < 0.02$$

$k_1 = 0.15, \sigma_{cp} = 0$

无箍筋时梁可承受的剪力：

$$\begin{aligned}V_{Rd,c} &= [C_{Rd,c}k(100\rho_1 f_{ck})^{1/3} + k_1\sigma_{cp}]b_w d \\ &= [0.12 \times 1.38 \times (100 \times 0.00575 \times 30)^{1/3} + 0] \times 500 \times 1400 \\ &= 299.2\text{kN} < V_{Ed}\end{aligned}$$

无箍筋时梁可承受的最小剪力

$$v_{min} = 0.035k^{3/2}\sqrt{f_{ck}} = 0.035 \times 1.38^{3/2} \times \sqrt{30} = 0.311\text{MPa}$$

$V_{Rd} = (v_{min} + k_1\sigma_{cp})b_w d = (0.311 + 0) \times 500 \times 1400 = 217.54\text{kN} < V_{Ed}$
需按计算配置抗剪箍筋。

$$\frac{A_{sw}}{s} = \frac{V_{Ed}}{zf_{ywd}\cot\theta} = \frac{949 \times 10^3}{1260 \times 348 \times 1.0} = 2.16\text{mm}^2/\text{mm}$$

(4)抗扭箍筋计算。

$$\tau_{t,i}t_{ef,i} = \frac{T_{Ed}}{2A_k} = \frac{175.5 \times 10^6}{2 \times 390000} = 225\text{N/mm}$$

截面长臂的剪力：

$$V_{Ed,i} = \tau_{t,i}t_{ef,i}z_i = 225 \times (1500 - 2 \times 50) \times 10^{-3} = 315\text{kN}$$

$$\frac{A_{sw}}{s} = \frac{V_{Ed,i}}{zf_{ywd}} = \frac{315000}{1260 \times 348} = 0.718\text{mm}^2/\text{mm}$$

抗剪和抗扭箍筋总量为

$$\frac{A_{v+\tau}}{s} = 2.16 + 2 \times 0.718 = 3.596\text{mm}^2/\text{mm}$$

配置双肢 ϕ16 箍筋(单肢面积 201mm²)，间距 $s_1 = \frac{2 \times 201}{3.596} = 112\text{mm}$，取 $s_1 = 100\text{mm}$。

按欧洲标准，抗扭箍筋的纵向间距不应超过$\frac{u}{8} = \frac{2 \times (500 + 1500)}{8} = 500\text{mm}$，抗剪箍筋最大间距 $s_{1,max} = 0.75d(1 + \cot\alpha) = 0.75 \times 1400 = 1050\text{mm}$，梁截面的较小尺寸为500mm，故已配置的双肢箍筋满足要求。

按配筋率计算：

$$\rho_w = \frac{A_{sw}}{sb_w\sin\alpha} = \frac{2 \times 201}{100 \times 500 \times 1} = 0.8\%$$

$$\rho_{w,min} = \frac{0.08\sqrt{f_{ck}}}{f_{yk}} = \frac{0.08 \times \sqrt{30}}{500} = 0.1\%$$

$\rho_w > \rho_{w,min}$，满足要求。

(5)抗扭纵筋计算。

$u_k = 2 \times [(500 - 200) + (1500 - 200)] = 3200\text{mm}$，$f_{yd} = 435\text{MPa}$

$$\Sigma A_{si} = \frac{u_k T_{Ed}}{2A_k f_{yd}}\cot\theta = \frac{3200 \times 175.5 \times 10^6}{2 \times 390000 \times 435} \times 1 = 1655\text{mm}^2$$

将抗扭纵筋面积均匀分布于梁的顶部、腹部和底部，则梁底部所需钢筋面积 $A_{sl} = 4024 + 1655/3 = 4576\text{mm}^2$，配置 $10\phi25$，$A_s = 4909\text{mm}^2$。

剩余抗扭纵筋面积 $(2/3) \times 1655 = 1103\text{mm}^2$，采用 $4\phi20$，$A_s = 1257\text{mm}^2$，即梁顶部和腹部分别配置 $2\phi20$，$A_s = 628.5\text{mm}^2$。

综合配筋情况：梁顶部和腹部分别配置 $2\phi20(628.5\text{mm}^2)$，梁底部配置 $10\phi25(4909\text{mm}^2)$，箍筋配置双肢箍 $\phi16$，间距 100mm。

2)按 JTG 3362—2018 进行设计

采用 C35 混凝土，$f_c = 16.7\text{N/mm}^2$，$f_t = 1.57\text{N/mm}^2$。纵筋采用 HRB335 钢筋，$f_y = 300\text{N/mm}^2$，箍筋采用 HPB235 钢筋，$f_{yv} = 210\text{N/mm}^2$，$\xi_b = 0.550$。

荷载分项系数，$\gamma_G = 1.2$，$\gamma_Q = 1.4$。

控制截面的扭矩设计值：

$$T = \gamma_G T_{Gk} = 1.2 \times 130 = 156\text{kNm}$$

集中荷载设计值：

$$P = \gamma_G P_{Gk} + \gamma_Q P_{Qk} = 1.2 \times 200 + 1.4 \times 70 = 338\text{kN}$$

均布荷载设计值：

$$q = \gamma_G g_k + \gamma_Q q_k = 1.2 \times 50 + 1.4 \times 40 = 116\text{kN/m}$$

控制截面的弯矩设计值：

$$M = \left(P + q \times \frac{l_0}{2}\right) \times \frac{l_0}{3} - \frac{1}{2}q\left(\frac{l_0}{3}\right)^2 = \left(338 + 116 \times \frac{9}{2}\right) \times \frac{9}{3} - \frac{1}{2} \times 116 \times \left(\frac{9}{3}\right)^2$$
$$= 2058\text{kNm}$$

控制截面的剪力设计值：

$$V = P + q \times \frac{l_0}{2} = 338 + 116 \times \frac{9}{2} = 860\text{kN}$$

(1)截面尺寸验算。

抗扭截面塑性抵抗矩：

$$W_t = \frac{b^2}{6}(3h - b) = \frac{500^2}{6} \times (3 \times 1500 - 500) = 167 \times 10^6\text{mm}^3$$

取 $a_s = 100\text{mm}$，则 $h_0 = 1500 - 100 = 1400\text{mm}$。因为 $\frac{h_w}{b} = \frac{1500}{500} = 3 < 4$，所以按下式验算截面尺寸：

$$\frac{V}{bh_0} + \frac{T}{0.8W_t} = \frac{860 \times 10^3}{500 \times 1400} + \frac{120 \times 10^6}{0.8 \times 167 \times 10^6} = 1.229 + 0.898 = 2.13\text{N/mm}^2 < 0.25\beta_c f_c$$
$$= 0.25 \times 1 \times 16.7 = 4.18\text{N/mm}^2$$

故截面尺寸满足要求。

$$\frac{V}{bh_0} + \frac{T}{0.8W_t} = 2.13\text{N/mm}^2 > 0.7f_t = 0.7 \times 1.57 = 1.1\text{N/mm}^2$$

故需按计算配筋。

$$T = 156\text{kNm} > 0.175 f_t W_t = 0.175 \times 1.57 \times 167 \times 10^6 = 45.88\text{kNm}$$

$$V = 860\text{kN} > 0.35 f_t b h_0 = 0.35 \times 1.57 \times 500 \times 1400 = 384.65\text{kN}$$

故应按弯剪扭构件进行配筋计算。

(2)抗弯纵筋计算。

$$a_s = \frac{M}{\alpha_1 f_c b h_0^2} = \frac{2058 \times 10^6}{1 \times 16.7 \times 500 \times 1400^2} = 0.126$$

$$\xi = 1 - \sqrt{1 - 2a_s} = 1 - \sqrt{1 - 2 \times 0.126} = 0.135 < \xi_b$$

故

$$A_s = \frac{\alpha_1 f_c b \xi h_0}{f_y} = \frac{1 \times 16.7 \times 500 \times 0.135 \times 1400}{300} = 5260.5\text{mm}^2$$

$$\rho = \frac{A_s}{b h_0} = \frac{5260.5}{500 \times 1400} = 0.75\% > \rho_{\min} = \frac{0.45 f_t}{f_y} = \frac{0.45 \times 1.57}{300} = 0.24\%$$

(3)抗剪及抗扭钢筋计算。

$$A_{cor} = b_{cor} h_{cor} = 400 \times 1400 = 560000\text{mm}^2$$

$$u_{cor} = 2(b_{cor} + h_{cor}) = 2 \times (400 + 1400) = 3600\text{mm}$$

承载力降低系数：

$$\beta_t = \frac{1.5}{1 + 0.5\dfrac{VW_t}{Tbh_0}} = \frac{1.5}{1 + 0.5 \times \dfrac{860 \times 10^3 \times 167 \times 10^6}{156 \times 10^6 \times 500 \times 1400}} = 0.905$$

①抗剪扭箍筋计算。

$$\frac{A_{sv}}{s} = \frac{V - 0.7(1.5 - \beta_t) f_t b h_0}{1.25 f_{yv} h_0} = \frac{860 \times 10^3 - 0.7 \times (1.5 - 0.905) \times 1.57 \times 500 \times 1400}{1.25 \times 210 \times 1400}$$

$$= 1.094\text{mm}$$

取 $\xi = 1.2$，则

$$\frac{A_{st1}}{s} = \frac{T - 0.35 \beta_t f_t W_t}{1.2\sqrt{\zeta} f_{yv} A_{cor}} = \frac{156 \times 10^6 - 0.35 \times 0.905 \times 1.57 \times 167 \times 10^6}{1.2 \times \sqrt{1.2} \times 210 \times 560000} = 0.472\text{mm}$$

采用双肢箍筋($n=2$)，所需单肢箍筋总面积为

$$\frac{A_{sv1}}{s} + \frac{A_{st1}}{s} = \frac{A_{sv}}{2s} + \frac{A_{st1}}{s} = \frac{1.094}{2} + 0.472 = 1.019\text{mm}^2/\text{mm}$$

选用 $\phi 12$ 的箍筋，$A_{sv1} = 113\text{mm}^2$，$s = \dfrac{113}{1.019} = 111\text{mm}$，取间距 $s = 100\text{mm}$。

$$\rho_{sv} = \frac{A_{sv}}{bs} = \frac{2 \times 113}{400 \times 100} = 0.57\% > 0.28\frac{f_t}{f_y} = 0.28 \times \frac{1.57}{210} = 0.2\%$$

满足要求。

②抗扭纵筋计算。

$$A_{stl} = \frac{\zeta f_{yv} A_{st1} u_{cor}}{f_y s} = \frac{1.2 \times 210 \times 0.472 \times 3600}{300} = 1427\text{mm}^2$$

$$\rho_{sl} = \frac{A_{stl}}{b h_0} = \frac{1427}{500 \times 1400} = 0.2\% > \rho_{sl,\min} = 0.6\sqrt{\frac{T}{Vb}}\frac{f_t}{f_y}$$

$$= 0.6 \times \sqrt{\frac{156}{860 \times 0.5}} \times \frac{1.57}{300} = 0.19\%$$

梁顶面所需抗扭纵筋的截面面积：

$$A_{stl}\frac{b_{cor}}{u_{cor}} = 1427 \times \frac{400}{3600} = 158.6\text{mm}^2$$

选用2 ϕ 12，$A_s = 226\text{mm}^2$。

梁侧面所需纵向抗扭纵筋截面面积：

$$A_{stl}\frac{h_{cor}}{u_{cor}} = 1427 \times \frac{1400}{3600} = 555\text{mm}^2$$

选用6 ϕ 12mm，$A_s = 678\text{mm}^2$。

梁底所需抗弯、抗扭纵筋截面面积：

$$A_s + A_{stl}\frac{h_{cor}}{u_{cor}} = 5260.5 + 158.6 = 5419.1\text{mm}^2$$

选用12 ϕ 25，$A_s = 5890\text{mm}^2$。

图6-48所示为按中国标准和欧洲标准计算结果配置的抗扭钢筋。

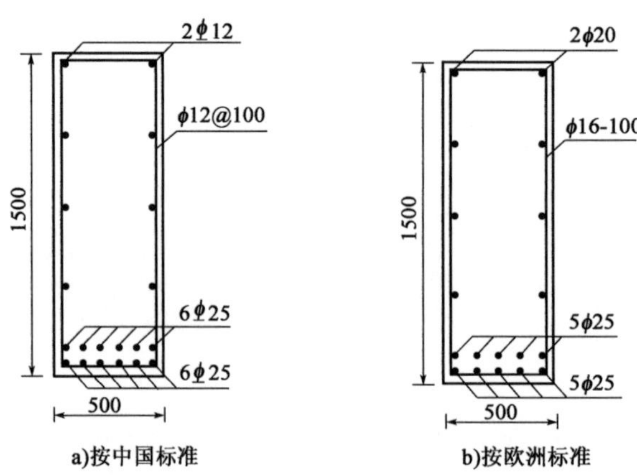

图6-48　梁的截面配筋图(尺寸单位:mm)

例6-15　箱梁桥

箱梁抽象成图6-49所示的计算模型。作用于箱梁上的总扭矩为10000kNm。确定腹板中抗扭要求的纵横向钢筋，$f_{yk}=500\text{MPa}$，混凝土圆柱体强度为40MPa。忽略作用扭矩的任何畸变效应。

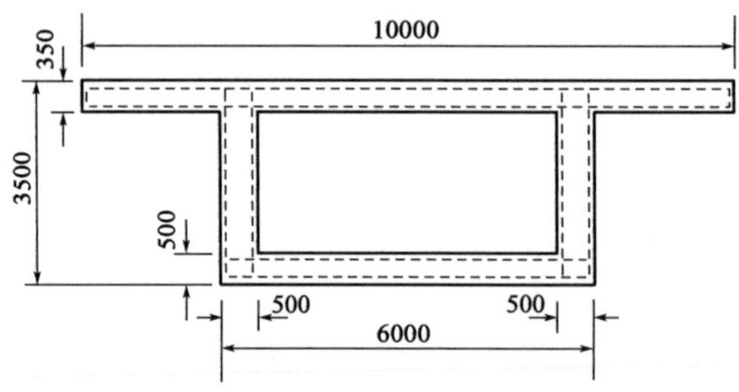

图6-49　例6-15中的箱梁截面(尺寸单位:mm)

1)按EN 1992-2计算

壁的有效厚度取实际箱梁壁厚，因此外包面积：

$A_k = (6000-500) \times (3500-500/2-350/2) = 16.91 \times 10^6\text{mm}^2$

假设桁架角为45°，要求的2肢箍筋面积为

$$\frac{A_{st}}{s_t}=\frac{T_{Ed}}{2A_k f_{yd}\cot\theta}=\frac{10000\times10^6}{2\times16.91\times500/1.15\times1.0}=0.68\text{mm}^2/\text{mm}$$

即每一外肢和内肢的面积为 $0.34\text{mm}^2/\text{mm}$。

因为桁架角为 45°，按式（6-108）计算要求的等价纵向钢筋为

$$\frac{A_{sl}}{s_l}=\frac{T_{Ed}}{2A_k f_{yd}}\cot\theta=\frac{10000\times10^6}{2\times16.91\times10^6\times500/1.15}\times1.0=0.68\text{mm}^2/\text{mm}$$

即每一外层和内层的面积为 $0.34\text{mm}^2/\text{mm}$。

腹板抗压能力验算：

$$T_{Rd,max}=2v\alpha_{cw}f_{cd}A_k t_{ef,i}\sin\theta\cos\theta$$

$$=2\times0.6(1-40/250)\times1.0\times40/1.5\times16.91\times10^6\times500\times\frac{1}{\sqrt{2}}\times\frac{1}{\sqrt{2}}$$

$$=113.6\text{MNm}\gg10\text{MNm}$$

扭转时混凝土截面仅张拉至破坏荷载的 9%，因此，如果钢筋强度足够，则可同时承担垂直方向 91% $V_{Rd,max}$ 的剪力。

对于顶底部翼缘也要求进行类似的计算。

2）按 JTG 3362—2018 计算

采用 C40 混凝土，$f_{cd}=18.4\text{N/mm}^2$，$f_{cu,k}=26.8\text{N/mm}^2$，$f_{td}=1.65\text{N/mm}^2$，纵筋采用 HRB400 钢筋，$f_{sd}=330\text{N/mm}^2$，箍筋采用 HRB335 钢筋，$f_{yv}=280\text{N/mm}^2$，$\alpha_s=35\text{mm}$。

设该结构为二级，重要性系数为 1.0，控制截面的扭矩设计值：$T=1000\text{kNm}$。

截面尺寸验算：

带翼缘箱形截面可简化为矩形截面进行计算，其受扭截面塑性抵抗矩：

$$W_t=\frac{b^2}{6}(3h-b)-\frac{(b-2t_1)^2}{6}[3(h-2t_2)-(b-2t_1)]$$

$$=\frac{3500^2}{6}(3\times6000-3500)-\frac{(3500-500-350)^2}{6}[3(6000-1000)-(3500-350-500)]$$

$$=1.71\times10^{10}\text{mm}^3$$

纯扭构件截面尺寸应符合：

$$\frac{\gamma_0 T_d}{W_t}=\frac{1.0\times10000\times10^3}{1.71\times10^{10}}$$

$$=0.58\times10^{-3}<0.51\times10^{-3}\sqrt{f_{cu,k}}$$

$$=0.51\times10^{-3}\times\sqrt{26.8}=2.6\times10^{-3}$$

截面满足要求。

$$\frac{\gamma_0 T_d}{W_t}=\frac{1.0\times10000\times10^6}{1.71\times10^{10}}=0.58\times10^{-3}<0.51\times10^{-3}f_{td}=0.84\times10^{-3}$$

按构造配置抗扭钢筋。

验算可知，截面尺寸满足要求，但必须按照构造要求配置钢筋。

梁腹板两侧设置构造配筋，梁腹板合计钢筋的面积为（0.001～0.002）bh，$A_s=0.002\times500\times3500=3500\text{mm}^2$。

例 6-16　M 形组合梁板桥

M 形截面梁与桥面板组合作为梁板桥的一部分。M 截面梁被理想化为图 6-50 所示模型。由格构分析所得梁上总扭矩为 40kNm，钢筋按下述方法确定。最初，假设 10mm 钢筋用作确定扭转周界的纵横向钢筋。钢筋 $f_{yk}=500\text{MPa}$，混凝土圆柱体强度为 40MPa。钢筋保护层厚

30mm。忽略预应力对降低纵向钢筋要求的贡献。

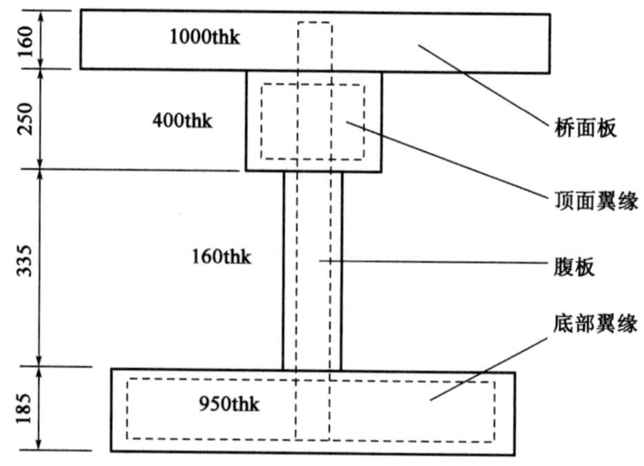

图 6-50 例 6-16 中的梁截面(尺寸单位:mm)

1)按 EN 1992-2 设计

首先,计算每一分块矩形的弹性扭转惯性矩。

桥面板:

$I_{xx}=1/2\times0.3\times1000\times160^3=6.144\times10^8\text{mm}^4$(注意这里的"1/2",因为桥面板在两个方向作用)。

顶部翼缘:$I_{xx}=0.204\times400\times250^3=1.273\times10^9\text{mm}^4$。

腹板:$I_{xx}=0.233\times335\times160^3=3.204\times10^8\text{mm}^4$。

底部翼缘:$I_{xx}=0.292\times950\times185^3=1.759\times10^9\text{mm}^4$。

总扭转惯性矩为上述之和$=3.967\times10^9\text{mm}^4$。

扭矩按下列方式分配:

桥面板:$T_{Ed}=6.144/39.67\times40=6.2\text{kNm}$。

顶部翼缘:$T_{Ed}=12.73/39.67\times40=12.8\text{kNm}$。

腹板:$T_{Ed}=3.204/39.67\times40=3.2\text{kNm}$。

底部翼缘:$T_{Ed}=17.59/39.67\times40=17.7\text{kNm}$。

要求的抗扭钢筋:

顶板:

对于弯曲设计扭矩应与桥面板弯矩组合,如本书 6.3.4 节中所讨论。

顶部翼缘:

第一次计算取有效厚度为 A/u。因此:

$$t_{ef,i}=\frac{A}{u}=\frac{400\times250}{2\times(400+250)}=76.9\text{mm}$$

但是,EN 1992-2 要求有效厚度不应小于 2 倍纵向钢筋保护层厚(为避免扭转周界位于钢筋外侧),本例取 90mm。因此使用后一种图形,并据此计算 A_k,这样计算的钢筋量将更为准确:

$$A_k=(400-90)\times(250-90)=4.96\times10^4\text{mm}^2$$

假设桁架角为 45°,所要求的钢筋面积为

$$\frac{A_{st}}{s_t}=\frac{T_{Ed}}{2A_k f_{yd}\cot\theta}=\frac{12.8\times10^6}{2\times4.96\times10^4\times500/1.15\times1.0}=0.297\text{mm}^2/\text{mm}$$

不存在剪切附加效应与这一钢筋面积相加,因此 8mm 直径封闭箍筋间距 100mm 可满足要求($0.5\text{mm}^2/\text{mm}$)。

因桁架角为 45°,要求的等价纵向钢筋量为

$$\frac{A_{sl}}{s_l}=\frac{T_{Ed}}{2A_k f_{yd}\cot\theta}=0.297\text{mm}^2/\text{mm}$$

由于较小的截面尺寸，这可能仅在箍筋转角处布置钢筋，而不是沿周界分布。

抗压验算：

$$T_{Rd,max}=2v\alpha_c f_{cd}A_k t_{ef,i}\sin\theta\cos\theta$$

$$=2\times0.6(1-40/250)\times1.0\times40/1.5\times4.96\times10^4\times90\times\frac{1}{\sqrt{2}}\times\frac{1}{\sqrt{2}}$$

$$=60.0\text{kNm}>12.8\text{kNm}$$

扭转时顶部翼缘中混凝土截面仅发挥混凝土抗压能力的 21%。

腹板：

再次假设

$$t_{ef,i}=A/u=\frac{335\times160}{2\times(335+160)}=54\text{mm}$$

EN 1992 要求有效厚度不应小于 2 倍纵向钢筋保护层厚，本例取 90mm。另外，本例中，这一值大于实际的可用半宽 80mm。

使用最大厚度 $t_{ef,i}$ 确定的钢筋正确且最为保守，因此使用 90mm。

$A_k=(335-90)\times(160-90)=1.72\times10^4\text{mm}^2$

略显保守，因为横向位于 335mm 高外侧，因此所用高度可增至两横向钢筋间的距离。

假设桁架角为 45°，则要求钢筋面积为

$$\frac{A_{st}}{s_t}=\frac{T_{Ed}}{2A_k f_{yd}\cot\theta}=\frac{3.2\times10^6}{2\times1.72\times10^4\times500/1.15\times1.0}=0.215\text{mm}^2/\text{mm}$$

对每一竖肢的要求将必须与剪力要求组合，也要求相同的纵向钢筋量。同时，必须验算抗压能力，但此时取有效厚度为 90mm 是不合理的，因为这超过实际可用半宽。因此，在此建议使用实际半宽 80mm。扭转面积变为 $A_k=(33\text{-}80)\times(160-80)=2.04\times10^4\text{mm}^2$。抗力由下式求出：

$$T_{Rd,max}=2v\alpha_{cw}f_{cd}A_k t_{ef,i}\sin\theta\cos\theta$$

$$=2\times0.6(1-40/250)\times1.0\times40/1.5\times2.04\times10^4\times80\times(1/2)^{1/2}\times(1/2)^{1/2}$$

$$=621.9\text{kNm}>3.2\text{kNm}$$

扭转中腹板中混凝土截面发挥混凝土抗压能力的 15%，因此腹板还有 85% 的强度用于抵抗同时作用的剪力。如果计算，对应厚度 $t_{ef,i}$ 为 54mm（A/u）与 90mm 的最大扭矩分别为 21.6kNm和 20.8kNm。后一数值实际上低于薄壁截面所用值的原因是 EN 1992 中对于薄壁截面的计算方法变得比厚壁截面保守，厚壁计算中使用截面的主要部分。

对于底部翼缘也应进行类似的计算。

2）按 JTG 3362—2018 设计

采用 C50 混凝土，$f_{cd}=22.4\text{N/mm}^2$，$f_{cu,k}=32.4\text{N/mm}^2$，$f_{td}=1.83\text{N/mm}^2$。纵筋采用 HRB400 钢筋，$f_{sd}=330\text{N/mm}^2$，箍筋采用 HRB335 钢筋，$f_{yv}=280\text{N/mm}^2$，$\alpha_s=40\text{mm}$。荷载分项系数，$\gamma_G=1.2$，$\gamma_Q=1.4$。设该结构为二级，结构重要性系数为 1.0。控制截面的扭矩设计值：$T=40\text{kNm}$。

（1）验算构件截面尺寸。

受扭塑性抵抗矩计算：

组合梁截面受扭截面塑性抵抗矩：$W_t=W_1+W_2+W_3+W_4$

桥面板：$W_{t1}=\dfrac{h_f'^2}{2}(b_f-b)=\dfrac{160^2}{2}\times(1000-160)=10.75\times10^6\text{mm}^3$

受压翼缘的受扭塑性抵抗矩：$W_{t2}=\dfrac{h_f'^2}{2}(b_f-b)=\dfrac{250^2}{2}\times(400-160)=7.5\times10^6\text{mm}^3$

受拉翼缘的塑性抵抗矩：$W_{t3} = \frac{h_f^2}{2}(b_f - b) = \frac{185^2}{2}(950 - 160) = 13.5 \times 10^6 \text{mm}^3$

腹板的塑性抵抗矩：$W_{t4} = \frac{b^2}{6}(3h - b) = \frac{160^2}{6}(3 \times 930 - 160) = 11.2 \times 10^6 \text{mm}^3$

组合梁截面的塑性抵抗矩为

$W_t = W_1 + W_2 + W_3 + W_4 = (10.75 + 7.5 + 13.5 + 11.2) \times 10^6 = 42.95 \times 10^6 \text{mm}^3$

纯扭构件截面尺寸应符合：

$$\frac{\gamma_0 T_d}{W_t} = \frac{1.0 \times 40 \times 10^3}{42.95 \times 10^6} = 0.93 \times 10^{-3} \text{kN/mm}^2 < 0.51 \times 10^{-3}\sqrt{f_{cu,k}} = 2.9 \times 10^{-3} \text{kN/mm}^2$$

截面尺寸满足要求。

因为 $\frac{\gamma_0 T_d}{W_t} = 0.93 \times 10^{-3} \text{kN/mm}^2 > 0.5 \times 10^{-3} f_{td} = 0.915 \times 10^{-3} \text{kN/mm}^2$，必须进行承载力计算。

抗扭承载力的计算：

桥面板、受压翼缘、受拉翼缘和梁腹板的扭矩设计值应按下列公式计算：

桥面板：$T_{1d} = \frac{W_1}{W_t} T_d = \frac{10.75}{42.95} \times 40 = 10.0 \text{kNm}$

受压翼缘：$T_{2d} = \frac{W_2}{W_t} T_d = \frac{7.5}{42.95} \times 40 = 7.0 \text{kNm}$

受拉翼缘：$T_{3d} = \frac{W_{t3}}{W_t} T_d = \frac{13.5}{42.95} \times 40 = 12.6 \text{kNm}$

梁腹板：$T_{4d} = \frac{W_4}{W_t} T_d = \frac{11.2}{42.95} \times 40 = 10.4 \text{kNm}$

(2)抗扭钢筋计算。

①桥面板。

a. 抗扭箍筋计算：

箍筋内表面包围的截面核心面积：$A_{cor} = b_{cor} h_{cor} = 120 \times 960 = 115200 \text{mm}^2$

箍筋内表面包围的截面核心周长：$u_{cor} = 2(b_{cor} + h_{cor}) = 2 \times (120 + 960) = 2160 \text{mm}$

$\beta_a = 1.0$ 为截面有效壁厚折减系数，矩形截面取 1.0。

纵向钢筋与箍筋的强度比为 ζ，一般取 $\zeta = 1.2$。

由抗扭承载力公式可得：

$$\frac{A_{sv1}}{s_v} = \frac{\gamma_0 T - 0.35\beta_a f_t W_t}{1.2\sqrt{\zeta} f_{yv} A_{cor}} = \frac{1.0 \times 10 \times 10^6 - 0.35 \times 1 \times 1.83 \times 10.75 \times 10^6}{1.2 \times \sqrt{1.2} \times 280 \times 115200} = 0.08 \text{mm}^2/\text{mm}$$

取箍筋为 $\phi 8$ 的 HRB335 级钢筋，其截面面积为 50.3mm^2，得箍筋间距为

$s = \frac{50.3}{0.08} = 628 \text{mm}$，按规范要求取 $s = 400 \text{mm}$。

桥面板实际配箍率：$\rho_{sv}^v = \frac{nA_{sv1}}{bs} = \frac{2 \times 50.3}{160 \times 400} = 1.57 \times 10^{-3}$

纯扭构件的最小配箍率：$\rho_{sv,min}^v = 0.055 \frac{f_{cd}}{f_{sd,v}} = 0.055 \times \frac{1.83}{280} = 3.6 \times 10^{-4}$

$\rho_{sv}^v = 1.57 \times 10^{-3} > \rho_{sv,min}^v = 3.6 \times 10^{-4}$，配箍率满足要求。

b. 抗扭纵筋计算：

$$A_{st} = \frac{\xi f_{yv} A_{st1} u_{cor}}{f_{sd} s} = \frac{1.2 \times 280 \times 0.08 \times 2160}{330} = 176 \text{mm}^2$$

选取 2 根直径 12mm 的 HRB400 级钢筋，其截面面积为 226mm^2。

纵筋的最小配筋率为

$$\rho_{sv,min}^{t}=0.08\frac{f_{td}}{f_{sd,t}}=0.08\times\frac{1.83}{330}=4.43\times10^{-4}$$

实际纵筋配筋率为

$\rho_{sl}=\frac{A_{stl}}{bh}=\frac{226}{160\times840}=1.7\times10^{-3}$，$\rho_{sl}=1.7\times10^{-3}>\rho_{sv,min}^{t}=4.43\times10^{-4}$，纵筋的配筋率满足要求。

②受压翼缘。

a. 抗扭箍筋计算：

箍筋内表面包围的截面核心面积：$A_{cor}=b_{cor}h_{cor}=200\times210=42000\text{mm}^2$

箍筋内表面包围的截面核心周长：$u_{cor}=2(b_{cor}+h_{cor})=2\times(200+210)=820\text{mm}$

$\beta_a=1.0$ 为截面有效壁厚折减系数，矩形截面取 1.0。

纵向钢筋与箍筋的强度比为 ζ，一般取 $\zeta=1.2$。

由抗扭承载力公式可得：

$$\frac{A_{sv1}}{s_v}=\frac{\gamma_0T-0.35\beta_a f_t W_t}{1.2\sqrt{\zeta}f_{yv}A_{cor}}$$

$$=\frac{1.0\times7\times10^6-0.35\times1\times1.83\times7.5\times10^6}{1.2\times\sqrt{1.2}\times280\times42000}=0.14\text{mm}^2/\text{mm}$$

取箍筋为 ϕ8mm 的 HRB335 级钢筋，其截面面积为 50.3mm²，得箍筋间距为

$s=\frac{50.3}{0.14}=360\text{mm}$，取 $s=360\text{mm}$。

桥面板实际配箍率：$\rho_{sv}^{v}=\frac{nA_{sv1}}{bs}=\frac{2\times50.3}{160\times360}=1.7\times10^{-3}$

纯扭构件的最小配箍率：$\rho_{sv,min}^{v}=0.055\frac{f_{cd}}{f_{sd,v}}=0.055\times\frac{1.83}{280}=3.6\times10^{-4}$

$\rho_{sv}^{v}=1.7\times10^{-3}>\rho_{sv,min}^{v}=3.6\times10^{-4}$，配箍率满足要求。

b. 受扭纵筋计算：

$$A_{st}=\frac{\xi f_{yv}A_{st1}u_{cor}}{f_{sd}s}=\frac{1.2\times280\times0.14\times820}{330}=117\text{mm}^2$$

选取 2 根直径 12mm 的 HRB400 级钢筋，其截面面积为 226mm²。

纵筋的最小配筋率为

$$\rho_{sv,min}^{t}=0.08\frac{f_{td}}{f_{sd,t}}=0.08\times\frac{1.83}{330}=4.43\times10^{-4}$$

实际纵筋配筋率为

$\rho_{sl}=\frac{A_{stl}}{bh}=\frac{226}{240\times250}=3.7\times10^{-3}$，$\rho_{sl}=3.7\times10^{-3}>\rho_{sv,min}^{t}=4.43\times10^{-4}$，纵筋的配筋率满足要求。

③受拉翼缘。

a. 抗扭箍筋计算：

箍筋内表面包围的截面核心面积：$A_{cor}=b_{cor}h_{cor}=750\times145=108750\text{mm}^2$

箍筋内表面包围的截面核心周长：$u_{cor}=2(b_{cor}+h_{cor})=2\times(750+145)=1790\text{mm}$

$\beta_a=1.0$ 为截面有效壁厚折减系数，矩形截面取 1.0。

纵向钢筋与箍筋的强度比为 ζ，一般取 $\zeta=1.2$。

由抗扭承载力公式可得：

$$\frac{A_{\mathrm{sv1}}}{s_{\mathrm{v}}}=\frac{\gamma_0 T-0.35\beta_{\mathrm{a}} f_{\mathrm{t}} W_{\mathrm{t}}}{1.2\sqrt{\zeta} f_{\mathrm{yv}} A_{\mathrm{cor}}}$$

$$=\frac{1.0\times 12.6\times 10^6-0.35\times 1\times 1.83\times 13.5\times 10^6}{1.2\times\sqrt{1.2}\times 280\times 108750}=0.1\mathrm{mm}^2/\mathrm{mm}$$

取箍筋为 ϕ8mm 的 HRB335 级钢筋，其截面面积为 $50.3\mathrm{mm}^2$，得箍筋间距为 $s=\frac{50.3}{0.1}=503\mathrm{mm}$，按规范取 $s=400\mathrm{mm}$。

桥面板实际配箍率：$\rho_{\mathrm{sv}}^{\mathrm{v}}=\frac{nA_{\mathrm{sv1}}}{bs}=\frac{2\times 50.3}{160\times 400}=1.57\times 10^{-3}$

纯扭构件的最小配箍率：$\rho_{\mathrm{sv,min}}^{\mathrm{v}}=0.055\frac{f_{\mathrm{cd}}}{f_{\mathrm{sd,v}}}=0.055\times\frac{1.83}{280}=3.6\times 10^{-4}$

$\rho_{\mathrm{sv}}^{\mathrm{v}}=1.57\times 10^{-3}>\rho_{\mathrm{sv,min}}^{\mathrm{v}}=3.6\times 10^{-4}$，配箍率满足要求。

b. 抗扭纵筋计算：

$$A_{\mathrm{st}}=\frac{\xi f_{\mathrm{yv}} A_{\mathrm{st1}} u_{\mathrm{cor}}}{f_{\mathrm{sd}} s}=\frac{1.2\times 280\times 0.1\times 1790}{330}=182\mathrm{mm}^2$$

选取 2 根直径 12mm 的 HRB400 级钢筋，其截面面积为 $226\mathrm{mm}^2$。

纵筋的最小配筋率为

$$\rho_{\mathrm{sv,min}}^{\mathrm{t}}=0.08\frac{f_{\mathrm{td}}}{f_{\mathrm{sd,t}}}=0.08\times\frac{1.83}{330}=4.43\times 10^{-4}$$

实际纵筋配筋率为

$\rho_{\mathrm{sl}}=\frac{A_{\mathrm{stl}}}{bh}=\frac{226}{790\times 185}=1.5\times 10^{-3}$，$\rho_{\mathrm{sl}}=1.5\times 10^{-3}>\rho_{\mathrm{sv,min}}^{\mathrm{t}}=4.43\times 10^{-4}$，纵筋的配筋率满足要求。

④腹板。

a. 抗扭箍筋计算：

箍筋内表面包围的截面核心面积：$A_{\mathrm{cor}}=b_{\mathrm{cor}} h_{\mathrm{cor}}=120\times 890=108600\mathrm{mm}^2$。

箍筋内表面包围的截面核心周长：$u_{\mathrm{cor}}=2(b_{\mathrm{cor}}+h_{\mathrm{cor}})=2\times(120+890)=2020\mathrm{mm}$。

$\beta_{\mathrm{a}}=1.0$ 为截面有效壁厚折减系数，矩形截面取 1.0。

纵向钢筋与箍筋的强度比为 ζ，一般取 $\zeta=1.2$。

由抗扭承载力公式可得：

$$\frac{A_{\mathrm{sv1}}}{s_{\mathrm{v}}}=\frac{\gamma_0 T-0.35\beta_{\mathrm{a}} f_{\mathrm{t}} W_{\mathrm{t}}}{1.2\sqrt{\zeta} f_{\mathrm{yv}} A_{\mathrm{cor}}}=\frac{1.0\times 10.4\times 10^6-0.35\times 1\times 1.83\times 11.2\times 10^6}{1.2\times\sqrt{1.2}\times 280\times 108600}=0.08\mathrm{mm}^2/\mathrm{mm}$$

取箍筋为 ϕ8mm 的 HRB335 级钢筋，其截面面积为 $50.3\mathrm{mm}^2$，得箍筋间距为 $s=\frac{50.3}{0.08}=629\mathrm{mm}$，按规范取 $s=400\mathrm{mm}$。

桥面板实际配箍率：$\rho_{\mathrm{sv}}^{\mathrm{v}}=\frac{nA_{\mathrm{sv1}}}{bs}=\frac{2\times 50.3}{160\times 400}=1.57\times 10^{-3}$

纯扭构件的最小配箍率：$\rho_{\mathrm{sv,min}}^{\mathrm{v}}=0.055\frac{f_{\mathrm{cd}}}{f_{\mathrm{sd,v}}}=0.055\times\frac{1.83}{280}=3.6\times 10^{-4}$

$\rho_{\mathrm{sv}}^{\mathrm{v}}=1.57\times 10^{-3}>\rho_{\mathrm{sv,min}}^{\mathrm{v}}=3.6\times 10^{-4}$，配箍率满足要求。

b. 抗扭纵筋计算：

$$A_{\mathrm{st}}=\frac{\xi f_{\mathrm{yv}} A_{\mathrm{st1}} u_{\mathrm{cor}}}{f_{\mathrm{sd}} s}=\frac{1.2\times 280\times 0.08\times 2020}{330}=165\mathrm{mm}^2$$

选取 2 根 ϕ12mm 的 HRB400 级钢筋，其截面面积为 $226\mathrm{mm}^2$。

纵筋的最小配筋率为

$$\rho_{sv,min}^{t}=0.08\frac{f_{td}}{f_{sd,t}}=0.08\times\frac{1.83}{330}=4.43\times10^{-4}$$

实际纵筋配筋率为

$\rho_{sl}=\frac{A_{stl}}{bh}=\frac{226}{160\times930}=1.52\times10^{-3}$，$\rho_{sl}=1.52\times10^{-3}>\rho_{sv,min}^{t}=4.43\times10^{-4}$，纵筋的配筋率满足要求。

6.4 冲切

6.4.1 概述

承受集中荷载的双向支承板、支承在柱上的无梁楼盖（图 6-51）、柱下基础（图 6-52）和桩基承台等结构构件，有可能由于混凝土冲切强度不足而沿闭合表面在板内发生锥形体的斜截面冲切破坏。板或其他构件冲切破坏的特点是有两个或两个相连的剪切破坏面，而梁和单向板的剪切破坏只有一个斜的破坏面。影响板受冲切承载力的因素主要有板的有效高度、混凝土强度、荷载作用面积以及有无抗冲切钢筋等。抗冲切钢筋主要用在板的高度受到限制的情况，因为仅提高混凝土强度并不能合理地解决受冲切承载力问题。

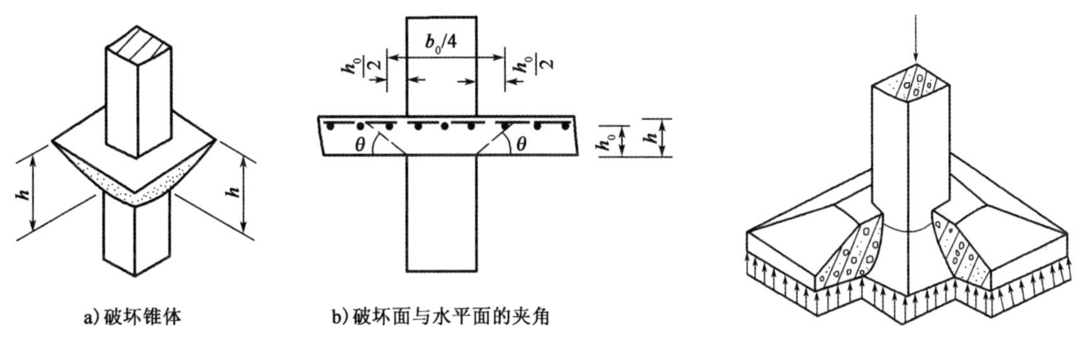

图 6-51 无梁楼盖的冲切破坏

图 6-52 基础板的冲切破坏

试验表明，在冲切荷载作用下，钢筋混凝土板斜裂缝形成的方式与梁基本相同，大约在试验极限荷载的 65% 出现斜裂缝。板顶出现沿荷载周边完全或不完全的冲陷裂缝。

破坏时可形成完整的或不完整的冲切锥体。

冲切为板中集中荷载周围的局部剪切破坏。与桥梁相关常见的冲切情形是桩帽、基础板与承受车辆荷载的桥面板的设计。

冲切破坏发生在板范围内荷载作用区的周边，穿过混凝土板高度呈平头圆锥状。选择“基本控制周长”，以使设计剪力值与弯剪设计值相同。

6.4.2 抗冲切计算模型

板的抗冲切机理要比梁的抗剪复杂，目前各国的抗冲切承载力计算公式基本都是以试验为基础的经验公式。20 世纪 80 年代，一些学者（如 Nielsen 等）曾采用经典的塑性理论研究了板的抗冲切问题，所得结果只适用于比较简单的情况，如荷载在板中心的情形，对于其他复杂的情形，如荷载位于板边、三面受冲切等情形则不适用，需要进一步研究。

1)计算模型

在 EN 1992 中,对钢筋混凝土板或基础抗冲切考虑得比较细致,因此计算显得比较复杂。图 6-53 所示为 EN 1992 中的冲切破坏验算模型,主要用于均布荷载的情形。

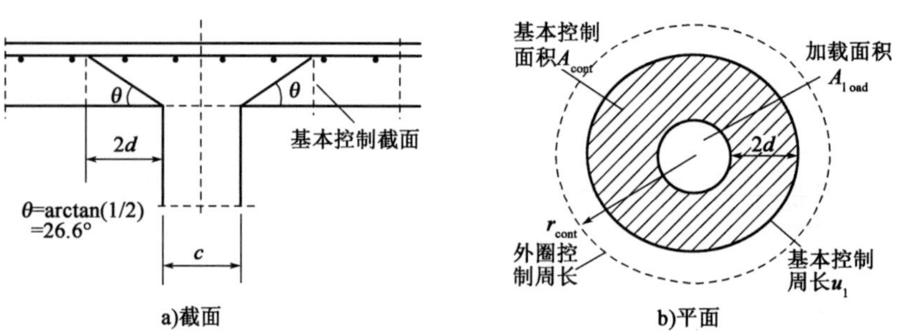

图 6-53　EN 1992 中的冲切破坏验算模型

2)荷载分布和基本控制周长

欧洲标准规定,基本控制周长 u_1 一般取距加载区 $2d$ 处的周长,以使其长度最小(图 6-54)。当集中力与较高的分布力距加载区域外围 $2d$ 范围内的荷载效应或反力相平衡时,应考虑距离小于 $2d$ 的控制周长。

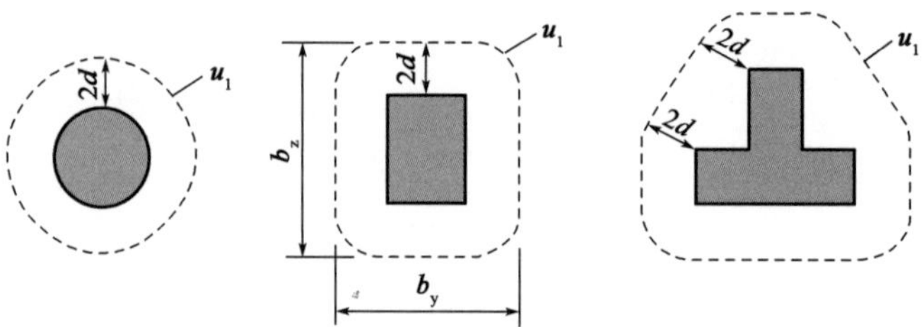

图 6-54　典型的基本控制周长

对于接近开口的加载区,如果加载区周长到开口边缘的最小距离不超过 $6d$,则开口与加载区中心连线所包围的控制周长部分不起抗冲切作用(图 6-55),当加载区接近边缘或角部时,如果按图 6-56 取值的周长(不包括无支承的边)小于前面的值时,则控制周长按图 6-56 取值。

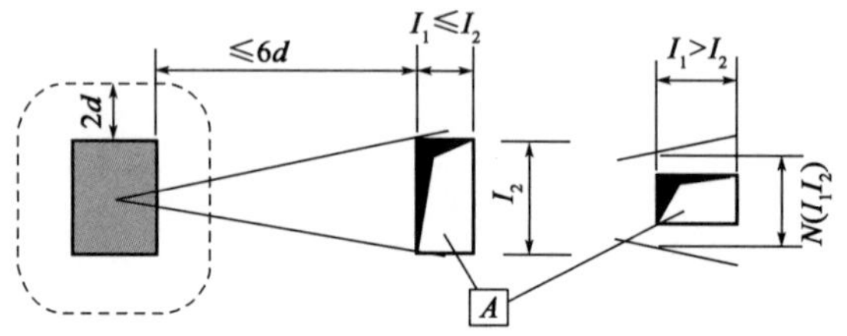

图 6-55　开口附近的控制边界

A-开口

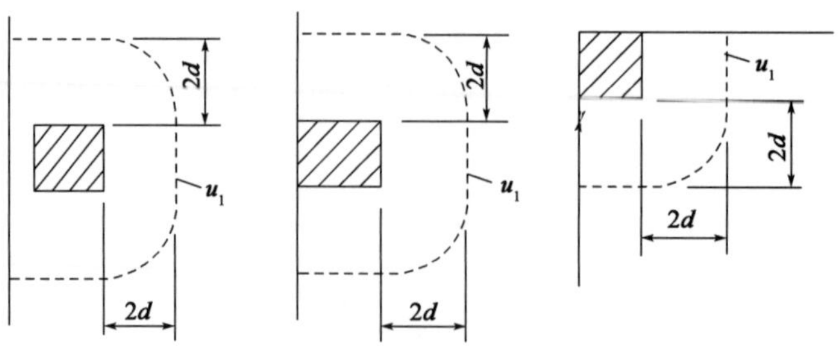

图 6-56　靠近板边缘或转角的控制周长

控制截面为对应于控制周长在有效高度 d 上扩散的截面。对高度不变的板，有效高度垂直于板的中面。对变高度的板或基础板，有效高度可取为加载区周边的高度，如图 6-57 所示，其中 $\theta \geqslant \arctan(1/2)$。控制区内部和外部其他周长的形状应与基本控制周长相同。

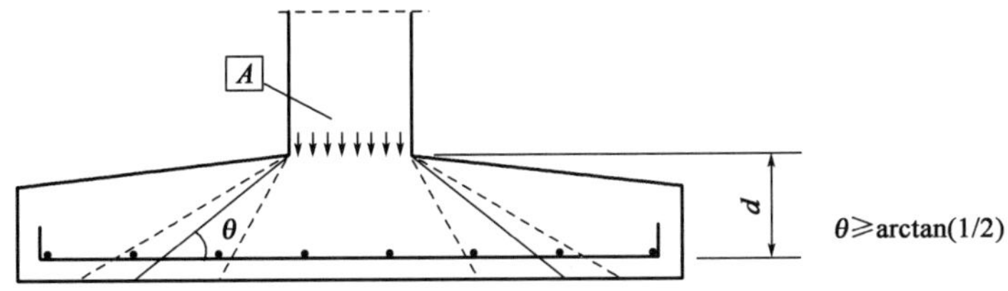

图 6-57　变高基础控制截面的高度

A-承载区域

对于圆柱头 $l_H < 2h_H$ 的板（图 6-58），只需验算柱头外控制截面的冲切应力。该截面到柱形心的距离 r_{cont} 可取为

$$r_{cont} = 2d + l_H + 0.5c \tag{6-134}$$

式中：l_H——柱表面到柱头边缘的距离；

c——圆柱的直径。

对于 $l_H < 2d$，总尺寸分别为 l_1 和 l_2（$l_1 = c_1 + 2l_{H1}$，$l_2 = c_2 + 2l_{H2}$，$l_1 \leqslant l_2$）的矩形柱头（图 6-58），r_{cont} 可取下面两式中的较小者：

$$r_{cont} = 2d + 0.56\sqrt{l_1 l_2} \tag{6-135}$$

$$r_{cont} = 2d + 0.69 l_1 \tag{6-136}$$

对扩大柱头 $l_H > 2h_H$ 的板（图 6-59），柱头内和板内的临界截面都应验算。

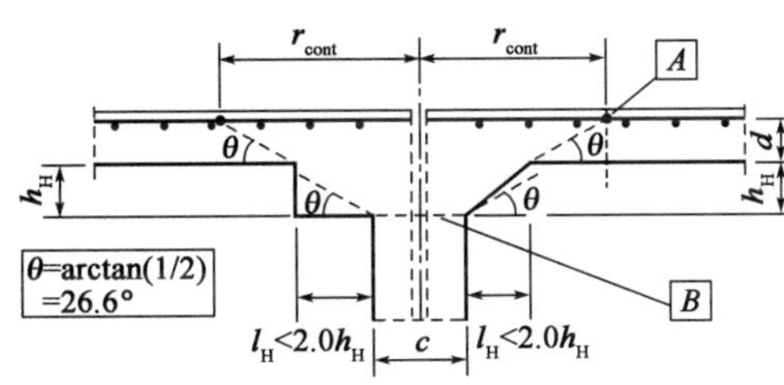

图 6-58　有扩大柱头的板（$l_H < 2.0h_H$）

A-基本控制截面；B-承载面积 A_{load}

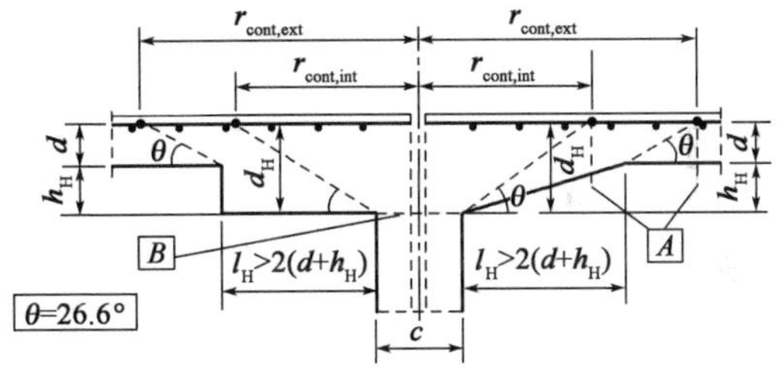

图 6-59　有扩大柱头的板[$l_H > 2.0(d + h_H)$]

A-圆柱的基本控制截面；B-承载面积 A_{load}

图 6-59 中柱形心到控制截面的距离可取为

$$r_{cont,ext} = l_H + 2.0d + 0.5c \tag{6-137}$$

$$r_{cont,int} = 2.0(d + h_H) + 0.5c \tag{6-138}$$

6.4.3　无抗剪钢筋的板与基础的抗冲切承载力

EN 1992 规定，对于无抗冲切钢筋的板，抗冲切承载力按式（6-139）计算：

$$v_{Rd,c} = C_{Rd,c}k(100\rho_1 f_{ck})^{1/3} + k_1\sigma_{cp} \geqslant v_{min} + 0.10\sigma_{cp} \tag{6-139}$$

式中：　f_{ck}——混凝土圆柱体抗压强度标准值；$k = 1 + \sqrt{\dfrac{200}{d}} \leqslant 2.0$，$\rho_1 = \sqrt{\rho_{ly}\rho_{lz}} \leqslant 0.02$；

ρ_{ly}、ρ_{lz}——y 和 z 方向有黏结受拉钢筋的配筋率；考虑等于柱宽每边加 $3d$ 的板宽，按平均值计算；

$\sigma_{cp} = \dfrac{\sigma_{cy} + \sigma_{cz}}{2}$；

σ_{cy}、σ_{cz}——y 和 z 方向周界截面混凝土的正应力(MPa,受压为正),按下式计算:$\sigma_{cy}=\frac{N_{Ed,y}}{A_{cy}}$,$\sigma_{cz}=\frac{N_{Ed,z}}{A_{cz}}$;

$N_{Ed,y}$、$N_{Ed,z}$——贯穿内柱全跨和边柱控制截面的 y 和 z 方向的纵向力,这些力由荷载或预应力产生;

A_{cy}、A_{cz}——根据 N_{Ed} 定义的混凝土面积;

$C_{Rd,c}$、v_{min}、k_1——国家定义参数,欧洲标准推荐值分别取为 $C_{Rd,c}=0.18/\gamma_c$,v_{min} 按式(6-64)计算,$k_1=0.1$。

对于柱下基础,应在柱外围 $2d$ 范围的控制周长内验算其抗冲切承载力,最小抗冲切承载力按式(6-140)计算:

$$v_{Rd,c}=C_{Rd,c}k(100\rho_1 f_{ck})^{1/3}\frac{2d}{a}\geqslant\frac{2d}{a}v_{min} \tag{6-140}$$

式中:a——柱外围到所考虑控制周长的距离。

对于板,控制周长的最大剪应力 v_{Ed} 按式(6-141)计算:

$$v_{Ed}=\frac{V_{Ed}}{u_1 d} \tag{6-141}$$

式中:d——板的平均有效高度,可取为 $(d_y+d_z)/2$;

d_y、d_z——控制截面 y 和 z 方向上的有效高度;

u_1——所考虑控制周长的长度。

对中心加载的柱下基础,净作用力为

$$V_{Ed,red}=V_{Ed}-\Delta V_{Ed} \tag{6-142}$$

式中:V_{Ed}——柱荷载;

ΔV_{Ed}——所考虑控制周长范围内向上的净顶力,即土的上推力减基础自重。

荷载产生的冲切应力按式(6-143)计算:

$$v_{Ed}=\frac{V_{Ed,red}}{ud} \tag{6-143}$$

柱或加载区周边处的最大抗冲切应力应满足 $v_{Ed}<v_{Rd,max}$,其中 $v_{Rd,max}$ 为控制截面的最大抗冲切应力,取 $0.5vf_{cd}$,当 $v_{Ed}<v_{Rd,c}$ 时,不需设置抗冲切钢筋。

JTG 3362—2018 规定,在集中反力作用下不配置抗冲切钢筋的钢筋混凝土板,其抗冲切承载力可按下列公式计算(图 6-60):

$$\gamma_0 F_{td}\leqslant(0.7\beta_h f_{td}+0.15\sigma_{p0,m})U_m h_0 \tag{6-144}$$

式中:F_{td}——最大集中反力设计值;当计算由墩柱支承的板的抗冲切承载力时,可取墩柱所承受的最大轴向力设计值减去柱顶冲切破坏锥体范围内的荷载设计值;

$\sigma_{p0,m}$——设有预应力筋的板的截面上,由预加力引起的混凝土有效平均压应力,其值宜控制在 1.0 ~ 3.5MPa 范围内;

β_h——截面高度尺寸效应系数,当 $h\leqslant300$mm 时,取 $\beta_h=1.0$;当 $h\geqslant800$mm 时,取 $\beta_h=0.85$,其间按直线插入取值,此处,h 为板的高度;

U_m——距集中反力作用面 $h_0/2$ 处破坏锥体截面面积

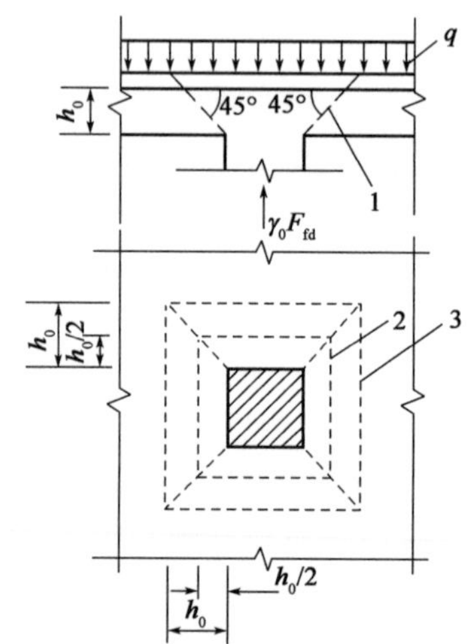

图 6-60 板抗冲切承载力计算

1-冲切破坏锥体的斜截面;2-距集中反力作用面 $h_0/2$ 处破坏锥体截面周长;3-冲切破坏锥体底面线

的周长，当墩柱为圆形截面时，可将其换算为边长等于 0.8 倍直径的方形截面墩柱，再取 U_m；

h_0——板的有效高度。

6.4.4　有抗剪钢筋的板与基础的抗冲切承载力

EN 1992 规定，当需要配置抗冲切钢筋时，抗冲切承载力按式(6-145)计算：

$$v_{Rd,cs} \leqslant 0.75v_{Rd,c} + 1.5\frac{d}{s_r}\frac{A_{sw}f_{ywd,ef}}{u_1 d}\sin\alpha \tag{6-145}$$

式中：A_{sw}——柱周围抗冲切钢筋一个周长的面积；

s_r——抗冲切钢筋周长的径向间距；

$f_{ywd,ef}$——抗冲切钢筋的有效设计强度，按式(6-146)计算：

$$f_{ywd,ef} = 250 + 0.25d \leqslant f_{ywd} \tag{6-146}$$

d——板的平均有效高度；

α——抗冲切钢筋与板平面的夹角。

每肢箍筋(或等效的)的最小面积 $A_{sw,min}$ 按式(6-147)计算：

$$A_{sw,min} = \frac{0.08s_r s_t}{1.5\sin\alpha + \cos\alpha}\frac{\sqrt{f_{ck}}}{f_{yk}} \tag{6-147}$$

式中：α——抗冲切箍筋与主钢筋的夹角；

s_r——径向抗冲切箍筋间距；

s_t——切向抗冲切箍筋间距；

f_{ck}——混凝土抗压强度标准值(MPa)；

f_{yk}——钢筋强度标准值(MPa)。

若配置了单排下弯钢筋，则比值 d/s 取 0.67。设置抗冲切钢筋时应满足 $v_{Ed} < v_{Rd,cs}$。

同样，柱或加载区周边处的最大抗冲切应力需满足 $v_{Ed} < v_{Rd,max}$，$v_{Rd,max}$ 为国家定义参数，推荐值为 $0.5\nu f_{cd}$，其中 v_{Ed} 按式(6-148)计算：

$$v_{Ed} = \frac{V_{Ed}}{u_0 d} \tag{6-148}$$

式中：u_0——周长，对内柱，取柱外围长度；对边柱，$u_0 = c_2 + 3d \leqslant c_z + 2c_1$；对角柱，$u_0 = 3d \leqslant c_1 + c_2$；

c_1、c_2——柱尺寸，参考图 6-61。

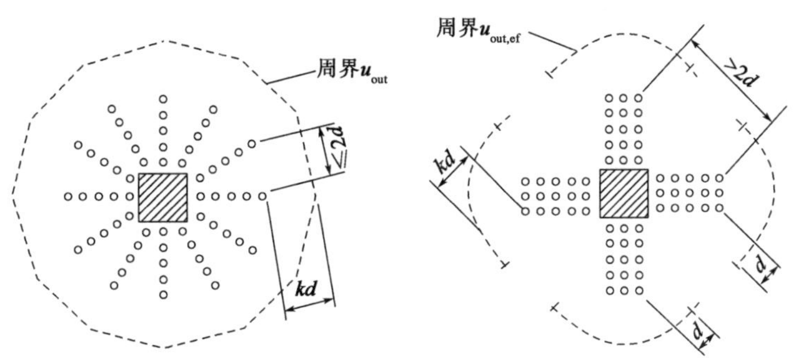

图 6-61　内柱控制周长

抗冲切钢筋只需在荷载作用区或柱周边一定范围内布置，不需布置抗冲切钢筋的控制周长 u_{out}(或 $u_{out,ef}$)，按式(6-149)计算：

$$u_{out} = \frac{V_{Ed}}{v_{Rd,c}d} \tag{6-149}$$

式中：$v_{Rd,c}$——无抗冲切钢筋板的抗冲切应力。

抗冲切钢筋应布置在荷载作用区或柱与不需要抗冲切钢筋的控制周边 kd 的范围内。k 为国家定义参数，推荐值为1.5。至少应布置两道箍筋（图6-62），间距不超过0.75d。

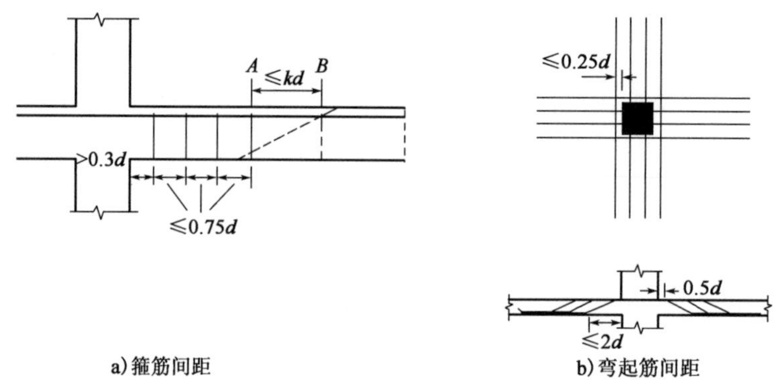

图6-62　抗冲切钢筋

A-要求抗冲切筋的外控制周边；B-不要求抗冲切筋的第一个控制周边

在第一个控制周边内，绕周边箍筋的间距（距荷载作用区2d）不超过1.5d，在第一个控制周长之外的周边（假定该周长有抗剪作用）不超过2d。对于图6-62b）所示的下弯钢筋，一道箍筋即可。

只有穿过柱体0.5d范围内的预应力筋竖直部分可包括在冲切计算中。

穿过荷载作用区或距该区不超过0.25d范围的弯起钢筋可视为抗冲切钢筋[图6-62b）上部]。支座表面或荷载作用区周边与设计为抗冲切钢筋的最近距离不应超过$d/2$，这一距离应根据抗拉钢筋级别（等级）而定。当钢筋在一排弯起时，弯起角可减至30°。

JTG 3362—2018规定，在集中反力作用下，当抗冲切承载力不满足本规范公式（6.4-11）的要求且板厚受到限制时，可配置抗冲切钢筋。此时，受冲切截面应符合下列条件：

$$\gamma_0 F_{ld} \leqslant 1.05\beta_h f_{td} U_m h_0 \tag{6-150}$$

混凝土板配置抗冲切钢筋时的抗冲切承载力，可按下列规定计算：

（1）当配置箍筋时：

$$\gamma_0 F_{ld} \leqslant (0.35\beta_h f_{td} + 0.15\sigma_{pc,m}) U_m h_0 + 0.75 f_{sv} A_{svu} \tag{6-151}$$

（2）当配置弯起钢筋时：

$$\gamma_0 F_{ld} \leqslant (0.35\beta_h f_{td} + 0.15\sigma_{pc,m}) U_m h_0 + 0.75 f_{sd} A_{sbu} \sin\theta \tag{6-152}$$

式中：A_{svu}——与冲切破坏锥体斜截面相交的全部箍筋截面面积；

A_{sbu}——与冲切破坏锥体斜截面相交的全部弯起钢筋截面面积；

f_{sv}——箍筋抗拉强度设计值；

f_{sd}——弯起钢筋抗拉强度设计值；

θ——弯起钢筋与板底面的夹角。

对配置抗冲切钢筋的冲切破坏锥体以外的截面，还应进行抗冲切承载力验算，此时，U_m 应取冲切破坏锥体以外0.5h_0处的最不利周长。

矩形截面墩柱的扩大基础，在墩柱与基础交接处及基础变阶处的抗冲切承载力可按下列规定计算（图6-63）：

$$\gamma_0 F_{ld} \leqslant 0.7\beta_h f_{td} b_m h_0 \tag{6-153}$$

$$F_{ld} = p_s A \tag{6-154}$$

$$b_m = \frac{b_t + b_b}{2} \tag{6-155}$$

式中：b_t——冲切破坏锥体最不利一侧斜截面的上边长：当计算墩柱与基础交接处的抗冲切承

载力时，取墩柱宽度；当计算基础变阶处的抗冲切承载力时，取上阶宽度；

b_b——冲切破坏锥体最不利一侧斜截面的下边长：当计算墩柱与基础交接处的抗冲切承载力时，取墩柱宽加 2 倍基础有效高度；当计算基础变阶处的抗冲切承载力时，取上阶宽加 2 倍该处以下基础的有效高度；

h_0——冲切破坏锥体内基础的有效高度；

p_s——在荷载设计值作用下基底单位面积的反力（可扣除基础自重及其上的土重），当受偏心荷载时可取最大的单位反力；

A——考虑冲切荷载时取用的多边形基底面积（图 6-63 中的阴影 $ABCDEF$ 面积）。

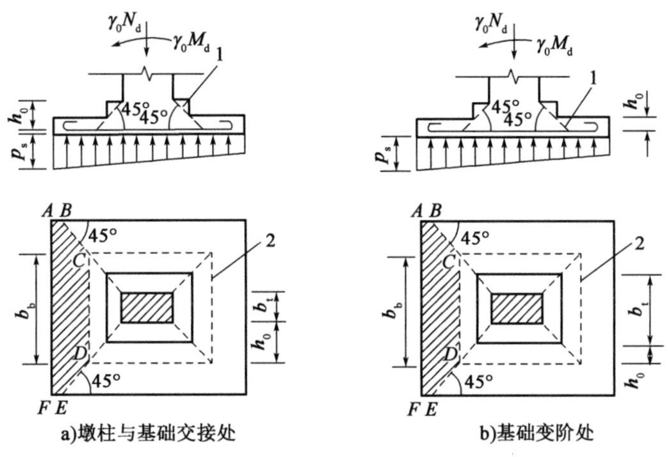

图 6-63 矩形扩大基础抗冲切承载力计算

1-冲切破坏锥体最不利一侧的斜截面；2-冲切破坏锥体的底面线

例 6-17 钢筋混凝土独立基础

考察图 6-64 所示桥墩独立基础的设计。假设极限轴向力 $N_{Ed}=3000\text{kN}$，弯矩 $M_{Ed}=1200\text{kNm}$，验算抗冲力。$F_{ck}=35\text{MPa}$，$f_{yk}=50\text{MPa}$，$\gamma_c=1.5$，$\gamma_s=1.15$。

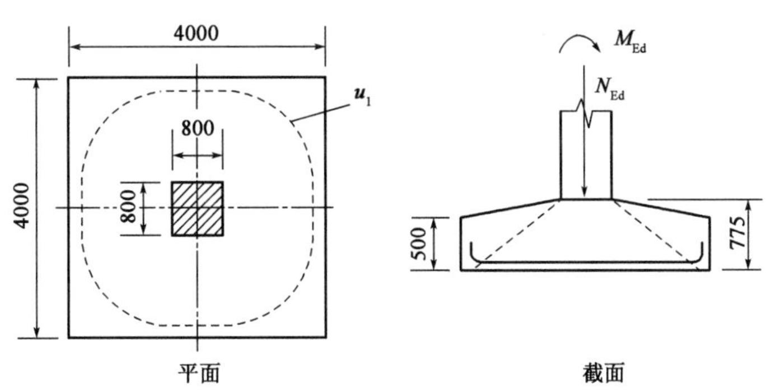

图 6-64 钢筋混凝土独立基础（尺寸单位：mm）

1）按 EN 1992-2 设计

轴向力产生的（不包括自重）基础平均压力为 $3000/(4\times4)=187.5\text{kN/m}^2$，弯矩产生的线性变化压力峰值为 $1200/(1/6\times4^3)=112.5\text{kN/m}^2$，基础边缘最大压力为 300kN/m^2。

每米宽基础中最大弯矩为 $187.5\times2.0\times1.0+112.5/2\times2.0\times1.333=525\text{kNm/m}$（保守计算柱中心没有取舍）。

假设外层钢筋保护层厚 50mm，在两个方向均使用 $\phi25$ 钢筋，间距 200mm，截面弯矩分析给出下列结果：

第 1 层：$d_y = 775 - 50 - 25/2 = 712.5\text{mm}, A_{sy} = 2454\text{mm}^2/\text{m}, M_{y,Rd} = 730.8\text{kNm/m}$

第 2 层：$d_z = 712.5 - 25 = 687.5\text{mm}, A_{sz} = 2454\text{mm}^2/\text{m}, M_{y,Rd} = 704.1\text{kNm/m}$

冲切计算的有效高度为 $d = (712.5 + 687.5)/2 = 700\text{mm}$。

$2d$ 范围基本控制周长 $u_1 = 4\pi \times 700 + 2 \times (800 + 800) = 11996\text{mm}$，$u_1$ 围成的面积为$(4\pi \times 700^2 + 4 \times 700 \times 2 \times 800 + 800^2) \times 10^{-6} = 11.28\text{m}^2$（注：$d$ 取柱面高度不考虑折减高度，因为剪切平面必然穿过全高）。

净反力：$V_{Ed,red} = V_{Ed} - \Delta V_{Ed}$

土体释放压力：$\Delta V_{Ed} = 187.5 \times 11.28 = 2115\text{kN}$。

因此，$V_{Ed,red} = 3000 - 2115 = 885\text{kN}$。对于 4000mm 宽基础：

$A_{sy} = A_{sz} = \pi \times 12.5^2 \times 4000/200 = 9817.5\text{mm}^2$

因此，

$\rho_{1y} = 9817.5/(4000 \times 712.5) = 0.34\%$

$\rho_{1z} = 9817.5/(4000 \times 687.5) = 0.36\%$

$\rho_1 = (0.34 \times 0.36)^{1/2} = 0.35\%$

$k = 1 + (200/700)^{1/2} = 1.534$

$v_{min} = 0.035 \times 1.534^{3/2} \times 35^{1/2} = 0.393\text{MPa}$

假设 $C_{Rd,c} = 0.18/\gamma_c = 0.18/1.5 = 0.12$，如推荐值为

$v_{Rd,c} = 0.12 \times 1.534 \times (100 \times 0.0035 \times 35)^{1/3} = 0.424\text{MPa}$（$> v_{min}$，可用作抗力）

现考虑控制周界剪力分布产生的柱的弯矩效应。

对于方形柱：

$$W_1 = c_1^2/2 + c_1c_2 + 4c_2d + 16d^2 + 2\pi dc_1$$
$$= 800^2/2 + 800^2 + 4 \times 800 \times 700 + 16 \times 700^2 + 2\pi \times 700 \times 800 = 14.56 \times 10^6\text{mm}^2$$

由 EN 1992-1 表 6.1 查得，$k = 0.6$。

$$v_{Ed} = V_{Ed,red}(1 + kM_{Ed} \cdot u_1/V_{Ed,red}W_1)/u_1d$$
$$= \frac{885 \times 10^3 \times [(1 + 0.6 \times 1200 \times 10^6 \times 11996)/(885 \times 10^3 \times 14.56 \times 10^6)]}{11996} \times 700$$
$$= 0.105 \times 1.67 = 0.175\text{MPa} < v_{Rd,c}$$

因此满足要求。

应在 $2d$ 范围内对基础进行验算，因此需在周界 d 范围内重复上述验算，$d = 700\text{mm}$；因此周长 $u_2 = 2 \times \pi \times 700 + 2 \times (800 + 800) = 7598\text{mm}$，周界围成的面积为$(\pi \times 700^2 + 4 \times 700 \times 800 + 800^2) \times 10^{-6} = 4.42(\text{m}^2)$（下标"2"用于表示这一周界）。

净反力：$V_{Ed,red} = V_{Ed} - \Delta V_{Ed}$。

土体释放压力：$\Delta V_{Ed} = 187.5 \times 4.42 = 829\text{kN}$。

因此，$V_{Ed,red} = 3000 - 829 = 2171\text{kN}$。

$2d$ 范围内混凝土抗力计算：

$v_{Rd,c} = C_{Rd,c}k(100\rho_1 f_{ck})^{1/3} \times 2d/a$

其等于上面计算的基本抗力乘 $2d/a$。对此情形，$a = d$，因而混凝土抗力变为：$v_{Rd,c} = 0.424 \times 2 = 0.848\text{MPa}$。

首先考虑控制周界剪力分布产生的柱的弯矩效应。EN 1992-1 中式(6.41)不可能用于周界 d，除非在该式中将 d 用 $d/2$ 替换，本例即

$$W_2 = 800^2/2 + 400 \times 800 \times 700/2 + 16 \times (700/2)^2 + 2\pi \times 700 \times 800/2 = 5.799 \times 10^6\text{mm}^2$$

由 EN 1992-1 中式(6.51)及由 EN 1992-1 中表 6.1 查得 $k = 0.6$：

$$v_{Ed} = V_{Ed,red}\frac{1 + kM_{Ed} \cdot u_2/V_{Ed,red}W_2}{u_2d}$$

$$=2171\times10^3\times\frac{[(1+0.6\times1200\times10^6\times7598)/(2171\times10^3\times5.799\times10^6)]}{7598}\times700$$

$$=0.408\times1.43=0.586\text{MPa}<0.848\text{MPa}$$

因此满足要求。

最后进行冲切验算，柱面冲切再次用由 EN 1992-1 中式(6.53)计算的 $v_{\mathrm{Rd,max}}$进行验算：

$$v_{\mathrm{Rd,max}}=0.5vf_{\mathrm{cd}}=0.5\times[0.6\times(1-35/250)]\times35/1.5=6.02\text{MPa}$$

$$u_0=4\times800=3200\text{mm}$$

$$W_2=800^2/2+800^2=9.6\times10^5\text{mm}^2$$

查表得，$k=0.6$：

$$v_{\mathrm{Ed}}=\frac{V_{\mathrm{Ed,red}}}{u_0d}\left(1+k\frac{M_{\mathrm{Ed}}}{V_{Ed}}\frac{u_0}{W_0}\right)=\frac{3000\times10^3}{3200\times700}\times\left(1+0.6\frac{1200\times10^6}{3000\times10^3}\times\frac{3200}{9.6\times10^5}\right)$$

$$=2.41\text{MPa}<v_{\mathrm{Rd,max}}$$

因此满足要求。

基础应进行弯剪验算，应验算距柱面距离为 d 的截面抗力。

距柱面距离为 d 处基础压力 $=187.5+(400+687.5)/2000\times112.5=249\text{kN/m}^2$。假设一个方向的作用弯矩，以便让底部钢筋以最小 d 值进入拉伸状态。

保守性地忽略任何支座的加强：

距支座(最小)d 距离的作用剪力 $=(300+249)\times4000\times(4000/2-800/2-687.5)\times10^6/2=1002\text{kN}$

对于所考察平面图，取 $d=687.5\text{mm}$，$A_{\mathrm{sz}}=9817.5\text{mm}^2$，如前所述，得

$$\rho_{1z}=9817.5/(4000\times687.5)=0.357\%$$

$$k=1+(200/d)^{1/2}=1+(200/687.5)^{1/2}=1.539$$

$$V_{\mathrm{Rd,c}}=C_{\mathrm{Rd,c}}k(100\rho_1f_{\mathrm{ck}})^{1/3}\times b_wd$$

因此，$V_{\mathrm{Rd,c}}=0.12\times1.539\times(100\times0.00357\times35)^{1/3}\times4000\times687.5\times10^{-3}=1179\text{kN}>1002\text{kN}$，满足要求。

这显得偏保守，因为没考虑支座的增强以避免进一步验算比 d 更远的平面，因此不需配置抗剪钢筋。

2)按 JTG 3362—2018 设计

结构的重要性系数 $\gamma_0=1.0$，混凝土强度等级为 C40，$f_{\mathrm{td}}=1.65\text{MPa}$，$\alpha_s=50\text{mm}$，计算基底净反力设计值。

轴向力产生的(不包括自重)基础平均压力为

$$p_s=3000/(4\times4)=187.5\text{kN/m}^2$$

净偏心距：

$$e_0=M/F=1200/3000=0.4\text{m}$$

基底最大、最小净力设计值：

$$p_{\mathrm{jmax}}=\frac{F}{lb}\left(1+\frac{6e_0}{l}\right)=\frac{3000}{4\times4}\times\left(1+\frac{6\times0.4}{4}\right)=300\text{kPa}$$

$$p_{\mathrm{jmin}}=\frac{F}{lb}\left(1-\frac{6e_0}{l}\right)=\frac{3000}{4\times4}\times\left(1-\frac{6\times0.4}{4}\right)=75\text{kPa}$$

墩柱与基础形状规则，墩柱与基础交接处的抗冲切承载力验算，x 方向：

$$\gamma_0F_{\mathrm{ld}}\leqslant0.7\beta_hf_{\mathrm{td}}b_mh_0$$

式中：$b_m=\dfrac{b_t+b_b}{2}$；

$F_{\mathrm{ld}}=p_sA$。

β_h 截面高度尺寸效应系数，$h \leqslant 300$mm 时，$\beta_h = 1.0$，当 $h \geqslant 800$mm 时，$\beta_h = 0.85$。$H = 775$mm 时，$\beta_h = 0.86$。

基础的有效高度：$H_0 = 775 - 50 = 725$mm。

b_t 取墩柱宽度，$b_t = 800$mm。

计算墩柱与基础交接处的抗冲切承载力时，取墩柱宽加 2 倍基础有效高度 $b_b = 800 + 2 \times 725 = 2250$mm。

$b > b_c + 2h_0$ 时，冲切破坏的锥体在基础底面之内：

$$A = \left(\frac{l}{2} - \frac{a_c}{2} - h_0\right)b - \left(\frac{b}{2} - \frac{b_c}{2} - h_0\right)^2$$

$$= \left(\frac{4}{2} - \frac{0.8}{2} - 0.725\right) \times 4 - \left(\frac{4}{2} - \frac{0.8}{2} - 0.725\right)^2 = 2.73\text{m}^2$$

墩柱与基础交接处，冲切力：

$$p_{jmax} = \left(\frac{l}{2} - \frac{a_c}{2} - h_0\right)b - \left(\frac{b}{2} - \frac{b_c}{2} - h_0\right)^2$$

$$= 300 \times 2.73 = 819\text{kN}$$

抗冲切力：$0.7\beta_h f_{td} b_m h_0 = 0.7 \times 0.86 \times 1650 \times (0.8 + 0.725) \times 0.725 = 1098.2\text{kN} > 819\text{kN}$。符合要求。

同理，在 y 方向墩与基础交接处冲切验算也满足条件。

例 6-18　钢筋混凝土桩帽

考察图 6-65 所示桥墩桩帽的设计。

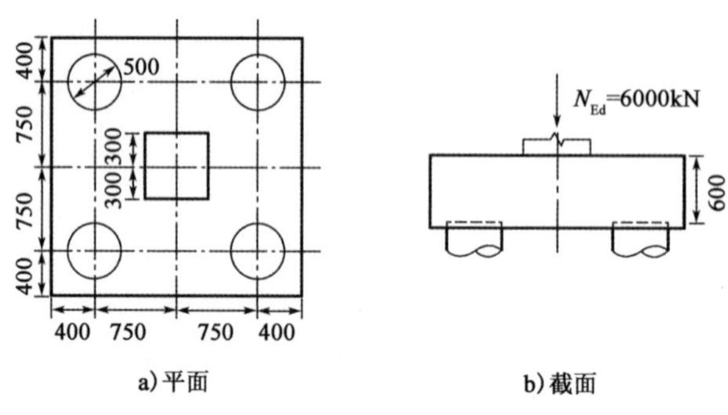

图 6-65　桥墩桩帽的设计(尺寸单位：mm)

验算假定极限外加荷载下的冲切剪力设计，$N_{ED} = 6000$kN，$f_{ck} = 35$MPa，$f_{yk} = 500$MPa，$\gamma_c = 1.5$以及 $\gamma_s = 1.15$。为简化起见，本例中不考虑柱体弯矩和侧向力。

1) 按 EN 1992 设计

假设从桩顶到外侧钢筋的保护层为 50mm，截面的弯曲分析得出下列结果，在两个方向的中心 150mm 处采用 ϕ25 钢筋($A_{sy} = A_{sz} = 3272\text{mm}^2/\text{m}$)：

第 1 层：$d_y = 600 + 50 - 25/2 = 537.5$mm，$z_y = 500.6$mm，$M_{y,RD} = 712.3$kNm/m

第 2 层：$d_z = 537.5 - 25 = 512.5$mm，$z_z = 475.6$mm，$M_{z,Rd} = 676.7$kNm/m

这足以抵抗墩表面的外加弯矩，取为下列值的最大值：

(1) $2 \times 6000 \times (0.75 - 0.30)/(4 \times 2.30) = 587$kNm/m。

(2) $0.65 \times 0.75 \times 2 \times 6000/(4 \times 2.30) = 636$kNm/m。

因此，取 636kNm/m。

验算下列四种剪切：

(1)穿过支撑面的弯曲剪切平面验算(图 6-66)。

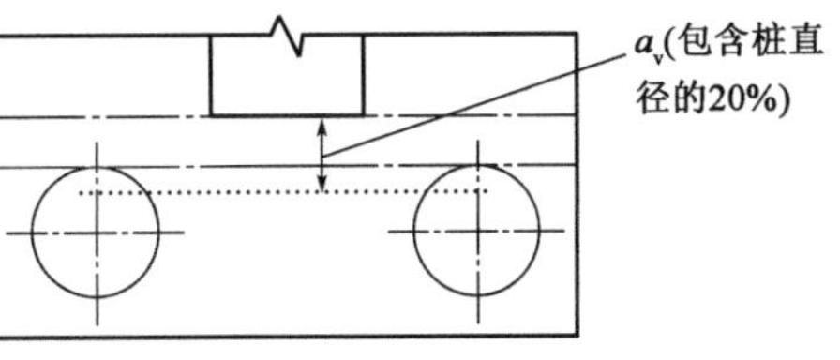

图 6-66　支座表面处的弯剪面

单桩荷载 = 6000/4 = 1500kN

桩帽宽度 = (0.4 + 0.75) × 2 = 2.3m，仅考虑平面包含钢筋的最小有效宽度。

$d_z = 512.5\text{mm}$，$A_{sz} = 3272\text{mm}^2/\text{m}$，因此，$\rho_{1z} = A_{sz}/(bd_z) = 3272/(1000 \times 512.5) = 0.00638$。

$k = 1 + \sqrt{200/d} = 1 + \sqrt{200/512.5} = 1.625$，$\gamma_c = 1.5$，取 $C_{Rd,c} = 0.18/\gamma_c$，得 $C_{Rd,c} = 0.18/\gamma_c = 0.18/1.5 = 0.12$。

根据 $V_{Rd,c} = C_{Rd,c}k(\rho_1 f_{ck})^{1/3}bd$，对于每米板宽：

$$V_{Rd,c} = 0.12 \times 1.625 \times (100 \times 0.00638 \times 35)^{1/3} \times 1000 \times 512.5 \times 10^{-3} = 281.4\text{kN/m}$$

剪力跨 $a_v = 750 - 250 - 300 + 0.20 \times 500 = 300\text{mm}$(包括 20% 的桩直径)，因此加强系数 $1/\beta = 2d/a_v = 2 \times 512.5/300 = 3.417$

混凝土抗剪强度 $V_{Rd,c}^*$ 由下式得出：

$V_{Rd,c}^* = 281.4 \times [3.417 \times 2 \times 0.5 + 1.0 \times (2.3 - 2 \times 0.5)] = 961.4 + 365.8 = 1327\text{kN}$

$V_{Rd,c}^* < V_{Ed}(= 3000\text{kN})$，因此需要配置抗剪钢筋。

剪力折减系数：$\beta = 1/3.417 = 0.293$，$V_{Ed} = 0.293 \times 3000 = 878\text{kN}$

强度 $V_{Rd,c} = 281.4 \times 2.3 = 647\text{kN}$，$V_{Rd,c} < V_{Ed}$，因此仍需要配置抗剪钢筋。

两种验算均需要配置抗剪钢筋，但是后者更为保守。

此时：

$$A_{sw} \geqslant \frac{V_{Ed}}{f_{ywd} \times \sin\alpha} = \frac{878 \times 10^3}{434.8 \times \sin 90^\circ} = 2019\text{mm}^2$$

钢筋必须布置在剪力跨中心 $0.75a_v$ 范围之内。

加强抗剪强度 V_{Rd}^* 可通过下式得出：

$$V_{Rd}^* = V_{Rd,c}^* + A_{sw} f_{ywd} \sin\alpha$$

由钢筋重分布设计得出：

$$A_{sw} \geqslant \frac{V_{Ed} - V_{Rd,c}^*}{f_{ywd} \sin\alpha}$$

其中，A_{sw} 必须布置在中间 $0.75a_v$ 范围内($0.75 \times 300 = 225\text{mm}$)。

$$A_{sw} \geqslant \frac{3000 \times 10^3 - 961.4 \times 10^3}{434.8 \times \sin 90^\circ} = 4689\text{mm}^2$$

在中心 150mm 处使用 2 排箍筋要求单肢面积为 $4689/(15 \times 2) = 156\text{mm}^2$，即采用 $\phi 16$ 箍筋。剪力加强计算如下：

$$V_{Rd,max} = \frac{\alpha_{cw} b_w z v_1 f_{cd}}{\cot\theta + \tan\theta}$$
$$= \frac{1.0 \times 2300 \times 475.6 \times 0.6 \times (1 - 35/250) \times 1.0 \times 35/1.5}{\cot 45^\circ + \tan 45^\circ}$$
$$= 6586\text{kN} > 3000\text{kN}$$

满足要求。

因此采用 $\phi 16$ 钢筋作为箍筋，最小 2 × 16 根(每个方向中心 150mm 已足够)。

(2)角桩和柱的剪力面验算(采用 u_0 边界)。

取 $\beta = 1.0$,桩顶弯矩在此处假定相当于轴向荷载较小:

$v_{Ed} = \frac{V_{Ed}}{u_0 d}$,其中 $d = \frac{537.5 + 512.5}{2} = 525\text{mm}$

$u_0 = \pi \times 500/4 + 2 \times 400 = 1193\text{mm}$,基于绕过 1/4 桩边缘的边界,然后延伸至桩帽自由边之外。因此,$v_{Ed} = \frac{1500 \times 10^3}{525 \times 1193} = 2.39\text{MPa}$。

$$v_{Rd,max} = 0.5 v f_{cd},其中 f_{cd} = \frac{\alpha_{cc} f_{ck}}{\gamma_c} = \frac{1.0 \times 35}{1.8} = 23.3\text{MPa}$$

以及

$$v = 0.6\left(1 - \frac{f_{ck}}{250}\right) = 0.6 \times \left(1 - \frac{35}{250}\right) = 0.516$$

因此

$$v_{Ed,max} = 0.5 \times 0.516 \times 23.3 = 6.02\text{MPa} > 2.39\text{MPa}$$

满足要求。

在本例中,柱体尺寸相对较小,因此柱面冲切也应进行抵抗最大剪应力极限的验算:

$d = 525\text{mm}$

如上所述,且 $u_0 = 4 \times 600 = 2400\text{mm}$,因此:

$$v_{Ed} = \frac{600 \times 10^3}{525 \times 2400} = 4.76\text{MPa} < v_{Rd,max},满足要求。$$

(3)穿过角桩的弯剪验算(图 6-67)。

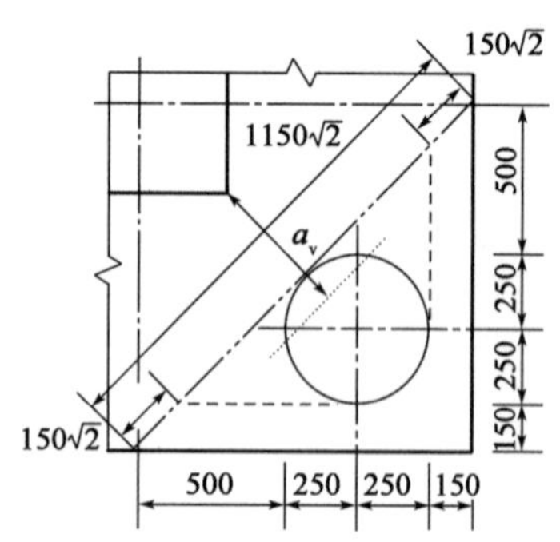

图 6-67 穿过角桩的弯剪面(尺寸单位:mm)

$d = \frac{537.5 + 512.5}{2} = 525\text{mm}$

钢筋在两个对角方向上相等,因此 $A_s = 3272\text{mm}^2/\text{m}$

以及

$$\rho_1 = \frac{A_s}{bd} = \frac{3272}{1000 \times 525} = 0.00623$$

$\gamma_c = 1.5$,以及取 $C_{Rd,c} = 0.18/\gamma_c$,得 $C_{Rd,c} = 0.18/\gamma_c = 0.18/1.5 = 0.12$。

$k = 1 + \sqrt{200/d} = 1 + \sqrt{200/525} = 1.617$

$V_{Rd,c} = C_{Rd,c} k (\rho_1 f_{ck})^{1/3} bd$(无轴向荷载)

因此对于 1m 板宽:

$$V_{Rd,c} = 0.12 \times 1.617 \times (100 \times 0.00638 \times 35)^{1/3} \times 1000 \times 525 \times 10^{-3} = 284.7\text{kN/m}$$

剪力跨 $a_v = 1150\sqrt{2} - 300\sqrt{2} - 400\sqrt{2} - 250 + 0.20 \times 500 = 486.4\text{mm}$(包括 20% 的桩直径)。加上上述(1)中的弯曲剪切验算,两种考虑剪切加强的方法都是可能的。这里仅采用加强公式强度这种更保守的方法以确定是否需要箍筋:

加强系数 $1/\beta = 2d/a_v = 2 \times 525/486.4 = 2.16$,且抗剪强度 $= 2.16 \times 284.7 = 614.6\text{kN/m}$

对于图 6-67 所示的剪力面,在纵向钢筋穿过桩顶部位加强是合理的,因此加强截面的长度为 $1150\sqrt{2} - 2 \times 150\sqrt{2} = 1202.1\text{mm}$,不加强截面的长度为 $2 \times 150\sqrt{2} = 424.3\text{mm}$。

因此平面抗剪强度为

$$V_{Rd,c}^{*} = 284.7 \times 0.4243 + 614.6 \times 1.2021 = 120.8 + 734.8 = 859.6\text{kN} < N_{Ed} = 1500\text{kN}$$

因此需要配置抗剪钢筋。

此时

$$A_{sw} \geqslant \frac{V_{Ed} - V''_{Rd,c}}{f_{ywd}\sin\alpha}$$

其中，$V''_{Rd,c}$ 在这里取截面加强部分的贡献。因此

$$A_{sw} \geqslant \frac{1500 \times 10^3 - 734.8 \times 10^3}{434.8 \times \sin 90°} = 1760\text{mm}^2$$

必须布置在中间 $0.75a_v$ 范围内。

如果采用 EN 1992-1 中6.2.3(8)，剪力必须通过系数 $\beta = 0.463$ 折减，而不进行混凝土强度的加强。结果，$V_{Ed} = 0.463 \times 1500 = 695\text{kN}$。

$$A_{sw} \geqslant \frac{V_{Ed}}{f_{ywd} \times \sin\alpha} = \frac{695 \times 10^3}{434.8 \times \sin 90°} = 1597\text{mm}^2$$

其略小于上面计算的抗剪钢筋数量。

加强区的钢筋布置如图 6-68 所示。

可采用对角法布置箍筋(如中心 150mm×150mm)。水平尺寸 x 为:

$$x = (1150\sqrt{2} - 300\sqrt{2})\sqrt{2} - (400\sqrt{2} + 250)\sqrt{2} = 546\text{mm}$$

且在该长度 150mm 内的肢数为 546/150 = 3.64。

在对角方向上，宽度加强区的包含长度由尺寸 y 给出，其中 $y = 1150 - 150 - 150 = 850\text{mm}$(且在该长度 150mm 内的肢数为 850/150 = 5.67)。

因此该区域的总肢数为 $3.64 \times 5.67 + 0.5 \times 3.64^2 = 27$。

故单肢要求面积为 $1760/27 = 65\text{mm}^2$ (ϕ10 钢筋)

(4)$2d$ 边缘上的冲剪，如图 6-69 所示，根据 EN 1992-1 中6.4.3(7)的要求验算时可忽略接近于柱体的加强(这仅为 EN 1992 明确包含的冲切剪力面)。但是，边缘不会降低 EN 1992-1 中6.4.2(2)要求的柱荷载，因为它通过弯曲剪力面法在6.4.2(3)中进行了有效验算。

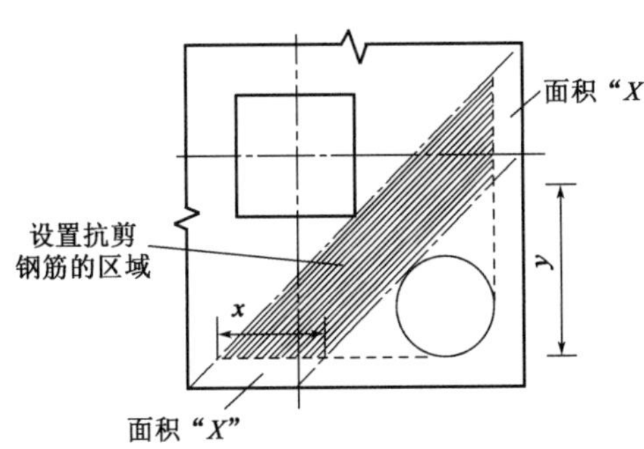

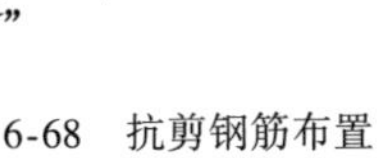

图 6-68　抗剪钢筋布置

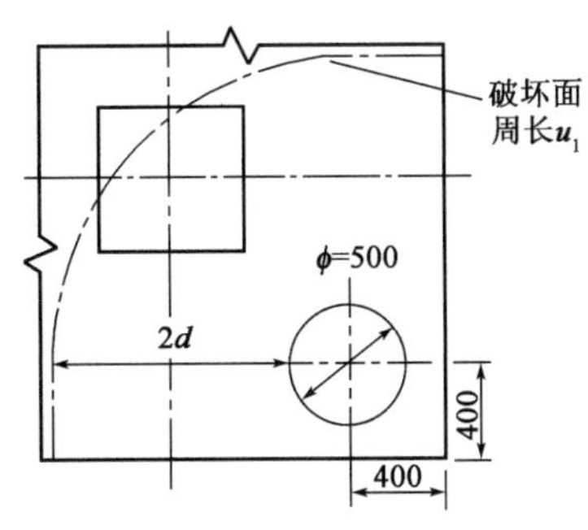

图 6-69　角桩 $2d$ 范围内的冲剪面(尺寸单位:mm)

$$d = \frac{537.5 + 512.5}{2} = 525\text{mm}，因此 2d = 2 \times 525 = 1050\text{mm}$$

$$u_1 = \frac{4}{2} \times 2\pi\left(2d + \frac{\phi}{2}\right) + 2 \times 400 = \frac{\pi}{2}(1050 + 250) + 800 = 2842\text{mm}$$

取 $\beta = 1.0$。

$$v_{Ed} = \frac{V_{Ed}}{u_1 d} = \frac{1500 \times 10^3}{2842 \times 525} = 1.01\text{MPa}$$

$$A_{sy} = A_{sx} = 3272\text{mm}^2$$

因此

$$\rho_{ly} = \frac{A_{sy}}{bd_y} = \frac{3272}{1000 \times 537.5} = 0.00609$$

以及

$$\rho_{lx} = \frac{A_{sx}}{bd_x} = \frac{3272}{1000 \times 512.5} = 0.00638$$

$\gamma_c = 1.5$,以及取 $C_{Rd,c} = 0.18/\gamma_c$,得 $C_{Rd,c} = 0.18/\gamma_c = 0.18/1.5 = 0.12$。

$V_{Rd,c} = C_{Rd,c}k(\rho_l f_{ck})^{1/3}$(无轴向荷载)

$$\rho_l = \sqrt{0.00609 \times 0.00638} = 0.00623$$

$$k = 1 + \sqrt{200/d} = 1 + \sqrt{200/525} = 1.617$$

因此,

$$V_{Rd,c} = 0.12 \times 1.617 \times (100 \times 0.00623 \times 35)^{1/3} = 0.542\text{MPa}$$

$v_{Ed} > v_{Rd,c}$,因此需要冲剪钢筋。

计算 u_{out}(仅混凝土强度已经满足抗力要求情况下的边界):

$$v_{Rd,c} = \frac{V_{Ed}}{u_{out}d} \Rightarrow u_{out} = \frac{V_{Ed}}{v_{Rd,c}d} = \frac{1500 \times 10^3}{0.542 \times 525} = 5269\text{mm}$$

边界长度 $=(5269-2\times400)\times4/2\pi-500/2=2595$mm,即用 $4.94d$ 代替 $2d$。箍筋应延伸至 $4.94d-1.5d=3.44d$ 处。很明显,这超过了桩帽的边缘范围,因此箍筋只需贯穿整个桩帽宽度即可。

所需的冲剪钢筋:

$$v_{Rd,cs} = 0.75v_{Rd,c} + 1.5\left(\frac{d}{s_r}\right)A_{sw}f_{ywd,ef}\left(\frac{1}{u_1 d}\right)\sin\alpha$$

钢筋重分配设计为

$$\frac{A_{sw}}{s_r} \geqslant (v_{Ed} - 0.75v_{Rd,c})\frac{u_1}{1.5f_{ywd,ef}\sin\alpha}$$

且 $f_{ywd,ef} = 250 + 0.25 \times 525 = 381.25\text{MPa} < 434.8\text{MPa}$,满足要求。

因此

$$\frac{A_{sw}}{s_r} \geqslant (1.01 - 0.75 \times 0.542) \times \frac{2842}{1.5 \times 381.25 \times \sin90^\circ} = 3.00\text{mm}^2/\text{mm}$$

对于 150mm 的径向间距,$A_{sw} \geqslant 3.00 \times 150 = 450\text{mm}^2$。

假定每周 6 肢(每个垂直的方向各 3 根钢筋),要求单肢面积为 $=450/6=75\text{mm}^2$(上述弯剪验算的 ϕ10 箍筋)。

验算最终强度:

$$v_{Rd,cs} = 0.75 \times 0.542 + 1.5 \times \frac{525}{150} \times 6 \times \pi \times 5^2 \times \frac{381.25}{2842 \times 525} \times \sin90^\circ = 1.039\text{MPa}$$

这大于要求的 $\rho_v = \dfrac{n_1A_{s1}l_1 + n_2A_{s2}l_2}{A_{cor}s}$。

因此,在 150mm 径向中心采用 6 肢 ϕ10 箍筋。

最终桩帽的冲剪钢筋布置如图 6-70 和图 6-71 所示。

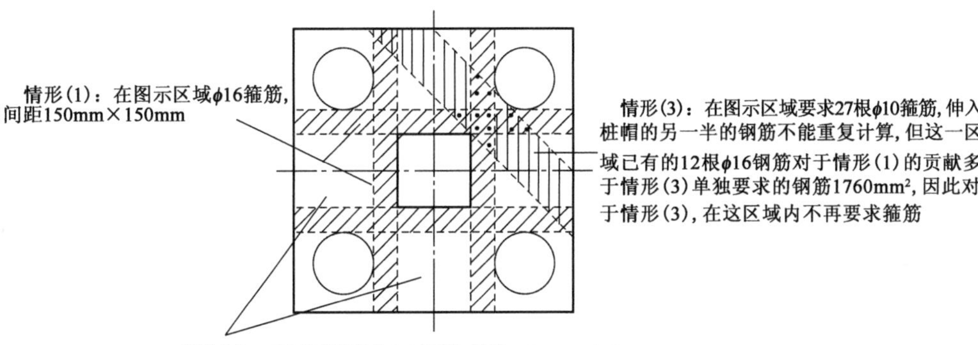

图6-70 对抗冲剪钢筋要求的摘要

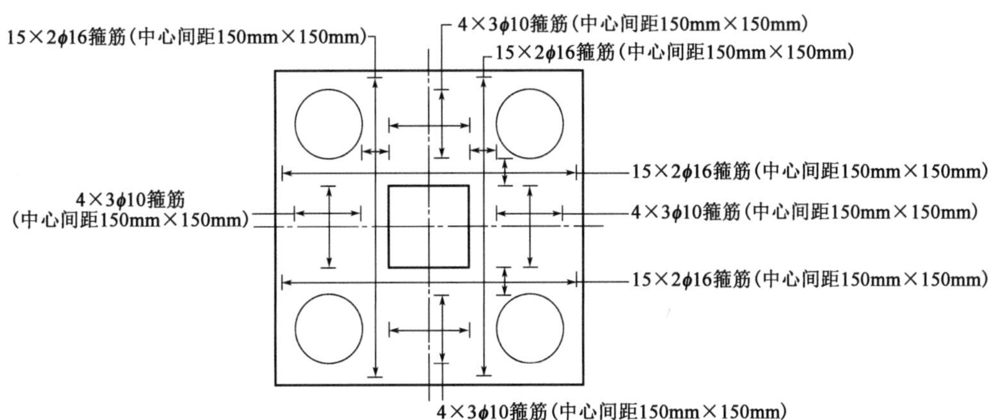

图6-71 抗冲剪钢筋布置

2)按GB 50010—2010计算

混凝土采用C35，$f_{td}=1.57$MPa，钢筋采用HRB400级，$f_y=360$MPa，结构的重要性系数$\gamma_0=1.0$。

假设$\alpha_s=100$mm，承台长边和短边相等($a=b=2.3$m)，圆桩$d=500$mm，方柱$b_c=600$mm，$h_c=1.2$m。承台有效高度：$h_0=600-100=500$mm。

单桩承载力：$F=N_{ed}/4=6000/4=1500$kN。

圆桩换算为方桩截面边长$b_p=0.8\times d=0.8\times 500=400$mm，$U_m=2600$mm。

可将承台看作钢筋混凝土板，其抗冲切承载力(取其中一个角桩进行试算)：

$$\gamma_0 F_{td}\leqslant(0.7\beta_h f_{td}+0.25\sigma_{p0,m})\eta U_m h_0$$

$$\eta=\min\left(\eta_1=0.4+\frac{1.2}{\beta_s},\eta_2=0.5+\frac{a_s h_0}{4u_m}\right)=\min(\eta_1=1,\eta_2=1.46)$$

最大集中反力设计值$F_{td}=1500$kN，截面尺寸效应系数$\beta_h=0.91$。

抗冲切承载力：

$$\begin{aligned}(0.7\beta_h f_{td}+0.25\sigma_{p0,m})\eta U_m h_0&=0.7\times 0.91\times 1570\times 1\times 2.6\times 0.5\\&=1300\text{kN}<\gamma_0 F_{td}=1500\text{kN}\end{aligned}$$

抗冲切力不满足条件，此时可配置抗冲切钢筋。

受冲切截面验算：$\gamma_0 F_{ld}=1500\text{kN}<1.2f_{td}\eta U_m h_0=1.2\times 1570\times 1\times 2.6\times 0.5=2499$kN，受冲切截面符合条件。

首先配置箍筋：从集中荷载作用面向外分布长度不小于$1.5h_0$，可取分布长度为800mm，直径为16mm，面积为201.1mm^2，间距不应大于$h_0/3$，且不应大于100mm，取间距$s=100$mm。

此时抗冲切承载力为

$(0.5f_{td}+0.25\sigma_{pc,m})\eta U_m h_0+0.8f_{sv}A_{svu}$

$=0.5\times1570\times1\times2.6\times0.5+0.8\times360\times5\times201.1$

$=1020.5+361.9=1382.4\text{kN}<1500\text{kN}$

不满足要求，此时再配置弯起钢筋；弯起钢筋直径为22mm，弯起45°，每个方向不少于3根，每个方向可取4根。

配置箍筋和弯起钢筋，此时的抗冲切承载力为

$(0.5f_t+0.25\sigma_{pc,m})\eta u_m h_0+0.8f_{yv}A_{svu}+0.8f_y A_{sbu}\sin\alpha$

$=0.5\times1570\times1\times2.6\times0.5+0.8\times360\times5\times201.1+0.8\times360\times4\times380.1\times\sin45°$

$=1020.5+361.9+309.6$

$=1692\text{kN}>1500\text{kN}$

抗冲切承载力满足要求。

同理，验算其余三个桩，满足抗冲切力时桩顶承台处配筋如下：

每个桩顶配置处的箍筋：每个方向布置 $\phi16$ 箍筋，间距 $s=100\text{mm}$，分布长度为800mm。

每个桩顶处配置的弯起钢筋：每个方向配4根 $\phi22$ 的弯起钢筋，弯起角度为45°。

6.5 用拉-压杆模型进行设计

6.5.1 拉-压杆模型设计步骤

通过建立理想桁架模型，可用拉-压杆模型方法对结构混凝土构件或构件的 D 区进行设计。模型包括压杆、拉杆和节点。桁架模型可将所有设计荷载传到支座与邻近 B 区。拉-压杆模型方法的设计是针对承载能力极限状态的，设计中还应符合标准中正常使用极限状态的规定。建立拉-压杆模型的方法有应力迹线法、线弹性理论下的应力流法和荷载路径法等。

D 区的设计包括以下五个步骤：

(1)定义和分离 D 区。

(2)计算每一 D 区边界的合力。

(3)选择桁架模型，传递穿过 D 区的合力。选择的拉杆和压杆方向与压力场和拉力场合力的方向基本重合。计算压杆与拉杆的内力。

(4)压杆与节点区的有效宽度按(3)得出的内力及表6-4定义的混凝土有效强度确定。

(5)横向拉杆和钢筋的设计强度取第4章的值。节点在结构上有相当大的长度时，节点区的钢筋应沿弯压应力线(拉杆和压杆)的长度布置。拉力 T 可按式(6-156)计算。

对于部分不连续区域($b\leqslant H/2$)(图6-72)：

$$T=\frac{1}{4}\left(\frac{b-a}{b}\right)F \tag{6-156}$$

对于完全不连续区域($b>H/2$)(图6-72)：

$$T=\frac{1}{4}\left(1-0.7\frac{a}{h}\right)F \tag{6-157}$$

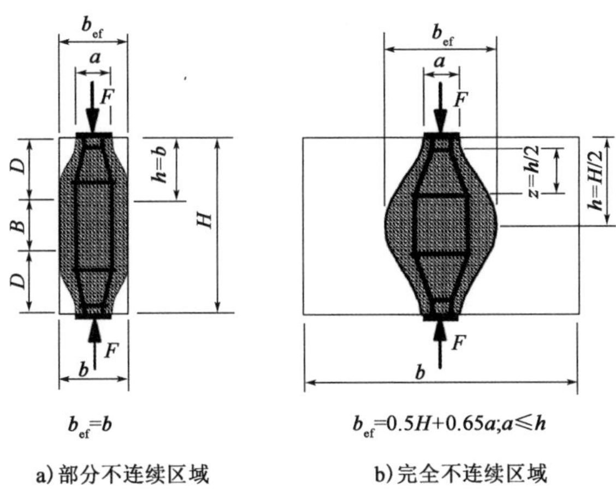

图 6-72　集中节点压力场的横向拉力
B-连续区域；*D*-不连续区域

EN 1992 中混凝土压杆和节点的抗压强度　　表 6-4

<table>
<tr><th colspan="2">混凝土抗压强度设计值</th><th>说　明</th></tr>
<tr><td>压杆</td><td>1. 有横向压应力和无横向压应力的压杆[图 6-73a)]，$\sigma_{Rd,max}=f_{cd}$
2. 如果混凝土压杆受压开裂[图 6-73b)]，$\sigma_{Rd,max}=0.6\nu' f_{cd}$</td><td rowspan="2">$\nu'$——混凝土抗压强度折减系数，欧洲标准建议按下式确定：
$\nu'=1-f_{ck}/250$
k_1——系数，欧洲标准建议取 1.0；
k_2——系数，欧洲标准建议取 1.0；
k_3——系数，欧洲标准建议取 0.75；
k_4——系数，欧洲标准建议取 3.0</td></tr>
<tr><td>节点</td><td>1. 节点区没有锚固拉杆的受压节点(图 6-74)，$\sigma_{Rd,max}=k_1\nu' f_{cd}$
2. 一个方向有锚固拉杆的拉-压节点[图 6-75a)]，$\sigma_{Rd,max}=k_i\nu' f_{cd}$
其中，$\sigma_{Rd,max}$ 为 $\sigma_{Rd,1}$ 和 $\sigma_{Rd,2}$ 中的较大者。
3. 多于一个方向锚固有拉杆的拉-压节点[图 6-75b)]，$\sigma_{Rd,max}=k_i\nu' f_{cd}$
4. 当至少满足下面条件中的一个时，上面五种情况的抗压强度设计值可增加 10%：
(1) 承受三向压力；
(2) 压杆和拉杆间的所有夹角≥55°；
(3) 施加于支座和集中荷载作用处的应力是均匀的，且节点受箍筋约束；
(4) 有多层箍筋；
(5) 节点可靠地受支承或摩擦约束。
5. 当节点所有三个方向压杆的荷载分布已知时，三向受压节点按公式 $\sigma_{Rd,max}\leqslant k_4\nu' f_{cd}$ 验算</td></tr>
</table>

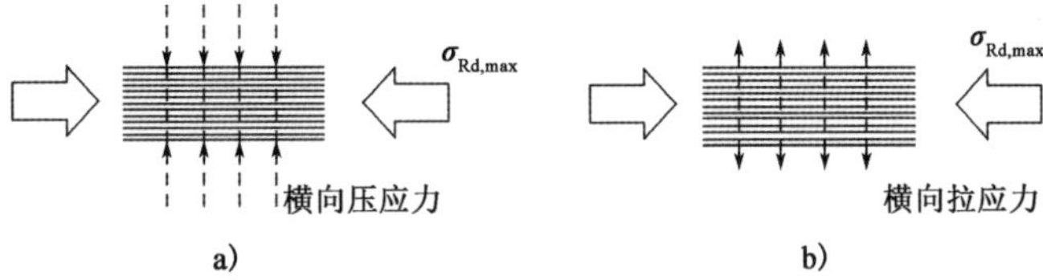

图 6-73　有横向压应力和横向拉应力混凝土压杆的设计强度

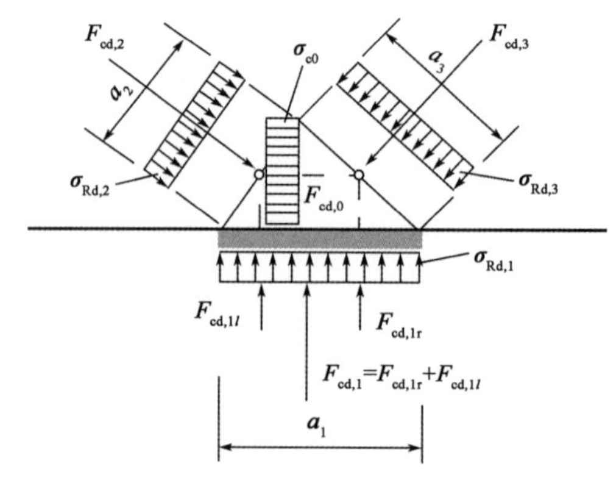

图 6-74　无拉杆的受压节点

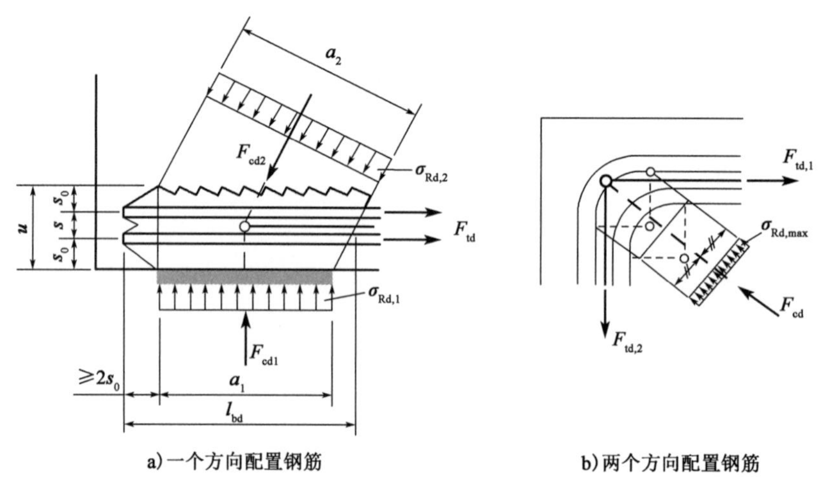

图 6-75　拉-压节点

6.5.2　建立拉-压杆模型的原则

拉-压杆模型是一个从结构实体中抽象出的力学模型，这种模型应符合力学原则和结构原理。

(1)在施加荷载与支座反力作用下，拉-压杆模型处于平衡状态。

(2)在确定桁架的几何布置时，须考虑压杆、拉杆和节点区的尺寸。组成拉-压杆模型的压杆、拉杆和节点区都具有有限的宽度，在选择桁架尺寸时应加以考虑。图 6-76a)所示为节点与相应的节点区。水平力和垂直力与斜压杆的力相平衡。若三根压杆的应力均相等，可使用静水节点，这时压杆宽度与压杆力成正比。

如图 6-76b)所示，在二维结构中，若同一节点作用于三个以上的力，通常需将这些力分解为端部相交的三个力。作用于面 *A-E* 和面 *C-E* 的力可用作用于面 *A-C* 的一个力表示，该力通过节点 *D*。

此外，如图 6-76c)所示，该拉-压杆模型也可这样分析，假设所有压杆的力均通过节点 *D*，在这种情况下，节点 *D* 右侧两个压杆的力可分解组合为通过节点 *D* 的一个力，如图 6-76d)所示。

若垂直于构件方向支座的宽度小于构件的宽度，可能需配置横向钢筋控制节点平面内的垂直裂缝，这可通过横向压杆-拉杆模型来分析。

(3)拉杆可与压杆相交，压杆只能在节点处相互重叠和相交。相交于节点的任意压杆与拉杆轴线之间的夹角不小于 26.5°，以减轻裂缝、避免因压杆缩短和拉杆伸长而造成的同一方向的不协调。

(4)拉杆中钢筋轴线应与拉-压杆模型中的拉杆轴线一致，决定于拉杆钢筋的布置，设计中

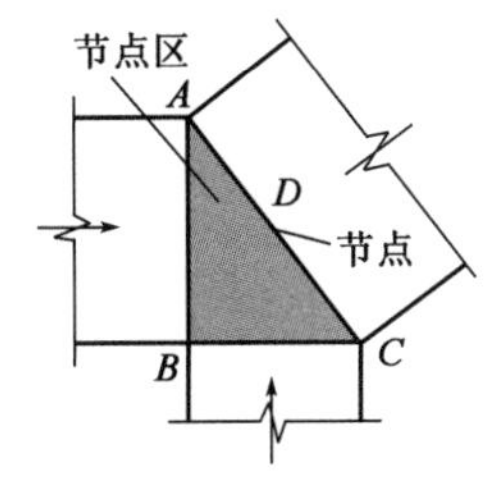

a)三个压杆作用于一个节点

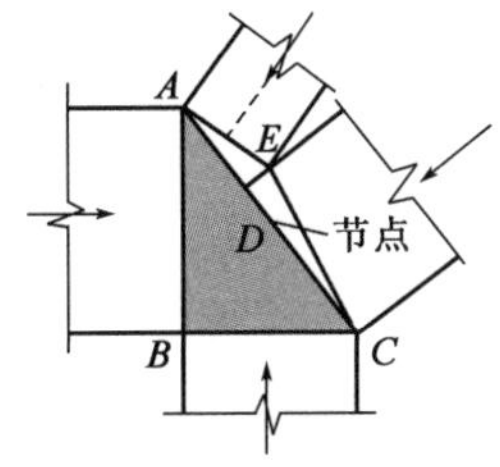

b)压杆AE和CE可用AC代替

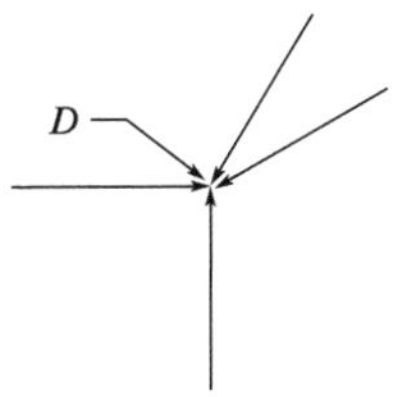

c)四个力节点D

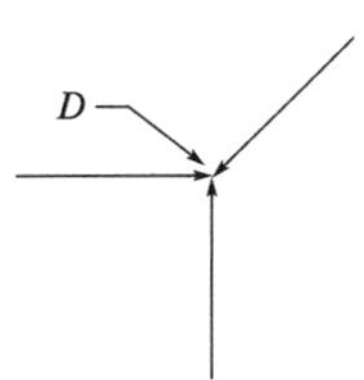

d)节点右边的力为c)中节点右边两力的合力

图 6-76　求解节点力

假定的有效拉杆宽度 w_t 可限制在下列范围：

①若拉杆中的钢筋布置为一层，有效拉杆宽度可取为拉杆中钢筋直径加上 2 倍的钢筋表面至构件外表距离。

②实际中的拉杆宽度的上限可取为相应于静水节点区的宽度，表示为

$$w_{t,max} = \frac{F_{nt}}{f_{ce}} \tag{6-158}$$

式中：f_{ce}——节点区有效抗压强度。

若拉杆宽度超出了图 6-76b) 给出的值，拉杆钢筋应近似沿宽度和厚度方向均匀分布。

6.5.3　压杆、拉杆及节点强度的计算

在每种荷载工况下，对拉-压杆模型进行分析。压杆、拉杆及节点区的强度需满足式(6-159)要求：

$$\phi F_n \geqslant F_u \tag{6-159}$$

式中：F_u——在设计荷载作用下，作用于压杆、拉杆或节点区表面的力；

F_n——压杆、拉杆或节点区的名义强度；

ϕ——强度折减系数，取为 0.75。

对于无纵向钢筋的压杆，名义抗压强度可取为

$$F_{ns} \geqslant f_{ce}A_{cs} \tag{6-160}$$

式中：A_{cs}——压杆一端的截面面积；

f_{ce}——混凝土的名义抗压强度，取压杆混凝土有效抗压强度和节点区混凝土有效抗压强度的较小值。

可以采用抗压钢筋提高压杆强度。受压钢筋应适当锚固，平行于压杆、位于压杆内，且外围有满足受压构件横向钢筋要求的普通箍筋或螺旋箍筋。在这种情况下，有纵向钢筋压杆的强度为

$$F_{ns} = f_{ce}A_{cs} + A'_s f'_s \tag{6-161}$$

式中：A'_s——受压钢筋面积；

f'_s——受压钢筋应力；名义强度下，f_s' 可按压杆破坏时的应变确定。

拉杆的名义强度按式(6-162)计算：

$$F_{nt} = A_{ts}f_y + A_{tp}(f_{se} + \Delta f_p) \tag{6-162}$$

式中：A_{ts}——拉杆中普通钢筋的面积；

A_{tp}——拉杆中预应力筋的面积；

f_y——普通钢筋屈服强度；

$f_{se} + \Delta f_p$——预应力筋应力，不超过钢筋屈服强度设计值 f_{py}。

节点区的名义抗压强度按式(6-163)计算：

$$F_{nn} = f_{ce}A_{nz} \tag{6-163}$$

式中：f_{ce}——节点区混凝土有效抗压强度；

A_{nz}——作用于 F_u 节点区的表面积，与 F_u 的作用线垂直或穿过节点区的截面面积，与截面上的合力作用线垂直，取两者的较小值。

新修订的 JTG 3362—2018 已引入这种方法进行结构设计，其内容基本相同。

例 6-19　横隔板设计

桥梁横隔板受力如图 6-77 所示。由于存在较大入口孔洞，加之具有深梁特性，因此分析时采用图示拉-压杆模型。混凝土圆柱体强度为 $f_{ck}=40\text{MPa}$，钢筋屈服强度为 $f_{yk}=500\text{MPa}$。承载能力极限状态下构件 A 至 D 中的荷载：压杆 $A=21.7\text{MN}$（压力），压杆 $B=15.9\text{MN}$（压力），拉杆 $C=17.7\text{MN}$（拉力）和拉杆 $D=1.2\text{MN}$（在此特殊荷载工况中实际上作用为压杆处理）。现验算承载能力极限状态时，压杆 A、B，拉杆 C、D，以及支座压力。

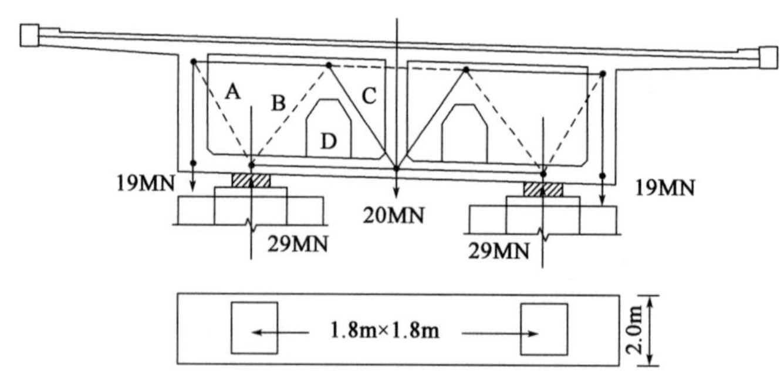

图 6-77　桥梁横隔板

解：

图 6-78 所示为部分相关区域的拉-压杆模型。节点区由于垂直支反力的存在，设计时划分为两部分，分别反映压杆 A 与 B 的贡献。

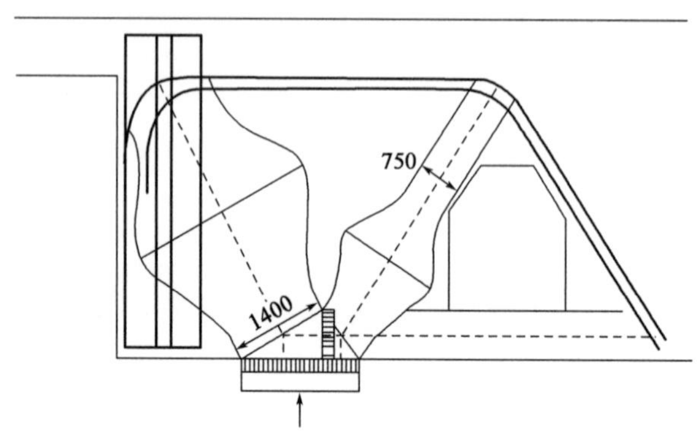

图 6-78　拉杆区构造处理与拉-压杆模型的设计压杆宽度（尺寸单位：mm）

注：压杆的凸出部分试图显示应力的实际扩散，而不是用于压杆验算的局部宽度。

根据设计条件，混凝土不考虑受剪的抗压强度设计值 $f_{cd}=0.85\times40/1.5=22.7\text{MPa}$，考虑受剪的抗压强度设计值 $f_{cd}=1.0\times40/1.5=26.7\text{MPa}$，钢筋屈服强度设计值 $f_{yd}=500/1.15=435\text{MPa}$。

1）支座压力

对于这种荷载工况，支座节点为图 6-74 中的类型。极限应力 $\sigma_{Rd,max}=k_1\nu' f_{cd}=1.0\times(1-40/250)\times0.85\times40/1.5=19.04\text{MPa}$。外加应力 $=29/(1.8\times1.8)=9.0\text{MPa}<19.4\text{MPa}$，因此支座压力合理（实桥中，在最大扭转荷载工况中支座应力明显更高，并将因偏斜预应力作用进

一步提高,此处不包括简化成分)。

因支座尺寸两个方向均小于横隔板的尺寸,不存在拉力穿过节点。因为跨度方向 1800mm 的支座尺寸几乎与横隔板宽度 2000mm 相当,从而允许应力提高 $2000/1800f_{cd} = 1.1f_{cd}$。如果利用节点部分荷载效应,仍需验算每一径向压杆因压力扩散产生的拉力,并且这通常会有效限制下面将论述的压杆验算中的支座压力。

2)压杆 A

节点处的极限应力为 $\sigma_{Rd,max} = k_1\nu' f_{cd} = 19.04\text{MPa}$。但是,支座节点压杆外凸,因没有为此目的专设钢筋(除最小面筋外),压杆中的极限压力保守地取 $\sigma_{Rd,max} = 0.6\nu' f_{cd}$。因此,$\sigma_{Rd,max} = k_1\nu' f_{cd} = 0.6\times(1-40/250)40/1.5 = 13.4\text{MPa}$。

实际压杆应力 $=21.7/(1.8\times1.4) = 8.61\text{MPa} < 13.4\text{MPa}$,因此压杆合理。

3)压杆 B

节点极限应力不起控制作用,因为压杆外凸引起横向拉力,所以再次使用较低的限值 $\sigma_{Rd,max} = 0.6\nu' f_{cd}$。但是,本次压杆实际锥形延伸至入口孔洞。为了与瓶形工况的极限应力协调,应计算最狭窄截面 750mm 宽处的应力。实际压杆应力 $=15.9/(0.75\times2) = 10.6\text{MPa} < 13.4\text{MPa}$,因此合理。压杆 B 顶部节点,不会起控制作用。因为节点自身允许更高的混凝土极限应力。总之,每根钢筋弯曲内侧支座压力必须验算,但这不是验算的关键问题,因为指定较大的曲率。

4)拉杆 C

要求的受拉面积 $=13.7\times10^6/(500/1.15) = 31510\text{mm}^2$,等价于 26 根 ϕ40 钢筋,如图 6-78 所示布置 2 层。

5)压杆 A、B 的节点

因拉杆 D 的拉力设计值远小于压杆 A 和 B 的压力设计值,所以该节点可视为无拉杆锚固的 C-C-C 节点。其抗压强度设计值为 $\sigma_{Rd,max} = 1.0\times(1-40/500)\times22.7 = 19.1\text{MPa}$。节点与压杆 B 相接面的压力值为 $15.9/(1.8/0.85) = 10.4\text{MPa}$,小于节点抗压强度,满足要求。

例 6-20 图 6-79 为一高度 2m、跨度 6m 的深受弯构件。承受的集中永久荷载 $G_k = 800\text{kN}$,可变荷载 $Q_k = 400\text{kN}$,对受弯构件进行设计。

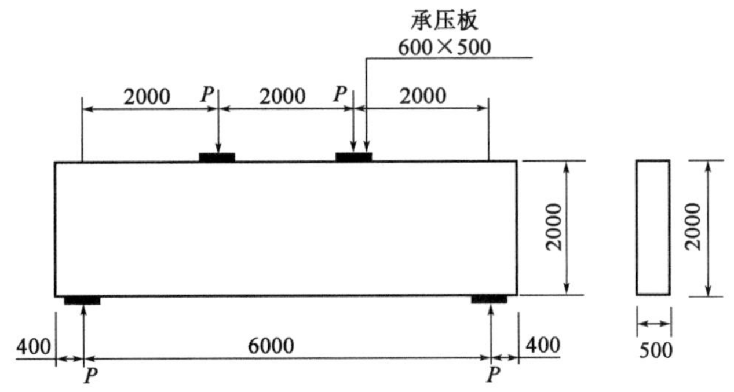

图 6-79 钢筋混凝土深受弯构件(尺寸单位:mm)

1)按 GB 50010—2010 设计

混凝土采用 C30,$f_c = 14.3\text{MPa}$;纵向受力钢筋选用 HRB335,$f_y = 300\text{MPa}$,水平和竖向分布钢筋采用 HPB235,$f_y = 210\text{MPa}$,$E_s = 2.0\times10^5\text{MPa}$。

荷载分项系数:

$\gamma_G = 1.2$,$\gamma_Q = 1.4$

荷载设计值:

$P = \gamma_G G_k + \gamma_Q Q_k = 1.2 \times 800 + 1.4 \times 400 = 1520\text{kN}$

跨中弯矩设计值：

$M = P \times (3 - 1) = 1520 \times 2 = 3040\text{kNm}$

支座剪力设计值：

$V = P = 1529\text{kN}$

(1)纵向受拉钢筋计算。

取 $a_s = 100\text{mm}$，截面有效高度 $h_0 = h - a_s = 2000 - 100 = 1900\text{mm}$。

计算跨度 $l_0 = 6000\text{mm}$，$\frac{l_0}{h} = \frac{6000}{2000} = 3 > 2$，属于短梁。

截面受压区高度系数：

$$\alpha_d = 0.80 + 0.04\frac{l_0}{h} = 0.08 + 0.04 \times 3 = 0.92$$

内力臂长度：

$$z = \alpha_d(h_0 - 0.5x) = \alpha_d\left(h_0 - 0.5\frac{f_y A_s}{\alpha_1 f_c b}\right) = 0.92 \times \left(1900 - 0.5 \times \frac{300A_s}{1.0 \times 14.3 \times 500}\right)$$

$$= 1748 - 0.019A_s$$

代入 $M = f_y A_s z$，得到：

$$5.7A_s^2 - 524400A_s + 3040 \times 10^6 = 0$$

解方程，得 $A_s = 6217\text{mm}^2$。

选用 8ϕ32，实际钢筋面积 $A_s = 6434\text{mm}^2$。

由于是短梁，其纵向受力钢筋、箍筋及纵向构造钢筋的构造规定与一般梁相同，所以 ρ_{min} 取 0.2% 和 $45\frac{f_t}{f_y} = 45 \times \frac{1.43}{300}\% = 0.21\%$ 的较大值，即 0.21%。

$$\rho = \frac{A_s}{b_h} = \frac{6434}{500 \times 2000} = 0.634\% > \rho_{min} = 0.21\%$$，满足最小配筋要求。

(2)抗剪承载力计算。

由于 $\frac{h_w}{b} = \frac{1900}{500} = 3.8 < 4$，所以截面条件按下式计算：

$$\frac{1}{60}\left(10 + \frac{l_0}{h}\right)\beta_c f_c b h_0 = \frac{1}{60} \times (10 + 3) \times 1 \times 14.3 \times 500 \times 1900 = 2943.4\text{kN} > V = 1520\text{kN}$$

截面满足要求。

水平分布钢筋选用 ϕ14，$A_{sh} = 308\text{mm}^2$，$s_v = 200\text{mm}$。竖向分布钢筋选用 ϕ10，$A_{sv} = 157\text{mm}^2$，$s_h = 100\text{mm}$。

剪跨比 $\lambda = \frac{a}{h_0} = \frac{2000}{1900} = 1.05$。

按 GB 50010—2010 第 6.3 节，集中荷载作用下构件的受剪承载力：

$$V_u = \frac{1.75}{\lambda + 1} f_t b h_0 + \frac{\left(\frac{l_0}{h - 2}\right)}{3} f_{yv} \frac{A_{sv}}{s_h} h_0 + \frac{\left(5 - \frac{l_0}{h}\right)}{6} f_{yh} \frac{A_{sh}}{s_v} h_0$$

$$= \frac{1.75}{2.05} \times 1.43 \times 500 \times 1900 + \frac{1}{3} \times 219 \times \frac{157}{100} \times 1900 + \frac{2}{6} \times 210 \times \frac{308}{200} \times 1900$$

$$= 1573.3\text{kN} > 1520\text{kN}$$

承载力满足要求。

由于本梁不是深梁，按中国标准规定可不进行局部受压承载力验算。

2)按 EN 1992 设计

混凝土采用 C25/30,$f_{ck}=25\text{MPa}$, $E_{cm}=31\text{GPa}$ 。箍筋屈服强度标准值 $f_{ywk}=400\text{MPa}$,纵筋屈服强度标准值 $f_{yk}=500\text{MPa}$。

分项系数 $\gamma_G=1.35$,$\gamma_Q=1.5$,$\gamma_c=1.5$,$\gamma_s=1.15$,$\alpha_{cc}=0.85$。

设计荷载:

$$P_{Ed}=\gamma_G G_k+\gamma_Q Q_k=1.35\times800+1.5\times400=1680\text{kN}$$

混凝土抗压强度设计值:

$$f_{cd}=\frac{\alpha_{cc}f_{ck}}{\gamma_c}=\frac{0.85\times25}{1.5}=14.17\text{MPa}$$

钢筋强度设计值:

$$f_{ywd}=\frac{f_{ywk}}{\gamma_s}=\frac{400}{1.15}=347.83\text{MPa}$$

$$f_{yd}=\frac{f_{yk}}{\gamma_s}=\frac{500}{1.15}=434.78\text{MPa}$$

(1)验算加载处和支座处的承压强度。

按欧洲标准,对于节点处无锚固拉杆的受压节点,压应力设计值为 $k_1\nu' f_{cd}$,其中 $k_1=1.0$, $\nu'=0.6\left(1-\frac{f_{ck}}{250}\right)$,所以加载处的承压强度为

$$k_1\nu' f_{cd}A_c=1.0\times0.6\times\left(1-\frac{25}{250}\right)\times14.17\times600\times500=2295.54\text{kN}>1680\text{kN}$$

满足要求。

一个方向锚固有拉杆的节点,压应力设计值为 $k_2\nu' f_{cd}$,其中 $k_2=0.85$,所以支座处的承压强度为

$$k_2\nu' f_{cd}A_c=0.85\times0.6\times\left(1-\frac{25}{250}\right)\times14.17\times600\times500=1951.21\text{kN}>1680\text{kN}$$

满足要求。

(2)建立拉-压杆计算模型,如图 6-80 所示。

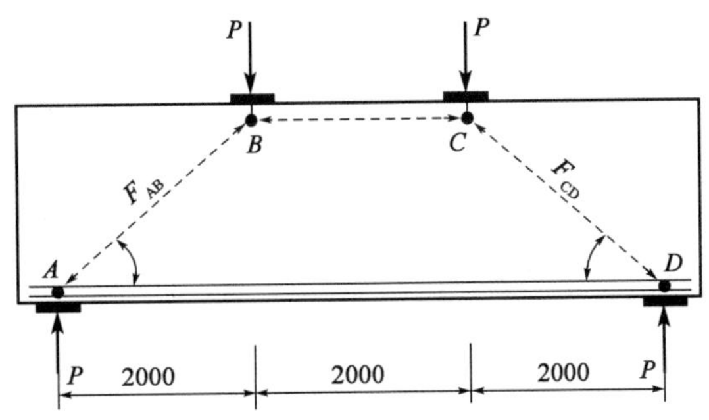

图 6-80 拉-压杆计算模型(尺寸单位:mm)

(3)扰动区划分、构件力和尺寸估算。

压杆 BC 的设计强度必须大于等于其内力,即

$$F_{nc}=f_{cd}A_c=f_{cd}b\omega_c\geqslant F_{BC}$$

同样,拉杆 AD 的设计强度必须大于等于其内力。另外,拉杆 AD 必须锚固于足够大区域 $\omega_t b$,这样设计内力小于 F_{nn}。

拉杆 AD:

$$F_{nt}=A_s f_{yd}\geqslant F_{AD}$$

节点 A：

$$F_{nn} = k_2 v' f_{cd} b \omega_t \geqslant F_{AD}$$

使设计强度等于要求的承载力，jd 将取最大值且 $\omega_t = \dfrac{\omega_c}{k_2 \nu'} = 1.31\omega_c$。弯曲内力臂取：

$$jd = 2000 - \frac{\omega_c}{2} - \frac{\omega_t}{2} = 2000 - 1.155\omega_c$$

对 A 点取矩：

$$\sum M_A = 1680 \times 2000 \times 1000 = F_{BC}(2000 - 1.155\omega_c)$$

用 $f_{cd} b \omega_c$ 代替 F_{BC}，解得 $\omega_c = 233\text{mm}$，$\omega_t = 305\text{mm}$。

用计算的 ω_c 和 ω_t 值确定压杆和拉杆的尺寸，压杆 BC 的应力处于极限状态，拉杆 AD 刚好符合锚固要求。为留有一定的余地，取 $\omega_c = 300\text{mm}$，$\omega_t = 360\text{mm}$。

所以

$$jd = 2000 - \frac{300}{2} - \frac{360}{2} = 1670\text{mm}$$

$$F_{BC} = F_{AD} = \frac{1680 \times 2000}{1670} = 2012.0\text{kN}$$

满足要求。

(4)选取钢筋。

拉杆 AD：

$$F_{nt} = A_s f_{yd} \geqslant F_{AD} = 2012.0\text{kN}$$

所以，$A_s \geqslant \dfrac{2012.0 \times 1000}{434.78} = 4627.6\text{mm}^2$。

配置 8ϕ32mm，实际钢筋面积 $A_s = 6434\text{mm}^2$。

(5)计算斜压杆所受的力 F_{AB} 并验算承载力。

由 $\tan\theta = \dfrac{1670}{2000}$，得 $\theta = 39.86°$，因此，斜压杆所受的力为

$$F_{AB} = \frac{1680}{\sin 39.86°} = 2621.26\text{kN}$$

压杆上部宽度：

$$\omega_{ct} = 600\sin\theta + 300\cos\theta = 600 \times \sin 39.86° + 300 \times \cos 39.86° = 614.83\text{mm}$$

压杆下部宽度：

$$\omega_{ct} = 600\sin\theta + 360\cos\theta = 600 \times \sin 39.86° + 360 \times \cos 39.86° = 660.9\text{mm}$$

压杆 AB 的承载力：

$$F_{nc} = v' f_{cd} b \omega_{ct} = 0.6 \times \left(1 - \frac{25}{250}\right) \times \frac{25}{1.5} \times 500 \times 614.83 = 2766.74\text{kN} > 2621.26\text{kN}$$

满足要求。

(6)最小分布钢筋和瓶形压杆的配筋。

根据欧洲标准，深梁每一表面附近布置正交钢筋网。

水平采用直径 16mm、间距 s_h = 300mm 的抗剪钢筋，则：

$$\frac{A_h}{b s_h} = \frac{2 \times 201}{500 \times 300} = 0.0027 > 0.001$$

满足要求。

竖向采用直径 14mm、间距 s = 300mm 的抗剪钢筋，则：

$$\frac{A_v}{b s_v} = \frac{2 \times 154}{500 \times 300} = 0.0021 > 0.001$$

满足要求。

6.6　锚固与搭接

锚固与搭接长度在本书第 9 章详细讨论。

6.7　局部受压

局部受压是混凝土结构中一种常见的受力形式，如桥墩和支柱直接承受局部荷载或通过垫板传来上部梁板的荷载，拱架和钢架的铰接点以及后张法预应力混凝土在张拉锚具下的局部受压等。

EN 1992-2 规定，对于局部受压区，应考虑局部压碎和横向拉力。对承受均布荷载的面积 A_{c0}，局部受压承载力按式(6-164)计算：

$$F_{\mathrm{Rdu}} = A_{c0} f_{cd} (A_{c1}/A_{c0})^{1/2} \leqslant 3.0 f_{cd} A_{c0} \tag{6-164}$$

式中：A_{c0}——荷载作用面积；

A_{c1}——与 A_{c0}形状相同的设计最大扩散面积。

承载力 F_{Rdu}要求的设计扩散面积 A_{c1}对应于下列条件：

(1)沿荷载方向荷载的扩散高度如图 6-81 所示。

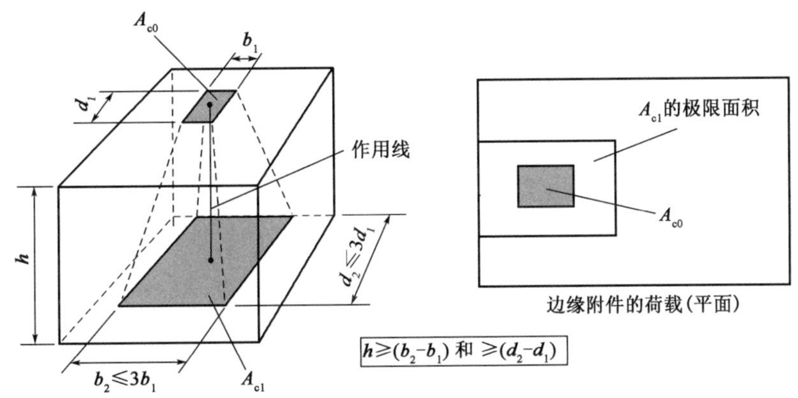

图 6-81　验算压碎/撕裂的应力分布

(2)设计扩散面积 A_{c1}的中心在荷载作用面积 A_{c0}中心的作用线上。

(3)多个压力作用于混凝土截面时，设计扩散面积不应叠加。

(4)当作用于面积 A_{c0}上的荷载扩散不均匀或存在高剪力时，需减小 F_{Rdu}的值。

除此之外，还需配置抵抗作用效应产生拉力的钢筋。

JTG 3362—2018 规定，配置间接钢筋的混凝土构件，其局部受压区的截面尺寸应满足下列要求：

$$\gamma_0 F_{ld} \leqslant 1.3 \eta_s \beta f_{cd} A_{ln} \tag{6-165}$$

$$\beta = \sqrt{\frac{A_b}{A_l}} \tag{6-166}$$

式中：F_{ld}——局部受压面积上的局部压力设计值，对后张法构件的锚头局压区，应取 1.2 倍张拉时的最大压力；

f_{cd}——混凝土轴心抗压强度设计值，对后张法预应力混凝土构件，应根据张拉时混凝土立方体抗压强度f'_{cd}线性内插法求得；

η_s——混凝土局部承压修正系数，混凝土强度等级为 C50 及以下，取 $\eta_s = 1.0$；混凝土强度等级为 C50～C80，取 $\eta_s = 1.0 \sim 0.76$，中间按线性内插法取值；

β——混凝土局部承压强度提高系数；

A_b——局部受压时的计算底面积，可按图 6-82 确定；

A_{ln}、A_l——混凝土局部受压面积，当局部受压面有孔洞时，A_{ln}为扣除孔洞后的面积，A_l 为不扣除孔洞的面积。当受压面设有钢垫板时，局部受压面积应计入垫板中，按 45°刚性角扩大的面积；对于具有喇叭管并与垫板连成整体的锚具，A_{ln}可取垫板面积扣除喇叭管尾端内孔面积。

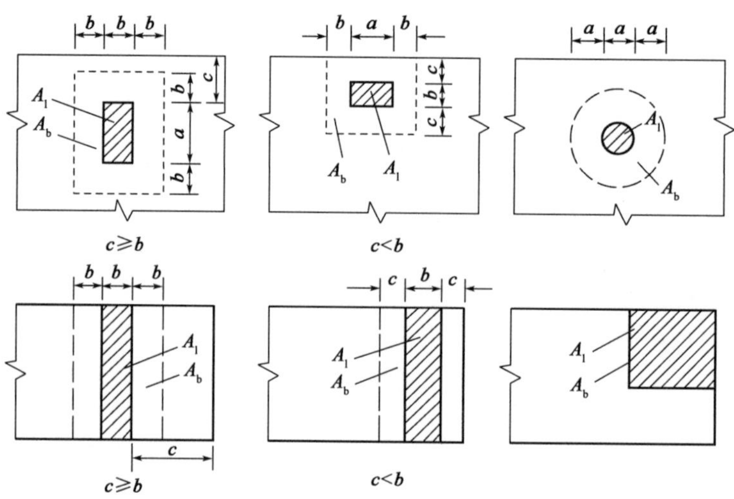

图 6-82　局部承压时计算底面积 A_b 的示意图

配置间接钢筋的局部受压构件（图 6-83），其局部抗压承载力应按下列规定计算：

$$\gamma_0 F_{ld} \leqslant 0.9(\eta_s \beta f_{cd} + k\rho_v \beta_{cor} f_{sd}) A_{ln} \tag{6-167}$$

$$\beta = \sqrt{\frac{A_{cor}}{A_l}} \tag{6-168}$$

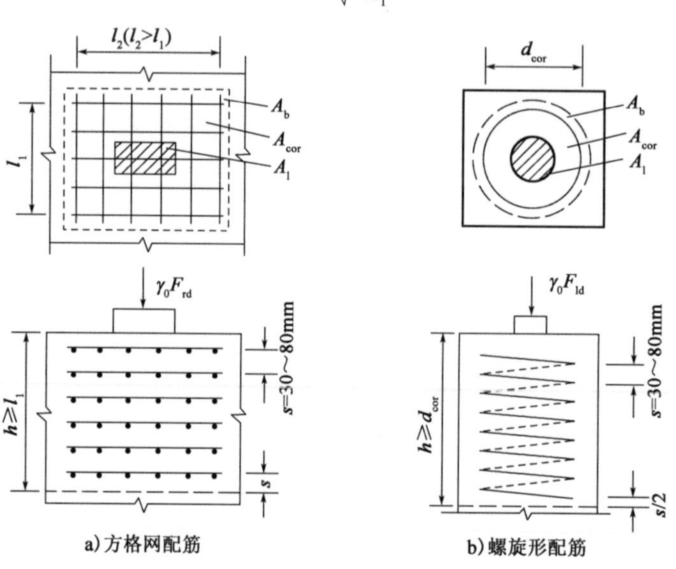

a）方格网配筋　　b）螺旋形配筋

图 6-83　局部承压配筋图

间接钢筋体积配筋率(核心面积 A_{cor} 范围内单位混凝土体积所含间接钢筋的体积)按下列公式计算。

方格网:

$$\rho_v = \frac{n_1 A_{s1} l_1 + n_2 A_{s2} l_2}{A_{cor} s} \tag{6-169}$$

此时,在钢筋网两个方向的钢筋截面面积相差不应大于 50%。

螺旋筋:

$$\rho_v = \frac{4A_{ss1}}{d_{cor} s} \tag{6-170}$$

以上式中:β_{cor}——配置间接钢筋时局部抗压承载力提高系数,当 $A_{cor} > A_b$ 时,应取 $A_{cor} = A_b$;

k——间接钢筋影响系数,按 JTG 3362—2018 规定取用;

A_{cor}——方格网或螺旋形间接钢筋内表面范围内的混凝土核心面积,其重心应与 A_l 的重心相重合,计算时按同心、对称原则取值;

n_1、A_{s1}——方格网沿 l_1 方向的钢筋根数、单根钢筋的截面面积;

n_2、A_{s2}——方格网沿 l_2 方向的钢筋根数、单根钢筋的截面面积;

A_{ss1}——单根螺旋形间接钢筋的截面面积;

d_{cor}——螺旋形间接钢筋内表面范围内混凝土核心面积的直径;

s——方格网或螺旋形间接钢筋的层距。

在后张法构件的锚头局压区,宜进行端部锚固区段内的局部应力分析,并结合构造要求,配置闭合式箍筋。

例 6-21 局部受压承载力

构件局部受压面积为 300mm × 300mm。恒荷载产生的压力为 $F_{G1k} = 1250\text{kN}$,活载产生的压力为 $F_{Q1k} = 700\text{kN}$,试验算其局部受压承载力。

1)按 EN 1992 进行计算

采用 C20/25 混凝土,$f_{ck} = 20\text{MPa}$,荷载分项系数 $\gamma_G = 1.35$,$\gamma_Q = 1.5$。材料分项系数 $\gamma_c = 1.5$。取 $\alpha_{cc} = 0.85$。

设计压力:

$F_{Ed} = \gamma_G F_{Gk} + \gamma_Q F_{Qk} = 1.35 \times 1250 + 1.5 \times 700 = 2737.5\text{kN}$

$f_{cd} = \alpha_{cc}\dfrac{f_{ck}}{\gamma_c} = 0.85 \times \dfrac{20}{1.5} = 11.3\text{MPa}$

$A_{c0} = 300 \times 300 = 90000\text{m}^2$

同样假定构件面积足够大,$\sqrt{\dfrac{A_{c1}}{A_{c0}}} > 3$,取 $\sqrt{\dfrac{A_{c1}}{A_{c0}}} = 3$,所以,

$F_{Rdu} = A_{c0} f_{cd}\sqrt{\dfrac{A_{c1}}{A_{c0}}} = 90000 \times 11.3 \times 3 = 3051\text{kN} > F_{Ed} = 2737.5\text{kN}$

满足要求。

2)按 GB 50010—2010 计算

由于没有配置钢筋片,按素混凝土考虑。采用 C25 混凝土,$f_c = 11.9\text{MPa}$,$F_t = 2480\text{kN}$。

假定局部受压面的荷载为均匀分布,$w = 1.0$。

$f_{cc} = 0.85 f_c = 0.85 \times 11.9 = 10.12\text{MPa}$

$w\beta_l f_{cc} A_l = 1.0 \times 3 \times 10.12 \times 90000 = 2732.4\text{kN} > F_t$

满足要求。

例 6-22　叶片式桥墩上的支座

验算支座压力与图 6-84 所示高混凝土墩在支座垂直集中荷载作用下横向钢筋设计，每一支座的荷载为 11.5MN。假设混凝土圆柱体强度为 30MPa，钢筋屈服强度为 500MPa。

1）按 EN 1992-2 计算

整体拉-压杆理想模型如图 6-84 所示。

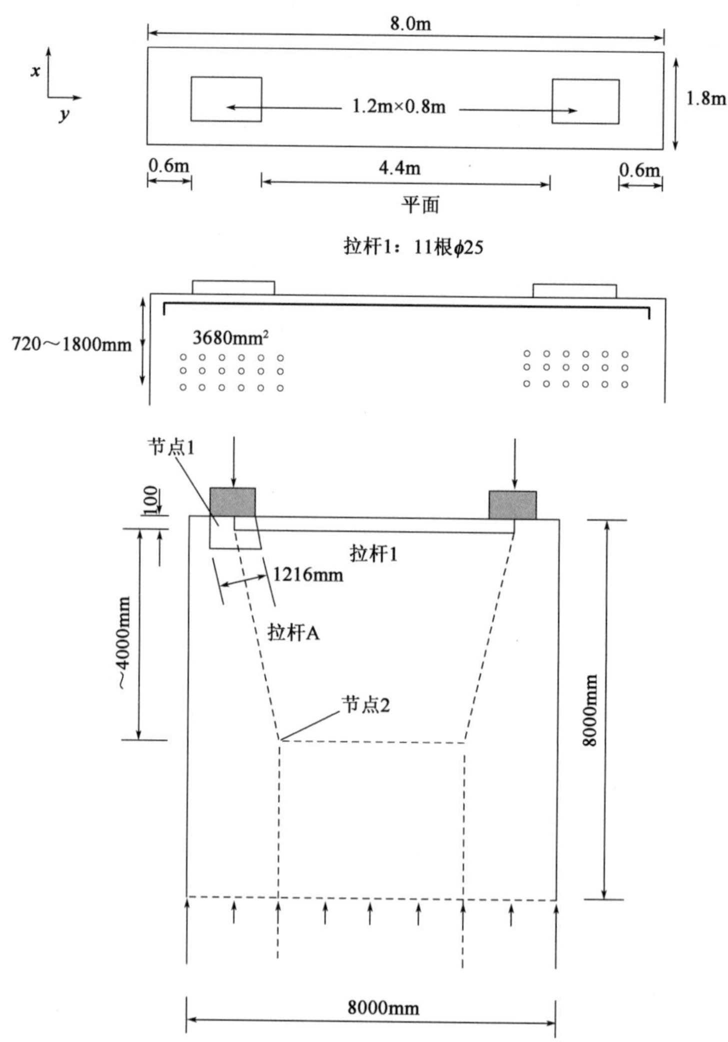

图 6-84　桥墩截面与荷载扩散要求的钢筋

（1）节点 1 处支座压力。

节点 1 极限应力 $\sigma_{\mathrm{Rd,max}} = k_2 \nu' f_{\mathrm{cd}} = 0.85 \times (1 - 30/250) \times 0.85 \times 30/1.5 = 12.72\mathrm{MPa}$。

极限应力可能提高 10%，因为拉-压杆之间的夹角大于 55°。由于节点 1 穿过节点产生拉应力，部分荷载作用区规则不可能直接使用。

支座表面的作用力 $= 11.5 \times 10^6/(1200 \times 800) = 11.98\mathrm{MPa} < 12.72\mathrm{MPa}$，满足要求。必须验算节点边缘处的应力是否满足压杆 A 的要求。

作用应力 $= (11.5 \times 10^6/\cos 11.3°)/(1216 \times 800) = 12.06\mathrm{MPa} < 12.72\mathrm{MPa}$，满足要求。

对于拉杆 1，由于垂直分布钢筋的作用，进而增加节点尺寸和压杆宽度，这种验算不太重要。

（2）拉杆 1 的钢筋设计。

取力臂 $= 0.5b = 0.5 \times 8000 = 4000\mathrm{mm}$，顶面钢筋必须承载的力为 $11.5 \times (2000 - 1200)/$

4000 = 2.3MN。

这可由面积为 $A_s = F/(f_{yk}/\gamma_s) = 2.3 \times 10^6/(500/1.15) = 5290\text{mm}^2$ 的钢筋抵抗(11 根 ϕ25 钢筋)。钢筋分布如图 6-84 所示。

压杆 A:

压杆 A 向节点 2 外凸,因而产生横向拉力。这必须由钢筋或混凝土抗拉强度抵抗。对于受横向拉力的压杆的压力限值为

$\sigma_{Rd,max} = 0.6\nu' f_{cd} = 0.6 \times (1 - 30/250) \times 30/1.5 = 10.56\text{MPa}$

这不能满足压杆 A 的要求。但是,限制压杆应力为节点处垂直钢筋所能提供的抗力或不超过混凝土抗拉力的限值是合理的,需考虑两个方向。

x 方向:

在 x 方向,比例 $b/a = 1.8/0.8 = 2.25$。

抵抗由部分不连续模型产生的拉力的钢筋可由下式确定:

$T = (b - a)/4b$

因此在 x 方向,$T = [(1.8 - 0.8) \times 11.5]/(4 \times 1.8) = 1.6\text{MN}$,扩散至墩的全宽。这一力由面积为 $A_s = F/(f_{yk}/\gamma_s) = 1.6 \times 10^6/(500/1.15) = 2680\text{mm}^2$ 的钢筋抵抗。

EN 1992 对于必须布设钢筋的情形没有给出具体的指导。推荐布设在 0.6b 高度范围内,即距荷载作用面 0.4b 与 b 之间的距离。钢筋分布如图 6-84 所示。

y 方向:

在 y 方向,对于横向拉应力开始发展的点处外突压杆,比值 b/a 近似等于 3。

$f_{max} = 2.4(b/a)^2 f_{ctd}/(b/a - 1)$,此处 $f_{ctd} = \alpha_{ct} f_{ctk,0.05}/\gamma_c = 0.85 \times 2.0/1.5 = 1.13$(对于持久压力,允许 $\alpha_{ct} = 0.85$),因此 $f_{max} = 2.4 \times 3^2 \times 1.13/(3 - 1) = 12.2\text{MPa}$,刚好大于作用应力 12.06MPa,因此仅提供横向钢筋是可以接受的。如果混凝土抗拉强度不合适或在其他荷载作用下预期混凝土开裂,需垂直压杆布设钢筋。尺寸"b"取 4.0m,对于这种情形可能用到工程评判,由于倾角非常小,将钢筋水平放置。

注:EN 1992-2 附录 J 要求的边缘抗冲切钢筋

J.104.1(105)条要求对边缘钢筋进行抗滑移验算。在 y 方向,要求钢筋面积 = $(11.5 \times 106/2)/(500/1.15) = 13225\text{mm}^2$,分布于 $2.0/\tan30° = 3.46\text{m}$ 长度范围内。这等价于 23 × 2 根 ϕ20 水平钢筋,间距 150mm,向下延伸 3.46m。考虑到钢筋已布设于节点 1 之中,这一值可能折减。钢筋量在任何情况下都是必需的,因为环形钢筋用于控制墩中早期热裂缝。x 方向也要求布设类似的钢筋量,但必须在较短长度 $1.3/\tan30° = 2.25\text{m}$ 范围内布设。假设 y 方向沿整个周长布设钢筋,15 × 4 肢 ϕ16,间距 150mm,沿墩向下在每一支座处布设这种钢筋。考虑到上述 x 方向计算的抗膨胀钢筋,这一值可能折减。图 6-84 中没有显示这类钢筋。

为防止边缘劈裂滑移而布设的钢筋不能作为其他作用所需要布设的钢筋,如在上文所提到的拉-压杆钢筋、抗剪钢筋和防止热开裂的钢筋。

2)按 JTG 3362—2018 计算

采用 C30 混凝土,$f_{cd} = 13.8\text{MPa}$,$f_{td} = 1.39\text{MPa}$,钢筋 HRB500,$f_{sd} = 415\text{MPa}$,$E_s = 2.0 \times 10^5\text{MPa}$。计算模型如图 6-85 所示,$s = 4.4 + 0.6 + 0.6 = 5.6\text{m}$。

(1)节点 1。

节点 1 为 C-C-T 节点,故等效强度设计值:

$f_{ce,d} = \beta_n f_{cd} = 0.75\beta_c f_{cd} = 0.75 \times 1.30 \times 14.3 = 13.94\text{MPa}$

设拉杆 1 和压杆 A 夹角为 θ,则 $\tan\theta = (8000 \times 5/9)/800$,$\theta = 79.8°$。

支座表面的作用力 = $11.5 \times 10^6/(1200 \times 800)$ =

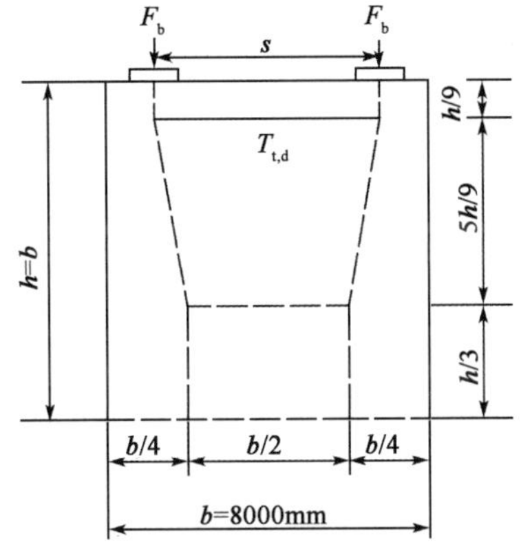

图 6-85　基于 JTG 3362—2018 的拉-压杆模型

11.98MPa < 13.94MPa，满足要求。

验算节点边缘处的应力是否满足压杆 A 的要求。

作用应力 $=(11.5\times10^6/\cos10.2°)/(1338\times800)=10.92\text{MPa}<13.455\text{MPa}$，满足要求。

(2)拉杆 1。

据 JTG 3362—2018 公式 $T_{t,d}=0.45F_d(2s-b')/h$，拉杆 1 承受的拉力设计值为

$F_1=T_{t,d}=0.45\times11.5\times(2\times5600-8000)/8000=2.07\text{MPa}$

拉杆 1 的承载力完全由钢筋提供，故钢筋面积为

$A_s=F_1/f_{sd}=2.07\times10^6/415=4988\text{mm}^2$（11 根 ϕ24 钢筋）

(3)压杆 A。

由静力平衡 $F_A\cos10.2°=11.5\text{MN}$，故 A 杆轴压力 $F_A=11.68\text{MN}$。

拉杆方向钢筋拉应变：

$\varepsilon_s=F_1/E_sA_s=2.07\times10^6/2\times10^5\times4988=0.002075$

压杆中垂直于压杆方向的混凝土拉应变：

$\varepsilon_1=\varepsilon_s+(\varepsilon_s+0.002)\cot^2\theta=0.00221$

压杆的有效抗压强度：

$f_{ce,d}=\beta_c f_{cd}/(0.8+170\varepsilon_1)=1.30\times13.8/(0.8+170\times0.00221)=15.26\text{MPa}\geqslant0.85\beta_c f_{cd}=15.249\text{MPa}$。

故取 $f_{ce,d}=15.249\text{MPa}>10.92\text{MPa}$，满足要求。

分别对 x 和 y 两个方向进行验算：

x 方向：$b=1.8\text{m}$，$b/a=1.8/0.8=2.25$，抗压强度为

$f_{max}=(2.4\times2.25^2\times1.39)/(2.25-1)=13.5\text{MPa}$

拉力设计值为

$T=11.5\times(1.8-0.8)/(4\times1.8)=1.6\text{MN}$

所需配筋面积：$A_s=T/f_{sd}=1.6\times10^6/415=3855\text{mm}^2$（8 根 ϕ25 钢筋配置在 $h/9$ 到 $5h/9$ 之间）。

考虑 y 方向，$b/a\approx4/1.2=3.3$，抗压强度为

$f_{max}=(2.4\times3.3^2\times1.39)/(3.3-1)=15.8\text{MPa}$

仍大于 10.92MPa，满足要求。为防止裂缝产生，可以在 $h/9$ 至 $5h/9$ 之间按构造配筋。

6.8 疲劳

6.8.1 验算条件

桥梁服务寿命期内，公路或铁路交通荷载将在桥梁构件中产生无数次重复循环荷载。钢筋与混凝土构件可能变得易于疲劳破坏。因此，EN 1992-2 要求对于承受规则循环荷载的结构及其构件进行疲劳评价。该条款的注释中列出不需进行疲劳验算的情形：

(1)人行天桥，除对风荷载非常敏感的构件外。

(2)最小覆土厚 1.0m（公路桥）或 1.5m（铁路桥）的埋置式拱与框架结构。

(3)基础。

(4)未与上部结构刚性连接的墩与柱。

(5)公路或铁路路堤挡墙。

(6)未与桥梁上部结构刚性连接的桥台（空腹式桥面板构件除外）。

(7)在作用与 P_k(假设 $P_{k,inf}$)频遇组合条件下,最外层混凝土纤维处仅存在压应力的区域中的预应力筋与钢筋。

6.8.2　疲劳验算时内力与应力计算

EN 1992-2 规定:

(1)计算混凝土截面的应力时保持平截面假设,忽略混凝土的抗拉强度。

(2)计算钢筋应力时应考虑预应力钢与钢筋黏结特性的差异,使用开裂截面弹性分析计算的钢筋应力,应乘以系数 η:

$$\eta = \frac{A_s + A_p}{A_s + A_p\sqrt{\xi(\Phi_s/\Phi_p)}} \tag{6-171}$$

式中:A_s——钢筋面积;

A_p——预应力筋面积;

Φ_s——钢筋的最大直径;

Φ_p——预应力筋的直径或等效直径;

$\Phi_p = 1.6\sqrt{A_p}$,对于预应力筋;

$\Phi_p = 1.75\Phi_{wire}$,对于单股 7 丝钢绞线,其中,Φ_{wire} 指钢丝直径;

$\Phi_p = 1.20\Phi_{wire}$,对于单股 3 丝钢绞线,其中,Φ_{wire} 指钢丝直径;

ξ——混凝土中黏结预应力筋与螺纹钢之间的黏结强度比。该值需要符合相关"欧洲技术许可"中的规定。如果没有给出该值,则可以使用表 6-5 中的值。

预应力筋与加固钢筋之间的黏结强度比 ξ　　表 6-5

预 应 力 钢	ξ		
	先张法	黏结,后张法	
		C50/60	≥C70/85
光圆钢筋和钢丝	不适用	0.3	0.15
钢绞线	0.6	0.5	0.25
刻痕钢丝	0.7	0.6	0.3
带肋钢筋	0.8	0.7	0.35
注:对于 C50/60 与 C70/85 的中间值,可使用插值。			

(3)在设计抗剪钢筋时,可以使用拉-压杆模型或根据式(6-172)计算压杆的倾度:

$$\tan\theta_{fat} = (\tan\theta)^{1/2} \leq 1.0 \tag{6-172}$$

式中:θ——假设承载能力极限状态剪力设计时,混凝土压杆与梁轴线的夹角。

6.8.3　作用组合

EN 1992 规定,用于疲劳验算的应力计算,要求将作用荷载分为非循环和循环作用。非循环荷载的基本组合与正常使用极限状态的频遇组合的定义等价。

$$E_d = E\{G_{k,j};P;\psi_{1,1}Q_{k,1};\psi_{2,i}Q_{k,i}\},j \geq 1;i > 1 \tag{6-173}$$

基本组合作用可写成:

$$\sum_{j\geq 1} G_{k,j} + P + \psi_{1,1}Q_{k,1} + \sum_{i>1}\psi_{2,i}Q_{k,i} \tag{6-174}$$

循环作用与不利非循环作用组合确定最终应力范围:

$$E_d = E\{G_{k,j};P;\psi_{1,1}Q_{k,1};\psi_{2,i}Q_{k,i};Q_{fat}\},j\geq 1;i>1 \tag{6-175}$$

基本组合加循环组合可写成：

$$(\sum_{j\geqslant 1} G_{k,j} + P + \psi_{1,1} Q_{k,1} + \sum_{i>1} \psi_{2,i} Q_{k,i}) + Q_{fat} \tag{6-176}$$

非循环作用给出平均应力水平，然后与作用效应的循环部分叠加，如图6-86所示钢筋。平均应力相当重要，因为它决定构件中荷载循环的不利应力是否反号。图6-86中，对于给定的循环作用钢筋应力范围是较小的，因为更小的拉应力平均值作为循环荷载的部分导致混凝土受压，混凝土中的压力降低循环部分钢筋中的应力。

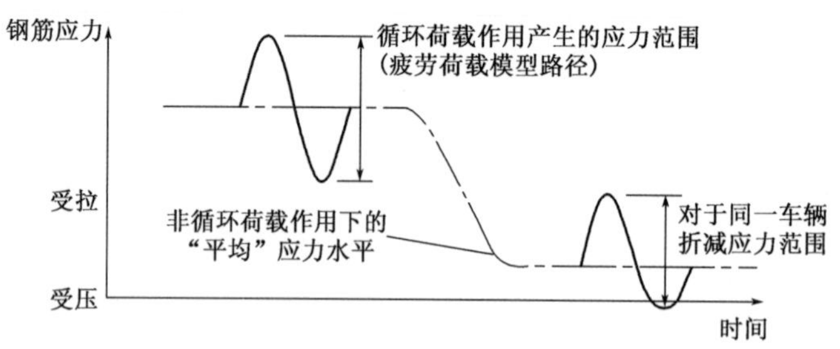

图6-86　不同应力水平作用下钢筋疲劳验算应力

6.8.4　钢筋与预应力筋的验算程序

钢筋和预应力筋的疲劳破坏循环次数为构件循环应力和构件类型的函数。这种关系曲线通常以 $\log\Delta\sigma$-$\log N$ 形式绘图，通常称为 *S-N* 曲线。

EN 1992 规定：

(1)对于钢筋和预应力筋，可以使用 *S-N* 曲线确定单一应力幅值 $\Delta\sigma$ 引起疲劳破坏的次数 N(图6-87)。外荷载应乘以 $\gamma_{F,fat}$。在 N^* 次循环、应力 $\Delta\sigma_{Rsk}$ 条件下得到的抗力应除以安全系数 $\gamma_{F,fat}$。$\gamma_{F,fat}$ 为国家定义参数，推荐值为1.0。

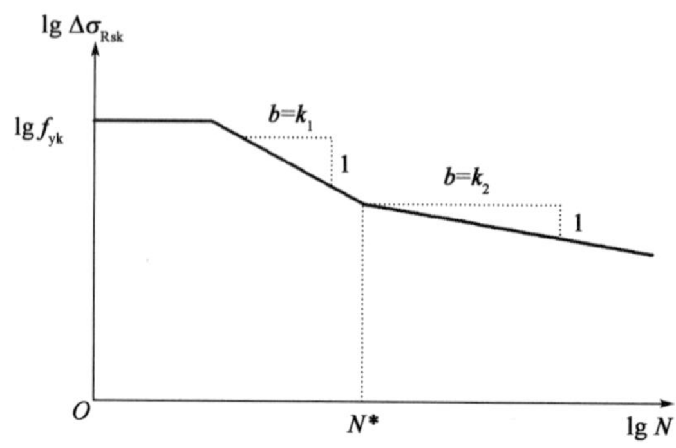

图6-87　钢筋的特征疲劳强度曲线(*S-N*)

注：*S-N* 曲线为国家定义参数，推荐值见表6-6和表6-7。

钢筋 *S-N* 曲线参数　　表6-6

钢筋类型	N^*	应力指数		$\Delta\sigma_{Rck}$(MPa) 在 N^* 循环条件下
		k_1	k_2	
直钢筋和弯曲钢筋	10^6	5	9	162.5
焊接钢筋和铁丝网	10^7	3	5	58.5
拼接设备	10^7	3	5	35

注：$\Delta\sigma_{Rck}$ 值适用于直钢筋。应使用换算系数 $\zeta = 0.35 + 0.026D/\phi$ 获得弯曲钢筋的值，式中，D 指芯轴直径，Φ 指钢筋直径。

预应力筋 S-N 曲线参数 表 6-7

预应力筋 S-N 曲线用于	N^*	应力指数		$\Delta\sigma_{Rsk}$(MPa) 在 N^* 循环条件下
		k_1	k_2	
先张钢筋	10^6	5	9	185
后张钢筋				
—塑料管内的单根钢绞线	10^6	5	9	185
—塑料管内直预应力筋或弯曲预应力筋	10^6	5	10	150
—钢管内的弯曲预应力筋	10^6	5	7	120
—拼接设备	10^6	5	5	80

(2)对于变幅值的多次循环,可以按照 Palmgren-Miner 规则加上破坏。因此,疲劳荷载引起的疲劳破坏系数 D_{Ed}应满足以下条件:

$$D_{Ed}=\sum_i \frac{n(\Delta\sigma_i)}{N(\Delta\sigma_i)}<1.0 \tag{6-177}$$

式中:$n(\Delta\sigma_i)$——应力增量 $\Delta\sigma_i$ 的作用循环次数;

$N(\Delta\sigma_i)$——应力增量 $\Delta\sigma_i$ 的抗力循环次数,即疲劳破坏荷载循环次数。

(3)如果预应力筋或钢筋用于承担疲劳荷载,则计算应力不应超过钢筋的设计屈服强度。

(4)应通过拉伸试验,验证钢筋的屈服强度。

(5)如果使用 6.8 节中的规则评估既有结构的剩余使用寿命或是否需要加固,一旦出现腐蚀,可降低平直或弯曲钢筋的应力指数 k_2 确定应力幅值。k_2 为国家定义参数,推荐值为 5。

(6)焊接钢筋的应力幅值不能超过平直和弯曲钢筋的应力幅值。

(7)对于在混凝土截面高度以内的体外预应力筋和非黏结钢筋,不需进行疲劳检验。

6.8.5 疲劳验算

EN 1992-2 中使用以下疲劳验算方法:

1)使用破坏等价应力幅值进行验算

EN 1992-2 中描述的破坏等效应力幅值方法中,实际荷载由等价的单应力幅值增量 $\Delta\sigma_{s,equ}$,N^* 次循环表示,在桥梁设计服务寿命内引起的破坏与实际交通荷载产生的破坏相同。对于钢筋或预应力筋,这一应力幅值可按 EN 1992-2 附录 NN 中的相关规定计算。

钢筋、预应力钢与接缝设施的验算公式:

$$\gamma_{F,fat}\Delta\sigma_{s,equ}(N^*)\leqslant\Delta\sigma_{Rsk}(N^*)/\gamma_{s,fat} \tag{6-178}$$

式中:$\Delta\sigma_{s,equ}(N^*)$——等效应力幅值(转换成 N^* 次循环);

$\Delta\sigma_{Rsk}(N^*)$——由 S-N 曲线中的 N^* 次循环抵抗应力幅值。

2)其他验算方法

(1)如果在频遇循环荷载条件下结合基本组合形式的应力幅值为 $\Delta\sigma_s\leqslant k_1$,则可假设非焊接钢筋在张拉条件下具有足够的抗疲劳性。k_1 为国家定义参数,推荐值为 70MPa。

对于张拉条件下的焊接钢筋,如果在频遇循环荷载条件下结合基本组合形式的应力范围为 $\Delta\sigma_s\leqslant k_2$,则可以假设其具有足够的抗疲劳性。$k_2$ 为国家定义参数,推荐值为 35MPa。

(2)作为(1)的简化形式,可用频遇荷载组合进行验算。如果满足条件,则无须作进一步的验算。

(3)如果预应力混凝土中使用焊接接头或连接设备,则在频遇荷载组合条件和预应力 P_m 平均值的折减系数为 k_3 时,预应力筋或钢筋的 200mm 范围内,混凝土截面上应不存在拉伸力。k_3 为国家定义参数,推荐值为 0.9。

中国相关混凝土规范对抗疲劳验算的研究还不够深入,JTG 3362—2018 中没有关于抗疲劳验算的相关规定。GB 50010—2010 规定:

(1)受弯构件的正截面疲劳应力验算时,可采用下列基本假定:

①截面应变保持平面。

②受压区混凝土的法向应力图形取为三角形。

③钢筋混凝土构件,不考虑受拉区混凝土的抗拉强度,拉力全部由纵向钢筋承担;对要求不出现裂缝的预应力混凝土构件,受拉区混凝土的法向应力图形取为三角形。

④采用换算截面计算。

(2)在疲劳验算中,荷载应取用标准值;对吊车荷载应乘以动力系数,并应符合《建筑结构荷载规范》(GB 50009—2012)的规定。对跨度不大于 12m 的吊车梁,可取用一台最大吊车的荷载。

(3)钢筋混凝土受弯构件疲劳验算时,应计算下列部位的混凝土应力和钢筋应力幅:

①正截面受压区边缘纤维的混凝土应力和纵向受拉钢筋的应力幅。

②截面中性轴处混凝土的剪应力和箍筋的应力幅。

注:纵向受压钢筋可不进行疲劳验算。

(4)钢筋混凝土和预应力混凝土受弯构件正截面疲劳应力应符合下列要求:

①受压区边缘纤维的混凝土压应力:

$$\sigma^{f}_{cc,max} \leqslant f^{f}_{c} \tag{6-179}$$

②预应力混凝土构件受拉区边缘纤维的混凝土拉应力:

$$\sigma^{f}_{ct,max} \leqslant f^{f}_{t} \tag{6-180}$$

③受拉区纵向普通钢筋的应力幅:

$$\Delta\sigma^{f}_{si} \leqslant \Delta f^{f}_{y} \tag{6-181}$$

④受拉区纵向预应力筋的应力幅:

$$\Delta\sigma^{f}_{p} \leqslant \Delta f^{f}_{py} \tag{6-182}$$

式中:$\sigma^{f}_{cc,max}$——疲劳验算时截面受压区边缘纤维的混凝土压力;

$\sigma^{f}_{ct,max}$——疲劳验算时预应力混凝土截面受拉区边缘的混凝土拉应力;

$\Delta\sigma^{f}_{si}$——疲劳验算时截面受拉区第 i 层纵向钢筋的应力幅;

$\Delta\sigma^{f}_{p}$——疲劳验算时截面受拉区最外层纵向预应力筋的应力幅;

f^{f}_{c}、f^{f}_{t}——混凝土轴心抗压、抗拉疲劳强度设计值;

Δf^{f}_{y}——钢筋的疲劳应力幅限值;

Δf^{f}_{py}——预应力筋的疲劳应力幅限值。

注:当纵向受拉钢筋为同一钢种时,可仅验算最外层钢筋的应力幅。

(5)钢筋混凝土受弯构件正截面的混凝土压应力以及应力幅应按下列公式计算:

①受压区边缘纤维的混凝土压应力

$$\sigma^{f}_{cc,max} = \frac{M^{f}_{max} x_0}{I^{f}_0} \tag{6-183}$$

②纵向受拉钢筋的应力幅

$$\Delta\sigma^{f}_{si} = \sigma^{f}_{si,max} - \sigma^{f}_{si,min} \tag{6-184}$$

$$\sigma^{f}_{si,min} = \alpha^{f}_{E} \frac{M^{f}_{min}(h_{0i} - x_0)}{I^{f}_0} \tag{6-185}$$

$$\sigma^{f}_{si,max} = \alpha^{f}_{E} \frac{M^{f}_{max}(h_{0i} - x_0)}{I^{f}_0} \tag{6-186}$$

式中：M^{f}_{max}、M^{f}_{min}——疲劳验算时同一截面上在相应荷载组合下产生的最大、最小弯矩值；

$\sigma^{f}_{si,min}$、$\sigma^{f}_{si,max}$——由弯矩 M^{f}_{max}、M^{f}_{min} 引起相应截面受拉区第 i 层纵向钢筋的应力；

α^{f}_{E}——钢筋弹性模量与混凝土疲劳变形模量的比值；

I^{f}_{0}——疲劳验算时相应于弯矩 M^{f}_{max} 与 M^{f}_{min} 为相同方向时的换算截面惯性矩；

x_0——疲劳验算时相应于弯矩 M^{f}_{max} 与 M^{f}_{min} 为相同方向时的换算受压区高度；

h_{0i}——相应于弯矩 M^{f}_{max} 与 M^{f}_{min} 为相同方向时的截面受压区边缘至受拉区第 i 层纵向钢筋截面重心的距离。

(6)钢筋混凝土受弯构件疲劳验算时，换算截面的受压区高度 x_0、x'_0 和惯性矩 I^{f}_{0}、$I^{f\prime}_{0}$ 应按下列公式计算。

①对于矩形及翼缘位于受拉区的 T 形截面：

$$\frac{bx_0^2}{2} + \alpha^{f}_{E}A'_{s}(x_0 - a'_{s}) - \alpha^{f}_{E}A_{s}(h_0 - x_0) = 0 \tag{6-187}$$

$$I^{f}_{0} = \frac{bx_0^3}{3} + \alpha^{f}_{E}A'_{s}(x_0 - a'_{s}) + \alpha^{f}_{E}A_{s}(h_0 - x_0)^2 \tag{6-188}$$

②对于 I 形及翼缘位于受压区的 T 形截面：

a. 当 x_0 大于 h'_{f} 时(图 6-88)：

$$\frac{b'_{f}x_0^2}{2} - \frac{(b'_{f} - b)(x_0 - h'_{f})^2}{2} + \alpha^{f}_{E}A'_{s}(x_0 - a'_{s}) - \alpha^{f}_{E}A_{s}(h_0 - x_0) = 0 \tag{6-189}$$

$$I^{f}_{0} = \frac{b'_{f}x_0^3}{3} - \frac{(b'_{f} - b)(x_0 - h'_{f})^3}{3} + \alpha^{f}_{E}A'_{s}(x_0 - a'_{s}) + \alpha^{f}_{E}A_{s}(h_0 - x_0)^2 \tag{6-190}$$

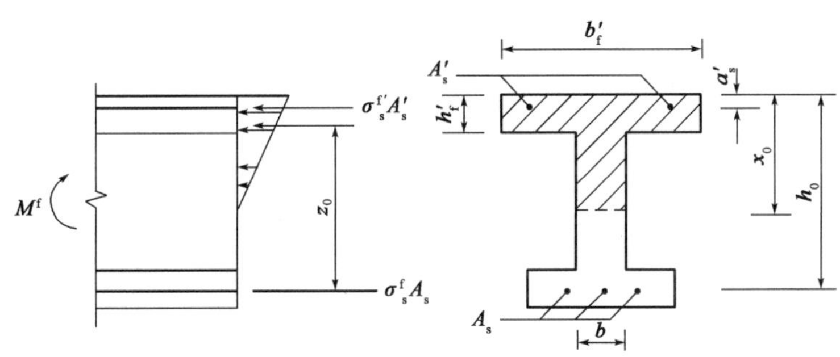

图 6-88　钢筋混凝土受弯构件正截面疲劳应力计算

b. 当 x_0 不大于 h'_{f} 时，按宽度为 b'_{f} 的矩形截面计算。

c. 对 x'_0、$I^{f\prime}_{0}$ 的计算，仍可采用上述 x_0、I^{f}_{0} 的相应公式；当弯矩 M^{f}_{min} 与 M^{f}_{max} 的方向相反时，x_0 与 x'_0 相应的受压区位置分别在该截面的下侧和上侧；当弯矩 M^{f}_{min} 与 M^{f}_{max} 的方向相同时，可取 $x_0 = x'_0$、$I^{f\prime}_{0} = I^{f}_{0}$。

例 6-23　公路混凝土桥的等效破坏应力幅

使用破坏等效应力法验算两跨混凝土公路桥中正弯曲与负弯曲区平直纵向钢筋的疲劳功能，连续跨 30m，承受长距离高速机动车流，3 股车道。跨越桥梁的疲劳荷载模型 3 产生的应力范围为 75MPa(正弯矩区)和 40MPa(中间支座处的负弯矩区)。假设设计服务寿命 100 年，表面条件良好。

1)按 EN 1992-2 验算

(1)考虑正弯矩截面。

对于跨中截面，荷载模型 3 的轴向荷载应乘以 1.4 的系数，应力增量 $\Delta\sigma_{s,Ec} = 1.40 \times 75 =$

105MPa。在此情形中,荷载组合应力增量仍没有引起应力反号(在此期间没有产生净压应力),因此将应力乘以放大系数是可以接受的。如果应力符号反号,在确定应力增量时必须考虑非线性响应。

对于平直钢筋,影响线长度30m(曲线3a),$\lambda_{s,1}=1.19$。

$\lambda_{s,2}=\overline{Q}\times(N_{osb}/2.0)^{1/k2}$,由EN 1991-2表4.5,得$N_{osb}=2.0\times10^{6}$。

对于平直钢筋,$k_2=9$。调整公路交通一般为"长距离"交通,因此由表NN.1,$\overline{Q}=1.0$。

因此

$\lambda_{s,2}=1.0\times(2.0/2.0)^{1/k2}=1.0$

$\lambda_{s,3}=(N_{Years}/100)^{1/k2}=(100/100)^{1/9}=1.0$

$$\lambda_{s,4}=\sqrt[k_2]{\frac{\sum N_{obs,i}}{N_{obs,1}}}$$

$N_{obs,1}=2.0\times10^{6}$。对于快车道均可取此值;对于慢车道可考虑取EN 1991-2表4.5中N_{obs}的10%。因此$N_{obs,2}=N_{obs,3}=0.2\times10^{6}N_{obs,1}$,因此

$\lambda_{s,4}=(2.0+0.2+0.2/2.0)^{1/9}=1.02$

对于良好粗糙度,$\phi_{fat}=1.2$。

$\lambda_{s}=\phi_{fat}\lambda_{s,1}\lambda_{s,2}\lambda_{s,3}\lambda_{s,4}=1.2\times1.19\times1.0\times1.0\times1.02=1.457$

$\Delta\sigma_{s,equ}=\Delta\sigma_{s,Ec}\lambda_{s}=105\times1.457=153\text{MPa}$

对于平直钢筋,$N^{*}=10^{6}$与$\Delta\sigma_{Rsk}(10^{6})=162.5\text{MPa}$。

$\lambda_{F,fat}\Delta\sigma_{s,equ}(N^{*})=1.0\times153=153\text{MPa}$

$\Delta\sigma_{Rsk}(N^{*})/\lambda_{s,fat}=162.5/1.15=141.3\text{MPa}<153\text{MPa}$,因此下弯截面不具有足够的疲劳抗力。

(2)考虑跨越中间支座的负弯矩截面。

对于支座截面,轴向荷载与由疲劳荷载模型计算的应力范围应乘以1.75,因此$\Delta\sigma_{s,Ec}=1.75\times40=70\text{MPa}$。

负弯矩"影响线的临界长度"等于跨长30m,对于平直钢筋、30m临界影响线长度(曲线3):

$\lambda_{s,1}=0.98$;$\lambda_{s,2}=1.0$;$\lambda_{s,3}=1.0$;$\lambda_{s,4}=1.02$,$\phi_{fat}=1.2$;

$\lambda_{s}=\phi_{fat}\lambda_{s,1}\lambda_{s,2}\lambda_{s,3}\lambda_{s,4}=1.2\times0.98\times1.0\times1.0\times1.02=1.2$;

$\Delta\sigma_{s,equ}=\Delta\sigma_{s,Ec}\lambda_{s}=105\times1.2=84\text{MPa}$。

对于平直钢筋,$N^{*}=10^{6}$与$\Delta\sigma_{Rsk}(10^{6})=162.5\text{MPa}$。

$\lambda_{F,fat}\Delta\sigma_{s,equ}(N^{*})=1.0\times84=84\text{MPa}$

$\Delta\sigma_{Rsk}(N^{*})/\lambda_{s,fat}=162.5/1.15=141.3\text{MPa}>84\text{MPa}$,因此上弯截面具有足够的疲劳抗力。

2)按JTG 3362—2018验算

由于JTG 3362—2018不考虑疲劳验算,此处从略。

6.8.6 受压或受剪条件下混凝土的验算

EN 1992-2给出的混凝土一般疲劳验算程序要求使用交通资料求累积破坏之和。对于铁路桥,可使用简化的等效破坏应力进行疲劳验算,但是未给出适用于公路桥的数据。

作为一种简化,EN 1992-2基于静态设计的非循环荷载给出一种保守的验算方法:

$$\sigma_{c,max}/f_{cd,fat}\leqslant0.5+0.45\sigma_{c,min}/f_{cd,fat}\tag{6-191}$$

但对于$f_{ck}\leqslant50\text{MPa}$,限值为0.9,或$f_{ck}>50\text{MPa}$,限值为0.8。

式中:$\sigma_{c,max}$——频遇荷载组合(压为正)条件下纤维处的最大压应力;

$\sigma_{c,min}$——频遇荷载组合(压为正)条件下与 $\sigma_{c,max}$ 相同点处的最小压应力;如果为负(受拉),$\sigma_{c,min}$ 取 0;

$f_{cd,fat}$——规范中定义的混凝土设计疲劳抗压强度。

$$f_{cd,fat} = k_1\beta_{cc}(t_0)f_{cd}(1 - f_{ck}/250) \tag{6-192}$$

式中:k_1——附件中定义的系数,EN 1992 推荐值为 0.85;

$\beta_{cc}(t_0)$——第一循环荷载时混凝土强度系数;

t_0——第一循环荷载对应的混凝土龄期,即活荷第一次施加的时间;

f_{cd}——混凝土设计抗压强度。此时 $\alpha_{cc} = 1.0$,$k_1 = 0.85$,因为考虑持久荷载时 k_1 完成类似的功能。

对于公路混凝土桥,这种替换混凝土疲劳验算不可能控制设计,除了非常短的跨度之外,此时,混凝土中的主要应力由活载产生。因此,采用这类简化方法进行验算是合适的。关于混凝土中的应力计算,规范中没有给出具体的指导,忽略受拉混凝土是一种保守的假设。

EN 1992-2 允许混凝土的简化验算方法适用于承受剪力构件的压杆,并要求抗剪钢筋 $f_{cd,fat}$ 必须乘以系数 ν 折减,验算变为

$$\sigma_{c,max}/\nu f_{cd,fat} \leqslant 0.5 + 0.45\sigma_{c,min}/\nu f_{cd,fat} \tag{6-193}$$

钢筋混凝土梁中的应力 $\sigma_{c,max}$ 与 $\sigma_{c,min}$,具有与水平面成倾角 α 的抗剪钢筋,由式(6-194)计算:

$$\sigma_c = \frac{V_{Ed}}{b_w z}\left(\frac{1 + \cot^2\theta}{\cot\theta + \cot\alpha}\right) \tag{6-194}$$

式中:V_{Ed}——频遇荷载组合条件下的剪力。混凝土应力随压杆角 θ 的降低而增加,因此,对此情形,在上述计算中为基于 θ 的承载能力极限状态的值,而不是更大的角 θ_{fat},其结果偏于保守。

对于承受剪力但没有设剪力钢筋的构件,假设满足疲劳抗剪力,EN 1992-2 提供下列公式:

对于 $\dfrac{V_{Ed,min}}{V_{Ed,max}} \geqslant 0$:

$$\frac{|V_{Ed,max}|}{|V_{Rd,c}|} \leqslant 0.5 + 0.45\frac{|V_{Ed,min}|}{|V_{Rd,c}|} \tag{6-195}$$

当 $f_{ck} \leqslant 50\text{MPa}$ 时,限于 0.9;或当 $f_{ck} > 50\text{MPa}$ 时,限于 0.8。

对于 $\dfrac{V_{Ed,min}}{V_{Ed,max}} < 0$:

$$\frac{|V_{Ed,max}|}{|V_{Rd,c}|} \leqslant 0.5 - \frac{|V_{Ed,min}|}{|V_{Rd,c}|} \tag{6-196}$$

式中:$V_{Ed,max}$——频遇荷载组合重要条件下,最大作用剪力设计值;

$V_{Ed,min}$——频遇荷载组合重要条件下,最小作用剪力设计值,$V_{Ed,max}$ 出现的截面。

GB 50010—2010 规定:

(1)钢筋混凝土受弯构件斜截面的疲劳验算及剪力的分配应符合下列规定:

①当截面中性轴处的剪应力符合下列条件时,该区段的剪力全部由混凝土承担,此时,箍筋可按构造要求配置:

$$\tau^f = 0.6f_t^f \tag{6-197}$$

式中:τ^f——截面中性轴处的剪应力;

f_t^f——混凝土轴心抗拉疲劳强度设计值。

②截面中性轴处的剪应力不符合式(6-197)的区段,其剪力应由箍筋和混凝土共同承担。此时,箍筋的应力幅 $\Delta\sigma_{sv}^f$ 应符合下列规定:

$$\Delta\sigma_{sv}^f \leqslant \Delta f_{yv}^f \tag{6-198}$$

式中：$\Delta\sigma_{sv}^{f}$——箍筋的应力幅；

Δf_{yv}^{f}——箍筋的疲劳应力幅限值，按本规范规定采用。

(2)钢筋混凝土受弯构件中性轴处的剪应力应按式(6-199)计算：

$$\tau^{f} = \frac{V_{max}^{f}}{bz_0} \tag{6-199}$$

式中：V_{max}^{f}——疲劳验算时在相应荷载组合下构件验算截面的最大剪力值；

b——矩形截面宽度，T形、I形截面的腹板宽度；

z_0——受压区合力点至受拉钢筋合力点的距离，此时，受压区高度 x_0 按式(6-188)计算。

(3)钢筋混凝土受弯构件斜截面上箍筋的应力幅应按下列公式计算：

$$\Delta\sigma_{sv}^{f} = \frac{(\Delta V_{max}^{f} - 0.1\eta f_t^{f} bh_0)s}{A_{sv}z_0} \tag{6-200}$$

$$\Delta V_{max}^{f} = V_{max}^{f} - V_{min}^{f} \tag{6-201}$$

$$\eta = \Delta V_{max}^{f}/V_{max}^{f} \tag{6-202}$$

式中：ΔV_{max}^{f}——疲劳验算时构件验算截面的最大剪力幅值；

ΔV_{min}^{f}——疲劳验算时在相应荷载组合下构件验算截面的最小剪力值；

η——最大剪力幅相对值；

s——箍筋的间距；

A_{sv}——配置在同一截面内箍筋各肢的全部截面面积。

(4)预应力混凝土受弯构件疲劳验算时，应计算下列部位的应力、应力幅：

①正截面受拉区和受压区边缘纤维的混凝土应力及受拉区纵向预应力筋、钢筋的应力幅。

②截面重心及截面宽度剧烈改变处的混凝土主拉应力。

注：a. 受压区纵向钢筋可不进行疲劳验算。

b. 一级裂缝控制等级的预应力混凝土构件的钢筋可不进行疲劳验算。

(5)要求不出现裂缝的预应力混凝土受弯构件，其正截面的混凝土、纵向预应力筋和普通钢筋的最小、最大应力和应力幅应按下列公式计算。

①受拉区或受压区边缘纤维的混凝土应力：

$$\sigma_{c,min}^{f} \text{ 或 } \sigma_{c,max}^{f} = \sigma_{pc} + \frac{M_{min}^{f}}{I_0}y_0 \tag{6-203}$$

$$\sigma_{c,max}^{f} \text{ 或 } \sigma_{c,min}^{f} = \sigma_{pc} + \frac{M_{max}^{f}}{I_0}y_0 \tag{6-204}$$

②受拉区纵向预应力筋应力及应力幅：

$$\Delta\sigma_{p}^{f} = \sigma_{p,max}^{f} - \sigma_{p,min}^{f} \tag{6-205}$$

$$\sigma_{p,min}^{f} = \sigma_{pe} - \alpha_{pE}\frac{M_{min}^{f}}{I_0}y_{0p} \tag{6-206}$$

$$\sigma_{p,max}^{f} = \sigma_{pe} - \alpha_{pE}\frac{M_{max}^{f}}{I_0}y_{0p} \tag{6-207}$$

③受拉区纵向普通钢筋的应力及应力幅：

$$\Delta\sigma_{s}^{f} = \sigma_{s,max}^{f} - \sigma_{s,min}^{f} \tag{6-208}$$

$$\sigma_{s,min}^{f} = \sigma_{s0} - \alpha_{E}\frac{M_{min}^{f}}{I_0}y_{0s} \tag{6-209}$$

$$\sigma_{s,max}^{f} = \sigma_{s0} - \alpha_{E}\frac{M_{max}^{f}}{I_0}y_{0s} \tag{6-210}$$

以上式中：$\sigma_{c,min}^{f}$、$\sigma_{c,max}^{f}$——疲劳验算时受拉区或受压区边缘纤维混凝土的最小、最大应力，最小、最大应力以其绝对值进行判断；

σ_{pc}——扣除全部预应力损失后，由预应力在受拉区或受压区边缘纤维处产生的混凝土法向应力；

M^{f}_{max}、M^{f}_{min}——疲劳验算时同一截面上在相应荷载组合下产生的最大、最小弯矩值；

α_{pE}——预应力筋弹性模量与混凝土弹性模量的比值：$\alpha_{pE}=E_s/E_c$；

I_0——换算截面惯性矩；

y_0——受拉区边缘或受压区边缘至换算截面重心的距离；

$\sigma^{f}_{p,max}$、$\sigma^{f}_{p,min}$——疲劳验算时受拉区最外层预应力筋的最小、最大应力；

$\Delta\sigma^{f}_{p}$——疲劳验算时受拉区最外层预应力筋应力幅；

σ_{pe}——扣除全部预应力损失后受拉区最外层预应力筋的有效预应力；

y_{0s}、y_{0p}——受拉区最外层普通钢筋、预应力筋截面重心至换算截面重心的距离；

$\sigma^{f}_{s,min}$、$\sigma^{f}_{s,max}$——疲劳验算时受拉区最外层普通钢筋的最小、最大应力；

$\Delta\sigma^{f}_{s}$——疲劳验算时受拉区最外层普通钢筋的应力幅；

σ_{s0}——消压弯矩 M_{p0} 作用下受拉区最外层普通钢筋中产生的应力；此处，M_{p0} 为受拉区最外层普通钢筋重心处的混凝土法向预应力等于零时的相应弯矩值。

(6)预应力混凝土受弯构件斜截面混凝土的主拉应力应符合下列规定：

$$\sigma^{f}_{tp}=f^{f}_{t} \tag{6-211}$$

式中：σ^{f}_{tp}——预应力混凝土受弯构件斜截面疲劳验算纤维处的混凝土主拉应力，计算应力时对吊车荷载，应计入动力系数。

例6-24 公路混凝土桥疲劳验算

验算例6-23中负弯矩与正弯矩截面受压混凝土的疲劳抗力。假设，由弹性截面分析，在频遇荷载组合条件下，正弯矩区顶部纤维最大压应力与负弯矩区底部纤维的最小压应力的计算值如下：

受力部位	最大应力 $\sigma_{c,max}$(MPa)	最小应力 $\sigma_{c,min}$(MPa)
(1)下弯截面(顶部纤维应力)	4.0	1.0
(2)负弯矩截面(底部纤维应力)	4.5	0.7

1)按EN 1992计算

假设桥面板使用快速硬化法施工，标准强度水泥。混凝土强度等级为C35/45。

因为已经计算频遇荷载组合条件下最大与最小纤维应力，必须满足：

$$\frac{\sigma_{c,max}}{f_{cd,fat}}\leqslant\begin{cases}0.5+0.45\dfrac{\sigma_{c,min}}{f_{cd,fat}}\\0.9\text{，对于 }f_{ck}\leqslant 50\text{MPa}\end{cases}$$

式中：$f_{cd,fat}=k_1\beta_{cc}(t_0)f_{cd}(1-f_{ck}/250)$，$k_1=0.85$(推荐值)。

此处偏于保守地假设龄期为7d时桥开放施工交通，因此第一周期荷载的龄期为 $t_0=7$d。一般而言，不会在如此短期内施加荷载。

由 $\beta_{cc}(t)=\exp[s(1-\sqrt{28/t})]$，对于快速硬化标准强度水泥，$s=0.25$：

$f_{cd}=\alpha_{cc}f_{ck}/\gamma_c=1.0\times35/1.5=23.33$MPa(取 $\alpha_{cc}=1.0$，对于正文中讨论的疲劳验算)。

因此

$$\beta_{cc}(7)=\exp[0.25\times(1-\sqrt{28/7})]=0.7788$$

$$f_{cd,fat}=0.85\times0.7788\times23.33\times(1-35/250)=13.3\text{MPa}$$

因此，最终验算如下：

(1)正弯矩截面:

$\sigma_{c,max}/f_{cd,fat}=4.0/13.3=0.30\leqslant0.9$ 且 $\leqslant0.5+0.45\sigma_{c,min}/f_{cd,fat}=0.5+0.45\times1.0/13.3=0.53$,满足要求。因此,跨中下弯截面具有足够的疲劳抗力。

(2)负弯矩截面:

$\sigma_{c,max}/f_{cd,fat}=4.0/13.3=0.30\leqslant0.9$ 且 $\leqslant0.5+0.45\sigma_{c,min}/f_{cd,fat}=0.5+0.45\times0.7/13.3=0.52$,满足要求。因此,中间支座上弯截面具有足够的疲劳抗力。

2)按 GB 50010—2010 计算

由于 JTG 3362—2018 中不考虑抗疲劳验算,但 GB 50010—2010 中要求考虑抗疲劳验算,作为算法对比,本例选用 GB 50010—2010 抗疲劳验算方法进行计算。

假设桥面板使用快速硬化法施工,标准强度水泥,混凝土强度等级为 C45, $f_{cd}=22.4N/mm^2$, $f_{td}=1.83N/mm^2$,计算频遇荷载组合条件下最大与最小纤维应力。

正弯矩截面:$\sigma_{c,max}=4.0MPa$, $\sigma_{c,min}=1.0MPa$;

负弯矩截面:$\sigma_{c,max}=4.5MPa$, $\sigma_{c,min}=0.7MPa$;

疲劳应力比值:$\rho_c^f=\dfrac{\sigma_{c,min}^f}{\sigma_{c,max}^f}$;

下弯截面顶部:$\rho_c^f=\dfrac{\sigma_{c,min}^f}{\sigma_{c,max}^f}=\dfrac{1}{4}=0.25$,查 GB 50010—2010 表 4.1.6-1,知 $\gamma_\rho=0.8$;

混凝土抗压疲劳强度设计值:$f_c^f=0.8f_{cd}=0.8\times22.4=17.92N/mm^2$;

上弯截面底部:$\rho_c^f=\dfrac{\sigma_{c,min}^f}{\sigma_{c,max}^f}=\dfrac{0.7}{4.5}=0.16$,查 GB 50010—2010 表 4.1.6-1,知 $\gamma_\rho=0.74$, $f_c^f=0.74f_{cd}=0.74\times22.4=16.6N/mm^2$。

根据正截面混凝土疲劳验算的条件知:$\sigma_{cc,max}^f\leqslant f_c^f$,经过验算可知满足条件。

6.9 薄膜构件

当使用线弹性有限元技术分析桥梁结构时遇到一个问题:计算结果通常是应力形式,而规范抗力规则是以应力合矢量表达的,如剪力和弯矩。EN 1992 第 6.1 节和第 6.2 节分别给出弯曲与剪切的应用规则。EN 1992-2第 6.109 条给出的薄膜构件规则,提供直接由二维线弹性有限元模型产生的应力进行设计的方式。第 6.109 条中应力符号的约定如图 6-89 所示。这一规则也试图结合附件 LL 中的夹心层模型用于平面外弯曲与扭转构件设计。EN 1992 附件 MM 对受剪和横向弯曲的箱梁腹板的设计给出专门的推荐值。

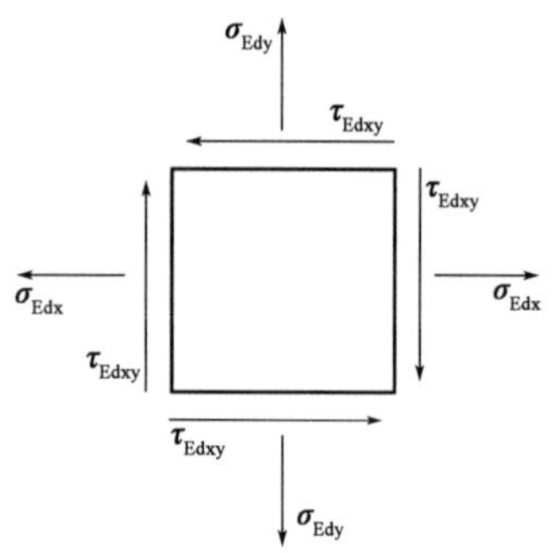

图 6-89　薄膜规则中的符号约定

为设计钢筋与验算混凝土压应力,第 6.109(102)条要求使用下限解,基于塑性下限法则。

因为混凝土具有有限的延性,不可能不加选择地应用塑性下限准则,因此第 6.109(103)条中设定假设塑性压力方向角 θ 的限值由未开裂弹性主压力方向角 θ_{el} 导出。两种角都由 x 方向量起。如果两个主应力受拉,选择其中最小主应力定义 θ_{el}。承载能力极限状态时,第 6.109(103)条限制 $|\theta-\theta_{el}|$ 为 15°。另外,混凝土允许应力随塑性压力场方向远离弹性压力场方向而降低。

EN 1992-2 划分三种限值:

(1)对于单轴或双轴压力与剪力,如果由弹性分析的最大与最小主应力分别为 σ_1 与 σ_3,均

为压力，混凝土应力场中最大允许压力为

$$\sigma_{cd,max} = 0.85 f_{cd} \frac{1 + 3.80\alpha}{(1 + \alpha)^2} \tag{6-212}$$

式中，$\alpha = \sigma_2/\sigma_1$。如果 σ_{Edx} 与 σ_{Edy} 均为压力，并且 $\sigma_{Edx}\sigma_{Edy} \geqslant \tau_{Edxy}^2$，那么该值适用，不需配置钢筋。在这种情形中设计压应力为最大主应力。

(2)如果至少有一个主应力受拉，假设 $\theta = \theta_{el}$，钢筋中的应力均小于或等于屈服应力，混凝土应力场中最大允许压力随钢筋应力的变化而变化：

$$\sigma_{cd,max} = f_{cd}\left[0.85 - \frac{\sigma_s}{f_{yd}}(0.85 - \nu)\right] \tag{6-213}$$

式中：σ_s——钢筋中的最大拉应力，$\nu = 0.6(1 - f_{ck}/250)$。因此允许压应力为 $0.85 f_{cd} \sim \nu f_{cd}$。

(3)如果使用 $\theta = \theta_{el}$ 进行钢筋设计，混凝土中最大允许压力为

$$\sigma_{cd,max} = \nu f_{cd}(1 - 0.032|\theta - \theta_{el}|) \tag{6-214}$$

这一折减是急剧的，将比剪力桁架模型给出更为保守的结果，此时允许应力总是取 νf_{cd}，不管压杆角多大。当偏离弹性压力角，钢筋没有充分发挥作用时，规范中没有规定提高压力的限值。

总之，如果使用 $\theta = \theta_{el}$ 设计钢筋，并且钢筋被充分张紧，则压力限值为 νf_{cd}。如果必须偏离 $\theta = \theta_{el}$ 以产生预期的钢筋应力分布，那么压应力限值将小于 νf_{cd}。因此通常必须计算 θ_{el} 以选择压力限值。例 6-24 中举例说明了薄膜规则的应用。

例 6-25　薄膜规则的应用

下述应力工况使用图 6-90 中的符号约定（压应力为负）。混凝土构件强度等级为 C40/50，厚 400mm。钢筋 $f_{cd} = 435$MPa。要求计算多个应力场中 x、y 方向的钢筋，并验算混凝土受压区是否满足要求。

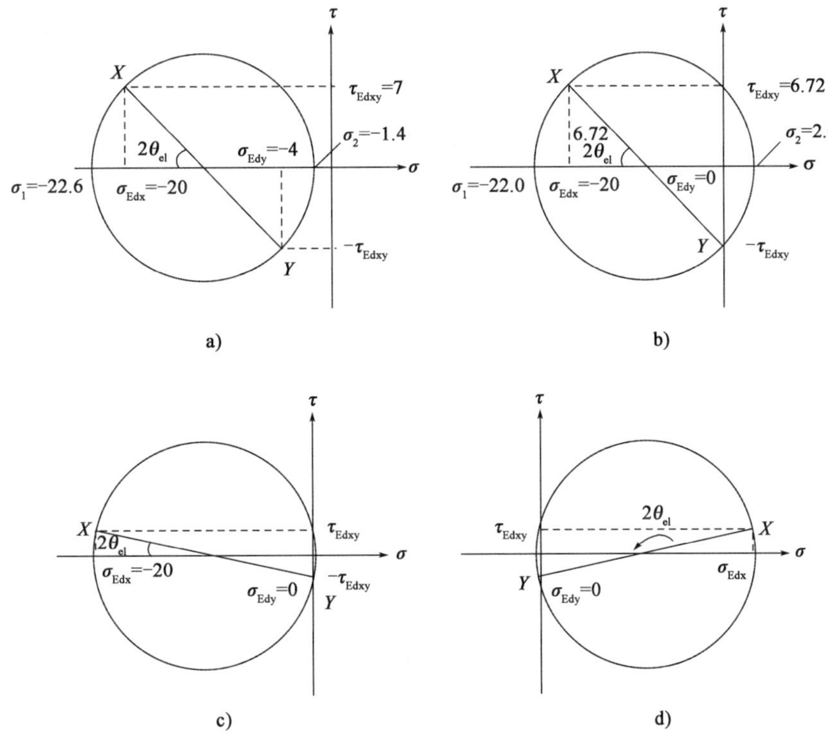

图 6-90　例 6-25 中的莫尔圆

1）双向受压与受剪

假设获得下述应力：

$\sigma_{Edx} = -20MPa$

$\sigma_{Edy} = -4MPa$

$\tau_{Edxy} = 7MPa$

由图6-88a），最大与最小主应力分别为-22.6MPa和-1.4MPa，因此混凝土完全受压。

主应力比为$\alpha = \sigma_1/\sigma_2 = 1.4/22.6 = 0.06$。

$$\sigma_{cd,max} = 0.85 f_{cd} \frac{1+3.80\alpha}{(1+\alpha)^2}$$

$$= 0.85 \times 1.0 \times \frac{40}{1.5} \times \frac{1+3.8\times 0.06}{(1+0.06)^2} = 24.8MPa > 22.6MPa$$

混凝土强度满足要求，不需配设钢筋。

2）单向受压与受剪（腹板纵向剪力验算）

假设获得下述应力：

$\sigma_{Edx} = -20MPa$

$\sigma_{Edy} = 0MPa$

$\tau_{Edxy} = 6.72MPa$

根据EN 1992-1第6.2.6条腹板翼缘剪力规则，剪应力最大允许值时（压杆角$\theta_f = 45°$）获得最大抗力为

$$\frac{A_{sf} f_{yd}}{s_f h_f} = \rho_y f_{yd} = \tau_{Edxy} = 6.72MPa$$

因此，配筋率$\rho_y = 6.72/435 = 0.0154$，要求横向钢筋为，$0.0154 \times 400 = 6.16mm^2/mm$。

混凝土剪切抗力由下式给出，此时$\theta_f = 45°$：

$\nu f_{cd}/2 = [0.6 \times (1-40/250) \times 40/1.5]/2 = 6.72MPa$

等于作用剪应力，因此混凝土应力正好满足要求。角度的变化将减少横向剪力钢筋，但也降低混凝土的抗力，因此混凝土应力已超限。

现使用薄膜规则重复验算，设塑性压力角为弹性值。

由图6-88b），最大与最小主应力分别为-22.0MPa和2.0MPa：

$$2\theta_{el} = \tan^{-1}\left[\frac{6.72}{\frac{1}{2}(20-0)}\right] = 33.90°$$，因此$\theta_{el} = 16.95°$。

$\rho_x \sigma_{sx} = |\tau_{Edxy}|\cot\theta + \sigma_{Edx} = 6.72 \times \cot 16.95° - 20 = 2.05MPa$

$\rho_y \sigma_{sy} = |\tau_{Edxy}|\tan\theta + \sigma_{Edy} = 6.72 \times \tan 16.95° + 0 = 2.05MPa$

假设钢筋充分张紧，每个方向的配筋率$\rho = 2.05/435 = 0.00475$，等价于$0.0475 \times 400 = 1.90mm^2/mm$。因此要求的横向钢筋少于要求的钢筋，但仍要求一定量的纵向钢筋：

$\sigma_{cd} = -|\tau_{Edxy}|(\tan\theta + \cot\theta) = -6.72 \times (\tan 16.95° + \cot 16.95°) = -24.1MPa$

假设通过给定上述配筋率，钢筋被充分张紧，那么混凝土允许应力为

$\sigma_{cd,max} = \nu f_{cd} = 0.6 \times (1-40/250) \times 40/1.5 = 13.44MPa \ll 24.1MPa$

因此，混凝土抗压力不足。改进混凝土的验算有三种可能途径：

（1）如果钢筋量增加，以致应力减小，混凝土抗力增加，但不可能超过：$\sigma_{cd,max} = 0.85 f_{cd} = 0.85 \times 40/1.5 = 22.67MPa < 24.1MPa$。

因此，使用压应力角等于弹性主应力角的解将导致混凝土破坏。

（2）如果压应力角取45°，验算是合适的。但是，EN 1992-2第6.109（103）条不允许这种解，因为$|\theta - \theta_{el}| = 45° - 16.95° = 28.05° > 15°$最大允许偏离角。

(3)如果由弹性角将压力角提高 15°,即,$\theta = 15° + 16.95° = 31.95°$,则有:

$$\sigma_{cd} = -|\tau_{Edxy}|(\tan\theta + \cot\theta) = -6.72 \times (\tan 31.95° + \cot 31.95°) = -14.97\text{MPa}$$

有较大幅度减少,但是允许压力也降低:

$$\begin{aligned}\sigma_{cd,max} &= \nu f_{cd}(1 - 0.032|\theta - \theta_{el}|) \\ &= 0.6 \times (1 - 40/250) \times 40/1.5 \times (1 - 0.032 \times 15) \\ &= 6.99\text{MPa} \ll 14.97\text{MPa}\end{aligned}$$

因此,使用薄膜规则不能证明混凝土满足要求,即使规则是合适的。这说明为什么在条件允许的情况下通常倾向于使用规范中的抗力公式。

3)单向受压

假设获得下述应力:

$\sigma_{Edx} = -20\text{MPa}$

$\sigma_{Edy} = 0\text{MPa}$

$\tau_{Edxy} = 0\text{MPa}$

取压应力角等于弹性角,首先推导小剪力情形钢筋的计算式:由图 6-88c),$\tan 2\theta_{el} = \dfrac{2\tau_{Edxy}}{-\sigma_{Edx}}$,因此当 $\tau_{Edxy} \to 0\text{MPa}$ 时,$\tan\theta_{el} = \dfrac{\tau_{Edxy}}{-\sigma_{Edx}}$(注意保持 $\tan\theta$ 的符号为正)。

钢筋如下:

$$\rho_x\sigma_{sx} = |\tau_{Edxy}|\cot\theta + \sigma_{Edx} = |\tau_{Edxy}|\frac{-\sigma_{Edx}}{\tau_{Edxy}} + \sigma_{Edx} = 0$$

$$\rho_y\sigma_{sy} = |\tau_{Edxy}|\tan\theta + \sigma_{Edy} = |\tau_{Edxy}|\frac{\tau_{Edxy}}{(-\sigma_{Edx})} + \sigma_{Edy} = \sigma_{Edy} = 0$$

因此压应力:

$$\sigma_{cd} = -|\tau_{Edxy}|(\tan\theta + \cot\theta) = -|\tau_{Edxy}|\left(\frac{\tau_{Edxy}}{-\sigma_{Edx}} + \frac{-\sigma_{Edx}}{\tau_{Edxy}}\right) = \sigma_{Edx} = -20\text{MPa}$$

因此不要求配置钢筋,验算压力限值:

$$\sigma_{cd,max} = f_{cd}\left[0.85 - \frac{\sigma_s}{f_{yd}}(0.85 - \nu)\right] = 0.85 f_{cd} = 0.85 \times (40/1.5) = 22.67\text{MPa} > 20\text{MPa}$$

如所预期,混凝土强度满足要求。

4)单向受拉

假设获得下述应力:

$\sigma_{Edx} = 5\text{MPa}$

$\sigma_{Edy} = 0\text{MPa}$

$\tau_{Edxy} = 0\text{MPa}$

取压应力角等于弹性角,首先推导小剪力情形的钢筋计算式以举例说明随意选择 $\theta = \theta_{el}$。由图 6-88d):

当 $\tau_{Edxy} \to 0\text{MPa}$,$\tan 2\theta_{el} = \tan\left(\pi - \dfrac{2\tau_{Edxy}}{\sigma_{Edx}}\right)$,则由三角规则,有:

当 $\tau_{Edxy} \to 0\text{MPa}$,$\tan\theta_{el} = \tan\left(\dfrac{\pi}{2} - \dfrac{\tau_{Edxy}}{\sigma_{Edx}}\right) = \dfrac{\sigma_{Edx}}{\tau_{Edxy}}$

$$\rho_x\sigma_{sx} = |\tau_{Edxy}|\cot\theta + \sigma_{Edx} = |\tau_{Edxy}|\frac{\tau_{Edxy}}{\sigma_{Edx}} + \sigma_{Edx} = \sigma_{Edx} = 5\text{MPa}$$

类似有:

$$\rho_y\sigma_{sy} = |\tau_{Edxy}|\cot\theta + \sigma_{Edy} = |\tau_{Edxy}|\frac{\sigma_{Edx}}{\tau_{Edxy}} + \sigma_{Edy} = \sigma_{Edx} + \sigma_{Edy} = 5\text{MPa}$$

因此,两个方向要求的钢筋均为 $5.0/435 \times 400 = 4.6\text{mm}^2/\text{mm}$。这明显并不明智,结果源于 $\theta = \theta_{el}$ 的选择。如果压应力场方向角取45°,要求的正确钢筋用量仅从受拉方向获得。压应力如下:

$$\sigma_{cd} = -|\tau_{Edxy}|(\tan\theta + \cot\theta) = -|\tau_{Edxy}|\left(\frac{\sigma_{Edx}}{\tau_{Edxy}} + \frac{\tau_{Edxy}}{\sigma_{Edx}}\right) = -\sigma_{Edx} = -5\text{MPa}$$

这已足够,尽管没有物理意义。使用 $\theta = \theta_{el}$ 更不能满足要求,因为要求导出的钢筋既不能大于压力角为45°时钢筋量的2倍,也不能小于压力角为45°时钢筋量的一半,仅在受拉方向配置钢筋。但是,EN 1992-2 第6.109(103)条不允许压力角取45°。

在这种特殊情形中,上述问题通过改变弹性角在15°限值范围内加以克服。如果 $\theta = 85°$,那么:

$$\rho_x\sigma_{sx} = |\tau_{Edxy}|\cot\theta + \sigma_{Edx} = 0 + 5 = 5\text{MPa}$$

$$\rho_y\sigma_{sy} = |\tau_{Edxy}|\tan\theta + \sigma_{Edy} = 0 + 0 = 0\text{MPa}$$

$$\sigma_{cd} = -|\tau_{Edxy}|(\tan\theta + \cot\theta) = 0\text{MPa}$$

正确的解是钢筋应力已屈服。本例的目的是强调严格限制弹性压力角可能导致的问题。零剪应力的例子可视为人为的,但如果使用较小剪应力值重复上述计算,则要求采用类似偏离弹性角的步骤。

5)单向受拉(在 y 方向重复受拉)

假设获得下述应力:

$\sigma_{Edx} = 0\text{MPa}$

$\sigma_{Edy} = 5\text{MPa}$

$\tau_{Edxy} = 0\text{MPa}$

此时,x 方向的压力角为0:

当 $\tau_{Edxy} \to 0\text{MPa}$, $\tan 2\theta_{el} = \dfrac{2\tau_{Edxy}}{\sigma_{Edy}}$ 时,则有 $\tan\theta_{el} = \dfrac{\tau_{Edxy}}{\sigma_{Edy}}$。

如果 $\theta = \theta_{el}$,与4)相同,不满足钢筋的要求,此时,压应力为

$$\rho_x\sigma_{sx} = |\tau_{Edxy}|\cot\theta + \sigma_{Edx} = |\tau_{Edxy}|\frac{\sigma_{Edy}}{\tau_{Edxy}} + \sigma_{Edx} = \sigma_{Edy} + \sigma_{Edx} = 5\text{MPa}$$

$$\rho_y\sigma_{sy} = |\tau_{Edxy}|\tan\theta + \sigma_{Edy} = |\tau_{Edxy}|\frac{\tau_{Edxy}}{\sigma_{Edy}} + \sigma_{Edy} = \sigma_{Edy} = 5\text{MPa}$$

$$\sigma_{cd} = -|\tau_{Edxy}|(\tan\theta + \cot\theta) = -|\tau_{Edxy}|\left(\frac{\tau_{Edxy}}{\sigma_{Edy}} + \frac{\sigma_{Edy}}{\tau_{Edxy}}\right) = -\sigma_{Edy} = -5\text{MPa}$$

可采用与4)相同的修正。

对于倾斜钢筋的情形,可导出以下公式。符号约定如图6-91所示。

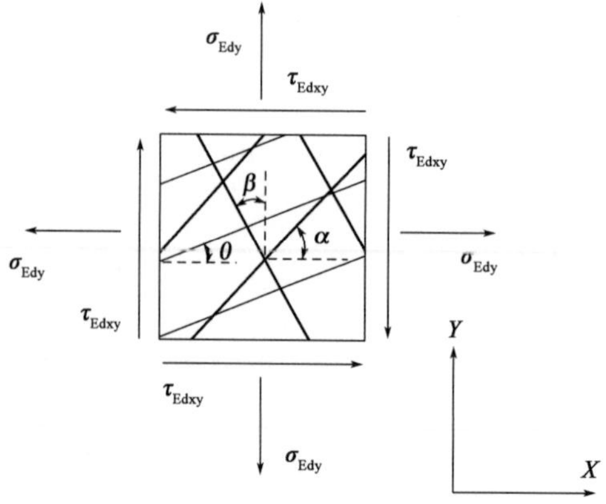

图6-91　具有倾斜钢筋薄膜规则的符号约定

$$\rho_\alpha\sigma_{s\alpha} = \frac{\sigma_{Edx}\sin\theta\cos\beta - \sigma_{Edy}\cos\theta\sin\beta + \tau_{Edy}\cos(\theta+\beta)}{\sin(\theta-\alpha)\cos(\alpha-\beta)} \tag{6-215}$$

$$\rho_\beta\sigma_{s\beta} = \frac{\sigma_{Edx}\sin\theta\sin\alpha + \sigma_{Edy}\cos\theta\cos\alpha + \tau_{Edy}\sin(\theta+\alpha)}{\sin(\theta-\beta)\cos(\alpha-\beta)} \tag{6-216}$$

$$\sigma_{cd} = \sigma_{Edx} - \tau_{Edxy}\tan\theta - \rho_\alpha\sigma_{s\alpha}\cos(\theta-\alpha)\frac{\cos\alpha}{\cos\theta} + \rho_\beta\sigma_{s\beta}\sin(\theta-\beta)\frac{\sin\beta}{\cos\theta} \tag{6-217}$$

在使用上述公式时,图 6-91(逆时针为正)中角度与应力的符号约定至关重要,塑性压力角的方向与未开裂状态时主压应力在 x,y 象限内的夹角 θ_{el} 相同。

6.10 本章小结

本章无疑是 EN 1992-2 的核心内容,在欧洲混凝土结构规范中占有重要地位。主要介绍钢筋混凝土结构常用构件的弯、剪、扭、冲切、拉、压及其组合作用下的截面承载力计算原理、方法及计算公式,包括截面设计与截面验算两个方面的问题。

本章内容是混凝土结构设计理论的集中体现,也是概率极限设计法应用最为彻底的一部分,正因如此,中欧标准的差异在这一章得以集中体现。作为对照,分别将中欧标准各节主要内容摘要如下:

第 6.1 节:构件的弯曲

(1)EN 1992-2 提供一种应力-应变关系。混凝土极限应变欧洲标准分别用 ε_{cu2} 或 ε_{cu3} = 0.0035表示,中国标准用 ε_0(0.002 ~ 0.00215)或 ε_{cu} = 0.0033 表示。

(2)中欧标准关于正截面受弯计算公式存在一定的差异,中国标准考虑结构的重要性调整系数 γ_0,而欧洲标准考虑构件的抗力折减系数 η。当 f_{ck} ≥50MPa 时,JTG 3362—2018 计算的抗力大于欧洲标准的计算值。但 GB 50010—2010 已考虑了这种折减,与欧洲标准计算结果相近。

(3)对于 T 形截面受弯构件,中欧标准都是按受压区高度分为两种类型,但处理上有一定差异。当 $x > h_f$ 时,EN 1992 忽略腹板受压区混凝土的面积,而直接按全部压应力由受压翼缘承担进行计算。中国标准则是按实际承压范围进行计算。

(4)中欧标准关于界限配筋率的计算公式基本相同,仅参数存在差异。EN 1992 以 x_b/d 表示界限相对受压区高度,而 JTG 3362—2018 以 ξ_b 为界限相对受压区高度。两者的取值有一定的差异。计算结果(例 6-1)表明按欧洲标准计算的最小配筋率小于按中国标准计算的最小配筋率。

(5)对于承受轴向荷载的构件,当 $l_0/h < 12$ 时,EN 1992 视为轴心受压构件。轴心受压构件的承载力公式中,混凝土的抗压能力需进行折减,其折减系数视混凝土强度而定;中国标准公式将混凝土与钢筋承压能力之和乘以系数 0.9,再乘以稳定系数 ψ。计算表明(例 6-5),按欧洲标准计算的配筋($3413mm^2$)比按中国标准计算的配筋($3770mm^2$)少。关于偏心受压构件,与第 5 章考虑缺陷的计算一样,JTG 3362—2018 不考虑初始缺陷,欧洲标准则需考虑初始偏距 e_0。

(6)双向偏心受压。欧洲标准承载力公式采用荷载等值线法。同时强调只有两向偏心距相差很大时,才需考虑双向受压验算。当长细比满足式(6-54)和式(6-55)条件时,不需考虑双向受压。JTG 3362—2018 认为双向受压构件在弹性阶段工作,应力可直接叠加,因此得出双向受压承载力计算式(6-56)。与欧洲标准计算式形式相差较大,参数也不同。

(7)预应力构件脆性破坏验算。由于这部分内容纯属材料力学知识,与规范没有直接联系,除材料强度存在差异外,中欧标准算法相同。

第 6.2 节:剪切

由于剪切受力的复杂性,目前关于抗剪破坏机理的认识还存在差异,但同时又是常见且易引起严重后果的受力特性,因此中欧标准都用大量篇幅进行阐述。

(1)无抗剪钢筋的构件承载力。无箍筋受弯构件斜截面承载力的设计值计算,欧洲标准分允许开裂与不允许开裂两种状况。允许开裂用式(6-64)计算,不允许开裂用式(6-67)计算。JTG 3362—2018 没有关于无箍筋构件抗剪承载力的计算式,GB 50010—2010 分为三种情形考虑:①均布荷载作用下按式(6-68)计算;②集中荷载作用下按式(6-69)计算;③考虑预应力作用时按式(6-71)计算。从形式上对比,中欧标准计算式差异较大,但计算结果(例 6-9)表明按中欧标准计算的抗剪承载力接近,算例表明,最大差异为 9.9%。

(2)有抗剪钢筋的构件承载力。对于有抗剪钢筋构件抗剪承载力计算,中欧标准理论模型存在差异,欧洲标准采用的是以桁架模型为基础推导出的承载力计算式;GB 50010—2010 是以剪压破坏形态为基础的,即构件剪切破坏时,与斜裂缝相交的箍筋和弯起的纵向钢筋屈服,混凝土在复合应力下达到其强度。因此中欧标准计算式包括参数选择与确定都不相同,这是中国结构工程师应重点注意之处。新修订的 JTG 3362—2018 已引入拉-压杆模型设计方法,但仍有许多方面需进一步完善。

(3)腹板与 T 形截面翼缘板间的剪切。这部分内容涉及组合结构问题,JTG 3362—2018 中没有相关规定;EN 1992-2 要求对翼缘板与腹板交界处进行抗剪验算[按式(6-85)或式(6-86)]。

(4)剪切摩擦。EN 1992-2 对此研究较为深入,其抗剪承载力计算式(6-90)中涉及接触面的界面粗糙度、抗剪钢筋的配筋率、剪力折减系数等多种参数;中国标准目前没有这种经验,GB 50010—2010 也只是提出简单计算式(6-93)。

(5)抗剪构件构造要求。EN 1992 中,钢筋混凝土构件抗剪承载力的计算是以桁架模型为基础的,为使构件不会因混凝土压杆压碎而破坏,则由式(6-72)控制的强度应对应于构件的最小截面尺寸。为使构件受剪破坏时箍筋屈服发生在混凝土压杆压碎之前,以使破坏具有一定的延性,从而导出最大配筋率计算式(6-95),最小配筋率按式(6-98)计算。GB 50010—2010 中规定截面尺寸应符合式(6-96)和式(6-97)的条件;JTG 3362—2018 中要求箍筋的最小配筋率 $\rho_{min}=0.18\%$(光圆)或 $\rho_{min}=0.182$(螺纹)。

第 6.3 节:扭转

(1)混凝土开裂前,中欧标准关于扭转的计算都是以闭合薄壁截面模型为基础的,平衡时形成闭合剪力流,对于实心截面,可等效为薄壁截面。纯扭作用下截面壁内的剪应力按式(6-105)计算;欧洲标准的开裂扭矩采用式(6-107)计算,中国标准使用式(6-111)计算开裂扭矩,其中系数 0.7 为考虑材料塑性变形导致抗力的降低。

(2)纯扭构件承载力计算。EN 1992 以闭合薄壁截面空间桁架模型为基础,构件所需纵向钢筋截面面积 $\sum A_{si}$ 按式(6-112)计算;JTG 3362—2018 以混凝土与钢筋共同作用原理为基础,按式(6-114)进行计算。两种计算形式差异很大。

(3)弯剪扭承载力计算。EN 1992 对于扭矩、剪力和弯矩共同作用下的受弯构件,分别按这些作用效应单独计算所需要的钢筋面积,然后求和;JTG 3362—2018 中剪扭构件承载力按式(6-118)计算,考虑各种因素的影响而折减,而不是直接按弹性方法叠加。

(4)构造要求。为防止构件受扭时发生混凝土首先被压坏的超筋破坏,必须控制受扭钢筋的数量不超过上限,即必须控制构件截面尺寸不能过小。EN 1992-2 采用式(6-128)控制;GB 50010—2010按式(6-130)控制,两者形式相同,但中国标准给出一定的折减系数。计算结果(例 6-14、例 6-15)表明,按中国标准计算的钢筋用量多于按欧洲标准计算的钢筋用量。

第 6.4 节:冲切

(1)抗冲切计算模型。中欧标准都是以围绕集中力作用周边形成锥形破坏面的剪切破坏为模型,推算抗冲切承载力计算公式。在均布荷载作用下欧洲标准给定冲切角为 26.6°,而中国标准常用 45°的冲切角,两者相差较大。

(2)抗冲切承载力计算。分设抗冲切钢筋与不设抗冲切钢筋两种情形。EN 1992-2 不设抗冲切钢筋与设抗冲切钢筋的抗剪承载力计算式分别为式(6-140)和式(6-145),后者是在前者的基础上乘以 0.75 的折减系数后,加抗剪钢筋的承载力。中国标准对不设抗冲切钢筋与设抗冲切钢筋的抗剪承载力计算式分别为式(6-144)和式(6-151)。与欧洲标准不同的处理方法是中国标准对混凝土的抗剪承载力与钢筋的抗剪承载力都进行折减后相加。计算结果(例 6-17)表明,按欧洲标准计算的抗剪承载力比按中国标准计算的抗剪承载力大。

第 6.5 节:用拉-压杆模型进行设计

拉-压杆模型是欧美规范最新引用的用于不规则区域结构设计计算的一种简化模型,目前 JTG 3362—2018 已引用这种方法。其实这种模型就是将构件的不规则区域用桁架中的拉杆-压杆-节点构成的力学模型。其计算原理简单,方法也不复杂。值得注意的是,拉-压杆的抽象,需对结构的受力特性准确把握,这就要求结构工程师更高的力学知识和工程判断力。拉-压杆模型法的具体设计步骤详见 6.5.2 节。

第 6.6 节:锚固与搭接

搭接与锚固长度在本书第 9 章详细讨论。

第 6.7 节:局部受压

局部受压分析设计是欧洲标准中拉-压杆模型法的典型应用。JTG 3362—2018 已引用拉-压杆模型,加以适当的修正,或使用构造处理措施保证局部承压构造的安全。

第 6.8 节:疲劳验算

桥梁服务寿命期内,交通荷载将在桥梁构件中产生无数次重复循环荷载。钢与混凝土构件可能变得易于疲劳破坏。因此,EN 1992-2 要求对于承受规则循环荷载的结构及其构件应进行疲劳评价,并规定不需进行疲劳验算的情形。JTG 3362—2018 认为钢筋混凝土桥梁结构的刚度,相对交通等循环荷载作用而言很大,循环荷载引起的疲劳效应可以忽略。GB 50010—2010 考虑疲劳验算,中欧标准中计算假设条件与验算方法基本一致,但细节差别很多。

综上所述,中欧标准整体水平差异并不明显,其基本设计原理、设计方法以及计算公式基本一致,如平截面假设、忽略混凝土的抗拉强度、界线配筋率的概念、混凝土的应力-应变关系曲线,受弯构件正截面设计、受扭构件的承载力计算等理论相对成熟的部分一致性强,但由于钢筋混凝土的试验研究与经验积累的不同,细节方面差别较大。例如,抗剪承载力计算、局部受压抗力计算等理论处于发展阶段或凭经验积累的部分差异较大。

第 7 章
正常使用极限状态

7.1 一般规定

EN 1992-2 指定了三种正常使用极限状态：

(1)应力限制。

(2)开裂限制。

(3)挠度限制。

与正常使用极限状态相关的作用组合有标准、频遇或和准永久组合。表 7-1 给出这些组合的通用表达式与应用例子，详细解释参见 EN 1990 附录 A2 中的公式与条目。作用组合的特殊规则推荐的桥梁设计组合系数与分项系数，参见 EN 1990 附录 A2。

表 7-1 中的一般表达式中，假设 1.0 的分项系数适用于所有的正常使用极限状态，但这些值在国家附件中可能有变化。

正常使用极限状态作用组合 表 7-1

作用组合	注　释	通用表达式
标准值组合	在结构设计使用年限内，结构正常使用情况下以一定的(很小)概率超过的作用值的组合。例如，此组合适用于钢筋应力的验算，因为不希望钢筋在使用年限期内的任何时刻出现非弹性变形	$\Sigma G_{k,j}+P+Q_{k,1}+\Sigma\psi_{0,i}Q_{k,i}$
频遇值组合	在几周的参考期内以一定的概率超过的作用值的组合。例如，用于预应力桥梁中验算裂缝与消压的组合	$\Sigma G_{k,j}+P+\psi_{1,1}Q_{k1}+\Sigma\psi_{1i}Q_{ki}$
准永久值组合	在设计使用年限内超过其值的持续时间占总时间约 50% 时对应的作用值的组合。例如，此组合适用于以平均裂缝宽度影响耐久性而非历史最大裂缝宽度为基础的钢筋混凝土构件裂缝宽度验算	$\Sigma G_{k,j}+P+\psi_{2,1}Q_{k,1}+\Sigma\psi_{2,i}Q_{k,i}$

对正常使用极限状态进行验算，整体分析只考虑弹性分析，并且不考虑裂缝效应。

EN 1992-2 允许假设未开裂混凝土截面用于应力与变形计算，前提是在相关作用组合条件下弯曲抗拉应力不超过 $f_{ct,eff}$。$f_{ct,eff}$ 值可取 $f_{ct,m}$ 或 $f_{ct,m,fl}$，但应与计算最小受拉钢筋所用的值一致。对计算裂缝宽度与拉伸硬化效应，应使用 $f_{c,tm}$。

JTG 3362—2018 对持久状况正常使用极限状态的设计规定：

(1)公路桥涵的持久状况设计应按正常使用极限状态的要求，采用作用的短期效应组合、长期效应组合或短期效应组合并考虑长期效应组合的影响，对构件的抗裂、裂缝宽度和挠度进行验算,并使各项计算值不超过本规范规定的各相应限值。在上述各种组合中,汽车荷载效应可不计冲击系数。

在预应力混凝土构件中,预应力应作为荷载考虑,荷载分项系数取为 1.0。对连续梁等超静定结构,尚应计入由预应力、温度作用等引起的二次效应。

(2)预应力混凝土构件可根据桥梁使用和所处环境的要求,进行下列构件设计:

①全预应力混凝土构件。此类构件在作用短期效应组合下控制的正截面的受拉边缘不允许出现拉应力(不得消压)。

②部分预应力混凝土构件。此类构件在作用短期效应组合下控制的正截面受拉边缘可出现拉应力:当拉应力加以限制时,为 A 类预应力混凝土构件;当拉应力超过限值时,为 B 类预应力混凝土构件。

跨径大于 100m 桥梁的主要受力构件,不宜进行部分预应力混凝土设计。

(3)对于预应力混凝土构件,预应力筋的张拉控制应力值 σ_{con} 应符合下列规定:

①钢丝、钢绞线的张拉控制应力值:

$$\sigma_{con} \leqslant 0.75 f_{pk} \tag{7-1}$$

②精轧螺纹钢筋的张拉控制应力值 :

$$\sigma_{con} \leqslant 0.90 f_{pk} \tag{7-2}$$

式中:f_{pk}——预应力筋抗拉强度标准值。

当对构件进行超张拉或计入锚圈口摩擦损失时,钢筋中最大控制应力对钢丝和钢绞线不应超过 $0.8f_{pk}$,对精轧螺纹钢筋不应超过 $0.95f_{pk}$。

(4)在预应力混凝土构件的弹性阶段计算中,构件截面性质可按下列规定采用:

①先张法构件采用换算截面。

②后张法构件:当计算由作用引起的应力时,管道压浆前采用净截面,预应力筋与混凝土黏结后采用换算截面;当计算由预加力引起的应力时,除指明者外采用净截面。

③截面性质对计算应力或控制条件影响不大时,也可采用毛截面。

(5)由预加力产生的混凝土法向应力及相应阶段预应力筋的应力,应按下列公式计算:

①先张法构件。

由预加力产生的混凝土法向压应力 σ_{pc} 和拉应力 σ_{pt}:

$$\sigma_{pc} \text{ 或 } \sigma_{pt} = \frac{N_{p0}}{A_0} \pm \frac{N_{p0} e_{p0}}{I_0} y_0 \tag{7-3}$$

预应力筋合力点处混凝土法向应力等于零时预应力筋的应力:

$$\begin{aligned} \sigma_{p0} &= \sigma_{con} - \sigma_l + \sigma_{l4} \\ \sigma'_{p0} &= \sigma'_{con} - \sigma'_l + \sigma'_{l4} \end{aligned} \tag{7-4}$$

相应阶段预应力筋的有效预应力:

$$\begin{aligned} \sigma_{pe} &= \sigma_{con} - \sigma_l \\ \sigma'_{pe} &= \sigma'_{con} - \sigma'_l \end{aligned} \tag{7-5}$$

②后张法构件。

由预加力产生的混凝土法向压应力 σ_{pc} 和拉应力 σ_{pt}:

$$\sigma_{pe} \text{ 或 } \sigma_{pt} = \frac{N_p}{A_n} \pm \frac{N_p e_{pn}}{I_n} y_n \pm \frac{M_{p2}}{I_n} y_n \tag{7-6}$$

预应力筋合力点处混凝土法向应力等于零时预应力筋的应力:

$$\begin{aligned} \sigma_{p0} &= \sigma_{con} - \sigma_l + \alpha_{EP} \sigma_{pc} \\ \sigma'_{p0} &= \sigma'_{con} - \sigma'_l + \alpha_{EP} \sigma'_{pc} \end{aligned} \tag{7-7}$$

相应阶段预应力筋的有效预应力:

$$\sigma_{pe} = \sigma_{con} - \sigma_l$$
$$\sigma'_{pe} = \sigma'_{con} - \sigma'_l \tag{7-8}$$

式中：A_n——净截面面积，即为扣除管道等削弱部分后的混凝土全部截面面积与纵向普通钢筋截面面积换算成混凝土的截面面积之和；对由不同强度等级混凝土组成的截面，应按混凝土弹性模量比值换算成同一强度等级混凝土的截面面积；

A_0——换算截面面积，包括净截面面积 A_n 和全部纵向预应力筋截面面积换算成混凝土的截面面积；

N_{p0}、N_p——先张法构件、后张法构件的预应力筋和普通钢筋的合力；

I_0、I_n——换算截面惯性矩、净截面惯性矩；

e_{p0}、e_{pn}——换算截面重心、净截面重心至预应力筋和普通钢筋合力点的距离，按式(7-9)、式(7-10)计算；

y_0、y_n——换算截面重心、净截面重心至计算纤维处的距离；

σ_{con}、σ'_{con}——受拉区、受压区预应力筋的张拉控制应力；

σ_l、σ'_l——受拉区、受压区相应阶段的预应力损失值；

σ_{l4}、σ'_{l4}——受拉区、受压区由混凝土弹性压缩引起的预应力损失值；

α_{EP}——预应力筋弹性模量 E_p 与混凝土弹性模量 E_c 的比值；

M_{p2}——由预加力 N_p 在后张法预应力混凝土连续梁等超静定结构中产生的次弯矩。

(6)预应力筋和普通钢筋的合力 N_{p0}、N_p 及合力的偏心距 e_{p0}、e_{pn} 应按下列公式计算（图7-1）：

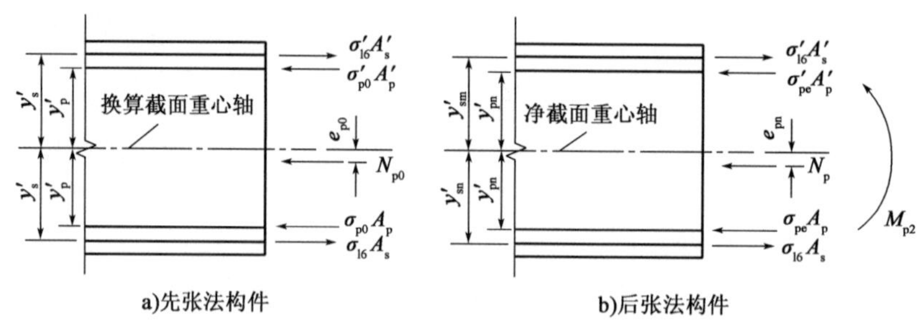

图7-1　预应力筋和普通钢筋合力及其偏心距

①先张法构件。

$$N_{p0} = \sigma_{p0}A_p + \sigma'_{p0}A'_p - \sigma_{l\sigma}A_s - \sigma'_{l\sigma}A'_s$$
$$e_{p0} = \frac{\sigma_{p0}A_p y_p - \sigma'_{p0}A'_p y'_p - \sigma_{l\sigma}A_s y_s + \sigma'_{l\sigma}A'_s y'_s}{N_{p0}} \tag{7-9}$$

②后张法构件。

$$N_P = \sigma_{Pe}A_P + \sigma'_{Pe}A'_P - \sigma_{l\sigma}A_s - \sigma'_{l\sigma}A'_s$$
$$e_{Pn} = \frac{\sigma_{Pe}A_P y_{Pn} - \sigma'_{Pe}A'_P y'_{Pn} - \sigma_{l\sigma}A_s y_{sn} + \sigma'_{l\sigma}A'_s y'_{sn}}{N_P} \tag{7-10}$$

式中：σ_{p0}、σ'_{p0}——受拉区、受压区预应力筋合力点混凝土法向应力等于零时的预应力筋应力；

σ_{pe}、σ'_{pe}——受拉区、受压区预应力筋的有效预应力；

A_p、A'_p——受拉区、受压区预应力筋的截面面积；

A_s、A'_s——受拉区、受压区普通钢筋的截面面积；

y_p、y'_p——受拉区、受压区预应力筋合力点至换算截面重心轴的距离；

y_s、y'_s——受拉区、受压区普通钢筋重心至换算截面重心轴的距离；

y_{pn}、y'_{pn}——受拉区、受压区预应力筋合力点至净截面重心轴的距离；

y_{sn}、y'_{sn}——受拉区、受压区普通钢筋重心至净截面重心轴的距离；

$\sigma_{l\sigma}$、$\sigma'_{l\sigma}$——受拉区、受压区预应力筋在各自合力点处由混凝土收缩和徐变引起的预应力损失值。

中欧标准提出的三种正常使用极限状态相同，即应力、裂缝和挠度限制。欧洲标准关于正常使用极限状态的验算使用了三种作用组合；JTG 3362—2018 仅用两种组合，即短期效应组合和长期效应组合，没有欧洲标准中的标准组合。

对于预应力构件设计，JTG 3362—2018 分为全预应力构件与部分预应力构件。全预应力构件在短期效应作用组合下控制的正截面受拉边缘不允许出现拉应力。部分预应力构件则允许受拉边缘出现拉应力。部分预应力构件又分 A、B 两类。A 类构件控制拉应力，B 类构件则不限。欧洲标准则没有这方面的规定。

7.2 应力限制

限制桥梁中的应力以保证在正常使用条件下，假设设计模型有效，如混凝土碎裂或过度开裂导致耐久性降低。对于持久设计情形，通常验算桥梁开始通行后不久的应力，这时产生较小徐变，稍后一段时间徐变与收缩基本完成。这影响预应力结构中预应力损失、应力模量比和钢筋混凝土结构中的裂缝宽度计算。在首次验算中，可能包括长期收缩效应部分，因为在混凝土固化后期 3 个月内可能达到长期收缩量的一半。

EN 1992-2 规定：

(1)限制混凝土中的压应力以避免纵向开裂、微开裂或过度徐变。

前两种因素可能导致耐久性降低。特征组合作用下的应力水平不超过极限值 k_1f_{ck}（对于 XD、XF 或 XS 类环境）来控制纵向裂缝，此处，k_1 为国家定义参数，推荐值为 0.6。当采取特殊措施时限值可提高，如增加钢筋保护层厚度，或通过横向钢筋提供限制。箍筋的改善可量化为应力增加 10%，但这一值在国家附件中可能变化。混凝土中微裂缝从应力超过抗压强度 70% 的区域开始发展。除控制纵向裂缝的限制外，对微裂缝的控制没有给出进一步的准则。在准永久作用组合超过 k_2f_{ck} 的条件下考虑非线性徐变，此处 k_2 为国家定义参数，推荐值为 0.45。

(2)限制钢筋拉应力，以避免出现非弹性应变、不利开裂或变形。

①特征组合作用条件下拉应力不超过 k_3f_{yk}。

②由外加变形引起的应力，拉应力不应超过 k_4f_{yk}。

③预应力束中平均应力值不应超过 k_5f_{yk}。

k_3、k_4、k_5 的值为国家定义参数，推荐值分别为 0.8、1.0 与 0.75。

可使用以下方法定义开裂钢筋混凝土梁与板中的应力。用于截面分析的混凝土弹性模量决定于永久作用(长期)与可变(短期)作用的比值。短期弹性模量为 E_{cm}，长期弹性模量为 $E_{cm}/(1+\phi)$。

长期作用与短期作用的有效混凝土弹性模量可取：

$$E_{c,gff}=\frac{(M_{qp}+M_{st})E_{cm}}{M_{st}+(1+\phi)M_{qp}} \tag{7-11}$$

式中：M_{st}——短期作用弯矩；

M_{qp}——准永久作用弯矩；中性轴高度与钢筋应变可从开裂弹性分析中导出，假设平面截面变形后仍保持平面。对于矩形梁，由图 7-2 可知：

应变力

$$\varepsilon_s=\frac{(d-d_c)\varepsilon_c}{d_c} \tag{7-12}$$

$$F_s=F_c$$

所以

$$A_sE_s\varepsilon_s = 0.5bd_c\varepsilon_cE_{c,gff} \tag{7-13}$$

将式(7-12)代入式(7-13)可得：

$$d_c = \frac{-A_sE_s + \sqrt{(A_sE_s)^2 + 2bA_sE_sE_{c,eff}d}}{bE_{c,eff}} \tag{7-14}$$

在开裂截面，将全截面换算成钢筋单元后的截面惯性矩可由图 7-3 所示横截面得到。

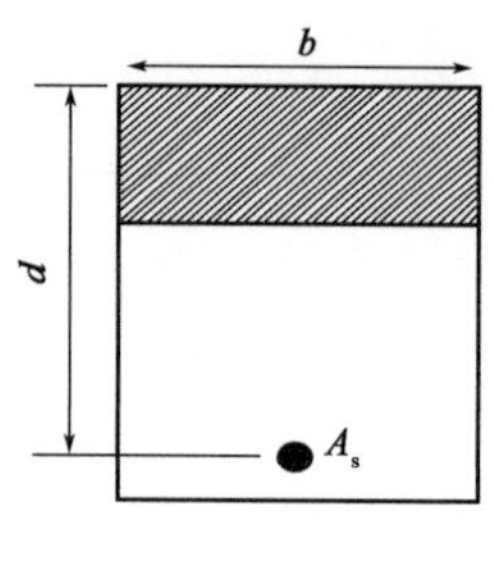

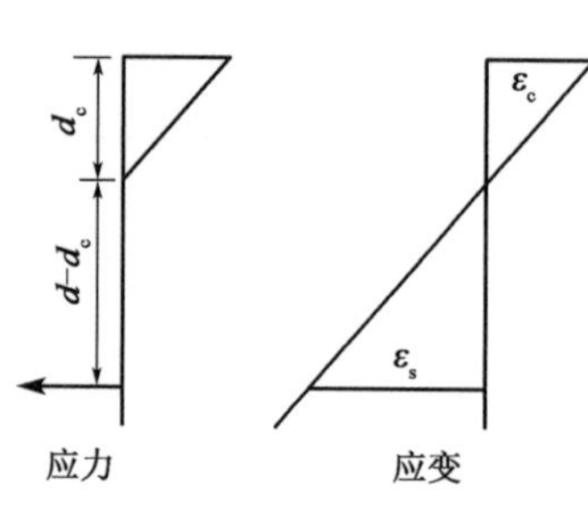

图 7-2　矩形截面梁变形

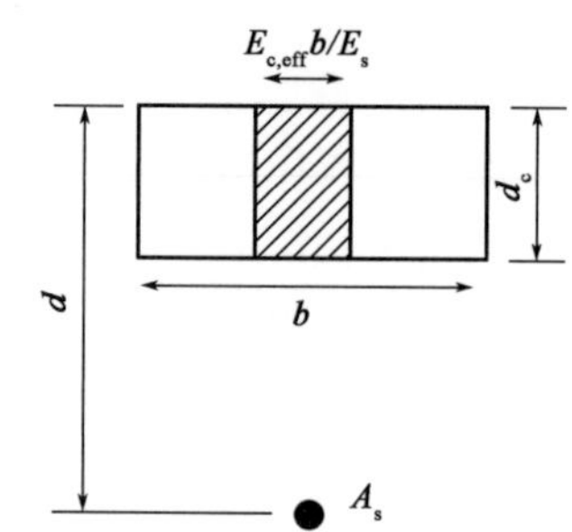

图 7-3　裂缝截面换算成钢筋单位

$$I = A_s(d - d_c)^2 + E_{c,gff}bd_c^{\ 3}/3E_s \tag{7-15}$$

弹性截面模量为

混凝土

$$z_c = I/d_c \tag{7-16}$$

钢筋

$$z_s = I/(d - d_c) \tag{7-17}$$

对于给定弯矩 M_{Ed}，应力为

混凝土

$$\sigma_c = M_{Ed}E_{c,eff}/z_cE_s \tag{7-18}$$

钢筋

$$\sigma_s = M_{Ed}/z_s \tag{7-19}$$

应变为

混凝土

$$\varepsilon_c = M_{Ed}/z_cE_s \tag{7-20}$$

钢筋

$$\varepsilon_s = M_{Ed}/z_sE_s \tag{7-21}$$

上述各式可用于翼缘梁或中性轴位于受压翼缘（b 为翼缘宽度）中，或当翼缘整体受拉时（此时 b 为腹板宽度）位于腹板中。

JTG 3362—2018 关于应力限制分为两个方面：其一，为持久状况预应力混凝土构件应力控制；其二，为使用阶段混凝土裂缝应力控制。

1）持久状况预应力混凝土构件应力控制

预应力混凝土构件由于施加预应力以后截面应力状态较为复杂，除了计算构件承载力外，还要计算弹性阶段的构件应力。这些应力包括截面混凝土的法向压应力、钢筋的拉应力和斜截面混凝土的主压应力。构件应力计算实质上是构件的强度计算，是对构件承载力计算的补充。

（1）按持久状况设计的预应力混凝土受弯构件，应计算其使用阶段正截面混凝土的法向压应力、受拉区钢筋的拉应力和斜截面混凝土的主压应力，并不得超过本节规定的限值。计算时作用（或荷载）取其标准值，汽车荷载应考虑冲击系数。应考虑预加力效应，预加力的分项系数取为 1.0。对连续梁等超静定结构，尚应计及预加力、温度作用等引起的二次效应。

（2）计算使用阶段预应力混凝土构件的应力时，由预应力产生的正截面混凝土压应力 σ_{pc} 和拉应力 σ_{pt}，按 JTG 3362—2018 第 6.1.5 和 6.1.6 条计算。

(3)全预应力混凝土和 A 类预应力混凝土受弯构件,由作用(或荷载)标准值产生的混凝土法向应力和预应力筋的应力,应按下式计算。

①混凝土法向压应力 σ_{kc} 和拉应力 σ_{kt}:

$$\sigma_{kc} \text{ 或 } \sigma_{kt} = \frac{M_k}{I_0} y_0 \tag{7-22}$$

②预应力筋应力:

$$\sigma_p = \alpha_{EP} \sigma_{kt} \tag{7-23}$$

式中:M_k——按作用(或荷载)标准值组合计算的弯矩值;

y_0——构件换算截面重心轴至受压区或受拉区计算纤维处的距离。

(4)允许开裂的 B 类预应力混凝土受弯构件,由作用标准值产生的混凝土法向压应力和预应力筋的应力增量,可按下式计算(图 7-4)。

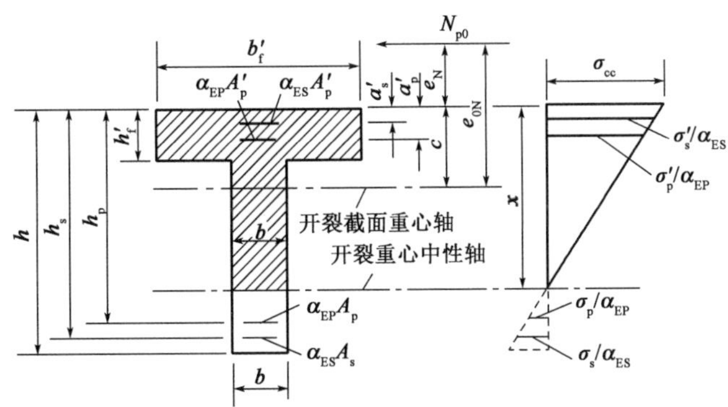

图 7-4　开裂截面及应力图

①开裂截面混凝土压应力:

$$\sigma_{cc} = \frac{N_{p0}}{A_{cr}} + \frac{N_{p0} e_{0N} c}{I_{cr}} \tag{7-24}$$

$$e_{0N} = e_N + c \tag{7-25}$$

$$e_N = \frac{M_k \pm M_{p2}}{N_{p0}} - h_{ps} \tag{7-26}$$

$$h_{ps} = \frac{\sigma_{p0} A_p h_p - \sigma_{l6} A_s h_s + \sigma'_{p0} A'_p \alpha'_p - \sigma'_{l6} A'_s \alpha'_s}{N_{p0}} \tag{7-27}$$

②开裂截面预应力筋的应力增量:

$$\sigma_p = \alpha_{EP} \left[\frac{N_{p0}}{A_{cr}} - \frac{N_{p0} e_{0N} (h_p - c)}{I_{cr}} \right] \tag{7-28}$$

式中:N_{p0}——混凝土法向应力等于零时预应力筋和普通钢筋的合力;

σ_{p0}、σ'_{p0}——构件受拉区、受压区预应力筋合力点处混凝土法向应力等于零时预应力筋的应力;

e_{0N}——N_{p0} 作用点至开裂截面重心轴的距离;

e_N——N_{p0} 作用点至截面受压区边缘的距离,N_{p0} 位于截面之外为正,N_{p0} 位于截面之内为负;

c——截面受压区边缘至开裂换算截面重心轴的距离;

h_{ps}——预应力筋与普通钢筋合力点至截面受压区边缘的距离;

h_p、α'_p——截面受拉区、受压区预应力筋合力点至截面受压区边缘的距离;

h_s、α'_s——截面受拉区、受压区普通钢筋合力点至截面受压区边缘的距离;

A_{cr}——开裂截面换算截面面积;

I_{cr}——开裂截面换算截面惯性矩；

α_{EP}——预应力筋弹性模量与混凝土弹性模量的比值。

(5)使用阶段预应力混凝土受弯构件正截面混凝土的压应力和预应力筋的拉应力，应符合下列规定。

①受压区混凝土的最大压应力：

未开裂构件 $\sigma_{pe}+\sigma_{p}$

允许开裂构件 σ_{cc}

$$\left.\begin{matrix}\sigma_{pe}+\sigma_{p}\\ \sigma_{cc}\end{matrix}\right\}\leqslant 0.5f_{ck} \tag{7-29}$$

②受拉区预应力筋的最大拉应力：

a. 对体内预应力钢绞线、钢丝。

未开裂构件 $\sigma_{pe}+\sigma_{p}$

允许开裂构件 $\sigma_{p0}+\sigma_{p}$

$$\left.\begin{matrix}\sigma_{pe}+\sigma_{p}\\ \sigma_{p0}+\sigma_{p}\end{matrix}\right\}\leqslant 0.65f_{pk} \tag{7-30a}$$

对体外预应力钢绞线

$$\sigma_{pe,ex}\leqslant 0.60f_{pk} \tag{7-30b}$$

b. 对精轧螺纹钢筋。

未开裂构件 $\sigma_{pe}+\sigma_{p}$

允许开裂构件 $\sigma_{p0}+\sigma_{p}$

$$\left.\begin{matrix}\sigma_{pe}+\sigma_{p}\\ \sigma_{p0}+\sigma_{p}\end{matrix}\right\}\leqslant 0.75f_{pk} \tag{7-31}$$

式中：σ_{pe}——全预应力混凝土和A类预应力混凝土受弯构件，受拉区预应力筋扣除全部预应力损失后的有效预应力。

注：预应力混凝土受弯构件受拉区的普通钢筋，其使用阶段的应力很小，可不必验算。

(6)预应力混凝土受弯构件由作用标准值和预加力产生的混凝土主压应力应符合下式规定：

$$\sigma_{cp}\leqslant 0.6f_{ck}$$

2)使用阶段混凝土裂缝应力控制

JTG 3362—2018将裂缝控制分为两种情形：①全预应力构件和A类部分预应力构件；②普通钢筋混凝土构件和B类部分预应力构件。对于①类情形以裂缝应力控制，对于②类情形以裂缝宽度控制。

对①类情形：

(1)预应力混凝土受弯构件应按下列规定进行正截面和斜截面抗裂验算：

①正截面抗裂应对构件正截面混凝土的拉应力进行验算，并应符合下列要求：

a. 全预应力混凝土构件：

预制构件

$$\sigma_{st}-0.85\sigma_{pc}\leqslant 0 \tag{7-32}$$

分段浇筑或砂浆接缝的纵向分块构件

$$\sigma_{st}-0.80\sigma_{pc}\leqslant 0 \tag{7-33}$$

b. A类预应力混凝土构件：

$$\sigma_{st}-\sigma_{pc}\leqslant 0.7f_{tk} \tag{7-34}$$

$$\sigma_{lt}-\sigma_{pc}\leqslant 0 \tag{7-35}$$

②斜截面抗裂应对构件斜截面混凝土的主拉应力σ_{tp}进行验算，并应符合下列要求：

a. 全预应力混凝土构件，在作用短期效应组合下：

预制构件

$$\sigma_{tp}\leqslant 0.6f_{tk} \tag{7-36}$$

现场浇筑(包括预制拼装)构件

$$\sigma_{tp}\leqslant 0.4f_{tk} \tag{7-37}$$

b. A类和B类预应力混凝土构件，在作用短期效应组合下：

预制构件

$$\sigma_{tp} \leqslant 0.7 f_{tk} \tag{7-38}$$

现场浇筑(包括预制拼装)构件

$$\sigma_{tp} \leqslant 0.5 f_{tk} \tag{7-39}$$

式中：σ_{st}——在作用频遇组合下构件抗裂验算边缘混凝土的法向拉应力；

σ_{lt}——在准永久组合下构件抗裂验算边缘混凝土的法向拉应力；

σ_{pc}——扣除全部预应力损失后的预加力在构件抗裂验算边缘产生的混凝土预压应力；

σ_{tp}——由作用频遇组合和预加力产生的混凝土主拉应力；

f_{tk}——混凝土的抗拉强度标准值。

(2)受弯构件由作用产生的截面抗裂验算边缘混凝土的法向拉应力，应按下列公式计算：

$$\sigma_{st} = \frac{M_s}{W_0} \tag{7-40}$$

$$\sigma_{lt} = \frac{M_l}{W_0} \tag{7-41}$$

式中：M_s——按作用频遇组合计算的弯矩值；

M_l——按准永久组合计算的弯矩值，在组合的活荷载弯矩中，仅考虑汽车、风荷载，人群等直接作用于构件的荷载产生的弯矩值。

(3)预应力混凝土受弯构件由作用频遇组合和预加力产生的混凝土主拉应力 σ_{tp} 与主压应力 σ_{cp}，应按下列公式计算：

$$\left.\begin{matrix}\sigma_{tp}\\ \sigma_{cp}\end{matrix}\right\} = \frac{\sigma_{cx}+\sigma_{cy}}{2} \mp \sqrt{\left(\frac{\sigma_{cx}-\sigma_{cy}}{2}\right)^2+\tau^2} \tag{7-42}$$

$$\sigma_{cx} = \sigma_{pc} + \frac{M_s y_0}{I_0} \tag{7-43}$$

$$\sigma_{cy} = \sigma_{pc} + \frac{n\sigma'_{pe}A_{pv}}{bs_v} \tag{7-44}$$

$$\tau = \frac{V_s S_0}{bI_0} - \frac{\sum \sigma''_{pe} A_{pb} \sin\theta_p S_n}{bI_n} \tag{7-45}$$

式中：σ_{cx}——在计算主应力点，由预加力和按作用频遇组合计算的弯矩 M_s 产生的混凝土法向应力；

σ_{cy}——由竖向预应力筋的预加力产生的混凝土竖向压应力；

τ——在计算主应力点，由预应力弯起钢筋的预加力和按作用频遇组合计算的剪力 V_s 产生的混凝土剪应力；当计算截面作用有扭矩时，尚应计入由扭矩引起的剪应力；对后张预应力混凝土超静定结构，在计算剪应力时，尚宜考虑顶加力引起的次剪力；

σ_{pc}——在计算主应力点，由扣除全部预应力损失后的纵向预加力产生的混凝土法向预压应力；

y_0——换算截面重心轴至计算主应力点的距离；

n——在同一截面上竖向预应力筋的肢数；

σ'_{pe}、σ''_{pe}——竖向预应力筋、纵向预应力弯起钢筋扣除全部预应力损失后的有效预应力；

A_{pv}——单肢竖向预应力筋的截面面积；

s_v——竖向预应力筋的间距；

b——计算主应力点处构件腹板的宽度；

A_{pb}——计算截面上同一弯起平面内预应力弯起钢筋的截面面积；

S_0、S_n——计算主应力点以上(或以下)部分换算截面面积对换算截面重心轴、净截面面积对净截面重心轴的面积矩；

θ_p——计算截面上预应力弯起钢筋的切线与构件纵轴线的夹角。

对②类情形，JTG 3362—2018 规定直接控制最大裂缝宽度。

例 7-1　钢筋混凝土桥面板

钢筋混凝土桥面板，厚 250mm，混凝土强度等级 C35/45，承载能力极限状态特征组合作用下，承受 85kNm/m 横向正弯矩。弯矩 15% 由自重作用与外加恒载组成，85% 由交通瞬时作用产生。极限承载能力设计要求钢筋面积 2010mm²/m（16mm 直径钢筋，100mm 间距），布置在 192mm 的有效高度范围内。验算正常使用极限状态的应力是否满足相关限值条件。

1）按 EN 1992 计算

首先进行无裂缝验算：

中性轴高度 $h/2=250/2=125\text{mm}$。

截面惯性矩 $I=bh^3/12=1000\times250^3/12=1.302\times10^9\text{mm}^4/\text{m}$。

因此，未开裂截面分别在梁截面顶底面给出以下压应力与拉应力：$\sigma_{top}=\sigma_{bot}=M_y/I=85\times10^6\times125/1.302\times10^9=8.16\text{MPa}$。

查表 4-1，C35/45 混凝土，$f_{ctm}=3.2\text{MPa}<\sigma_{bot}$，因此，截面开裂。应力计算时忽略受拉区混凝土。相关模量比 α_{eff}决定于长期荷载与短期荷载比。

首先，在桥梁首次开通时验算一次，假设产生最小徐变，因此短期模量用于所有荷载：

$E_s=200\text{GPa}$，从表 4-1 可知，$E_{cm}=22\times\left(\dfrac{f_{ck}+8}{10}\right)^{0.3}$

因而，$E_{c,gff}=E_{cm}=22\times\left(\dfrac{35+8}{10}\right)^{0.3}=34.08\text{GPa}$

受压混凝土高度为

$$
\begin{aligned}
d_c&=\frac{-A_sE_s+\sqrt{(A_sE_s)^2+2bA_sE_sE_{c,eff}d}}{bE_{c,eff}}\\
&=\frac{-2010\times200\times10^9+\sqrt{(2010\times200\times10^9)^2+2\times100\times2010\times200\times10^9\times34.08\times10^9\times192}}{1000\times34.08\times10^9}\\
&=56.53\text{mm}
\end{aligned}
$$

以钢筋单元表示的开裂截面惯性矩为

$$
\begin{aligned}
I&=A_s(d-d_c)^2+E_{c,gff}bd_c{}^3/3E_s\\
&=2010\times(192-56.3)^2+34.08\times1000\times56.33^3/(3\times200)=47.15\times10^6\ \text{mm}^4
\end{aligned}
$$

截面顶端混凝土应力为

$\sigma_c=M_{Ed}E_{c,gff}/z_cE_s=85\times10^6\times34.08/(47.15\times10^6/56.54)\times200=17.37\ \text{MPa}$

按规定，压应力极限 $=k_1f_{ck}=0.6\times35=21\text{MPa}>17.37\text{MPa}$。

可得钢筋应力为

$\sigma_s=M_{Ed}/z_s=85\times10^6\times(192-56.54)/(47.15\times10^6)=244.2\text{MPa}$

拉应力极限 $=k_3f_{yk}=0.8\times500=400\text{MPa}$，大于要求的 244.2MPa。

其次，所有徐变发生之后进行再一次验算。徐变系数使用长期荷载确定，其值为 $\phi=2.2$。ϕ 值用于计算在指定长期与短期作用比值的条件下有效弹性模量，按下式计算：

$$
\begin{aligned}
E_{c,gff}&=[(M_{qp}+M_{st})E_{cm}]/[M_{st}+(1+\phi)M_{qp}]\\
&=(0.15+0.85)\times34.08/[0.85+(1+2.2)\times0.15]=25.62\ \text{GPa}
\end{aligned}
$$

重复上述计算过程，计算受压混凝土高度为 63.50mm，惯性矩为 $44.12\times10^6\text{mm}^4$。

截面顶端混凝土应力为

$\sigma_c=M_{Ed}E_{c,gff}/z_cE_s=85\times10^6\times25.62/(44.12\times10^6/63.50)\times200=15.67\text{MPa}$，小于限值 21MPa。

钢筋应力为

$\sigma_s = M_{Ed}/z_s = 85 \times 10^6 \times (192 - 63.5)/(44.12 \times 10^6) = 247.6\text{MPa}$,小于限值 400MPa。

此时徐变效应降低混凝土的应力,略微增加了钢筋应力。

2)按 JTG 3362—2018 计算

对于普通钢筋混凝土与 B 类部分预应力构件,JTG 3362—2018 没有对应力限制的相关规定。裂缝控制主要是控制最大裂缝宽度小于给定限值。按 JTG 3362—2018、GB 50010—2010 进行最大裂缝宽度计算的方法,详见例 7-3 和例 7-4,本例从略。

7.3　裂缝控制

7.3.1　概述

在荷载作用下,钢筋混凝土构件或预应力混凝土构件可能因开裂或裂缝宽度较大而影响结构的使用。对于储存液体的混凝土结构,需要控制混凝土截面开裂,对于允许出现裂缝的混凝土结构,需限制裂缝的最大宽度。裂缝的控制可通过限制受拉混凝土、受拉钢筋的应力或混凝土裂缝的最大宽度实现,有时为避免混凝土受压出现纵向裂缝或出现过大的非线性变形,也需对混凝土压应力进行限制。

EN 1992-2 按下述三种方式进行裂缝控制:

(1)基于裂缝控制的最小钢筋面积。

(2)限制应力。从混凝土应力和钢筋应力两个方面对应力进行限制。

(3)不直接进行计算的裂缝控制。

JTG 3362—2018 主要通过控制混凝土的应力,达到控制裂缝的目的,包括:

(1)对于全预应力与 A 类部分预应力混凝土构件:

①正截面受拉应力控制。

②斜截面受拉主应力控制。

③混凝土主压应力控制。

(2)对于普通钢筋混凝土构件与 B 类部分预应力混凝土构件是直接控制裂缝宽度。

7.3.2　最小钢筋面积

对承受均匀拉力的截面,构件开裂所需的力的大小为 $N_{cr} = A_c f_{ctm}$,此处,N_{cr}为裂缝荷载,A_c为混凝土受拉面积,f_{ctm}为混凝土的平均抗拉强度。钢筋强度为 $A_s f_{yk}$。为确保分布裂缝的发展,当第一条裂缝形成时钢筋不能屈服,因此:

$$A_s f_{yk} > A_c f_{ctm} \tag{7-46}$$

对于非均匀分布应力情形需进行修正。EN 1992-2 引入变量 k_c,以考虑不同类型的应力分布。

因而,最小钢筋面积为

$$A_{s,min}\sigma_s = k_c k f_{ct,eff} A_{ct} \tag{7-47}$$

式中:$A_{s,min}$——受拉区范围内要求的最小钢筋面积;

A_{ct}——受拉区混凝土面积;受拉区应取混凝土截面第一条裂缝形成之前用于计算受拉部分的面积;

σ_s——第一条裂缝刚形成后钢筋中允许最大应力绝对值;

$f_{ct,eff}$——预计产生第一条裂缝时混凝土的有效抗拉强度平均值，即 f_{ctm}，或如果预计裂缝早于 28d 产生，则取更低的 $f_{ctm}(t)$ 值；当最小面积满足收缩要求时，$f_{ct,eff}$ 的值取 2.9MPa 或 $f_{ctm}(t)$ 中的较大者；

k——考虑非均匀自平衡应力效应的系数，取值：对 $h \leqslant 300$mm 的腹板或宽度小于 300mm 的翼缘，为 1.0；对 $h \geqslant 800$mm 的腹板或宽度小于 800mm 的翼缘，为 0.65；中间值可用插值法；一般保守地取 k 值等于 1.0；

k_c——反映产生裂缝前的截面范围内的应力分布特征与水平力臂的变形的系数，对于纯拉力，$k_c = 1.0$。

对于弯曲作用力或组合有轴向力的弯曲力：

(1)对于矩形截面和箱形梁与 T 形梁的腹板：

$$k_c = 0.4\left[1 - \frac{\sigma_c}{k_1(h/h^*)f_{ct,eff}}\right] \leqslant 1 \tag{7-48}$$

(2)对于箱形截面和 T 形截面的翼缘：

$$k_c = 0.9\frac{F_{cr}}{A_{ct,eff}} \geqslant 0.5 \tag{7-49}$$

式中：F_{cr}——按照 $f_{ct,eff}$ 计算开裂弯矩引起的、在开裂形成之前翼缘拉力的绝对值。

σ_c 为作用在部分截面上的混凝土平均应力：

$$\sigma_c = \frac{N_{Ed}}{bh} \tag{7-50}$$

式中：N_{Ed}——在正常使用极限状态下作用在部分横截面上的轴力（受压时为正值）。应结合相关组合作用下的预应力和轴力特征值来确定 N_{Ed} 的值。

$h^* = h$，若 $h < 1.0$m；$h^* = 1.0$m，若 $h \geqslant 1.0$m。

k_1——考虑轴力对应力分配的影响系数：

$k_1 = 1.5$，若 N_{Ed} 为压力；$k_1 = 2h^*/3h$，若 N_{Ed} 为拉力；

EN 1992-2 允许考虑位于有效受拉区范围内的黏结钢束对控制裂缝的最小钢筋面积的贡献，前提是黏结钢束在验算表面 150mm 范围内，此时，式(7-47)变为

$$A_{s,min}\sigma_s + \xi_1 A_p \Delta\sigma_p = k_c k f_{ct,gff} A_{ct} \tag{7-51}$$

式中：A_p——黏结先张或后张钢束面积；

$\Delta\sigma_p$——钢束中源于相同应力水平混凝土零应变状态的应力增量；

ξ_1——考虑不同直径预应力与钢筋黏结强度比，$\xi_1 = (\xi\phi_s/\phi_p)^{1/2}$，其中，$\xi$ 为预应力与加强钢筋黏结强度的比率，ϕ_s 为钢筋最大直径，ϕ_p 为钢束等效直径，如果仅使用预应力控制裂缝，$\xi_1 = (\xi)^{1/2}$。

7.3.3 不通过计算进行裂缝控制

EN 1992-2 规定，当钢筋满足最小面积且符合下列条件时，裂缝宽度不会超过规定值，可不对裂缝宽度进行计算：

(1)对于主要由约束引起的裂缝，钢筋直径不超过表 7-2 给出的值，其中钢筋应力按混凝土开裂后的截面计算。

(2)对于主要由荷载引起的裂缝，符合表 7-2 或表 7-3 的规定。钢筋应力应根据相关作用组合下的开裂截面计算。

对于主裂缝由钢筋直接黏结控制的先张预应力混凝土，可使用表 7-2 和表 7-3 中的值、钢筋

应力等于总应力减去预应力。对于裂缝主要由普通钢筋控制的后张预应力混凝土,使用表中的值时钢筋应力计算包含预应力影响。欧洲标准中的有效受拉区面积如图 7-5 所示。

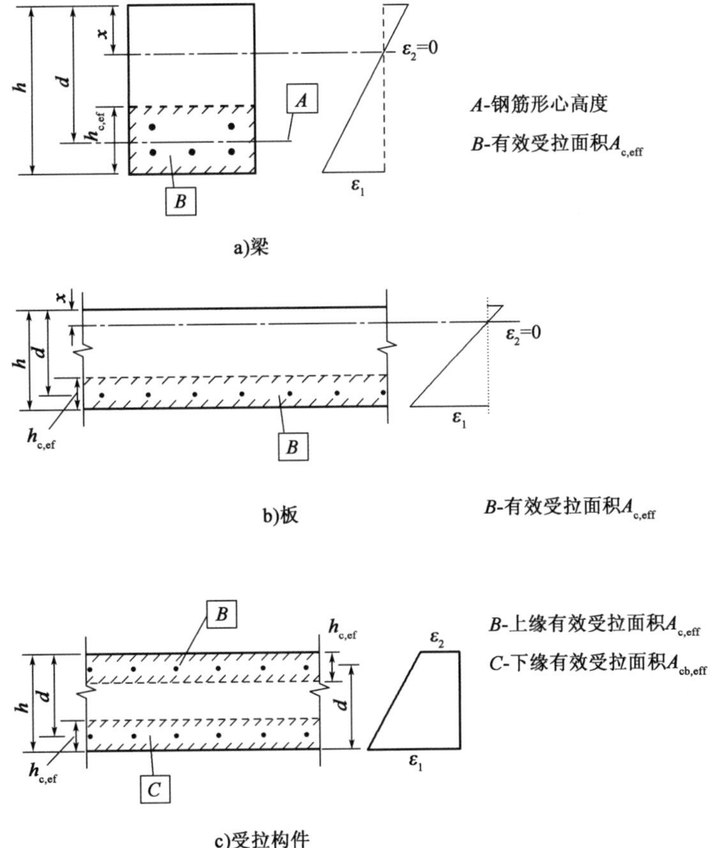

图 7-5 欧洲标准中的有效受拉区面积

有关裂缝控制的钢筋最大直径 表 7-2

钢筋应力(MPa)	钢筋最大直径(mm)		
	$u_k=0.4$	$u_k=0.3$	$u_k=0.2$
160	40	32	25
200	32	25	16
240	20	16	12
280	16	12	8
320	12	10	6
360	10	8	5
400	8	6	4
450	6	5	—

注:1. 表中的数值是基于以下假设条件:

$c=25\text{mm}$;$f_{ct,eff}=2.9\text{MPa}$;$h_{cr}=0.5$;$(h-d)=0.1h$;$k_1=0.8$;$k_2=0.5$;$k_c=0.4$;$k=1.0$;$k_t=0.4$ 和 $k=1.0$。

2. 在相关作用组合条件下。

有关裂缝控制的钢筋最大间距 表 7-3

钢筋应力(MPa)	钢筋最大间距(mm)		
	$u_k=0.4$	$u_k=0.3$	$u_k=0.2$
160	300	300	200
200	300	250	150

续上表

钢筋应力(MPa)	钢筋最大间距(mm)		
	$u_k=0.4$	$u_k=0.3$	$u_k=0.2$
240	250	200	100
280	200	150	50
320	150	100	—
360	100	50	—

对于不同于上述假设的几何形状,荷载或混凝土强度的构件,表 7-2 中最大钢筋直径需修正。给定下面两个方程:

$$\Phi_s=\frac{\Phi_s^*(f_{ct,eff}/2.9)k_c h_{cr}}{2(h-d)}\quad(\text{对于至少部分受压的截面})\tag{7-52}$$

$$\Phi_s=\frac{\Phi_s^*(f_{ct,eff}/2.9)h_{cr}}{8(h-d)}\quad(\text{对于完全受拉的截面})\tag{7-53}$$

式中:Φ_s——修正钢筋直径;

Φ_s^*——表 7-2 中给定的最大钢筋直径;

h——截面全高;

h_{cr}——开裂前受拉区的深度,考虑准永久荷载作用下预应力与轴力特征值;

d——钢筋外层至质心的有效深度。

对于高度大于 1000mm,主要钢筋集中于小部分高度的梁,EN 1992-2 要求附加最小钢筋,在受拉表面均匀分布以控制裂缝。桥梁设计中通常围绕截面周边分布钢筋以控制早期热裂缝,此钢筋足以满足要求。

GB 50010—2010 和 JTG 3362—2018 中,都没有对应的简化规则。

例 7-2　按简化方式裂缝验算与桥面板中最少钢筋

例 7-1 中分析的 250mm 厚钢筋混凝土桥面板,假设采用相同的钢筋(16mm 直径钢筋,100mm 间距,50mm 保护层厚度)与混凝土强度等级(C35/45)。环境等级为 XC3。用不通过计算的方法校验裂缝控制,校验最小钢筋量。

环境等级为 XC3 在准永久荷载作用下裂缝宽度限于 0.3mm。按照 EN 1990 表 A.2.1,交通作用的准永久组合系数 $\psi_2=0$,因此在裂缝验算中不考虑。热作用的组合系数 $\psi_2=0.5$,因此应予以考虑。但是,仅温差的二阶效应需考虑;主要自平衡应力可以忽略。

为方便计,弯矩取与例 7-1 中相同的值 85kNm/m,15% 由永久作用,85% 由瞬时作用组成。但是,构造与上面讨论的有很大差异;任何位置的温差效应不可能与特征交通作用产生的效应同等强度。

从上述例子中可以看出,钢筋中的正常使用应力已计算为 247.6MPa。为遵循 EN 1992-2 规定,取下述两者之一:

(1)最小钢筋直径限于 12mm(取自表 7-1)。

(2)最大钢筋间距限于 190mm(据表 7-1 使用插值法求得)。

16mm 钢筋直径与 100mm 间距的规定遵循上述第(2)条(其中对间距 100mm 的钢筋允许应力为 320MPa)关于钢筋间距的限值,因此设计是可接受的。是否遵循第(1)条限值已不重要。

另外,必须遵循 EN 1992-2 要求的最小钢筋面积。这在峰值弯矩位置很少是控制因素,但如果钢筋减少,在反弯点处可能成为控制因素。

根据式(7-47),截面表现为弹性行为直到拉伸纤维应力达到 f_{ctm},所以,对于矩形截面,受拉

区面积为板深的一半,因此:

$A_{ct}=250/2\times1000=125\times10^3\text{mm}^2$

$f_{ct,eff}=f_{ctm}$,但不小于限值 2.9MPa。由表 3-1 可知,对 C35/45 混凝土,$f_{ctm}=3.2\text{MPa}$,$f_{ct,eff}=3.2\text{MPa}$。

对于深度小于 300mm 的矩形截面,k 值应取 1.0,总体上取 1.0 可能偏于保守。对于无轴力截面,即 $\sigma_c=0$,$k_c=0.4\times(1-0)=0.4$。

σ_s 可能总体上基于表 7-1(对于直径 16mm 的钢筋为 240MPa)或表 7-2(对于间距 100mm 的钢筋为 320MPa)中的最大允许值。但是,对最小钢筋计算,裂缝可能主要由约束引起,而不是由荷载引起,因此,$\sigma_s=240\text{MPa}$ 对应直径为 16mm 的钢筋,此时:

$A_{s,min}=0.4\times1.0\times3.2\times125\times10^3/240=667\text{mm}^2/\text{m}$

直径 16mm 的钢筋,间距 100mm,对应钢筋面积 $A_s=2010\text{mm}^2/\text{m}$,超过最小限值,因此设计合理。单独从最小钢筋用量考虑,在低弯矩区钢筋间距可能增大或钢筋直径可能减小,但在某些特定位置,要求更进一步的裂缝控制与承载能力验算。

例 7-3 矩形截面梁裂缝验算

图 7-6 所示为一钢筋混凝土简支梁的截面,下部配有 5 根直径 32mm 的 B500 钢筋,上部配有 2 根直径 32mm 的 B500 钢筋,采用 C25/30 混凝土。永久荷载产生的弯矩 $M_{Gk}=240\text{kNm}$,$M_{Qk}=320\text{kNm}$。准永久系数 $\psi_2=0.3$。设最大裂缝宽度限制为 0.3mm,通过钢筋直径和间距判断梁的裂缝宽度是否满足要求。

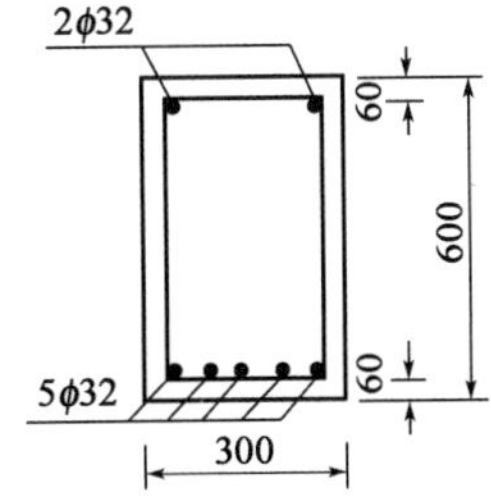

图 7-6 钢筋混凝土梁截面(尺寸单位:mm)

1)按 EN 1992 计算

$h=600\text{mm}$,$b=300\text{mm}$。$f_{ck}=25\text{MPa}$。假定钢筋重心到梁最近表面的距离为 60mm,则 $d=600-60=540\text{mm}$,$d'=60\text{mm}$。$w_k=0.3\text{mm}$。

(1)最小钢筋面积要求。

实际钢筋面积:

$$A_s=5\times\frac{32^2}{4}\times3.14=4019.2\text{mm}^2$$

$$A'_s=2\times\frac{32^2}{4}\times3.14=1607.7\text{mm}^2$$

钢筋配筋率:

$$\rho=\frac{A_s}{bd}=\frac{4019.2}{300\times540}=0.0248\ ,\ \rho'=\frac{A'_s}{bd}=\frac{1607.7}{300\times540}=0.010$$

混凝土弹性模量:

$$E_{cm}=22\left(\frac{f_{cm}}{10}\right)^{0.3}=22\left(\frac{f_{ck}+8}{10}\right)^{0.3}=22\times\left(\frac{25+8}{10}\right)^{0.3}=31\text{GPa}$$

$$\alpha_e=\frac{E_s}{E_{cm}}=\frac{200}{31}=6.45$$

梁未裂开时的混凝土受压高度为

$$\frac{x_{ucr}}{d}=\frac{\frac{1}{2}\left(\frac{h}{d}\right)^2+\alpha_e\left[\rho'\left(\frac{d'}{d}\right)+\rho\right]}{\frac{h}{d}+\alpha_e(\rho'+\rho)}$$

$$=\frac{\frac{1}{2}\left(\frac{600}{540}\right)^2+6.45\times\left(0.01\times\frac{60}{540}+0.0248\right)}{\frac{600}{540}+6.45\times(0.01+0.0248)}=0.587$$

$x_{ucr}=0.587d=0.587\times540=317\text{mm}$

混凝土即将开裂时的受拉区高度：

$h_{cr}=h-x_{ucr}=600-317=283\text{mm}$

受拉区面积：

$A_{cr}=bh_{cr}=300\times283=84900\text{mm}^2$

混凝土有效抗拉强度

$f_{ct,eff}=f_{ctm}=0.3f_{ck}^{2/3}=0.3\times25^{2/3}=2.568\text{MPa}$

由式(7-38)，$k_c=0.4$。内插求得 $k=0.79$。取 $\sigma_s=f_{yk}=500\text{MPa}$，则得裂缝控制要求的最小钢筋面积为

$$A_{s,min}=\frac{k_c k f_{ct,eff}A_{ct}}{\sigma_s}=\frac{0.4\times0.79\times2.568\times84900}{500}=137.8\text{mm}^2$$

由于 $A_s>A_{s,min}$，满足要求。

(2)钢筋直径验算。

弯矩设计值：$M_d=M_{Gk}+\psi_2M_{Qk}=240+0.3\times320=336\text{kNm}$

梁开裂后的受压混凝土高度为

$$\frac{x_{cr}}{d}=-\alpha_c(\rho'+\rho)+\sqrt{\alpha_c^2(\rho'+\rho)^2+2\alpha_c\left(\rho'\frac{d'}{d}+\rho\right)}$$

$$=-6.45\times(0.01+0.0248)+\sqrt{6.45^2\times(0.01+0.0248)^2+2\times6.45\times\left(0.01\times\frac{60}{540}+0.0248\right)}$$

$$=0.396$$

$x_{cr}=0.396d=0.396\times540=213.8\text{mm}$

梁开裂后的截面惯性矩：

$$\frac{I_{cr}}{bd^3}=\frac{1}{3}\left(\frac{x_{cr}}{d}\right)^3+\rho'(\alpha_e-1)\left(\frac{x_{cr}}{d}-\frac{d'}{d}\right)^2+\rho\alpha_e\left(1-\frac{x_{cr}}{d}\right)^2$$

$$=\frac{1}{3}\times0.396^3+0.01\times(6.45-1)\times\left(0.396-\frac{60}{540}\right)^2+0.0248\times6.45\times(1-0.396)^2$$

$$=0.083$$

$I_{cr}=0.083bd^3=0.083\times300\times540^3=3.92\times10^9\text{mm}^4$

所以钢筋应力为

$$\sigma_s=\frac{\alpha_eM_d(d-x_{cr})}{I_{cr}}=\frac{6.45\times336\times10^6\times(540-213.8)}{3.92\times10^9}=180.3\text{MPa}$$

对于 $w_k=0.3\text{mm}$，内插求得最大钢筋直径为 $\Phi_s^*=28\text{mm}$。所以调整后的钢筋直径为

$$\Phi_s=\Phi_s^*\frac{f_{ct,eff}}{2.9}\frac{k_ch_{cr}}{2(h-d)}=28\times\frac{2.568}{2.9}\times\frac{0.4\times283}{2\times(600-540)}=23.4\text{mm}$$

由于实际钢筋直径(32mm)较调整后的限制值23.4mm大，所以从钢筋直径判断满足裂缝控制要求。

(3)钢筋间距验算。

当 $w_k=0.3\text{mm}$，$\sigma_s=180.3\text{MPa}$ 时，最大钢筋间距为275mm。梁的宽度为300mm，放置5根钢筋，间距显然是满足要求的。

EN 1992-1-1:2004 规定,钢筋间距和钢筋直径只要有一个满足表 7-1 或表 7-2,即可认为构件能够满足裂缝要求。由于本例钢筋间距满足表 7-2 的要求,所以本例的构件满足裂缝控制要求。

2)按 JTG 3362—2018 计算

设该钢筋为带肋钢筋,活荷载视为交通荷载,则 $C_1=1.0$,$\psi_1=0.7$,$\psi_2=0.4$,受拉钢筋的面积为 $A_s=4019.2\text{mm}^2$,$E_s=200\text{GPa}$,构件为受弯构件,$C_3=1.0$。

作用频遇组合:

$M_s = M_{Gk} + \psi_1 M_{Qk} = 240 + 0.7 \times 320 = 464\text{kNm}$

作用准永久组合:

$M_l = M_{Gk} + \psi_2 M_{Qk} = 240 + 0.4 \times 320 = 368\text{kNm}$

作用长期效应影响系数:

$C_2 = 1 + 0.5M_l/M_s = 1 + 0.5 \times 368/464 = 1.4$

钢筋应力:

$$\sigma_{ss} = \frac{M_s}{0.87h_0A_s} = \frac{464 \times 10^6}{0.87 \times 540 \times 4019.2} = 246\text{MPa}$$

受拉钢筋配筋率:

$$\rho = \frac{A_s}{bh_0} = \frac{4019.2}{300 \times 540} = 2.5\%$$

$\rho_{te} = 0.025$

最外排纵向受拉钢筋的混凝土保护层厚度:$c=30\text{mm}$

最大裂缝宽度为

$$\begin{aligned} w_{max} &= C_1C_2C_3\frac{\sigma_{ss}}{E_s}\left(\frac{c+d}{0.36+1.7\rho_{te}}\right) \\ &= 1.0 \times 1.4 \times 1.0 \times \frac{246}{2.0 \times 10^5} \times \left(\frac{30+32}{0.36+1.7 \times 0.025}\right) \\ &= 0.26\text{mm} < w_{lim} = 0.3\text{mm} \end{aligned}$$

满足要求。

7.3.4 裂缝宽度计算

EN 1992-2 中采用特征裂缝宽度验算混凝土构件的裂缝,其计算式为

$$w_k = s_{r,max}(\varepsilon_{sm} - \varepsilon_{cm}) \tag{7-54}$$

式中:$s_{r,max}$——最大裂缝间距;

ε_{sm}——相关荷载组合下的钢筋平均应变,包括外加变形的影响和考虑了拉伸硬化的影响,只考虑超过混凝土零应变的附加拉应变;

ε_{cm}——裂缝间的混凝土平均应变。

$\varepsilon_{sm}-\varepsilon_{cm}$ 按下式计算:

$$\varepsilon_{sm} - \varepsilon_{cm} = \frac{\sigma_{s2} - k_2\dfrac{f_{ct,eff}}{\rho_{p,eff}}(1+\alpha_e\rho_{p,eff})}{E_s} \geqslant 0.6\frac{\sigma_s}{E_s} \tag{7-55}$$

式中:σ_s——开裂截面受拉钢筋应力,对于先张预应力构件,σ_s 可用 $\Delta\sigma_p$ 替换,$\Delta\sigma_p$ 为混凝土从零应变算起的预应力筋应力的变化;

α_e——模量比;

$f_{ct,eff}$——混凝土抗拉强度的平均值;

$\rho_{p,eff}$——有效配筋率，按下式计算：

$$\rho_{p,eff}=\frac{A_s+\xi_1^2A_p}{A_{c,eff}} \tag{7-56}$$

$A_{c,eff}$——有效受拉区面积，即受拉钢筋周围高度为 $h_{c,ef}$ 区域混凝土的面积；$h_{c,ef}$ 取 $2.5(h-d)$、$(h-x)/3$ 和 $h/2$ 中的最小值（表 7-1）；

ξ_1——预应力筋与普通钢筋直径不同时的黏结强度调整系数。

如果黏结钢筋固定在张拉区域内靠近中心位置［间距≤$5(c+\phi/2)$］，按式（7-57）计算最大裂缝间距：

$$s_{r,emax}=k_3c+\frac{k_1k_2k_4\phi}{\rho_{p,eff}} \tag{7-57}$$

式中：ϕ——钢筋直径；当截面内使用不用直径的钢筋时，采用等效钢筋直径 ϕ_{eq}，如当截面内有 n_1 根直径为 ϕ_1 的钢筋和 n_2 根直径为 ϕ_2 的钢筋时，ϕ_{eq} 可按式（7-58）计算：

$$\phi_{eq}=\frac{n_1\phi_1^2+n_2\phi_2^2}{n_1\phi_1+n_2\phi_2} \tag{7-58}$$

c——混凝土保护层厚度；

k_1——考虑钢筋黏结特性的系数：对高黏结强度钢筋，取 0.8；对光面钢筋，取 1.6；

k_2——考虑应变分布的系数：受弯时，取 0.5；仅受拉时，取 1.0；偏心受拉或局部受拉时，按式（7-59）计算：

$$k_2=\frac{\varepsilon_1+\varepsilon_2}{2\varepsilon_1} \tag{7-59}$$

k_3、k_4——国家定义参数，建议取 3.4 和 0.425。

ε_1、ε_2——所考虑截面边缘按开裂截面计算的拉应变较大值和较小值。

当有黏结钢筋间距大于 $5(c+\phi/2)$ 或受拉区采用无黏结钢筋时，最大裂缝间距按式（7-60）计算（图 7-7）：

$$s_{r,max}=1.3(h-x) \tag{7-60}$$

式中：x——开裂截面受压混凝土高度。

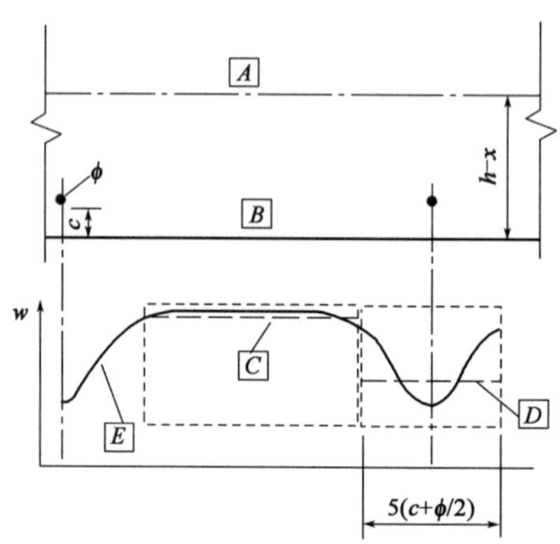

图 7-7　混凝土表面裂缝宽度与钢筋距离的关系

A-中性轴；*B*-混凝土受拉表面；*C*-由式（7-60）预测的裂缝宽度；*D*-由式（7-57）预测的裂缝宽度；*E*-实际裂缝宽度

对于在两个正交方向配筋的构件，当主应力轴与钢筋方向的夹角较大（>15°）时，裂缝间距可按式（7-61）计算：

$$s_{r,max}=\frac{1}{\dfrac{\cos\theta}{s_{r,max;y}}+\dfrac{\sin\theta}{s_{r,max;z}}} \tag{7-61}$$

式中：$s_{r,max;y}$、$s_{r,max;z}$——y 与 z 方向对应的裂缝间距；

θ——y 方向的钢筋与主拉应力方向间的夹角。

对于普通混凝土和 B 类部分预应力构件，JTG 3362—2018 规定：

(1)钢筋混凝土构件和 B 类预应力混凝土受弯构件，其最大裂缝宽度 W_{cr}(mm)可按下式计算：

$$W_{cr} = C_1 C_2 C_3 \frac{\sigma_{ss}}{E_s}\left(\frac{c + d}{0.30 + 1.4\rho_{te}}\right) \tag{7-62}$$

式中：C_1——钢筋表面形状系数，对光面钢筋，$C_1 = 1.40$；对带肋钢筋，$C_1 = 1.00$；对环氧树脂涂层带肋钢筋，$C_1 = 1.15$；

C_2——长期效应影响系数，$C_2 = 1 + 0.5\dfrac{M_l}{M_s}$，其中 M_l 和 M_s 分别为按本规范第 6.3.2 条的作用准永久组合和作用频遇组合计算的弯矩设计值(或轴力设计值)；

C_3——与构件受力性质有关的系数，当为钢筋混凝土板式受弯构件时，$C_3 = 1.15$，其他受弯构件 $C_3 = 1.0$，轴心受拉构件 $C_3 = 1.2$，偏心受拉构件 $C_3 = 1.1$，圆形截面偏心受压构件 $C_3 = 0.75$，其他截面偏心受压构件 $C_3 = 0.9$；

σ_{ss}——钢筋应力，按本规范第 6.4.4 条计算；

c——最外排纵向受拉钢筋的混凝土保护层厚度(mm)，当 $c > 50$mm 时，取 50mm；

d——纵向受拉钢筋直径(mm)；当用不同直径的钢筋时，d 改用换算直径 d_e，$d_e = \dfrac{\sum n_i d_i^2}{\sum n_i d_i}$，式中 n_i 为受拉区第 i 种钢筋的根数，d_i 为受拉区第 i 种钢筋的直径，按表 6.4.3 取值；对于 9.3.11 条的焊接钢筋骨架，公式(6.4.3-1)中的 d 或 d_e 应乘以 1.3 系数；

ρ_{te}——纵向受拉钢筋的有效配筋率，按本规范第 6.4.5 条计算，当 $\rho_{te} > 0.1$ 时，取 $\rho_{te} = 0.1$；当 $\rho_{te} < 0.01$ 时，取 $\rho_{te} = 0.01$。

(2)由作用(或荷载)频遇组合引起的开裂截面纵向受拉钢筋的应力 σ_{ss}，可按下列公式计算：

①矩形、T 形和 I 形截面钢筋混凝土构件。

轴心受拉构件：

$$\sigma_{ss} = \frac{N_s}{A_s} \tag{7-63}$$

受弯构件：

$$\sigma_{ss} = \frac{M_s}{0.87 A_s h_0} \tag{7-64}$$

偏心受拉构件：

$$\sigma_{ss} = \frac{N_s e'_s}{A_s (h_0 - a'_s)} \tag{7-65}$$

偏心受压构件：

$$\sigma_{ss} = \frac{N_s (e_s - z)}{A_s z} \tag{7-66}$$

$$z = \left[0.87 - 0.12(1 - \gamma'_f)\left(\frac{h_0}{e_s}\right)^2\right] h_0 \tag{7-67}$$

$$e_s = \eta_s e_0 + y_s \tag{7-68}$$

$$\gamma'_f = \frac{(b'_f - b) h'_f}{b h_0} \tag{7-69}$$

$$\eta_s = 1 + \frac{l}{4000 e_0 / h_0}\left(\frac{l_0}{h}\right)^2 \tag{7-70}$$

式中：A_s——受拉区纵向钢筋截面面积：对轴心受拉构件，取全部纵向钢筋截面面积；对偏心受拉构件，取受拉较大边的纵向钢筋截面面积；对受弯、偏心受压构件，取主受拉区纵向钢筋截面面积；

e'_s——轴向拉力作用点至受压区或受拉较小边纵向钢筋合力点的距离；

e_s——轴向压力作用点至纵向受拉钢筋合力点的距离；

z——纵向受拉钢筋合力点至截面受压区合力点的距离；

η_s——使用阶段的轴向压力偏心距增大系数，当 $l_0/h \leqslant 14$ 时，取 $\eta_s = 1.0$；

y_s——截面重心至纵向受拉钢筋合力点的距离；

γ'_f——受压翼缘截面面积与腹板有效截面面积的比值；

b'_f、h'_f——受压区翼缘的宽度、厚度，在式(7-69)中，当 $h'_f > 0.2h_0$ 时，取 $h'_f = 0.2h_0$；

N_s、M_s——按作用(或荷载)短期效应组合计算的轴向力值、弯矩值。

②B 类预应力混凝土受弯构件。

$$\sigma_{ss} = \frac{M_s \pm M_{P2} - N_{P0}(z - e_P)}{(A_P + A_s)z} \tag{7-71}$$

$$e = e_P + \frac{M_s \pm M_{P2}}{N_{P0}} \tag{7-72}$$

式中：z——受拉区纵向普通钢筋和预应力筋合力点至截面受压区合力点的距离，按式(7-67)计算，但式中的 e_s 以式(7-72)中的 e 代入；

e_p——混凝土法向应力等于零时纵向预应力筋和普通钢筋的合力 N_{p0} 均作用点至受拉区纵向预应力筋和普通钢筋合力点的距离；

N_{p0}——混凝土法向应力等于零时预应力筋和普通钢筋的合力；

M_{p2}——由预加力 N_p 在后张法顶应力混凝土连续梁等超静定结构中产生的次弯矩。

(4)圆形截面的钢筋混凝土偏心受压构件

$$\sigma_{ss} = \frac{0.6\left(\frac{\eta_s e_0}{r}\right)^2}{\left(0.45 + 0.26\frac{r_s}{r}\right)\left(\frac{\eta_s e_0}{r} + 0.2\right)^2}\frac{N_s}{A_s} \tag{7-73}$$

$$\eta_s = 1 + \frac{1}{4000\frac{e_0}{2r - a_s}}\left(\frac{l_0}{2r}\right)^2 \tag{7-74}$$

式中：A_s——全部纵向钢筋截面面积；

N_s——按作用频遇组合计算的轴向力值；

r_s——纵向钢筋重心所在圆周的半径；

r——圆形截面的半径；

e_0——构件初始偏心距；

a_s——单根钢筋中心到构件边缘的距离；

η_s——轴向压力的正常使用极限状态偏心距增大系数，当$\frac{l_0}{2r} \leqslant 14.0$ 时，取 $\eta_s = 1.0$。

7.3.5 裂缝宽度限值

EN 1992-2 对混凝土结构最大裂缝宽度限值的规定如表 7-4 所示。

EN 1992-2 中最大裂缝宽度限值(mm)　　表 7-4

暴露等级	钢筋混凝土构件和无黏结预应力构件	有黏结预应力构件
荷载组合	准永久组合	频遇组合
X0、XC1	0.3[①]	0.2

续上表

暴露等级	钢筋混凝土构件和无黏结预应力构件	有黏结预应力构件
XC2、XC3、XC4	0.3	0.2②
XD1、XD2、XS1、XS2、XS3		消压
注:①对暴露等级 X0、XC1,裂缝宽度不影响耐久性,这些限制只是为满足外观要求,当无外观要求时可以放松限制; ②对于这些暴露等级,在准永久荷载组合下应当验算消压		

JTG 3362—2018 规定:

钢筋混凝土构件和 B 类预应力混凝土构件,其计算的最大裂缝宽度不应超过下列规定的限值:

1)钢筋混凝土构件

Ⅰ类和Ⅱ类环境:0.20mm;

Ⅲ类和Ⅳ类环境:0.15mm。

2)采用精轧螺纹钢筋的预应力混凝土构件

Ⅰ类和Ⅱ类环境:0.20mm;

Ⅲ类和Ⅳ类环境:0.15mm。

3)采用钢丝或钢绞线的预应力混凝土构件

Ⅰ类和Ⅱ类环境:0.10mm;

Ⅲ类和Ⅳ类环境不得进行带裂缝的 B 类构件设计。

例 7-4 通过直接计算验算钢筋混凝土桥面板中的裂缝宽度

使用裂缝宽度直接计算法重新计算例 7-2。

由式(7-54):

$w_k = s_{r,max}(\varepsilon_{sm} - \varepsilon_{cm})$

由式(7-57):

$$s_{r,max} = k_3 c + \frac{k_1 k_2 k_4 \phi}{\rho_{p,eff}} = 3.4c + 0.425\frac{k_1 k_2 \phi}{\rho_{p,eff}}$$

$c = 50\text{mm}$,$\phi = 16\text{mm}$;因此 $d = 250 - 50 - 16/2 = 192\text{mm}$,至中性轴的高度 $x = 63.5\text{mm}$(源于例 7-1)。如果实际钢筋间距小于 $5(c + \phi/2) = 5 \times (50 + 16/2) = 290\text{mm}$,该式有效。

由式(7-56)

$$\rho_{p,eff} = \frac{A_s + \xi_1^2 A_p}{A_{c,eff}}$$

式中,A_s = 钢筋面积 $= \pi \times 8^2/0.10 = 2010\text{mm}^2/\text{m}$。因无预应力,$A_p = 0$。

$A_{c,eff}$ = 有效拉伸面积 $= bh_{c,ef}$,$h_{c,ef}$取下述值的较小者:

$2.5(h - d) = 2.5 \times (250 - 192) = 145\text{mm}$

或

$(h - x)/3 = (250 - 63.5)/3 = 62.2\text{mm}$

或

$h/2 = 250/2 = 125\text{mm}$

因此,$h_{c,ef} = 62.2\text{mm}$,$A_{c,eff} = 1000 \times 62.2 = 62.2 \times 10^3\text{mm}^2/\text{m}$。

$\rho_{p,eff} = 2010/62.2 \times 10^3 = 0.0323$。

$k_1 = 0.8$,对高黏结钢筋,$k_2 = 0.5$,因此对于弯曲:

$s_{r,max} = 3.4 \times 50 + 0.425 \times 0.8 \times 0.5 \times 16/0.0323 = 254.2\text{mm}$

值得注意的是，混凝土保护层厚度项 $3.4c$，贡献了总间距 254mm 中的 170mm，非常显著。假设保护层厚度仅为 25mm；它的使用可降低裂缝间距至 169mm，前提是受压区高度 x 变为最小值。

由式(7-55)：

$$\varepsilon_{sm}-\varepsilon_{cm}=\frac{\sigma_s-k_t\dfrac{f_{ct,eff}}{\rho_{p,eff}}(1+\alpha_e\rho_{p,eff})}{E_s}\geqslant 0.6\frac{\sigma_s}{E_s}$$

由例 7-1 可知，假设完全开裂截面钢筋应力为 247.6MPa，最小值为 $0.6\times247.6/(200\times10^3)=0.7428\times10^{-3}$。

k_t 为荷载持续时间影响系数，$k_t=0.6$，对于短期荷载；或 $k_t=0.4$，对于长期荷载。因而，插值可得 85% 的瞬时荷载的 $k_t=0.57$。由表 3-1 可知，对 C35/45 混凝土，$f_{ct,eff}=f_{ctm}=3.2\text{MPa}$。$\alpha_e=200/34.08=5.869$。

因此：

$$\varepsilon_{sm}-\varepsilon_{cm}=\frac{247.6-0.57\dfrac{3.2}{0.0323}(1+5.869\times0.0323)}{200\times10^3}=\frac{247.6-67.2}{200\times10^3}=0.902\times10^{-3}$$

此值比最小值 0.7428×10^{-3} 大。

因此，最大裂缝宽度 $w_k=254.2\times0.902\times10^{-3}=0.23\text{mm}<0.3\text{mm}$，要求的限值。

上述计算表明，裂缝宽度达到 0.3mm 时，钢筋应力可增加到 303MPa，前提是短期与长期弯矩比与本例使用的相同。这可与表 7-2 中钢筋间距为 100mm 时，允许应力 320MPa 对比。经验方法给出更为经济的方案，主要原因在于假设的保护层厚度小于本例中实际的厚度。虽然给出较低的计算精度，但差异并不大。EN 1992-2 中对一般钢筋允许两者选其一。

例 7-5　钢筋混凝土简支梁进行裂缝宽度验算

一钢筋混凝土梁，截面尺寸为 350mm×700mm，中心跨度为 7m。承受均布永久荷载 $g_k=18\text{kN/m}$，均布可变荷载 $q_k=12\text{kN/m}$。对该混凝土梁进行裂缝宽度验算。

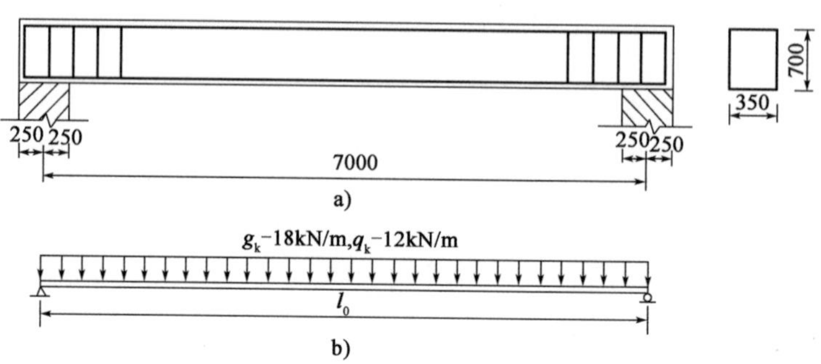

图 7-8　钢筋混凝土简支梁计算简图(尺寸单位：mm)

1)按 EN 1992-1 计算

采用 C25/30 混凝土，$f_{ck}=25\text{MPa}$，$E_{cm}=31\text{GPa}$。下部纵向钢筋 $4\phi20$，$A_s=1256\text{mm}^2$，$\rho=0.0055$；上部纵向钢筋 $2\phi16$，$A'_s=402\text{mm}^2$，$\rho'=0.0018$。$d=650\text{mm}$，$d'=50\text{mm}$。准永久系数 $\psi_2=0.3$。

弯矩 $M_{Gk}=110.25\text{kNm}$，$M_{Qk}=73.5\text{kNm}$。

(1)最小钢筋面积验算。

混凝土抗拉强度平均值：

$$f_{ctm}=0.3f_{ck}^{2/3}=0.3\times25^{2/3}=2.6\text{MPa}$$

有效混凝土抗拉强度 $f_{ct,eff}=f_{ctm}=2.6\text{MPa}$，轴力产生的应力 $\sigma_c=0$，所以

$$k_c = 0.4\left[1 - \frac{\sigma_c}{k_1\left(\frac{h}{h^*}\right)f_{ct,eff}}\right] = 0.4$$

梁高 $h = 700\text{mm}$，内插得 $k = 0.72$（参见7.3.2节）。梁开裂前受拉区混凝土的面积

$$A_{ct} = 350 \times \frac{700}{2} = 122500\text{mm}^2$$

取 $\sigma_s = f_{yk} = 500\text{MPa}$，则最小钢筋面积为

$$A_{s,min} = \frac{k_c k f_{ct,eff} A_{ct}}{\sigma_s} = \frac{0.4 \times 0.72 \times 2.6 \times 122500}{500} = 183.5\text{mm}^2 < A_s$$

满足要求。

(2)特征裂缝宽度计算。

钢筋与混凝土弹性模量之比：

$$\alpha_e = \frac{E_s}{E_{cra}} = \frac{200}{31} = 6.5$$

混凝土开裂后的中性轴高度：

$$\frac{x_{cr}}{d} = -\alpha_e(\rho' + \rho) + \sqrt{\alpha_c^2(\rho' + \rho)^2 + 2\alpha_e\left(\rho'\frac{d'}{d} + \rho\right)}$$

$$= -6.5 \times (0.0018 + 0.0055) + \sqrt{6.5^2 \times (0.0018 + 0.0055)^2 + 2 \times 6.5 \times \left(0.0018 \times \frac{50}{650} + 0.0055\right)}$$

$$= 0.229$$

$$x_{cr} = 0.229d = 0.229 \times 650 = 148.85\text{mm}$$

$$\frac{I_{cr}}{bd^3} = \frac{1}{3}\left(\frac{x_{cr}}{d}\right)^3 + \rho'(\alpha_e - 1)\left(\frac{x_{cr}}{d} - \frac{d'}{d}\right)^2 + \rho\alpha_e\left(1 - \frac{x_{cr}}{d}\right)^2$$

$$= \frac{1}{3} \times 0.229^3 + 0.0018 \times (6.5 - 1) \times (0.229 - 0.077)^2 + 0.0055 \times 6.5 \times (1 - 0.229)^2$$

$$= 0.0256$$

$$I_{cr} = 0.0256bd^3 = 0.0256 \times 350 \times 650^3 = 2.46 \times 10^9\text{mm}^4$$

按准永久组合，构件跨中截面弯矩设计值：

$$M_d = M_{Gk} + \psi_2 M_{Qk} = 110.25 + 0.3 \times 73.5 = 132.3\text{kNm}$$

准永久组合下的钢筋应力

$$\sigma_s = \alpha_e \frac{M_d(d - x_{cr})}{I_{cr}} = 6.5 \times \frac{132.3 \times 10^4 \times (650 - 148.8)}{2.46 \times 10^9} = 175.2\text{MPa}$$

由于

$$2.5(h - d) = 2.5 \times (700 - 650) = 125\text{mm}$$

$$\frac{h - x_{cr}}{3} = \frac{700 - 148.8}{3} = 183.7\text{mm}, \quad \frac{h}{2} = \frac{700}{2} = 350\text{mm}$$

有效受拉区高度取上面三式中的最小值，即 $h_{c,eff} = 125\text{mm}$。

有效受拉区面积：

$$A_{c,eff} = bh_{c,eff} = 350 \times 125 = 43750\text{mm}^2$$

有效受拉区的钢筋配筋率：

$$\rho_{c,eff} = \frac{A_s + \xi_1^2 A_P}{A_{c,eff}} = \frac{1256 + 0}{43750} = 2.87\%$$

对于长期荷载，$k_1 = 0.4$，$f_{ct,eff} = f_{ctm} = 2.6\text{MPa}$，所以

$$\varepsilon_{sm}-\varepsilon_{cm}=\frac{\sigma_s-k_1\frac{f_{ct,eff}}{\rho_{p,eff}}(1+\alpha_e\rho_{p,eff})}{E_s}$$

$$=\frac{175.2-0.4\times\frac{2.6}{0.0287}\times(1+6.5\times0.0287)}{200\times10^3}$$

$$=0.66\times10^{-3}>0.6\frac{\sigma_s}{E_s}=0.6\times\frac{175.2}{200\times10^3}=0.53\times10^{-3}$$

对高黏结强度钢筋 $k_1=0.8$，受弯时 $k_2=0.5$，混凝土保护层厚度 $c=50-20/2=40\text{mm}$，则最大裂缝间距为

$$s_{t,max}=3.4c+0.425\frac{k_1k_2\phi}{\rho_{p,eff}}$$

$$=3.4\times40+0.425\times\frac{0.8\times0.5\times20}{0.0287}$$

$$=254.5\text{mm}$$

裂缝宽度特征值：

$$w_k=s_{t,max}(\varepsilon_{sm}-\varepsilon_{cm})=254.5\times0.66\times10^{-3}=0.168\text{mm}$$

按碳化环境考虑，最大容许裂缝宽度 $w_{max}=0.3\text{mm}$，$w_k<w_{max}$，满足要求。

2）按 GB 50010—2010 计算

采用 C30 混凝土，$f_{tk}=2.0\text{N/mm}^2$，纵筋采用 HRB335 钢筋，$A_s=1520\text{mm}^2$，$E_s=2.0\times10^5\text{N/mm}^2$。$b=350\text{mm}$，$h=700\text{mm}$，$h_0=700-35=665\text{mm}$。

混凝土有效受拉区面积和有效配筋率：

$$A_{\tau c}=0.5bh=0.5\times350\times700=122500\text{mm}^2$$

$$\rho_{\tau c}=\frac{A_s+A_p}{A_{\tau c}}=\frac{1520+0}{122500}=0.0124$$

梁跨中截面弯矩标准值：

$$M_k=M_{Gk}+M_{Qk}=110.25+73.5=183.75\text{kNm}$$

梁跨中截面钢筋应力标准值：

$$\sigma_{sk}=\frac{M_k}{0.87h_0A_s}=\frac{183.75\times10^6}{0.87\times665\times1520}=209\text{MPa}$$

混凝土应变不均匀系数：

$$\psi=1.1-0.65\frac{f_{tk}}{\rho_{\tau c}\sigma_{sk}}=1.1-0.65\times\frac{2.01}{0.0124\times209}=0.596$$

对于矩形截面构件，$v_i=1.0$。所以钢筋的等效直径为

$$d_{ei}=\frac{\sum n_id_i^2}{\sum n_iv_id_i}=\frac{4\times22^2}{4\times1.0\times22}=22$$

混凝土保护层厚度 $c=35-22/2=24\text{mm}$。查表可得 $\alpha_{cr}=2.1$，所以梁按荷载效应的标准组合并考虑长期作用影响的最大裂缝宽度为

$$w_{max}=\alpha_{cr}\psi\frac{\sigma_{sk}}{E_s}\left(1.9c+0.08\frac{d_{eq}}{\rho_{\tau c}}\right)$$

$$=2.1\times0.596\times\frac{209}{2.0\times10^5}\times\left(1.9\times24+0.08\times\frac{22}{0.0124}\right)$$

$$=0.245\text{mm}$$

按一类环境考虑，根据 $w_{lim}=0.3\text{mm}$，$w_{max}<w_{lim}$，满足要求。

比较1)、2)计算结果,发现按欧洲标准计算的最大裂缝宽度(0.168mm)比按GB 50010—2010计算结果(0.245mm)小。

7.4 挠度控制

钢筋混凝土受弯构件在使用荷载作用下将产生挠曲变形,而过大的挠曲变形将影响结构的正常使用。因此,为确保桥梁的正常使用,将受弯构件的变形计算列为正常使用极限状态设计的主要内容,要求受弯构件具有足够刚度,使得构件在使用荷载作用下的最大变形计算值不得超过限值。

EN 1992-1用两种方式控制构件挠度:经验方法和计算方法。EN 1992-2不允许使用经验简化法控制。

JTG 3362—2018用作用短期效应组合,并考虑长期效应影响产生的长期挠度不超过限值的方法进行控制。

影响变形的因素主要有混凝土强度、混凝土弹性模量、加载次序、收缩和徐变等。

图7-9所示为荷载作用下钢筋混凝土适筋受弯构件典型的弯矩-变形曲线,具有明显的三阶段特征。第Ⅰ阶段,构件混凝土未开裂,整个构件处于弹性状态,变形可以按照结构力学方法进行计算。第Ⅱ阶段为混凝土开裂(A点)到纵向受拉钢筋屈服(C'点)的阶段,在这一阶段,一些截面的混凝土开裂,但未开裂的混凝土基本保持弹性状态,钢筋也处于弹性状态,弯矩-变形仍保持线性关系,但曲线斜率降低,这表明构件的刚度减小,这是由构件混凝土开裂引起的,直线不通过原点,即卸载后构件出现残余变形,这表明构件变形过程中钢筋与混凝土出现滑移。第Ⅲ阶段钢筋处于塑性变形状态,构件刚度急剧减小,属于破坏阶段。第Ⅱ阶段是钢筋混凝土受弯构件需进行正常使用极限状态验算的阶段。

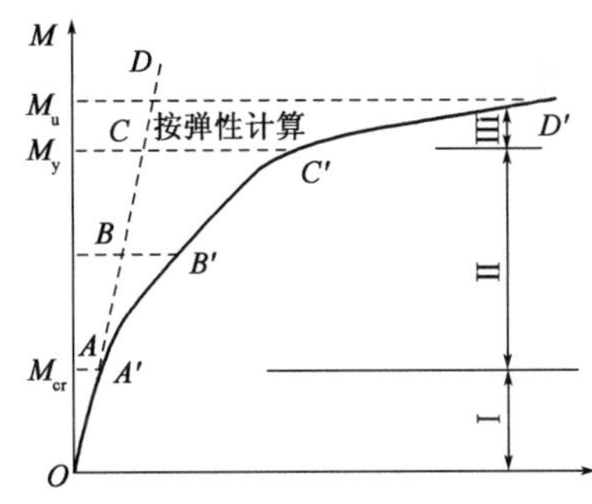

图7-9 钢筋混凝土受弯构件的弯矩-变形曲线

如图7-10所示,钢筋混凝土构件在荷载作用下产生变形,由于各截面的弯矩值不等,相应的截面曲率和刚度沿跨长分布都不均匀。随着荷载和弯矩值的增大,各截面的曲率和刚度及其分布又有变化。所以构件的变形(如跨中挠度f和端部转角θ等)也都有非线性变化过程,一般计算方法如下。

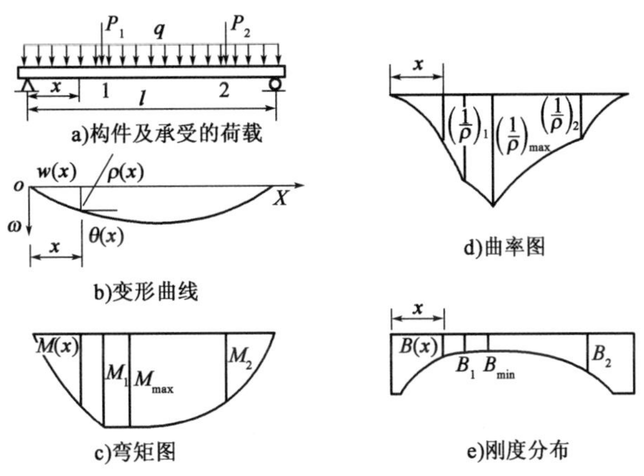

图7-10 荷载作用下钢筋混凝土受弯构件的变形

若构件的挠度曲线为$f(x)$,根据材料力学方法,曲率表达式为

$$\frac{1}{\rho(x)} = \frac{d^2 f(x)}{dx^2} \tag{7-75}$$

对式(7-75)分别进行一次和二次积分,即得构件的转角和挠度的计算公式:

$$\theta = \frac{\mathrm{d}f(x)}{\mathrm{d}x} = \int \frac{1}{\rho(x)}\mathrm{d}x = \int \frac{M(x)}{B(x)}\mathrm{d}x \tag{7-76}$$

$$f = \iint \frac{1}{\rho(x)}\mathrm{d}x^2 = \iint \frac{M(x)}{B(x)}\mathrm{d}x^2 \tag{7-77}$$

式中:$M(x)$、$1/\rho(x)$、$B(x)$——截面的弯矩、曲率和刚度值,都是沿构件轴线位置x的函数。

已知构件的跨度、支座条件和荷载状况以及选定截面形状和材料性能后,可以计算相应的弯矩$M(x)$和刚度$B(x)$,通过积分,并确定积分常数后,即得构件的变形(转角、挠度)方程(曲线)。当荷载值由小到大,逐步增加,可计算给出构件变形随荷载变化的全过程。

由于构件的截面刚度$B(x)$随着荷载值和截面位置都呈非线性变化,上述计算没有解析解。一般需将构件沿轴线离散为若干小段,采用数值积分法计算。对比较简单的构件或以混凝土开裂和钢筋屈服为特征点,将弯矩-曲率关系简化为折线形后,可利用虚功原理(图乘法)进行计算。

7.4.1 刚度与曲率计算

EN 1992-2 规定,在使用荷载作用下,钢筋混凝土构件的截面部分处于开裂状态,部分处于未开裂状态。对于开裂的截面,忽略混凝土的拉应力,对于未开裂截面,假定混凝土受拉和受压区均处于弹性状态,最大拉应力为f_{ctm}。EN 1992-2 规定对主要受弯矩作用的钢筋混凝土构件,可按式(7-78)计算其变形性能:

$$\alpha = \xi\alpha_2 + (1-\xi)\alpha_1 \tag{7-78}$$

式中:α——所考虑的变形参数,如可为应变、曲率、转角(作为简化,α也可取为挠度);

α_1、α_2——未开裂和完全开裂状态下计算的参数值;

ξ——考虑截面拉伸硬化的系数,按式(7-79)计算:

$$\xi = 1 - \beta\left(\frac{\sigma_{sr}}{\sigma_s}\right)^2 \tag{7-79}$$

如果构件未开裂,$\xi=0$;

β——考虑荷载持续时间或反复荷载对平均应变影响系数,单个短期荷载$\beta=1.0$,持久荷载或多次往复荷载$\beta=0.5$;

σ_s——按开裂截面计算的钢筋拉应力;

σ_{sr}——初裂荷载作用下计算的开裂截面钢筋拉应力。

受弯时σ_{st}/σ_s可用M_{cr}/M代替,纯拉时可用N_{cr}/N代替,其中M_{cr}为开裂弯矩,N_{cr}为开裂轴力。荷载产生的短期曲率可根据式(7-78)计算。

对于持久荷载,荷载及所产生的徐变引起的曲率通过混凝土有效弹性模量考虑,即

$$E_{c,eff} = \frac{E_{cm}}{1+\phi(\infty,t_0)} \tag{7-80}$$

式中:$\phi(\infty,t_0)$——徐变系数;

E_{cm}——混凝土平均弹性模量。

未开裂截面收缩曲率可按式(7-81)计算:

$$\frac{1}{r_{cs,uncr}} = \varepsilon_{cs}\alpha_e\frac{S_{uncr}}{I_{uncr}} \tag{7-81}$$

式中:ε_{cs}——混凝土自由收缩应变;

S_{uncr}——钢筋面积对未开裂截面重心的面积矩；

I_{uncr}——未开裂截面惯性矩；

α_{e}——有效弹性模量比，$\alpha_{\text{e}} = E_{\text{s}}/E_{\text{c,eff}}$。

未开裂截面的总曲率为

$$\frac{1}{r_{\text{cs,uncr}}} = \frac{1}{r_{\text{M,uncr}}} + \frac{1}{r_{\text{cs,uncr}}} \tag{7-82}$$

式中：$r_{\text{M,uncr}}$——荷载及徐变引起的未开裂截面弯曲的曲率半径。

开裂截面收缩产生的曲率：

$$\frac{1}{r_{\text{cs,cr}}} = \varepsilon_{\text{cs}}\alpha_{\text{e}}\frac{S_{\text{cr}}}{I_{\text{cr}}} \tag{7-83}$$

式中：$r_{\text{cs,cr}}$——开裂截面收缩产生的曲率的半径；

S_{cr}——开裂截面面积矩；

I_{cr}——开裂截面惯性矩。

如果构件的截面混凝土已经开裂，荷载及徐变引起的曲率为

$$\frac{1}{r_{\text{M,cr}}} = \frac{M}{E_{\text{c,eff}}I_{\text{cr}}} \tag{7-84}$$

开裂截面荷载、徐变及收缩引起的曲率为

$$\frac{1}{r_{\text{cr}}} = \frac{1}{r_{\text{M,cr}}} + \frac{1}{r_{\text{cs,cr}}} \tag{7-85}$$

考虑构件开裂和未开裂的等效曲率为

$$\frac{1}{r_{\text{e}}} = \xi\frac{1}{r_{\text{cr}}} + (1-\xi)\frac{1}{r_{\text{uncr}}} \tag{7-86}$$

JTG 3362—2018 规定：

（1）钢筋混凝土和预应力混凝土受弯构件，在正常使用极限状态下的挠度，可根据给定的构件刚度用结构力学的方法计算。

（2）受弯构件的刚度可按下式计算：

①钢筋混凝土构件。

$M_{\text{s}} \geqslant M_{\text{cr}}$时

$$B = \frac{B_0}{\left(\frac{M_{\text{cr}}}{M_{\text{s}}}\right)^2 + \left[\left(1-\frac{M_{\text{cr}}}{M_{\text{s}}}\right)^2\right]\frac{B_0}{B_{\text{cr}}}} \tag{7-87}$$

$M_{\text{s}} < M_{\text{cr}}$时，$B = B_0$

$$M_{\text{cr}} = \gamma f_{\text{tk}} W_0 \tag{7-88}$$

式中：B——开裂构件等效截面的抗弯刚度；

B_0——全截面的抗弯刚度，$B_0 = 0.95E_{\text{c}}I_0$；

B_{cr}——开裂截面的抗弯刚度，$B_{\text{cr}} = E_{\text{c}}I_{\text{cr}}$；

M_{cr}——开裂弯矩；

γ——构件受拉区混凝土塑性影响系数；

I_0——全截面换算截面惯性矩；

I_{cr}——开裂截面换算截面惯性矩；

f_{tk}——混凝土轴心抗拉强度标准值。

②预应力混凝土构件。

a. 全预应力混凝土和 A 类预应力混凝土构件 $B_0 = 0.95E_{\text{c}}I_0$；

b. 允许开裂的 B 类预应力混凝土构件：

在开裂弯矩 M_{cr}作用下：　$B_0 = 0.95E_{\text{c}}I_0$；

在（$M_{\text{s}} - M_{\text{cr}}$）作用下：　$B_{\text{cr}} = E_{\text{c}}I_{\text{cr}}$；

开裂弯矩 M_{cr} 按下式计算：

$$M_{cr} = (\sigma_{pc} + \gamma f_{tk}) W_0 \tag{7-89}$$

$$\gamma = \frac{2S_0}{W_0} \tag{7-90}$$

式中：S_0——全截面换算截面重心轴以上（或以下）部分面积对重心轴的面积矩；

σ_{pc}——扣除全部预应力损失预应力筋和普通钢筋合力 N_{p0} 在构件抗裂边缘产生的混凝土预压应力；

W_0——换算截面抗裂边缘的弹性抵抗矩。

（3）受弯构件在使用阶段的挠度应考虑荷载长期效应的影响，即按荷载短期效应组合和刚度计算的挠度值，乘以挠度长期增长系数 η_θ。挠度长期增长系数可按下列规定取用：

当采用 C40 以下混凝土时，$\eta_\theta = 1.60$；当采用 C40 ~ C80 混凝土时，$\eta_\theta = 1.45 \sim 1.35$；中间强度等级可按直线内插法取用。

（4）预应力混凝土受弯构件由预加力引起的反拱值，可用结构力学方法按刚度 $E_c I_0$ 进行计算，并乘以长期增长系数。计算使用阶段预加力反拱值时，顶应力钢筋的预加力应扣除全部预应力损失，长期增长系数取用 2.0。

（5）预应力混凝土受弯构件当需计算施工阶段的变形时，可按构件自重和预加力产生的初始弹性变形乘以 $[1 + \phi(t, t_0)]$ 求得。此处 $\phi(t, t_0)$ 为混凝土徐变系数，可根据加载龄期 t_0 和计算所需龄期 t 计算。

7.4.2 挠度计算

在求得构件短期或长期刚度后，根据材料力学方法，按下式计算构件的变形：

$$f = k \frac{M}{EI} l_0^2 = k \frac{1}{r_e} l_0^2 \tag{7-91}$$

式中：k——与荷载形式、支座形式有关的系数，对于常见的荷载如表 7-5 所示；

l_0——构件跨度。

挠度计算中 k 的取值 表 7-5

荷　载	弯　矩　图	k
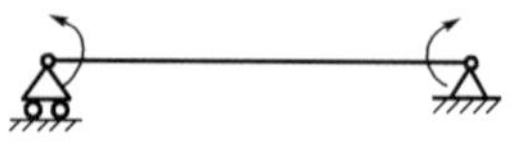	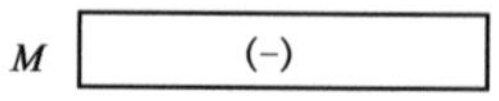 M (−)	0.125
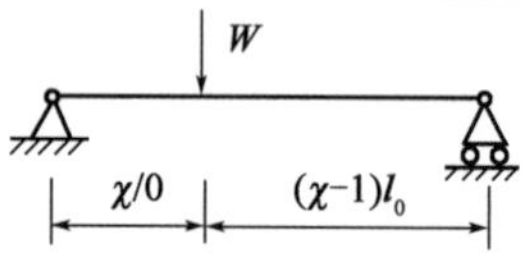 W; $\chi/0$; $(\chi-1)l_0$	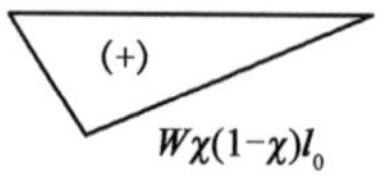 (+); $W\chi(1-\chi)l_0$	$\frac{3-4\chi^2}{48(1-\chi)}$
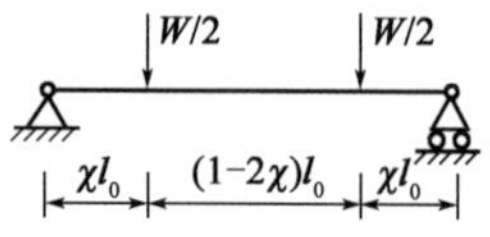 $W/2$; $W/2$; χl_0; $(1-2\chi)l_0$; χl_0	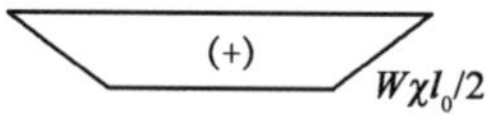 (+); $W\chi l_0/2$	$0.125 - \frac{\chi^2}{6}$
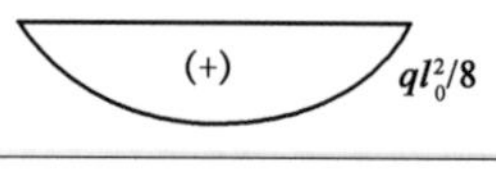 (+); $ql_0^2/8$	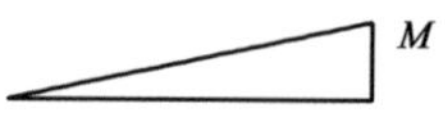 M	0.0625
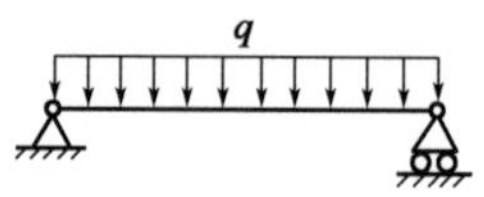 q	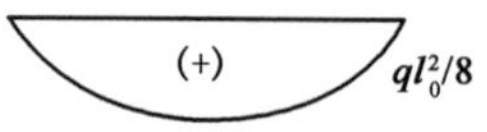 (+); $ql_0^2/8$	5/48
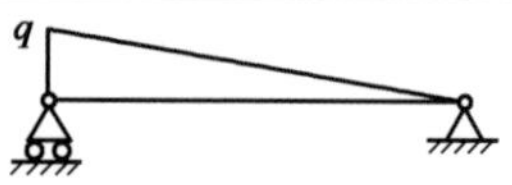 q	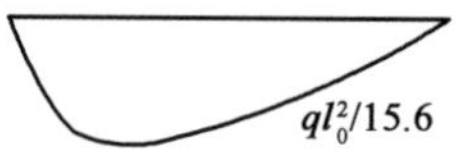 $ql_0^2/15.6$	0.102

续上表

荷　　载	弯　矩　图	k
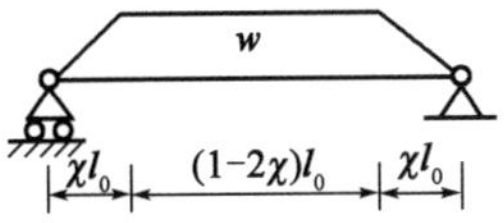 w；χl_0，$(1-2\chi)l_0$，χl_0	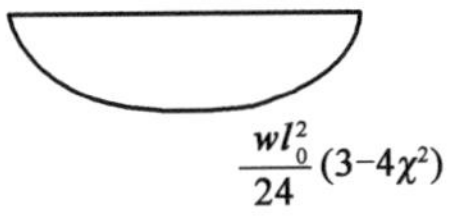 $\frac{wl_0^2}{24}(3-4\chi^2)$	$\frac{(5-4\chi^2)^2}{80(3-4\chi^2)}$
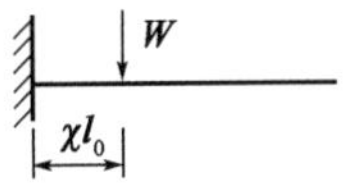 W；χl_0	 $W\chi l_0$	$\frac{\chi(3-\chi)}{6}$
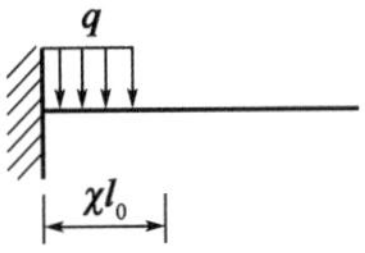 q；χl_0	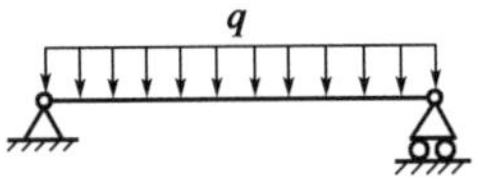 q	$\frac{\chi(4-\chi)}{12}$
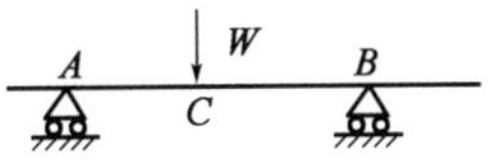 W；A，C，B	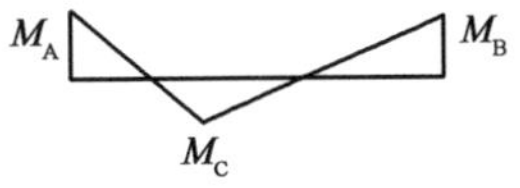 M_A，M_B，M_C	$k=0.083(1-t/4)$ $t=(M_A+M_B)/M_C$
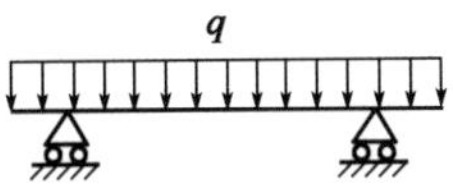 q	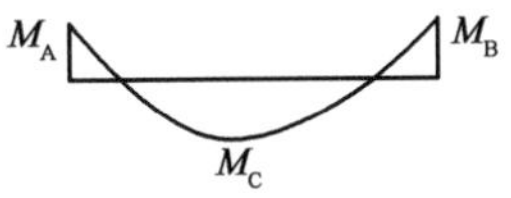 M_A，M_B，M_C	$k=0.104(1-t/10)$ $t=(M_A+M_B)/M_C$ M_C 为跨中最大弯矩

中国标准直接将计算得到的刚度 B，代入式(7-91)计算构件的变形。

欧洲标准常将构件沿长度离散为多个区段，计算每个节点截面的曲率，根据构件的截面曲率-挠度关系，建立节点截面挠度的方程组，解方程组得到节点的挠度。也可采用简化方法，直接根据最大弯矩截面的曲率按式(7-91)计算。

7.4.3　挠度限值

EN 1992-2 仅提出原则要求，没有给出挠度的具体限值。尽管 EN 1992-1 给出具体的挠度限值，但 EN 1992-2 明确指出 EN 1992-1 给定的挠度限值不适用于桥梁。

JTG 3362—2018 规定：

(1)钢筋混凝土和预应力混凝土受弯构件按上述计算的长期挠度值，在消除结构自重产生的长期挠度后：

梁式桥主梁的最大挠度处不应超过计算跨径的 $L/600$。

梁式桥主梁的悬臂端不应超过悬臂长度的 $L_1/300$。

桁架、拱：$L/800$。

此处 L 为计算跨径，L_1 为悬臂长度。

(2)受弯构件的预拱度可按下列规定设置：

①对于钢筋混凝土受弯构件。

a. 当由荷载短期效应组合并考虑荷载长期效应影响产生的长期挠度不超过计算跨径的 1/1600 时，可不设预拱度。

b. 当不符合上述规定时应设预拱度，且其值应按结构自重和 1/2 可变荷载频遇值计算的长期挠度值之和采用。

②对于预应力混凝土受弯构件。

a. 当预加力产生的长期反拱值大于按荷载短期效应组合计算的长期挠度时,可不设预拱度。

b. 当预加力的长期反拱值小于按荷载短期效应组合计算的长期挠度时应设预拱度,其值应按该项荷载的挠度值与预加应力长期反拱值之差采用。

对自重相对于活载较小的预应力混凝土受弯构件,应考虑预加应力反拱值过大可能造成的不利影响,必要时采取反预拱或设计和施工上的其他措施,避免桥面隆起直至开裂破坏。

例 7-6 钢筋混凝土简支梁的变形验算

对例 7-4 中钢筋混凝土简支梁进行挠度验算。

1)按 EN 1992 计算

$f_{ctm}=2.6\text{MPa}, E_{cm}=31\text{GPa}$。$b=350\text{mm}, h=700\text{mm}, d=650\text{mm}, d'=50\text{mm}$。下部纵向钢筋 $4\phi20, A_s=1256\text{mm}^2, \rho=0.0055$;上部纵向钢筋 $2\phi16, A'_s=402\text{mm}^2, \rho'=0.0018$。

(1)按离散方程方法计算。

①收缩应变。

收缩应变 ε_{cs} 包括干缩应变 ε_{cd} 和自收缩应变 ε_{ca} 两部分。

干缩应变:混凝土毛截面面积 $A_c=bh=350\times700=245000\text{mm}^2$,暴露在干燥环境中的截面周长 $u=2(b+h)=2\times(350+700)=2100\text{mm}$,则名义高度:

$$h_0=2A_c/u=2\times245000/2100=233\text{mm}$$

按线性内插得,$k_h=0.817$。

取使用寿命 $t=50\text{a}$,养护 $t_s=3\text{d}$。$\beta_{ds}(t,t_s)$ 为

$$\beta_{ds}(t,t_s)=\frac{t-t_s}{t-t_s+0.04\sqrt{h_0^3}}=\frac{50\times365-3}{50\times365-3+0.04\sqrt{233^3}}\approx1.0$$

假定相对湿度 RH = 40%,名义干缩应变 $\varepsilon_{cd,0}=0.6\times10^{-3}$。混凝土干缩应变为

$$\varepsilon_{cd}(t)=\beta_{ds}(t)k_h\varepsilon_{cd,0}=1.0\times0.817\times0.60\times10^{-3}=490\times10^{-6}$$

自收缩应变:终极自收缩应变 $\varepsilon_{ca}(\infty)$ 为

$$\varepsilon_{ca}(\infty)=2.5\times(f_{ck}-10)\times10^{-6}=2.5\times(25-10)\times10^{-6}=37.5\times10^{-6}$$

加载修正系数 $\beta_{as}(t)$ 为

$$\beta_{as}(t)=1-\exp(-0.2t^{0.5})=1-\exp[-0.2\times(50\times365)^{0.5}]\approx1.0$$

所以,自收缩应变为

$$\varepsilon_{ca}(t)=\beta_{as}(t)\varepsilon_{ca}(\infty)=1.0\times37.5\times10^{-6}=37.5\times10^{-6}$$

总收缩应变为

$$\varepsilon_{cs}=\varepsilon_{cd}+\varepsilon_{ca}=490\times10^{-6}+37.5\times10^{-6}=527.5\times10^{-6}$$

②徐变系数。

对于强度等级小于 C35 的混凝土,按欧洲标准,相对湿度对名义徐变系数的影响系数 ψ_{RH} 为

$$\psi_{RH}=1+\frac{1-\frac{RH}{100}}{0.1\sqrt[3]{h_0}}=1+\frac{1-\frac{40}{100}}{0.1\sqrt[3]{233}}=1.975$$

$f_{cm}=f_{ck}+8=25+8=33\text{MPa}$。混凝土强度平均值影响系数:

$$\beta(f_{cm})=\frac{16.8}{\sqrt{f_{cm}}}=\frac{16.8}{\sqrt{33}}=2.92$$

假定第 28d 时加载($t_0=28\text{d}$),加载时间影响系数

$$\beta(t_0)=\frac{1}{0.1+t_0^{0.20}}=\frac{1}{0.1+28^{0.20}}=0.488$$

所以基本徐变系数为

$$\phi_0=\phi_{RH}\beta(f_{cm})\beta(t_0)=1.975\times2.92\times0.488=2.81$$

对于强度等级小于 C35 的混凝土,相对湿度和名义构件尺寸对徐变的影响系数:

$$\beta_H=1.5[1+(0.012RH)^{18}]h_0+250=1.5\times[1+(0.012\times40)^{18}]\times233+250\approx600$$

因此,加载后徐变随时间发展的系数为

$$\beta_c(t,t_0)=\left[\frac{(t-t_0)}{\beta_H+(t-t_0)}\right]^{0.3}=\left[\frac{(50\times365-28)}{600+(50\times365-28)}\right]^{0.3}=1.0$$

所以徐变系数为

$$\phi(t,t_0)=\phi_0\beta_c(t,t_0)=2.81\times1.0=2.81$$

③截面特性和开裂弯矩。

混凝土有效弹性模量:

$$E_{c,eff}=\frac{E_{cm}}{1+\phi(t,t_0)}=\frac{31}{1+2.81}=8.14\text{GPa}$$

钢筋弹性模量与混凝土有效弹性模量之比:

$$\alpha_e=\frac{E_s}{E_{c,eff}}=\frac{200}{8.14}=24.6$$

a. 未开裂截面计算。

未开裂截面的中性轴高度:

$$\frac{x_{uncr}}{d}=\frac{\frac{1}{2}\left(\frac{h}{d}\right)^2+\alpha_e\left[\rho'\left(\frac{d'}{d}\right)+\rho\right]}{\frac{h}{d}+\alpha_e(\rho+\rho')}=\frac{\frac{1}{2}\times\left(\frac{700}{650}\right)^2+24.6\times\left[0.0018\times\left(\frac{50}{650}\right)+0.0055\right]}{\frac{700}{650}+24.6\times(0.0055+0.0018)}=0.572$$

$$x_{uncr}=0.572d=0.572\times650=372\text{mm}$$

未开裂截面的惯性矩:

$$I_{uncr}=0.105bd^3=0.105\times350\times650^3=10.09\times10^9\text{mm}^4$$

梁截面的面积矩:

$$\frac{S_{uncr}}{bd^2}=\rho\left(1-\frac{x_{uncr}}{d}\right)+\rho'\left(\frac{x_{uncr}}{d}-\frac{d'}{d}\right)$$

$$=0.005\times(1-0.572)+0.0018\times\left(0.572-\frac{50}{650}\right)$$

$$=0.00325$$

$$S_{uncr}=0.00325bd^2=0.00325\times350\times650^2=0.480\times10^6\text{mm}^3$$

梁截面面积矩与惯性矩之比:

$$\frac{S_{uncr}}{I_{uncr}}=\frac{0.480\times10^6}{10.09\times10^9}=0.0476\times10^{-3}\text{mm}^{-1}$$

梁截面,即将开裂时的弯矩:

$$M_{cr}=\frac{f_{ctm}I_{uncr}}{h-x_{uncr}}=\frac{2.6\times10.09\times10^9}{700-372}=80.0\text{kNm}$$

b. 开裂截面计算。

开裂截面的中性轴高度:

$$\frac{x_{cr}}{d}=-\alpha_e(\rho'+\rho)+\left[\alpha_e^2(\rho'+\rho)^2+2\alpha_e\left(\rho'\frac{d'}{d}+\rho\right)\right]^{0.5}$$

$$=-24.6\times(0.0018+0.0055)+\begin{bmatrix}24.6^2\times(0.0018+0.0055)^2+2\times\\24.6\times\left(0.0018\times\frac{50}{650}+0.0055\right)\end{bmatrix}^{0.5}$$

$$=0.377$$

$x_{cr}=0.377d=0.377\times650=245\text{mm}$

开裂截面的惯性矩：

$$\frac{I_{cr}}{bd^3}=\frac{1}{3}\left(\frac{x_{cr}}{d}\right)^3+\rho'(\alpha_e-1)\left(\frac{x_{cr}}{d}-\frac{d'}{d}\right)^2+\rho\alpha_e\left(1-\frac{x_{cr}}{d}\right)^2$$

$$=\frac{1}{3}\times\left(\frac{245}{650}\right)^3+0.0018\times(24.6-1)\times\left(\frac{245}{650}-0.077\right)^2+0.0055\times24.6\times\left(1-\frac{245}{650}\right)^2$$

$$=0.074$$

$I_{cr}=0.074bd^3=0.074\times350\times650^3=7.11\times10^9\text{mm}^4$

梁截面的面积矩：

$$\frac{S_{cr}}{bd^2}=\rho\left(1-\frac{x_{cr}}{d}\right)+\rho'\left(\frac{x_{cr}}{d}-\frac{d'}{d}\right)$$

$$=0.005\times(1-0.377)+0.0018\times\left(0.377-\frac{50}{650}\right)$$

$$=0.00397$$

$S_{cr}=0.00397bd^2=0.00397\times350\times650^2=0.587\times10^6\text{mm}^3$

梁截面面积矩与惯性矩之比：

$$\frac{S_{cr}}{I_{cr}}=\frac{0.587\times10^6}{7.11\times10^9}=0.0826\times10^{-3}\text{mm}^{-1}$$

④变形计算。

如图 7-11 所示，将梁长分成 4 段，假定所有瞬时荷载以准永久荷载的方式起作用，$\psi_2=0.3$，则：

$q_d=g_k+\psi_2q_k=18+0.3\times12=21.6\text{kN/m}$

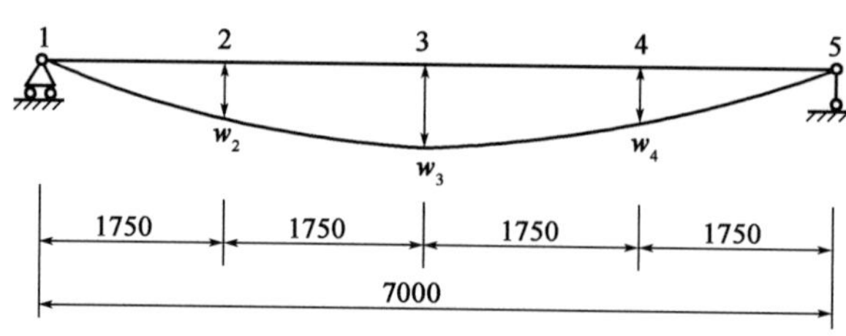

图 7-11　梁的变形(尺寸单位：mm)

荷载在梁上产生的弯矩：

$M_{sd}=q_dl_0y/2-q_dy^2/2=21.6\times7y/2-21.6y^2/2=75.6y-10.8y^2\text{kNm}$

收缩使梁开裂和未开裂截面产生的曲率沿梁长为常数，所以可以首先确定。

未开裂截面的曲率：

$1/r_{cs,uncr}=(\varepsilon_{cs}\alpha_eS_{uncr})/I_{uncr}=527.5\times10^{-6}\times24.6\times0.0476\times10^{-3}=0.6177\times10^{-6}\text{mm}^{-1}$

开裂截面的曲率：

$1/r_{cs,cr}=(\varepsilon_{cs}\alpha_e S_{cr})/I_{cr}=527.5\times10^{-6}\times24.6\times0.0826\times10^{-3}=1.0719\times10^{-6}\text{mm}^{-1}$

荷载使梁各点的截面产生的曲率按以下方法计算。

点 1($y=0$):

由于 $M=0$,所以 $1/r_{c,1}=0$。

点 2($y=1.75$m):

$M=75.6y-10.8y^2=75.6\times1.75-10.8\times1.75^2=99.23\text{kNm}>M_{cr}$

截面已经开裂。取 $\beta=0.5$,得:

$$\zeta=1-\beta\left(\frac{\sigma_{s,cr}}{\sigma_s}\right)^2=1-\beta\left(\frac{M_{cr}}{M}\right)^2=1-0.5\times\left(\frac{80}{99.23}\right)^2=0.683$$

假定截面未开裂,截面曲率为

$$\frac{1}{r_{M,uncr}}=\frac{M_{sd}}{E_{c,eff}I_{uncr}}=\frac{99.23\times10^6}{8.14\times10^3\times10.09\times10^9}=1.208\times10^{-6}\text{mm}^{-1}$$

截面实际已经开裂,截面曲率为

$$\frac{1}{r_{M,cr}}=\frac{M_{sd}}{E_{c,eff}I_{cr}}=\frac{99.23\times10^6}{8.14\times10^3\times7.11\times10^9}=1.715\times10^{-6}\text{mm}^{-1}$$

截面未开裂时的曲率为收缩曲率和荷载产生的曲率之和,即

$$\frac{1}{r_{uncr}}=\frac{1}{r_{cs,uncr}}+\frac{1}{r_{M,uncr}}=(0.6177+1.208)\times10^{-6}=1.826\times10^{-6}\text{mm}^{-1}$$

截面开裂后的曲率为收缩曲率和荷载产生的曲率之和,即

$$\frac{1}{r_{cr}}=\frac{1}{r_{cs,cr}}+\frac{1}{r_{M,cr}}=(1.0719+1.715)\times10^{-6}=2.787\times10^{-6}\text{mm}^{-1}$$

点 2 截面的有效曲率为

$$\frac{1}{r_{c,2}}=\zeta\frac{1}{r_{cr}}+(1-\zeta)\frac{1}{r_{uncr}}=0.683\times2.787\times10^{-6}+(1-0.683)\times1.826\times10^{-6}$$
$$=2.482\times10^{-6}\text{mm}^{-1}$$

点 3($y=3.5$m):

按照与点 2 相同的步骤得到,$\frac{1}{r_{c,3}}=3.158\times10^{-6}\text{mm}^{-1}$。

点 4($y=5.25$m):

点 4 与点 2 对称,所以 $\frac{1}{r_{c,4}}=2.482\times10^{-6}\text{mm}^{-1}$。

点 5($y=7$m):

点 5 与点 1 对称,所以 $\frac{1}{r_{c,5}}=0$。

将式(7-87)转换成差分形式,得:

$w_{i-1}-2w_i+w_{i+1}=-(\Delta y)^2/r_{e,i}$

其中,$(\Delta y)^2=(1750)^2=3.0625\times10^6\text{mm}^2$。

该表达式可用 5 个离散点的方程表示为

$$\begin{cases}w_0-2w_1+w_2=-(\Delta y)^2/r_{e,1}\\w_1-2w_2+w_3=-(\Delta y)^2/r_{e,2}\\w_2-2w_3+w_4=-(\Delta y)^2/r_{e,3}\\w_3-2w_4+w_5=-(\Delta y)^2/r_{e,4}\\w_4-2w_5+w_6=-(\Delta y)^2/r_{e,5}\end{cases}$$

点 1 的边界条件为 $w_1=0$,点 5 的边界条件为 $w_5=0$。代入 $(\Delta y)^2$ 及 $r_{e,i}$ 的值得到:

$$\begin{cases} w_0 - 2w_1 + w_2 = 0 \\ w_1 - 2w_2 + w_3 = -7.601 \\ w_2 - 2w_3 + w_4 = -9.671 \\ w_3 - 2w_4 + w_5 = -7.601 \\ w_4 - 2w_5 + w_6 = 0 \end{cases}$$

解方程组得 $w_2 = 12.44\text{mm}$，$w_3 = 17.27\text{mm}$（跨中挠度），$w_4 = 12.44\text{mm}$。

按 EN 1992-1 的挠度限值为 $l/250 = 7000/250 = 28\text{mm}$。$w_3 < l/250$，满足要求。

（2）按简化方法计算。

①收缩产生的挠度。

由上面的计算知收缩产生的未开裂截面的曲率 $1/r_{cs,uncr} = 0.6177 \times 10^{-6}\text{mm}^{-1}$，开裂截面的曲率 $1/r_{cs,cr} = 1.0719 \times 10^{-6}\text{mm}^{-1}$。收缩产生的等效曲率为

$$\begin{aligned} \frac{1}{r_{cs}} &= \zeta \frac{1}{r_{cs,uncr}} + (1-\zeta)\frac{1}{r_{cs,cr}} \\ &= 0.822 \times 0.6177 \times 10^{-6} + (1-0.822) \times 1.0719 \times 10^{-6} \\ &= 0.7 \times 10^{-6}\text{mm}^{-1} \end{aligned}$$

由截面曲率与变形 w 的关系：$1/r_e = -\mathrm{d}w(y)/\mathrm{d}y^2$，积分后，得收缩产生的挠度曲线：

$w(y) = y(l_0 - y)/2r_{cs}$

梁跨中挠度：

$w_{cs} = w(l_0/2) = l_0^{\ 2}/8r_{cs} = 7000^2 \times 0.7 \times 10^{-6}/8 = 4.288\text{mm}$

②荷载产生的跨中挠度：

$1/r_{M,uncr} = 3.359 \times 10^{-6}\text{mm}^{-1}$

$1/r_{M,cr} = 2.229 \times 10^{-6}\text{mm}^{-1}$

$$\begin{aligned} \frac{1}{r_M} &= \zeta \frac{1}{r_{M,uncr}} + (1-\zeta)\frac{1}{r_{M,cr}} \\ &= 0.822 \times 3.359 \times 10^{-6} + (1-0.822) \times 2.229 \times 10^{-6} \\ &= 3.160 \times 10^{-6}\text{mm}^{-1} \end{aligned}$$

由荷载产生的跨中挠度：

$w_M = kl_0^{\ 2}/r_M = 5 \times 3.160 \times 10^{-6} \times 7000^2/48 = 16.13\text{mm}$

③总挠度：

$w = w_{cs} + w_M = 4.288 + 16.13 = 20.42\text{mm}$

由此可见，按简化方法计算的梁的挠度比按离散化方法计算的略大。

2）按 JTG 3362—2018 计算

采用 C30 混凝土，$E_c = 30\text{GPa}$，$f_{tk} = 2.01\text{MPa}$，$\psi_2 = 1.2$，纵筋采用 B500 钢筋（为对比采用欧洲标准钢号），$E_s = 200\text{GPa}$，$A_s = 4019.2\text{mm}^2$，$b = 300\text{mm}$，$h = 600\text{mm}$，$a_s = 60\text{mm}$，$h_0 = 540\text{mm}$，$l_0 = 7000\text{mm}$，$\gamma_G = 1.2$，$\gamma_Q = 1.4$，$M_{Gk} = 240\text{kNm}$，$M_{Qk} = 320\text{kNm}$。

跨中弯矩值：

$M_k = 1.2M_G + 1.4M_Q = 1.2 \times 240 + 1.4 \times 320 = 736\text{kNm}$

作用长期效应组合：

$M_s = M_G + 0.4M_Q = 240 + 0.4 \times 320 = 368\text{kNm}$

全截面（不考虑开裂）换算截面重心轴以上（或以下）部分对重心轴的面积矩：

$$S_0 = \frac{200}{30} \times 4019.2 \times \left[540 - \frac{\frac{1}{2} \times 300 \times 600^2 + \left(\frac{200}{30} - 1\right) \times 4019.2 \times 540}{300 \times 600 + \left(\frac{200}{30} - 1\right) \times 4019.2}\right]$$

$=5.71\times10^{6}\mathrm{mm}^{3}$

全截面换算截面对重心轴惯性矩：

$$I_{0}=\frac{1}{12}\times300\times600^{3}+300\times600\times\left[\frac{1}{2}\times600-\frac{\frac{1}{2}\times300\times600^{2}+\left(\frac{200}{30}-1\right)\times4019.2\times540}{300\times600+\left(\frac{200}{30}-1\right)\times4019.2}\right]^{2}+$$

$$\left(\frac{200}{30}-1\right)\times4019.2\times\left[540-\frac{\frac{1}{2}\times300\times600^{2}+\left(\frac{200}{30}-1\right)\times4019.2\times540}{300\times600+\left(\frac{200}{30}-1\right)\times4019.2}\right]^{2}$$

$=6.565\times10^{9}\mathrm{mm}^{4}$

全截面换算截面抗裂边缘弹性抵抗矩：

$$W_{0}=\frac{6.565\times10^{9}}{600-\frac{\frac{1}{2}\times300\times600^{2}+\left(\frac{200}{30}-1\right)\times4019.2\times540}{300\times600+\left(\frac{200}{30}-1\right)\times4019.2}}$$

$=2.4\times10^{7}\mathrm{mm}^{3}$

受拉区混凝土塑性影响系数：

$\gamma=2S_{0}/W_{0}=2\times5.71\times10^{6}/2.4\times10^{7}=0.48$

开裂弯矩：

$M_{cr}=\gamma f_{tk}W_{0}=0.48\times2.01\times2.4\times10^{7}=2.32\times10^{7}\mathrm{Nmm}$

开裂截面换算截面惯性矩：

$$I_{cr}=\frac{1}{3}\times300\times\left[\frac{\frac{1}{2}\times300\times600^{2}+\left(\frac{200}{30}-1\right)\times4019.2\times540}{300\times600+\left(\frac{200}{30}-1\right)\times4019.2}\right]^{3}+\frac{200}{30}\times4019.2\times$$

$$\left[540-\frac{\frac{1}{2}\times300\times600^{2}+\left(\frac{200}{30}-1\right)\times4019.2\times540}{300\times600+\left(\frac{200}{30}-1\right)\times4019.2}\right]^{2}$$

$=4.712\times10^{9}\mathrm{mm}^{4}$

开裂截面抗弯刚度：

$B_{cr}=E_{c}I_{cr}=30\times10^{3}\times4.712\times10^{9}=1.4136\times10^{14}\mathrm{Nmm}^{2}$

开裂截面换算截面惯性矩：

$B_{0}=0.95E_{c}I_{0}=0.95\times30\times10^{3}\times6.565\times10^{9}=1.871\times10^{14}\mathrm{Nmm}^{2}$

钢筋混凝土构件抗弯刚度：

$$B=\frac{B_{0}}{\left(\frac{M_{cr}}{M_{s}}\right)^{2}+\left[1-\left(\frac{M_{cr}}{M_{s}}\right)^{2}\right]\frac{B_{0}}{B_{cr}}}$$

$$=\frac{1.871\times10^{14}}{\left(\frac{2.32\times10^{7}}{368\times10^{6}}\right)^{2}+\left[1-\left(\frac{2.32\times10^{7}}{368\times10^{6}}\right)^{2}\right]\times\frac{1.871\times10^{14}}{1.4136\times10^{14}}}$$

$=1.415\times10^{14}$

查 JTG 3362—2018 表 7.3-5，得 $k=5/48$，则

梁的跨中挠度：

$$f_G = k\frac{M_k}{B}l_0^2 = \frac{5 \times 736 \times 10^6}{48 \times 1.415 \times 10^{14}} \times 7000^2 = 26.5\text{mm} > 20\text{mm}$$

不满足要求。

本例旨在说明挠度演算过程,计算结果并不重要,因此没必要修改截面设计,重新计算。

7.5 本章小结

本章讨论正常使用极限状态设计的相关规定。中欧标准关于这方面的内容基本相同,但某些细节处理仍存在差异。具体如下:

(1)中欧标准提出的三种正常使用极限状态相同,即应力、裂缝和挠度限制。欧洲标准关于正常使用极限状态的验算使用了三种作用组合,而《公路钢筋混凝土及预应力混凝土桥涵设计规范》(JTG 3362—2018)仅用了两种组合,即短期效应组合和长期效应组合,没有欧洲标准中的标准组合。

对于预应力构件设计,JTG 3362—2018 分为全预应力构件与部分预应力构件。全预应力构件在作用短期效应组合下控制的正截面的受拉边缘不允许出现拉应力(不得消压)。部分预应力构件则允许受拉边缘出现拉应力。部分预应力构件又分 A、B 两类。A 类构件控制拉应力,B 类构件则不限。欧洲标准则没有这方面的规定。

(2)应力限值。欧洲标准考虑到环境条件的影响,混凝土应力限值:标准组合作用应力水平不超过 k_1f_{ck};准永久组合作用超过 k_2f_{ck}时,考虑非线性徐变。为避免出现非弹性应变、不合格开裂或变形,对钢筋应力也进行了限制:特征组合作用条件下拉伸应力不超过 k_3f_{yk};由外加变形引起的应力,拉应力不应超过 k_4f_{yk};预应力束中平均应力值不应超过 k_5f_{yk}。

JTG 3362—2018 对应力的限制分为持久状况预应力混凝土构件应力控制和裂缝应力控制。前者控制截面混凝土的法向压应力、钢筋的拉应力和斜截面混凝土的主压应力;后者控制预应力混凝土正截面拉应力、斜截面主拉应力。

(3)中欧标准关于裂缝控制方式差异较大。EN 1992-2 按下述三种方式进行裂缝控制:

①基于裂缝控制的最小钢筋面积。

②限制混凝土应力和钢筋应力。

③不直接进行计算的裂缝控制。

JTG 3362—2018 主要通过控制预应力混凝土构件的应力,达到控制裂缝的目的,包括:

①正截面受拉应力控制。

②斜截面受拉主应力控制。

③混凝土主压应力控制。对于普通钢筋混凝土和 B 类预应力混凝土则是通过裂缝宽度限值进行控制。

(4)裂缝宽度计算方法。欧洲标准使用特征裂缝宽度验算混凝土构件的裂缝。GB 50010—2010 根据黏结滑移理论,采用平均裂缝宽度乘以扩大系数的方法;JTG 3362—2018 以钢筋应变为基础,乘以各种因素的修正系数求得。可见,关于裂缝计算方法目前仍存在较大分歧,有待进一步研究和试验经验的积累。

(5)裂缝宽度限值方面。JTG 3362—2018 的限值比欧洲标准的限值更严格,欧洲标准对应长期效应与短期效应的限值分别为 0.2mm 和 0.3mm。中国标准对于Ⅰ类和Ⅱ类环境,限值为 0.20mm,Ⅲ类和Ⅳ类环境限值为 0.15mm。

(6)挠度控制。EN 1992-1 用两种方式控制构件挠度:简化方法和计算方法,EN 1992-2 不允许使用简化法控制;JTG 3362—2018 用作用短期效应组合,并考虑长期效应影响产生的挠度不超过限值的方法进行控制。

(7)挠度计算。欧洲标准将构件沿长度离散为多个区段,计算每个节点截面的曲率,根据构件的截面曲率-挠度关系,建立节点截面挠度的方程组,解方程组得到节点的挠度。而 JTG 3362—2018 利用经验抗弯刚度,直接代入挠度方程计算。计算结果表明按中国标准计算的挠度值大于按欧洲标准计算的挠度值。

(8)挠度限值。EN 1992-2 仅提出原则性要求,没有给出挠度的具体限值。JTG 3362—2018 规定钢筋混凝土和预应力混凝土受弯构件按上述计算的长期挠度值,在消除结构自重产生的长期挠度后:梁式桥主梁的最大挠度处不应超过计算跨径的 $L/600$;梁式桥主梁的悬臂端不应超过悬臂长度的 $L_1/300$;桁架、拱:$L/800$。

第 8 章

钢筋与预应力筋的构造要求

8.1 概述

EN 1992 中的构造要求规则适用于带肋钢筋、钢筋网与预应力钢束，但不包括光圆钢筋。

EN 1992 中关于黏结与机械锚固特性构造设计应考虑的主要影响因素有以下几方面：

(1)混凝土类型与强度。

(2)钢筋的表面特征。

(3)钢筋形状与弯曲。

(4)混凝土保护层的厚度。

(5)焊接横向钢筋。

(6)连接或其他非焊接横向钢筋提供的附加约束。

(7)横向压力提供的附加约束。

国内相关混凝土标准关于钢筋的构造设计规则除光圆钢筋外，与欧洲标准基本相同。

8.2 钢筋间距

钢筋的间距越小，其间混凝土应力的重叠越明显(图 8-1)，混凝土对钢筋锚固作用的削弱越大，从而黏结强度降低。

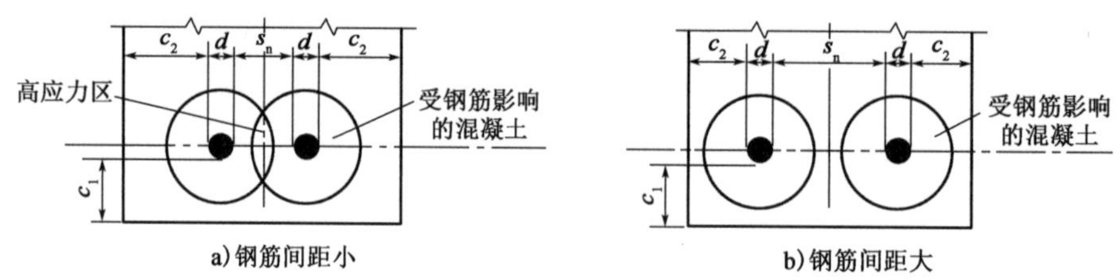

图 8-1　钢筋间距对黏结的影响

由于钢筋间距影响混凝土的浇筑和捣实，以及钢筋与混凝土的黏结性能，所以各国标准对钢筋的间距都进行了规定。

EN 1992 规定，单排平行钢筋之间或各层平行钢筋之间的净距(水平和垂直)不应小于 k_1 倍的钢筋直径、(d_g+k_2)mm 和 20mm 中的较大者，其中 d_g 为骨料最大粒径。k_1 和 k_2 的值为国家定义参数，欧洲标准的建议值分别为 1mm 和 5mm。当钢筋分几层布置时，每一层的钢筋应上下对齐。每列钢筋之间应有足够的间距，以使振捣器能正常工作。

GB 50010—2010 规定，梁上部纵向钢筋水平方向的净间距不小于 30mm 和 1.5d（d 为钢筋的最大直径）；下部纵向钢筋水平力方向的净间距不小于 25mm 和 d。梁的下部纵向钢筋配置多于两层时，两层以上钢筋水平方向的中距应比下面两层的中距增大一倍。各层钢筋之间的净间距不小 25mm 和 d。沿截面周边布置的受扭纵向钢筋的间距不大于 200mm 和梁截面短边长度。柱中纵向受力钢筋的净间距不小于 50mm；对水平浇筑的预制柱，其纵向钢筋的最小净间距可按梁的规定取用。

JTG 3362—2018 规定，受弯构件的钢筋净距应考虑浇筑混凝土时，振捣器可以顺利插入。各主钢筋间横向净距和层与层之间的竖向净距，当钢筋为三层及以下时，不应小于 30mm，并不小于钢筋直径；当钢筋为三层以上时，不应小于 40mm，并不小于钢筋直径的 1.25 倍。对于束筋，此处直径采用等代直径。

箱形截面梁的底板上、下层，应分别设置平行于桥跨和垂直于桥跨的构造钢筋。钢筋截面面积为：对于钢筋混凝土桥，不应小于配置钢筋的底板截面面积的 0.4%；对于预应力混凝土桥，不应小于配置钢筋的底板截面面积的 0.3%。当底板厚度有变化时可分段设置。钢筋直径不宜小于 10mm，其间距不宜大于 300mm。

8.3　弯曲钢筋的允许弯曲直径

EN 1992-2 要求对于带弯钩的钢筋，确定钢筋最小弯曲直径时要考虑避免钢筋产生弯曲裂缝及避免弯钩内混凝土的破坏。为避免钢筋破坏，钢筋弯曲直径不小于 $\Phi_{m,min}$。$\Phi_{m,min}$ 为国家定义参数，欧洲标准的建议值如表 8-1 所示。

避免钢筋破坏的最小弯曲直径欧洲标准建议值　　表 8-1

<table>
<tr><td rowspan="3">钢筋和钢丝</td><td>钢筋直径</td><td colspan="2">弯折、斜弯钩、半圆弯钩钢筋的最小弯曲直径</td></tr>
<tr><td>$\Phi \leqslant 16$</td><td colspan="2">4Φ</td></tr>
<tr><td>$\Phi > 16$</td><td colspan="2">7Φ</td></tr>
<tr><td rowspan="3">焊接的弯折钢筋和焊接后的钢筋网</td><td colspan="3">最小弯曲直径</td></tr>
<tr><td colspan="2">或</td><td>d　或</td></tr>
<tr><td colspan="2">5Φ</td><td>$d \geqslant 3\Phi$：5Φ
$d < 3\Phi$ 或弯弧内焊接时：20Φ</td></tr>
</table>

如果满足下列条件，则不需对弯曲直径进行验算：

（1）钢筋超出弯曲端的锚固长度不大于 5Φ。

（2）钢筋远离混凝土表面和弯钩内有一根直径 $\geqslant \Phi$ 的交叉钢筋。

（3）弯曲直径大于等于表 8-1 中的推荐值。

否则，弯曲直径的验算公式如下：

$$\Phi_{m,min} \geqslant \frac{F_{bt}}{f_{cd}}\left(\frac{1}{a_b} + \frac{1}{2\Phi}\right) \tag{8-1}$$

式中：Φ——钢筋直径；

F_{bt}——钢筋或钢筋组在极限荷载作用下的拉力；

a_b——垂直于弯曲平面钢筋(或钢筋组间)间距的一半；对于邻近构件表面的一根或一组钢筋，a_b 应为保护层厚度加 $\Phi/2$；

f_{cd}——混凝土设计抗压强度，但不应取大于 C55/67 混凝土的强度值。

JTG 3362—2018 规定，受拉钢筋端部弯钩应符合表 8-2 的要求。

受拉钢筋端部弯钩　　表 8-2

弯曲部位	弯曲角度	形状	钢筋	弯曲直径（D）	平直段长度
末端弯钩	180°	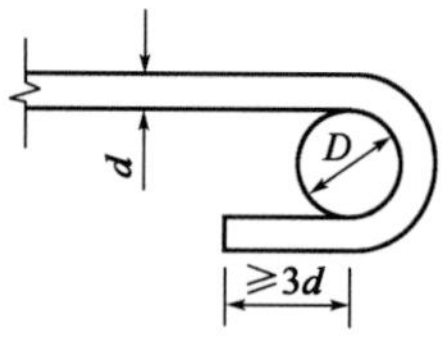 d，D，≥3d	HRB300	≥2.5d	≥3d
	135°	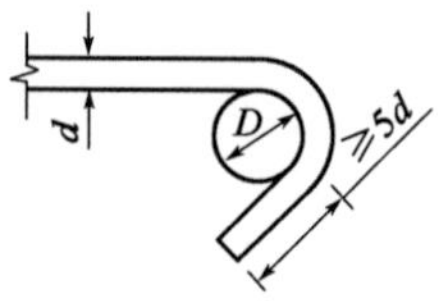 d，D，≥5d	HRB400 HRB500 HRBF400 RRB400	≥5d	≥5d
	90°	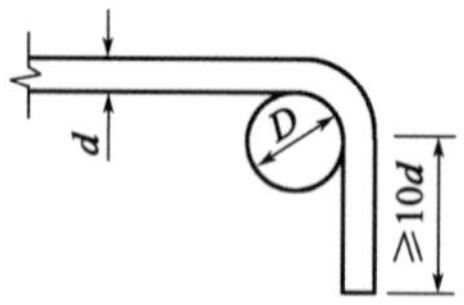 d，D，≥10d	HRB400 HRB500 HRBF400 RRB400	≥5d	≥10d
中间弯折	≤90°	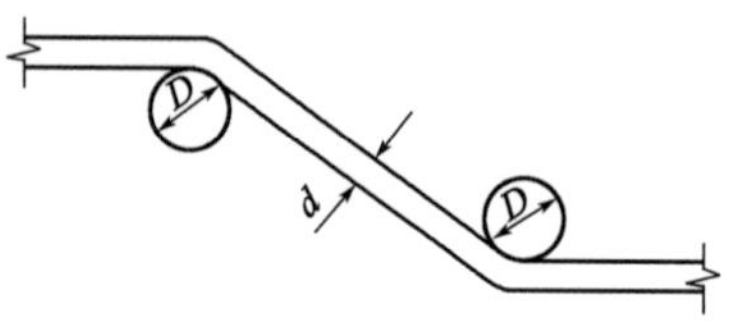 D，d，D	各种钢筋	≥20d	—

注：采用环氧树脂涂层钢筋时，除应满足表内规定外，当钢筋直径 d≤20mm 时，弯钩内直径 D 不应小于 4d；当钢筋直径 d>20mm 时，弯钩内直径 D 不应小于 6d；直线段长度不应小于 5d。

8.4 纵向钢筋锚固

8.4.1 概述

图 8-2 举例说明了 EN 1992 中包含的允许锚固方法。

图 8-3 列举了锚固破坏可能的三种形式。

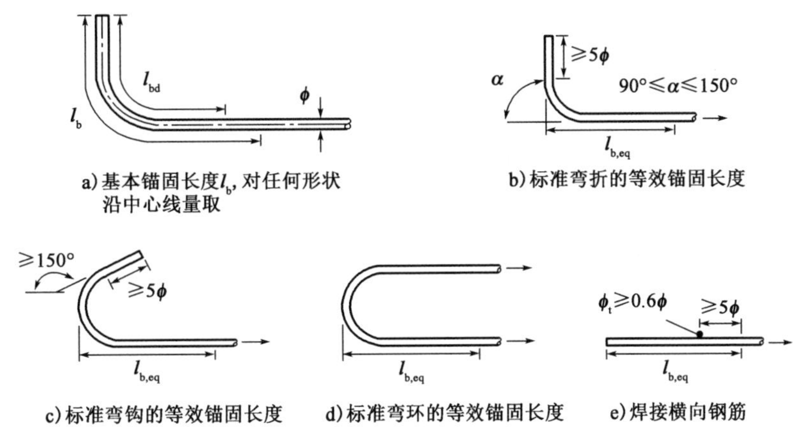

图8-2 EN 1992允许的锚固方法

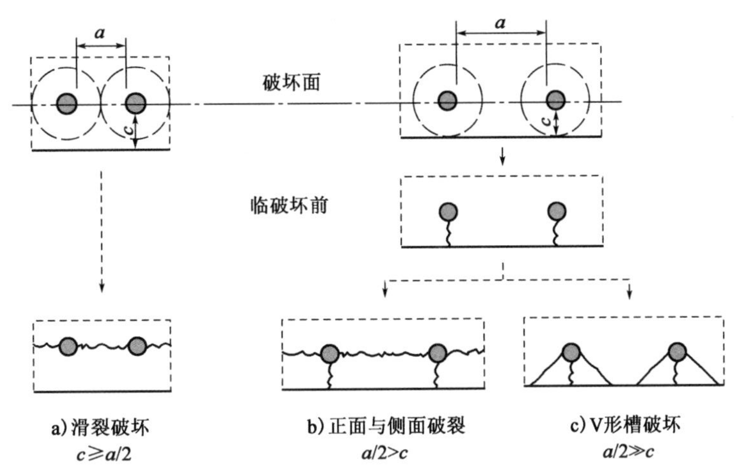

图8-3 单根锚固钢筋的破坏模式

横向钢筋强度与沿锚固长度方向的间距是影响主筋锚固强度的重要参数。

EN 1992引入系数调整基本锚固长度以包含上述效应。但是，锚固规则是经验性的，应选择与试验数据进行合理的匹配。

由于缺乏相关试验数据，EN 1992不考虑弯曲钢筋和钩形钢筋对受压锚固区的作用。因为标准中不允许由端部支座传递部分钢筋力，受压钢筋的锚固要求至少与受拉钢筋的锚固要求相当。

8.4.2 极限黏结应力

EN 1992认为黏结应力为混凝土抗拉强度、钢筋直径和浇筑期间钢筋位置的函数。带肋钢筋的极限黏结应力设计值f_{cd}由式(8-2)计算：

$$f_{cd}=2.25\eta_1\eta_2 f_{ctd} \tag{8-2}$$

式中：η_1——与黏结质量和浇筑期间钢筋位置有关的系数；对于“良好”黏结条件，$\eta_1=1.0$；对于其他情形，包括以滑移形式构建的结构性构件中的钢筋，$\eta_1=0.7$；

η_2——与钢筋尺寸相关的系数，对于钢筋直径大于32mm的情形，其值应取$(132-\phi)/100$，否则取1.0；

f_{ctd}——混凝土抗拉强度设计值，由于高强度混凝土脆性增加，EN 1992推荐f_{ctd}取值限于C60/75混凝土的值。

目前,中国相关混凝土规范还没有提供极限黏结应力计算式。JTG 3362—2018 引用 BS5400 中的值,进行最小锚固长度计算,如表 8-3 所示。

钢筋与混凝土极限锚固应力(MPa)　　表 8-3

钢　　筋	混凝土强度等级			
	C25	C30	C35	≥C40
光圆钢筋受拉	1.4	1.6	1.8	1.9
光圆钢筋受压	1.7	1.9	2.1	2.3
带肋钢筋受拉	2.5	2.8	3.1	3.3
带肋钢筋受压	3.1	3.5	3.8	4.1

8.4.3 基本锚固长度

EN 1992 通过假设黏结应力作用于钢筋的全部周边且沿长度均匀分布。基本锚固长度 $l_{b,rqd}$ 按式(8-3)计算:

$$l_{b,rqd} = (\phi/4)(\sigma_{sd}/f_{cd}) \tag{8-3}$$

式中:ϕ——钢筋直径;

f_{cd}——极限黏结应力的设计值;

σ_{sd}——锚固起算点处承载能力极限状态时钢筋的设计应力。

JTG 3362—2018 给出钢筋最小锚固长度 l_a 的计算式为

$$l_a = f_{sk}\frac{\pi d^2}{4} \times \frac{1}{\pi d\tau} = \frac{f_{sk}d}{4\tau} \tag{8-4}$$

式中:f_{sk}——钢筋抗拉强度标准值;

d——钢筋直径;

τ——钢筋与混凝土极限锚固黏结应力。

从式(8-3)与式(8-4)可以看出,中欧标准关于基本锚固长度的计算式相同,所不同的是欧洲标准用的是设计值,而中国标准用的是标准值。从这点看,中国标准仍有待进一步积累经验。

8.4.4 设计锚固长度

EN 1992 给出了设计锚固长度的计算式:

$$l_{bd} = \alpha_1\alpha_2\alpha_3\alpha_4\alpha_5 l_{b,rqd} \geqslant l_{b,min} \tag{8-5}$$

式中:α_1——考虑钢筋外形的系数,对于受拉平直钢筋取 1.0;

α_2——考虑混凝土保护层厚度的系数,对于受拉平直钢筋,保护层厚度等于钢筋直径,取 1.0;对保护层厚度等于 3 倍钢筋直径,取 0.7(图 8-4);

α_3——对于具有最小横向钢筋 $\Sigma A_{st,min}$ 的受拉钢筋,考虑由横向钢筋(等于 1.0)提供的约束效应系数;

α_4——考虑沿设计锚固长度一根或多根焊接横向钢筋的系数(直径 $\phi_t > 0.6\phi$),没有焊接横向钢筋的情形取 1.0,其他情形取 0.7;

α_5——考虑任何沿设计锚固长度的压力效应系数,对于没有横向压力的受拉钢筋取 1.0,且 $\alpha_2\alpha_3\alpha_5 \geqslant 0.7$;

$l_{b,min}$——最小锚固长度,如果没有其他限制:

对于受拉锚固:$l_{b,min} \geqslant \max\{0.3l_{b,rqd};10\phi;100\text{mm}\}$;

对于受压锚固:$l_{b,min} \geqslant \max\{0.6l_{b,rqd};10\phi;100\text{mm}\}$。

表 8-4 给出了 α_1、α_2、α_3、α_4 和 α_5 的系数值。

α_1、α_2、α_3、α_4 和 α_5 的系数值　　表 8-4

<table>
<tr><th rowspan="2">影响系数</th><th rowspan="2">锚固类型</th><th colspan="2">加强筋</th></tr>
<tr><th>拉伸状态</th><th>压缩状态</th></tr>
<tr><td rowspan="2">钢筋形状</td><td>直钢筋</td><td>$\alpha_1 = 1.0$</td><td>$\alpha_1 = 1.0$</td></tr>
<tr><td>非直钢筋[图 8-2b)、图 8-2c)和图 8-2d)]</td><td>若 $c_d > 3\phi$，则 $\alpha_1 = 0.7$，否则 $\alpha_1 = 1.0$（c_d 值见图 8-4）</td><td>$\alpha_1 = 1.0$</td></tr>
<tr><td rowspan="2">混凝土保护层</td><td>直钢筋</td><td>$0.7 \leqslant \alpha_2 = 1 - 0.15(c_d - \phi)/\phi \leqslant 1.0$</td><td>$\alpha_2 = 1.0$</td></tr>
<tr><td>非直钢筋[图 8-2b)、图 8-2c)和图 8-2d)]</td><td>$0.7 \leqslant \alpha_2 = 1 - 0.15(c_d - \phi)/\phi \leqslant 1.0$</td><td>$\alpha_2 = 1.0$</td></tr>
<tr><td>受没有焊接至主筋的横向钢筋限制</td><td>各种类型</td><td>$0.7 \leqslant \alpha_3 = 1 - k\lambda \leqslant 1.0$</td><td>$\alpha_4 = 1.0$</td></tr>
<tr><td>受焊接横向钢筋限制*</td><td>各种类型，位置和尺寸见图 8-2e)</td><td>$\alpha_4 = 0.7$</td><td>$\alpha_4 = 0.7$</td></tr>
<tr><td>横向压力限制</td><td>各种类型</td><td>$0.7 \leqslant \alpha_5 = 1 - 0.04p \leqslant 1.0$</td><td>—</td></tr>
<tr><td colspan="4">式中：$\lambda = (\Sigma A_{st} - \Sigma A_{st,min})/A_s$；
ΣA_{st}——沿设计锚固长度 l_{bd} 的横向钢筋横截面面积；
$\Sigma A_{st,min}$——最小横向钢筋的横截面面积，对于横梁；取 $0.25A_s$，对于平板，取 0；
A_s——最大钢筋直径的单一锚固钢筋面积；
k——图 8-5 所示的值；
p——沿 l_{bd} 在承载能力极限状态下的横向压力（MPa）</td></tr>
</table>

注：* 对于直接支撑，l_{bd} 的取值可以小于 $l_{b,min}$，但是，在支撑件中至少有一根横向焊接钢丝。应距离支撑表面至少 15mm。

表中 c_d 的取值如图 8-4 所示，k 的取值如图 8-5 所示。

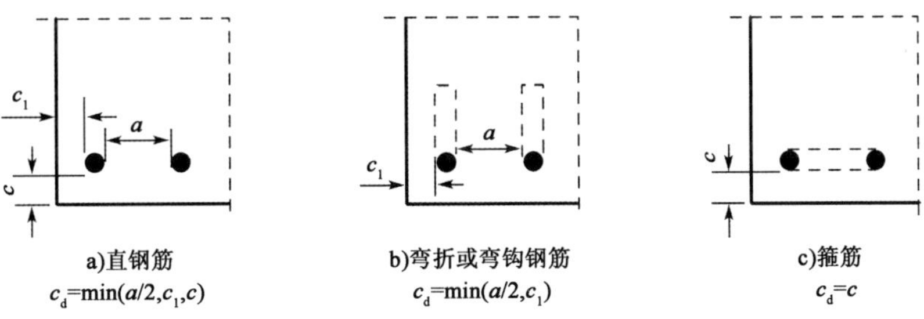

图 8-4　横梁和平板的 c_d 值

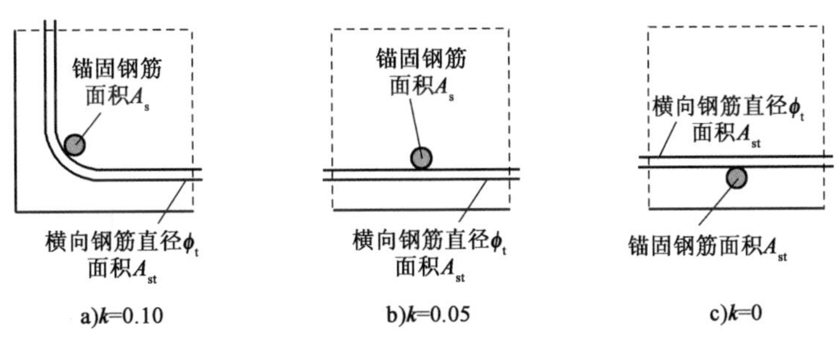

图 8-5　梁与板的 k 值

GB 50010—2010 根据对国产钢筋大量试验研究结果的统计分析,并经可靠度运算,采用了下面纵向受拉钢筋具有规定可靠度的基本锚固长度计算公式:

$$l_a = \alpha \frac{f_y}{f_t} d \tag{8-6}$$

式中:α——钢筋的外形系数;

f_y——钢筋屈服强度设计值;

f_t——混凝土轴心抗拉强度设计值,当混凝土强度等级高于 C60 时,按 C60 取值;

d——钢筋公称直径。

锚固钢筋外形系数 α 的取值:

1)光圆钢筋(包括拔制钢丝)

由于光圆钢筋没有横肋,截面未被削弱,基圆面积率 $\Phi_A = 1.0$。但钢筋表面光滑,只靠摩阻力维持锚固,锚固强度很低,往往一出现滑移即被拔出。因此,必须在钢筋末端加弯钩或点焊横筋方可持力。总的来说,光圆钢筋锚固力很差。HPR235 级钢筋末端加 180°弯钩后,外形系数 $\alpha = 0.16$;而高强钢丝则不考虑钢丝自身的锚固力,但必须用锚夹具维持锚固作用。

2)带肋钢筋(包括无纵肋的热处理钢筋)

带肋钢筋靠钢筋横肋之间的混凝土咬合齿承担锚固力。锚固强度较高,滑移也较小。但加载后期,大滑移时,间断的咬合齿破碎切断,锚固强度下降,锚固延性不够理想。此外,两面肋钢筋因挤压力集中于纵肋两侧,往往造成劈裂的方向性而对锚固受力不利。另外,横肋的存在还降低基圆面积率,对细直径钢筋尤为明显,带肋钢筋,包括热轧钢筋及热处理钢筋,锚固的外形系数取 0.14。

3)刻痕钢丝(三面)

刻痕钢丝靠凸入钢筋凹痕中的混凝土齿咬合受力,因混凝土齿尺寸小且单薄,容易被挤碎、切断,故锚固性能比光圆钢筋好不了多少。三面刻痕稍优于二面刻痕,中国标准已取消了二面刻痕钢筋。三面刻痕钢丝的锚固外形系数取为 0.19。此外,由于凹痕削弱了截面,基圆面积率小于 1.0。

4)螺旋肋钢丝

螺旋肋钢丝具有连续螺旋状的横肋,兼有带肋钢筋及扭状钢筋的优点。横肋及宽大的肋间混凝土咬合齿是连续螺旋状的,故滑移小,锚固强度高。且咬合齿不易切断,后期锚固强度不衰减,锚固延性好。此外,横肋虽不高但是连续不间断,因此承载截面削弱不多,基圆面积率较高,同时肋面积比也相对不小。螺旋肋钢丝咬合力均匀且牢固,锚固性能好,锚固外形系数取为 0.13。

5)绳状钢绞线(3 股、7 股)

捻制钢丝与轴线的倾角,使钢丝侧面与螺旋状的混凝土条状齿咬合,实现锚固受力。受力后滑移稍大,锚固强度稍低,但咬合齿不易破碎,后期锚固基圆面积率稍小于 1.0。3 股钢绞线因咬合齿比 7 股钢绞线强,故锚固外形系数取 0.16,7 股钢绞线取 0.17。

在实际工程中,由于锚固条件和锚固强度的变化,锚固长度也应作相应的调整。为此,中国标准对各种锚固长度修正的情况作出了规定:

1)月牙肋钢筋直径的修正

GB 1499.1—2017 中规定了热轧变形钢筋的外形。当钢筋直径较大时,其横肋的相对高度逐渐减小,虽以加密肋距来弥补由此而引起的咬合力不足,但锚固强度仍随钢筋直径变大而减小。因此 GB 50010—2010 规定,直径大于 25mm 的月牙肋钢筋锚固长度应适当增加,乘以修正系数 1.1。

2)环氧树脂涂层钢筋的锚固长度

为解决恶劣环境中钢筋的耐久性问题,中国已开始采用环氧树脂涂层钢筋。试验研究表明,涂层使钢筋的锚固强度降低 20% 左右。因此锚固长度应乘以修正系数 1.25。

3)施工扰动的修正

对于在施工过程中易受扰动的情况(如滑模施工),因混凝土在凝固前受扰动而影响与钢筋的黏结锚固作用,中国标准规定锚固长度应乘以修正系数 1.1。

4)保护层厚度的修正

如前所述,带肋钢筋与混凝土之间的咬合力与其保护层厚度有关。中国标准规定的基本锚固长度是按保护层厚度等于钢筋直径的最不利条件确定的。因此,当保护层厚度较大时,可以适当减小锚固长度。为简化计算,中国标准统一规定,当锚固钢筋的保护层厚度大于钢筋直径的 3 倍时,锚固长度可乘以系数 0.8。

5)配筋余量的修正

基本锚固长度是按充分利用钢筋屈服强度 f_y 的条件确定的。而实际工程中,锚固钢筋的实际应力很可能明显小于其设计强度。为此,中国标准取设计所需的钢筋截面积与实际配筋面积的比值作为配筋余量的修正系数,对锚固长度加以调整。由于缺乏经验,且不确定性较大,对抗震设计的结构及直接承受动力荷载的结构,不考虑上述配筋余量的修正。

出于构造的要求,受力钢筋的锚固长度不能少于某个确定的值。中国标准规定,经前述修正后的实际锚固长度 l_a^0 不能小于基本锚固长度 l_a 的 0.7 倍,也不能小于 250mm。即

$$l_a^0 = \eta l_a \geqslant l_{a,\min} \tag{8-7}$$

式中:η——修正系数,当各种修正条件并存时可以连乘;

$l_{a,\min}$——最小锚固长度。其数值为 $0.7l_a$ 和 250mm 的较大者。

表 8-5 列出了 JTG 3362—2018 规定的钢筋最小锚固长度 l_a。

钢筋最小锚固长度 l_a(mm) 表 8-5

钢筋种类		HPB300				HRB400、HRBF400、RRB400			HRB500		
混凝土强度等级		C25	C30	C35	≥C40	C30	C35	≥C40	C30	C35	≥C40
受压钢筋(直端)		$45d$	$40d$	$38d$	$35d$	$30d$	$28d$	$25d$	$35d$	$33d$	$30d$
受拉钢筋	直端	—	—	—	—	$35d$	$33d$	$30d$	$45d$	$43d$	$40d$
	弯钩端	$40d$	$35d$	$33d$	$30d$	$30d$	$28d$	$25d$	$35d$	$33d$	$30d$

注:1. d 为钢筋公称直径(mm)。

2. 对于受压束筋和等代直径 $d_e \leqslant 28$mm 的受拉束筋的锚固长度,应以等代直径按表值确定,束筋的各单根钢筋可在同一锚固终点截断;对于等代直径 $d_e > 28$mm 的受拉束筋,束筋内各单根钢筋,应自锚固起点开始,以表内规定的单根钢筋的锚固长度的 1.3 倍,呈阶梯形逐根延伸后截断,即自锚固起点开始,第一根延伸 1.3 倍单根钢筋的锚固长度,第二根延伸 2.6 倍单根钢筋的锚固长度,第三根延伸 3.9 倍单根钢筋的锚固长度。

3. 采用环氧树脂涂层钢筋时,受拉钢筋最小锚固长度应增加 25%。

4. 当混凝土在凝固过程中易受扰动时,锚固长度应增加 25%。

5. 当受拉钢筋末端采用弯钩时,锚固长度为包括弯钩在内的投影长度。

8.5 箍筋与剪力筋的锚固

EN 1992 规定所有箍筋与剪力筋均需适当锚固,这可通过弯曲、弯钩或焊接钢筋实现。图 8-6 给出了弯曲或弯钩钢筋构造设计规定。

JTG 3362—2018 规定箍筋的末端应做成弯钩,弯钩角度可取 135°。弯钩的弯曲直径应大于被箍的受力主钢筋的直径,且 HPB300 钢筋不应小于箍筋直径的 2.5 倍,HRB400 钢筋不应小于箍筋直径的 5 倍。弯钩平直段长度,一般结构不应小于箍筋直径的 5 倍,抗震结构不应小于箍筋直径的 10 倍。

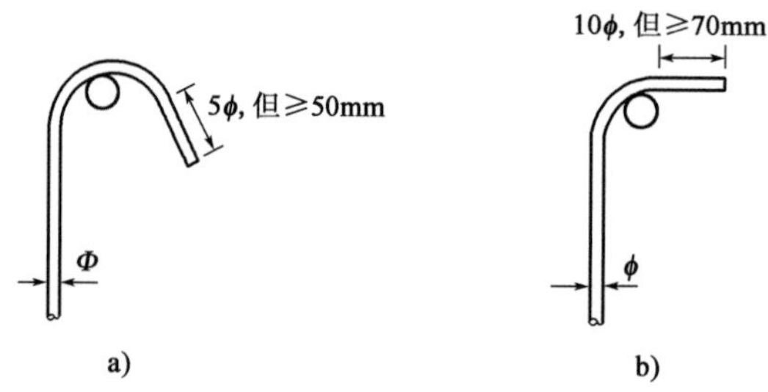

图 8-6　弯曲或弯钩钢筋构造要求

8.6　焊接钢筋的锚固

EN 1992 允许对基本抗力提供附加锚固，这种锚固通过焊接横向钢筋于纵向主筋之上实现。这种构造处理允许部分荷载通过横向钢筋传入支座，以减少对黏结长度的要求，如图 8-7 所示。EN 1992 给出了确定焊接横向钢筋传递力及相应要求锚固长度折减的规则。

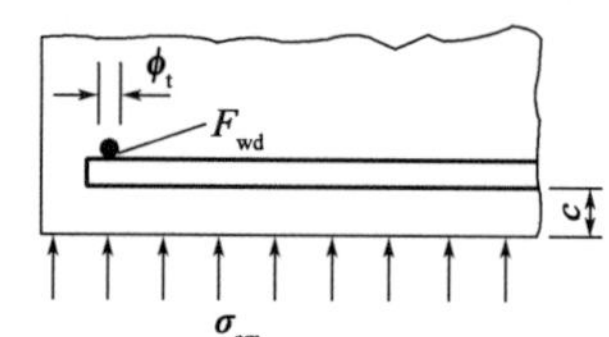

图 8-7　作为锚固装置的焊接横向钢筋

将焊接在主筋内侧的横向焊接钢筋的锚固能力（直径 14～32mm）表示为 F_{btd}。式(8-4)中的 σ_{sd} 可由 $F_{\mathrm{btd}}/A_{\mathrm{s}}$ 确定，其中 A_{s} 为纵向钢筋的面积，F_{btd} 为国家定义参数，欧洲标准的建议公式为

$$F_{\mathrm{btd}} = l_{\mathrm{td}}\phi_{\mathrm{t}}\sigma_{\mathrm{td}} \leqslant F_{\mathrm{wd}} \tag{8-8}$$

式中：F_{wd}——焊接抗剪强度设计值（规定为一系数乘 $A_{\mathrm{s}}f_{\mathrm{yd}}$，如 $0.5A_{\mathrm{s}}f_{\mathrm{yd}}$，$A_{\mathrm{s}}$ 为锚固钢筋的截面面积，f_{yd} 为锚固钢筋屈服强度设计值）；

l_{td}——横向钢筋的设计长度，按式(8-9)计算；

$$l_{\mathrm{td}} = 1.16\phi_{\mathrm{t}}\left(\frac{f_{\mathrm{yd}}}{\sigma_{\mathrm{td}}}\right)^{0.5} \leqslant l_{\mathrm{t}} \tag{8-9}$$

l_{t}——横向钢筋长度，不大于锚固钢筋的间距；

ϕ_{t}——横向钢筋直径；

σ_{td}——混凝土拉应力，按式(8-10)计算；

$$\sigma_{\mathrm{td}} = \frac{f_{\mathrm{ctd}} + \sigma_{\mathrm{cm}}}{y} \leqslant 3f_{\mathrm{cd}} \tag{8-10}$$

σ_{cm}——垂直于两钢筋的混凝土压应力（平均值，受压为正）；

$$y = 0.15 + 0.14\mathrm{e}^{-0.18x} \tag{8-11}$$

x——考虑几何形状的函数，按式(8-12)计算；

$$x = \frac{2c}{\phi_{\mathrm{t}}} + 1 \tag{8-12}$$

c——垂直于两钢筋的混凝土保护层厚度。

当两根相同直径的钢筋被焊接在锚固钢筋的两个侧面时，假定外部钢筋的保护层符合规定，则锚固能力可取为式(8-8)计算结果的 2 倍。当两根钢筋被焊接在同一侧面且最小间距为 3ϕ 时，锚固能力乘以系数 1.41。对于 B500 和公称直径不大于 12mm 的钢筋，焊接交叉钢筋的锚固能力主要依赖于焊接节点的设计强度。对于最大直径为 12mm 的焊接交叉钢筋，锚固能力可按式(8-13)计算：

$$F_{btd} = F_{wd} \leqslant 16A_s f_{cd} \frac{\phi_t}{\phi_l} \tag{8-13}$$

式中：F_{wd}——焊接抗剪强度设计值；

ϕ_t——横向钢筋的公称直径，$\phi_t \leqslant 12$mm；

ϕ_l——锚固钢筋的公称直径，$\phi_l \leqslant 12$mm。

当使用两根最小间距为 ϕ_t 的焊接交叉钢筋时，按式(8-5)计算的锚固长度乘以系数 1.41。

中国传统的 HPB300 光圆钢筋末端加弯钩就是机械锚固的一种形式。通过对中国 HRB400、HRB500 钢筋的系统试验研究，机械锚固可采取图 8-8 所示的三种形式。需要注意的是，弯钩为 350°，弯弧内径一律取 4d；贴焊锚筋长为 5d 且应以面焊牢；焊锚板采用穿孔塞焊以保证受力性能。

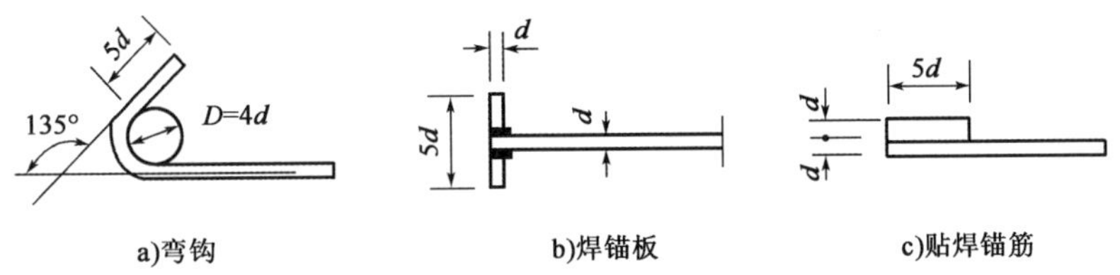

图 8-8　GB 50010—2010 中钢筋机械锚固的形式及构造要求

机械锚固虽然能够满足锚固承载力的要求，但难以保证锚固刚度的要求，即当机械锚头充分受力时，往往引起很大的滑移和裂缝。因此，还需要一定的锚固长度与其配合，共同受力，以控制变形和裂缝。GB 50010—2010 规定，采取机械锚固措施以后，其锚固长度 $l_{a,m}$(包括锚头在内的水平投影长度)可取前述计算锚固长度 l_a 的 0.7 倍。

由于机械锚固的锚固力较多地集中在锚头附近，该处有较大的挤压力。机械锚固区的混凝土容易破碎、鼓出，应加以约束。因此中国标准规定，在机械锚固的锚固长度范围内必须配有箍筋，其直径不小于锚固钢筋直径的 1/4，间距不大于锚固钢筋直径的 5 倍，且数量不少于 3 个。当然，在保护层厚度很大(不小于锚固钢筋直径的 5 倍)时，由于已经有了充分的侧向约束，可以不考虑上述配箍要求。

8.7 搭接与机械连接

EN 1992 允许钢筋搭接、焊接和机械连接。

钢筋连接的基本要求是保证接头区域应有的承载力、刚度、延性、恢复性能以及疲劳性能。与整根钢筋的直接传力相比，连接钢筋通过接头实现的是间接传力，性能总会有所削弱。因此，钢筋连接设计应遵循如下原则：

(1)接头尽量设置在受力较小处。对一般受弯构件而言，宜设置在弯矩较小处。

(2)在同一受力钢筋上宜少设连接接头。接头会削弱钢筋的受力性能，同一钢筋上如有多个连接接头，其传力性能将大幅度削弱，从而影响构件的性能。因此，在同一构件中，所有的受力钢筋应依次分别连接而不宜将接头集中在某几根钢筋上。

(3)为避免变形集中于接头区域，从而造成裂缝密集和裂缝宽度过大，影响传力质量，接头位置应互相错开。应限制接头钢筋面积百分率，否则应采取加强接头传力的措施。

(4)为了保证连接区域对被连接钢筋应有的约束作用，不致因间接传力造成的应力突变而影响构件的承载力和耐久性。在钢筋连接区域应采取必要的构造措施。如适当增加连接区域混凝土保护层厚度或钢筋间距，保证连接区域的配箍(直径、间距或形式)等。

8.7.1 搭接

EN 1992 规定(图 8-9)，两根搭接钢筋间的横向净间距不超过 4ϕ 或 50mm，否则应增加搭接长度，增加的长度为超过 4ϕ 或 50mm 处钢筋的净距。相邻两组搭接钢筋之间的纵向距离不小于 0.3 倍的搭接长度 l_0。对于相邻搭接的情况，两组搭接钢筋之间的净距不小于 2ϕ 或 20mm。当符合以上规定时，若所有钢筋分布在同一层，受拉钢筋允许的搭接率为 100%；若钢筋多层布置，搭接率减小为 50%，所有受压钢筋和分布筋可在一个截面内搭接。关于钢筋搭接率的计算，如图 8-10 所示，钢筋Ⅱ和钢筋Ⅲ在所考虑截面之外，搭接率为 50%。

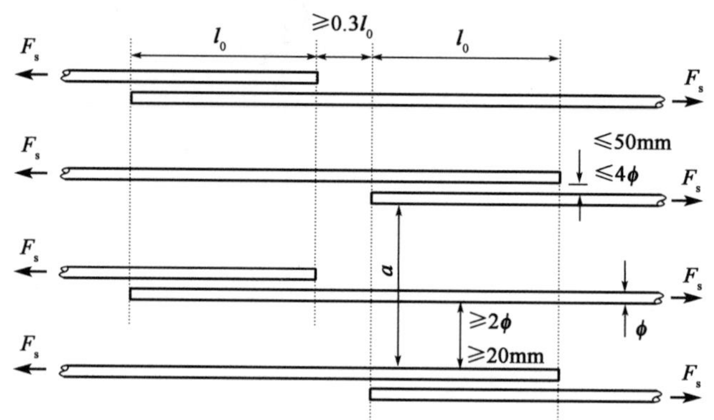

图 8-9　邻近搭接的要求

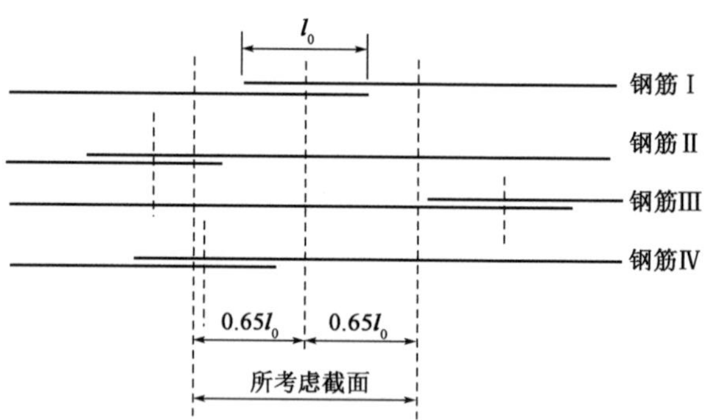

图 8-10　单个搭接截面的搭接钢筋百分比

对于设计搭接长度 l_0，EN 1992 给出下式：

$$l_0 = \alpha_1 \alpha_2 \alpha_3 \alpha_5 \alpha_6 l_{b,rqd} \geq l_{0,min} \tag{8-14}$$

式中，$l_{0,min} > \max\{0.3\alpha_6 l_{b,rqd}; 15\phi; 200\text{mm}\}$。

$\alpha_6 = \sqrt{(\rho_1/25)} \leq 1.5$ 且 ≥ 1.0，其中 ρ_1 指在距离所考虑搭接长度中心的 0.65 l_0 范围内的搭接长度百分比。$l_{b,rqd}$ 按式(8-3)计算，α_1、α_2、α_3 与 α_5 的值取自表 8-4。但是，关于 α_3 的计算，指定 $\sum A_{st,min}$ 应取 $1.0A_s(\sigma_{sd}/f_{yd})$，$A_s$ 为一根搭接钢筋的面积。

在 GB 50010—2010 中，搭接接头的连接区段是以搭接长度中点为中心的 1.3 倍搭接长度 l_1 的范围，即相邻两个搭接接头中心的间距不小于 $1.3l_1$ 才算不在同一连接区段；也就是钢筋端部间距要大于 $0.3l_1$，如图 8-11 所示。位于同一连接区段内的受拉钢筋搭接接头面积百分率，根据构件中钢筋传力的重要性及施工操作的可能性，GB 50010—2010 规定，对梁类、板类及墙类构件，不宜大于 25%；对柱类构件，不宜大于 50%。当工程中确有必要增大受拉钢筋搭接接头面积百分率时，对梁类构件不大于 50%；对板类、墙类及柱类构件，可根据实际情况放宽。

经过对国产钢筋搭接传力的试验研究，并参考国际标准中的做法，GB 50010—2010 中的受拉钢筋绑扎搭接接头的搭接长度 l_1 根据位于同一区段内的搭接钢筋面积百分率由锚固长度 l_a

乘以搭接长度修正系数 ξ 得到，且不小于 300mm，即

$$l_1 = \xi l_a \geqslant 300\text{mm} \tag{8-15}$$

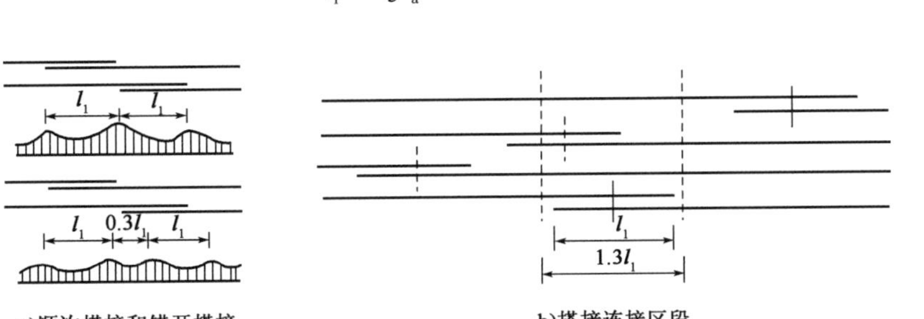

图 8-11 GB 50010—2010 中搭接接头的布置

搭接长度修正系数 ξ 如表 8-6 所示。

GB 50010—2010 中受拉钢筋搭接长度的修正系数 表 8-6

搭接钢筋接头面积百分率(%)	≤25	50	100
ξ	1.2	1.4	1.6

GB 50010—2010 规定，钢筋受压搭接长度 l'_1 可在 l_1 基础上乘以 0.7 的系数，最小值取为 200mm，即

$$l'_1 = 0.7l_1 \geqslant 200\text{mm} \tag{8-16}$$

EN 1992 中受压钢筋的搭接长度仍用式(8-14)计算，仅系数取值不同。

JTG 3362—2018 规定，钢筋绑扎接头符合下列要求：

(1)受拉钢筋绑扎接头的搭接长度应不小于表 8-7 的规定；受压钢筋绑扎接头的搭接长度应不小于表 9.1.9 规定的受拉钢筋绑扎接头搭接长度的 0.7 倍。

(2)在任一绑扎接头中心至搭接长度 l_s 的 1.3 倍长度区段 l(图 8-12)内，同一根钢筋不得有两个接头；在该区段内有绑扎接头的受力钢筋截面面积占受力钢筋总截面面积的百分数，受拉区不宜超过 25%，受压区不宜超过 50%。超过上述规定时，应按表 8-7 的规定值，乘以下列系数：当受拉钢筋绑扎接头截面面积大于 25%，但不大于 50% 时，乘以 1.4，当大于 50% 时，乘以 1.6；当受压钢筋绑扎接头截面面积大于 50% 时，乘以 1.4(受压钢筋绑扎接头长度仍为表中受拉钢筋绑扎接头长度的 0.7 倍)。

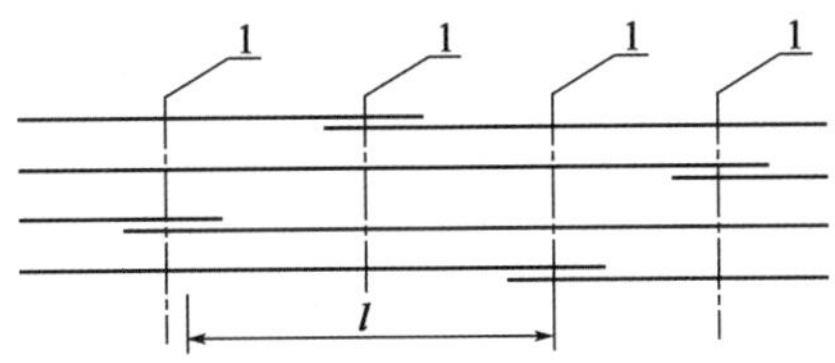

图 8-12 受压钢筋绑扎接头

1-绑扎接头搭接长度中心

(图中所示 l 区段内有接头的钢筋截面面积按两根计)

受拉钢筋绑扎接头搭接长度(mm) 表 8-7

钢筋种类	HPB300		HRB400，HRBF400，RRB400	HRB500
混凝土强度等级	C25	≥C30	≥C30	≥C30
搭接长度(mm)	$40d$	$35d$	$45d$	$50d$

注：当带肋钢筋直径 d 大于 25mm 时，其受拉钢筋的搭接长度应按表值增加 $5d$ 采用；当带肋钢筋。

8.7.2 搭接区横向钢筋

由于钢筋搭接受力后有分离的趋势，搭接区混凝土易于出现纵向劈裂，尤其是受弯构件挠曲后的翘曲变形，要求搭接连接区有很强的约束。

搭接钢筋直径小于20mm或小于钢筋总量的25%的部位，可在同一截面搭接。EN 1992认为，箍筋或分布筋作为最小横向钢筋，完全满足搭接处产生的横向拉力的要求。

搭接钢筋直径大于或等于20mm的部位，横向钢筋总面积$\sum A_{st}$不小于单根搭接钢筋的面积A_s。假定搭接钢筋充分张拉，按EN 1992定义，如果$A_s=\sum A_{st}$，$\alpha_3=1.0$。要求的横向钢筋垂直于搭接钢筋，间距≤150mm。对于倾斜钢筋，要求增加倾斜横向钢筋，以提供等效轴向抗力。如果一组与垂直搭接钢筋成ϕ角度的倾斜钢筋的配筋率为ρ_x，前者垂直于搭接钢筋的有效配筋率为$\rho_x\cos^2\phi$，后者则为$\rho_x\cos^4\phi$。后一选项更为保守，因此推荐后者。

EN 1992要求横向钢筋置于搭接钢筋与混凝土表面之间。很清楚，在梁与单向板中，这是唯一可行的方法；对于双向板，薄桥梁板横向钢筋需置于外层，以使抗弯承载力最大，有时不可避免地在外层主筋中进行搭接。

对于永久受压筋的横向钢筋，除了受拉钢筋的规定外，应有一根横向钢筋布置在搭接长度两端的外侧，且在搭接长度端部4ϕ的范围内。

任一搭接钢筋超过50%的截面与相邻搭接间距小于等于10ϕ的情形，EN 1992要求横向钢筋应由锚固于截面中的箍筋或U形钢筋形成。

EN 1992要求计算的横向钢筋置于搭接的末端，如图8-13所示。

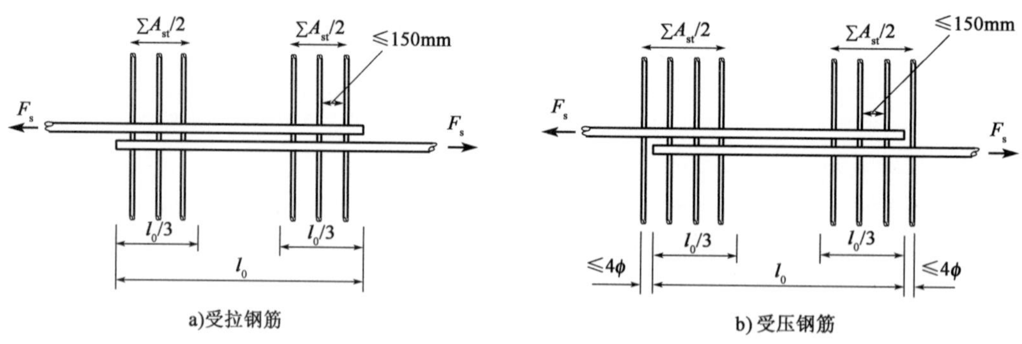

图8-13 搭接钢筋的横向钢筋

GB 50010—2010规定，在搭接长度范围内应配置箍筋，其直径不小于搭接钢筋较大直径的0.25倍；其间距对受拉搭接不小于搭接钢筋较小直径的5倍及100mm，对受压搭接不应大于搭接钢筋较小直径的10倍及200mm。同时，当受压钢筋直径大于25mm时，为避免受压端面混凝土压碎，在端面外100mm范围内加配两根钢箍，对承压混凝土加强箍筋约束。

例8-1 钢筋混凝土桥面板的搭接长度

一300mm厚桥面板，混凝土强度等级为C35/45，要求25mm直径，B500横向钢筋，间距150mm，顶底面被充分利用在起拱与下垂区域。外层钢筋保护层厚为45mm，寻找恰当的搭接布置。

首先，确定黏结长度与基本锚固长度：

由EN 1992-2表4-1可知，$f_{ck}=35\text{MPa}$，$f_{ctk,0.05}=0.7\times0.3\times35^{(2/3)}=2.25\text{MPa}$。

$f_{ctd}=\alpha_{ct}f_{ctk,0.05}/\gamma_c=1.0\times2.25/1.5=1.50\text{MPa}$，取$\alpha_{ct}=1.0$。

极限黏结应力设计值：$f_{bd}=2.25\eta_1\eta_2f_{ctd}$。

顶部钢筋黏结条件较差，因此取$\eta_1=0.7$。

底部钢筋黏结条件较好，因此取 $\eta_1 = 1.0$。

$\eta_2 = 1.0$ 对所有钢筋不大于 32mm。

顶部钢筋：

$f_{cd} = 2.25 \times 0.7 \times 1.0 \times 1.50 = 2.36\text{MPa}$

底部钢筋：

$f_{cd} = 2.25 \times 1.0 \times 1.0 \times 1.50 = 3.37\text{MPa}$

保守性地假设搭接处钢筋完全受力：

$\sigma_{sd} = f_{yd} = f_{yk}/\gamma_s = 500/1.15 = 434.8\text{MPa}$

基本锚固长度：

$l_{b,rqd} = (\phi/4)(\sigma_{sd}/f_{bd})$

顶部钢筋：

$l_{b,rqd} = (25/4)(434.8/2.36) = 1151.5\text{mm}$

底部钢筋：

$l_{b,rqd} = (25/4)(434.8/3.37) = 806.5\text{mm}$

对于平直钢筋，$\alpha_1 = 1.0$。

对板中平直钢筋净间距，$a = 150 - 25 = 125\text{mm}$，保护层厚度 $c = 45\text{mm}$（假设边缘保护层厚度 $c_1 > c$），$c_d = 45\text{mm}$，因此，$\alpha_2 = 1 - 0.15(c_d - \phi)/\phi = 1 - 0.15(45 - 25)/25 = 0.88$（$>0.7$ 并且 <1.0 要求的）。

对于外侧无横向钢筋的情形（横向钢筋置于内侧），$k = 0$，因此 $\alpha_3 = 1.0$。另一种替换方式，α_3 仍取 1.0。假设无横向压力，$p = 0$，因此 $\alpha_5 = 1.0$。

对于每层钢筋，考虑两种可替换的交错搭接布置（图 8-14）。

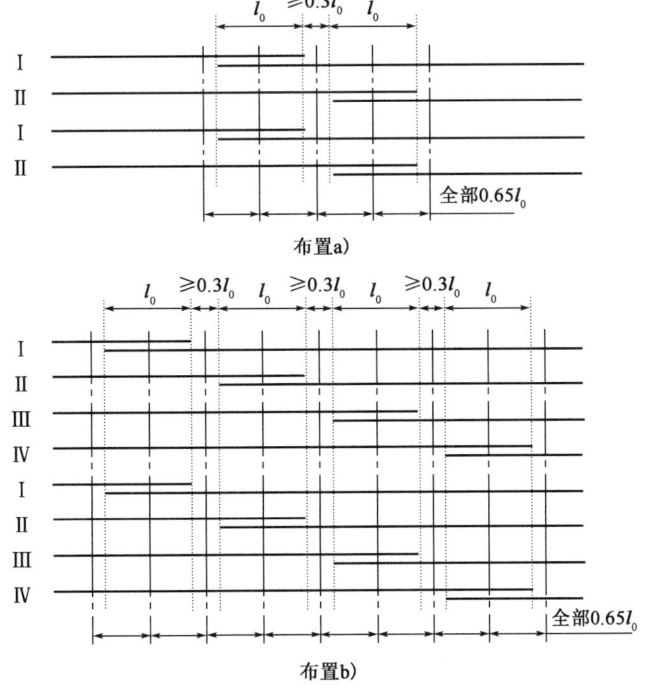

图 8-14　桥面板示例中搭接布置图

对于布置 a)，第Ⅱ排钢筋搭接位于第Ⅰ排搭接 $0.65l_0$ 距离之外；因此，在某一截面 50% 的钢筋搭接，$\alpha_6 = 1.4$。对于布置 b)，第Ⅰ排搭接 $0.65l_0$ 距离内，没有其他钢筋搭接（第Ⅱ排、Ⅲ排与Ⅳ排类似），因此仅 25% 的钢筋在某一截面内搭接，$\alpha_6 = 1.0$。

最小搭接长度值计算：

$L_{0,\min} > \max\{0.3\alpha_6 l_{b,rqd};15\phi;200\text{mm}\}$

因此，对最差的情形[顶部钢筋，布置 a)]：

$L_{0,\min} > \max\{0.3\times1.4\times1151.5;15\times25;200\} = 484\text{mm}$

要求的搭接长度：

$L_0 = \alpha_1\alpha_2\alpha_3\alpha_5\alpha_6 l_{b,rqd} \geqslant l_{0,\min}$

顶部钢筋：

布置 a) $l_0 \geqslant 1.0\times0.88\times1.0\times1.0\times1.4\times1151.5 = 1419\text{mm}$

布置 b) $l_0 \geqslant 1.0\times0.88\times1.0\times1.0\times1.0\times1151.5 = 1014\text{mm}$

底部钢筋：

布置 a) $l_0 \geqslant 1.0\times0.88\times1.0\times1.0\times1.4\times806.5 = 994\text{mm}$

布置 b) $l_0 \geqslant 1.0\times0.88\times1.0\times1.0\times1.0\times806.5 = 710\text{mm}$

EN 1992-2 不要求专门计算布置 b) 的横向钢筋，因为仅 25% 的钢筋在同一截面内搭接。但要求横向钢筋置于搭接钢筋的外侧。因为搭接钢筋本身处于外层，因此对布置 a)（没有附加第Ⅲ层）的情形不可能遵循这一规则。上述计算假设 $\alpha_3 = 1.0$，从而忽略横向钢筋的贡献。横向钢筋的实际面积要求大于或等于 A_s，超过搭接长度的 2/3。对于上述布置 a) 最短搭接长度 994mm，$A_s = \pi\times12.5^2 = 491\text{mm}^2$ 在 663mm 范围内（741mm²/m）。这可由 12mm 直径钢筋、150mm 间距提供（754mm²/m）。

8.7.3 由带肋钢丝焊接成的金属网的搭接

EN 1992 允许使用焊接金属网，但因其较差的抗疲劳性能，在桥梁设计中并不普遍。EN 1992给出两种搭接选项——交织或叠层。交织法在桥梁设计中应用更为普遍，主要用于预期有疲劳荷载的场所。对搭接钢丝网的要求与钢筋搭接的要求相同，但不需另外提供横向钢筋。

JTG 3362—2018 对此没有相关规定。

8.8 大直径钢筋的补充规则

对于使用大直径钢筋的情形，试验表明开裂力与衔接作用明显大于小直径钢筋。EN 1992 定义直径大于 ϕ_{large} 的钢筋为大直径钢筋。ϕ_{large} 的值是一个国家定义参数，在 EN 1992 中的推荐值为 32mm。

补充构造设计规则包括：

如果使用了大直径钢筋，则可以使用表面加固钢筋或通过计算实现裂缝控制。

如果使用了大直径钢筋，应使用机械装置锚固钢筋。另外，也可以使用直筋锚固，但必须使用箍筋作为限制钢筋。

通常，大直径钢筋不应搭接，以下情况例外：最小尺寸为 1.0m 的截面，或者应力不大于设计极限强度 80% 的截面。

除抗剪钢筋外，锚固区域内应配有横向加固钢筋。

对于大直径钢筋使用直锚，要求箍筋，除抗剪要求外，作为约束钢筋。附加钢筋不小于下列值：

$$A_{sh} = 0.25A_s n_1\text{（在平行于拉伸面的方向）} \tag{8-17}$$

$$A_{sv} = 0.25A_s n_2\text{（在垂直于拉伸面的方向）} \tag{8-18}$$

式中：A_s——单根锚固钢筋的截面积；

n_1——考虑截面中同一点锚固层数；

n_2——每层锚固的钢筋数。

要求附加横向钢筋沿锚固区均匀分布，钢筋间距不超过 5 倍纵筋直径。EN 1992 没有明确指出每根纵筋所需的拉筋肢数。

表面钢筋的面积在垂直于大直径钢筋方向不应小于 $0.01A_{ct,ext}$，在平行于大直径钢筋方向不小于 $0.02A_{ct,ext}$。$A_{ct,ext}$指露出箍筋的抗拉混凝土面积。

中国标准对于大直径钢筋的连接，除规定搭接钢筋直径不应超过 32mm 外，没有其他规定，可见中国标准在这方面也缺乏经验数据。

8.9　钢筋束

在满足 EN 1992 对钢筋束的附加构造设计要求的前提下，通常单根钢筋的规则也适用于钢筋束。在同一钢筋束中，所有钢筋应具有相同的类型和等级，可以是不同的直径，但是直径比不得超过 1.7。

对于设计，钢筋束应视为单根钢筋处理，具有相同面积与成束重心，但间距与保护层厚度应适用于钢筋束的外缘。钢筋的等价直径 ϕ_n 为 $\phi_n = \phi(n_b)^{1/2} \leqslant 55\text{mm}$，其中，$n_b$ 为钢筋束中的钢筋数。对于垂直受压或搭接处，钢筋束中的钢筋数应≤4 根，对于其他情形，钢筋数应为 3 根。

对于钢筋束，适用有关钢筋间距的规定。应使用等效直径 ϕ_n，但是，钢束之间的净间距应从钢束的实际外部轮廓开始测量。混凝土保护层应从钢束的实际外部轮廓开始测量，但不应小于 ϕ_n。

JTG 3362—2018 规定，束筋的搭接接头应先由一单根钢筋错开搭接，接头中距为 1.3 倍表 8-7规定的单根钢筋搭接长度，再用一根长度为 $1.3(n+1)l_s$ 的通长钢筋进行搭接绑扎，其中 n 为组成束筋的单根钢筋根数，l_s 为单根钢筋搭接长度，如图 8-15 所示。

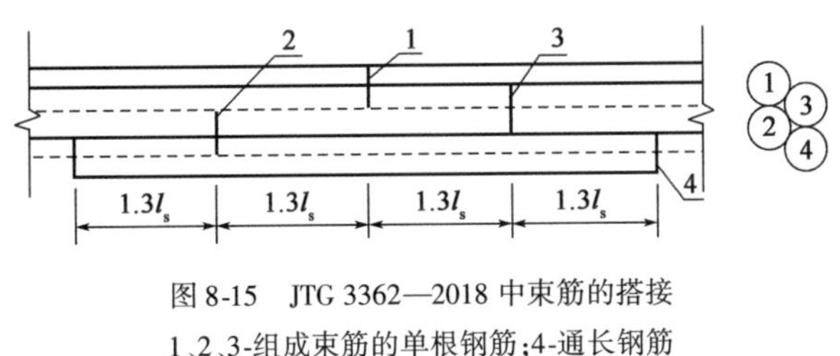

图 8-15　JTG 3362—2018 中束筋的搭接

1、2、3-组成束筋的单根钢筋；4-通长钢筋

8.10　预应力钢束

8.10.1　钢束布置

EN 1992 给出后张法管道与先张法钢绞线的间距规则，以保证浇筑与混凝土的压实能顺利实行，并且确保混凝土与钢束间有足够的黏结力。

1）先张钢束

单根先张钢绞线的最小水平与垂直净间距如图 8-16b）所示。也可以使用其他布置方式，但仅限于试验结果证明具有满意的极限特性且混凝土的浇筑与压密得以保证的情况下。

2）后张管道

EN 1992 要求混凝土在浇筑时不得损坏导管，同时要求混凝土可以抵抗预应力筋弯曲时产生的反作用力。管道的最小净间距，如图 8-16a）所示。但是，管道间距不可能完全满足后一种要求，此时钢束剖面为张紧的曲线，并且在径向力产生的张拉应力作用下，管道间混凝土有一种滑移趋势,如图 8-17a)所示。此时,要么增加间距,要么加固管道间的混凝土。曲线管道也可能要求增加垂直于弯曲平面的保护层厚度。通常钢束以平面曲线的方式置于腹板中或以立面曲线的方式置于翼缘板中,适当的钢筋构造处理如图 8-17b)所示。表 8-8 和表 8-9 分别列出了管道平面曲线中心线间最小间距和最小保护层厚度。

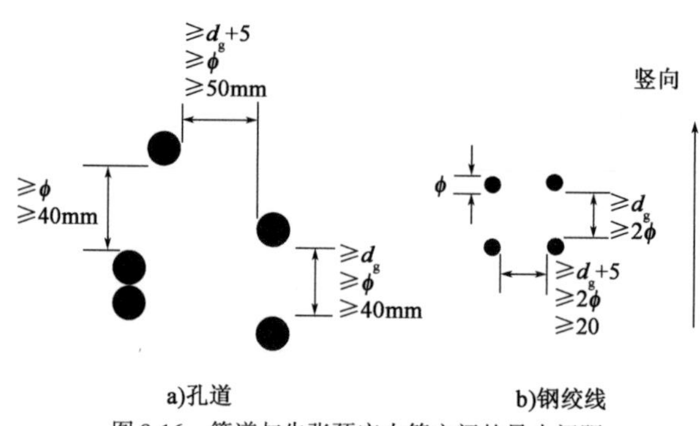

图 8-16 管道与先张预应力筋之间的最小间距

ϕ-预应力筋的直径;d_g-骨料的最大直径

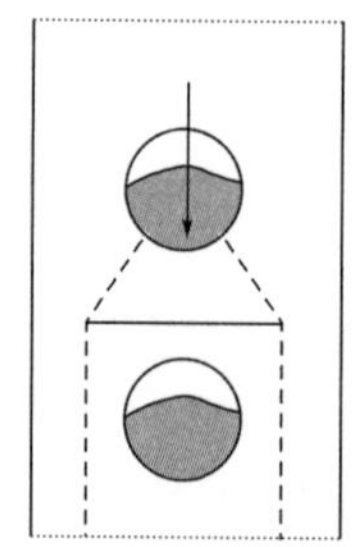

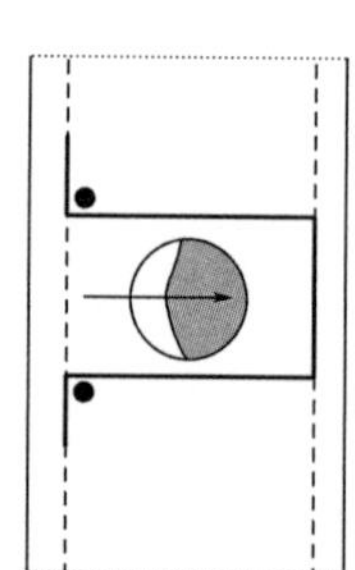

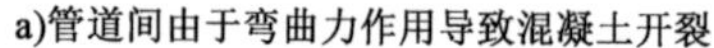

a)管道间由于弯曲力作用导致混凝土开裂　　b)防止预应力束向外拉出的构造钢筋

图 8-17 钢筋构造处理

弯曲平面内管道中心线间的最小距离(mm)　　表 8-8

管道的弯曲半径(m)	19	30	40	50	60	70	80	90	100	110	120	130	140	150	160	170
	钢束内力(kN)															
	296	387	960	1337	1920	2640	3360	4320	5183	6019	7200	8640	9424	10336	11248	13200
2	110	140	350	485	700	960								半径不常用		
4	55	70	175	245	350	480	610	785	940	730	870	1045				
6	38	60	120	165	235	320	410	525	630	545	655	785	855			
8			90	125	175	240	305	395	470	440	525	630	685	940		
10			80	100	140	195	245	315	375	365	435	525	570	750	815	
12						160	205	265	315	315	375	450	490	625	680	800
14						140	175	225	270	275	330	395	430	535	585	785
16							160	195	235	245	290	350	380	470	510	600
18								180	210	220	265	315	345	420	455	535
20									200		240	285	310	375	410	480
22												265	285	340	370	435
24												260	280	315	340	400
26														300	320	370
28																345
30																340
32																
34																
36																
38																
40	38	60	80	100	120	140	160	180	200	220	240	260	280	300	320	340

注:表中所示钢束内力对于给定尺寸的管道为最大可用值(取钢束特征强度的 80%),不包括小于 2 倍管道内径的值。

垂直弯曲平面管道的最小保护层厚度(mm)　　表 8-9

管道的弯曲半径(m)	19	30	40	50	60	70	80	90	100	110	120	130	140	150	160	170
	钢束内力(kN)															
	296	387	960	1337	1920	2640	3360	4320	5183	6019	7200	8640	9424	10336	11248	13200
2	50	55	155	220	320	445								半径不常用		
4		50	70	100	145	205	265	350	420							
6			50	65	90	125	165	220	265	310	375	460				
8				55	75	95	115	150	185	220	270	330	360	395		
10					65	85	100	120	140	165	205	250	275	300	330	
12					60	75	90	110	125	145	165	200	215	240	260	315
14					55	70	85	100	115	130	150	170	185	200	215	260
16					55	65	80	95	110	125	140	160	175	190	205	225
18					50	65	75	90	105	115	135	150	165	180	190	215
20						60	70	85	100	110	125	145	155	170	180	205
22						55	70	80	95	105	120	140	150	160	175	195
24						55	65	80	90	100	115	130	145	155	165	185
26						50	65	75	85	100	110	125	135	150	160	180
28							60	75	85	95	105	120	130	145	155	170
30							60	70	80	90	105	120	130	140	150	165
32							55	70	80	90	100	115	125	135	145	160
34							55	65	75	85	100	110	120	130	140	155
36							55	65	75	85	95	110	115	125	140	150
38							50	60	70	80	90	105	115	125	135	150
40	50	50	50	50	50	50	50	60	70	80	90	100	110	120	130	145

注:表中所示钢束内力对于给定尺寸的管道为最大可用值(取钢束特征强度的 80%)。

JTG 3362—2018 规定,先张法顶应力混凝土构件中,预应力钢绞线之间的净距不应小于其直径的 1.5 倍,对 1×7 股钢绞线不应小于 25mm。预应力钢丝间净距不应小于 15mm。

对外形呈曲线形且布置有曲线预应力钢筋的构件,其曲线平面内、外管道的最小混凝土保护层厚度,应按下列公式计算:

(1)曲线平面内。

$$C_{in} \geqslant \frac{P_d}{0.266r\sqrt{f'_{cu}}} - \frac{d_s}{2} \tag{8-19}$$

式中:C_{in}——曲线平面内最小混凝土保护层厚度;

P_d——预应力筋的张拉力设计值(N),可取扣除锚圈口摩擦、钢筋回缩及计算截面处管道摩擦损失后的张拉力乘以 1.2;

r——管道曲线半径(mm);

f'_{cu}——预应力筋张拉时,边长为 150mm,立方体混凝土抗压强度(MPa);

d_s——管道外缘直径。

当按式(8-19)计算的保护层厚度较大时,也可按直线管道设置最小保护层厚度,但应在管道曲线段弯曲平面内设置箍筋。箍筋单肢的截面面积可按式(8-20)计算:

$$A_{sv1} \geqslant \frac{P_d s_v}{2rf_{sv}} \tag{8-20}$$

式中:A_{sv1}——箍筋单肢截面面积(mm^2);

s_v——箍筋间距(mm);

f_{sv}——箍筋抗拉强度设计值(MPa)。

（2）曲线平面外。

$$C_{out} \geqslant \frac{P_d}{0.266\pi r\sqrt{f'_{cu}}} - \frac{d_s}{2} \tag{8-21}$$

式中：C_{out}——曲线平面外最小混凝土保护层厚度。

后张法预应力混凝土构件，其预应力筋管道的设置应符合下列规定：

（1）直线管道的净距不应小于40mm，且不宜小于管道直径的0.6倍；对于预埋的金属或塑料波纹管和铁皮管，在竖直方向可将两管道叠置。

（2）曲线形预应力筋管道在曲线平面内相邻管道间的最小净距应按式（8-19）计算，其中 P_d 和 r 分别为相邻两管道曲线半径较大的一根预应力筋的张拉力设计值和曲线半径，C_{in} 为相邻两曲线管道外缘在曲线平面内净距。当上述计算结果小于其相应直线管道外缘间净距时，应取用直线管道最小外缘间净距。曲线形预应力筋管道在曲线平面外相邻外缘间的最小净距，应按式（8-21）计算，其中 C_{out} 为相邻两曲线管道外缘在曲线平面外净距。

（3）管道内径的截面面积不应小于2倍预应力筋截面面积。

（4）按计算需要设置顶拱度时，预留管道也应同时起拱。

后张法顶应力混凝土构件的曲线形预应力筋的曲线半径应符合下列规定：

（1）钢丝束、钢绞线束的钢丝直径等于或小于5mm时，不宜小于4m；钢丝束、钢绞线束的钢丝直径大于5mm时，不宜小于6m。

（2）精轧螺纹钢筋的直径等于或小于25mm时，不宜小于12m；精轧螺纹钢筋的直径大于25mm时，不宜小于15m。

8.10.2 先张法钢束的锚固

8.10.2.1 概述

适用于先张法钢束锚固设计的黏结强度主要取决于荷载类型。在先张法预应力构件放张后，预应力筋回缩，通过预应力筋与其周围混凝土的黏结作用对混凝土产生预加应力。由于在承受使用荷载前预应力筋与混凝土之间已经存在相互作用，预应力筋的锚固与普通钢筋有所不同，与预应力的传递长度有关。计算初始传递长度与承载能力极限状态时的锚固长度所使用的黏结应力值有所不同。最大值用于计算初始传递长度 l_{pt}，较小值用于计算承载能力极限状态时的锚固长度 l_{bd}，如图8-18所示。

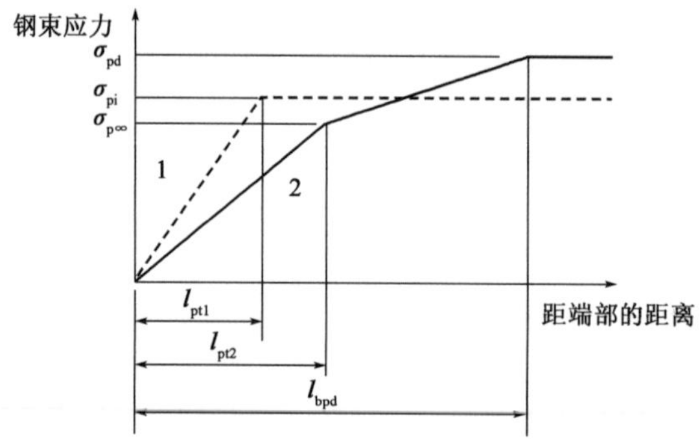

图8-18 预拉钢束释放时锚固区中的应力与极限承载能力状态时的应力

1-预拉钢束释放时，锚固区中的应力；2-极限承载能力状态时的应力

8.10.2.2 预应力传递

假设黏结应力 f_{bpt} 不变，传递长度按式（8-22）计算：

$$l_{pt}=\frac{\alpha_1\alpha_2\phi\sigma_{pm0}}{f_{bpt}} \tag{8-22}$$

式中：α_1——放张速度系数，对于逐渐释放，$\alpha_1=1.0$；对于突然释放，$\alpha_1=1.25$；

α_2——预应力筋截面形状系数，对于圆形截面钢束 $\alpha_2=0.25$；对于 3 股和 7 股钢绞线，$\alpha_2=0.19$；

ϕ——钢束的公称直径；

σ_{pm0}——刚放张时钢束应力；

f_{bpt}——放张时预应力筋与混凝土的黏结强度，按式(8-23)计算；

$$f_{bpt}=\eta_{p1}\eta_1 f_{ctd}(t) \tag{8-23}$$

式中：η_{p1}——考虑预应力筋类型的系数，对于刻痕钢丝，$\eta_{p1}=2.7$，对 3 股和 7 股钢绞线，$\eta_{p1}=3.2$；

η_1——考虑放张时黏结状态的系数，对良好黏结条件 $\eta_1=1.0$，对其他情形，$\eta_1=0.7$；

$f_{ctd}(t)$——放张时混凝土设计抗拉强度，按式(8-24)计算：

$$f_{ctd}(t)=\alpha_{ct}\frac{0.7f_{ctm}(t)}{\gamma_c} \tag{8-24}$$

$f_{ctm}(t)$——放张时混凝土抗拉强度平均值；

γ_c——混凝土材料分项系数，取 1.5。

传递长度的设计值应取 $l_{pt1}=0.8l_{pt}$ 或 $l_{pt2}=1.2l_{pt}$ 计算结果的不利者。

黏结应力呈现非均匀分布，但为了计算简便，GB 50010—2010 近似采用线性变化规律，按下面的公式计算预应力筋的传递长度，公式中体现了预应力筋的外形、公称直径、放张时混凝土的轴心抗拉强度和预应力筋的有效预应力对传递长度的影响：

$$l_{tr}=\alpha\frac{\sigma_{pe}}{f'_{tk}}d \tag{8-25}$$

式中：σ_{pe}——放张时预应力筋的有效预应力；

d——预应力筋的公称直径；

α——预应力筋的外形系数，与式(8-6)中的外形系数相同；

f'_{tk}——与放张时混凝土立方体抗压强度 f'_{cu} 相应的轴心抗拉强度标准值。

传递长度内黏结应力的合力应等于预应力筋的有效预拉力。当采用骤然放松预应力筋的施工工艺时，l_{tr} 的起点应从距构件末端 $0.25l_{tr}$ 处开始计算。

8.10.2.3　承载能力极限状态下拉力锚固

承载能力极限状态下，钢绞线中的力因弯曲与剪切而增加，因而需要验算钢绞线的锚固。但是，按照 EN 1992 的规定，只有混凝土拉应力超过 $f_{ctk,0.05}$ 时才有必要验算。

承载能力极限状态下预应力筋的锚固长度由式(8-26)计算：

$$l_{bpd}=l_{pt2}+\frac{\alpha_2\phi(\sigma_{pd}-\sigma_{pm\infty})}{f_{bpd}} \tag{8-26}$$

式中：l_{pt2}——传递长度的设计值；

α_2——预应力筋截面形状系数，同式(8-22)；

$\sigma_{pm\infty}$——所有预应力损失完成后的预应力；

f_{bpd}——承载能力极限状态时的黏结强度，按式(8-27)计算。

$$f_{bpt}=\eta_{p2}\eta_1 f_{ctd} \tag{8-27}$$

式中：η_{p2}——考虑预应力筋类型和锚固处黏结状态的系数，对于刻痕钢丝，$\eta_{p2}=1.4$；对于 7 股钢绞线，$\eta_{p2}=1.2$；其他种类预应力筋的 η_{p2} 值可见欧洲技术认证书；

f_{ctd}——混凝土抗拉强度设计值，由于混凝土强度的提高增大了混凝土的脆性，只限于 C60/75 混凝土的值，除非可证明平均黏结强度超过该限值。

GB 50010—2010 规定，计算先张法预应力混凝土构件端部锚固区的正截面和斜截面受弯承载力时，锚固长度范围内的预应力筋抗拉强度设计值在锚固起点处应取为 0，在锚固终点处应取为 f_{py}，两点之间可按线性内插法确定。当计算中充分利用钢筋的抗拉强度时，预应力筋的锚固长度应按式(8-28)计算：

$$l_a = \alpha \frac{f_{py}}{f_t} d \tag{8-28}$$

式中：f_{py}——预应力筋的抗拉强度设计值；

f_t——混凝土轴心抗拉强度设计值，当混凝土强度等级高于 C40 时，按 C40 取值；

d——预应力筋的公称直径；

α——预应力筋的外形系数。

8.10.3 后张法构件的锚固区

锚固区为集中预应力扩散至整个构件截面的区域，在设计过程中应注意以下几点：

(1)如果将预应力效应视为锚固区的集中作用力，则预应力筋的设计值应使用较低的混凝土抗拉强度标准值。

(2)应根据“欧洲技术许可”的相关规定检查锚固板后面的承载应力。

(3)应通过拉-压杆模型或其他合适的方法评定由集中作用力引起的拉力。应通过假设钢筋以其设计强度起作用对钢筋予以说明。如果钢筋应力限制在 300MPa，则无须验算裂缝宽度。

(4)作为简化方法，可以假设预应力以 2β 的扩展角扩散(图 8-19)，开始于锚固装置的末端，其中，β 值可以假设为 arctan(2/3)。

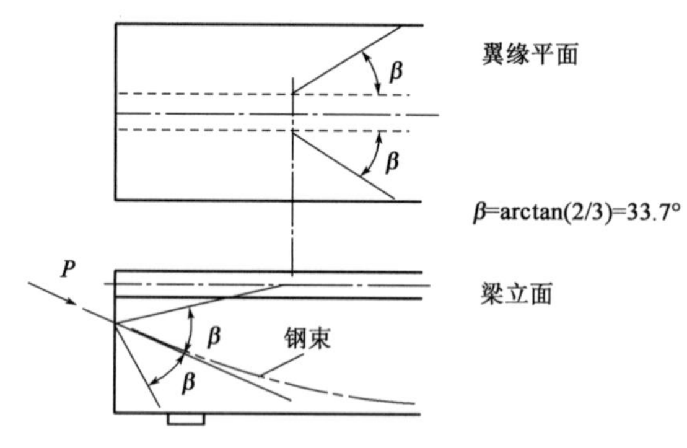

图 8-19 预应力的扩散

GB 50010—2010 规定，后张法预应力混凝土构件的端部锚固区，应按下列规定配置间接钢筋：

(1)当采用普通垫板时，应按局部受压承载力计算，并配置间接钢筋，其体积配筋率不应小于 0.5%，垫板的刚性扩散角应取 45°。

(2)进行局部受压承载力计算时，局部压力设计值对有黏结预应力混凝土构件取 1.2 倍张拉控制力，对无黏结预应力混凝土取 1.2 倍张拉控制力和 $f_{ptk}A_p$ 中的较大值。

(3)当采用整体铸造垫板时，其局部受压区的设计应符合相关标准的规定。

(4)在局部受压间接钢筋配置区以外，在构件端部长度 l 不小于截面重心线上部或下部预应力筋的合力点至邻近边缘的距离 e 的 3 倍，但不大于构件端部截面高度 h 的 1.2 倍，高度为 $2e$ 的附加配筋区范围内，应均匀配置附加防劈裂箍筋或网片(图 8-20)，配筋面积可按式(8-29)计算：

$$A_{sb} \geq 0.18\left(1 - \frac{l_1}{l_b}\right)\frac{P}{f_{yv}} \tag{8-29}$$

且体积配筋率不应小于 0.5%。

式中：P——作用在构件端部截面重心线上部或下部预应力筋的合力设计值，可按本条(2)的规定确定；

l_l、l_b——沿构件高度方向 A_l、A_b 的边长或直径；

f_{yv}——附加防劈裂钢筋的抗拉强度设计值。

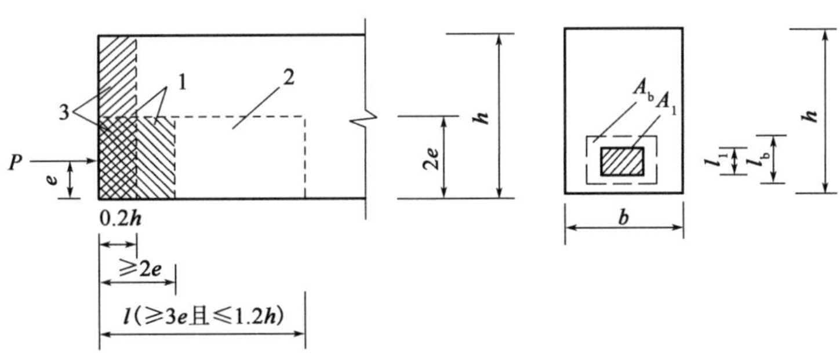

图 8-20　防止端部裂缝的配筋范围

(5)当构件端部预应力筋需集中布置在截面下部或集中布置在上部和下部时，应在构件端部 0.2h 范围内设置附加竖向防剥裂构造钢筋，其截面面积应符合下列公式要求：

$$A_{sv} \geqslant \frac{T_s}{f_{yv}} \tag{8-30}$$

$$T_s = \left(0.25 - \frac{e}{h}\right)P \tag{8-31}$$

式中：T_s——锚固端剥裂拉力；

P——作用在构件端部截面重心线上部或下部预应力筋的合力设计值，可按本条(2)的规定确定；

e——截面重心线上部或下部预应力筋的合力点至截面近边缘的距离；

h——构件端部截面高度。

当 $e>0.2h$ 时，可根据实际情况适当配置构造钢筋。竖向防剥裂钢筋可采用焊接钢筋网、封闭式箍筋或其他的形式且宜采用带肋钢筋。

当端部截面上部和下部均有预应力筋时，附加竖向钢筋的总截面面积应按上部和下部的预应力合力分别计算的较大值采用。

在构件横向也应按上述方法计算抗剥裂钢筋，并与上述竖向钢筋形成网片筋配置。

当构件在端部有局部凹进时，应增设折线构造钢筋或其他有效的构造钢筋，如图 8-21 所示。

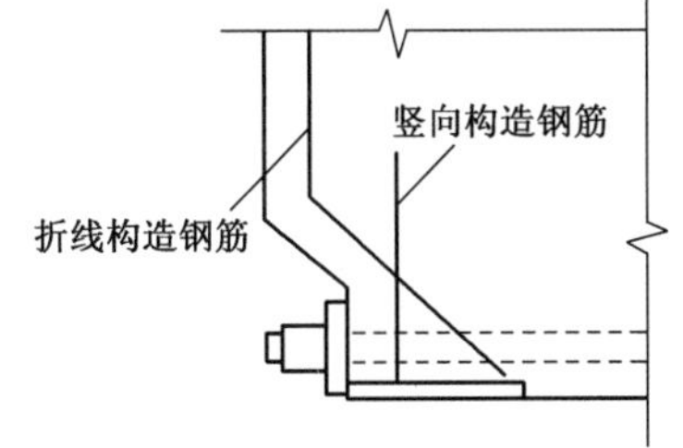

图 8-21　端部凹进处构造钢筋

例 8-2　后张法锚固区所需钢筋

每个腹板内两束，每束由 19 股 15.7mm 直径钢绞线($A_p=150\text{mm}^2$/每股)组成，抗拉强度标准值 f_{pk} 为 1860MPa，锚固于图 8-22 所示的箱梁上，方形锚垫板边长 310mm。对于这种规格的钢绞线，0.1% 的试验应力(源于 EN 10138 表 3)为 $f_{p0.1k}=1600\text{MPa}$。假设钢束初始保持水平，当混凝土圆柱体强度达到 30MPa 时被张拉至 $0.85f_{p0.1k}$。本例中为简便计假定钢束中心为截面中心。

1)抗劈裂钢筋-主棱柱

EN 1992-2 附件 J 适用于这种情形，因为多于一股钢束锚于腹板中。将附件 J 的要求与拉-压杆模型，源于 CIRIA 指南 1 的要求以及最严格的要求进行比较，发现 EN 1992-2 附件 J 提供最少的钢筋量。

(1)水平方向(贯穿腹板厚度)。

按 EN 1992-2 附件 J,规则主棱柱体的截面积为

$cc' = P_{max}/0.6f_{ck}(t)$

式中:P_{max}——作用于钢束的最大力,$P_{max} = 19 \times 150 \times 0.85 \times 1600 \times 10^{-3} = 3876\text{kN}$。

因此,$cc' = 3876 \times 10^3/(0.6 \times 30) = 215333\text{mm}^2$。

对于方形截面的规则棱柱,边长为 464mm。棱柱体长度 $= 1.2 \times 464 = 556\text{mm}$,取 560mm。这一区域的劈裂钢筋的最小允许面积:

$A_s = 0.15P_{max}\gamma_{p.unfair}/f_{yd} = 0.15 \times 3876 \times 10^3/(500/1.15) = 1605\text{mm}^2$

严格地讲,需进行裂缝宽度验算。为避免这种验算,钢筋应力应按 EN 1992-2 中 8.10.3(104)要求限于 250MPa,因此要求钢筋面积为 2719mm^2。这种钢筋必须在棱柱体全长布置即 560mm,水平与垂直方向均要求,最好以螺旋筋或封闭箍筋的形式。2×5 肢 20mm 直径钢筋在这一长度范围内将足以满足 $4.98\text{mm}^2/\text{m}$ 的要求。如果全长范围内钢筋间距为 100mm(典型的),用钢量略多一点,即可能为 2×6 肢。

(2)垂直方向(梁高方向)。

按 EN 1992-2 附件 J,钢筋与上面水平方向计算的结果相同。

2)主要棱柱体外侧整体平衡

(1)水平方向(贯穿腹板厚度)。

水平方向超过主要棱柱体范围应力不连续扩散,因此,没有要求更多的钢筋。EN 1992 附件 J 中的方法存在的问题是它的主棱柱体的宽度实际上不等于腹板的宽度,因此应力进一步扩散,导致钢筋双倍计算可能是一种误解。这正是上面要求劈裂计算使用拉-压杆模型或 CIRIA 指南 1 方法的原因。

(2)垂直方向(沿梁高方向)。

在主要棱柱体端面应力不均匀分布,因此必须使用拉-压杆模型确定横向钢筋。腹板中的钢筋可用拉-压杆模型确定。钢束锚固于中性轴上,因此,远离锚固点的应力是均匀分布的(本例中作了简化)。考虑箱形截面的一半:

均匀应力 $= 2 \times 3.876 \times 10^3 \times 1.2/4.14 \times 10^6 = 2.25\text{MPa}$;

底部翼缘半宽中的力 $= 3000 \times 300 \times 2.25 = 2022\text{kN}$;

较低锚固中心线以下腹板的力 $= 1380 \times 600 \times 2.25 = 1863\text{kN}$。

忽略锚垫板的宽度,取桁架内力臂为 $0.5 \times 3500 = 1750\text{mm}$,则底部钢束的拉力为 $(2022 \times 1.530 + 1863 \times 1.380/2)/1.750 = 2502\text{kN}$。

这一力必须由钢筋承担。允许应力取 250MPa,因此不需进行裂缝宽度验算,所需钢筋 10008mm^2。这些钢筋应以 U 形钢筋的形式提供,并沿最大距压拉点上的拉-压杆模型(在 CIRIA 指南 1 中仅为 $0.5b$)中心 $0.6b$ 长度布置。这相当于 32 股 20mm 肢在长度 $= 0.6 \times 3500 = 2100\text{mm}$ 内布置的钢筋(2 肢,间距 150mm,在 2100mm 长度范围内提供 30 肢是可接受的方案,保守假设使用极限应力为 250MPa 并计算极限预应力。正常使用验算证明,这样处理是合理的)。实际上,这些箍筋通常跨越整个 3500mm 长的平衡区被带回至张拉面。任何情况下,这一区域都需要抗剪钢筋。

3)从端面开裂

对于抗开裂设计,EN 1992-2 附录 J.104.2(103)要求:

$0.03P_{max}\gamma_{p,unfair}/f_{yd} = 0.03 \times 3876 \times 10^3 \times 1.2/(500/1.15) = 320\text{mm}^2$

或

$0.03 \times 3876 \times 10^3 \times 1.2/250 = 558\text{mm}^2$

对于工作应力为 250MPa 的钢筋可不进行裂缝宽度验算。

4)扩散至翼缘

根据前文所讨论的结果,在翼缘中要求进行类似的横向受拉验算,基于拉-压杆模型,但此处不包括这方面的内容。考虑所有这些效应的总钢筋用量如图 8-22 所示。注意仍需在附近区域进行抗剪与横向弯曲钢筋设计。

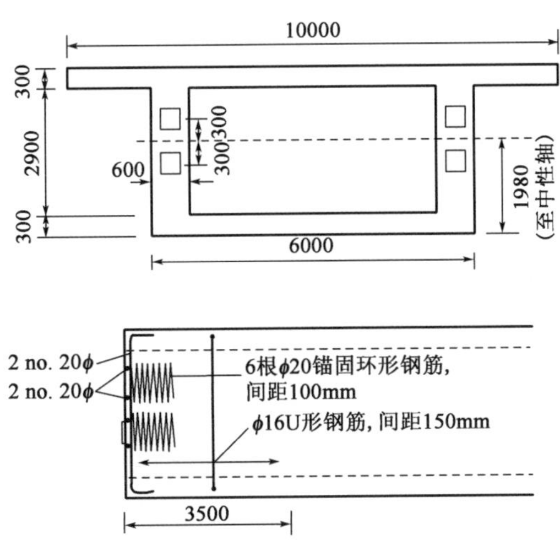

图 8-22　实例 8-2 中箱梁几何形状与钢筋(尺寸单位:mm)

值得注意的是,此时附录 J 所需求的楔形体滑移失稳验算的重要性不大,因为此时锚固区距截面边缘较远。如果在腹板和翼板交界处设置了施工缝,那么应按 EN 1992-2 第 6.2.5 条关于跨缝剪切的规则进行验算。

8.10.4　预应力钢束的锚固与连接

关于预应力钢束的锚固与连接,EN 1992 作了如下规定:

(1)用于后张预应力筋的锚固装置应符合有关预应力系统的规定,对于先张预应力筋,锚固长度应确保能够形成完整的预应力筋设计长度,同时考虑到任何重复的、快速变化的作用效应。

(2)如果使用连接器,则连接器应符合有关预应力系统的规定,并且在更换连接器时,应确保连接器不会影响到构件的承载能力,并且能够顺利导入在施工过程中可能需要的任何临时锚固装置。

(3)应进行混凝土局部效应和横向加固计算。

(4)通常,连接器的位置应远离中间支座。

(5)避免在同一截面连接超过钢束面积的 50%。

《混凝土结构设计规范》(GB 50010—2010)(2015 版)除一般性锚固长度与锚固区构造要求外,没有专门条款阐述预应力钢束的锚固与连接,锚固件与连接器参考国家相关生产标准。

8.10.5　转向块

EN 1992 关于转向块有如下规定:

(1)转向块应满足以下要求:

①能够同时承受预应力筋所施加的纵向力和横向力,并将其转移至结构系统中。

②确保预应力筋的曲率半径不会造成过大应力或转向块损坏。

（2）在转向区，用作护套的导管应能够承受径向压力和预应力筋的纵向移动，而不会影响其正常使用。

（3）在转向区中预应力筋曲率半径应符合 EN 10138 和相应的欧洲技术认证。

（4）如果不使用转向块，则预应力筋的允许设计偏差可以达到 0.01rad。计算时，应考虑根据相关欧洲技术认证使用转向块时由于角度变化而形成的作用力。

EN 1992 不指定钢束设计力用于转向力的计算，但建议使用缆索的爆裂荷载，除非已考虑材料与几何非线性的因素进行详细的二次分析。这是因为，尽管保守性与一般性假设整体设计中钢束应变在承载能力极限状态下不会增加，但对于短索，特别是在承载能力极限状态下，随结构变形的增加，应变与应力有可能显著增加。在正常使用极限状态下，设计荷载应为缆索长期损失之前的荷载。

转向半径不应造成钢束及其防护系统或转向块管道本身的损害。较小的半径将产生较大的横向压力，这有可能损害钢绞线、管道与转向块管道，而张拉钢束期间，在较小半径上的纵向移动可能导致钢绞线切割保护管道或转向块管（如果是塑料管道）。为避免这类问题，EN 1992 要求恰当的最小弯曲半径从预应力供应商处获取。表 8-10 提供了钢束最小弯曲半径的推荐值。

钢束最小弯曲半径的推荐值 表 8-10

钢束（钢绞线型号与尺寸）	最小半径（m）	钢束（钢绞线型号与尺寸）	最小半径（m）
19 ~ 13mm 与 12 ~ 15mm	2.5	31 ~ 13mm 与 19 ~ 15mm	3.0
53 ~ 13mm 与 37 ~ 15mm	5.0		

EN 1992 中没有专门包含预应力梁中的导向装置的规定，但遇到同样的钢绞线损害问题，可能同样会用到表 8-10 中的推荐值。

在转向块处应谨慎，以避免桥梁变形（或不准确地起拱）产生的二阶效应带来的偏心损失。这对仅在 1/4 跨安装转向块的情形特别重要，因为钢束在两个 1/4 点之间将保持平直，而中跨位置由于跨中偏心损失的结果产生较大的偏斜。在此情形中，由于倾斜变形导致的偏心损失抵消任何因变形造成钢束中力的增加带来的益处。

关于转向块的设计，中国标准目前还没有专门条款规定。

8.11 本章小结

本章讲述关于钢筋与预应力筋的构造要求，包括钢筋与预应力束的布置间距、连接、弯曲、锚固和保护层厚度等方面的构造要求。总体原则与设计方法基本一致，由于研究深度与经验积累存在差距，细节处理存在差异，要点归纳如下：

（1）中欧标准中关于钢筋的构造要求基本相同，但欧洲标准专门注明本章规则不适用于光圆钢筋，中国标准则没有这种提法，也即中国标准中关于构造处理的规定适用于所有钢筋混凝土用钢筋。

（2）钢筋间距。欧洲标准规定单排平行钢筋之间或各层平行钢筋之间的净距（水平和垂直）不应小于 k_1 倍的钢筋直径、$(d_g + k_2)$mm 和 20mm 中的较大者，其中 d_g 为骨料最大粒径。k_1 和 k_2 为国家定义参数，欧洲标准的建议值分别为 1mm 和 5mm；JTG 3362—2018 规定各主钢筋净距，当钢筋为三层及以下时，不应小于 30mm，并不小于钢筋直径；当钢筋为三层以上时，不应小于 40mm，并不小于钢筋直径的 1.25 倍。相比较而言，中国标准限定的钢筋间距大于欧洲标准的限值。

（3）弯曲钢筋允许弯心直径。确定钢筋最小弯心直径时要考虑避免钢筋产生弯曲裂缝及避免弯钩内混凝土的破坏。中欧标准都是根据弯曲试验确定。对比表 8-1 和表 8-2，可以看出，欧洲标准没有中国标准详细，弯心直径比中国标准要求的略大。

(4)锚固长度。EN 1992 根据黏结极限应力确定基本锚固长度，然后考虑钢筋外形、保护层厚度、是否有横向约束、沿锚固长度方向的压力效应等因素进行修正，最后确定设计锚固长度。GB 50010—2010 确定锚固长度的方法基本与欧洲标准相同，但 JTG 3362—2018 没有给出确定设计锚固长度的方法，仅规定最小锚固长度限值。

(5)关于焊接锚固。欧洲标准的锚固长度通过焊接横向钢筋的抗力效应，并考虑一定的影响因素计算确定；中国标准给出的是经验值，这一点可以说明欧洲标准研究较深入。

(6)搭接与机械连接。关于搭接连接设计的基本原则，中欧标准相同。欧洲标准搭接长度也是根据基本锚固长度修正后确定的，而中国标准的搭接长度是根据经验确定的。

(7)欧洲标准对大直径钢筋($\phi \geqslant 32$)的锚固提出附加规定，主要是加强横向约束与防止混凝土开裂方面的要求，中国标准没有相应规定。

(8)EN 1992 对于大直径钢筋的连接有更为详细的规定，而中国标准对于大直径钢筋的连接仅规定了搭接钢筋直径不应超过 32mm。

(9)预应力钢束。中欧标准对先张法与后张法的钢束间距均有明确规定。所不同的是，JTG 3362—2018 对外形呈曲线的预应力钢束的保护层厚度有详细的计算公式，欧洲标准却没有相应计算式。

(10)预应力锚固是预应力构件的重要内容之一。先张构件主要是对传递长度的确定与验算，后张法主要是锚固区间钢筋的配置与局部应力验算。中欧标准均有详细的规定，并有具体的验算式。

(11)预应力钢束的连接。欧洲标准主要强调连接器的位置、可更换性，没有更详细的规定，中国标准目前还没有这方面的规定。

(12)转向块。欧洲标准对转向块的设置有原则性规定，并对预应力钢束的偏转半径有明确规定，中国标准没有这方面的规定。可见，中欧标准在构造处理领域的研究仍存在一定的差距。

第9章 构件的构造要求

9.1 概述

除第8章中讨论的总体设计规则之外，第9章给出了特定构件的一些附加规则，包括梁、板、柱、墙与基础。主要包括如下内容：

(1)满足构造要求，即可以满足结构构件安全性、适用性和耐久性方面的要求。

(2)构造设计应与所采用的设计模型一致。

(3)本章给出钢筋的最小面积，以防止脆性失效和形成宽裂缝，以及抵抗由约束作用形成的作用力。

9.2 梁

9.2.1 纵面钢筋

9.2.1.1 最小与最大面积

为了防止受弯构件一旦开裂，受拉钢筋即进入屈服，构件发生脆性破坏，设计中需要对纵面钢筋的最小配筋面积进行限制，相应的配筋率称为最小配筋率 $A_{s,min}$。

对于梁 $A_{s,min}$ 值可由国家附件确定。EN 1992 中建议值如下：

$$A_{s,min}=\frac{0.26f_{ctm}b_t d}{f_{yk}}\geqslant 0.0013b_t d \tag{9-1}$$

式中：f_{ctm}——混凝土的平均抗拉强度；

f_{yk}——钢筋的屈服强度标准值；

b_t——受拉区平均宽度，对于翼缘位于受压区的T形梁，b_t 值仅考虑腹板宽度；

d——受压区边缘至受拉钢筋应力作用点的有效高度。

配筋小于最小钢筋面积 $A_{s,min}$ 的构件，应视为素混凝土构件。

除上述构造设计对最小钢筋的要求外，EN 1992-2 要求桥梁设计中所有构件均应配置不少于最小配筋率的钢筋，以控制裂缝。对于预应力混凝土截面，EN 1992 给出防止脆性破坏的附加规则，该规则要求设计人员验算永久无黏结或体外预应力钢束构件的极限抗弯承载力是否超过1.15倍的开裂弯矩。

为便于浇筑与压实混凝土，并防止过度限制混凝土收缩产生开裂，应限制梁中钢筋的最大值 $A_{s,max}$。对于梁中搭接位置外侧的 $A_{s,max}$ 值可能在国家附件中指定，推荐值为 $0.04A_c$，此时 A_c

为构件的全截面面积。

中国标准确定受弯构件最小配筋率的基本方法是使构件混凝土的开裂弯矩小于或等于构件的极限弯矩,即

$$M_{cr} \leqslant M_{u} \tag{9-2}$$

JTG 3362—2018 规定,受弯构件的最小配筋率为

$$\rho_{min} = \max\left(45\frac{f_{td}}{f_{sd}}, 0.2\right) \tag{9-3}$$

式中:f_{td}——混凝土抗拉强度设计值;

f_{sd}——钢筋抗拉强度设计值。

对于预应力混凝土受弯构件,最小配筋率应满足下列条件:

$$\frac{M_{ud}}{M_{cr}} \geqslant 1.0 \tag{9-4}$$

式中:M_{ud}——受弯构件正截面抗弯承载能力设计值;

M_{cr}——受弯构件开裂弯矩。

JTG 3362—2018 规定的混凝土界限破坏的条件是相对受压区高度 $\xi = \xi_b$,即

$$x \leqslant x_b = \xi_b h_0 \tag{9-5}$$

式中:x_b——相对于界限破坏时的混凝土受压区高度;

ξ_b——相对界限受压区高度,其值按表 9-1 采用。

相对界限受压区高度 ξ_b 表 9-1

钢筋种类	混凝土强度等级			
	C50 及以下	C55、C60	C65、C70	C75、C80
HPB300	0.58	0.56	0.54	—
HRB400、HRBF400、RRB400	0.53	0.51	0.49	—
HRB500	0.49	0.47	0.46	—
钢绞线、钢丝	0.40	0.38	0.36	0.35
预应力螺纹钢筋	0.40	0.38	0.36	—

注:1. 截面受拉区内配置不同种类钢筋的受弯构件,其 ξ_b 值应选用相应于各种钢筋的较小者。

2. $\xi_b = x_b/h_0$,x_b 为纵向受拉钢筋和受压区混凝土同时达到各自强度设计值时的受压区矩形应力图高度。

假定钢筋标准强度 f_{yk} = 400MPa,对于 C20/25 ~ C40/50 强度等级的混凝土,按照中国 $f_{ck}(f_t)$、美国 f_c' 和欧洲 f_{ck} 的对应关系,计算的最小配筋率如图 9-1 所示。从图 9-1 中可以看出,美国标准规定的最小配筋率最大,欧洲标准的最小配筋率最小,中国标准居中,比较接近欧洲标准规定的值。

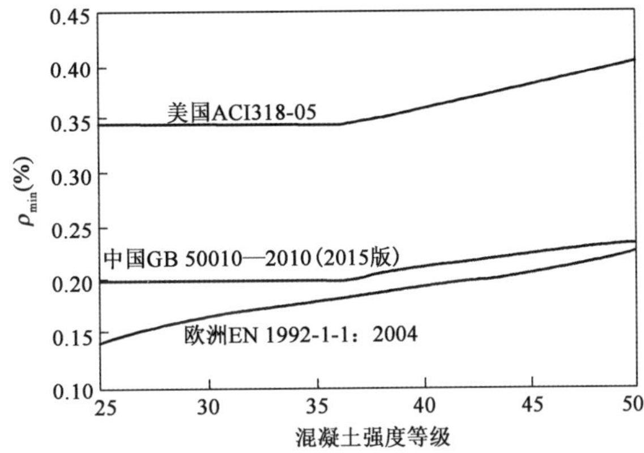

图 9-1 中、欧、美标准规定的受弯构件最小配筋率

9.2.1.2 钢筋布置

(1)在整体结构中,即使设计中假定为简支,也应按跨内最大弯矩的 β_1 倍设计支座截面(β_1 为国家定义参数,推荐值为 0.15)。

(2)在连续梁的中间支座处,翼缘截面拉伸钢筋的总面积 A_s 应覆盖到翼缘的有效宽度(图 9-2)。

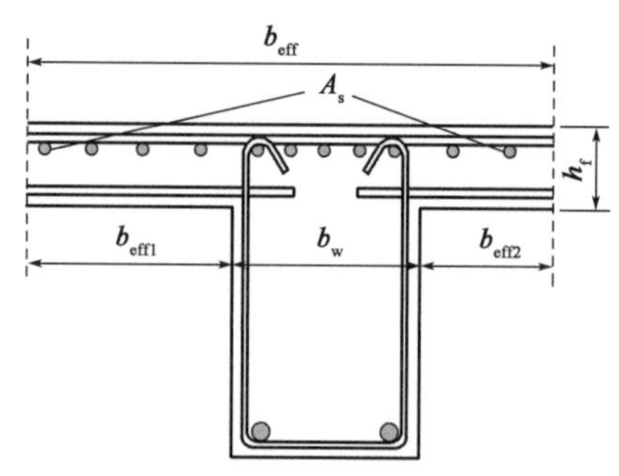

图 9-2 翼缘横截面拉伸钢筋的布设

(3)承载力计算中的任何受压纵向钢筋(直径为 ϕ)应用横向钢筋进行固定,间距不大于 15ϕ。

JTG 3362—2018 规定,钢筋混凝土梁的支点处,应至少有两根且不少于总数 1/5 的下层受拉主钢筋通过。两外侧钢筋,应延伸出端支点,并弯成直角,顺梁高延伸至顶部,与顶层纵向架立钢筋相连。两侧之间的其他未弯起钢筋,伸出支点截面的长度不应小于 10 倍钢筋直径(环氧树脂涂层钢筋为 12.5 倍钢筋直径);HRB300 钢筋应带半圆钩。

钢筋混凝土 T 形截面梁或箱形截面梁的受力主钢筋,宜设于该标准规定的翼缘有效宽度内;超出上述分布范围的宽度,可设置不小于一根超出部分截面面积 0.4% 的构造钢筋。预应力混凝土 T 形截面梁或箱形截面梁的预应力筋,亦宜大部分设于有效宽度内。

钢筋混凝土梁中应设置直径不小于 8mm 且不小于 1/4 主钢筋直径的箍筋,其配筋率 ρ_{sv},HPB300 钢筋不应小于 0.14%,HPB400 钢筋不应小于 0.11%。当梁中配有按受力计算需要的纵向受压钢筋或在连续梁、悬臂梁近中间支点位于负弯矩区的梁段,应采用闭合式箍筋,同时,同排内任一纵向受压钢筋,离箍筋折角处的纵向钢筋的间距不应大于 150mm 或 15 倍箍筋直径两者中较大者,否则,应设复合箍筋。相邻箍筋的弯钩接头,沿纵向其位置应交替布置。

箍筋间距不应大于梁高的 1/2 且不大于 400mm;当所箍钢筋为按受力需要的纵向受压钢筋时,不应大于所箍钢筋直径的 15 倍,且不应大于 400mm。在钢筋绑扎搭接接头范围内的箍筋间距,当绑扎搭接钢筋受拉时不应大于主钢筋直径的 5 倍,且不大于 100mm;当搭接钢筋受压时不应大于主钢筋直径的 10 倍,且不大于 200mm。在支座中心向跨径方向长度相当于不小于一倍梁高范围内,箍筋间距不宜大于 100mm。

近梁端第一根箍筋应设置在距端面一个混凝土保护层距离处。梁与梁或梁与柱的交接范围内可不设箍筋,靠近交接面的箍筋与交接面的距离不宜大于 50mm。

比较上述条款,中欧标准基本一致,相对而言中国标准更趋于保守。

9.2.1.3 钢筋的截断

EN 1992 允许纵向钢筋截断,前提是剩余钢筋有抵抗作用于截面组合最大值的能力,且钢筋应延伸至少一个锚固长度。

在欧洲标准的受剪承载力计算中,如图 9-3 所示,考虑因斜裂缝出现使得纵向受拉钢筋拉力增加 ΔF_{td},钢筋的实际拉力曲线为正截面受弯计算的拉力曲线的基础向上(负弯矩)或向下(正弯矩)平移距离 ΔF_{td},水平方向平移距离 a_1,得到包括斜截面受弯的钢筋拉力曲线 F_s,a_1 按式(9-6)确定:

$$a_1 = \begin{cases} d, & \text{无抗剪筋的构件} \\ \dfrac{1}{2}(\cot\theta - \cot\alpha)z, & \text{有抗剪筋的构件} \end{cases} \tag{9-6}$$

式中各符号的意义如图 9-3 所示。只有当受拉钢筋截断后的抵抗拉力曲线(F_{Rs})在钢筋拉力图之外时,梁才是符合要求的。

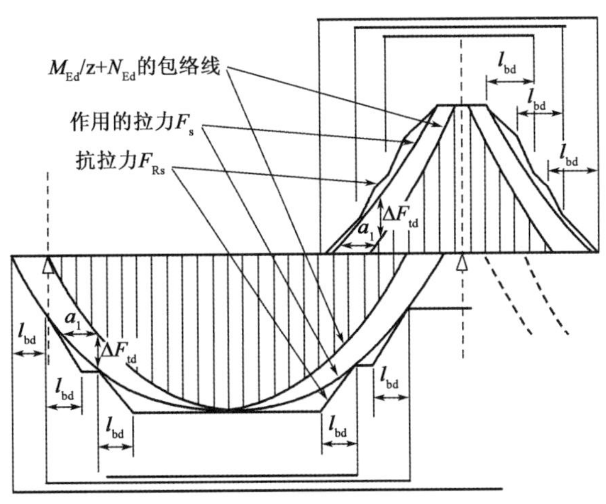

图9-3 纵向钢筋截断要求

JTG 3362—2018 规定,钢筋混凝土梁内纵向受拉钢筋不宜在受拉区截断;如需截断时,应从正截面抗弯承载力计算充分利用该钢筋强度的截面至少延伸(l_a+h_0)长度(图9-4),此处 l_a 为受拉钢筋最小锚固长度,h_0 为梁截面有效高度;同时应考虑从正截面抗弯承载力计算不需要该钢筋的截面至少延伸 $20d$(环氧树脂涂层钢筋为 $25d$),此处 d 为钢筋直径。纵向受压钢筋如在跨间截断时,应延伸至按计算不需要该钢筋的截面以外至少 $15d$(环氧树脂涂层钢筋为 $20d$)。

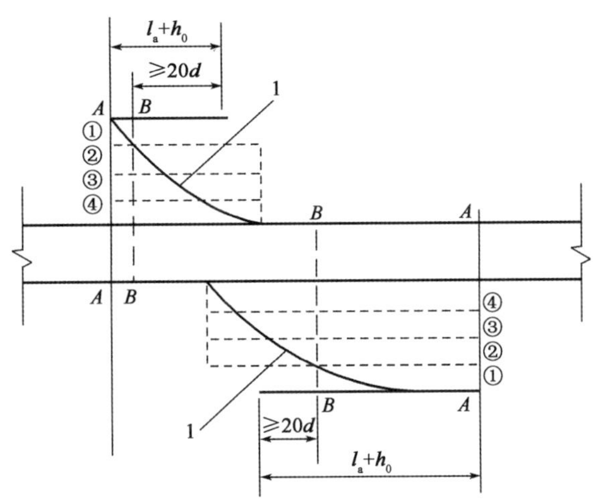

图9-4 JTG 3362—2018 中纵向受拉钢筋截断的延伸长度

A—A-钢筋①、②、③、④强度充分利用截面;*B—B*-按计算不需钢筋截面;①、②、③、④-钢筋批号;1-弯矩曲线

比较上述两种做法,中欧标准有很大差异。JTG 3362—2018 中以正截面受弯抵抗矩曲线计算钢筋的受拉锚固长度,而 EN 1992 中计算锚固长度时则考虑到裂缝的出现使得纵向受拉钢筋的拉力出现的附加增量。因此 EN 1992 得到的延伸长度显然更大。

9.2.1.4 端支撑底部钢筋的锚固

对于端支撑,设计中较少或没有假设端部固定,设计人员应提供至少与跨中钢筋一定比例的钢筋。EN 1992 推荐这一比例 β_2,其取值为0.25。纵向钢筋不应少于设计抗剪与抗轴力钢筋之和,并应超过支撑端面恰当的锚固。

为了防止支座处的锚固破坏,GB 50010—2010 规定,伸入梁支座范围内的纵向受力钢筋根数,当梁宽 $b\geqslant100$mm 时,不宜少于两根;当梁宽 $b<100$mm 时,可为一根。

钢筋混凝土简支梁和连续梁简支端的下部纵向受力钢筋，其伸入梁支座范围内的锚固长度 l_{as}[图 9-5a)]应符合下列规定：当 $V \leqslant 0.7f_t bh_0$ 时，$l_{as} > 5d$；当 $V > 0.7f_t bh_0$ 时，对于带肋钢筋 $l_{as} \geqslant 12d$，对于光面钢筋 $l_{as} \geqslant 15d$，其中 d 为纵向受力钢筋的直径。

如纵向受力钢筋伸入梁支座范围内的锚固长度不符合上述要求，可在梁端将纵向钢筋上弯，并将弯折后长度计入 l_{as} 内[图 9-5b)]，或采取在钢筋上加焊锚固钢板或将钢筋端部焊接在梁端预埋件上，但伸入支座的水平长度不小于 $5d$。

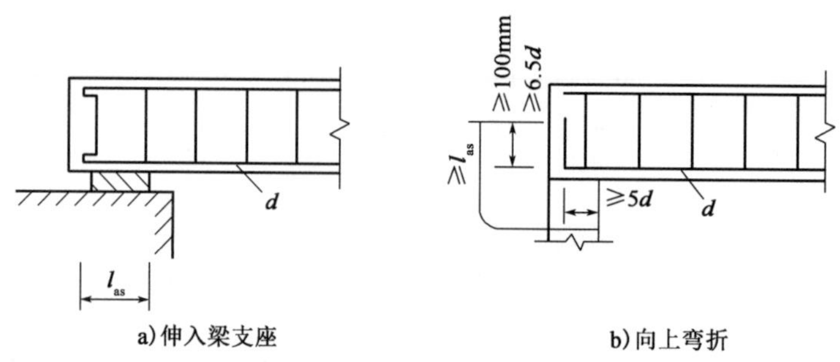

图 9-5　GB 50010—2010 中简支梁支座纵筋的锚固

对混凝土强度等级为 C25 及以下的简支梁和连续梁的简支端，当距支座边 $1.5h$ 范围内作用有集中荷载且 $V > 0.7f_t bh_0$ 时，对带肋钢筋宜采取附加锚固措施或取锚固长度 $l_{as} \geqslant 15d$。

在很多情况下，梁按简支计算，但实际上梁端部会受到不同程度的约束。因此，梁受力后会产生一定的负弯矩，从而出现负弯矩裂缝，影响梁的整体性和承载力。为此，中国标准还规定，应在支座附近由支座边向跨内不小于 0.2 倍计算跨度的范围内($0.2l_0$)，配置上部负钢筋。其数量不少于 2 根，面积不少于梁跨中截面底部钢筋计算面积的 1/4。

9.2.1.5　中间支座底部钢筋的锚固

对于中间支撑，EN 1992 允许计算的最小底部钢筋在至少延伸至支座内 $10d$ 之后截断。对于弯曲或弯钩，EN 1992 要求锚固长度至少超过支座面一个弯心直径的距离，以保证钢筋直到完全进入支座范围内才弯起。正弯矩可能增加的部位，底部钢筋应连续通过中间支座，如有必要使用搭接。考虑早期热裂缝可能导致纵向钢筋的连续性需求。

中国标准没有专门条款规定中间支座底部钢筋的锚固，JTG 3362—2018 中统一按钢筋混凝土梁支点处钢筋锚固构造要求执行，参见 JTG 3362—2018 第 9.3.9 条。

9.2.2　抗剪钢筋

EN 1992 要求抗剪钢筋与结构构件纵轴线成 45° ~ 90°之间的某一夹角 α。在绝大多数桥梁设计中，抗剪钢筋以绑扎纵向受拉钢筋的箍筋形式提供，并按要求进行锚固。箍筋弯曲内侧应提供至少与箍筋直径相同的纵向钢筋。允许箍筋在腹板表面附近搭接(如对于两根 U 形钢筋很容易形成箍筋)，前提是不要求箍筋抗扭转。

EN 1992 允许抗剪钢筋由箍筋与弯起钢筋组合而成，但要求抗剪钢筋的最小比例必须以箍筋的形式提供，推荐最小比例 $\beta_3 = 0.5$。

对于梁，最小抗剪钢筋按式(9-7)计算：

$$\rho_w = A_{sw}/(sb_w \sin\alpha) \geqslant \rho_{w,min} \tag{9-7}$$

式中：A_{sw}——长度 s 范围内抗剪钢筋截面面积；

s——沿构件纵轴计算的抗剪钢筋的间距；

b_w——构件腹板宽度；

α——抗剪钢筋与纵轴的夹角。

EN 1992 推荐最小抗剪钢筋配筋率 $\rho_{w,min}$ 由式(9-8)计算：

$$\rho_{w,min}=\frac{0.08(f_{ck})^{1/2}}{f_{yk}} \tag{9-8}$$

式中：f_{ck}、f_{yk}——混凝土圆柱体标准强度和抗剪钢筋的屈服强度(MPa)。

EN 1992 给出抗剪钢筋构造要求，包括抗剪组合($s_{1,max}$)最大纵向间距，弯起钢筋的最大纵向间距($s_{b,max}$)与抗剪箍筋中最大横向间距($s_{t,max}$)。推荐值分别为

$$s_{1,max}=0.75d(1+\cot\alpha) \tag{9-9}$$

$$s_{b,max}=0.6d(1+\cot\alpha) \tag{9-10}$$

$$s_{t,max}=0.75d\leqslant 600\text{mm} \tag{9-11}$$

$s_{1,max}$与$s_{b,max}$推荐值的选取出于试验数据的保守考虑，以保证相邻两组抗剪钢筋之间不会形成剪切破坏面。

钢筋混凝土梁承受弯矩作用，可能会发生正截面受弯破坏或斜截面受弯破坏。梁正截面受弯承载力可用正截面受弯承载力图表示，即按实际配置的纵向钢筋绘制的梁上各正截面所能承受的弯矩图，或钢筋弯起后的截面抵抗弯矩图，它反映了沿梁长正截面上材料的抗力，故简称材料图，如图 9-6 中的粗折线。材料图越贴近弯矩图，表示材料利用程度越高。设计中，将跨中部分钢筋弯起来保证斜截面抗剪和抵抗支座负弯矩。只有当材料图全部覆盖住弯矩图，各正截面受弯承载力才有保证；而要满足正截面受弯承载力的要求，也必须通过作材料图才能确定弯起或截断钢筋的数量和位置。图 9-7 表示弯起钢筋弯起点与弯矩图的关系。钢筋②在受拉区的弯起点为 1，按正截面受弯承载力计算不需要该钢筋的截面为 2，该钢筋强度充分利用的截面为 3，它所承担的弯矩为图中阴影部分。

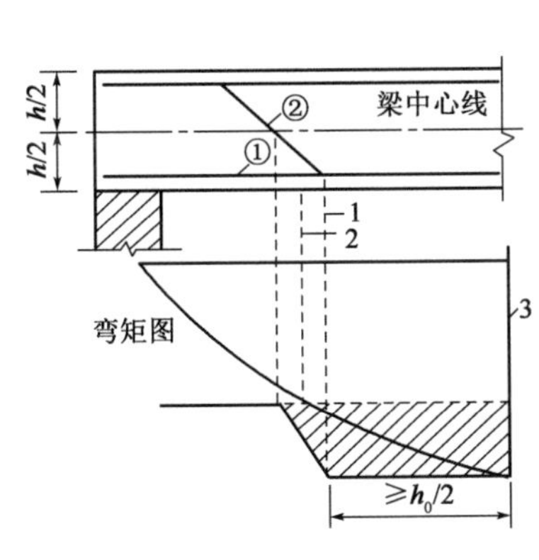

图 9-6 钢筋弯起

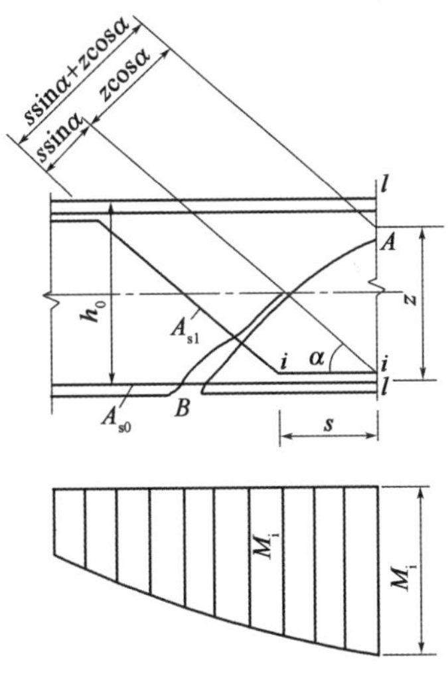

图 9-7 与斜裂缝相交的弯起钢筋

EN 1992 中的材料图与中国标准有所不同，一是材料图是用纵向钢筋拉力表示的，而不是弯矩；二是钢筋拉力为考虑出现斜裂缝后的拉力，而不是按正截面计算的拉力。用正截面弯矩表示的钢筋材料图全部覆盖住弯矩图只是保证梁不会发生正截面受弯破坏，尚不能保证梁不会发生斜截面受弯破坏。图 9-7 所示为弯起钢筋与斜裂缝相交的情况，只有当沿斜裂缝 AB 面的弯矩 M_{AB} 大于沿正截面 I—I 的弯矩 M_{I-I} 时，梁的正截面受弯破坏才先于斜截面受弯破坏。由图 9-7 可得出：$s\geqslant[(1-\cos\alpha)/\sin\alpha]z$，$\alpha=45°$，$z=0.9h_0$，得 $s\geqslant 0.37h_0$。GB 50010—2010 取 $s\geqslant 0.5h_0$，即当弯起点与按计算充分利用该钢筋的截面之间的距离不小于 $0.5h_0$ 时，可以满足斜截面受弯承载力的要求，钢筋弯起后与梁中心线的交点应在该钢筋正截面抗弯的不需要点之外。总之，若利用弯起钢筋抗剪，则钢筋弯起点的位置应同时满足抗剪位置(由抗剪计算确

定)、正截面抗弯(材料图覆盖弯矩图)及斜截面抗弯($s \geq 0.5h_0$)要求。

关于弯起钢筋的锚固长度,EN 1992 作了专门的规定,自弯起钢筋与纵向钢筋轴线的交点起,在受拉区,起抗剪作用弯起钢筋的锚固长度不小于 $1.3l_{bd}$;在受压区,锚固长度不小于 $0.7l_{bd}$。

9.2.3 抗扭钢筋

EN 1992 规定抗扭钢筋应满足图 9-8 的要求,图中要求钢筋或完全搭接或通过弯钩锚固,并垂直于构件轴向固定。

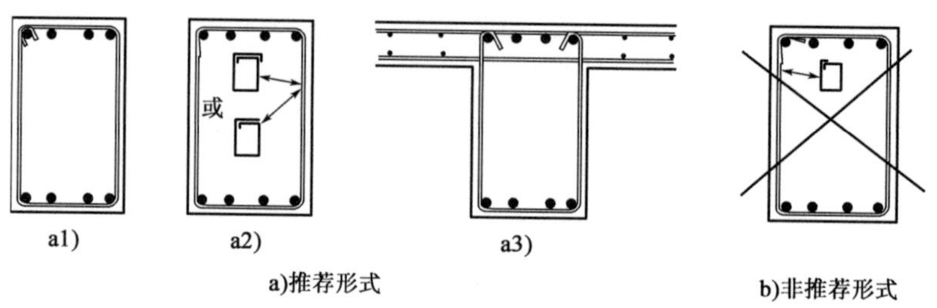

图 9-8 扭转箍筋的形状示例

注:对于 a2 图中下方的形式,其在顶部应有足够的搭接长度。

EN 1992 认为满足式(9-7)和式(9-8)的规定足以满足所需的最小扭转连接。

抗扭箍筋的纵向间距应不超过 $u/8$(u 为构件截面外周长)、抗剪钢筋最大间距或梁截面的较小尺寸。

纵向钢筋的布置应确保在各转角处至少有一根钢筋,其他钢筋均匀分布在箍筋内周附近,间距不超过 350mm。

JTG 3362—2018 规定,承受弯剪扭的构件的箍筋和纵向钢筋还应符合下列要求:

(1)箍筋应采用闭合式,箍筋末端做成 135°弯钩。弯钩应箍牢纵向钢筋,相邻箍筋的弯钩接头,其纵向位置应交替布置。

(2)承受扭矩的纵向钢筋,应沿截面周边均匀对称布置,其间距不应大于 300mm。在矩形截面基本单元的四角应设有纵向钢筋,其末端应留有标准规定的受拉钢筋最小锚固长度。

(3)箍筋的配筋率 ρ_{sv} 对剪扭构件(梁的腹板)不应小于 $(2\beta_t - 1)\left(0.055\frac{f_{cd}}{f_{sv}} - c\right) + c$,其中 β_t 按该标准规定计算。c 值当采用 HPB300 钢筋时取 0.0014,当采用 HRB400 钢筋时取 0.0011;对纯扭构件(梁的翼缘)ρ_{sv} 不应小于 $0.055f_{cd}/f_{sv}$。

(4)纵向钢筋的配筋率,不应小于受弯构件纵向受力钢筋的最小配筋率与受扭构件纵向受力钢筋的最小配筋率之和。对受弯构件,其纵向受力钢筋的最小配筋率应按该规范规定采用;对受扭构件,其纵向受力钢筋的最小配筋率($A_{st,min}/bh$),当受剪扭时可取 $0.08(2\beta_t - 1)f_{cd}/f_{sd}$,当受纯扭时可取 $0.08f_{cd}/f_{sd}$。此处,$A_{st,min}$ 为纯扭构件全部纵向钢筋最小截面面积,h 为矩形截面基本单元长边长度,b 为短边长度,f_{sd} 为纵向钢筋抗拉强度设计值。

9.2.4 表面钢筋

EN 1992 在附录 J.1 对表层加强钢筋有如下规定:

(1)如果主筋为如下情形,则应使用抗裂的表层加固钢筋。

①直径超过 32mm 的钢筋。

②等效直径超过 32mm 的束筋。

表层加固钢筋应包括钢丝网和小直径钢筋,并且如图 9-9 所示布置在箍筋外侧。

(2)在平行和垂直于横梁中拉伸钢筋的两个方向上,表层钢筋面积 $A_{s,surt}$ 应不小于 $A_{s,surfmin}$

(注:$A_{s,surfmin}$为国家定义参数。推荐值为$0.01A_{ct,ext}$,其中,$A_{ct,ext}$指露出箍筋的抗拉混凝土面积)。

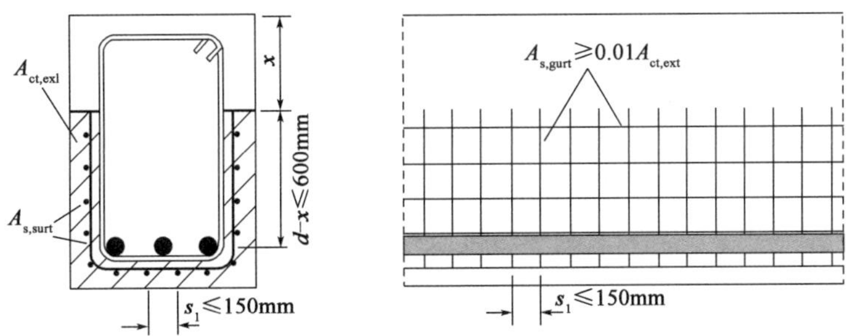

图 9-9　表层加固钢筋示例

x-在承载能力极限状态下的中性轴高度

(3)如果钢筋保护层大于 70mm,则为了提高耐久性,应使用类似的表层钢筋,各方向上的面积为$0.005A_{ct,ext}$。

(4)表层加固钢筋应满足最小保护层的要求。

(5)表层钢筋的纵向拉杆应视为纵向弯曲钢筋,横向拉杆应视为抗剪钢筋,但是,这些钢筋需要符合相关的布置和锚固要求。

JTG 3362—2018 规定,T 形、I 形截面梁或箱形截面梁的腹板两侧,应设置直径为 6 ~ 8mm 的纵向钢筋,每腹板内钢筋截面面积宜为(0.001 ~ 0.002)bh,其中 b 为腹板宽度,h 为梁的高度,其间距在受拉区不应大于腹板宽度,且不应大于 200mm;在受压区不应大于 300mm。在支点附近剪力较大区段和预应力混凝土梁锚固区段,腹板两侧纵向钢筋截面面积应予增加,纵向钢筋间距宜为 100 ~ 150mm。

9.2.5　间接支撑

彼此互连的框架、十字梁与主梁之间可能发生交叉,两构件间的反作用需由钢筋或预应力筋承担。对“悬吊”钢筋的需要可从桁架模型中见到,图 9-10 中举例说明了中心支座中单室箱梁对角支撑的情形,应在考虑其他效应钢筋的基础上增设悬吊钢筋。

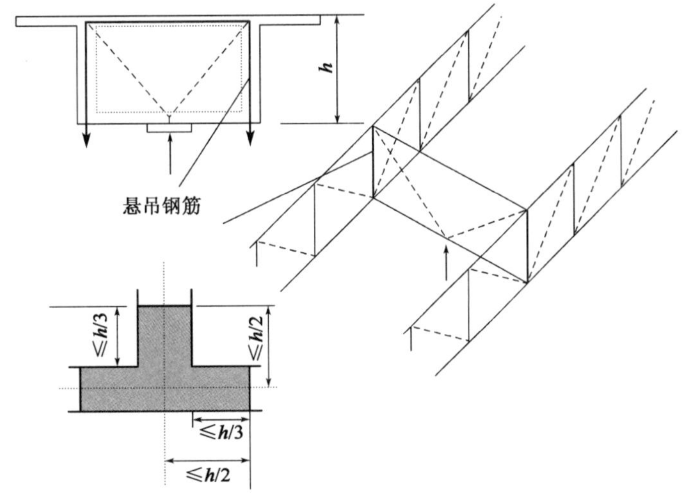

图 9-10　箱梁中悬吊钢筋与应提供的交叉区域(平面)

EN 1992 规定:

(1)如果横梁由另一根横梁支撑而不是墙体或支柱支撑,则应配置钢筋,并且其设计应能够抵抗与支撑件的相互作用,该钢筋不在由于其他原因而要求配备的钢筋范围内。本规则也适用于没有支撑的横梁顶部的平板。

(2)两根梁之间的支撑钢筋应由环绕在支撑构件主筋周围的箍筋组成。某些箍筋可能布设于混凝土外侧,这种情形经常出现在十字梁中(图9-11)。

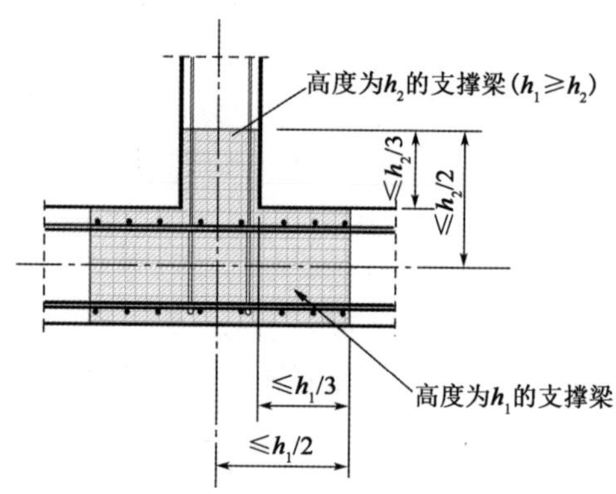

图9-11　十字梁交叉区域支撑钢筋的布置

GB 50010—2010中也有类似规定:位于梁下部或梁截面高度范围内的集中荷载,应全部由附加横向钢筋承担,附加横向钢筋宜采用箍筋。箍筋应布置在长度为$2h_1$和$3b$之和的范围内(图9-12)。当采用吊筋时,弯起段应伸至梁的上边缘,且末端水平段长度不应小于本标准的规定。

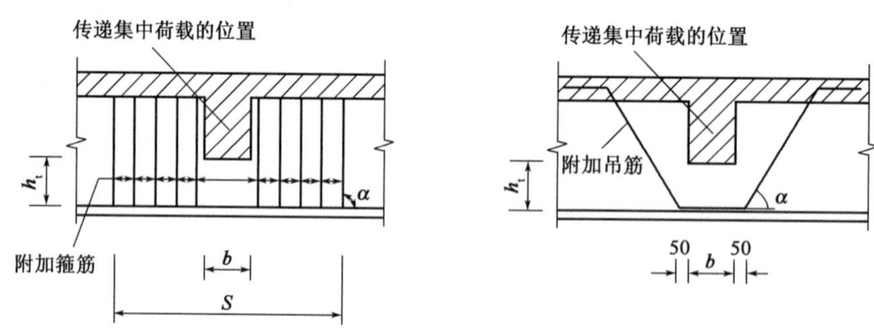

图9-12　梁截面高度范围内有集中荷载作用时附加横向钢筋的布置(尺寸单位:mm)

附加横向钢筋所需的总截面面积应符合下列规定:

$$A_{sv} \geqslant \frac{F}{f_{yv}\sin\alpha} \tag{9-12}$$

式中:A_{sv}——承受集中荷载所需的附加横向钢筋总截面面积;当采用附加吊筋时,A_{sv}应为左、右弯起段截面面积之和;

F——作用在梁的下部或梁截面高度范围内的集中荷载设计值;

α——附加横向钢筋与梁轴线间的夹角。

例9-1　箱梁腹板-横隔板区

一多跨连续箱梁,截面如图9-13所示,支撑于单支座。支座反力$R = 22\text{MN}$,均匀分布于腹板间与相邻跨间。设计腹板对角区界面必须提供的悬吊钢筋。假设钢筋屈服强度为500MPa,横隔板为1800mm宽,2800mm高。

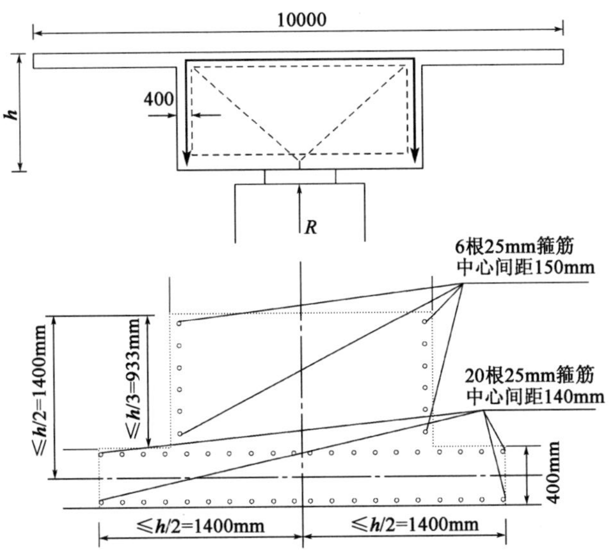

图 9-13 例 9-1 横隔板与悬吊钢筋(尺寸单位:mm)

1)按欧洲标准计算

每跨每一腹板力为

$$\frac{R}{4}=\frac{22.0}{4}=5.5\text{MN}$$

考虑对角区的一半,对从每一跨每一腹板中取出的对角区界面加载,该区中的力为

$$F=2\times5.5=11.0\text{MN}$$

这一力必须由以箍筋形式的悬吊钢筋承担。在这一区域内,箍筋可按图 9-12 的要求布置,每半箱中要求的总悬吊钢筋为:

$$A_s=\frac{F}{f_{yd}}=\frac{11.0\times10^6}{500/1.15}=25300\text{mm}^2$$

可配置 52 肢 25mm 直径钢筋。

2)按 GB 50010—2010 计算

根据 GB 50010—2010 规定:位于梁下部或梁截面高度范围内的集中荷载,应全部由附加横向钢筋承担。

附加横向钢筋宜采用箍筋。对单腹两侧压力分担的力为 $F=11.0\text{MN}$,则:

$$A_{sv}=\frac{F}{f_{yv}/\gamma_M}=\frac{1\times11\times10^6}{500/1.2}=26400\text{mm}^2$$

可配置 54 肢 25mm 直径钢筋。

分别比较按中欧标准计算的结果,按 JTG 3362—2018 计算值,比按欧洲标准计算值略大,主要是因分项系数存在差异。

9.3 实心板

9.3.1 弯曲钢筋

EN 1992 规定:

(1)对于主方向上的最小和最大钢筋比例,与梁的构造规定一致。

(2)在单向板中,应配备不低于主筋 20% 的辅助横向配筋。在靠近支撑件的区域,如果没有横向弯矩,则不必为顶部主筋配备横向钢筋。

(3)钢筋的间距不应超过 $s_{max,slabs}$。$s_{max,slabs}$ 为国家定义参数,推荐值如下:

①主筋,$3h \leqslant 400$mm,其中,h 为平板的总厚度。

②辅助配筋,$3.5h \leqslant 450$mm。

在集中荷载作用区或最大力矩作用区域,这一规定调整为

①主筋,$2h \leqslant 250$mm。

②辅助配筋,$3h \leqslant 400$mm。

JTG 3362—2018 对于板的构造规定较为详尽:

(1)行车道板内主钢筋直径不应小于 10mm,人行道板内的主钢筋直径不应小于 8mm。在简支板跨中和连续板支点处,板内主钢筋间距不应大于 200mm,其最小净距和层间距与前述梁的钢筋构造相同。

(2)行车道板内应设置垂直于主钢筋的分布钢筋。分布钢筋设在主钢筋的内侧,其直径不应小于 8mm,间距不应大于 200mm,截面面积不宜小于板的截面面积的 0.1%。在主钢筋的弯折处,应布置分布钢筋。人行道板内分布钢筋直径不应小于 6mm,其间距不应大于 200mm。

(3)布置四周支承双向板钢筋时,可将板沿纵向及横向各划分为三部分。靠边部分的宽度均为板的短边宽度的 1/4。中间部分的钢筋应按计算数量设置,靠边部分的钢筋按中间部分的半数设置,钢筋间距不应大于 250mm,且不应大于板厚的 2 倍。

9.3.2 抗剪钢筋

EN 1992 规定:

(1)如果平板中带有抗剪钢筋,则平板厚度应至少为 200mm。

(2)在布置抗剪钢筋时,应遵循关于梁的最小值和配筋率的规定。

(3)在平板中,如果 $|V_{Ed}| \leqslant 1/3 V_{Rd,max}$,则抗剪钢筋可以完全由弯曲钢筋或抗剪箍筋组成。

(4)箍筋最大间距:

$$s_{max} = 0.75d(1 + \cot\alpha)$$

式中:α——抗剪钢筋的倾斜度。弯起钢筋的最大纵向间距:$s_{max} = d$。

(5)抗剪钢筋的最大横向间距应不超过 $1.5d$。

JTG 3362—2018 规定:

行车道板内主钢筋可在沿板高中心纵轴线的 1/4 ~ 1/6 计算跨径处按 30° ~ 45°弯起。通过支点的不弯起的主钢筋,每米板宽内不应少于 3 根,并不应少于主钢筋截面积的 1/4。

9.4 板

EN 1992 第 9.4 节补充了第 9.3 节中的规则,该规则总体上包括以柱形式支撑的弯曲钢筋构造处理和冲切构造处理。

这一节给出的冲切钢筋规则主要是考虑柱中集中荷载,但也适用于桥面板上的移动荷载,因为桥面板通常经构造处理,避免对抗剪钢筋的需求,这些问题也很少出现。桥梁设计中,当考虑墩基础与承台时,冲切钢筋的构造处理最为普遍。

要求布置抗冲切钢筋的部位,冲切钢筋应布置于荷载作用区或柱与控制周边 kd 距离范围内,该区域不再需要抗剪钢筋。推荐 k 值为 1.5,箍筋间距不超过 $0.75d$。

要求配置抗剪钢筋的部位,应按式(9-13)确定钢筋面积:

$$\frac{A_{sw,min}(1.5\sin\alpha + \cos\alpha)}{s_r s_t} \geqslant \frac{0.08(f_{ck})^{1/2}}{f_{yk}} \tag{9-13}$$

式中:$A_{sw,min}$——一肢箍(或等效)的最小面积;

α——抗剪钢筋与主筋之间的夹角；

s_r——抗剪箍筋径向间距；

s_t——抗剪箍筋切向间距；

f_{ck}、f_{yk}——混凝土柱体标准强度与抗剪钢筋的标准屈服强度(MPa)。

JTG 3362—2018 规定，以独立墩柱作为支承的板，及按抗冲切计算需要配置的箍筋或弯起钢筋，应符合下列要求：

(1)板厚度不应小于 150mm。

(2)箍筋直径不应小于 8mm，其间距不应大于 $1/3h_0$。箍筋应采用闭合式，并箍住架立钢筋；按计算所需的箍筋，应配置在冲切破坏锥体范围内。此外，应以等直径和等间距的箍筋自冲切破坏斜截面向外延伸配置在不小于 $0.5h_0$ 范围内[每侧布设箍筋的长度大于或等于 $1.5h_0$，如图 9-14a)所示]。

(3)弯起钢筋直径不应小于 12mm，弯起角可根据板的厚度采用 30°～45°，每一方向不应少于 5 根；弯起钢筋的倾斜段应与冲切破坏斜截面相交，其交点应在离集中反力作用面积周边以外 $1h/2$～$2h/3$ 范围内[图 9-14b)]。

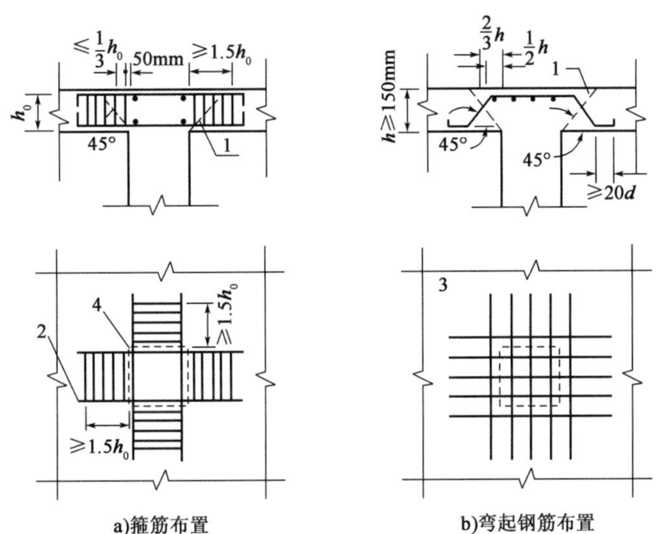

图 9-14　独立墩柱顶面抗冲切钢筋配置

1-冲切破坏锥体斜截面；2-架立钢筋；3-弯起钢筋；4-集中反力作用面积周边

9.5　柱

9.5.1　概述

EN 1992 中的构造处理要求也适用于截面长边 b 不大于 4 倍短边 h 的柱类构件。对于实心柱，$b>4h$ 的情形被划归为墙。对于空腹柱，$b>4h$ 的情形，EN 1992 没有相应的条款。

9.5.2　纵筋

EN 1992 要求柱中纵筋的最小配筋面积为

$$A_{s,min}=\frac{0.1N_{Ed}}{f_{yd}}\geqslant 0.002A_c \tag{9-14}$$

式中：N_{Ed}——最大设计轴压力；

f_{yd}——钢筋的屈服强度设计值；

A_c——混凝土总截面面积。

国家附件也指定柱中纵筋的最小尺寸($\phi_{min}=8$)与最大钢筋面积。最大钢筋面积部分考虑混凝土的浇筑与压实,部分考虑防止因钢筋对混凝土收缩过度的内在限制导致的开裂。推荐搭接外侧最大钢筋面积为 $0.04A_c$,搭接处可增加至 $0.08A_c$。

GB 50010—2010 规定,钢筋混凝土受压构件的全部纵向钢筋和一侧纵向钢筋的配筋率按全截面面积计算,全部纵向钢筋的最小配筋率为 0.6%,一侧纵向钢筋的最小配筋率为 0.2%。当采用 HRB400 级、RRB400 级钢筋时,受压构件全部纵向钢筋最小配筋百分率应减小 0.1;当混凝土强度等级为 C60 及以上时,增大 0.1。全部纵向钢筋的配筋率不宜大于 5%。

柱中纵向受力钢筋的直径不宜小于 12mm;圆柱中纵向钢筋宜沿周边均匀布置,不宜多于 8 根,且不少于 6 根。

JTG 3362—2018 也有类似规定。配有普通箍筋(或螺旋筋)的轴心受压构件(钻/挖孔桩除外),其钢筋设置应符合下列规定:

(1)纵向受力钢筋的直径不应小于 12mm,净距不应小于 50mm 且不应大于 350mm;水平浇筑的预制件的纵向钢筋的最小净距可按该标准规定执行。构件的最小配筋百分率应符合该标准的规定。构件的全部纵向钢筋配筋率不宜超过 5%。

(2)纵向受力钢筋应伸入基础和盖梁,伸入长度不应小于该标准规定的锚固长度。

(3)箍筋应做成闭合式,其直径不应小于纵向钢筋的直径的 1/4,且不小于 8mm。

(4)箍筋间距不应大于纵向受力钢筋直径的 15 倍、不大于构件短边尺寸(圆形截面采用 0.8 倍直径)并不大于 400mm。纵向受力钢筋搭接范围内的箍筋间距,应符合该标准规定。

纵向钢筋截面面积大于混凝土截面面积 3% 时,箍筋间距不应大于纵向钢筋直径的 10 倍,且不大于 200mm。

(5)构件内纵向受力钢筋应设置于离角筋中心距离 s 不大于 150mm 或 15 倍箍筋直径(取较大者)范围内,如超出此范围设置纵向受力钢筋,应设复合箍筋。相邻箍筋的弯钩接头,在纵向应错开布置。

配有螺旋式或焊接环式间接钢筋的轴心受压构件,其钢筋的设置应符合下列规定:

(1)纵向受力钢筋的截面面积,不应小于箍筋圈内核心截面面积的 0.5%。核心截面面积不应小于构件整个截面面积的 2/3。

(2)间接钢筋的螺距或间距不应大于核心直径的 1/5,也不应大于 80mm,且不小于 40mm。

(3)纵向受力钢筋应伸入与受压构件连接的上下构件内,其长度不应小于受压构件的直径且不应小于纵向受力钢筋的锚固长度。

(4)间接钢筋的直径不应小于纵向钢筋直径的 1/4,且不小于 8mm。

9.5.3 横向钢筋

"横向钢筋"一般指封闭纵筋的箍筋、环形箍或螺旋筋。柱中横向钢筋的目的是提供恰当的抗剪力,并防止纵向受压钢筋突出混凝土保护层屈服。EN 1992 推荐柱中最小箍筋与梁中使用的相同。为保证预先制作钢筋笼的稳定性,推荐最小横向钢筋的直径为 6mm 或纵筋最大直径的 1/4。

柱中横向钢筋的最大间距 $s_{cl,max}$ 可由国家附件确定,推荐取下列各值中的小者:

(1)20 倍的纵筋最小直径。

(2)柱构件短边尺寸。

(3)400mm。

对于下述情况,要求的最大间距应乘以折减系数 0.6:

(1)与梁或板的上表面或下表面的距离等于柱截面较大边长的范围内的截面。

(2)在搭接处,如果纵向钢筋最大直径超过 14mm,搭接长度内至少需要均匀布置 3 根钢筋。

GB 50010—2010 规定,柱中横向钢筋的间距不大于 400mm 及构件截面的短边尺寸,且不大于 $15d$,d 为纵向受力钢筋的最小直径。箍筋直径不小于 $d/4$ 且不小于 6mm,d 为纵向钢筋的最大直径。当柱中全部纵向受力钢筋的配筋率大于 3% 时,箍筋直径不小于 8mm,间距不大于纵向受力钢筋最小直径的 10 倍,且不大于 200mm。在配有螺旋式或焊接环式间接钢筋的柱中,如计算中考虑间接钢筋的作用,则间接钢筋的间距不大于 80mm 及 $d_{cor}/5$(d_{cor}为按间接钢筋内表面确定的核心截面直径),且不宜小于 40mm。

9.6　墙

EN 1992 定义墙体的长厚比至少为 4。墙体主要承担平面外弯曲的情形,适用关于板的规则。可用拉-压杆模型确定墙体中的钢筋用量与恰当的构造处理。

9.6.1　垂直钢筋

(1)垂直钢筋的面积应介于 $A_{s,vmin}$和 $A_{s,vmax}$之间。$A_{s,vmin}$、$A_{s,vmax}$为国家定义参数,推荐值分别为 $0.002A_c$ 和 $0.04A_c$。

(2)如果按钢筋最小面积 $A_{s,vmin}$进行设计,则各端面上应保证 $A_{s,vmin}$一半的钢筋。

(3)两根相邻垂直钢筋之间的距离应不超过墙体厚度的 3 倍或 400mm,取其中的较小者。

9.6.2　水平钢筋

(1)与墙面(和自由边)平行的水平钢筋应布置在各端面上。其面积应不小于 $A_{s,vmin}$。$A_{s,vmin}$为国家定义参数。推荐值为垂直钢筋面积的 25% 或 $0.001A_c$,取两者中的较大值。

(2)两根相邻水平钢筋之间的间距应不大于 400mm。

9.6.3　横向钢筋

(1)在部分墙体中,如果在两个端面上的垂直钢筋总面积超过 $0.02A_c$,则应根据支柱要求配置箍筋形式的横向钢筋。

(2)如果主筋布置在墙面附近,则横向钢筋也应采用箍筋形式,至少每平方米配置 4 根钢筋。如果使用焊接丝网和直径 $\phi \leq 16$mm 的钢筋(混凝土保护层厚度大于 2ϕ),则不需要配置横向钢筋。

由于混凝土墙在桥梁结构中很少使用,JTG 3362—2018 没有专门条款对墙体构造钢筋作出规定。

9.7　深梁

EN 1992 定义深梁为跨度小于 3 倍截面全高的构件。桥梁设计中,频繁适用于箱梁中或桥梁间的横向对角撑。拉-压杆模型为标准的设计方法,并且所有的关于节点处钢筋的锚固规则与限制压力均适用。

由拉-压杆模型分析确定的深梁的纵筋可不要求表面钢筋。推荐每一表面最小配筋率为 0.1%(但不小于 150mm^2/m),钢筋网中两根相邻钢筋的间距不大于 2 倍墙厚或 300mm 的较小者。

为保持平衡,通过将钢筋弯折,做成 U 形钩或使用锚固装置,在设计模型中考虑作为拉杆的钢筋应充分锚固，除非节点和梁端之间可提供大于容许锚固长度为 l_{bd} 的锚固长度。

GB 50010—2010 对深梁的构造作了详细规定：

深梁的截面宽度不小于140mm。当 $l_0/h \geq 1$ 时，h/b 不宜大于25。当 $l_0/h < 1$ 时，l_0/b 不宜大于25。深梁的混凝土强度等级不低于C20。当深梁支承在钢筋混凝土柱上时，宜将柱伸至深梁顶部。深梁顶部应与楼板等水平构件可靠连接。

钢筋混凝土深梁的纵向受拉钢筋宜采用较小的直径，单跨深梁和连续深梁的下部纵向钢筋宜均匀布置在梁下边缘以上 $0.2h$ 的范围内（图9-15及图9-16）。连续深梁中间支座截面的纵向受拉钢筋宜按图9-17规定的高度范围和配筋比例均匀布置在相应高度范围内。对于 $l_0/h \geq 1$ 的连续深梁，在中间支座底面以上 $0.2l_0 \sim 0.6l_0$ 高度范围内的纵向受拉钢筋配筋率尚不宜小于0.5%。水平分布钢筋可用作支座部位的上部纵向受拉钢筋，不足部分可由附加水平钢筋补足，附加水平钢筋自支座向跨中延伸的长度不宜小于 $0.4l_0$。

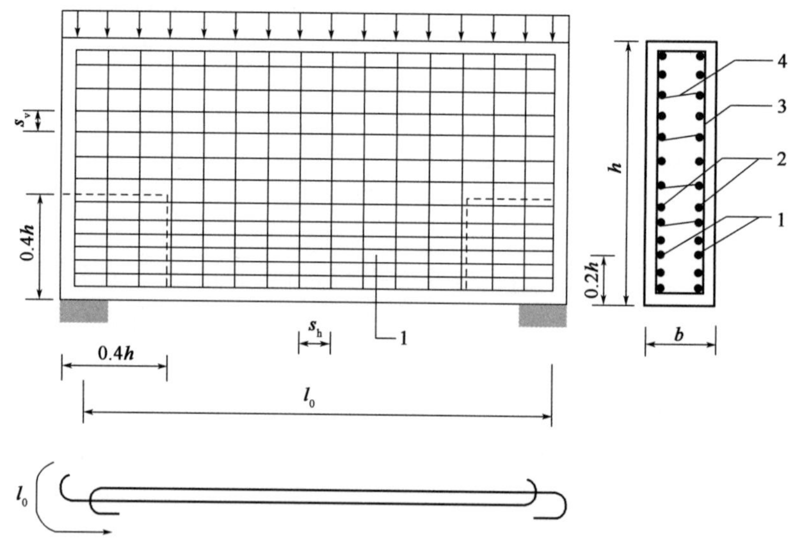

图9-15 单跨深梁的钢筋配置

1-下部纵向受拉钢筋及其弯折锚固；2-水平及竖向分布钢筋；3-拉筋；4-拉筋加密区

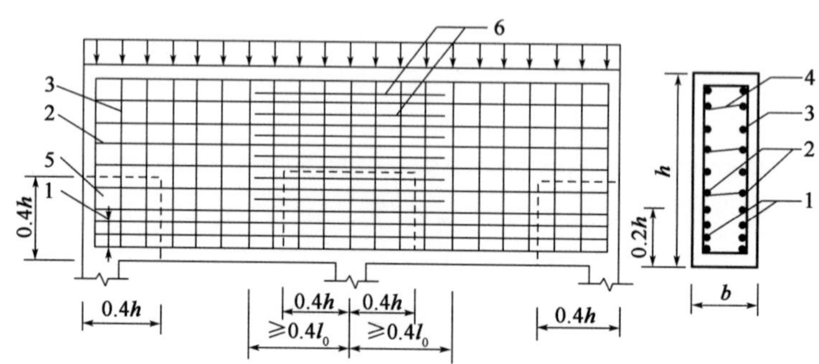

图9-16 连续深梁的钢筋配置

1-下部纵向受拉钢筋；2-水平分布钢筋；3-竖向分布钢筋；4-拉筋；5-拉筋加密区；6-支座截面上部的附加水平钢筋

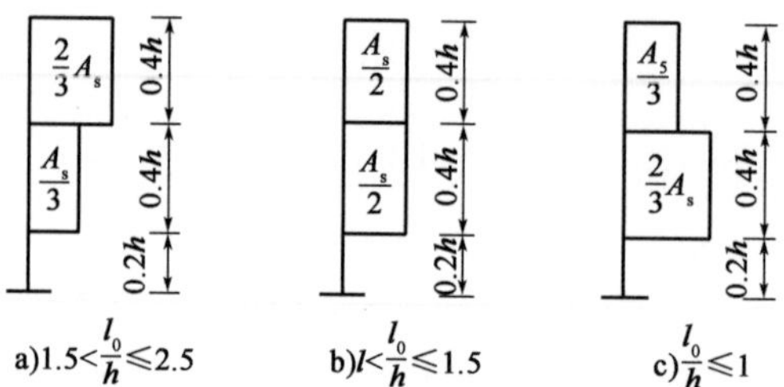

图9-17 连续深梁中间支座截面纵向受拉钢筋在不同高度范围内的分配比例

深梁应配置双排钢筋网,水平和竖向分布钢筋的直径均不小于8mm,其间距不大于200mm。深梁的纵向受拉钢筋配筋率$\rho = A_S/bh$、水平分布钢筋配筋率$\rho_{sh} = A_{sh}/bs_v$(s_v为水平分布钢筋的间距)和竖向分布钢筋配筋率$\rho_v = A_{sw}/bs_h$(s_h为竖向分布钢筋的间距)不宜小于表9-2规定的值。

深梁中钢筋的最小配筋百分率(%) 表9-2

钢筋种类	纵向受拉钢筋	水平分布钢筋	竖向分布钢筋
HPB235	0.25	0.25	0.20
HRB335、HRB400、RRB400	0.20	0.20	0.15

注:当集中荷载作用于连续深梁上部1/4高度范围内且$l_0/h > 1.5$时,竖向分布钢筋最小配筋百分率应增加0.05。

9.8 基础

9.8.1 承台

EN 1992规定:

(1)从桩外缘到承台边缘的距离应能保证承台中的拉力能合理锚固,应考虑到桩的施工偏差。

(2)应使用拉-压杆模型或挠曲方法计算承台中的钢筋。

(3)抗拉主筋应集中布置在桩顶之间的受压区,应确保最小钢筋直径为ϕ_{min}。ϕ_{min}为国家定义参数,推荐值为8mm。

(4)焊接横向钢筋可以用于抗拉钢筋的锚固。这种情况下,横向钢筋可以视为钢筋锚固区中横向钢筋的一个组成部分。

(5)可以假设由桩中支撑反作用力引起的压力从桩边缘沿45°角扩散(图9-18)。计算锚固长度时,可以将该压力计算在内。

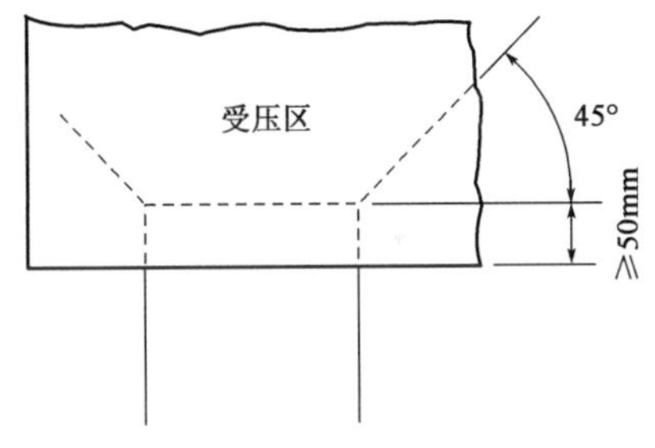

图9-18 提高锚固能力的受压区

JTG 3362—2018规定,桩基承台的构造要求除应符合《公路桥涵地基与基础设计规范》(JTG D63—2007)有关规定外,尚应符合下列要求:

(1)桩基承台的高度不宜小于桩直径的1.5倍,且不小于1.5m。

(2)当桩中距不大于3倍桩直径时,承台受力钢筋应均匀布置于全宽度内;当桩中距大于3倍桩直径时,受力钢筋应均匀布置于距桩中心1.5倍桩直径范围内,在此范围以外应布置配筋率不小于0.1%的构造钢筋。钢筋横向净距和层距应符合本标准规定,最小混凝土保护层厚度应符合相关规定。

(3)如承台仅有一个方向的受力钢筋,在垂直于该各层受力钢筋方向,应设直径不小于12mm、间距不大于250mm的构造钢筋。

(4)承台的顶面和侧面应设置表层钢筋网,每个面在两个方向的截面面积,均不宜小于每米400mm^2,钢筋间距不应大于400mm。在桩身顶端的承台平面内应设一层钢筋网,平面内每一方向的每米宽度钢筋用量为1200~1500mm^2,钢筋直径采用12~16mm,当基桩桩顶主筋伸入承台连接时,上述钢筋不得截断。

(5)承台竖向连接钢筋,其直径不应小于16mm。

(6)承台的桩中距等于或大于桩直径的3倍时,宜在两桩之间、距桩中心各一倍桩直径的中间区段内设置吊筋,其直径不应小于12mm,间距不应大于200mm。

9.8.2 浅基础

EN 1992 给出柱与墙基础设计的附加要求,包括:

(1)主要抗拉钢筋应有最小直径 d_{min} 的限值,规范推荐值为 8mm。

(2)圆形基础的主要钢筋可正交布置在圆形桩基中间一半的区域内。如果采用这种方式,基础的其余部分应视为素混凝土。

(3)分析应包括基础上表面的拉应力,并且应适当地配筋。

EN 1992 规定,距基础边缘 x 距离需锚固的拉力为

$$F_s = Rz_e/z_i \tag{9-15}$$

式中:F_s——距基础边缘 x 距离需锚固的力;

R——在距离 x 范围内地基压力的合力;

z_e——外力臂(R 与 N_{Ed} 之间的距离);

N_{Ed}——对应于截面 A 与截面 B 之间总地基压力的垂直力(图 9-19);

z_i——内力臂(钢筋与水平力 F_c 之间的距离);

F_c——对应于最大拉力 $F_{s,max}$ 的压力。

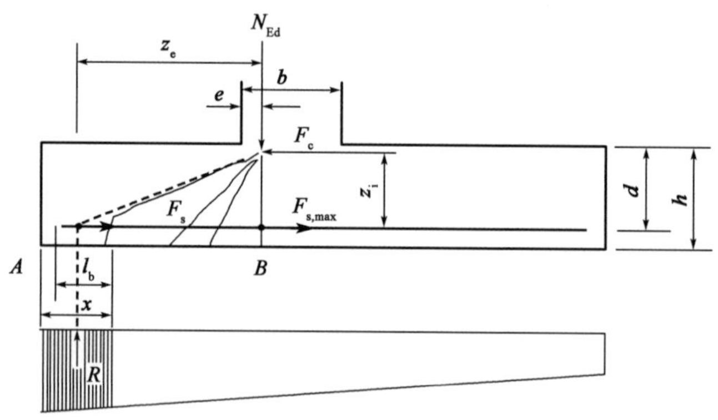

图 9-19　张拉钢筋中要求的锚固力计算模型

力臂 z_e 与 z_i 可分别考虑距 N_{Ed} 与 F_c 的距离来直接确定,但 EN 1992-1 中 9.8.2.2(3)给出简化方法,可通过假设 $e=0.15b$ 计算 z_e,取 $z_i=0.9d$。实际上,z_i 的值已从承载能力极限状态的弯曲分析得知,因此这种简化没有必要。但是,N_{Ed} 的值取决于 A 与 B 之间的距离,并且 B 初始未知,所以需要通过迭代法求解 e 值。

直钢筋的可用锚固长度,图 9-19 中以 l_b 表示,如果不足以锚固距离 x 处的钢筋,允许通过弯起钢筋或提供适当的端锚设备增加锚固长度。

国内相关混凝土设计规范中均没有包含基础的计算与构造处理,相关内容参见《建筑地基基础设计规范》(GB 50007—2011)、《建筑桩基技术规范》(JGJ 94—2008)和《公路桥涵地基与基础设计规范》(JTG D63—2007)。

例 9-2　钢筋混凝土扩大基础

对钢筋混凝土扩大基础的主筋锚固进行验算。25mm 钢筋,200mm 间距,底层双向布置。对于最大截面处,极限弯矩 $M_{z,Rd}$ = 704.1kNm/m,内层抗弯分析给出 d = 678.5mm,z_i = 659.8mm。混凝土强度等级 C35/45,钢筋端部保护层厚度为 50mm。通常,基础压力保守地取前面计算的最大值 300kN/m^2。这种压力由均匀轴力 4800kN 在不考虑柱的弯矩的条件下产生。基础半宽地基压力分布如图 9-20 所示。

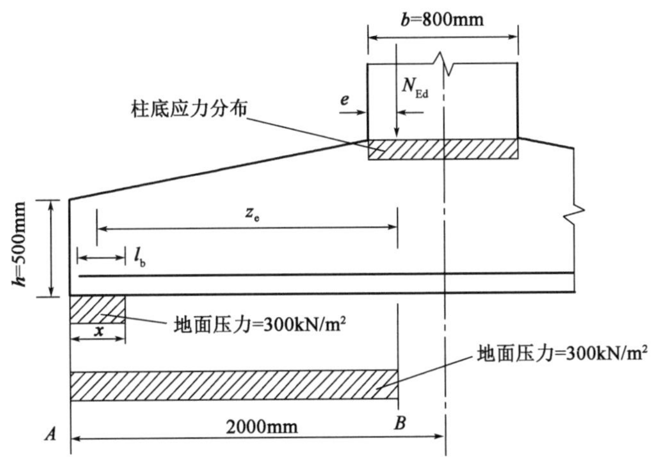

图 9-20 扩大基础下地基压力分布

1)按 EN 1992-2 计算

首先,需确定 B 的位置。假设柱下荷载在其宽度方向均匀分布,初始假定半柱总力作用在 $e=0.25b=200$mm 处。假设这是 N_{Ed}(等于 4800/2 = 2400kN)的作用点,由 A 至 B 的距离为 2000 − (400 − 200) = 1800mm。

因此,由 A 与 B 之间的土压力产生的荷载为

$300\times4000\times1800\times10^{-6}=2160$kN

总荷载作用点位为 2160/4800 = 0.45,因此 N_{Ed}的位置应调整至 $e=0.45b\sim0.225b$ 处。

迭代收敛于 $e=0.2223b$,得 $e=177.8$mm,由 A 至 B 的距离为 1777.9mm,$N_{Ed}=300\times4000\times1777.9\times10^{-6}=2133.4$kN(总力的 44.45%)。

对于平直钢筋,EN 1992-1 中 9.8.2.2(5)允许在 $x=h/2$ 处进行锚固强度验算。考虑最小高度 h,$x=500/2=250$mm;

$z_e=4000/2-800/2-250/2+177.8=1652.8$mm;

$R=300\times4000\times250\times10^{-6}=300$kN;

$F_s=300\times1652.8/659.8=752$kN。

此力由 4000mm 宽度范围内锚固钢筋提供,4000/200 = 20 根,因此每根提供 752/20 = 37.58kN。

对于 25mm 钢筋,极限承载力状态下最大力为 $=\pi\times12.5^2\times500\times10^{-3}/1.15=213.4$kN。

对于良好黏结条件,C35/45 混凝土,要求锚固长度 806mm。

因此,在 $x=250$mm 处,要求锚固长度 $l_b=37.58/213.4\times806=142$mm。

可用锚固长度 = 250 − 50 = 200mm,大于要求的长度 142mm。因此钢筋平直布置是合理的(注意,实际上主筋应与侧面钢筋搭接,以提供抗早期热裂缝的最小钢筋用量。本例说明主筋不需要向上延伸至侧面;更少的侧面钢筋可通过弯进底面与底部主要钢筋搭接)。

2)按中国标准计算

由于中国相关混凝土基础规范,不管是《建筑地基基础设计规范》(GB 50007—2011),还是《建筑桩基技术规范》(JGJ 94—2008)和《公路桥涵地基与基础设计规范》(JTG D63—2007)中均没有考虑基础板边钢筋的锚固长度计算与构造处理措施,因此没有对应方法。这一点说明欧洲标准比中国标准考虑得更为周全。

9.9 本章小结

本章讨论构件设计的特殊构造措施,包括梁、板、柱、墙与基础。总体而论,中欧标准在这方面也不存在重大原则性差异,只是细节处理因地域与研究水平不同,略有差异。主要体现在如

下几方面:

(1)为防止混凝土脆性破坏或形成较宽裂缝,EN 1992 要求所有的梁应按最小黏结钢筋量 $A_{s,min} \geqslant 0.0013b_t d$ 进行构造设计,同时为便于浇筑与压实混凝土,防止混凝土收缩产生开裂,应限制梁中钢筋最大用量 $A_{s,max} \leqslant 0.04A_c$。确定受弯构件最小配筋率的基本方法,中欧标准基本相同,都是使构件混凝土开裂弯矩小于或等于构件的极限弯矩;最大配筋量,中国标准以相对受压区高度 ξ_b 表达,而欧洲标准仍以最大配筋量表示。研究表明(图 9-1),中欧标准中这两个界限配筋率很接近。

(2)关于纵向受力筋的截断,欧洲标准要求考虑因斜裂缝出现使得纵向受拉钢筋增量造成的截面位置的外延,确定截断位置的材料图为钢筋的拉力图;中国标准则直接根据抵抗弯矩包络图(材料图)并考虑适当的锚固长度确定截面位置,没有考虑钢筋截面造成混凝土开裂。显然,欧洲标准确定的截断位置比中国标准保守。

(3)其他部位钢筋构造措施,如中间支座、端支座、抗剪、抗扭等部位的构造措施和表面钢筋的布设等钢筋要求,中欧标准基本一致,仅参数略有差异。值得一提的是,EN 1992-2 专门规定间接支撑的吊筋设计,JTG 3362—2018 没有涉及。

(4)实心板、厚板、柱的构造要求,中欧标准的差异也不大,总体而论欧洲标准比中国标准考虑更细,各种情形的受力特点都有所考虑,中国标准则仅考虑几个主要受力部位的构造要求。

(5)关于深梁或受力复杂部位,欧洲标准使用拉-压杆模型进行分析设计,JTG 3362—2018 也采用这种分析模型。

(6)欧洲标准提出基础底部受力筋的锚固长度验算要求,并给出计算方法和相应公式,中国相关混凝土规范中没有涉及,包括《建筑地基基础设计规范》(GB 50007—2011)、《建筑桩基技术规范》(JGJ 94—2008)和《公路桥涵地基与基础设计规范》(JTG D63—2007)等基础工程专业规范均没有类似规定,这是中国工程师应予以重视之处。

第 10 章 耐久性设计

10.1 总则

桥梁必须具有足够的耐久性以保证在其整个设计寿命期内能够正常地发挥作用。EN 1990 提出了以下一般要求：结构设计须在确保充分考虑环境影响和预期的养护水平下，使结构在其使用寿命内的劣化不至于削弱结构性能至低于预期水平。

EN 1990 要求混凝土结构的设计、建造和运营必须在预期的环境条件下，在整个使用寿命期内，能够维持其安全性、适用性、强度、稳定性和可接受的外观，而无须进行额外养护和维修。

JTG 3362—2018 第 4.5 条要求公路桥涵应根据其所处环境条件进行耐久性设计。

10.2 环境条件

EN 1992 将暴露条件定义为除力学作用外，结构周边的化学和物理条件。在设计中需要考虑的可导致混凝土桥梁退化的主要因素有：

(1)氯化物对混凝土的侵入。

(2)混凝土的碳化。

(3)融冻作用。

(4)碱-硅反应。

(5)硫酸盐的侵蚀。

(6)酸的侵蚀。

(7)溶析。

(8)磨蚀。

EN 1992 基于 EN 206-1，用“暴露等级”对环境条件进行了分类，如表 10-1 所示。

暴露等级(与 EN 1992-2 的建议合并)　　表 10-1

因素	等级	环 境 描 述	可能出现该暴露等级的示例
无腐蚀或侵蚀风险	X0	对于无钢筋或埋置金属的混凝土：受冻融、磨蚀或化学侵蚀以外的环境； 对于有钢筋或埋置金属的混凝土：非常干燥	空气湿度非常低的室内混凝土

续上表

因素	等级	环 境 描 述	可能出现该暴露等级的示例
碳化腐蚀	XC1	干燥或者永久湿润	周边空气湿度低的室内混凝土，永久浸于水中的混凝土
	XC2	湿润，很少干燥	表面长期与水接触的混凝土
	XC3	中湿	周边空气湿度中等或较高的室内混凝土，有遮蔽不受雨水影响的室外混凝土，包括空心桥梁结构内部远离排水和行车道泄水的混凝土，表面有防水层（符合国家标准）的混凝土，包括桥面板
	XC4	干湿交替	XC2 未涵盖的表面与水有接触的混凝土
氯化物侵蚀	XD1	中湿	表面暴露于含氯化物的空气中的混凝土
	XD2	湿润，很少干燥	游泳池 暴露于含氯化物的工业用水或工业废水中的混凝土构件
	XD3	干湿交替	部分接受含氯化物的水喷洒的桥梁，包括使用盐来除冰的 6m 行车道范围内（水平和竖直方向）的表面（如护栏、护墙和桥墩），以及可能受行车道排水和泄水影响的表面（如伸缩缝处的墩顶） 桥面铺装 停车场楼板
海水中的氯化物腐蚀	XS1	暴露于含盐的空气中而不直接与海水接触	海岸上及海岸附近的结构
	XS2	海水长期浸泡	部分海工结构
	XS3	潮汐区、浪溅区	部分海工结构
冻融剥蚀	XF1	中等水饱和，无融冰剂	受雨水和冰冻影响的竖直混凝土表面
	XF2	中等水饱和，有融冰剂	道路结构中受冰冻和空气中弥散的融冰剂影响的竖直混凝土表面，包括接受融冰盐除冰处理的车道 6m 范围以外的混凝土表面
	XF3	高度水饱和，无融冰剂	受雨水和冰冻影响的水平混凝土表面
	XF4	高度水饱和，有融冰剂或海水	直接受融冰剂影响的道路和桥面板 受冰冻影响且接受含氯化物的水喷洒的混凝土表面，包括使用盐来除冰的行车道 6m 范围内（水平和竖直方向）的表面（如护栏、护墙和桥墩），以及可能受行车道排水和泄水影响的表面（如伸缩缝处的墩顶） 海工结构受冰冻影响的溅射区
化学侵蚀	XA1	化学侵蚀作用轻微的环境	天然土与地下水
	XA2	化学侵蚀作用中等的环境	天然土与地下水
	XA3	化学侵蚀作用严重的环境	天然土与地下水

JTG 3362—2018 第 4.5.2 条规定了公路桥涵混凝土结构及构件应根据其表面直接接触的环境按表 10-2 的规定确定所处环境类别。

公路桥涵混凝土结构及构件所处环境类别划分 表 10-2

环境类别	条件
Ⅰ类-一般环境	仅受混凝土碳化影响的环境
Ⅱ类-冻融环境	受反复冻融影响的环境
Ⅲ类-近海或海洋氯化物环境	受海洋环境下氯盐影响的环境
Ⅳ类-除冰盐等其他氯化物环境	受除冰盐等氯盐影响的环境
Ⅴ类-盐结晶环境	受混凝土孔隙中硫酸盐结晶膨胀影响的环境
Ⅵ类-化学腐蚀环境	受酸碱性较强的化学物质侵蚀的环境
Ⅶ类-磨蚀环境	受风、水流或水中夹杂物的摩擦、切削、冲击等作用的环境

从表 10-1 ~ 表 10-2 可以看出,中国环境的分类方法比较简单笼统,环境类别的高低表示了环境作用的严重程度,相同的环境作用形式但作用程度不同可能属于不同的类别。如使用除冰盐的环境与海水环境的作用方式都是氯离子侵蚀,只是氯离子的来源不同。使用除冰盐的环境中氯离子是人为引入的,而海水环境中的氯离子是自然存在的。欧洲标准的环境类别是按环境对混凝土结构的作用形式划分的,每一类别中,根据环境作用的程度,再进一步划分等级。环境类别不反映环境影响的程度,只代表环境形式的不同,而等级才反映环境影响的程度。如 XC、XD、XS、XF 和 XA 分别表示碳化、氯化物、海水氯化物引起的侵蚀、冻融循环、化学侵蚀,表示环境类别,而其中的 1、2、3 和 4 表示一种环境类别中环境作用的程度,数字越大,作用的程度越高。由此可见,欧洲标准环境类别的划分方法比较细致。

10.3 混凝土材料要求

为使混凝土桥梁结构构件设计充分满足其耐久性要求,设计人员必须首先把握构件所处环境的侵蚀程度,选用合适的材料,设计出在预期寿命内能够抵御环境侵蚀的结构。

EN 1992 要求在设计的所有阶段都必须考虑结构的耐久性,包括结构的构思、材料的选取、构造上的布置、施工、质量控制、检测、验收以及可能会用到的特殊保护措施,如阴极保护和使用不锈钢等。

表 10-3 是按 50 年设计使用年限确定的混凝土结构材料性能要求,适用于符合 EN 1971-1 的 CEM Ⅰ 水泥,最大骨料粒径为 20 ~ 32mm 的混凝土。最小强度等级是按强度与水灰比的关系及水泥强度等级 32.5 推定的。

EN 206-1 建议的混凝土组成和性能限值 表 10-3

暴露等级	最大水灰比	最低强度等级	最小水泥用量 (kg/m^3)	最小含气量 (%)	其他要求
X0	—	C12/15	—	—	—
XC1	0.65	C20/25	260	—	—
XC2	0.60	C25/30	280	—	—
XC3	0.55	C30/37	280	—	—
XC4	0.50	C30/37	300	—	—
XD1	0.55	C30/37	300	—	—
XD2	0.55	C30/37	300	—	—
XD3	0.45	C35/45	320	—	—

续上表

暴露等级	最大水灰比	最低强度等级	最小水泥用量（kg/m³）	最小含气量（%）	其他要求
XS1	0.50	C30/37	300	—	—
XS2	0.45	C35/45	320	—	—
XS3	0.45	C35/45	340	—	—
XF1	0.55	C30/37	300	—	—
XF2	0.55	C25/30	300	4.0①	—
XF3	0.50	C30/37	320	4.0①	—
XF4	0.45	C30/37	340	4.0①	—
XA1	0.55	C30/37	300	—	—
XA2②	0.50	C30/37	320	—	—
XA3②	0.45	C35/45	360	—	—

注：①对于没有引气的混凝土，应按照适当的试验方法对其性能进行检验，与相关暴露等级下抗冻融性能已得到证明的混凝土相比较。

②当 SO_4^{2-} 使得暴露等级为 XA2 和 XA3 时，必须采用抗硫酸盐水泥。水泥按抗硫酸盐侵蚀能力划分等级时，如果暴露等级为 XA2，应采用抗硫酸盐侵蚀能力为中或高的水泥（适当情况下也用于 XA1 暴露等级）；如果暴露等级为 XA3，应采用抗硫酸盐侵蚀能力为高的水泥。

混凝土中的氯离子可破坏钢筋的钝化膜，从而引起钢筋锈蚀。所以需要限制混凝土中的氯离子含量。表 10-4 为 EN 206-1 规定的混凝土最大氯离子含量。

EN 206-1 规定的混凝土最大氯离子含量 表 10-4

混凝土种类	氯离子含量等级①	最大氯离子含量②（占水泥比质量的百分比，%）
无钢筋或无钢骨混凝土	Cl 1.0	1.0
钢筋或钢骨混凝土	Cl 0.20	0.20
	Cl 0.40	0.40
预应力混凝土	Cl 0.10	0.10
	Cl 0.20	0.20

注：①对于特殊用途的混凝土，所采用的强度等级取决于混凝土的使用位置。

②当使用Ⅱ型掺和料并按胶凝材料考虑时，氯离子含量表示为与水泥、掺和料质量之和的百分比。

JTG 3362—2018 第 4.5.3 条规定了各类环境下混凝土等级最低要求应符合表 10-5 的规定。

混凝土强度等级最低要求 表 10-5

构件类别	梁、板、塔、拱圈、涵洞上部		墩台身、涵洞下部		承台、基础	
设计使用年限	100 年	50 年、30 年	100 年	50 年、30 年	100 年	50 年、30 年
Ⅰ类-一般环境	C35	C30	C30	C25	C25	C25
Ⅱ类-冻融环境	C40	C35	C35	C30	C30	C25
Ⅲ类-近海或海洋氯化物环境	C40	C35	C35	C30	C30	C25
Ⅳ类-除冰盐等其他氯化物环境	C40	C35	C35	C30	C30	C25
Ⅴ类-盐结晶环境	C40	C35	C35	C30	C30	C25
Ⅵ类-化学腐蚀环境	C40	C35	C35	C30	C30	C25
Ⅶ类-磨蚀环境	C40	C35	C35	C30	C30	C25

10.4 混凝土保护层厚度

混凝土保护层厚度的确定与三个因素有关:第一是钢筋向混凝土传力的需要,即钢筋通过与混凝土的黏结将钢筋受力传递至混凝土,当混凝土保护层较薄时,可能会使保护层剥落而丧失向混凝土传力的能力,导致锚固破坏;第二是保护钢筋免受外界腐蚀介质侵蚀的需要,混凝土保护层越厚,腐蚀介质扩散到钢筋表面的距离越长,需要的时间也越长;第三是耐火的需要,混凝土保护层越厚,钢筋受热软化而丧失强度的时间越长。大气环境中混凝土碳化引起的混凝土中性化和海洋环境或除冰盐环境中氯离子的渗透与扩散是钢筋锈蚀的前提,两者都与混凝土保护层厚度有关 。

EN 1992 将混凝土保护层厚度 c_{min}定义为混凝土表面到最近的钢筋(包括相关的连接筋、箍筋和分布筋)表面的距离。保护层名义厚度 c_{nom}的定义为最小保护层厚度 c_{min}与设计允许误差 Δc_{dev}之和:

$$c_{nom}=c_{min}+\Delta c_{dev} \tag{10-1}$$

保护层的名义厚度值 c_{nom}应在设计图纸中说明。

10.4.1 最小保护层厚度

EN 1992 中规定最小保护层厚度 c_{min}:

$$c_{min}=\max\{c_{min,b};c_{min,dur}+\Delta c_{dur,\gamma}-\Delta c_{dur,st}-\Delta c_{dur,add};10\text{mm}\} \tag{10-2}$$

式中:$c_{min,b}$——满足黏结要求的最小保护层厚度,推荐值在表 10-6 中给出;

$c_{min,dur}$——满足耐久性要求的最小保护层厚度,对于普通钢筋和预应力筋分别取自表 10-8;

$\Delta c_{dur,\gamma}$——一个附加安全量,建议取为 0mm;

$\Delta c_{dur,st}$——使用不锈钢钢筋情况下的保护层厚度折减;如果采用了不锈钢钢筋,则该值适用于所有的保护层厚度计算,包括黏结计算;建议取为 0mm;

$\Delta c_{dur,add}$——采用其他防护措施情况下的保护层厚度折减;这些措施包括在混凝土或钢筋表面涂以涂层(如环氧树脂涂层),建议取为 0mm。

满足耐久性要求而规定的最小保护层厚度 $c_{min,dur}$的取值,取决于表 10-1 所划定的暴露等级和表 10-7 所推荐的修正结构等级。这些数值在各国附件中可能会有所调整。

满足黏结要求的最小保护层厚度 $c_{min,b}$ 表 10-6

钢筋布置方式	$c_{min,b}$(mm)
单根布置	钢筋直径
绑扎成束布置	等效直径($\phi_n=\phi\sqrt{n_b}$),n_b 为钢筋根数

注:1. 当名义最大骨料粒径大于 32mm 时,$c_{min,b}$增加 5mm。

2. 有黏结后张预应力圆形和矩形孔道预应力筋及先张预应力筋的 $c_{min,b}$值见国家附件。对于后张预应力孔道的推荐值为:圆形孔道取孔道直径;矩形孔道取孔道最小尺寸和最大尺寸一半的较大者;对于圆形和矩形孔道,保护层厚度大于 80mm 时不作要求。

3. 先张预应力筋的推荐值:a. 钢绞线或钢丝直径的 1.5 倍;b. 刻痕钢丝直径的 2.5 倍。

对于 $c_{min,b}$,EN 1992-1-1 从结构的暴露等级和结构等级两个方面确定。结构等级和 $c_{min,b,dur}$由国家附件指定。对于结构混凝土采用表 10-7 中的最低强度等级时,结构等级(设计使用年限 50 年)的推荐值为 S4。表 10-7 给出了其他条件下结构等级的修正值,但经修正后的结构等级不能低于 S1。

推荐的修正结构等级　表 10-7

标　准	结构等级						
	暴露等级						
	X0	XC1	XC2、XC3	XC4	XD1	XD2、XS1	XD3、XS2、XS3
100 年设计寿命	提高 2 级	提高 2 级	提高 2 级	提高 2 级	提高 2 级	提高 2 级	提高 2 级
强度等级（见注 1 和 2）	≥C30/37 降低 1 级	≥C30/37 降低 1 级	≥C35/45 降低 1 级	≥C40/50 降低 1 级	≥C40/50 降低 1 级	≥C40/50 降低 1 级	≥C45/55 降低 1 级
板状构件（钢筋位置不受施工过程影响）	降低 1 级	降低 1 级	降低 1 级	降低 1 级	降低 1 级	降低 1 级	降低 1 级
有特殊质量控制保证	降低 1 级	降低 1 级	降低 1 级	降低 1 级	降低 1 级	降低 1 级	降低 1 级

注：1. 表中结构分类的基础等级为 S4（设计使用寿命为 50 年）。
2. 强度等级和水灰比被认为是两个相互关联的指标，其关系须服从国家标准。确定关于混凝土组的特殊指标（水泥品种、水灰比、细骨料）时，应使混凝土的透水率尽可能低。
3. 当加气量大于 4% 时，限值可降低一个强度等级。

EN 1992-1-1 分别给出了普通钢筋和预应力筋的 $c_{min,dur}$ 推荐值（表 10-8、表 10-9）。

满足耐久性要求的最小保护层厚度（适用于普通钢筋）　表 10-8

结构等级	环境要求的 $c_{min,dur}$（mm）						
	暴露等级						
	X0	XC1	XC2、XC3	XC4	XD1、XS1	XD2、XS2	XD3、XS3
S1	10	10	10	15	20	25	30
S2	10	10	15	20	25	30	35
S3	10	10	20	25	30	35	40
S4	10	15	25	30	35	40	45
S5	15	20	30	35	40	45	50
S6	20	25	35	40	45	50	55

满足耐久性要求的最小保护层厚度（适用于预应力筋）　表 10-9

结构等级	环境要求的 $c_{min,dur}$（mm）						
	暴露等级						
	X0	XC1	XC2、XC3	XC4	XD1、XS1	XD2、XS2	XD3、XS3
S1	10	15	20	25	30	35	40
S2	10	15	25	30	35	40	45
S3	10	20	30	35	40	45	50
S4	10	25	35	40	45	50	55
S5	15	30	40	45	50	55	60
S6	20	35	45	50	55	60	65

JTG 3362—2018 第 9.1.1 条规定，普通钢筋和预应力直线形钢筋的最小混凝土保护层厚度（钢筋外缘或管道外缘至混凝土表面的距离）不应小于钢筋公称直径，后张法构件预应力直线形钢筋不应小于其管道直径的 1/2，且应符合表 10-10 的要求。

混凝土保护层最小厚度 c_{min}(mm) 表 10-10

构件类别	梁、板、塔、拱圈、涵洞上部		墩台身、涵洞下部		承台、基础	
设计使用年限	100 年	50 年、30 年	100 年	50 年、30 年	100 年	50 年、30 年
Ⅰ类-一般环境	20	20	25	20	40	40
Ⅱ类-冻融环境	30	25	35	30	45	40
Ⅲ类-近海或海洋氯化物环境	35	30	45	40	65	60
Ⅳ类-除冰盐等其他氯化物环境	30	25	35	30	45	40
Ⅴ类-盐结晶环境	30	25	40	35	45	40
Ⅵ类-化学腐蚀环境	35	30	40	35	60	55
Ⅶ类-磨蚀环境	35	30	45	40	65	60

注:1. 表中数值是针对各环境类别的最低作用等级,按 JTG 3362—2018 第 4.5.3 条要求的最低混凝土强度等级,以及钢筋和混凝土无特殊防腐措施规定的。

2. 对工厂预制的混凝土构件,其保护层最小厚度可将表中相应数值减小 5mm,但不得不于 20mm。

3. 表中承台和基础的保护层最小厚度,是针对基坑底无垫层或侧面无模板的情况规定的;对于有垫层或有模板的情况,保护层最小厚度可将表中相应数值减少 20mm,但不得小于 30mm。

JTG 3362—2018 第 9.1.2 条规定,当纵向受力钢筋的混凝土保护层厚度大于 50mm 时,宜对保护层采取有效的构造措施。当在保护层内配置防裂、防剥落的钢筋网片时,钢筋直径不小于 6mm、间距不大于 100mm,钢筋网片的混凝土保护层厚度不宜小于 25mm。

10.4.2 设计允许误差

设计图纸中标注的实际保护层厚度为名义保护层厚度 c_{nom},它在最小保护层厚度的基础上考虑了设计允许误差(Δc_{dev}),即 $c_{nom} = c_{min} + \Delta c_{dev}$。建筑和桥梁的 Δc_{dev} 值可在国家附件中规定,EN 1992 推荐值为 10mm。

与钢筋混凝土或预应力混凝土构件的高度和宽度相比,由于混凝土保护层厚度要小很多,施工中不易控制。所以,EN 1992-1-1:2004 规定,可以根据施工标准规定的可接受的负偏差,增加按式(10-2)确定的混凝土保护层厚度,增加 Δc_{dev}。Δc_{dev} 的值由国家附件规定,欧洲标准的建议值为 10mm。在下面两种情况下,可接受的误差及允许误差 Δc_{dev} 可降低,降低的值由国家附件规定,建议值为:

(1)生产过程有质量保证系统,检测包括对混凝土保护层厚度的测量,允许设计误差 Δc_{dev} 可以降低为 $10\text{mm} \geqslant \Delta c_{dev} \geqslant 5\text{mm}$。

(2)使用精密的检测仪器并且没有不合格产品时(如预制构件),允许设计误差 Δc_{dev} 可降低为 $10\text{mm} \geqslant \Delta c_{dev} \geqslant 5\text{mm}$。

当混凝土构件表面不平整时,通常也要通过增加混凝土保护层厚度来弥补较大误差。增加的厚度应视表面不平整度而定,但对于浇筑处理过的地面情况,最小保护层厚度至少为 k_1,对直接浇于土上的情况至少为 k_2。k_1 和 k_2 的值由国家附件规定,欧洲标准建议值分别为 40mm 和 75mm。对于各种表面特性,如刻槽或骨料暴露的情况,保护层厚度也需增加以考虑表面不平整度。

当混凝土受到磨蚀时,可以通过增加混凝土保护层厚度允许混凝土磨蚀。在这种情况下,混凝土最小保护层厚度 c_{min} 在磨蚀等级为 XM1、XM2 和 XM3 时分别增加 k_1、k_2 和 k_3,其中磨蚀等级 XM1 表示中度磨蚀,如工业场地频繁受车辆气胎作用的构件。磨蚀等级 XM2 表示重度磨蚀,如工业场地频繁受气胎或实心橡胶轮胎的叉式起重机作用的构件,公路桥梁的混凝土裸板。磨蚀等级 XM3 表示极其严重的磨蚀,如工业场地频繁受合成橡胶轮胎或金属轮胎叉式起重机作用的构件。k_1、k_2 和 k_3 的值由国家附件规定,欧洲标准的建议值分别为 5mm、10mm 和 15mm。

中国标准和欧洲标准对混凝土保护层的定义有所不同。从上面的比较可以看出，JTG 3362—2018 确定混凝土保护层厚度的方法比较简单，考虑了环境类别、构件的类型和混凝土强度等级。保护层厚度与强度等级相联系有一定的合理性，从锚固角度讲，混凝土强度等级高时保证钢筋屈服而保护层不劈裂的保护层厚度可薄一些；从耐久性角度讲，由于一般情况下混凝土强度等级高时抗渗能力也较高，在相同的渗透深度下，侵蚀性介质渗透到钢筋表面需要的时间要长。所以，混凝土强度等级高时，保护层厚度可薄一些。EN 1992 确定混凝土保护层厚度的方法更为详细，分别考虑了黏结条件、环境条件、附加要求、是否采用不锈钢、外加保护措施。按黏结要求需考虑钢筋品种，按耐久性要求需先根据环境条件、结构使用寿命、混凝土强度等级、专门的质量控制措施等确定结构等级，然后再根据环境条件和结构等级确定保护层厚度。

例 10-1　行车道板的保护层

混凝土桥面板强度等级为 C40/50，钢筋直径为 20mm，上面设有防水层，设计寿命为 100 年，试确定名义保护层厚度。

1）按 EN 1992-2 计算

由表 10-1，暴露等级为 XC3。初始结构等级为 S4。由表 10-4，对初始等级作以下升降：

（1）设计寿命为 100 年，故提升 2 级。

（2）采用的是 C40/50 混凝土，超过了 C35/45，故降低 1 级。

（3）是板状构件（无连接筋的桥面板），故降低 1 级。

因此，最终结构等级为 S4。由表 10-9，对于 XC3 和结构等级 S4：

$c_{\min,\mathrm{dur}} = 25\mathrm{mm}$

考虑黏结要求，可得 $c_{\min,\mathrm{b}} = 20\mathrm{mm}$（钢筋直径），于是有：

$$
\begin{aligned}
c_{\min} &= \max\{c_{\min,\mathrm{b}}; c_{\min,\mathrm{dur}} + \Delta c_{\mathrm{dur},\gamma} - \Delta c_{\mathrm{dur,st}} - \Delta c_{\mathrm{dur,add}};\ 10\} \\
&= \max\{20; 25 + 0 - 0 - 0; 10\} \\
&= 25\mathrm{mm}
\end{aligned}
$$

将保护层的设计允许误差取为推荐值，即 $\Delta c_{\mathrm{dev}} = 10\mathrm{mm}$，因此可得：

$c_{\mathrm{nom}} = c_{\min} + \Delta c_{\mathrm{dev}} = 25 + 10 = 35\mathrm{mm}$

2）按 JTG 3362—2018 计算

保护层最小厚度不小于钢筋公称直径 $d = 20\mathrm{mm}$，即 $c_{\min} \geqslant 20$；

环境等级，混凝土桥面板（欧洲标准确定暴露等级为 XC3），应属Ⅰ类一般环境，查表 10-10 得：$c_{\min} = 20\mathrm{mm}$。

比较中欧标准计算结果可以看出，欧洲标准确定的最小保护层厚度比中国标准确定的要大，如果考虑中欧标准关于混凝土保护层定义的差异（欧洲标准从面筋或箍筋起算，中国标准都是从纵向受力筋起算），欧洲标准确定的最小保护层厚度更大。

例 10-2　某海岸附近桥面上使用除冰盐的钢筋混凝土桥，其设计特性为：使用年限 100 年；梁和墩的暴露等级为 XS1，混凝土强度等级为 C40/50，桥面板的暴露等级为 XD3，混凝土强度等级为 C30/37；钢筋最大直径为 25mm。试确定混凝土的最小保护层厚度。

1）按 EN 1992-2 设计

根据表 10-1 的要求，暴露等级 XS1 要求的最低混凝土强度等级为 C30/37，梁和墩采用 C40/50 是符合要求的；暴露等级 XD3 要求的最低混凝土强度等级为 C35/45，原设计中桥面板 C30/37 不符合耐久性要求，故调整为 C35/45。梁和墩、桥面板的混凝土最小保护层厚度计算如表 10-11 所示。

梁和墩、桥面板的混凝土最小保护层厚度计算　　表 10-11

条　件	梁 和 墩	桥 面 板
暴露等级	XS1	XD3
最低混凝土强度等级要求	C30/37	C35/45
最终采用的混凝土强度等级	C40/50	C35/45
初始结构等级	S4	S4
设计使用年限 100 年	+2	+2
强度等级	-1	—
板式构件	—	-1
专门质量控制	—	—
最终结构等级	S5	S5
耐久性要求的最小保护层厚度	40mm	50mm
黏结要求的最小保护层厚度	25mm	25mm
最终的最小保护层厚度 c_{min}	40mm	50mm

2）按 JTG 3362—2018 计算

混凝土最小保护层厚度不小于钢筋公称直径 $d=25$mm，即 $c_{min}\geqslant 25$；

环境等级，梁和墩（欧洲标准确定暴露等级为 XS1），应属Ⅱ类环境，查表 10-10 得：$c_{min}=40$mm。

混凝土桥面板暴露等级为 XD3，相当于中国标准中的Ⅳ类环境，查表 10-10 得：$c_{min}=30$mm。

比较中欧标准计算结果可以看出，欧洲标准确定的混凝土最小保护层厚度比中国标准确定的要大，如果考虑中欧标准关于混凝土保护层定义的差异，欧洲标准确定的混凝土最小保护层厚度更大。

10.5 本章小结

关于耐久性与钢筋的最小保护层设计的规定，EN 1992-2 与 JTG 3362—2018 的主要区别有：

（1）关于混凝土保护层厚度的定义。欧洲标准定义为纵向钢筋或箍筋外缘至混凝土外表面的距离；而中国标准则定义为纵向受力钢筋外缘或管道外缘至混凝土表面的距离，这之间至少相差一个箍筋直径。

（2）欧洲标准中混凝土最小保护层厚度考虑了施工误差，推荐值为 10mm，也就是根据结构等级与环境条件确定的混凝土最小保护层厚度，还要加上施工误差。中国标准将施工误差也包含在其中，相比之下，欧洲标准确定的混凝土最小保护层厚度普遍比中国标准确定的高。

（3）中国标准对环境的分类方法比较简单和笼统，环境类别的高低表示了环境作用的严重程度。总共分为四种环境类别，每种环境类别对应着相应的环境条件，但是对于每种环境类别也给出了相应的最大水灰比、最小水泥用量、最低混凝土强度等级、最大氯离子含量以及最大碱含量。而欧洲标准环境类别的划分方法比较细致，欧洲标准的环境类别是按环境对混凝土结构的作用形式划分的，环境类别不反映环境影响的程度，只代表环境形式的不同，而每一类别中，再进一步划分等级来反映环境的影响程度，级数越高，作用的影响程度就越高。

（4）对于混凝土最小保护层厚度的确定，与 EN 1992-2 相比，JTG 3362—2018 的方法要简单些，它只考虑了环境类别、构件的类型和混凝土强度等级。对于同一种构件类别，环境级别越高，混凝土保护层厚度就越大，但是对于环境类别为Ⅲ、Ⅳ的环境条件，构件的保护层厚度是相同的。而保护层厚度与强度等级的关系是,混凝土强度等级高时,其保护层的厚度就薄些。EN 1992-2 对于混凝土保护层厚度的确定考虑的条件包括黏结条件、环境条件、附加要求、是否采用不锈钢、外加保护措施。按黏结要求需考虑钢筋品种,按耐久性要求需先根据环境条件、结构使用寿命、混凝土强度等级、专门的质量控制措施等确定结构等级,然后再根据环境条件和结构等级确定混凝土最小保护层厚度。

第 11 章 预制混凝土构件与结构的补充规则

11.1 设计基础和基本要求

EN 1992 要求对预制混凝土构件及其结构进行设计与构造处理时,特别注意构件间、临时与永久支座间以及拆模、运输、储存、架立与安装等“瞬时设计工况”之间的连接和接缝处理。

施工期间有时需考虑动态效应,如梁的吊装可能出现动态作用。关于动态荷载的计算,EN 1992-2中没有给出专门指导,而是将静态效应乘以放大(或折减)系数以考虑动态效应。计算系数的值,动态效应对需验算的效应有利时,取 0.8;不利时,取 1.2。

GB 50010—2010 规定,装配式混凝土结构应按以下原则进行设计:

(1)根据结构方案和传力途径的要求,确定预制构件的布置及连接构造方式并进行结构分析及构件设计。

(2)预制构件的连接宜布置在结构受力较小且方便施工的位置,构件之间的钢筋连接及混凝土接缝的方式应满足结构传力的要求。

(3)预制构件应按从生产到使用过程中的最不利工况分别进行设计。

(4)预制构件的设计应满足建筑功能和结构耐久性的要求。

(5)预制构件及连接构造的设计应考虑标准化、模数化、系列化,方便制作和施工,并满足经济性的要求。

11.2 材料

11.2.1 混凝土

EN 1992 规定:

(1)对于流水生产的预制产品,需要遵循产品标准所要求的质量控制系统,并需要测试混凝土的抗拉强度,测试结果的统计分析可用于抗拉强度评估。

(2)对于预制混凝土构件的热养护,可以通过式(11-1)估算在 28d 之前 t 龄期的混凝土抗压强度 $f_{cm}(t)$:

$$f_{cm}(t) = f_{cmp} + \frac{f_{cm} - f_{cmp}}{\lg(28 - t_p + 1)}\lg(t - t_p + 1) \tag{11-1}$$

式中:f_{cmp}——热养护后的平均抗压强度。

$t_p < t$,为测试时间,该样品经过与预制构件相同的热处理。

(3)对于预制混凝土构件的热养护,允许根据 EN 1992-2 附录 B 中式(B-10)的成熟度函数估算徐变值。

(4)为了计算徐变值,式(B-5)中,在 t_0(单位:d)荷载条件下的混凝土龄期应替换为根据附录 B 中式(B-9)和式(B-10)获得的等效混凝土龄期。

(5)在受到热养护影响的预制构件中,假设:

①收缩应变在热养护期间不显著。

②自收缩应变可以忽略不计。

中国相关混凝土标准在这方面的研究还不够深入,没有相应的条款规定。

11.2.2 预应力筋

采用先张法制作构件时,为了缩短生产周期,常采用蒸汽养护,促使混凝土快硬。当浇筑的混凝土尚未结硬时,加热升温,预应力筋伸长,但两端的台座因与大地相接,温度基本不升高,台座间距离保持不变,从而使预应力筋收缩,预应力下降。降温时,混凝土已结硬并与预应力筋结成整体,钢筋应力不能恢复,于是产生了预应力损失 σ_{l3}。

EN 1992 规定:

(1)对于先张构件,应考虑热养护混凝土升温对松弛损失的影响。

(2)在松弛时间函数中,应将等效时间 t_{eq} 加入张拉后的时间 t,以满足由预应力筋的松弛作用造成的热处理对预应力损失的影响。可以按式(11-2)估算等效时间:

$$t_{eq}=\frac{1.14^{T_{max}}-20}{T_{max}-20}\sum_{i=1}^{n}\left[T_{(\Delta t_i)}-20\right]\Delta t_i \tag{11-2}$$

式中:t_{eq}——等效时间(h);

$T_{(\Delta t_i)}$——时间段 Δt_i 内的温度(℃);

T_{max}——热处理期间的最高温度(℃)。

JTG 3362—2018 规定:先张法预应力混凝土构件,当采用加热方法养护时,由钢筋与台座之间的温差引起的预应力损失可按式(11-3)计算:

$$\sigma_{l3} = E_p\Delta T\alpha_c = 2(t_2 - t_1) \tag{11-3}$$

式中:t_2——混凝土加热养护时,受拉钢筋的最高温度(℃);

t_1——张拉钢筋时,制造场地的温度(℃)。

注:(1)为了减少温差引起的预应力损失,可采用分阶段的养护措施。

(2)当台座与构件共同受热时,不考虑温差引起的预应力损失。

(3)将式(11-3)中 $E_p=2\times10^5$,$\alpha_c=1\times10^{-5}$视为常量。

11.3 结构分析

11.3.1 概述

预制桥梁结构分析通常涉及分段施工。EN 1992 要求设计人员必须特别考虑:

(1)组合作用的发展(如上部结构由预制梁与现浇桥面板组成)。

(2)连接特性(如预制桥面板间的现浇缝)。

(3)几何形状与可能影响荷载分布的位置的允许误差(如支撑于双支座的箱梁端部很容易出现非均匀分布的支座反力)。

GB 50010—2010 规定,预制混凝土构件应按下列工况的荷载效应组合及计算简图进行设计。

(1)制作脱模:应考虑起吊时的混凝土的实体强度、脱模吸附力、吊装动力系数、吊点位置、构件翻转时的受力状态。预制构件脱模时模板吸附力的等效荷载为构件自重标准值乘以脱模吸附系数的数值,吸附系数可取为 1.5。

(2)运输码放:应考虑运输、码放过程中的动力系数、吊装受力状态、码放支点位置。对于运输时的动力系数取 1.5。

(3)安装就位:应考虑预制构件就位后的临时固定措施、施工荷载、各种可能的临时荷载、动力系数。对于安装就位时的动力系数取 1.2。

(4)使用服役:应考虑装配施工形成整体结构以后,预制构件及节点连接按结构整体分析所承担的相应内力进行设计。

注:脱模吸附系数及运输、安装时的动力系数可根据具体情况适当增减。

11.3.2　预应力损失

对于预制混凝土构件的热养护,由温度引起的预应力筋拉伸减弱和混凝土受限扩张产生的损失按式(11-4)计算:

$$\Delta P_{\theta} = 0.5A_{p}E_{p}\alpha_{c}(T_{max} - T_{0}) \tag{11-4}$$

式中:A_p——预应力筋的横截面积;

E_p——预应力筋的弹性模量;

α_c——混凝土热膨胀的线性系数;

$T_{max}-T_0$——在靠近预应力筋的混凝土中最高温度与初始温度之间的温差(℃)。

注:如果预应力筋进行了预热,则可以忽略由伸长作用(源自热养护)引起的预应力的损失 ΔP_{θ}。

比较式(11-3)与式(11-4),发现两式相差 0.5 倍的系数。式(11-3)由下式演变形成:

$$\Delta l = \alpha_c \Delta T l$$

$$\sigma_{l3} = \frac{E_p \Delta l}{l} = \frac{E_p \Delta T \alpha_c l}{l} = E_p \Delta T \alpha_c$$

将弹性模量(2×10^5)与热膨胀系数(1×10^{-5})视为定值,相乘后系数为 2。显然,欧洲标准考虑到温度变化时,并非全部发生冷缩,乘以 0.5 的折减系数,更符合实际。

11.4　设计与构造处理的特殊规定

11.4.1　预制构件的连接与支撑

预制混凝土构件的连接构造设计是这类结构设计的关键内容。用于连接的材料在结构设计使用寿命内,必须稳定、耐久,并且具有一定的强度。

EN 1992 对连接材料的规定:

(1)用于连接件的材料应满足以下条件:

①在结构设计使用寿命内稳定、耐久。

②化学和物理特性相容。

③不受有害化学和物理因素的影响。

④耐火,以满足结构的耐火性。

(2)支撑垫应具有符合设计假设条件的强度和变形特性。

(3)金属加固件应由防腐材料制成,如果能进行检查,则可以使用喷涂材料。

(4)在进行焊接、退火或冷成形之前,应确认材料的适用性。

EN 1992 对连接设计的一般规定:

(1)连接件应能抵抗与设计假设条件相一致的作用力,并能允许必要的变形,以及确保结构的稳定性。

(2)应防止构件末端混凝土过早爆裂或碎裂,考虑以下几点:

①构件之间的相对运动。

②偏差。

③组装要求。

④便于施工。

⑤便于检查。

(3)可以依据分析结果确认连接件的抗力和刚度。若有可能,可以辅以测试。基于测试的设计值应考虑测试条件下的不利偏差。

11.4.1.1 传递压力的连接

(1)如果剪力小于压力的10%,在受压连接件中可忽略不计。

(2)对于带有垫块的连接件,在材料硬化期间,应防止连接表面之间的相对移动。

(3)只有在保证质量的环境条件下,才可以使用无垫层材料连接件。平面之间的平均受压应力应不超过 $0.3f_{cd}$,包含曲面的连接设计应考虑到几何形状。

(4)应考虑邻近构件中的横向拉应力。该应力可能源于图 11-1a)中所示的向心受压作用,或图 11-1b)中所示的软垫膨胀作用。图 11-1a)中的钢筋可以根据 6.5 节进行设计和定位,图 11-1b)中的钢筋应布置在邻近构件表面上。

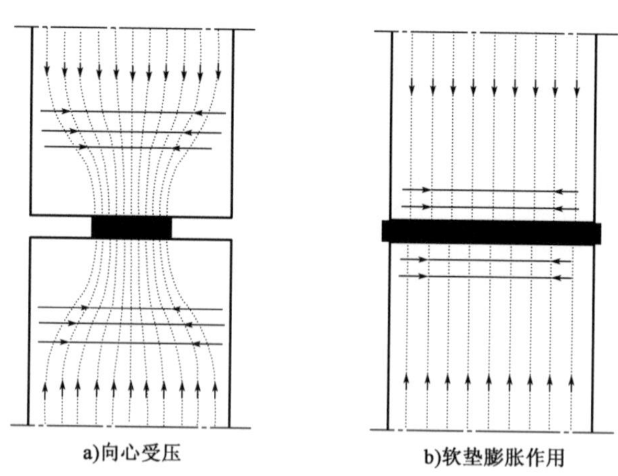

图 11-1 在压缩连接处的横向拉应力

(5)在没有更精确的模型情况下,可根据式(11-5)计算图 11-1b)中的加固钢筋:

$$A_s = \frac{0.25(t/h)F_{Ed}}{f_{yd}} \tag{11-5}$$

式中:A_s——各表面的钢筋面积;

t——垫块厚度;

h——钢筋方向上的垫块尺寸;

F_{Ed}——连接处的设计压力。

(6)可以根据 6.7 节确定受压连接件的最大承载能力,或者根据分析结果确定,若可能,也可通过测试确定。

11.4.1.2 传递剪力的连接

两混凝土构件间施工缝的界面剪力应按 EN 1992-2 第 6.2.5 条规定进行验算。

11.4.1.3 传递弯矩或拉力的连接

对于传递弯矩与拉力的连接,EN 1992 要求钢筋连续跨越接缝,并锚固于相邻混凝土构件中。EN 1992 建议，此处的连续性可通过以下方式实现：

(1)搭接钢筋要求有较长的插筋，因此，梁上预制桥面板很少使用搭接钢筋。

(2)钻孔灌浆钢筋要求精确测量与安装。

(3)交错搭接钢筋环(图 11-2)。

(4)钢筋或钢板的焊接。

(5)预应力，如预制箱梁分段施工。

(6)机械装置(螺纹或填充套管)。

(7)模铸连接件(受压套管)。

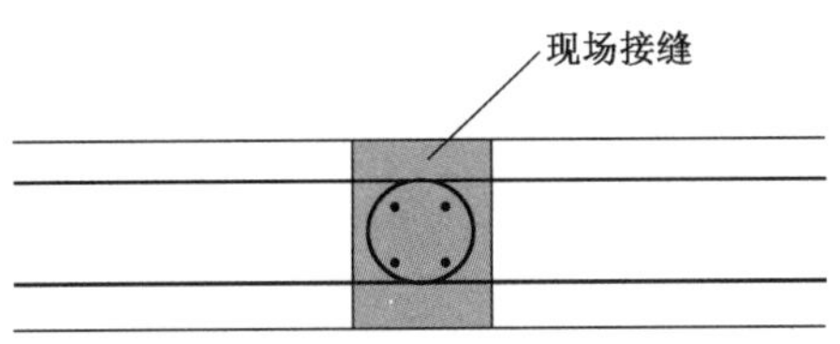

图 11-2 预制构件通过搭接箍筋连接

11.4.1.4 半接缝

EN 1992 对半接头的设计提供两种可替换的拉-压杆模型，如图 11-3 所示，半接缝可以单独使用，也可组合使用。通常用预应力钢束提供半接缝尖缘的节点，尤其是对从尖缘到构件主体有一夹角的节点。这有助于限制必须检查并保证节点适当锚固的区域的裂缝尺寸。

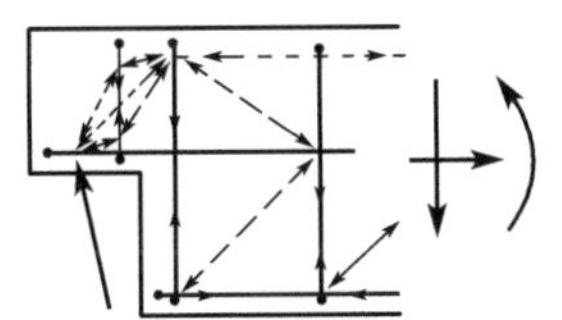

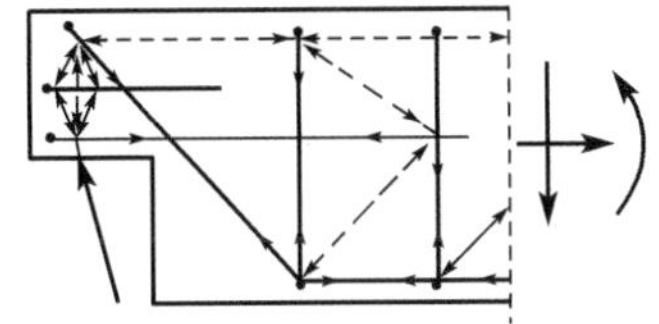

图 11-3 半接缝中钢筋的计算模型

11.4.1.5 支座处的钢筋锚固

EN 1992 要求：

支座和被支撑构件中钢筋的设计应确保钢筋在各节点处的锚固。如图 11-4 所示，有效支撑长度 a_1 取决于距离各构件边缘的距离 d，其中：

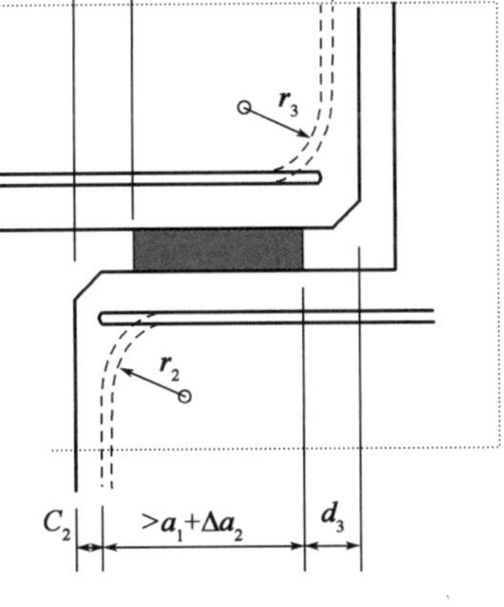

图 11-4 支撑钢筋的设计示例

$d_i = c_i + \Delta a_i$，带有水平环形钢筋，否则为末端锚固钢筋；

$d_i = c_i + \Delta a_i + r_i$，带有垂直弯曲钢筋。

式中：c_i——混凝土保护层；

Δa_i——偏差；

r_i——弯曲半径。

由于混凝土预制件的连接主要靠预埋件与连接件，中国标准没有像欧洲标准那样细分，主要介绍钢板与直锚件的构造设计。

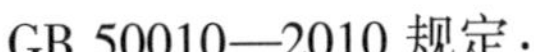

GB 50010—2010 规定：

(1)受力预埋件的锚板宜采用 Q235、Q345 级钢，锚板厚度应根据受力情况计算确定，且不宜小于锚筋直径的 60%；受拉和受弯预埋件的锚板厚度尚宜大于 $b/8$，b 为锚筋的间距。受力预埋件的锚筋宜采用 HRB400 级或 HPB300 级钢筋，不应采用冷加工钢筋。

直锚筋与锚板应采用 T 形焊接。当锚筋直径不大于 20mm 时，宜采用压力埋弧焊；当锚筋直径大于 20mm 时，宜采用穿孔塞焊。当采用手工焊时，焊缝高度不宜小于 6mm，对 300MPa 级钢筋不宜小于 $0.5d$，对其他级别钢筋不宜小于 $0.6d$，d 为锚筋直径。

(2)由锚板和对称配置的直锚筋所组成的受力预埋件，其锚筋的总截面面积 A_s 应符合下列规定(图 11-5)：

①当有剪力、法向拉力和弯矩共同作用时，应按式(11-6)、式(11-7)计算，并取其中的较

大值：

$$A_s \geqslant \frac{V}{\alpha_r \alpha_v f_y} + \frac{N}{0.8\alpha_b f_y} + \frac{M}{1.3\alpha_r \alpha_b f_y z} \tag{11-6}$$

$$A_s \geqslant \frac{N}{0.8\alpha_b f_y} + \frac{M}{0.4\alpha_r \alpha_b f_y z} \tag{11-7}$$

②当有剪力、法向压力和弯矩共同作用时，应按式(11-8)、式(11-9)计算，并取其中的较大值：

$$A_s \geqslant \frac{V - 0.3N}{\alpha_r \alpha_v f_y} + \frac{M - 0.4Nz}{1.3\alpha_r \alpha_b f_y z} \tag{11-8}$$

$$A_s \geqslant \frac{M - 0.4Nz}{0.4\alpha_r \alpha_b f_y z} \tag{11-9}$$

当 M 小于 $0.4Nz$ 时，取 $0.4Nz$。

上述公式中的系数 α_v、α_b，应按式(11-10)、式(11-11)计算：

$$\alpha_v = (4.0 - 0.08d)\sqrt{\frac{f_c}{f_y}} \tag{11-10}$$

$$\alpha_b = 0.6 + 0.25\frac{t}{d} \tag{11-11}$$

当 α_v 大于0.7时，取0.7；当采取防止锚板弯曲变形的措施时，可取 $\alpha_b = 1.0$。

以上式中：f_y——锚筋的抗拉强度设计值，按本标准推荐值采用，但不应大于300N/mm²；

V——剪力设计值；

N——法向拉力或法向压力设计值，法向压力设计值不应大于 $0.5f_cA$，此处，A 为锚板的面积；

M——弯矩设计值；

α_r——锚筋层数的影响系数；当锚筋按等间距布置时：两层取1.0，三层取0.9，四层取0.85；

α_v——锚筋的受剪承载力系数；

d——锚筋直径；

α_b——锚板的弯曲变形折减系数；

t——锚板厚度；

z——沿剪力作用方向最外层锚筋中心线之间的距离。

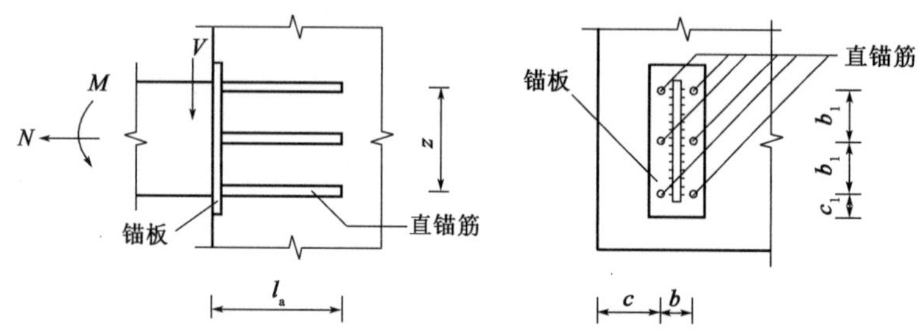

图11-5　由锚板和直锚筋组成的预埋件

(3)由锚板和对称配置的弯折锚筋及直锚筋共同承受剪力的预埋件(图11-6)，其弯折锚筋的截面面积 A_{sb} 应符合下列规定：

$$A_{sb} \geqslant 1.4\frac{V}{f_y} - 1.25\alpha_v A_s \tag{11-12}$$

式中，系数 α_v 按式(11-10)计算。当直锚筋按构造要求设置时，取 $A_s = 0$。

注：弯折锚筋与钢板之间的夹角不宜小于15°，也不宜大于45°。

(4)预埋件锚筋中心至锚板边缘的距离不应小于 $2d$ 和 20mm。预埋件的位置应使锚筋位于构件的外层主筋的内侧。预埋件的受力直锚筋直径不宜小于 8mm,且不宜大于 25mm。直锚筋不宜少于 4 根,且不宜多于 4 排;受剪预埋件的直锚筋可采用 2 根。

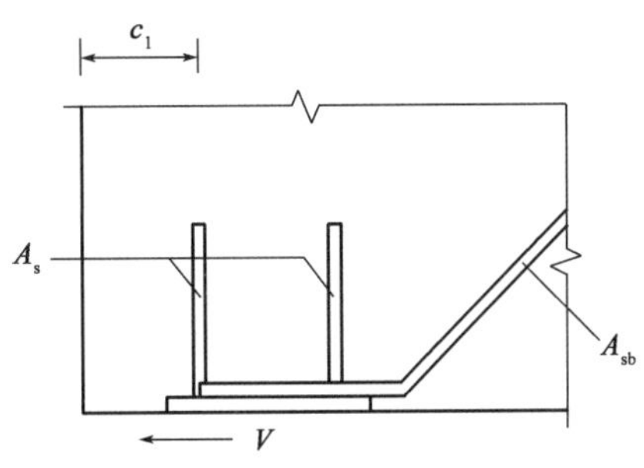

图 11-6　由锚板和弯折锚筋及直锚筋组成的预埋件

对受拉和受弯预埋件,其锚筋的间距 b、b_1 和锚筋至构件边缘的距离 c、c_1,均不应小于 $3d$ 和 45mm。

对受剪预埋件,其锚筋的间距 b 及 b_1 不应大于 300mm,且 b_1 不应小于 $6d$ 和 70mm;锚筋至构件边缘距离 c_1 不应小于 $6d$ 和 70mm,b、c 均不应小于 $3d$ 和 45mm。

受拉直锚筋和弯折锚筋的锚固长度不应小于本标准规定的受拉钢筋锚固长度;当锚筋采用 HPB300 级钢筋时末端还应有弯钩。当无法满足锚固长度的要求时,应采取其他有效的锚固措施。受剪和受压直锚筋的锚固长度不应小于 $15d$,d 为锚筋的直径。

(5)预制构件宜设置内埋式螺母、内埋式吊杆或预留吊装孔,并采用专用的配套吊具实现吊装。

内埋式螺母或内埋式吊杆的设计与构造,应满足起吊方便和吊装安全的要求。专用内埋式螺母或内埋式吊杆及配套的吊具,应根据相应的产品标准和应用体规定选用。

(6)吊环应采用 HPB300 级钢筋制作,锚入混凝土的深度不应小于 $30d$,并应焊接或绑扎在钢筋骨架上。d 为吊环钢筋的直径。在构件的自重标准作用下,每个吊环按 2 个截面计算的钢筋应力不应大于 65N/mm^2;当在一个构件上设有 4 个吊环时,设计时应取 3 个吊环进行计算。

(7)混凝土预制构件吊装设施的位置应能保证构件在吊装、运输过程中平稳受力。设置预埋件、吊环、吊装孔及各种内埋式预留吊具时,应对构件在该处承受吊装荷载作用的效应进行承载能力的复核验算。并采取相应的构造措施,避免吊点处混凝土局部破坏。

11.4.2　支座

EN 1992 要求:

(1)应通过邻近构件中的钢筋、支撑应力限制以及移动或约束等措施保证支承的正确使用。

(2)如果不允许支承存在无明显约束作用的滑动或转动,则在设计邻近构件时,应考虑到由徐变、收缩、温度、未对准、不垂直等原因引用的作用力。

(3)上述(2)的作用效应可能要求在支撑和被支撑构件中配置横向钢筋和/或连接钢筋。这可能影响构件中主筋的设计。

(4)考虑到生产和装配偏差,支座的设计应确保位置正确。

(5)应考虑预应力锚固件及其凹陷可能造成的影响。

11.4.2.1　用于连接构件的支座

(1)简易支座的公称长度如图 11-7 所示,可按式(11-13)计算:

$$a = a_1 + a_2 + a_3 + \sqrt{\Delta a_2^2 + \Delta a_3^2} \tag{11-13}$$

式中:a_1——与支座应力有关的净支承长度,$a_1 = f_{Ed}/(b_1 f_{Rd})$,但不小于表 11-1 中给出的最小值;$f_{Ed}$指支座反作用力的设计值;$b_1$ 指净支座宽度;f_{Rd}指支座强度的设计值;

a_2——超过支座件外端的假设均匀距离，如图 11-7 及表 11-2 所示；

a_3——被支座构件的类似距离，如图 11-7 及表 11-3 所示；

Δa_2——支座构件之间净距离偏差的裕度，如表 11-4 所示；

Δa_3——被支承构件长度偏差的裕度，$\Delta a_3 = l_n/2500$，l_n为构件的长度。

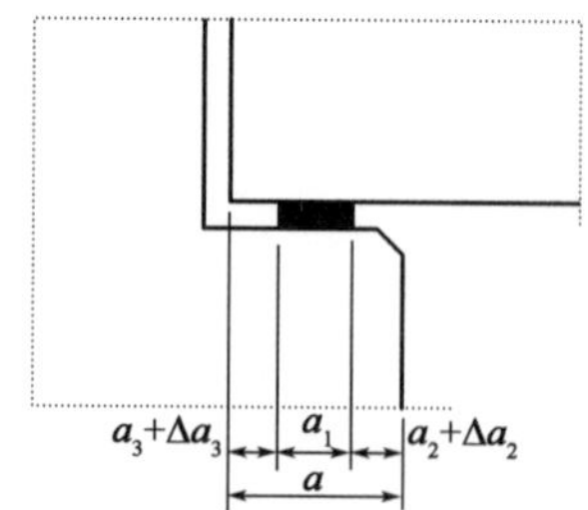

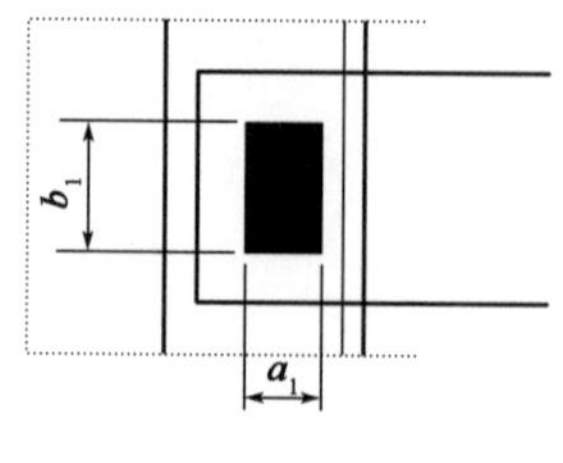

图 11-7　支承示例

a_1 最小值(mm)　表 11-1

相对支座应力，σ_{Ed}/f_{cd}	≤0.15	0.15～0.4	>0.4
线支撑(地板，顶板)	25	30	40
肋板和檩条	55	70	80
集中支撑(梁)	90	110	140

距离支承构件外端的假设无效距离 a_2(mm)，在第(一)种情况下应使用混凝土垫石　表 11-2

支撑材料及类型	σ_{Ed}/f_{cd}	≤0.15	0.15～0.4	>0.4
钢筋	线形受力	0	0	10
	集中受力	5	10	15
钢筋混凝土 ≥C30	线形受力	5	10	15
	集中受力	10	15	25
素混凝土和钢筋混凝土 <C30	线形受力	10	15	15
	集中受力	20	25	25
砌砖	线形受力	10	15	—
	集中受力	20	25	—

超过被支承构件外端的假设无效距离 a_3(mm)　表 11-3

钢 筋 设 计	支 撑 件	
	线形	集中
支座上方的连续钢筋 (受限制或不受限制)	0	0
靠近构件末端的直钢筋和水平箍筋	5	15，但不小于端部保护层
在构件末端露出的预应力筋或直钢筋	5	15
垂直环箍	15	端部保护层 + 弯曲内半径

支座表面之间净距离的允许偏差 Δa_2，l 指跨距长度　表 11-4

支 撑 材 料	Δa_2
钢筋混凝土或预制混凝土	$10 \leqslant l/1200 \leqslant 30$mm
砌砖混凝土或现浇混凝土	$15 \leqslant l/1200 + 5 \leqslant 40$mm

(2)若无其他说明,支承强度可取下述值:

$f_{Rd}=0.4f_{cd}$,对于干式连接;

$f_{Rd}=f_{bed}\leqslant 0.85f_{cd}$,对于其他情况。

式中:f_{cd}——支座件与被支座件设计强度中的较小者;

f_{bed}——衬垫材料的设计强度。

(3)如果采取措施,使压力均匀分布(如使用砂浆、氯丁橡胶或类似衬垫材料),则设计支承宽度 b_1 可以作为实际支承宽度。否则,在没有进行更精确的分析的情况下,b_1 不应大于 600mm。

11.4.2.2 隔离构件的支座

EN 1992-2 要求:

(1)隔离构件支座的公称长度应比非隔离构件长 20mm。

(2)如果允许在支座件中有支承移动,则应增加净支承长度,以适应可能的移动。

(3)如果某一构件连接在支座位置以外的某处,则应增加净支承长度 a_1,以包含拉杆周围的可能旋转作用。

JTG 3362—2018 关于支座构造要求的规定:

(1)公路桥梁宜根据结构要求选用普通板式橡胶支座、四氟滑板式橡胶支座、盆式橡胶支座或球形支座。有特殊要求时,经专门研究论证后,可选用其他形式的支座。

(2)橡胶支座应根据地区气温条件选用,-25 ~ +60℃地区可选用氯丁橡胶支座;-40 ~ +60℃地区可选用三元乙丙橡胶支座或天然橡胶支座。

(3)支座布置应满足下列要求:

①在梁的单个支承点上,纵桥向不宜设置双支座。

②当在横桥向采用多于两个支座时,应考虑部分支座脱空带来的不利影响。

(4)梁底、墩帽(盖梁)顶面应采取调平措施,使支座保持水平。

11.4.3 杯口基础

混凝土杯口基础应能从支柱向地基传递垂直作用、弯矩和水平剪切作用。预留孔应足够大,以使柱底和周围的混凝土有效填充。

11.4.3.1 刻痕表面杯口

EN 1992-2 规定:

(1)明显呈刻痕或楔形的杯口可以视为与支柱产生单向作用。

(2)如果出现由传递力矩引起的垂直拉伸力,则需谨慎,设计时应采用相同类型的支柱和地基的搭接钢筋。搭接长度应至少增加支柱钢筋和基础钢筋之间的水平距离[图 11-8a)]。对于搭接头,应配置足够数量的水平钢筋。

(3)如图 11-8a)所示,抗冲切设计应视为单柱/基础连接,前提是需要确认支柱与基础之间的剪力传递。否则,抗冲切设计应视为带有光滑表面的杯口。

11.4.3.2 带有光滑表面的杯口

EN 1992-2 规定:

(1)假设作用力和力矩从支柱传递至基础,通过混凝土填料的压力 F_1、F_2 和 F_3 以及相应的摩擦力,如图 11-8b)所示。该模型要求 $l\geqslant 1.2h$。

(2)摩擦系数 μ 不应大于 0.3。

(3)需要特别注意以下事项:

①承担 F_1 的钢筋布置在杯口顶部。

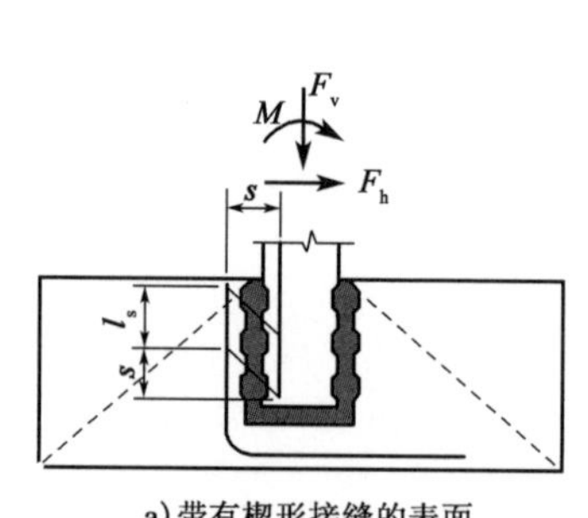

a）带有楔形接缝的表面

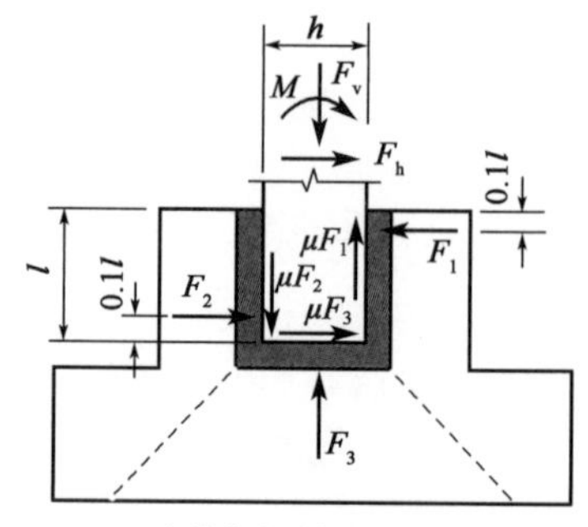

b）带有光滑接缝的表面

图 11-8　杯口基础

②F_1 沿侧墙转移至基础。

③主筋在柱和杯口中锚固。

④杯口中柱的抗剪力。

⑤计算柱力作用下底板抗冲切能力时，可以考虑预制柱底浇筑的混凝土。

国内相关混凝土设计规范中均没有包含杯口基础的计算与构造处理，相关内容参见《建筑地基基础设计规范》（GB 50007—2011）、《建筑桩基技术规范》（JGJ 94—2008）和《公路桥涵地基与基础设计规范》（JTG D63—2007）。

11.5　本章小结

本章主要讨论预制混凝土构件及其结构的补充规则，包括设计基本要求、材料、结构计算、构造处理等内容。总体而论，欧洲标准在这方面的研究与经验积累更深入、更丰富。相对而言，中国标准很少有专门针对预制构件的单独条款。因此难以形成一对一比较，只能原则性归纳中欧标准的特点：

（1）在预制构件的设计方面，欧洲标准注重瞬时设计状况、支撑和构件间的连接。对于没有详细计算的情形，往往用静态效应乘以动态放大系数模拟动态效应。这一点与中国标准的处理方法基本一致。

（2）材料方面。对于混凝土，欧洲标准主要关注混凝土平均抗压强度和徐变与收缩的计算，中国标准统一归并到预应力混凝土构件一节，并没有专门针对预制构件的条款。对于预应力筋，欧洲标准特别强调松弛应力的计算。

（3）结构分析。欧洲标准主要强调分析建模时考虑分段施工的荷载组合，预制构件的连接、几何尺寸和荷载作用位置的偏差以及预应力损失等因素。中国标准重点强调施工荷载组合，没有考虑其他因素。

（4）构造处理。预制构件的构造处理是本章的重点内容，EN 1992-2 首先提出连接材料要求、连接设计应遵循的原则，之后分别对传递压力、剪力和拉力与弯矩的连接和半接头设计分别作出规定。中国标准认为预制构件的连接主要靠预埋件与连接件，重点介绍钢板与直锚件的构造设计。

（5）支座。EN 1992-2 关于支座的设计也作了原则性规定，包括各种误差造成的作用效应，钢筋构造处理，以及保证支座正确使用应采取的措施等。JTG 3362—2018 规定了支座的选择类型和布置要求等。

（6）杯口基础。杯口基础在桥梁结构中很少使用。中欧标准均没有详细介绍其构造处理，欧洲标准主要强调柱与基础的连接及柱与基础的冲切验算。中国标准没有这方面的内容。相关规定见《建筑地基基础设计规范》（GB 50007—2011）。

第12章 轻骨料混凝土结构

12.1 概述

EN 1992-2 关于轻骨料混凝土结构设计的补充规定限定的适用范围为：

(1)除非本章给出新的规定,否则,原关于一般混凝土结构的所有条款均适用。原公式中使用了普通混凝土的强度值,则应替换为相应轻骨料混凝土的强度值。

(2)本章的规定适用于所有由天然或人工轻骨料制成的带有封闭结构的混凝土。

(3)本章规定不适用于经热处理或标准固化的加气混凝土,以及有开放结构的轻骨料混凝土。

(4)轻骨料混凝土是指带有闭合结构,密度小于等于 2200kg/m^3 的混凝土,或者含有一定比例人工或天然轻骨料(颗粒密度小于 2000kg/m^3)的混凝土。

中国对轻骨料混凝土结构的经验数据还不足,没有制定关于轻骨料混凝土结构的国家标准,建筑行业已制定《轻骨料混凝土结构技术规程》(JGJ 12—2006),工程建设标准化协会制定《轻骨料混凝土桥梁技术规程》(CECS 202—2006)。该规程定义：

轻骨料:堆积密度不大于 1100kg/m^3 的轻粗骨料和堆积密度不大于 1200kg/m^3 的轻细骨料的总称。

轻骨料混凝土:用轻粗骨料、普通砂或轻细骨料、胶凝材料和水配制而成的干表观密度不大于 1950kg/m^3 的混凝土。

轻骨料混凝土结构:以轻骨料混凝土为主制成的结构,包括轻骨料素混凝土结构、钢筋轻骨料混凝土结构和预应力轻骨料混凝土结构等。

12.2 设计基础

EN 1992 第 2 章的规定适用于未经改性的轻骨料混凝土。

《轻骨料混凝土桥梁技术规程》(CECS 202—2006)对轻骨料混凝土桥梁计算的一般规定：

(1)公路桥梁结构的极限状态设计及其应考虑的设计状况应符合国家现行桥梁设计规范的有关规定。铁路桥梁的设计方法应符合现行行业标准《铁路桥涵混凝土结构设计规范》(TB 10092—2017)的有关规定。

(2)轻骨料混凝土桥梁的板、梁、拱、刚架计算,应符合国家现行桥梁设计规范的有关规定。

(3)处于地震区的桥梁结构,尚应按国家现行有关桥涵抗震设计规范的规定进行结构构件抗震承载力的验算。

(4)桥梁轻骨料混凝土徐变的计算,可假定混凝土应力与徐变变形保持线性关系。当缺乏符合当地实际条件的数据和计算方法时,混凝土徐变系数可按本规程规定计算。

(5)由于日照的正温差和降温的反温差引起的梁截面应力,可按国家现行桥梁设计规范中的有关章节的规定计算,但其中的弹性模量和线膨胀系数应按本规程中轻骨料混凝土的数值采用。

(6)当连续结构在施工中转换结构体系时,其转换时的徐变系数应按本规程规定的方法计算。

12.3 材料

12.3.1 轻骨料混凝土

在 EN 206-1 中,轻骨料混凝土根据其密度进行分类,如表 12-1 所示。该表给出了素混凝土和钢筋混凝土的相应密度,可以用于自重或永久性荷载的设计计算。此外,密度也可指定为目标值。可以通过计算确定钢筋对密度的影响。

EN 206-1 中轻骨料混凝土的密度等级和相应设计密度 表 12-1

密度等级		1.0	1.2	1.4	1.6	1.8	2.0
密度(kg/m^3)		801~1000	1001~1200	1201~1400	1401~1600	1601~1800	1801~2000
密度(kg/m^3)	素混凝土	1050	1250	1450	1650	1850	2050
	钢筋混凝土	1150	1350	1550	1750	1950	2150

可通过将表 4-1 给出的 f_{ct} 乘以系数 η_1 获得轻骨料混凝土的抗拉强度:

$$\eta_1 = 0.40 + 0.60\rho/2200 \tag{12-1}$$

式中:ρ——表 12-1 所示混凝土的密度上限值。

CECS 202—2006 将轻骨料混凝土的强度等级划分为 LC20、LC25、LC30、LC35、LC40、LC45、LC50、LC55 和 LC60。

钢筋轻骨料混凝土桥梁结构的混凝土强度等级不应低于 LC20,当采用 HRB400、HRBF400、RRB400(KL400)钢筋配筋时,不宜低于 LC30。预应力轻骨料混凝土桥梁结构的混凝土强度等级不应低于 LC40。

轻骨料混凝土和配筋轻骨料混凝土可根据表 12-2 按其干表观密度划分的四个等级及其相应的密度标准值采用。

轻骨料混凝土和配筋轻骨料混凝土的密度标准值(kg/m^3) 表 12-2

密度等级	轻骨料混凝土干表观密度变化范围	密度标准值	
		轻骨料混凝土	配筋轻骨料混凝土
1600	1560~1650	1650	1750
1700	1660~1750	1750	1850
1800	1760~1850	1850	1950
1900	1860~1950	1950	2050

注:配筋轻骨料混凝土系钢筋轻骨料混凝土和预应力筋轻骨料混凝土的总称。

12.3.2 弹性变形

EN 1992 规定:

(1)对于普通密度混凝土,可将表 4-1 的给定值乘以下列系数 η_E 获得轻骨料混凝土割线模

量的平均估计值 E_{lcm}：

$$\eta_E = (\rho/2200)^2 \tag{12-2}$$

式中：ρ——烘干混凝土密度。

如果需要精确的数据，则应进行测试，以确定符合 ISO 6784 要求的 E_{lcm}值。

（2）轻骨料混凝土的热膨胀系数主要取决于骨料类型，其取值范围为 $4\times10^{-6}\sim14\times10^{-6}$m/K。如果结构分析对热膨胀性不敏感，则热膨胀系数可取为 8×10^{-6}m/K。设计时，无须考虑钢筋和轻骨料混凝土热膨胀系数之间的差异。

（3）轻骨料混凝土的受压和变形特性如表 12-3 所示。

轻骨料混凝土的应力与变形特征 表 12-3

参数	轻骨料混凝土的强度等级													公式/注释
f_{lck}(MPa)	12	16	20	25	30	35	40	45	50	55	60	70	80	对 $f_{lck}\geq$20MPa $f_{lcm}=f_{lck}+$8(MPa)
$f_{lck,cube}$(MPa)	13	18	22	28	33	38	44	50	55	60	66	77	88	
f_{lcm}(MPa)	17	22	28	33	38	43	48	53	58	63	68	78	88	
f_{lctm}(MPa)	$f_{lctm}=f_{ctm}\times\eta_1$													$\eta_1=0.40+0.60\rho/2200$
$f_{lctk,0.05}$(MPa)	$f_{lctk,0.05}=f_{ctk,0.05}\times\eta_1$													5%分位值
$f_{lctk,0.95}$(MPa)	$f_{lctk,0.95}=f_{ctk,0.95}\times\eta_1$													95%分位值
E_{lcm}(GPa)	$E_{lcm}=E_{cm}\times\eta_E$													$\eta_E=(\rho/2200)^2$
ε_{lc1}(‰)	$\varepsilon_{lc1}=kf_{lcm}/(E_{lci}\eta_E)-k=1.1$，对于砂质轻质混凝土 $=1.0$，对其他轻质混凝土													
ε_{lcu1}(‰)	$\varepsilon_{lcu1}=\varepsilon_{lc1}$													
ε_{lc2}(‰)	2.0									2.2	2.3	2.4	2.5	
ε_{lcu2}(‰)	$3.5\eta_1$									$3.1\eta_1$	$2.9\eta_1$	$2.7\eta_1$	$2.6\eta_1$	$\lvert\varepsilon_{lcu2}\rvert\geq\lvert\varepsilon_{lc2}\rvert$
n	2.0									1.75	1.6	1.45	1.4	
ε_{lc3}(‰)	1.75									1.8	1.9	2.0	2.2	
ε_{lcu3}(‰)	$3.5\eta_1$									$3.1\eta_1$	$2.9\eta_1$	$2.7\eta_1$	$2.6\eta_1$	$\lvert\varepsilon_{lcu3}\rvert\geq\lvert\varepsilon_{lc3}\rvert$

CECS 202—2006 规定：

（1）轻骨料混凝土受压或受拉时的弹性模量 E_c 应通过试验确定。当缺乏试验资料时，可按表 12-4 采用。

轻骨料混凝土的弹性模量 E_c($\times10^4$MPa) 表 12-4

强度等级	密度等级			
	1600	1700	1800	1900
LC20	1.45	1.54	1.63	1.72
LC25	1.62	1.72	1.82	1.92
LC30	1.77	1.88	1.99	2.10
LC35	1.91	2.03	2.15	2.27
LC40	—	2.17	2.30	2.43
LC45	—	2.30	2.44	2.57
LC50	—	2.43	2.57	2.71
LC55	—	—	2.67	2.85
LC60	—	—	2.80	2.97

(2)轻骨料混凝土剪切变形模量 G_c 可按表 12-4 中轻骨料混凝土弹性模量的 0.4 倍采用。轻骨料混凝土泊松比 μ 可采用 0.2。

(3)环境温度不大于 60℃时的轻骨料混凝土线膨胀系数 α_T:当密度等级小于 1800 时,可取 0.8×10^{-5}/℃;当密度等级大于等于 1800 时,可取 1.0×10^{-5}/℃。

12.3.3 徐变与收缩

EN 1992 规定:

(1)对于轻骨料混凝土,徐变系数可以假设等于标准密度混凝土的值乘以系数$(\rho/2200)^2$。所得徐变应变应乘以系数 η^2,取值为

当 $f_{lck}\leqslant$LC16/18 时,$\eta_2=1.3$;

当 $f_{lck}\geqslant$LC20/22 时,$\eta_2=1.0$。

(2)可以将表 4-5 所示标准密度混凝土的值乘以系数 η_3 获得轻质混凝土的最终干燥收缩值,η_3取值如下:

当 $f_{lck}\leqslant$LC16/18 时,$\eta_3=1.5$;

当 $f_{lck}\geqslant$LC20/22 时,$\eta_3=1.2$。

(3)轻骨料混凝土的收缩取第 4 章中有关自收缩计算值的最大值,如果使用了浸水或部分浸水的轻骨料,则其自收缩将会大幅降低,但没有给出具体的确定方法。

CECS 202—2006 规定:

(1)轻骨料混凝土的徐变系数可按下列公式计算:

$$\phi(t)=\phi(t)_0\xi_1\xi_2\xi_3\xi_4\xi_5 \tag{12-3}$$

$$\phi(t)_0=\frac{t^n}{a+bt^n} \tag{12-4}$$

式中: $\phi(t)$——龄期为 t 时的轻骨料混凝土徐变系数(表 12-5);

a、b——系数,当加荷龄期为 28d 时,取 $a=4.520$,$b=0.353$;

n——指数,当加荷龄期为 28d 时,取 $n=0.6$;

ξ_1、ξ_2、ξ_3、ξ_4、ξ_5——修正系数,可按表 12-6 取值。

轻骨料混凝土徐变系数的设计取值可按式(12-3)计算,当大于表 12-5 的规定值时,可取规定值;工程应控制徐变系数不大于表 12-5 的规定值。

不同龄期的徐变系数规定值 表 12-5

龄期(d)	28	60	90	120	180	360	终极值
徐变系数	1.63	1.94	2.11	2.23	2.38	2.64	2.6

(2)轻骨料混凝土的收缩值可按下列公式计算:

$$\varepsilon(t)=\varepsilon(t)_0\beta_1\beta_2\beta_3\beta_5 \tag{12-5}$$

$$\varepsilon(t)_0=\frac{t}{a+bt}\times10^{-3} \tag{12-6}$$

式中: $\varepsilon(t)$——龄期为 t 时的轻骨料混凝土收缩值;

a、b——系数,当初始测试龄期为 3d 时,取 $a=78.69$,$b=1.20$;当初始测试龄期为 28d 时,取 $a=120.23$,$b=2.26$;

β_1、β_2、β_3、β_5——修正系数,可按表 12-6 取值。

收缩值和徐变系数的修正系数

表 12-6

影响因素	变化条件	收缩值		徐变系数	
		符号	系数	符号	系数
相对湿度(%)	≤40 ≈60 ≥80	β_1	1.30 1.00 0.75	ξ_1	1.30 1.00 0.75
截面尺寸(体积/表面积,cm)	2.00 2.50 3.75 5.00 10.00 15.00 >20.00	β_2	1.20 1.00 0.95 0.90 0.80 0.65 0.40	ξ_2	1.15 1.00 0.92 0.85 0.70 0.60 0.55
养护方法	标准的 蒸养的	β_3		ξ_3	1.00 0.85
加载龄期	7 14 28 90	—	— — — —	ξ_4	1.20 1.10 1.00 0.80
粉煤灰取代水泥率(%)	0 10~20	β_5	1.00 0.95	ξ_5	1.00 1.00

轻骨料混凝土收缩的设计取值可按式(12-5)计算,当大于表 12-7 的规定值时,可取规定值;工程应控制收缩不大于表 12-7 的规定值。

不同龄期的收缩规定值

表 12-7

龄期(d)	28	60	90	120	180	360	终极值
收缩规定值	0.36	0.51	0.59	0.65	0.72	0.82	0.85

12.3.4 非线性结构分析中的应力-应变关系

EN 1992 规定,对于轻骨料混凝土,图 4-4 中给出的 ε_{c1} 和 ε_{cu1} 值应替换为表 12-3 中的 ε_{lc1} 和 ε_{lcu1}。

中国标准对于轻骨料混凝土桥梁不考虑非线性结构分析,JGJ 12—2006 和 CECS 202—2006 均没有明确给出应力-应变关系式。

12.3.5 设计抗压(拉)强度

EN 1992 规定:

(1)设计抗压强度值按式(12-7)计算:

$$f_{lcd} = \frac{\alpha_{lcc} f_{lcd}}{\gamma_c} \tag{12-7}$$

式中:γ_c——混凝土的分项系数;

α_{lcc}——抗压强度影响系数(注:α_{lcc} 为国家定义参数,推荐值为 0.85)。

(2)设计抗拉强度值按式(12-8)计算:

$$f_{lctd} = \frac{\alpha_{lct} f_{lctk}}{\gamma_c} \tag{12-8}$$

式中：γ_c——混凝土的分项系数；

α_{lct}——抗拉强度影响系数（注：α_{lct}为国家定义参数，推荐值为0.85）。

CECS 202—2006 规定，公路轻骨料混凝土强度标准值和设计值应按表12-8采用。

轻骨料混凝土的强度标准值和设计值（MPa） 表12-8

强度等级	强度标准值		强度设计值	
	轴心抗压f_{ck}	抗拉f_{tk}	轴心抗压f_{cd}	抗拉f_{td}
LC20	13.4	1.54	9.2	1.06
LC25	16.7	1.78	11.5	1.23
LC30	20.1	2.01	13.8	1.39
LC35	23.4	2.20	16.1	1.52
LC40	26.8	2.40	18.4	1.65
LC45	29.6	2.51	20.5	1.74
LC50	32.4	2.65	22.4	1.83
LC55	35.5	2.74	24.4	1.89
LC60	38.5	2.85	26.5	1.96

12.3.6 截面设计中的应力-应变关系

EN 1992 规定：

（1）对于轻骨料混凝土，图4-6中给定的ε_{c2}和ε_{cu2}值应替换为表12-3中的ε_{c2}和ε_{cu2}。

（2）对于轻骨料混凝土，图4-6中给定的ε_{c3}和ε_{cu3}值应替换为表12-3中的ε_{c3}和ε_{cu3}。

JGJ 12—2006 规定，轻骨料混凝土受压的应力-应变关系曲线按下列规定取用：

当$\varepsilon \leqslant \varepsilon_0$时

$$\sigma_c = f_c\left[1.5\frac{\varepsilon_c}{\varepsilon_0} - 0.5\left(\frac{\varepsilon_c}{\varepsilon_0}\right)^2\right] \tag{12-9}$$

当$\varepsilon_0 < \varepsilon \leqslant \varepsilon_{cu}$时

$$\sigma_c = f_c \tag{12-10}$$

式中：σ_c——轻骨料混凝土压应变为ε_c时的混凝土压应力；

f_c——轻骨料混凝土轴心抗压强度设计值，按本规程规定；

ε_0——轻骨料混凝土压应力刚达到f_c时的混凝土压应变，按表12-9采用；

ε_{cu}——正截面的轻骨料混凝土极限压应变：当处于非均匀受压时，取为0.0033；当处于轴心受压时，取为ε_0。

轻骨料混凝土压应力刚达到f_c时混凝土压应变 表12-9

强度等级	≤LC40	LC45	LC50	LC55	LC60
ε_0	0.0020	0.0021	0.0022	0.0023	0.0024

12.3.7 约束混凝土

EN 1992-2 规定，如果没有更准确的数据，则可以使用图4-6所示的应力-应变关系，其强度和应变标准值应提高：

$$f_{lck,c} = f_{lck}\left(1.0 + \frac{k\sigma_2}{f_{lck}}\right) \tag{12-11}$$

其中，k为国家定义参数，推荐值如下：

（1）对于将砂子作为细骨料的轻骨料混凝土，取1.1。

（2）对于混合细骨料和粗骨料的轻骨料混凝土，取1.0。

$$\varepsilon_{\mathrm{lc2,c}} = \varepsilon_{\mathrm{lc2}}\left(\frac{f_{\mathrm{lckc}}}{f_{\mathrm{lck}}}\right)^2 \tag{12-12}$$

$$\varepsilon_{\mathrm{lcu2,c}} = \varepsilon_{\mathrm{lcu2}} + \frac{0.2\sigma_2}{f_{\mathrm{lck}}} \tag{12-13}$$

式中：$\varepsilon_{\mathrm{lc2}}$和 $\varepsilon_{\mathrm{lcu2}}$取自表 12-3。

中国相关轻骨料混凝土设计规范对约束混凝土的强度提高没有明确规定，GB 50010—2010 中对普通钢筋混凝土在三向压缩条件下强度的提高，如表 12-10 所示。

混凝土在三轴受压状态下抗压强度的提高系数($f_1/f_{c,r}$) 表 12-10

σ_2/σ_1 σ_3/σ_1	0	0.05	0.10	0.15	0.20	0.25	0.30	0,40	0.60	0.80	1.00
0	1.00	1.05	1.10	1.15	1.20	1.20	1.20	1.20	1.20	1.20	1.20
0.05	—	1.40	1.40	1.40	1.40	1.40	1.40	1.40	1.40	1.40	1.40
0.08	—	—	1.64	1.64	1.64	1.64	1.64	1.64	1.64	1.64	1.64
0.10	—	—	1.80	1.80	1.80	1.80	1.80	1.80	1.80	1.80	1.80
0.12	—	—	—	2.00	2.00	2.00	2.00	2.00	2.00	2.00	2.00
0.15	—	—	—	2.30	2.30	2.30	2.30	2.30	2.30	2.30	2.30
0.18	—	—	—	—	2.72	2.72	2.72	2.72	2.72	2.72	2.72
0.20	—	—	—	—	3.00	3.00	3.00	3.00	3.00	3.00	3.00

12.4 钢筋耐久性和保护层

12.4.1 环境条件

EN 1992 规定，表 12-1 中适用于普通密度混凝土的暴露等级也适用于轻骨料混凝土。

CECS 202—2006 规定，轻骨料混凝土的抗渗、抗冻和抗腐蚀等耐久性指标，以及氯离子含量应符合国家现行的有关桥梁标准对普通混凝土的要求。

12.4.2 混凝土保护层与混凝土性能

EN 1992 规定对于轻骨料混凝土，表 4-4 中给定的最小保护层值应增加 5mm。而 JGJ 12—2006 规定对于Ⅰ类环境下与普通混凝土相同，对于Ⅱ、Ⅲ类环境，保护层最小厚度应按普通混凝土的要求增加 5mm（注：JGJ 12—2006 中的环境条件分类参见 GB 50010—2010）。

12.5 结构分析

EN 1992-2 规定，对于轻骨料混凝土，截面允许转角基准值 θ_{plast}应乘以系数 $\varepsilon_{\mathrm{lc2u}}/\varepsilon_{\mathrm{c2u}}$。

由于中国标准不考虑塑性内力重分布，因此也没有相应的塑性转动能力限值规定。

12.6 承载能力极限状态

12.6.1 无抗剪钢筋的构件

EN 1992-2 规定：

(1)对于无抗剪钢筋的轻质混凝土构件,其抗剪力设计值为

$$V_{\mathrm{lRc,c}} = [c_{\mathrm{lRd,c}}\eta_1 k(100\rho_1 f_{\mathrm{lck}})^{1/3} + k_1\sigma_{\mathrm{cp}}]b_{\mathrm{w}}d \geqslant (\nu_{\mathrm{l,min}} + k_1\sigma_{\mathrm{cp}})b_{\mathrm{w}}d \tag{12-14}$$

式中,η_1的定义见式(12-1);f_{lck}取自表 12-11;σ_{cp}为由轴向力与预应力引起的截面应力平均值(注:$c_{\mathrm{lRd,c}}$、$\nu_{\mathrm{l,min}}$和 k_1 值均为国家定义参数,推荐值分别为 $0.15/\gamma_{\mathrm{c}}$、$0.30k^{3/2}f_{\mathrm{lck}}^{1/2}$和 0.15)。

给定 d 和 f_{ck} 的 $\nu_{\mathrm{1,min}}$ 值 表 12-11

d (mm)	f_{ck} (MPa)						
	20	30	40	50	60	70	80
200	0.36	0.44	0.50	0.56	0.61	0.65	0.70
400	0.29	0.35	0.39	0.44	0.48	0.52	0.55
600	0.25	0.31	0.35	0.39	0.42	0.46	0.49
800	0.40	0.28	0.32	0.36	0.39	0.42	0.45
≥1000	0.22	0.27	0.31	0.34	0.37	0.40	0.43

(2)未乘以折减系数 β 的剪力 V_{Ed}应满足如下条件:

$$V_{\mathrm{Ed}} \leqslant 0.5\eta_1 b_{\mathrm{w}} d_{\mathrm{vl}} f_{\mathrm{lcd}} \tag{12-15}$$

CECS 202—2006 规定,轻骨料混凝土矩形、T 形和 I 形截面受弯构件,其受剪截面应符合下列公式要求:

$$\gamma_0 V_{\mathrm{d}} \leqslant 0.21 f_{\mathrm{cd}} b_{\mathrm{w}} h_0 \tag{12-16}$$

当符合下列条件时:

$$\gamma_0 V_{\mathrm{d}} \leqslant 0.5\alpha_2 f_{\mathrm{td}} b_{\mathrm{w}} h_0 \tag{12-17}$$

可不进行斜截面抗剪承载力验算,仅需按国家现行桥梁设计规范中的有关构造规定配置箍筋。

式中:V_{d}——斜截面上的最大剪力设计值;

b_{w}——计算截面处的矩形截面宽度、T 形和 I 形截面腹板宽度或箱形截面腹板总宽度;

h_0——梁的截面有效高度;

f_{cd}——轻骨料混凝土抗压强度设计值;

α_2——预应力提高系数:对钢筋混凝土受弯构件,$\alpha_2 = 1.0$;对预应力混凝土受弯构件,$\alpha_2 = 1.25$;但当由合力 N_{p0}引起的截面弯矩与外弯矩方向相同时,或允许出现裂缝的预应力混凝土受弯构件,取 $\alpha_2 = 1.0$;

f_{td}——轻骨料混凝土抗拉强度设计值。

12.6.2 有抗剪钢筋的构件

EN 1992-2 规定,混凝土拉-压杆的抗压碎能力折减系数为 ν_1。

ν_1 为国家定义参数,推荐值按式(12-18)计算:

$$\nu_1 \leqslant 0.5\eta_1\left(1 - \frac{f_{\mathrm{lcd}}}{250}\right) \tag{12-18}$$

CECS 202—2006 规定,轻骨料混凝土矩形、T 形和 I 形截面受弯构件,当仅配置普通箍筋时,其斜截面抗剪承载力应按式(12-19)计算:

$$\gamma_0 V_{\mathrm{d}} \leqslant V_{\mathrm{cs}} = 0.82\alpha_1\alpha_2\alpha_3 b h_0\sqrt{(2 + 0.6p) f_{\mathrm{td}}\rho_{\mathrm{sv}} f_{\mathrm{sv}}} \tag{12-19}$$

式中:V_{cs}——斜截面上混凝土和普通箍筋的抗剪承载力设计值;

α_1——异号弯矩影响系数:计算简支梁和连续梁近边支点梁段的抗剪承载力时,$\alpha_1 = 1.0$;计算连续梁和悬臂梁近中间支座梁段的抗剪承载力时,$\alpha_1 = 0.9$;

α_2——预应力提高系数，对钢筋混凝土受弯构件，$\alpha_2 = 1.0$；对预应力混凝土受弯构件，$\alpha_2 = 1.25$；但当由合力 N_{p0} 引起的截面弯矩与外弯矩力向相同时，或允许出现裂缝的预应力混凝土受弯构件，取 $\alpha_2 = 1.0$；

α_3——受压冀缘影响系数，取 $\alpha_3 = 1.1$；

b——矩形截面宽度，T 形或 I 形截面腹板宽度；

p——斜截面内纵向受拉钢筋的配筋百分率，$p = 100\rho$，$\rho = (A_p + A_{Pb} + A_s)/bh_0$，当 $p > 2.5$ 时，取 $p = 2.5$；其中，A_p、A_{Pb}、A_s 为纵向预应力筋、弯起预应力筋、纵向非预应力筋的截面面积；

ρ_{sv}——普通箍筋配筋率，$\rho_{sv} = A_{sv}/(s_v b)$，其中，$A_{sv}$ 为配置在同一截面内的箍筋各肢总截面面积；s_v 为箍筋间距；ρ_{sv} 不应小于 $0.4 f_{td}/f_{sv}$；

f_{sv}——普通箍筋抗拉强度设计值，按国家现行公路桥梁设计规范的规定采用。

12.6.3　扭转

EN 1992-2 规定，对于轻质混凝土，在式(6-129)中，ν 用 ν_1 代替。

CECS 202—2006 规定：

(1)矩形和箱形截面承受弯、剪、扭的轻骨料混凝土构件，其截面应符合下列公式要求：

$$\frac{\gamma_0 V_d}{bh_0} + \frac{\gamma_0 T_d}{0.8W_t} \leqslant 0.21 f_{cd} \tag{12-20}$$

当符合式(12-21)的条件时，可不进行构件剪扭承载力计算，仅按国家现行桥梁设计规范中的有关构造规定配置钢筋。

$$\frac{\gamma_0 V_d}{bh_0} + \frac{\gamma_0 T_d}{W_t} \leqslant 0.5 f_{td} \tag{12-21}$$

式中：V_d——剪力组合设计值；

T_d——扭矩组合设计值；

b——矩形截面宽度，T 形或箱形截面宽度；

h_0——截面有效高度；

W_t——截面受扭塑性抵抗矩，应按国家现行公路桥梁设计规范中的有关公式确定。

(2)矩形和箱形截面轻骨料混凝土纯扭构件，其抗扭承载力计算公式与式(6-10)相似，仅将等式右侧第一项的系数由 0.35 改为 0.30。

(3)T 形、I 形或带翼缘箱形截面轻骨料混凝土受扭构件，其抗扭承载力计算应按国家现行公路桥梁设计规范中的有关规定进行。

(4)矩形和箱形截面轻骨料混凝土剪扭构件，其抗扭剪承载力应按下列公式计算：

①抗扭承载力。

$$\gamma_d T_d \leqslant \beta_t \left(0.3\beta_a f_{td} + 0.04\frac{N_{p0}}{A_0}\right) W_t + 1.2\sqrt{\zeta}\frac{f_{sv} A_{svl} A_{cot}}{S_v} \tag{12-22}$$

②抗剪承载力。

$$\gamma_d T_d \leqslant 0.82 a_1 a_2 a_3 b h_0 \sqrt{(1.5 - \beta_t)(2 + 0.6p) f_{td} \rho_{sv} f_{sv}} \tag{12-23}$$

式中：β_t——剪扭构件混凝土承载力降低系数，按下式计算：

$$\beta_t = \frac{1.5}{1 + 0.5\dfrac{V_d W_t}{T_d b h_0}}$$

当 $\beta_t < 0.5$ 时，取 $\beta_t = 0.5$；当 $\beta_t > 1.0$ 时，取 $\beta_t = 1.0$。

(5)矩形、T 形、I 形和带翼缘箱形截面的轻骨料混凝土弯剪扭构件，其纵向钢筋和箍筋的计算与配置应按国家现行公路桥梁设计规范中的有关规定进行。

12.6.4 冲切

12.6.4.1 无抗冲剪钢筋平板和柱基的冲剪强度

EN 1992-2 规定：

(1)轻质混凝土板单位面积抗冲剪承载力按式(12-24)计算：

$$V_{\mathrm{lRd,c}} = C_{\mathrm{lRd,c}} k\eta_1 (100\rho_1 f_{\mathrm{lck}})^{1/3} + k_2\sigma_{\mathrm{cp}} \geqslant (\eta_1 \nu_{\mathrm{l,min}} + k2\sigma_{\mathrm{cp}}) \tag{12-24}$$

式中：k_2——国家定义参数，推荐值为0.08。

(2)轻质混凝土柱基的抗冲剪承载力 $V_{\mathrm{lRd,c}}$ 按式(12-25)计算：

$$V_{\mathrm{lRd,c}} = C_{\mathrm{lRd,c}} k\eta_1 (100\rho_1 f_{\mathrm{lck}})^{1/3} \frac{2d}{a} \geqslant \eta_1 \nu_{\mathrm{l,min}} \cdot \frac{2d}{a} \tag{12-25}$$

式中：$\rho_1 \geqslant 0.005$。

CECS 202—2006 规定，在局部荷载或集中反力作用下，不配置抗冲切钢筋的轻骨料混凝土板，其抗冲切承载力计算式与普通混凝土相似，仅式右侧的系数由0.7改为0.6。

12.6.4.2 有抗冲剪钢筋的平板和柱基的抗冲剪承载力

EN 1992-2 规定：

(1)如果要求配置抗剪钢筋，则可按式(12-26)计算抗冲剪承载力：

$$V_{\mathrm{lRd,cs}} = 0.75\nu_{\mathrm{lRd,c}} + 1.5\left(\frac{d}{s_{\mathrm{r}}}\right)\left(\frac{1}{u_1 d}\right) A_{\mathrm{sw}} f_{\mathrm{ywd.eff}} \sin\alpha \tag{12-26}$$

式中：$v_{\mathrm{lRd,c}}$ 见式(12-24)和式(12-25)中的定义，可视情况选择其一。

(2)在接近支柱处，抗冲剪承载力最大值：

$$V_{\mathrm{Ed}} = \frac{V_{\mathrm{Ed}}}{u_0 d} \leqslant V_{\mathrm{lRd,max}} = 0.5\nu f_{\mathrm{lcd}} \tag{12-27}$$

式中：ν 值等于11.6.2中定义的 ν_1。

CECS 202—2006 规定，在局部荷载或集中反力作用下，当抗冲切承载力不满足要求，且板厚受到限制时，可配置抗冲切钢筋。此时，受冲切截面应符合下列公式要求：

$$\gamma_0 F_{\mathrm{ld}} \leqslant 0.90 f_{\mathrm{td}} u_{\mathrm{m}} h_0 \tag{12-28}$$

轻骨料混凝土板配置抗冲切钢筋时的抗冲切承载力可按下列公式计算：

(1)当配置箍筋时：

$$\gamma_0 F_{\mathrm{ld}} \leqslant (0.30 f_{\mathrm{td}} + 0.15\sigma_{\mathrm{pc,m}}) u_{\mathrm{m}} h_0 + 0.75 f_{\mathrm{sv}} A_{\mathrm{svu}} \tag{12-29}$$

(2)当配置弯起钢筋时：

$$\gamma_0 F_{\mathrm{ld}} \leqslant (0.30 f_{\mathrm{td}} + 0.15\sigma_{\mathrm{pc,m}}) u_{\mathrm{m}} h_0 + 0.75 f_{\mathrm{sd}} A_{\mathrm{sbu}} \sin\alpha \tag{12-30}$$

式中：A_{svu}——与冲切破坏锥体斜截面相交的全部箍筋截面面积；

A_{sbu}——与冲切破坏锥体斜截面相交的全部弯起钢筋截面面积；

f_{sv}——箍筋抗拉强度设计值，按国家现行公路桥梁设计规范中的规定采用；

f_{sd}——弯起钢筋抗拉强度设计值，按国家现行公路桥梁设计规范中的规定采用；

α——弯起钢筋与板底面的夹角。

例12-1 轻质钢筋混凝土桥面板

考虑250mm厚桥面板抗弯与抗剪力。ϕ20钢筋，间距150mm，保护层厚40mm。混凝土强度等级为LC35/38，轻质骨料等级为1.6。

1)按EN 1992计算

由表12-1，1.6级轻质骨料干密度上限值 $\rho = 1600\mathrm{kg/m^3}$；由式(12-1)：

$\eta_1=0.40+0.60\rho/2200=0.40+0.60\times1600/2200=0.836$

首先,使用抛物线-矩形应力-应变曲线考虑抗弯承载力:

由表 12-3,对于 LC35/38 混凝土,$f_{lck}=35\text{MPa}$。

$f_{lcd}=\alpha_{lcc}f_{lck}/\gamma_c$,取 $\alpha_{lcc}=0.85$,$\gamma_c=1.5$,则 $f_{lcd}=0.85\times35/1.5=19.833\text{MPa}$。

由表 12-3,$\varepsilon_{lcu2}=3.5\eta_1=3.5\times0.836=2.927‰$,$\varepsilon_{lc2}=2.0‰$,$n=2$。

将这些值代入下式:

$$f_{av}=f_{cd}\left(1-\frac{1}{n+1}\frac{\varepsilon_{c2}}{\varepsilon_{cu2}}\right)$$

$$\beta=1-\frac{\dfrac{\varepsilon_{cu2}^2}{2}-\dfrac{\varepsilon_{c2}^2}{(n+1)(n+2)}}{\varepsilon_{cu2}^2-\dfrac{\varepsilon_{cu2}\varepsilon_{c2}}{n+1}}$$

得混凝土平均应力 $f_{av}=15.316\text{MPa}$,中心点至中性轴的高度与压缩纤维的高度比值 $\beta=0.403$(与等效正常质量混凝土对比 $f_{av}=16.056\text{MPa}$,$\beta=0.416$):

$D=250-40-10=200\text{mm}$,$b=1000\text{mm}$,$A_s=\pi\times10^2\times1000/150=2094.4\text{mm}^2$

因此:

$$\rho=\frac{A_s}{bd}=\frac{2094.4}{1000}\times195=0.0105$$

$$x/d=\frac{f_{yk}}{f_{av}\gamma_s}=500\times0.0105/15.316\times1.15=0.297$$

对照公式核定界限受压区高度,以确保钢筋屈服:

$$\frac{1}{\dfrac{f_{yk}}{\gamma_s E_s\varepsilon_{ku2}}+1}=\frac{1}{\dfrac{500}{1.15\times200\times10^3\times0.002927}+1}=0.574\geqslant\frac{x}{d}$$

因此钢筋屈服,$x=0.297\times200=59.5\text{mm}$,$z=200-0.403\times59.5=176\text{mm}$,$M=f_{yk}A_s/\gamma_s=500\times2094.4\times176\times10^{-6}/1.15=160.2\text{kNm}$。

与等效正常质量混凝土 160.6kNm 的抗弯承载力相比,弯曲抗力减小 0.2%。

其次,考虑剪切抗力:

$\rho_1=A_s/bd=2094.4\times0.0105/1000\times200\leqslant0.02$ 要求的限值,取 $\gamma_c=1.5$,$C_{1Rd,c}=0.15/\gamma_c$,则 $C_{1Rd,c}=0.15/1.5=0.10$。

由 $k=1+(200/200)^{1/2}=2.0$(限值),则有抗剪力:

$V_{1Rd,c}=C_{1Rd,c}\eta_1k(100\rho_1f_{lck})^{1/3}b_wd$,不考虑轴力,因此:

$V_{1Rd,c}=0.10\times0.836\times2.0\times(100\times0.0105\times35)^{1/3}\times1000\times10^{-3}=111.2\text{kNm}$

验算是否超过轻质混凝土的最小抗剪强度,考虑:

$\nu_{1,min}=0.030k^{3/2}f_{lck}^{1/2}=0.030\times2.0^{3/2}\times35^{1/2}=0.502\text{MPa}$

因此,最小抗力为

$\nu_{1,min}b_wd=0.502\times1000\times200\times10^{-3}=100\text{kN/m}<111.2\text{kN/m}$

满足要求。

2)按 CECS 202—2006 计算

(1)抗剪能力。

混凝土强度等级为 LC35,$f_{cd}=16.1\text{MPa}$,$f_{td}=1.52\text{MPa}$,钢筋的保护层厚度为 $c=40\text{mm}$,钢筋取 HRB500,$f_{sd}=435\text{MPa}$,所以截面边缘到钢筋重心的距离:$a_s=50\text{mm}$。

单位板宽 $b=1000\text{mm}$,桥面板厚 $h=250\text{mm}$,$h_0=h-a_s=200\text{mm}$。

$V_1=0.21f_{cd}b_wh_0=0.21\times16.1\times10^6\times1\times0.2=676.2\text{kN}$

$V_2 = 0.5\alpha_2 f_{td} b_w h_0 = 0.5 \times 1 \times 1.52 \times 10^6 \times 1 \times 0.2 = 152\text{kN}$

根据 CECS 202—2006 规定,最大设计抗剪力 $V_d = V_1 = 676.2\text{kN/m}$;

当设计剪力 $V_d \leqslant V_1 = 152\text{kN/m}$ 时,可不进行承载力验算,只需根据现行的桥梁规范进行构造配置箍筋。

(2)抗弯能力。

单位板宽配置钢筋面积:

$$A_s = \pi \times 10^2 \times \frac{1000}{150} = 2094.4\text{mm}^2$$

$$x = \frac{f_{sd}A_s}{f_{cd}b} = 435 \times \frac{2094.4}{16.1 \times 1000} = 56.6\text{mm}$$

$$M_R = f_{cd}bx\left(h_0 - \frac{x}{2}\right) = 16.1 \times 10^3 \times 1 \times 0.0566 \times \left(0.2 - \frac{0.0566}{2}\right) = 156.5\text{kNm}$$

比较 1)、2)两种计算结果,发现中欧标准计算值有差异。按欧洲标准计算的抗剪力为 111.2kN/m,抗弯能力为 160.2kNm/m;按中国标准计算的抗剪力为 152kN/m,抗弯能力为 156.5kNm/m,抗剪力比欧洲标准大约 26.9%,抗弯能力比欧洲标准小 5%。

12.6.5 局部应力

EN 1992-2 规定:对于荷载均匀分布的某一区域 A_{c0},可按式(12-31)确定集中抗力:

$$F_{Rdu} = A_{c0} f_{lcd}\left(\frac{A_{c1}}{A_{c0}}\right)^{\frac{\rho}{4400}} \leqslant 3.0 f_{lcd} A_{c0} \frac{\rho}{2200} \tag{12-31}$$

CECS 202—2006 规定:

(1)配置间接钢筋的轻骨料混凝土构件,其局部受压区的尺寸应满足式(12-32)要求:

$$\gamma_0 F_{ld} \leqslant 1.1\eta_s \beta f_{cd} A_{ln} \tag{12-32}$$

式中:η_s——轻骨料混凝土强度影响系数:当轻骨料混凝土强度等级不超过 LC40 时,应取 $\eta_s = 1.0$;当轻骨料混凝土强度等级为 LC40 ~ LC60 时,取 $\eta_s = 1.0 \sim 0.9$,中间按线性内插法取值;

β——轻骨料混凝土局部承压强度提高系数,β 值大于 2.65 时,应取 $\beta = 2.65$。

(2)配置间接钢筋的轻骨料混凝土局部受压构件的局部抗压承载力应按式(12-33)计算:

$$\gamma_0 F_{ld} \leqslant 0.75(\eta_s \beta f_{cd} + 1.2\rho_v \beta_{cor} f_{sd}) A_{ln} \tag{12-33}$$

式(12-32)和式(12-33)中的符号含义见 6.7 节。

12.6.6 疲劳

EN 1992-2 规定:如果需要验算轻骨料混凝土构件的疲劳特性,则应注意遵照欧洲技术许可的相关规定。

《公路钢筋混凝土及预应力混凝土桥涵设计规范》(JTG 3362—2018)不考虑疲劳验算,因此没有对应条款。

12.7 正常使用极限状态

EN 1992-2 规定,对于没有轴向压力的轻骨料钢筋混凝土,其跨度/有效高度的基准比率应乘以折减系数 $\eta_E^{0.15}$。

这一规定与 EN 1992-2 中 7.4.2“不用计算验算构件挠度”中说明本条款不适用于桥梁结

构的规定有些矛盾。

因此,作者认为欧洲标准关于轻骨料混凝土结构正常使用极限状态的验算要求和计算方法与普通钢筋混凝土结构的相同。

CECS 202—2006 中关于公路桥梁正常使用极限状态的计算与 JTG 3362—2018 之间存在一定的差异,下面针对 CECS 202—2006 与 JTG 3362—2018 中主要的不同点作简单介绍:

1)预应力传递长度

CECS 202—2006 规定,对先张法预应力混凝土构件端部区进行正截面、斜截面抗裂验算时,预应力传递长度 l_{tr} 范围内的预应力筋的实际应力值,在构件端部取为零,在预应力传递长度末端取有效预应力值 σ_{pe},两点之间按直线变化取值。预应力筋的预应力传递长度按表 12-12 采用。

预应力筋的预应力传递长度 l_{tr}(mm) 表 12-12

预应力筋种类		轻骨料混凝土强度等级					
		LC30	LC35	LC40	LC45	LC50	≥LC55
钢绞线	$1\times2, 1\times3, \sigma_{pc}=1000$MPa	85d	80d	75d	70d	65d	60d
	$1\times7, \sigma_{pc}=1000$MPa	100d	95d	90d	85d	80d	75d
螺旋肋钢丝 $\sigma_{pc}=1000$MPa		90d	85d	80d	75d	70d	65d
刻痕钢丝 $\sigma_{pc}=1000$MPa		100d	95d	90d	85d	80d	75d

注:1. 预应力传递长度应根据预应力筋放松时的轻骨料混凝土立方体抗压强度 f'_{cu} 确定,当 f'_{cu} 在表列混凝土强度等级之间时,预应力传递长度按线性内插法取用。

2. 当预应力筋的有效预应力值 σ_{pe} 与表值不同时,其预应力传递长度应根据表值按比例增减。

3. 当采用骤然放松预应力筋的施工工艺时,l_{tr} 应从离构件末端 $0.2l_{tr}$ 处开始计算。

2)预应力损失

CECS 202—2006 规定由轻骨料混凝土收缩、徐变引起的构件受拉区和受压区预应力筋的预应力损失值按式(12-34)和式(12-35)计算:

$$\sigma_{l6} = \alpha_1\alpha_2 \frac{\alpha + 350\dfrac{\sigma_{pc}}{f'_{cu}}}{1+15\rho} \tag{12-34}$$

$$\sigma'_{l6} = \alpha_1\alpha_2 \frac{\alpha + 350\dfrac{\sigma'_{pc}}{f'_{cu}}}{1+15\rho'} \tag{12-35}$$

式中:σ_{l6}——由轻骨料混凝土收缩、徐变引起的构件受拉区预应力筋的应力损失值;

σ'_{l6}——由轻骨料混凝土收缩、徐变引起的构件受压区预应力筋的应力损失值;

α_1——环境湿度影响系数,按表 12-13 取用;

α_2——体积表面积比影响系数,按表 12-14 取用;

f'_{cu}——施加预应力时,与结构构件同条件养护边长为 150mm 的轻骨料混凝土立方体抗压强度;

α——系数,先张法取 90N/mm^2,后张法取 70N/mm^2;

ρ——受拉区预应力筋和非预应力筋的配筋率:对先张法构件 $\rho=(A_p+A_s)/A_0$,对后张法构件 $\rho=(A_p+A_s)/A_n$,其中,A_s、A_p 分别为受拉区非预应力筋和预应力筋的截面面积,A_0、A_n 分别为构件换算截面面积和净截面面积;

ρ'——受压区预应力筋和非预应力筋的配筋率:对先张法构件 $\rho'=(A'_p+A'_s)/A_0$,对后张法构件 $\rho'=(A'_p+A'_s)/A_n$,其中,A'_s、A'_p 分别为受压区非预应力筋和预应力筋的截面面积;

σ_{pc}、σ'_{pc}——构件受拉区、受压区全部纵向钢筋截面重心处由预应力(扣除相应阶段的预应力损失)和结构自重产生的混凝土法向压应力,但不得大于 $0.5f'_{cu}$,当 σ'_{pc}为拉应力时,应取等于零。

环境湿度影响系数 表 12-13

环境湿度条件	α_1	环境湿度条件	α_1
干燥条件	1.30	高湿条件	0.75
正常条件	1.00		

体积表面积比影响系数 表 12-14

体积表面积比 V/S(mm)	α_2	体积表面积比 V/S(mm)	α_2
≤25	1.00	100	0.80
50	0.95	125	0.70
75	0.90	≥150	0.60

当能预先确定构件承受外荷载时间时,可考虑时间对轻骨料混凝土收缩和徐变损失的影响,此时,可将 σ_{l6}和 σ'_{l6}乘以不大于 1 的系数 β:

$$\beta = \frac{j}{48 + 0.6j} \tag{12-36}$$

式中:j——结构构件,从预加应力时起,至承受外荷载的时间(d)。

预应力轻骨料混凝土预应力损失值经计算求得的总损失值小于下列数值时,可按下列数值取用:先张法构件 130N/mm^2,后张法构件 110N/mm^2。

3)裂缝宽度验算

CECS 202—2006 规定,矩形、T 形、倒 T 形和 I 形截面的轻骨料混凝土受弯构件和允许出现裂缝(B 类)的预应力轻骨料混凝土受弯构件,按荷载短期效应组合并考虑长期作用影响的最大裂缝宽度(mm)可按式(12-37)计算:

$$w_{max} = \alpha_{cr}\psi \frac{\sigma_{sk}}{E_s}\left(0.9c + 0.04\frac{d_{eq}}{\rho_{te}}\right) \tag{12-37}$$

$$\psi = 1.1 - 0.65\frac{f_{tk}}{\rho_{te}\sigma_{ss}} \tag{12-38}$$

$$d_{eq} = \frac{\sum n_i d_i^2}{\sum n_i v_i d_i} \tag{12-39}$$

$$\rho_{te} = \frac{A_s + A_p}{A_{te}} \tag{12-40}$$

式中:α_{cr}——构件受力特征系数;

ψ——裂缝间纵向受拉钢筋应变不均匀系数:当 $\psi < 0.2$ 时,取 $\psi = 0.2$;当 $\psi > 1$ 时,取$\psi = 1$;

σ_{ss}——按作用(或荷载)短期效应组合计算的钢筋轻骨料混凝土构件纵向受拉钢筋的应力或预应力轻骨料混凝土构件纵向受拉钢筋的等效应力;

E_s——钢筋弹性模量;

c——最外层纵向受拉钢筋外边缘至受拉区底边的距离(mm):当 $c < 20$mm 时,取 $c = 20$;当 $c > 65$mm 时,取 $c = 65$;

ρ_{te}——按有效受拉轻骨料混凝土截面面积计算的纵向受拉钢筋配筋率,当 $\rho_{ca} < 0.01$ 时,取 $\rho_{ca} = 0.01$;

A_{te}——有效受拉轻骨料混凝土截面面积:对轴向受拉构件,取构件截面面积;对受弯、偏心受压和偏心受拉构件,取 $A_{ce} = 0.5bh + (b_t - b)h_f$,此处,$b_f$、$h_f$ 为受拉翼缘的宽度、高度；

A_s——受拉区纵向非预应力筋截面面积；

A_P——受拉区纵向预应力筋截面面积；

d_{eq}——受拉区纵向钢筋的等效直径(mm)；

d_i——受拉区第 i 种纵向钢筋的公称直径(mm)；

n_i——受拉区第 i 种纵向钢筋的根数；

v_i——受拉区第 i 种纵向钢筋的相对黏结特性系数。

4)挠度验算

CECS 202—2006 规定，钢筋轻骨料混凝土和预应力轻骨料混凝土受弯构件，在正常使用极限状态下的挠度，可根据给定的构件刚度用结构力学的方法验算。

受弯构件的刚度可按下列公式计算：

(1)钢筋轻骨料混凝土构件：

$$B=\frac{0.95B_0}{\left(\frac{M_{cr}}{M_s}\right)^2+\left[1-\left(\frac{M_{cr}}{M_s}\right)^2\right]\frac{B_0}{B_{cr}}} \tag{12-41}$$

式中：B——开裂构件等效截面的受弯刚度；

B_0——全截面的受弯刚度，$B_0=0.85E_cI_0$，此处 I_0 为换算截面惯性矩，E_c 为轻骨料混凝土弹性模量；

B_{cr}——开裂截面的受弯刚度，$B_{cr}=E_cI_{cr}$，此处 I_{cr}为开裂截面惯性矩；

M_{cr}——抗裂弯矩，$M_{cr}=\gamma f_{tk}W_0$；

f_{tk}——轻骨料混凝土轴心抗拉强度标准值；

M_s——按作用(或荷载)短期效应组合计算的弯矩值；

γ——构件受拉区混凝土塑性影响系数，$\gamma=2S_0/W_0$；

S_0——全截面换算截面重心轴以上(或以下)部分面积对重心轴的面积矩；

W_0——换算截面受拉边缘的弹性抵抗矩。

(2)预应力轻骨料混凝土构件。

①不允许开裂的预应力轻骨料混凝土构件：

$$B_0=0.85E_cI_0 \tag{12-42}$$

②允许开裂(B 类)的预应力轻骨料混凝土构件在开裂弯矩 M_{cr}作用下，按式(12-42)确定，在(M_s-M_{cr})作用下按式(12-43)确定：

$$B_0=E_cI_0 \tag{12-43}$$

此处，开裂弯矩 M_{cr}按式(12-44)计算：

$$M_{cr}=(\sigma_{pe}+\gamma f_{tk})W_0 \tag{12-44}$$

式中：σ_{pe}——相应阶段考虑预应力损失后截面受拉边缘混凝土的法向预压应力。

受弯构件在使用阶段的挠度应考虑荷载长期效应的影响，此时按荷载短期效应组合计算的挠度值，应乘以挠度长期增长系数 η_θ。挠度长期增长系数可按下列规定采用：

采用 LC30 以下混凝土时，$\eta_\theta=1.8\sim1.7$；

采用 LC40 ~ LC60 混凝土时，$\eta_\theta=1.7\sim1.4$，中间强度等级可插入取用。

当需计算预应力轻骨料混凝土受弯构件施工阶段的挠度时，可按构件自重和预加力产生的初始弹性变形乘以 $1+\phi(t)$ 求得。此处，$\phi(t)$ 为混凝土徐变系数，可根据加载龄期 t_0 和计算所需龄期 t 计算。

12.8 钢筋的构造处理

12.8.1 弯曲钢筋的允许弯心直径

EN 1992 规定,对于轻骨料混凝土,为了避免混凝土在弯曲、加箍和结环状态下发生劈裂,8.4 节给出的标准密度混凝土的弯心尺寸应在原有尺寸上增加 50%。

CECS 202—2006 对此没有相应条款明确规定,设计人员可参照国外成熟规范执行。

12.8.2 极限黏结应力

EN 1992 要求对于轻质混凝土中的钢筋,可以通过式(8-2)计算极限黏结应力的设计值,即将式中的 f_{ctd} 替换为 f_{lctd}。其中,$f_{lctd}=f_{lctk,0.05}/\gamma_c$。$f_{lctk,0.05}$ 的值如表 12-3 所示。

CECS 202—2006 中规定轻骨料混凝土桥梁结构中的钢筋最小锚固长度 l_a,应比相应的普通混凝土桥梁中钢筋最小锚固长度增加 $5d$(d 为钢筋直径)。

12.9 构件的构造要求和特殊规则

EN 1992 要求对用于轻骨料混凝土的钢筋,其直径通常不应超过 32mm。对于轻骨料混凝土,成束钢筋不应含有 2 根以上的钢筋,并且其等效直径不应超过 45mm。

CECS 202—2006 规定:

(1)轻骨料混凝土桥梁结构,非预应力筋不宜采用束筋。

(2)轻骨料混凝土桥梁结构的钢筋接头宜采用机械连接或焊接接头。当采用绑扎搭接接头时:受拉钢筋的搭接长度应符合国家现行桥梁设计规范的有关规定;受压钢筋的搭接长度不应小于 $0.85l_a$,且不应小于 250mm。

(3)轻骨料混凝土结构配置的纵向钢筋,其直径不宜大于 32mm。

(4)轻骨料混凝土结构中的受压构件,全部纵向钢筋的截面面积不宜超过混凝土总截面面积的 5%;当纵向钢筋截面总配筋率超过 3% 时,应采用焊接封闭箍筋。

对于预应力构件:

(1)先张法预应力轻骨料混凝土构件中,预应力筋锚固长度范围内应采用下列加强措施:

①对于单根预应力筋,其端部应设置长度不小于 200mm,且不少于 5 圈的螺旋筋,螺旋筋钢筋直径不宜小于 10mm。

②对于多根预应力筋,在构件端部 $15d$(d 为预应力筋直径)范围内,应设置 4 ~ 8 片与预应力筋垂直的钢筋网片,网片钢筋直径不宜小于 10mm。

(2)后张法预应力筋、钢绞线所用锚具的形式和质量应符合国家现行有关标准的规定。

(3)在后张法预应力轻骨料混凝土构件的预拉区和预压区中,应设置纵向非预应力构造钢筋。在预应力筋弯折处,应加密箍筋或沿弯折处内侧设置钢筋网片。

(4)后张法预应力轻骨料混凝土构件端部尺寸,应考虑锚具的布置、张拉设施的尺寸和局部受压的要求,必要时应酌情加大。在预应力筋锚具下及张拉设备的支承处,应设置预埋钢垫板。

当对后张法预应力轻骨料混凝土构件端部锚固区段有特殊要求时,其端部尺寸和配筋可按有限元法进行计算确定。

(5)根据工程设计的需要,大跨径预应力轻骨料混凝土构件端部也可采用普通混凝土。

12.10 预制混凝土构件和结构的补充规则

EN 1992 允许第 11 章的规则可以用于未经改性的轻骨料混凝土。

中国标准没有明确条款规定,可按普通密度素混凝土或少筋混凝土规定执行。

12.11 素混凝土或少筋混凝土结构

EN 1992 规定,第 12 章的要求可以适用于未经改性的轻骨料混凝土。

中国标准没有明确条款规定,可按普通密度素混凝土或少筋混凝土规定执行。

12.12 本章小结

本章是关于轻骨料混凝土的补充规定。EN 1992-2 明确规定,除非本章专门指出外,本标准中的其他章节规定均适用于轻骨料混凝土,但涉及强度值时,必须使用表 12-2 中的值代替表 4-1 中的值。中国目前对轻骨料混凝土的经验数据还不足,没有制定轻骨料混凝土的国家标准,但已有 JGJ 12—2006 和 CECS 202—2006 等行业与协会标准。中欧标准关于轻骨料混凝土结构设计的规定存在一定的差异,主要体现在如下几方面:

(1)EN 1992 将轻骨料混凝土定义为:具有封闭结构,密度不大于 2200kg/m^3 的混凝土,或者含有一定比例人工或天然轻骨料(颗粒密度小于 2000kg/m^3)的混凝土;而中国标准定义为:用轻粗骨料、普通砂或轻细骨料、胶凝材料和水配制而成的干表观密度不大于 1950kg/m^3 的混凝土。堆积密度不大于 1100kg/m^3 的轻粗骨料和堆积密度不大于 1200kg/m^3 的轻细骨料总称轻骨料。相比而言,欧洲标准关于轻骨料的范围比中国标准定义的范围大得多。

(2)结构设计基础。中欧标准关于普通混凝土结构设计基础的绝大部分条款适用于轻骨料混凝土。欧洲标准除材料常数有改变外,其他完全引用普通混凝土结构设计规则。CECS 202—2006 强调混凝土徐变计算与普通混凝土有些差异外,其他方面的要求适用于普通混凝土。

(3)材料。EN 206-1 将轻骨料混凝土分为 6 个密度等级,从 801 ~ 1000kg/m^3 至 1801 ~ 2000kg/m^3。CECS 202—2006 将轻骨料混凝土分为 LC20、LC25、LC30、LC35、LC40、LC45、LC50、LC55 和 LC60 9 个强度等级与 1600kg/m^3、1700kg/m^3、1800kg/m^3 和 1900kg/m^3 4 个密度等级。

(4)材料参数。中欧标准关于材料的基本参数应根据试验结果确定,在没有试验结果的条件下,欧洲标准允许由普通混凝土参数换算得出,如抗拉强度按式(12-1)换算,弹性模量按式(12-2)换算。如普通混凝土力学参数类似,欧洲标准的强度指标比中国标准的高,弹性模量接近。剪切模量取弹性模量的 0.4 倍,泊松比 μ 取 0.2。

(5)徐变与收缩。欧洲标准直接将普通混凝土的徐变系数乘以换算系数得轻骨料混凝土的徐变系数,而 CECS 202—2006 对轻骨料混凝土的徐变与收缩提出一套新的计算系数,并规定徐变与收缩的控制值。

(6)非线性结构分析中的应力-应变关系。欧洲标准仍沿用普通混凝土的应力-应变曲线,只是对极限应变值进行替换。中国标准都不允许进行结构非线性分析。

(7)设计强度。欧洲标准将轻骨料混凝土的设计强度定义为在强度标准值除以材料分项系数的基础之上,再乘以 0.85 的折减系数。而 CECS 202—2006 中给定的强度值与普通混凝土的强度值相同或非常接近。

(8)截面设计时的应力-应变关系。欧洲标准仍然沿用普通混凝土材料的应力-应变关系曲线，而 CECS 202—2006 给出了不同的应力-应变关系式(12-9)。

(9)约束混凝土。欧洲标准将普通混凝土的强度值乘以一定的提高系数，转换成约束混凝土的强度与变形标准值。CECS 202—2006 目前没有这方面的规定。GB 50010—2010 对约束混凝土根据三向主应力状态，乘以相关的提高系数。可见，很多方面 GB 50010—2010 均接近欧洲标准，其他行业标准都存在差距。

(10)钢筋保护层厚度。在相同环境条件及相同强度等级下，中欧标准关于轻骨料混凝土中钢筋保护层厚度均在普通钢筋混凝土保护层厚度的基础上增加 5mm。

(11)结构分析。EN 1992-2 规定，对于轻骨料混凝土，截面允许转角基准值 θ_{plast} 应乘以折减系数 $\varepsilon_{lc2u}/\varepsilon_{c2u}$，而中国标准不考虑塑性内力重分布，因此没有这种限值规定。

(12)承载能力极限状态设计。欧洲标准重点考虑抗剪设计、扭转、冲切等方面轻骨料混凝土与普通混凝土构件设计的差异。

抗剪：抗剪设计分不设抗剪钢筋与设抗剪钢筋两种情形。中欧标准对轻骨料混凝土构件抗剪承载力的计算均是在普通混凝土构件承载力的基础上乘以一个折减系数，尽管抗剪力的计算公式不同。欧洲标准的折减系数为 η_1，其值与骨料密度相关；中国标准统一乘以 0.82 的折减系数。

扭转：抗扭承载力设计方面，中欧标准处理方法也有差异。欧洲标准只是将普通混凝土抗剪强度折减系数 ν 换为 ν_1，而 CECS 202—2006 对抗剪扭承载力公式作了修正。

冲切：中欧标准关于轻骨料混凝土结构的抗冲剪验算处理方式也相同，均是在普通混凝土结构抗冲切能力计算式的基础上乘以折减系数。欧洲标准乘以折减系数 η_1，其值与骨料密度相关，中国标准统一将原有折减系数 0.7 改为 0.6。

局部应力：关于轻骨料结构局部应力的处理，中欧标准有差异。欧洲标准将普通混凝土结构局部承载力公式作了修改，而 CECS 202—2006 仅将普通混凝土结构局部承载力公式的系数作了替换，将原有的 1.3 替换为 1.1。

疲劳验算：EN 1992-2 规定，如果需要验算轻骨料混凝土构件的疲劳特性，则应注意遵照欧洲技术许可的相关规定；《公路钢筋混凝土及预应力混凝土桥涵设计规范》(JTG 3362—2018)不考虑疲劳验算，因此没有对应条款。

(13)正常使用极限状态。EN 1992-2 规定，对于没有轴向压力的轻骨料钢筋混凝土，其跨度/有效高度的基准比率应乘以折减系数 $\eta_E{}^{0.15}$，其余与普通钢筋混凝土设计规则相同。CECS 202—2006 中关于轻骨料混凝土的预应力传递长度、预应力损失、裂缝宽度验算、挠度计算均与普通钢筋混凝土的计算存在差异。

(14)钢筋构造处理。EN 1992-2 对比主要讲了两点：其一，弯心直径比普通钢筋混凝土的弯心直径大 50%；其二，计算极限黏结应力时，将普通钢筋混凝土的强度换为轻质混凝土强度。CECS 202—2006 对弯心直径的改变没有要求，对锚固长度需在普通钢筋混凝土的基础上增加 5 倍钢筋直径。

(15)构件的构造要求。EN 1992 要求对用于轻骨料混凝土的钢筋，其直径通常不应超过 32mm。对于轻骨料混凝土，成束钢筋不应含有 2 根以上的钢筋，并且其等效直径不应超过 45mm；CECS 202—2006 规定非预应力筋不宜采用束筋，钢筋接头宜采用机械连接或焊接接头，钢筋直径通常不应超过 32mm，要求基本一致。

第13章

素混凝土和少筋混凝土结构

13.1 概述

(1)本章给出了有关素混凝土和少筋混凝土结构的补充规则。

(2)本章的规定适用于可忽略动力作用效应的构件,不适用于诸如旋转式机械和交通荷载引起的作用效应。例如:

①主要受压而非预加应力影响的构件(如墙、柱、拱门、拱顶和隧道)。

②条形基础或板式基础。

③挡土墙。

④直径≥600mm 且 $N_{Ed}/A_c \leq 0.3f_{ck}$ 的桩。

(3)如果构件由轻骨料混凝土制成或本标准规定的预制混凝土构件与结构,则设计准则应进行相应修正。

(4)由素混凝土制成的构件并不排斥为了满足适用性和/或耐久性要求而使用钢筋,也不排斥在构件的局部使用钢筋。为满足局部承载能力极限状态以及正常使用极限状态的要求,可使用此类钢筋。

桥梁设计中很少使用素混凝土,EN 1992-2 中没有相应的规定,第 13 章中的规定不适用于抵抗"旋转机械与交通荷载的作用效应"的构件。这条对交通荷载的限制也适用于直接运输的构件,但对支撑构件的限制范围没有明确说明。

JTG 3362—2018 在总则中明确说明:本规范适用于公路桥涵的一般钢筋混凝土及预应力混凝土结构构件的设计,不适用于轻集料混凝土及其他特种混凝土桥涵结构构件的设计。

13.2 材料:混凝土

EN 1992 规定:

(1)由于素混凝土的低延展性,$\alpha_{cc,pl}$ 和 $\alpha_{ct,pl}$ 的取值应分别小于钢筋混凝土的 α_{cc} 和 α_{ct} 值。$\alpha_{cc,pl}$ 和 $\alpha_{ct,pl}$ 为国家定义参数值,推荐值为 0.8。

(2)如果考虑素混凝土的设计抗拉力,则线性应力-应变图延伸至拉伸设计强度。

$$f_{ctd} = \frac{\alpha_{ct} f_{ctk,0.05}}{\gamma_c} \tag{13-1}$$

(3)可以使用断裂力学方法,必须验算变形能力以保证延性足以达到分析假设的条件。

GB 50010—2010(2015 版)规定素混凝土构件主要用于受压构件。素混凝土受弯构件仅允许用于卧置在地基上的情况以及不承受活荷载的情况。关于素混凝土抗拉强度设计值,中国标准取一般混凝土抗拉强度的 0.55 倍，EN 1992 则推荐取一般混凝土抗拉强度的 0.8 倍。作为对比，将中欧标准关于素混凝土的抗拉强度列入表 13-1。

中欧标准关于素混凝土抗拉强度设计值（MPa） 表 13-1

标　　准	指标	C15	C20	C25	C30	C35	C40	C45	C50	C55	C60	C65	C70	C75	C80
GB 50010—2010	f_t	0.50	0.61	0.70	0.79	0.86	0.94	0.99	1.04	1.08	1.12	1.15	1.18	1.20	1.22
EN 1992	f_{ctd}	0.58	0.70	0.80	0.96	C37：1.06		1.18	1.34	1.44	1.54	C67：1.60		1.66	—

13.3 结构分析

EN 1992 规定：

（1）素混凝土的延展性有限，因此，除非能够证明其适用性，否则，不应使用重分布线性分析或塑性分析方法，如对变形能力不进行校核的方法。

（2）结构分析可以依据非线性理论或线弹性理论。若采用非线性分析（如断裂力学），则应进行变形能力的校核。

中国标准虽没有明确条文规定应使用什么分析方法，但从相关计算公式及条款可以看出，上述欧洲标准方法要求也适用于中国标准。

13.4 承载能力极限状态

13.4.1 设计抗弯能力和轴向抗力

EN 1992 规定：

（1）对于墙体，根据相应的施工详图和施工养护规定，可以忽略由温度或收缩导致的变形。

（2）素混凝土的应力-应变关系与一般混凝土的应力-应变关系相同。

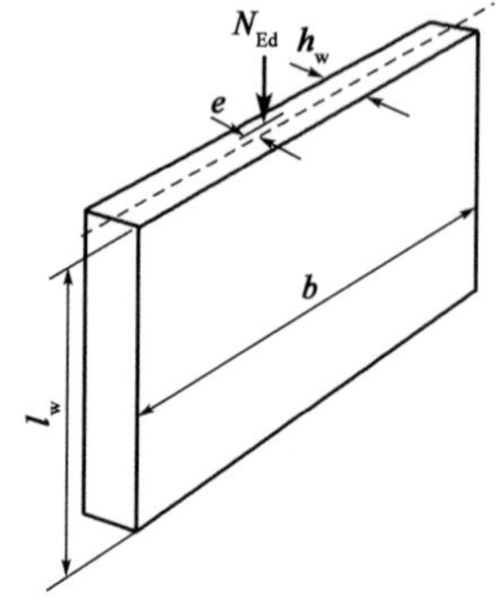

图 13-1　普通墙体图示

（3）单轴偏心距为 e 的矩形横截面的轴向抗力 N_{Rd} 在 h_w 方向可用式（13-2）表示：

$$N_{Rd} = \eta f_{cd} \times b \times h_w \times \left(1 - \frac{2e}{h_w}\right) \tag{13-2}$$

式中：ηf_{cd}——有效设计抗压强度；

b——横截面的全宽（图 13-1）；

h_w——横截面的全高；

e——N_{Ed} 在 h_w 方向上的偏心距。

注：如果使用其他简化方法，其安全性不应低于采用一般混凝土应力-应变关系的严格方法。

中国标准对素混凝土受压构件的规定较为明确，并与 EN 1992 有些不同。GB 50010—2010 规定素混凝土受压构件，当按受压承载力计算时，不考虑受拉区混凝土的工作，并假定受压区的法向应力图形为矩形，其应力值取素混凝土的轴心抗压强度设计值，此时，轴向力作用点与受压区混凝土合力点相重合。

素混凝土受压构件的受压承载力应符合下列规定：

（1）对称于弯矩作用平面的截面：

$$N \leqslant \varphi f_{cc} A'_c \tag{13-3}$$

受压区高度 x 应按下列条件确定

$$e_c = e_0 \tag{13-4}$$

此时，轴向力作用点至截面重心的距离 e_0 尚应符合下列要求：

$$e_0 \leqslant 0.9y'_0 \tag{13-5}$$

（2）矩形截面（图 13-2）：

$$N \leqslant \varphi f_{cc} b(h-2e_0) \tag{13-6}$$

式中：N——轴向压力设计值；

φ——素混凝土构件的稳定系数，按表 13-2 采用；

f_{cc}——素混凝土的轴心抗压强度设计值，按 GB 50010—2010 规定的混凝土轴心抗压强度设计值 f_c 值乘以系数 0.85 取用；

A'_c——混凝土受压区的面积；

e_0——受压区混凝土的合力点至截面重心的距离；

y'_0——截面重心至受压区边缘的距离；

b——截面宽度；

h——截面高度。

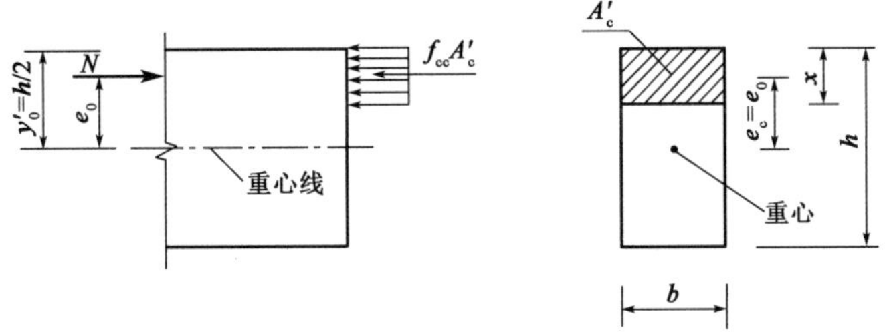

图 13-2　矩形截面的素混凝土受压构件受压承载力计算

素混凝土构件的稳定系数 φ　　表 13-2

l_0/b	<4	4	6	8	10	12	14	16	18	20	22	24	26	28	30
l_0/i	<14	14	21	28	35	42	49	56	63	70	76	83	90	97	104
φ	1.00	0.98	0.96	0.91	0.86	0.82	0.77	0.72	0.68	0.63	0.59	0.55	0.51	0.47	0.44

注：在计算 l_0/b 时，b 的取值：对偏心受压构件，取弯矩作用平面的截面高度；对轴心受压构件，取截面短边尺寸。

当按式（13-3）或式（13-6）计算时，对 e_0 不小于 $0.45y'_0$ 的受压构件，应在混凝土受拉区配置构造钢筋。其配筋率不应少于构件截面面积的 0.05%。但当符合式（13-3）或式（13-4）的条件时，可不配置此项构造钢筋。

对不允许开裂的素混凝土受压构件（如处于液体压力下的受压构件、女儿墙等），当 $e_0 \geqslant 0.45y'_0$ 时，其受压承载力应按下列公式计算：

（1）对称于弯矩作用平面的截面：

$$N \leqslant \varphi \frac{\gamma f_{ct} A}{\dfrac{e_0 A}{W}-1} \tag{13-7}$$

（2）矩形截面：

$$N \leqslant \varphi \frac{\gamma f_{ct} bh}{\dfrac{6e_0}{h}-1} \tag{13-8}$$

式中：f_{ct}——素混凝土轴心抗拉强度设计值，按 GB 50010—2010 规定的混凝土轴心抗拉强度设计值 f_t 值乘以系数 0.55 取用；

γ——截面抵抗矩塑性影响系数，按 GB 50010—2010 第 8.2.4 条取用；

W——截面受拉边缘的弹性抵抗矩；

A——截面面积。

素混凝土偏心受压构件，除应计算弯矩作用平面的受压承载力外，还应按轴心受压构件验算垂直于弯矩作用平面的受压承载力。此时，不考虑弯矩作用，但应考虑稳定系数 φ 的影响。

素混凝土受弯构件的受弯承载力应符合下列规定。

（1）对称于弯矩作用平面的截面：

$$M \leqslant \gamma f_{\mathrm{ct}} W \tag{13-9}$$

（2）矩形截面：

$$M \leqslant \frac{\gamma f_{\mathrm{ct}} b h^2}{6} \tag{13-10}$$

式中：M——弯矩设计值。

13.4.2 局部破坏

EN 1992 强调，除非采取相关措施以避免横截面局部拉伸断裂，否则，应限制横截面轴向力的最大偏心距 N_{Ed}，以避免形成大面积裂缝。

GB 50010—2010 规定，素混凝土结构在下列部位应配置局部构造钢筋：

（1）结构截面尺寸急剧变化处。

（2）墙壁高度变化处（在不小于 1m 范围内配置）。

（3）混凝土墙壁中洞口周围。

注：在配置局部构造钢筋后，伸缩缝的间距仍应按本规范未配置构造钢筋的现浇结构采用。

13.4.3 剪切

EN 1992 规定：

（1）对于素混凝土构件，可以考虑剪切作用承载能力极限状态下混凝土拉伸强度，但应通过计算或经验排除脆性破坏，并且能确保足够的抗力。

（2）如果某一横截面承受剪切力 V_{Ed} 和法向力 N_{Ed}（作用在受压面积 A_{cc} 上），则构件在设计应力作用下的绝对值为

$$\alpha_{\mathrm{cp}} = \frac{N_{\mathrm{Ed}}}{A_{\mathrm{cc}}} \tag{13-11}$$

$$\tau_{\mathrm{cp}} = \frac{k N_{\mathrm{Ed}}}{A_{\mathrm{cc}}} \tag{13-12}$$

注：k 为国家定义参数，推荐值为 1.5。

还需要进行如下校核计算：

$$\tau_{\mathrm{cp}} = f_{\mathrm{cvd}}$$

当 $\sigma_{\mathrm{cp}} \leqslant \sigma_{\mathrm{c,min}}$ 时

$$f_{\mathrm{cvd}} = \sqrt{f_{\mathrm{ctd}}^2 + \sigma_{\mathrm{cp}} f_{\mathrm{ctd}}} \tag{13-13}$$

当 $\sigma_{\mathrm{cp}} > \sigma_{\mathrm{c,min}}$ 时

$$f_{\mathrm{cvd}} = \sqrt{f_{\mathrm{ctd}}^2 + \sigma_{\mathrm{cp}} f_{\mathrm{ctd}} - \frac{\sigma_{\mathrm{cp}} - \sigma_{\mathrm{c,min}}}{2}} \tag{13-14}$$

$$\sigma_{\mathrm{c,min}} = f_{\mathrm{cd}} - 2\sqrt{f_{\mathrm{ctd}}(f_{\mathrm{ctd}} + f_{\mathrm{cd}})} \tag{13-15}$$

式中：f_{cvd}——混凝土的设计抗剪压强度；

f_{cd}——混凝土的设计抗压强度；

f_{ctd}——混凝土的设计抗拉强度。

（3）如果混凝土构件完全处于受压状态或混凝土主拉应力 σ_{ct1} 的绝对值不大于 f_{ctd}，则在承

载能力极限状态下，该混凝土构件可以视为无裂纹。

按剪切承载能力极限状态考虑混凝土的抗拉强度，前提是避免脆性破坏与适当的抗力保证。给出的计算方法是基于限制主应力最大为混凝土的设计抗拉强度f_{ctd}，类似于预应力混凝土构件无裂缝抗剪设计。它考虑了整个截面的非均匀剪应力分布。对于矩形截面的剪应力弹性重分布，1.5 的值是恰当的，对于其他形状的截面则偏于保守。

13.4.4 扭转

EN 1992 规定，开裂构件不应用于抵抗扭矩，除非证实其合理性。对于未开裂构件，抗扭能力可通过限制主拉应力为设计抗拉强度进行计算。

中国标准不允许素混凝土构件按抵抗剪力与扭矩设计，因此没有与欧洲标准对应的条款。

13.4.5 由结构变形引起的承载能力极限状态

EN 1992 采用如下两个步骤计算长细比较大的墙与柱的轴向抗力设计值。

13.4.5.1 柱和墙体的长细比

（1）可以按照下列公式确定柱和墙的长细比：

$$\lambda = \frac{l_0}{i} \tag{13-16}$$

式中：i——最小回转半径；

l_0——构件的有效长度，可作如下假设：

$$l_0 = \beta \cdot l_w \tag{13-17}$$

式中：l_w——构件的净高；

β——与支撑条件有关的系数：柱，$\beta = 1$；悬臂柱或墙，$\beta = 2$；其他墙体，β 取值见表 13-3。

不同边界条件下的 β 值 表 13-3

侧向约束	示意图	公式	系数 β	
沿两边	Ⓐ Ⓑ Ⓐ Ⓑ l_w b	$\beta = 1.0$，对于任意 l_w/b 比		
沿三边	Ⓐ Ⓒ Ⓐ Ⓑ l_w b	$\beta = \frac{1}{1 + \left(\frac{l_w}{3b}\right)^2}$	b/l_w	β
			0.2	0.26
			0.4	0.59
			0.6	0.76
			0.8	0.85
			1.0	0.90
			1.5	0.95
			2.0	0.97
			5.0	1.00

续上表

侧向约束	示意图	公式	系数 β	
			b/l_w	β
沿四边	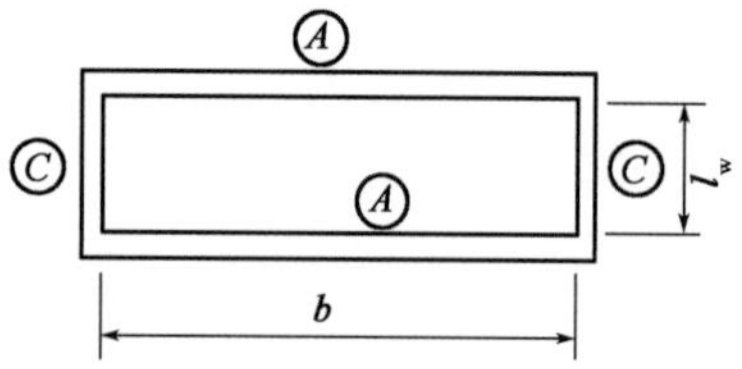	若 $b \geqslant l_w$，则 $\beta = \dfrac{1}{1+\left(\dfrac{l_w}{b}\right)^2}$ 若 $b < l_w$，则 $\beta = \dfrac{b}{2l_w}$	0.2 0.4 0.6 0.8	0.10 0.20 0.30 0.40
			1.0 1.5 2.0 5.0	0.50 0.69 0.80 0.96
Ⓐ-楼板；Ⓑ-自由；Ⓒ-横向墙体				

注：表 13-3 所提供信息假定墙体不含有高度超过墙体高度 l_w 的 1/3 或面积不超过墙体面积 1/10 的孔洞。如果在 3 边或 4 边上有约束的墙体带有超过上述限制条件的孔洞，则开孔之间的部分应视为仅在 2 边上受到约束，并进行相应设计。

(2) 如果横向承载能力受到凹槽方面的影响，则应适当增大 β 的取值。

(3) 在下列条件下，横向墙体可以视为支撑墙体：

①总深度不少于 $0.5h_w$，其中，h_w 为支撑墙体的全高。

②高度与所考虑支撑墙体的高度 l_w 相同。

③长度 l_{ht} 至少等于 $l/5$，其中，l_w 指支撑墙体的净高。

④在长度 l_{ht} 内，横向墙体没有开孔。

(4) 如果墙体通过现浇混凝土和钢筋以刚性弯曲方式沿顶端和底端连接，能完全抵抗边缘弯矩，表 13-3 给出的 β 值可乘以系数 0.85。

(5) 通常，现浇素混凝土墙体的长细比不应超过 $\lambda = 86(l_0/h_w = 25)$。

13.4.5.2 墙和柱的简化设计方法

(1) 如果没有更严格的方法，则可以按照式(13-18)计算素混凝土的墙或柱轴向力的设计抗力：

$$N_{Rd} = b \times h_w \times f_{cd} \times \varphi \tag{13-18}$$

式中：N_{Rd}——轴向抗力；

b——横截面的全宽；

h_w——横截面的全高；

φ——考虑偏心距的系数，包括徐变的二阶效应和标准效应，如下所示。

对于被支撑构件，系数 ϕ 可以取为

$$\phi = 1.14 \times (1 - 2e_{tot}/h_w) - 0.02 \times l_0/h_w \leqslant (1 - 2e_{tot}/h_w) \tag{13-19}$$

$$e_{tot} = e_0 + e_i\ ; \tag{13-20}$$

式中：e_0——一阶偏心距，包括楼层效应和水平作用；

e_i——其他偏心距，包括几何缺陷效应。

(2) 在安全性得以保证的前提下，可以使用其他简化方法。

中国标准的计算式见 12.4.1 节。比较式(13-6)与式(13-18)可以发现，中欧标准关于素混凝土墙与柱的轴向抗力计算方法基本相同，但各参数的取值有差异。比如式(13-6)中 f_{cc} 的取值为混凝土轴心抗压强度设计值的 0.85 倍，而式(13-18)中直接取混凝土的轴心抗压强度设计值；式(13-6)中使用稳定系数考虑约束条件的折减，而式(13-18)使用二次效应进行折减。

13.5 正常使用极限状态

EN 1992 规定：

(1)如果可能出现结构性约束,应进行应力验算。

(2)为了保证足够的适用性,应考虑以下情况：

①关于裂缝的形成。

a. 将混凝土的拉应力限制在合理取值范围。

b. 配置辅助结构钢筋(若有必要,配置表面钢筋和拉杆系统)。

c. 设置接缝。

d. 选择适当的混凝土技术(如适当的混凝土配比和混凝土养护)。

e. 选择正确的施工方法。

②关于变形限制。

a. 最小截面尺寸。

b. 长细比限制,对于受压构件。

(3)素混凝土中配筋应符合混凝土最小保护层厚度的要求。

因素混凝土结构使用较少,且均为不太重要的结构构件,中国标准没有对素混凝土结构的正常使用极限状态作相应规定。EN 1992 也主要是些原则性条款,具体设计时,除有明确规定外,主要参照一般混凝土结构的构造要求执行。

13.6 构件的构造设计和特殊规则

13.6.1 构件

EN 1992 规定：

(1)对于现浇混凝土墙,墙体全高 h_w 不应少于 120mm。

(2)如果存在凹陷情况,则应进行检查,以确保构件的有效强度和稳定性。

13.6.2 施工缝

如果在施工缝中混凝土出现拉应力,则应进行钢筋构造处理,以控制裂缝。

13.6.3 条形或板式基础

EN 1992 规定：

如果没有更具体的数据,则轴向受力的条形基础和板式基础可以设计成素混凝土,前提条件是：

$$\frac{0.85h_F}{a} \geqslant \sqrt{3\sigma_{gd}/f_{ctd}} \tag{13-21}$$

式中：h_F——基础埋置深度；

a——柱面突出程度(图 13-3)；

σ_{gd}——地面压力的设计值(N/mm²)；

f_{ctd}——混凝土抗拉强度的设计值(N/mm²)。

可以使用简化式控制尺寸：$h_F/a \geqslant 2$。

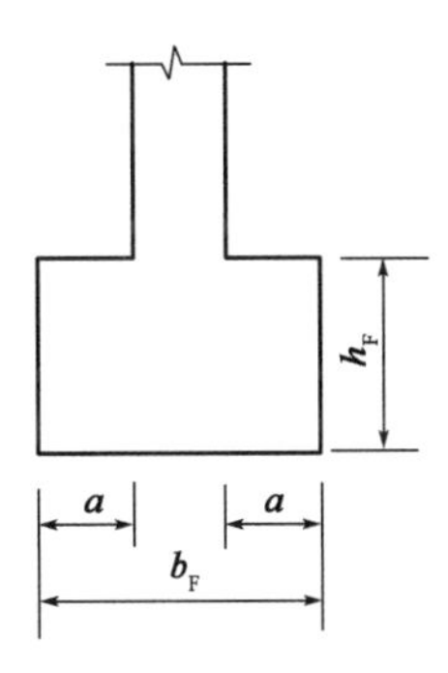

图 13-3 无筋板式基础图式

中国标准将素混凝土基础列入基础设计规范，混凝土设计规范并未涉及，设计人员可参见 GB 50007—2011 和 JTG D63—2007。

13.7 本章小结

本章内容为素混凝土与少筋混凝土结构的设计规定。由于中国桥梁工程不用素混凝土或少筋混凝土结构，因此 JTG 3362—2018 不适用于这类材料。GB 50010—2010 包含素混凝土结构的设计内容，因此本章仅就 GB 50010—2010 与欧洲标准的差异作简要对比。

(1)适用范围。欧洲标准明确说明素混凝土与少筋混凝土仅适用于动力作用效应可被忽略的构件，不适用于承受“旋转机械与交通荷载的作用效应”的构件。GB 50010—2010 规定素混凝土构件主要用于受压构件。素混凝土受弯构件仅允许用于卧置在地基上的情况以及不承受活荷载的情况。可见两者的适用范围基本一致。

(2)强度。欧洲标准规定素混凝土的强度设计值取普通混凝土强度设计值的 0.8 倍，GB 50010—2010 规定素混凝土抗拉强度设计值取普通混凝土抗拉强度设计值的 0.55 倍，对抗压强度没有相应的规定。对比表 13-1 的结果，也可以看出欧洲标准给出的素混凝土强度大于中国素混凝土强度。

(3)结构分析。欧洲标准明确规定不能使用应力重分布或塑性分析，但有条件的情况下(进行变形能力验算)可以使用非线弹性分析。中国标准虽没有明文规定，但隐含分析方法与欧洲标准相同。

(4)设计抗弯和轴向抗力。欧洲标准仅强调偏心受压构件承载力的计算，主要是在原有计算公式基础之上乘以折减系数 η；GB 50010—2010 分别介绍轴心受压、偏心受压与受弯承载力的计算式。当按受压承载力计算时，不考虑受拉区混凝土的工作，并假定受压区的法向应力图形为矩形，其应力值取素混凝土的轴心抗压强度设计值，此时，轴向力作用点与受压区混凝土合力点相重合。

(5)局部破坏。欧洲标准采取限制横截面轴向力偏心距的措施，以控制大面积开裂；中国标准则以配置局部构造钢筋的方式控制局部破坏。

(6)抗剪、扭转。欧洲标准允许有条件使用素混凝土结构抗剪切、扭转设计。抗剪切设计应校验脆性破坏，抗扭转不允许开裂，通过限制主拉应力小于设计抗拉强度进行设计。GB 50010—2010 不允许抗剪与抗扭转设计。

(7)中欧标准关于素混凝土墙与柱的轴向抗力计算方法基本相同，但各参数的取值有差异。例如式(13-6)中 f_{cc} 的取值为混凝土轴心抗压强度设计值的 0.85 倍，而式(13-18)中直接取混凝土的轴心抗压强度设计值；式(13-6)中使用稳定系数考虑约束条件的折减，而式(13-18)使用二次效应进行折减。

(8)正常使用极限状态设计。因素混凝土结构使用较少，且均为不太重要的结构构件，因此中国标准没有对素混凝土结构的正常使用极限状态作相应规定。EN 1992 也主要是些原则性条款，具体设计时，除有明确规定外，主要参照一般混凝土结构的构造要求执行。

第 14 章
施工阶段设计

14.1 概述

EN 1992-2 规定：

(1)对于分阶段施工的桥梁，设计应考虑下列情形的施工程序：

①在一些施工阶段中，如采用顶推施工的桥面，一般在结构截面上产生作用力，而不是在完工结构上产生作用力。

②在施工过程中，如采用脚手架逐跨施工或悬臂施工的连续梁桥，结构布置的改变引起蠕变效应作用力重分布。

③在施工过程中，如由预制梁和现浇板组成的桥面，结构截面的改变引起蠕变效应重分布。

④安装或浇筑顺序会影响到：在施工过程中结构的稳定性；完工结构中的作用力，或完工结构的形状。

(2)上述(1)中①～④所述结构，应在各施工阶段检验正常使用极限状态和承载能力极限状态。

(3)对于符合上述(1)中②或③所述结构，应通过重分布效应分析确定长期作用力和应力值。计算时，可以采用逐步求值法或近似求值法。

(4)对于符合上述(1)中④所述结构，应在施工图纸中指明安装和浇筑顺序，或在施工程序文件中予以说明。

通常，某些桥梁构件的设计受到施工期间作用组合而不是完整结构的控制，如平衡悬臂施工期间的桥墩。因此，EN 1992-2 要求每一施工阶段都必须进行承载能力极限状态与正常使用极限状态验算。

徐变可能影响分段施工桥梁的正常使用应力状态的验算。徐变使分段施工产生的作用效应向结构作为单体施工产生的作用效应转变。要求设计人员在整体分析与局部截面设计中考虑徐变效应，尤其是在梁板结构的设计中具有重要意义。

凡施工期间(如平衡悬臂法施工)架设过程对结构稳定性或设计组合力有显著影响的情形，设计中假设的施工顺序应详细绘制。

中国标准原则上与 EN 1992 的规定基本一致，但 EN 1992-2 中规定更为明确，更为详细，而中国标准对施工阶段承载能力极限状态设计较为具体，对正常使用极限状态验算的要求则较为模糊。

14.2 施工期间的作用

EN 1992-2 规定：

(1)EN 1991-1-6 及其附录给出了施工过程中结构设计应考虑的作用。包括：

①自重。

②土体移动与土压力。

③预应力作用。

④预-变形(如缆索或支撑的放松)。

⑤温度效应。

⑥收缩与水合效应。

⑦风荷载。

⑧雪荷载。

⑨由于水与冰的作用。

⑩偶然作用(如辅助施工设备的破坏)。

⑪地震作用。

另外还有附加的临时施工荷载:

①人员。

②活动项目的储存。

③在原位或在移动中的可移动的重型设备(如移动框架、门架或起重臂)。

④其他自由移动的设备(如起重机)。

⑤结构部分的可变荷载(如湿混凝土)。

⑥设备的冲击。

(2)对于采用平衡悬臂施工的分段式桥梁结构平衡承载能力极限状态检验,应考虑不平衡风压的影响。应考虑作用在某端悬臂上的浮力或水平压力(xN/m^2)(注:x 为国家定义参数,推荐值为 200N/m^2)。

(3)对于采用现浇平衡悬臂施工的桥梁承载能力极限状态检验,应考虑由模板坠落引起的偶然效应。这种作用属于动力作用,在任何施工阶段均可能出现坠落。

(4)对于采用预制构件的平衡悬臂施工,应考虑预制构件的偶然坠落。

(5)对于顶推施工的桥面,应考虑强制变形。

EN 1990 的总则中给出作用组合,结构应分别按持久、短期、偶然与地震设计状况进行设计。

按 EN 1991-1-6 的规定,任何瞬时设计情形的标准持续时间应取等于或大于合理的施工阶段的预期持续时间。设计状况可通过考虑降低作用考虑任何降低可变作用发生的可能性(如风或温度效应)。EN 1991-1-6 给出评估这种气候作用标准值的推荐值,如表 14-1 所示。瞬时设计情形折减重现期的使用一般包含于欧洲标准相关的荷载规范(如 EN 1991-4 风荷载与 EN 1991-5 温度荷载)。

气候作用标准值评估时推荐的重现期 表 14-1

持续时间	重现期
≤3d	2 年
≤3 月	5 年
≤1 年	10 年
>1 年	50 年

JTG D60—2015 规定,施工设计期间应考虑的荷载与 EN 1992 基本相同,详见第 3 章。施工阶段作用效应的组合,应按计算需要及结构所处条件而定,结构上的施工人员和机具设备均应作为临时荷载加以考虑。组合式桥梁,当把底梁作为施工支撑时,作用效应宜分两个阶段组合,底梁受荷为第一个阶段,组合梁受荷为第二个阶段。

14.3　验算标准

14.3.1　承载能力极限状态

EN 1992-2 要求施工期间设计的承载能力极限状态验算与第 6 章给出的完整结构设计承载能力极限状态验算相同。

JTG D60—2015 规定桥涵施工过程中承受临时性作用的状况。该状况下的桥涵仅作承载能力极限状态设计,必要时才作正常使用极限状态设计。

14.3.2　正常使用极限状态

EN 1992-2 规定:

(1)施工阶段进行的检验应与完工结构的检验一致。

(2)完工结构的使用标准不同于中间施工阶段,但是,完工结构的耐久性和外观不应受到影响(如变形)。

(3)对于在完工结构准永久性荷载或常见荷载组合作用下检验承压承载能力极限状态的桥梁或其构件,在施工过程中,允许准永久荷载组合作用下的拉应力值小于 $kf_{\mathrm{ctm}}(t)$。(注:k 为国家定义参数,推荐的 k 值为 1.0)。

(4)对于在完工结构常见荷载组合作用下校验裂缝承载能力极限状态的桥梁及其构件,应在施工过程中检验准永久性荷载组合作用下裂缝承载能力极限状态。

《公路钢筋混凝土及预应力混凝土桥涵设计规范》(JTG 3362—2018)中要求施工期间设计的正常使用极限状态验算一般与 EN 1992-2 第 7 章给出的完整结构正常使用极限状态的验算相同,但第(2)条至第(4)条中给出某些例外情形。

总之,施工期间与正常使用极限状态相关的准则应考虑完整结构的要求,并不应由永久构件确定。应避免施工操作可能造成的过度裂缝或可能对耐久性。适用性与外观美感产生不利影响的早期变形。相反,没有必要评估不影响耐久性或最终桥梁美观的施工操作,如施工期间的温度变形。

对于临时条件,第(3)条与第(4)条放松某些特定混凝土构件允许拉应力极限与裂缝宽度验算标准。这种放松的基础是较小的拉应力不可能造成裂缝,但这种裂缝可能再次合拢而消除温度作用效应。

JTG 3362—2018 规定:

(1)桥梁构件按短暂状况设计时,应计算其在制作、运输及安装等施工阶段,由自重、施工荷载等引起的正截面和斜截面的应力,并不应超过规定的限值。施工荷载除有特别规定外均采用标准值,当有组合时不考虑荷载组合系数。

当用吊机(车)行驶于桥梁进行安装时,应对已安装就位的构件进行验算,吊机(车)应乘以 1.15 的荷载系数,但当由吊机(车)产生的效应设计值小于按持久状况承载能力极限状态计算的荷载效应组合设计值时,则可不必验算。

(2)当进行构件运输和安装计算时,构件自重应乘以动力系数。动力系数应按《公路桥涵设计通用规范》(JTG D60—2015)的规定采用。

(3)对构件施加预应力时,混凝土的立方体强度不得低于设计混凝土强度等级的 80%。

(4)钢筋混凝土受弯构件正截面应力按下列公式计算,并应符合下列规定:

①受压区混凝土边缘的压应力:

$$\sigma_{cc}^{t}=\frac{M_{k}^{t}x_{0}}{I_{cr}}\leqslant 0.80f_{ck}' \tag{14-1}$$

②受拉钢筋的应力：

$$\sigma_{si}^{t}=\alpha_{ES}\frac{M_{k}^{t}(h_{0i}-x_{0})}{I_{cr}}\leqslant 0.75f_{sk} \tag{14-2}$$

式中：M_k^t——由临时的施工荷载标准值产生的弯矩值；

x_0——换算截面的受压区高度，按换算截面受压区和受拉区对中性轴面积矩相等的原则求得；

I_{cr}——开裂截面换算截面的惯性矩，根据已求得的受压区高度 x_0，按开裂换算截面对中性轴惯性矩之和求得；

σ_{si}^t——按短暂状况计算时受拉区第 i 层钢筋的应力；

h_{0i}——受压区边缘至受拉区第 i 层钢筋截面重心的距离；

f_{ck}'——施工阶段相应于混凝土立方体抗压强度 f_{cu}' 的混凝土轴心抗压强度标准值；

f_{sk}——普通钢筋抗拉强度标准值。

(5)钢筋混凝土受弯构件中性轴处的主拉应力(剪应力)σ_{tp}'应符合下列规定：

$$\sigma_{tp}^{t}=\frac{V_{k}^{t}}{bz_{0}}\leqslant f_{tk}' \tag{14-3}$$

式中：V_k^t——由施工荷载标准值产生的剪力值；

b——矩形截面宽度、T 形或 I 形截面的腹板宽度；

z_0——受压区合力点至受拉钢筋合力点的距离，按受压区应力图形为三角形计算确定；

f_{tk}'——施工阶段混凝土轴心抗拉强度标准值。

(6)钢筋混凝土受弯构件中性轴处的主拉应力，若符合下列条件：

$$\sigma_{tp}^{t}\leqslant 0.25f_{tk}' \tag{14-4}$$

该区段的主拉应力全部由混凝土承受，此时，抗剪钢筋按构造要求配置。

中性轴处的主拉应力不符合公式(14-4)的区段，则主拉应力(剪应力)全部由箍筋和弯起钢筋承受。箍筋、弯起钢筋可按剪应力图配置(图 14-1)，并按下列公式计算：

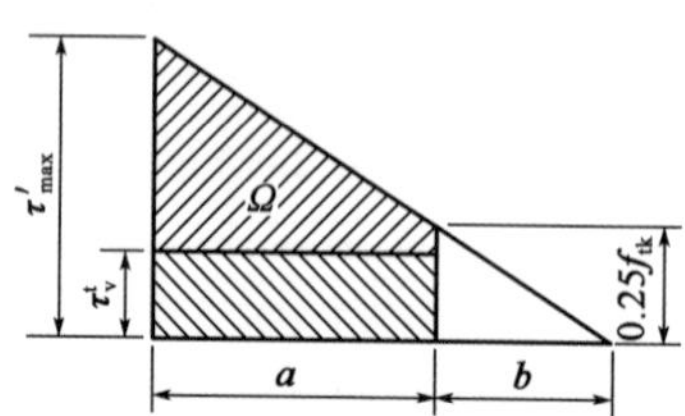

图 14-1　钢筋混凝土受弯构件剪应力分配

a-箍筋、弯起钢筋承受剪应力的区段；b-混凝土承受剪应力的区段

①箍筋：

$$\tau_{v}^{t}=\frac{nA_{sv1}[\sigma_{s}^{t}]}{bs_{v}} \tag{14-5}$$

②弯起钢筋：

$$A_{sb}\geqslant\frac{b\Omega}{\sqrt{2}[\sigma_{s}^{t}]} \tag{14-6}$$

式中：τ_v^t——由箍筋承受的主拉应力(剪应力)值；

n——同一截面内箍筋的肢数；

$[\sigma_s^t]$——短暂状况时钢筋应力的限值，按第 7.2.4 条规定取用 $0.75f_{sk}$；

A_{sv1}——一肢箍筋的截面面积；

s_v——箍筋的间距；

A_{sb}——弯起钢筋的总截面面积；

Ω——相应于由弯起钢筋承受的剪应力图的面积。

(7)预应力混凝土受弯构件，在预应力和构件自重等施工荷载作用下截面边缘混凝土的法向应力应符合下列规定：

①压应力：

$$\sigma_{cc}^{t} \leqslant 0.70 f'_{ck} \tag{14-7}$$

②拉应力：

当 $\sigma_{ct}^{t} \leqslant 0.75 f'_{tk}$ 时，预拉区应配置其配筋率不小于 0.2% 的纵向钢筋；

当 $\sigma_{ct}^{t} = 1.15 f'_{tk}$ 时，预拉区应配置其配筋率不小于 0.4% 的纵向钢筋；

当 $0.70 f'_{tk} < \sigma_{ct}^{t} < 1.15 f'_{tk}$ 时，预拉区应配置的纵向钢筋配筋率按以上两者直线内插取用。拉应力 σ_{ct}^{t} 不应超过 $1.15 f'_{tk}$。

14.4　本章小结

总体而论，对于施工阶段的设计，中欧标准基本原则一致，方法也相同。相对而言，EN 1992-2 范围更为明确，原则更为详细，而中国标准对施工阶段承载能力极限状态设计较为具体，对正常使用极限状态验算的要求较为模糊。

本章关于施工阶段设计，主要强调施工各阶段的荷载工况及其合理组合，属于短暂设计状况，不包括偶然荷载及其对应的设计情形。欧洲标准单列一章，分别对施工过程中应考虑的作用、验算标准进行原则性规定。中国标准没有对应章节，将施工过程中各种作用、作用组合规则、验算标准与其他阶段各设计状况的设计一并列出。

参 考 文 献

[1] BS EN 1990. Eurocode: Basis of structural design [S]. London: British Standards Institution: 2002.

[2] H. Gulvanessian, J. -A. Calgaro, M holicky. Designers' Guide to EN 1990 Eurocode: Basis of structure design[M]. Thomas Telford Publishing, Thomas Telford Ltd, 1 Heron Quay, London E14 4JD, 2005.

[3] Eurocode 2: Design of Concrete Structures Part 1-1: General Rules and Rules for Buildings[S]. London: British Standards Institution: 2004.

[4] BS EN 1992-1-2. Eurocode: Design of Concrete Structures Part 1-2: Structural fire design [S]. London: British Standards Institution: 2004

[5] R. S. Narayanan, A. Beeby. Designers' Guide to EN 1992-1-1 and EN 1992-1-2 Eurocode 2: Design of concrete Structures. General rules and rules for buildings and structural fire design [M]. Thomas Telford Publishing, Thomas Telford Ltd, 1 Heron Quay, London E14 4JD, 2005

[6] EN 1992-2: 2005. Eurocode 2: Design of concrete Structures-Concrete Bridges Design and Detailing Rules[S]. 2008.

[7] C. R. Hendy, D. A. Smith. Designers' Guide to EN 1992-2 Eurocode 2: Design of concrete Structures. Part 2 concrete bridges[M]. Thomas Telford Publishing, Thomas Telford Ltd, 1 Heron Quay, London E14 4JD, 2005.

[8] BS EN 1991-1-1. Eurocode: Actions on structures Part 1-1: General actions-Densities, self-weight, imposed loads for buildings [S]. London: British Standards Institution: 2002

[9] BS EN 1991-1-2. Eurocode: Actions on structures Part 1-2: General actions-Actions on structures exposed to fire [S]. London: British Standards Institution: 2002

[10] BS EN 1991-1-3. Eurocode: Actions on structures Part 1-3: General actions-Snow loads [S]. London: British Standards Institution: 2003

[11] BS EN 1991-1-4. Eurocode: Actions on structures Part 1-4: General actions-Wind actions [S]. London: British Standards Institution: 2005

[12] BS EN 1991-1-5. Eurocode: Actions on structures Part 1-5: General actions-Thermal actions [S]. London: British Standards Institution: 2003

[13] BS EN 1991-1-6. Eurocode: Actions on structures Part 1-6: General actions-Actions during execution [S]. London: British Standards Institution: 2005

[14] BS EN 1991-1-7. Eurocode: Actions on structures Part 1-7: General actions-Accidental actions [S]. London: British Standards Institution: 2006

[15] 中华人民共和国国家标准. GB 50010—2010. 混凝土结构设计规范[S]. 北京:中国建筑工业出版社,2018.

[16] 中华人民共和国行业标准. JTG D60—2015. 公路桥涵设计通用规范[S]. 北京:人民交通出版社,2007.

[17] 中华人民共和国行业标准. JTG 3362—2018. 公路钢筋混凝土及预应力混凝土桥涵设计规范[S]. 北京:人民交通出版社股份有限公司,2018.

[18] 中华人民共和国国家标准. GB 50153—2008. 工程结构可靠性设计统一标准[S]. 北京:中国建筑工业出版社,2018.

[19] 中华人民共和国国家标准. GB/T 50283—1999. 公路工程结构可靠度设计统一标准[S]. 北京:中国计划出版社,1999.

[20] 中华人民共和国行业标准. JTG D63—2007. 公路桥涵地基与基础设计规范[S]. 北京:人民交通出版社,2007.

[21] 贡金鑫, 魏巍巍, 胡家顺. 中美欧混凝土结构设计[M]. 北京: 中国建筑工业出版社, 2007.

[22] 贡金鑫,车轶,李荣庆. 混凝土结构设计(按欧洲标准)[M]. 北京: 中国建筑工业出版社, 2009.

[23] 贡金鑫. 中美欧混凝土结构设计[M]. 中国建筑工业出版社,2007.

[24] 杨春,张大伟. Eurocode 桥梁混凝土结构设计[M]. 北京:中国建筑工业出版社,2016.

[25] AASHTO LRFD Bridge Design Specification, Fifth Edition[S]

[26] ACI 318-14 Building Code Requirements for Structural Concrete and Commentary[S].

[27] 王永强,王勇. 欧洲标准的现状与未来发展[J]. 公路工程,2007(5):167-170,184.

[28] 周履. 结构混凝土通向协调设计的压杆-拉杆模型[J]. 国外桥梁,2001,4:25-35.

[29] 李亚东. 欧洲标准及其近期进展[J]. 桥梁建设,1999(3):60-64.

[30] Rodrigo Oviedo M. Sc. ,Sergio Gutiérrez, Hernán Santa María. Experimental evaluation of optimized strut-and-tie models for a dapped beam[J]. Structural Concrete. 2016(3).

[31] 崔楠楠. 斜拉桥预应力混凝土索塔锚固区受力性能与设计方法研究[D]. 广州:华南理工大学,2016.

[32] 刘钊,吕志涛,惠卓,等. 拉压杆模型在混凝土梁桥中应用与研究进展[J]. 中国工程科学, 2008,10(10):14-21.

[33] 朱经纬,王江波,冯云成. 索塔锚固区拓扑优化拉压杆模型及预应力构造分析[J]. 桥梁建设,2017, 47(5): 59-64.

[34] 陈晓宝,王成刚,滕育梅. 结构混凝土拉压杆模型法配筋设计[J]. 合肥工业大学学报(自然科学版),2001, 24(2):160-165.

[35] J. Schlaich, K. Sch&afer, M. Jennewein. Toward a Cosistent Design of Structure. PCI Journal, 1987,(3): 75-110.

[36] Rogowsky D M, MacGregor J G. Design of reinforced concrete deep beams[J] . Concrete International,1986, 8(8):49-58.

[37] 邢国华,刘伯权,牛荻涛. 钢筋混凝土框架中节点受剪承载力计算的修正软化拉压杆模型[J]. 工程力学, 2013,30(8):60-66.

[38] 杨春. 中欧桥梁混凝土结构设计规范的若干问题研究[J]. 中外公路,2019,39(1): 131-135.

[39] 蒋国栋,张建鑫. 中欧混凝土结构设计规范的差异[J]. 水运工程,2017(9):53-57.

[40] 丁少凌,周国玲,易蓓,等. 中欧标准混凝土构件承载力对比[J]. 中外公路,2017,37(2): 276-280.

[41] 王新洋. 中欧混凝土结构设计规范中材料特性对比[J]. 四川建材,2017,43(1):60-61,68.

[42] 陈孝建,王君辉. 中欧标准混凝土结构钢筋锚固长度设计对比分析[J]. 港工技术,2016, 53(6):41-43,106.

[43] 周国玲,丁少凌,易蓓,等. 中欧标准混凝土构件裂缝验算对比[J]. 中外公路,2016,36(2):187-191.

[44] 李旭,段世明. 中欧标准混凝土梁受剪承载力公式对比[J]. 低温建筑技术,2015,37(1): 85-87.

[45] 严亚林. 欧洲混凝土规范构件设计及其与中国标准的比较研究[D]. 北京:中国建筑科学研究院,2010.

[46] 夏进. 中欧混凝土结构设计规范对比研究[D]. 武汉:武汉工程大学,2014.
[47] 李新勇,张凤保,覃嘉仕. 中欧标准有腹筋梁抗剪承载力对比[J]. 山西建筑,2017,43(19):49-50.
[48] 吴家杰. 中欧标准设计的钢筋混凝土桥墩抗震性能对比[A]. 中国力学学会工程力学编辑部,2016:7.
[49] 王涛. 中欧钢筋及预应力混凝土梁桥设计规范对比研究[D]. 南京:东南大学,2015.
[50] 段世明. 基于中欧标准混凝土梁正截面和斜截面承载力计算的对比研究[D]. 昆明:昆明理工大学,2015.
[51] 李旭,段世明. 中欧标准混凝土梁受剪承载力公式对比[J]. 低温建筑技术,2015,37(1):85-87.
[52] 卢傲,张春华. 中欧标准梯度温度对混凝土桥面板影响对比分析[J]. 中外公路,2013,33(3):122-126.
[53] 吴健斌,侯敏,王文义. 国内外混凝土结构设计规范中裂缝控制的比较分析[J]. 内蒙古科技与经济,2008(14).
[54] 许晶,贡金鑫. 钢筋混凝土偏心受压构件二阶效应计算对比分析[J]. 建筑工程与工程学报, 2010,27(3).
[55] 朱占友. 钢筋混凝土结构二阶效应若干问题研究[D]. 重庆:重庆大学, 2006.
[56] 过镇海,时东旭. 钢筋混凝土原理和分析[M]. 北京:清华大学出版社, 2003.
[57] 王振东,叶英华. 混凝土结构设计及计算[M]. 北京:中国建筑工业出版社, 2008.
[58] 李杨. 裂缝控制因素探讨分析[J]. 内蒙古石油化工, 2010(23).
[59] 黄舒. 中外混凝土结构构造措施的对比研究[J]. 福建建筑, 2011(12).
[60] 韩秀星,刁波. 中国与欧洲混凝土结构规范耐久性设计异同[J]. 混凝土, 2010(3).
[61] 田磊. 钢筋混凝土结构国内外设计方法的对比研究[D]. 大连:大连理工大学, 2009.
[62] 薛颖亮. 中欧风荷载、地震作用、荷载效应组合的对比研究及欧洲标准版 SATWE 软件开发[D]. 北京:中国建筑科学研究院,2010.
[63] 何峰. 基于中欧桥梁规范设计的预应力混凝土连续梁桥确定性及可靠性对比分析[D]. 西安:长安大学,2015.
[64] 薛颖亮. 中欧荷载效应组合规定的初步比较研究[C]. 第十五届全国工程设计计算机应用学术会议论文集,2010.
[65] 贾继筱,李军. 中国与欧洲混凝土结构耐久性设计规范的比较[J]. 有色金属文摘,2015,30(1):36-37.
[66] 王玉珠. 国内外公路桥梁混凝土构件设计方法对比分析[D]. 大连:大连理工大学,2011.
[67] 王峥. 钢筋混凝土梁斜截面受剪承载力研究[D]. 西安:西安建筑科技大学,2012.
[68] 胡建良. 中英钢筋混凝土梁桥设计规范比较研究[D]. 重庆:重庆交通大学,2012.
[69] 王玉珠. 国内外公路桥梁混凝土构件设计方法对比分析[D]. 大连:大连理工大学,2011.
[70] 孙婧. 中小跨径梁桥荷载基本组合分项系数研究[D]. 西安:长安大学,2011.
[71] 黄进军. 公路桥梁规范汽车荷载效应比较研究[D]. 长沙:长沙理工大学,2008.
[72] 王学忠. 路桥海外发展战略选择的研究[D]. 北京:对外经济贸易大学,2005.
[73] 黎述亮,杨勇,李俊,等. 欧洲标准中公路桥梁设计活载分析[J]. 世界桥梁. 2011(5).
[74] 周勇军,孙婧,梁玉照. 公路桥梁设计荷载基本组合的分项系数值及其效应对比[J]. 公路. 2012(1).
[75] 张园园,贡金鑫. 混凝土结构钢筋构造对比分析[J]. 建筑科学与工程学报,2012(1).
[76] 张春华,卢傲. 欧洲标准的钢筋混凝土桥梁构件正常使用极限状态的裂缝控制分析[J]. 中外公路,2012(1).

[77] 李学有,杨勇,李俊,等. 欧洲标准下公路钢筋混凝土桥梁设计分析[J]. 中外公路,2013(2).

[78] Mullapudi, Ashraf. Ayoub Analysis of Reinforced Concrete Columns Subjected to Combined Axial, Flexure, Shear, and Torsional Loads[J] . T. R. S. Journal of Structural Engineering, 2013(4).

[79] J. -M. Franssen. A formulation of the Eurocode 2 concrete model at elevated temperature that includes an explicit term for transient creep[J] . T. Gernay, Fire Safety Journal, 2012.

[80] Luisa María Gil-Martín. Optimal domains for strength design of rectangular sections for axial load and moment according to Eurocode 2[J] . Mark Aschheim, Enrique Hernández-Montes, Engineering Structures, 2006(8).

[81] Numerical modelling of behaviour of reinforced concrete columns in fire and comparison with Eurocode 2[J] . International Journal of Solids and Structures, 2005(21).

[82] Ivar Talvik. A comparative study of the design basis of the Russian Steel Structures Code and Eurocode 3[J] . Kalju Loorits, Journal of Constructional Steel Research, 1998(2).

[83] 中华人民共和国行业标准. JGJ 12—2006. 轻骨料混凝土结构技术规程[S]. 北京:中国建筑出版社,2006.

[84] 中国工程建设标准化协会标准. CECS 202—2006. 轻骨料混凝土桥梁技术规程[S]. 北京:中国计划出版社,2006.

[85] 中华人民共和国行业标准. JTG E30—2005. 公路工程水泥及水泥混凝土试验规程[S]. 北京:人民交通出版社,2005.

[86] 中华人民共和国国家标准. GB/T 50081—2002. 普通混凝土力学性能试验方法标准[S].

[87] 中华人民共和国国家标准. GB/T 50476—2008. 混凝土结构耐久性设计规范[S]. 北京:中国建筑工业出版社,2008.

[88] 中华人民共和国行业标准. TB 10002. 3—2005. 铁路桥涵钢筋混凝土和预应力混凝土结构设计规范[S]. 北京:中国铁道出版社,2005.

[89] 中华人民共和国行业标准. JTG/T F50—2011. 公路桥涵施工技术规范[S]. 北京:人民交通出版社,2011.

[90] 中华人民共和国国家标准. GB 50007—2011. 建筑地基基础设计规范[S]. 北京:中国计划出版社,2011.

[91] 中华人民共和国国家标准. GB/T 5223—2014. 预应力混凝土用钢丝[S]. 北京:中国标准出版社,2015.

[92] 中华人民共和国国家标准. GB/T 5224—2014. 预应力混凝土用钢绞线[S]. 北京:中国标准出版社,2015.

[93] 中华人民共和国国家标准. GB/T 20065—2016. 预应力混凝土用螺纹钢筋[S]. 北京:中国标准出版社,2017.

[94] 中华人民共和国国家标准. GB 1499. 2—2018. 钢筋混凝土用钢　第 2 部分:热轧带肋钢筋[S]. 北京:中国标准出版社,2018.

[95] 中华人民共和国国家标准. GB/T 50132—2014. 工程结构设计通用符号标准[S]. 北京:中国建筑工业出版社,2015.

[96] 中华人民共和国国家标准. GB/T 1499. 1—2017. 钢筋混凝土用钢　第 1 部分:热轧光圆钢筋[S]. 北京:中国标准出版社,2017.